本书出版由上海交通大学人文社会科学成果文库资助计划资助

项目资助：国家社科基金项目"东亚汉字传播史研究（日本卷）"（18BYY224）

东亚汉字传播史研究

日本卷

上

吕浩 著

百花洲文艺出版社
BAIHUAZHOU LITERATURE AND ART PRESS

图书在版编目（CIP）数据

东亚汉字传播史研究. 日本卷 / 吕浩著. — 南昌 :百花洲文
艺出版社, 2022.6
　ISBN 978-7-5500-4687-0

　Ⅰ.①东… Ⅱ.①吕… Ⅲ.①汉字－文化传播－文化史－日
本 Ⅳ.①H12-09

中国版本图书馆CIP数据核字（2022）第033709号

东亚汉字传播史研究·日本卷

DONGYA HANZI CHUANBO SHI YANJIU·RIBEN JUAN

吕浩　著

出 版 人	章华荣
责 任 编 辑	周振明
书 籍 设 计	方　方
制　　作	周璐敏
出 版 发 行	百花洲文艺出版社
社　　址	南昌市红谷滩新区世贸路898号博能中心一期A座20楼
邮　　编	330038
经　　销	全国新华书店
印　　刷	江西千叶彩印有限公司
开　　本	710mm×1000mm 1/16　印张 41.5
版　　次	2022年9月第1版
印　　次	2022年9月第1次印刷
字　　数	500千字
书　　号	ISBN 978-7-5500-4687-0
定　　价	99.00元（全二册）

赣版权登字 05-2022-42

邮购联系 0791-86895108

网　址 http://www.bhzwy.com

图书若有印装错误，影响阅读，可向承印厂联系调换。

目录

绪　论

历史上，汉字学之大端无外乎二者：其一，自《仓颉篇》诸篇，而《说文解字》，而《字林》《玉篇》，而《字汇》《类篇》，而《康熙字典》，开枝散叶，无虑百十种。其二，经传注释，肇始于汉，隆盛于唐宋，至清不辍。且二者相互借力，共同传承着中国优秀传统文化。

近百余年来，伴随考古进展，古文字研究成为显学。古文字研究的成果对汉字理论研究、汉字文化研究、古史研究等有着巨大促进作用，一些学术难题得以解决，学术界称之为中国学术的第一次转向。可以称为中国学术第二次转向的是敦煌学，而第三次转向当是从域外看中国。第三次转向落实到汉字研究，当然就是跨文化汉字研究。

跨文化汉字研究因国际汉语教育而兴起，因域外汉字研究方向的开辟而成长，因跨文化汉字研究的提出而成熟。跨文化汉字研究这个提法源自李运富、何余华在 2018 年发表的文章，《简论跨文化汉字研究》一文不仅就跨文化汉字研究的界定、研究内容作出细致论述，还指出了跨文化汉字研究的发展前景。跨文化汉字研究内容广泛，涉及汉字文本资源研究、汉字传播及传播史研究、比较研究和学术史研究。[①] 在汉字传播史一途，汉字在韩国、日本的传播史内容最为丰富，研究难度也最大。

---

① 李运富、何余华：《简论跨文化汉字研究》，《北京师范大学学报》（社会科学版）2018 年第 1 期。

一、什么是汉字传播

国内学者在汉字传播研究领域已经取得一些成果，陆锡兴《汉字传播史》、董明《古代汉语汉字对外传播史》等著作主要探讨汉字传播问题，不少文字学著作也涉及汉字传播研究，如周有光《世界文字发展史》、张玉金和夏中华《汉字学概论》等。

传播虽然属于地域范畴，但汉字传播绝不是简单的地理意义上的地域，而是文化意义上的地域，即汉字传播是指汉字跨越文化边界的传播。虽然汉字传播的结果可能会导致文化的趋同，但汉字传播之前应是不同的文化体。

汉字传播还要涉及一个概念，就是接受。汉字及其载体（通常是带有汉字的物品）传入异文化域，只有被接受和相承使用才属于汉字传播范畴，否则就只是文献或物品传入而已，不能称为汉字传播。从这个意义上讲，敦煌文献收藏在英国、法国，不能说汉字传播到了英法。而汉字在历史上传入东亚、南亚和我国少数民族文化域则属于汉字传播，汉字传播以后的发展历程都是汉字传播史的研究内容。

二、日本汉字传播史研究现状

汉字在东亚传播一方面是因为汉字文化的强势，另一方面是因为人口的流动和贸易发展。商亡后，汉字文化随着箕子等人传入朝鲜。战国货币文字伴随贸易在朝鲜通行。汉代时置乐浪等四郡，汉字使用更加广泛，木简、封泥、印章、瓦当、漆器、青铜器等汉字资料层出不穷。汉字传入日本是东汉时期，建武中元年间（56—57年），倭国经乐浪官方引荐向东汉皇帝称臣，汉光武帝赐倭国王金印"汉委奴国王印"。汉魏六朝时期，带有铭文的货泉、铜镜、刀剑等不断传入日本。《隋书》言倭国"于百济求得佛经，始有文字"。其实不光是佛经，儒家经典《论语》也经百济传入日本，汉字使用逐渐频繁，金石、木简等不断出土，反映了汉字文化在日本早期的辉煌。日本熊本县江田船山古坟刀铭文、埼玉县稻荷山古坟铁剑铭文标志着汉字已经用来记录日本语，铭文中的俗字字形反映了中国南北朝时代用字面貌。

日本推古朝时遣隋使、遣唐使、留学僧不断到隋朝、唐朝学习，圣德太子对学习和使用汉字大力支持，他用汉字颁布的宪法标志着汉字成了法定文字。《日本书纪》载，公元682年，境部连石积等人奉命编辑《新字》一部四十四卷。这是日本最古的辞书，它标志着接受和学习汉字的时代已经到来。公元730年，日本设立大学寮，全面负责教育与考试，《论语》《孝经》《文选》等成为主要学习和考试内容。

　　平安朝时嵯峨天皇更加重视与大唐的文化交流，留学僧最澄、空海等人回国后都被重用。沙门大僧都空海据顾野王《玉篇》编撰了《篆隶万象名义》，是中国辞书日本化的一个典范，真言宗寺庙保存至今的《玉篇》（残卷）和《篆隶万象名义》也是现今研究顾野王《玉篇》不可多得的珍贵文献。僧人昌住在昌泰年间（898—901年）编撰的《新撰字镜》是第一部汉和字典，成为《倭玉篇》的先祖。五山版系列图书的刊刻，迎来了汉字文化大繁荣时代。

　　以上是日本汉字传播简史，这些内容在中国学者陆锡兴《汉字传播史》、董明《古代汉语汉字对外传播史》中大多已提及。日本学者冲森卓也《日本的汉字：1600年的历史》、冈井慎吾《日本汉字学史》也是从宏观上提纲挈领地叙述了日本与中国古代经济文化交流和汉语汉字传播与使用情况，这也是中国学者在著作和论文中反复述及的日本汉字传播史脉络。

　　汉字由传入到传播、由接受到传承、由普及到发展、由规范到完善是四个不同的层次，在日本汉字史上，后三个层次始终伴随着汉字的变异与再造，表现为汉字俗字形的出现和日本国字的出现。在俗字形的研究中，国内学者赵丽明、何华珍等取得一定成绩。在日本国字研究中，日本学者新井白石《同文通考》、中根元圭《异体字辨》、山本格安《和字正俗通》、伴直方《国字考》、山崎美成《文教温故》、冈本保孝《倭字考》、木村正辞《皇朝造字考》、菅原义三《小学国字考》、山田俊雄《近世常用的汉字》等都有所贡献。

　　日本汉文古字书专书如《篆隶万象名义》《新撰字镜》《倭名类聚抄》《倭玉篇》等古辞书一直是中日学者的研究热点之一，中日学者也取得了不少研究成果。这些研究成果是汉语史研究的重要补充，也是域外汉字传播史内容的一部分。

如上所述，日本上世时期汉字传入与使用的研究、中世时期汉字字书专书的研究以及异体字、国字等相关研究都为本书研究储备了丰富的资料，使得更为精细地研究日本汉字传播史成为可能。

这里还有必要说明的是，本书所涉及的概念"日本汉字"的内涵问题。本书使用的"日本汉字"与"东亚汉字"结构一致，即汉字在日本、汉字在东亚，而不是日本的汉字、东亚的汉字。也有学者用"日本语汉字"这个提法，我们也不认同，因为类似的结构"汉语汉字"是指汉语和汉字，而不是汉语里的汉字。也有学者提出"汉字语"概念，显然是忽视了字与词的本质差别。诚然，汉字传入日本，在传播和使用过程中发生了一些变化（有学者称作日本化[1]），使得汉字在字种、字体、字义及用法等方面与中国汉字比有明显不同[2]，甚至产生了所谓的国字。但这些变化并没有改变汉字的基本属性，并没有产生一种独立于汉字系统之外的新型文字，就像是汉字在不同的方言中也会有变异一样，不宜看作是汉字系统以外存在或者说变体。从另一方面讲，汉字的形是汉字形音义三要素中最为重要的，形音义统一体并非形音义并列，形与音义的结合是一种约定俗成，也是会发生变化的，古今变化如此，跨文化域变化也是如此。

三、本书的学术价值和应用价值

汉字在日本的传播历史是一个连续性的过程，这个过程也表现出一定的时代性，具体情况是：在古坟、飞鸟和奈良时代，日本汉字处在传入、接收与运用时期；在平安时代，日本出现了《篆隶万象名义》《新撰字镜》《类聚名义抄》《色叶字类抄》等汉字大型字书，是日本系统地学习汉字时期；在镰仓、室町时代，《倭玉篇》《下学集》《节用集》等普及字书不断拓展汉字在日本的使用范围。江户和明治时代，汉字字书有上百种，是汉字主体地位的巩固时期。大正和昭和时代则是汉字规范化时期，在规范化的过程中，汉字的使用不断完善，最终形成了一个相对稳定的字符集。

---

[1] 冈井慎吾：《汉字的日本化》，载《国语文化讲座第二卷国语概论篇》，朝日新闻社，1994年。

[2] 笹原宏之：《国字的相位和展开》，三省堂，2006年，第357页。

基于上述时代特点，我们选取各时代典型材料进行断代系统量化分析，形成具有典范意义的域外汉字发展史案例。首先，与以往金石简牍研究、字书专书研究、汉语汉字学术史研究不同，本书研究从汉字传播学、汉字发展史视角入手，充分调查日本各时代汉字使用的字量、字频、异体和形义关系变化，在宏观上把握日本汉字发展规律，丰富汉字发展史内容。其次，日本古辞书研究将突破专书研究的藩篱，众多古辞书将纳入汉字发展史的脉络中进行系统考察，同时结合不同时代的文书文本，调查二者的关系。最后，利用内阁文库藏大量的有关汉字存废、汉字用字量及使用范围等内阁会议文件，梳理分析日本汉字政策的形成和政策导向及其对日本现代汉字使用的影响，结合《常用汉字表》（附内阁告示及内阁训令）及日本近世字书，考察日本现代汉字源流，完善日本汉字传播史。

四、研究内容与思路

日本汉字由传入、接收、运用到接受、整理，再到调整、演进、普及，是一个循序渐进的过程，这个过程中的时代特点相对明显，不同的时代有不同的主要研究材料和研究方法。在本书中，我们将分别从上世、中世、近世、现代四个阶段构建日本汉字传播史。以往的日本汉字传播或日本汉字史大多以他者文献如史书的记载去寻绎汉字传播史，而不是以本体文献即古文字材料、古字书本身去分析汉字的传播、使用与接受情况，换句话说就是宏观叙述替代了微观具体材料分析，使得日本汉字传播史有骨架而无血肉。本书计划从断代描写的层面，以古辞书收字及字样变化、形音义变化等为抓手，构建一部内容翔实、脉络分明的日本汉字传播史。

汉字由传入到接受、由传播到运用、由传承到创新是三个不同的层次，在日本汉字史上，后两个层次始终伴随着汉字的变异与再造，表现为汉字俗字形的出现和日本国字的出现，这方面的研究也是汉字在日本传播史研究中不可或缺的内容。基于此，我们研究的总体框架是断代研究与专题研究互相配合，揭示汉字传播对日本语言文化的深层影响。

在断代研究方面，首先是上世日本汉字传入、接收与运用。这个阶段包含

弥生、古坟、飞鸟、奈良时代，这一阶段传世汉文资料主要有木简、金石、《日本书纪》等，结合具体文献作汉字定量分析。其次是中世日本汉字系统整理、接受与演进。这个阶段主要是日本平安、镰仓和室町时代，平安时代出现了几部大型字书，对这些字书尤其是《新撰字镜》进行研究，有利于揭示日本汉字在全面接收之后、有所接受之前的基本面貌。镰仓和室町时代，以《倭玉篇》为代表的一系列字书编撰，在字量、字形、形义关系等方面都有所调整，是字书日本化过程，也是汉字影响日语语辞的重要时期。再次是近世日本汉字普及与强化。这个阶段包含江户、明治时代，字书纷出，有上百种之多，极大地方便了汉字的传播与普及，不少字书被做成方便携带的小开本，在汉字教育中发挥了重要作用。最后是现代日本汉字政策与影响。这个阶段包含大正、昭和时代，日本战后一连串的汉字政策稳定了日本汉字字量、字形和具体运用领域，成为现今日本使用汉字的基础。

在专题研究方面，《玉篇》传播与日本化是日本汉字传播史的主线（《玉篇》在中国也是古代字书演进的主线）。《玉篇》传播是汉字文化圈最终形成和巩固的基本条件，因此研究《玉篇》不仅有现代语言学意义，在中国传统文化传播与影响研究领域也具有不可多得的实用价值。

《玉篇》是南朝梁代顾野王编撰的一部大型字书，不仅音义齐全，且例证庞博。经唐代孙强改编，宋代陈彭年等重修，一直流传至今。它是中国辞书史上最为重要的一部字书，也是影响整个东亚地区的字书，汉字文化圈的形成和维系都依赖《玉篇》的传播和演进。在韩国，"玉篇"是汉文字典的代名词；在日本，《玉篇》经过传抄、翻刻、改编、增补等形成了大量版本，也出现了不少《倭玉篇》版本，形成了"玉篇系"文献系统[①]，日本历史汉字使用及现当代汉字使用都与《玉篇》有着深度关联。

系统考察《玉篇》众多版本可以发现，在《玉篇》日本化过程中有多种版

---

① 有传抄本原本《玉篇》残卷，翻刻本如五山本、庆长九年本《大广益会玉篇》等，也出现了一些加注训读假名的版本如日本宽永年间的系列刊本及后续翻刻本。其改编本如《篆隶万象名义》、《玉篇》梦梅本、《倭玉篇》、《下学集》、《节用集》、《新刊大广益会增修玉篇》、《字林玉篇大全》等。

本参与其中，在不同时间段以不同的方式左右着《玉篇》在日本的演进轨迹，也在很大程度上影响着日本汉字的使用。

五、研究特色与目标

汉字发展史研究近些年成为学者们研究热点，断代量化研究取得一定成绩，先后出版了几种大型图书如《中国文字发展史》等。但"域外汉字发展史"至今仍阙如，本书即是这一领域的首次尝试。

域外汉字传播，日本虽然不是最早的，但无疑是最深广的。即便是在假名出现之后，汉字的使用与影响并未受到阻碍，汉字地位反而得到加强。江户、明治时代大量的普及汉字教育的字书不仅彰显了汉字的接受程度，而且对现代日本汉字的使用与规范产生了深远的影响。

中国字书的传入以及字书日本化都直接影响到日本汉字使用与接受，从日本现藏的古代字书看，其数量和清晰的传承脉络一点也不逊色于母国的字书。从这个意义上说，字书专书研究应纳入汉字传播史研究之中，通过不同时代的字书对比分析统计，就能清晰地观察日本汉字在字量上的消长、异体的分合等基本面貌。

已有的日本汉字史主要是在综合叙述，述说汉字传入、运用、字书出现、假名出现等环节，缺少具体的可连续考察的线索，本书以古辞书为主要线索从字量、异体字、形义关系变化等方面细致地描写各个历史时期汉字在日本的传播、接受、发展情况，以汉字发展史的研究方法研究日本汉字传播史，这也是本书研究方法上的特色和创新之处。另外，日本近代汉字政策影响下所形成的相关汉字字集，以及明治时代字书对字集的影响，也是本书的新内容。

本书还涉及现代汉字政策及相关字集，以及明治时代字书对字集的影响，这是本书的新内容，也使得本书形成了日本汉字通史。

第一章　汉字传入与传播

在人类文明的轴心时代，孔子与老子以及随后的百家争鸣，共同塑造了中国传统文化性格，成就了烛照世界的灿烂文化。汉字作为中国传统文化性格基因载体，以其自身的承续与进化，引导着优秀传统文化的传播与演进。大汉的强大，大唐的繁荣，首先表现为文化的繁荣和强势，也正是一个文明化育万邦的力量所在。

汉字传入日本的时间随着考古发现而不断前移，1951 年在大阪府和泉市黄金冢古坟考古中发现了一面神兽镜，其上有铭文曰："景初三年，陈是作铭铭之，保子宜孙。"这面铜镜的出土与传世文献形成呼应，即《三国志·魏书·乌丸鲜卑东夷传》载："景初二年六月，倭女王遣大夫难升米等诣郡，求诣天子朝献，太守刘夏遣吏将送诣京都。"[①] 后又诏书报倭女王，特赐绢帛、铜镜、刀等物品。和泉市黄金冢古坟中出土的铜镜也应是魏明帝曹叡所赐。

1958 年在日本九州南部的种子岛考古发现了一片"贝札"，上书"汉隶"二字[②]，由其他陪葬物推定该墓时代为公元前 3 世纪左右，这似乎可以说明汉字早在战国末期就进入了日本。

史书中记载早期与倭国交往发生在汉代，《后汉书·东夷列传》："建武中元二年，倭奴国奉贡朝贺。使人自称大夫，倭国之极南界也。光武赐以印

①　陈寿：《三国志》，上海古籍出版社，2011 年，第 793 页。
②　斋藤忠编集：《日本考古学论集》之十，载《日本和大陆的古文化》，吉川弘文馆，1987 年，第 137 页。

绶。"^① 说的是建武中元二年（57 年）汉光武帝刘秀赐金印给倭国国王，这与 1784 年在日本九州福冈县志贺岛出土的有"汉委奴国王"铭文的金印（现藏于福冈市美术馆）相吻合。

图 1-1

从上述出土文物与史料看，实物汉字传入日本始自汉代有确证，始自战国末期多少有些疑问，即：先秦时期何以有"汉隶"这样的文辞？虽然《史记·秦始皇本纪》有徐福出海求仙记载，但目前出土的实物文字并不能支持徐福等人东渡到日本。因此，汉字传入日本的时代应保守地定在汉代，而且是东汉。日本长崎、佐贺、福冈、熊本、广岛、京都、大阪等地都出土过汉代有铭文"货泉""货布"的钱币，也能证实这一判断。另外，日本东大寺山古坟出土金象嵌铁刀，其铭文曰："中平庚午五月丙午，造作文刀，百练清钢，上应星宿，下辟不淑。"^② 中平（184—189 年）为汉灵帝刘宏年号，中平无庚午，当是初平元年，即公元 190 年。时间之差或是地域遥远、讯息不能畅达之故。

有了汉代的交流，魏时中日交往更为频繁。据《三国志·魏书》，从魏景初二年（238 年）到魏正始九年（248 年）的短短 10 年间，双方使者往来 7 次，分别在景初二年（2 次）、正始元年（2 次）、四年、六年和八年，其中正始元年这次还有"倭王因使上表答谢恩诏"^③。当然，"答谢恩诏"应是出自魏人

① 范晔：《后汉书》，中华书局，1965 年，第 2821 页。
② 铭文源自光田庆一《古事记以前的文字资料》（けやき出版社，2016 年），第 278 页。
③ 陈寿：《三国志》，中华书局，1982 年，第 857 页。

九

之手，但可以说明倭王已经可以通过汉字文书与魏皇帝交流了。当然，倭魏交流还有不少铜镜铭文证据。录于下①：

1. 青龙三年方格规矩四神镜铭：青龙三年，颜氏作竟成文章，左龙右虎辟不详，朱爵玄武顺阴阳，八子九孙治中央，寿如金石宜侯王。

2. 景初三年画文带神兽镜铭：景初三年，陈是作谘谘之，保子宜孙。

3. 景初三年三角缘神兽镜铭：景初三年，陈是作镜，自有经述。本是京师，绝地亡出。吏人谘之，位至三公；母人谘之，保子宜孙，寿如金石兮。

4. 景初四年盘龙镜铭：景初四年五月丙午之日，陈是作镜。吏人谘之，位至三公；母人谘之，保子宜孙，寿如金石兮。

5. 正始元年三角缘神兽镜铭：正始元年，陈是作镜，自有经述。本是州师，杜地命出。寿如金石，保子宜孙。

魏时的文字交流使倭王认识到学习汉文的紧迫性，倭王把目光投向了百济这个更早接受汉字汉文化而又近在咫尺的王国。《日本书纪》载：

> （应神）十五年秋八月壬戌朔丁卯，百济王遣阿直岐贡良马二匹。即养于轻坂上厩，因以阿直岐令掌饲，故号其养马之处曰厩坂也。
>
> 阿直岐亦能读经典，即太子菟道稚郎子师焉。于是天皇问阿直岐曰："如胜汝博士亦有耶？"对曰："有王仁者，是秀也。"
>
> 时遣上毛野君祖荒田别、巫别于百济，仍征王仁也。其阿直岐者，阿直岐史之始祖也。
>
> 十六年春二月，王仁来之。则太子菟道稚郎子师之，习诸典籍于王仁，莫不通达。所谓王仁者，是书首等始祖也。②

① 铜镜铭文源自光田庆一《古事记以前的文字资料》，铭文相同的铜镜每有不止一面出土。
② 见《日本书纪》"阿直岐等来归"条，载《日本古典文学大系》，岩波书店，1971年。

又《古事记》载：

亦百济国主照古王遣阿知吉师献雄马雌马各壹以贡上。此阿知吉师者，阿直史等之祖。亦贡上横刀及大镜。

天皇又科赐百济国："若有贤士者贡上！"故受命以贡上人，有和迩吉师。此人携《论语》十卷、《千字文》一卷，并十一卷而一同贡进。而此和迩吉师者，文首等祖。[①]

两文献相对照，《古事记》中的"和迩吉师"便是《日本书纪》中的"王仁"的日语音读，应神十六年（285 年）自百济国前往日本的王仁带去了《论语》《千字文》等汉文书籍，这也可能就是当时的汉文教材。然而，这里说的《千字文》应该不是南梁周兴嗣（469—537 年）编纂的《千字文》，或是《古事记》记录之误，或是当时有另一种"千字文"材料。[②] 不过当时通行的教学材料很可能是《急就篇》，但汉以后的《急就篇》有 2144 字，王仁在百济及日本用于教学的或是删节本。

日本有了汉文老师，无疑有利于汉字学习与使用。日本奈良县天理市的石上神宫中布展有"七支刀"，因其刀两侧各有三个分支而得名。刀铭[③]曰：

泰始四年五月十六日丙午正阳，造百练钢七支刀。辟百兵，宜供供侯王，永年大吉羊。（正面）

先世以来，未有此刀。百济王世子，奇生圣德，故为倭王旨造，传示后世。（反面）

---

① 见《古事记》"百济之贡"条，载《日本古典文学大系》，岩波书店，1971 年。

② 从日本木简资料看，出土《论语》木简的地方往往伴有《千字文》木简，而且这些木简都是习字简，这也说明《论语》和《千字文》是当时通行的汉语汉字学习教材。可能正是因为这个缘故导致《古事记》误记。

③ 铭文源自宫崎市定《谜一般的七支刀——五世纪的东亚与日本》（中央公论社，1983 年），略改。

日本九州熊本县玉名市江田船山古坟出土了大约作于倭王珍时代（438年曾遣使南朝宋）的大刀，其上铭文曰：

治天下获加多支卤大王世。奉为典曹人名无利弖①。八月中，用大王锖釜并四尺廷刀，八十练，为十握三寸上好杅刀。服此刀者长寿，子孙往往得王恩，世不失其所统。作刀者名伊太和，书者张安也。②

日本埼玉稻荷山古坟出土大刀，其铭③曰：

辛亥年七月中记④。乎获居臣，上祖名意富比垝，其儿多加利足尼，其儿名弖已加利获居，其儿名多加披次获居，其儿名多沙鬼获居，其儿名半弖比。（正面）

其儿名加差披余，其儿名乎获居臣。世世为杖刀人首，奉事来至今。获加多支卤大王寺在斯鬼宫时，吾左治天下，令作此百练利刀，记吾奉事根原也。（反面）

兵器铭文自战国就习见，然寥寥数字，初无有类此长篇者。

上述三刀之第一刀"七支刀"应是百济所铸，其余二刀乃铸于日本，因而此二刀铭文为汉字，文辞为汉语，只是其中人名、地名皆日语音译，如获加多支卤（ワカタケル）、无利弖（ムリテ）、伊太和（イタワ）、乎获居（ラワケ）、意富比垝（オホヒコ）、多加利足尼（タカリスクネ）、弖已加利获居（テヨカリワケ）、多加披次获居（タカハシワケ）、多沙鬼获居（タサキワ

① 弖为氐俗字形，汉魏六朝碑刻中习见。
② 铭文源自光田庆一《古事记以前的文字资料》，略改。
③ 铭文源自光田庆一《古事记以前的文字资料》，略改。
④ "七月中"，日本森博达《日本书纪成立的真相：重写的主导者是谁》以"中"字用法为例论述稻荷山铁剑铭文受到朝鲜三国影响，董志翘《〈日本书纪〉中特殊语言文字现象考察》（《南京师大学报》2017年第2期）已详细论证这种用法在《史记》中已大量出现。

ケ）、半弓比（ハテヒ）、加差披余（カサハヤ）等皆人名，斯鬼（シキ）疑地名。

从长文刀铭的汉文功底看，铭文作者应是汉人，或是汉人后裔，江田船山古坟刀铭"书者张安也"便是明证。但作刀者"伊太和"，一作"伊太加"，据考证是日本第十八代天皇——反正天皇①，而稻荷山古坟刀铭中的"获加多支卤"是日本第二十一代天皇——雄略天皇，即《宋书·蛮夷传·倭国》中的"倭王武"。这位倭王武在公元 478 年上表南朝宋顺帝，其文曰：

> 封国偏远，作藩于外，自昔祖祢，躬擐甲胄，跋涉山川，不遑宁处。东征毛人五十五国，西服众夷六十六国，渡平海北九十五国，王道融泰，廓土遐畿，累叶朝宗，不愆于岁。臣虽下愚，忝胤先绪，驱率所统，归崇天极，道径百济，装治船舫，而句骊无道，图欲见吞，掠抄边隶，虔刘不已，每致稽滞，以失良风。虽曰进路，或通或不。臣亡考济实忿寇仇，壅塞天路，控弦百万，义声感激，方欲大举，奄丧父兄，使垂成之功，不获一篑。居在谅闇，不动兵甲，是以偃息未捷。至今欲练甲治兵，申父兄之志，义士虎贲，文武效功，白刃交前，亦所不顾。若以帝德覆载，摧此强敌，克靖方难，无替前功。窃自假开府仪同三司，其余咸各假授，以劝忠节。②

此表文辞迤逦而畅达，颇有六朝骈文之风格，其中有可能是沈约编入《宋书》时做了润饰，但该表出自汉人之手无疑。《南史·夷貊传下》也有该表部分内容，移录于下，以相对照：

> 自昔祖祢，躬擐甲胄，跋涉山川，不遑宁处。东征毛人五十五国，西服众夷六十六国，陵平海北九十五国。王道融泰，廓土遐畿，累叶朝宗，不愆于岁。道迳百济，装饰船舫，而句丽无道，图欲见吞。臣亡考济方欲大举，奄丧父兄，使

① 末永雅雄：《日本的武器大刀和外装》，雄山阁书店，1992 年，第 66—67 页。
② 沈约：《宋书》，中华书局，1974 年，第 2395 页。

垂成之功，不获一篑。今欲练兵申父兄之志，窃自假开府仪同三司，其余咸各假授，以劝忠节。^①

以上所举文献说明，在 5 世纪前后，大凡郑重场合，一般都以汉人执笔，而这些主笔人就是日本早期汉字的传播者。

《北史·倭传》载："（倭）无文字，唯刻木结绳。敬佛法，于百济求得佛经，始有文字。"又，"大业三年，其王多利思比孤遣朝贡。使者曰：'闻海西菩萨天子重兴佛法，故遣朝拜，兼沙门数十人来学佛法。'国书曰：'日出处天子致书日没处天子，无恙。'云云"。^②从《北史》看，日本有文字实赖佛经自百济传入，这似乎有厚此薄彼之嫌，即夸大佛经传播对文字传播的影响，而忽略了经济文化的交流作用。在佛法的名义下，7 世纪初的日本来使及他们所带的国书并不合乎礼法，难怪隋炀帝不悦，抑或是汉文学艺不精，言辞不当。然而，此时日本正值圣德太子摄政，据《日本书纪》记载，推古天皇十二年（604 年），圣德太子亲笔作宪法十七条，强调贵族豪门以礼为本，效忠天皇，尊奉佛法。具体内容如下：

一曰，以和为贵，无忤为宗。人皆有党，亦少达者。是以或不顺君父，乍违于邻里。然上和下睦，谐于论事，则事理自通，何事不成？

二曰，笃敬三宝。三宝者，佛法僧也。则四生之终归，万国之极宗。何世何人，非贵是法。人鲜尤恶，能教从之，其不归三宝，何以直枉？

三曰，承诏必谨。君则天之，臣则地之。天覆地载，四时顺行，万气得通。地欲覆天，则致坏耳。是以君言臣承，上行下靡，故承诏必慎，不谨自败。

四曰，群卿百寮，以礼为本。其治民之本，要在乎礼。上不礼而下非齐，下无礼以必有罪。是以群臣有礼，位次不乱，百姓有礼，国家自治。

五曰，绝餮弃欲，明辨诉讼。其百姓之讼，一日千事。一日尚尔，况乎累岁？

① 李延寿：《南史》，中华书局，1974 年，第 1974—1975 页。

② 李延寿：《北史》，中华书局，1974 年，第 3137 页。

顷治讼者得利为常，见贿听谳，便有财之讼，如石投水，乏者之诉，似水投石。是以贫民则不知所由，臣道亦于焉阙。

六曰，惩恶劝善，古之良典。是以无匿人善，见恶必匡。其谄诈者，则为覆国家之利器，为绝人民之锋剑。亦佞媚者，对上则好说下过，逢下则诽谤上失。其如此人皆无忠于君，无仁于民。是大乱之本也。

七曰，人各有任，掌宜不滥。其贤哲任官，颂音则起；奸者有官，祸乱则繁。世少生知，剋念作圣。事无大少，得人必治；时无急缓，遇贤自宽。因此国家永久，社稷勿危。故古圣王为官以求人，为人不求官。

八曰，群卿百寮，早朝晏退。公事靡盬，终日难尽。是以迟朝不逮于急。早退必事不尽。

九曰，信是义本，每事有信。其善恶成败，要在于信。君臣共信，何事不成？君臣无信，万事悉败。

十曰，绝忿弃瞋，不怒人违。人皆有心，心各有执。彼是则我非，我是则彼非。我必非圣，彼必非愚，共是凡夫耳。是非之理，讵能可定。相共贤愚，如环无端。是以彼人虽瞋，还恐我失，我独虽得，从众同举。

十一曰，明察功过，赏罚必当。日者赏不在功，罚不在罪。执事群卿，宜明赏罚。

十二曰，国司国造，勿敛百姓。国非二君，民无两主。率土兆民，以王为主。所任官司，皆是王臣。何敢与公，赋敛百姓？

十三曰，诸任官者，同知职掌。或病或使，有阙于事。然得知之日，和如曾识。其以非与闻，勿防公务。

十四曰，群臣百寮，无有嫉妒。我既嫉人，人亦嫉我，嫉妒之患，不知其极。所以智胜于己则不悦，才优于己则嫉妒。是以，五百之后乃令遇贤，千载以难待一圣。其不得贤圣，何以治国？

十五曰，背私向公，是臣之道矣。凡夫人有私必有恨，有憾必非同。非同则以私妨公，憾起则违制害法。故初章云，上下和谐，其亦是情欤。

十六曰，使民以时，古之良典。故冬月有间，可以使民。从春至秋，农桑之节，不可使民。其不农何食，不桑何服？

十七曰，夫事不可独断，必与众宜论。少事是轻，不可必众。唯逮论大事，若疑有失。故与众相辨，辞则得理。

十七条的字里行间，无不体现儒家文化精髓，也饱含佛法要义。若是大业三年（607年）所上国书出自圣德太子之手，隋炀帝对此不悦实在是有些蹊跷。然而，隋炀帝虽然未作回复，还是在大业四年遣文林郎裴世清出使倭国，以尽礼数。裴世清得到倭王的盛情接待，回国时，圣德太子派小野妹子和一些学问僧一同来隋学习。从此以后，留学僧成了传播汉字文化的主力军。

圣德太子的汉文水平说明在当时的日本贵族阶层学习汉文成为风尚，汉字的使用还是和汉语紧密关联，即汉字是以"真名"的形式存在和传播。

公元607年，法隆寺金堂药师如来像铭文：

池边大宫治天下天皇，大御身劳赐时，岁次丙午年，召于大王天皇与太子而誓愿赐。我大御病太平欲坐故，将造寺药师像作仕奉诏。然，当时崩赐，造不堪者。小治田大宫治天下大王天皇及东宫圣王，大命受赐而岁次丁卯年仕奉。[①]

公元623年，法隆寺金堂释迦造像记：

法兴元卅一年，岁次辛巳。十二月，鬼前太后崩。明年正月廿二日，上宫法皇枕病，弗愈干食，王后仍以劳疾，并着于床。时王后、王子等及与诸臣，深怀愁毒，共相发愿，仰依三宝，当造释像尺寸王身。蒙此愿力，转病延寿，安住世间。若是定业以背世者，往登净土，早升妙果。二月廿一日癸酉，王后即世。翌日，法皇登遐。癸未年三月中，如愿敬造释迦尊像，并侠侍及庄严具竟。乘斯微福，信道知识，现在安稳，出生入死，随奉三主，绍隆三宝，遂共彼岸，普遍六道，法界含识，得脱苦缘，同趣菩提。使司马鞍首止利佛师造。[②]

---

① 铭文源自木崎爱吉编的《大日本金石史》（好尚会出版会，1921年），第20—21页。
② 铭文源自木崎爱吉编的《大日本金石史》，第28页。

上引两篇法隆寺铭文形成鲜明对照，"药师如来像"造于推古天皇十五年，其铭文虽全为汉字，但与古汉语句法多有不合者，如"劳赐、誓愿赐、坐、仕奉、崩赐、受赐"等为敬语形式，"寺药师像作、造不堪、大命受"都不合古汉语语序，而是日语语序，这种文本形式学者习称为"变体汉文"。而第二篇"释迦造像记"则全依汉文句式，标志着日本 7 世纪时的汉字使用情况，即虽用汉字"真名"，但文风有汉文和变体汉文两种，此消彼长，不相伯仲。

公元 646 年，日本孝德天皇颁布《改新之诏》，全面学习唐朝律令制度，史称"大化改新"。大化改新，用汉字制定律令。701 年，文武天皇大宝元年颁布"大宝律令"，亦全用汉字。

进入 8 世纪后，日本汉字的使用出现一些变化，先是真名为主，偶有假名，到 8 世纪后半叶的万叶假名流行时期，在文体上也是汉文、变体汉文、宣命体等并存。

成书于公元 712 年的《古事记》编者安万侣曰："然上古之时，言意并朴，敷文构句，于字即难。已因训述者，词不逮心，全以音连者，事趣更长。是以今或一句之中，交用音训，或一事之内，全以训录。即辞理叵见以注明，意况易解更非注。"[1]

安万侣说的情形在古代韩国同样存在，直到 19 世纪还是如此，郑允容在其 1856 年成书的《字类注释·序》中说："书契之作也，以言为字。言以道事指物，而事与物各有其字，故古书谓字曰言。华人言与字一，故识其字体，而音义具焉。东人言与字二，故以方言释义辨音，而复求之字体，所以烦而难也。"[2]

看来这是汉字传播过程中普遍存在的问题，安万侣的解决之道较为灵活，能全用训则已，不能则音训交用，但取辞达，不求工整，即辞意难明之处加注以说明，辞意易解之处则不予加注。如：

---

① 安万侣：《古事记》，享和三年刊，长濑真幸校订本，第 1 页。

② 郑允容：《字类注释》（手写本），建国大学校出版部，1974 年影印本。

烛一火，入见之时，宇士多加礼许吕吕岐弖_{此十字以音}。[1]

　　"此十字以音"即表示"宇士多加礼斗吕吕岐弖"十个汉字在这里只表音读而不表义，即假名，这十个汉字对应音读为ウジタカレコロロキテ。"烛一火，入见之时"则为真名，若以假名表记为ヒトッビトモシテイリミマストキニ，需要十六个汉字来表记这些音（即安万侣说的"全以音连者，事趣更长"），用真名只有七个汉字，无疑大大缩短了文本的长度，提高了表记效率。然而，汉语与日语毕竟词语不能对等，部分汉语词在日语中会有意义的变化，即"已因训述者，词不逮心"，这时就需要加注。在《古事记》中，加注的情况十分常见。如：

奥踈神_{训奥云淤伎，下效此。训踈云奢加留，下效此。}[2]

　　"淤伎"即オキ，"奢加留"即ザカル，这样加注是防止汉字"奥踈"的本义对理解造成负迁移。

　　《古事记》从某种意义上说是文学创作，由于言与字不一，因而用汉字进行文学创作的难度相当大。《古事记》与《日本书纪》都采用了变通的办法。但成书于8世纪中叶的《怀风藻》却是纯汉文的诗集，诗集中收录64位诗人的120首诗，编者不详，其《序》追叙汉字传入日本及传播使用脉络，并抒追慕先哲之怀，故移录如下：

　　遐听前修，退观载籍。袭山降跸之世，橿原建邦之时，天造草创，人文未作。至于神后征坎，品帝乘乾。百济入朝，启龙编于马厩；高丽上表，图乌册于鸟文。王仁始导蒙于轻岛，辰尔终敷教于译田。遂使俗渐洙泗之风，人趋齐鲁

①　安万侣：《古事记》，享和三年刊，长濑真幸校本，第12页。
②　安万侣：《古事记》，享和三年刊，长濑真幸校本，第15页。

之学。

逮乎圣德太子，设爵分官，肇制礼义。然而专崇释教，未遑篇章。及至淡海先帝之受命也，恢开帝业，弘阐皇猷，道格乾坤，功光宇宙。

既而以为调风化俗，莫尚于文；润德光身，孰先于学。爰则建庠序，微茂才，定五礼，兴百度。宪章法则，规模弘远，复古以来，未之有也。

……

遂乃牧鲁壁之馀蠹，综秦灰之逸文。远自淡海，云暨平都，凡一百二十篇，敕成一卷。作者六十四人，具题姓名，并显爵里，冠于篇首。余撰此文意者，为将不忘先哲遗风，故以怀风名之云尔。于时天平胜宝三年，岁在辛卯，冬十一月也。

此《序》辞藻骈俪华美，又不失义正言切，可踪六朝文之典范，不辍前修遗风。其诗也如何？移录如下为例。

文武天皇 25 岁时作《咏雪》曰："云罗囊珠起，雪花含彩新。林中若柳絮，梁上似歌尘。代火辉霄篆，逐风回洛滨。园裏看花李，冬条尚带春。"[1] 而朝臣往往年长者能作汉诗，《怀风藻》中多收录大臣高市麻吕、多益须、古麻吕等在四五十岁后创作的作品。这不仅仅反映出皇家有学习汉文的优势，也反映出朝中贵族大臣以汉文为风尚。

《怀风藻》是以天皇为代表的权贵核心对汉文的最后坚守，这份坚守将为教育的推广所突破。实物文字输入的时代已经渐行渐远，汉字正面临着新的挑战，怎样才能在传播中被接受，就在 8 世纪，汉字在日本经历着种种尝试。与《怀风藻》形成鲜明对照的是成书于 8 世纪后半期的《万叶集》。

就其形式看，《万叶集》有短歌（一般五句）、长歌（五五音和七音反复交替，最后以两个七音结尾，通常伴有反歌）、连歌（长短句相连，以至百句百韵）等，内容上有相闻歌（亲友间互相赠答或恋歌）、挽歌、杂歌等。如第一首《杂歌·天皇御制歌》曰：

---

[1] 淡海三船编集：《怀风藻》，宝永二年刊，第 8—9 页。

笼毛与美笼母乳，布久思毛与，美夫君志持，此岳尔，菜采须儿，家吉闲，名告沙根虚见津，山迹乃国者，押奈户手，吾许曾居，师告名倍手，吾已曾座，我许者背齿，告目，家乎毛名雄母。[1]

[假名]：こもよみこもちふくしもよみぶくしもちこのおかになつますこいえきかなおえ のらさねそらみつやまとのくにはおしなべてわれこそをれしきなべてわれこそませわれこそばのらめいえ をもなをも

[训读]：篭もよ、み篭持ち、堀串もよ、み堀串持ち、この冈に、菜摘ます子、家闻かな、告らさね、そらみつ、大和の国は、おしなべて、我れこそ居れ、しきなべて、我れこそ座せ、我れこそば、告らめ、家をも名をも。

[汉语译文]：一手持木铲，美哉小木铲！一手提竹筐，精巧小竹筐！来此山冈上，采菜少女郎。愿你把家告，愿你把名讲。在此大和国，惟尊我为王；在此国土中，惟服我为皇。抑或先由我，开口将家名，通统对你讲？[2]

《万叶集》是一个极端，歌集虽皆以汉字记录，但几乎全用假名，即假借汉字记音而已，中国读者无法知晓其义。当然，用汉字记音不始于《万叶集》，《古事记》《日本书纪》及一些金石铭文中皆有，唯独《万叶集》以汉字记音为常态，因此学界习称"万叶假名"。"万叶假名"是汉字适应日语的一种尝试，但由于一音往往可以用多个汉字记录，乃至数十字对应一音，用者极不方便，阅读也相当困难。

第一节　金石文字

《说文·叙》："盖文字者，经艺之本，王政之始，前人所以垂后，后人所以识古。"[3] 又《玉篇·序》："文遗百代，则礼乐可知；驿宣万里，则心言

---

① 大伴旅人编集：《万叶集》，庆长刊本，第 7 页。
② 大伴家持等编：《万叶集》，赵乐甡译，译林出版社，2002年，第1页。
③ 许慎：《说文解字》，中华书局，2013 年，第 316 页。

可述。"① 文字可以穿越时空而讯息不会衰减，金石文字正是如此。可以说，金石文字除带有时代、文辞等讯息，还有字形讯息。

日本早期金石，以推古朝时期为始（推古朝以前多是玺印、铜镜及刀剑铭，前文已述，本节不讨论），且与佛教繁荣密不可分。其中甲寅年释迦如来造像记、伊沙庭碑、法兴寺宝塔露盘、法兴寺丈六佛光背铭、中宫寺天寿国曼荼罗绣帐、法隆寺纲封藏释迦三尊佛造像记等最为突出，除造像记铭文相对较短，其余往往是长达数百字，对研究推古朝汉字使用具有重要意义。

从内容上看，推古朝时期的金石铭文叙事风格淳朴之中带有文采，如伊沙庭碑记述了法王大王与惠慈法师等游历神井一事，其文中骈仗与用典已相当娴熟，如："日月照于上而不私，神井出于下无不给。万机所以妙应，百姓所以潜扇。""窥望山岳之岩崿，反冀子平之能往。椿树相荫而穹窿，实想五百之张盖；临朝啼鸟而戏哢，何晓乱音之眠耳。丹花卷叶以映照，玉菓弥葩以垂井。"还有"开右、平子、七步"等用典，字句之间全不知是出于何方文人之手。文末还不忘一句"幸无嗤"以自谦，亦以呼应"聊作碑文一首"，可矣。

推古朝时期的金石铭文中人名、地名、宫殿名等也是十分突出，如法兴寺宝塔露盘铭文中有斯归斯麻（しきしま）宫、阿米久尔億斯波罗支比里尔波乃弥己等（あぬくにおしはらきひろにほのみこと）、伊那米（いなめ）、佐久罗韦等（さくらいと）、等已弥居加斯支移比弥乃弥己等（とよみけかしきやひめのみこと）、有麻移刀等（うまやとと）、已刀弥弥乃弥己等（よとみみのみこと）、有明子（うまこ）、大罗未大（だらみだ）、麻那（まな）、麻高垢（まこご）、意等加斯（おとかし）、意奴弥（おぬみ）、阿沙都麻（あさつま）、未沙乃（みさの）、加罗尔（からに）、都鬼（つき）等专名，中宫寺天寿国曼荼罗绣帐铭文中有斯归斯麻（しきしま）宫、阿米久尔意斯波留支比里尔波乃弥己等（あぬくにおしはらきひろにほのみこと）、巷奇（そが）、伊奈米足尼（いなめすくね）、吉多斯比弥乃弥己等（きたしひめのみこと）、多至波奈等已比乃弥己等（たちばなとよひのみこと）、等已弥居加斯

① 顾野王撰，吕浩校点：《日藏宋本〈大广益会玉篇〉》，中华书局，2019 年，第 1 页。

支移比弥乃弥己等（とよみけかしぎやひめのみこと）、乎阿尼乃弥己等（をあねのみこと）、蘒奈久罗乃布等多麻斯支乃弥己等（ぬなくらのふとだましきのみこと）、乎沙多（をさだ）宫、等已刀弥弥乃弥己等（とよとみみのみこと）、多至波奈（たちばな）、加西溢（かせい）、加己利（かこり）等专名。这些专名都是以汉字作为记音工具，可以说是万叶假名之滥觞。

值得一提的是，有的较长的专名是谥号，如"阿米久尔億斯波罗支比里尔波乃弥己等"是钦明天皇的谥号，钦明天皇的谥号还有天国押波流岐广庭天皇（见《古事记》）、天国排开广庭天皇（见《日本书纪》）、天国案春岐广庭天皇（见《元兴寺伽蓝缘起》）。"等已弥居加斯支移比弥乃弥己等"应是推古天皇的谥号，"蘒奈久罗乃布等多麻斯支乃弥己等"是敏达天皇谥号，"多至波奈等已比乃弥己等"是用明天皇谥号，"等已刀弥弥乃弥己等"是圣德太子的谥号。

推古朝以降，日本金石铭文呈现出多样化面貌。一方面，造像记仍多见，如戊子年铭法隆寺纲封藏释迦三尊佛造像记、辛亥年铭观音菩萨像台座铭、甲寅年铭小金铜光背铭、戊午年铭观心寺阿弥陀如来造像记、西琳寺阿弥陀像光背铭、野中寺弥勒菩萨像台座铭、药师寺东塔铭、铜版法华说相图铭、鳄渊寺观音菩萨像台座铭、甲午年铭法隆寺观音菩萨造像记等等。另一方面，墓志铭也较多见，如船首王后墓志铭、小野朝臣毛人墓志及铜函铭、山城宇治宿祢墓志铭、文忌寸祢麻吕墓志铭、威奈真人大村墓志、下道国胜国依母骨藏器铭、小治田朝臣安万侣墓志、美努冈万墓志、杨贵氏墓志铭、石川年足墓志铭、高屋连枚人墓志等等。其他碑刻如宇治桥断碑、山ノ上碑、那须国造碑、建多胡郡辨官符碑、多贺城碑、宇智川畔磨崖碑、净水寺址南大门碑等也各有特点，是研究古代日本社会历史文化的宝贵资料。

从金石铭文字形看，日本金石铭文异形字现象较为普遍。[①]具体字形如下：

龜（龟），平（平），国（国），京（京），蝦（虾），夷（夷），勲

① 异形字概念参照拙著《韩国汉文古文献异形字研究》（上海人民出版社，2013 年）中的相关论述。

（勳），厡（原），**惠**（惠），**美**（美），歲、歳（岁），**苓**（等），**靺鞨**（靺鞨），**桉、桵**（按），**寅**（寅），**叅**（参），**議**（议），**郷**（卿），**兼**（兼），**修**（修），**鎮**（镇），**所**（所），**置**（置），**将**（将），**獨**（獨），**藤**（藤）。以上字形源自多贺城碑。

符（符），**罡**（冈），**寅**（寅），**真**（真），**正**（正），**原**（原）。以上字形源自建多胡郡辨官符碑。

那（那），**湏**（须），**国**（国），**御**（御），**原**（原）。以上字形源自那须国造碑。

上录金石字形虽然大部分与魏晋、隋唐字形相类，但其中的真、置、等、寅、勳等字形很有特点，丰富了汉字字形史内容。

本节附录（释文用繁体字形以保真）：

日本古坟、飞鸟、奈良时代金石铭文40种释文

1. 释迦如来造像记，甲寅年（594年）三月二十六日。

甲寅年三月廿六日，弟子｜王延孫奉爲存父母｜敬造金銅釋迦像一軀。｜願父母乘此功德，現｜身安穩！生生世世不經｜三塗，遠離八難，速生｜净土，見佛聞法。｜

2. 伊沙庭碑铭，推古天皇四年（596年）十月。（铭文载《释日本纪》卷十四，据光田庆一[①]改订释文）

法興六年十月，歲在丙辰，我法王大王與惠慈法師及葛城臣逍遙夷與村正觀神井，嘆世妙驗，欲敘意，聊作碑文一首。

惟夫日月照於上而不私，神井出於下無不給。万機所以妙應，百姓所以潛扇。若乃以照給無偏私，何異壽國子隨華臺而開右，沐神井而癒疹。詎丼承華，子浴花池而化弱。窺望山岳之巖崿，反冀平子之能往。椿樹相蔭而穹窿，實想五百之張蓋；啼鳥臨朝而戲哢，何曉亂音之聒耳。丹花卷葉以映照，玉菓彌葩以垂井。經過其下可優

---

① 参见光田庆一《古事记以前的文字资料》，下文光田庆一皆指此文献。

遊，豈悟洪灌霄庭。意與才拙，實慚七步，後生君子，幸無蚩。

3. 法興寺宝塔露盘铭，推古天皇四年（596年）十一月。（铭文据光田庆一改订释文）

大倭國天皇斯歸斯麻宮治天下，名阿米久爾億斯波羅支比里爾波乃彌己等世，奉仕巷宜，名伊那米大臣時，百濟國明王上啟云：

万法中佛法最上，是以天皇并大臣耳食之宜。善哉，則受佛法，造立倭國。

然天皇大臣等受報之業盡，故天皇之女佐久羅韋等由良宮治天下，名等已彌居加斯支移比彌乃彌己等世，及甥名有麻移刀等、已刀彌彌乃彌己等時，奉仕巷宜，名有明子大臣為領扱。諸臣等讚云：魏魏乎，善哉！造立佛法，父天皇，父大臣也。即發菩提心誓願，十方諸佛化度衆生，國家太平，敬造立塔廟。緣比福力，天皇、大臣及諸臣等過去七世父母，廣濟六道四生衆生，衆生處處，十方淨土，普同此願，皆成佛果。以為子孫世世不忘，莫絕綱紀。名建通寺。

戊申，始請百濟寺名昌王法師及諸佛等，故遣上釋令照律師弟子惠聰、令威法師弟子惠勳、道嚴法師弟子令契，恩率首真，鏤盤師將德白昧淳，寺師大羅未大，瓦師文貫古子麻那、文奴陽貴、文布陵貴，昔麻帝彌，令作奉者，山東漢大費直名麻高垢，更名意等加斯費直也。書人百加博士、陽古博士。丙辰年十一月既，爾時，使作奉人等，意奴彌首名辰星也，阿沙都麻首名未沙乃也，鞍部首名加羅爾也，山西首名都鬼也。此四部首為將，諸手使作奉也。

4. 法興寺丈六佛光背铭，推古天皇十七年（609年）四月。（铭文据光田庆一改订释文）

天皇名□廣庭在斯歸斯麻宮時，百濟□明王上啟：臣聞，所謂佛法既是世間無上之法，天皇亦應修行，擎奉佛像、經教、法師。天皇詔巷奇名□伊奈米大臣修行茲法，故佛法始建大倭□。廣庭天皇之子名□多知波奈土與比，天皇在夷波禮瀆邊宮時，任性廣、慈信，重三寶，捐棄魔眼，紹隆佛法。而妹公主名□止與彌擧奇斯岐移比彌，天皇在楷井等由羅宮時，追盛瀆邊天皇之志，亦重三寶之理。揖命瀆邊天皇之子名□等與刀彌彌大王及巷奇□伊奈米大臣之子名□有明子大臣，聞道諸王子教緇素。而百濟

惠聰法師、高麗惠慈法師、巷奇□有明子大臣長子名善德為領，以建元興寺。

歲次乙丑四月八日戊辰，以銅二万三千二百斤、金七百五十九兩，敬造尺迦丈六像，銅繡二軀并挾持。高麗□大興王方聽大倭尊重三寶，遙以隨喜貢金三百廿兩，助成大願，同心結緣。願以茲福力登遐諸生遍及含識有，信心不絕，面奉諸佛，共登菩提之岸，速成正覺。

歲次戊辰，大隋國使主鴻臚寺掌客裴世清、使副尚書祠部主事遍光高等來奉之。明年己巳四月八日甲辰，畢竟於元興寺。

5. 中宫寺天寿国曼荼罗绣帐铭，推古天皇三十年（622 年）。（铭文据光田庆一改订释文）

斯歸斯麻宮治天下天皇名阿米久爾意斯波留支比里爾波乃彌己等，娶巷奇大臣名伊奈米足尼女名吉多斯比彌乃彌己等為大后，生名多至波奈等已比乃彌己等，妹名等已彌居加斯支移比彌乃彌己等。復娶大后弟名乎阿尼乃彌己等為后，生名孔部間人公主。斯歸斯麻天皇之子名蒋奈久羅乃布等多麻斯支乃彌己等娶庶妹名等已彌居加斯支移比彌乃彌己等為大后，坐乎沙多宮，治天下，生名尾治王。多至波奈等已比乃彌己等娶庶妹孔部間人公主為大后，坐瀆邊宮，治天下，生名等已刀彌彌乃彌己等，娶尾治大王之女名多至波奈大女郎為后。歲在辛巳十二月廿一癸酉日入，孔部間人母王崩。明年二月廿二日甲戌夜半，太子崩。于時，多至波奈大女郎悲哀嘆息，白畏天皇前曰：啟之雖恐，懷心難止。使我大王與母王如期從遊，痛酷无比。我大王所告，世間虛假，唯佛是真。玩味其法，謂我大王應生於天壽國之中。而彼國之形，眼所叵看，悕因圖像，欲睹大王住生之狀。天皇聞之，悽然告曰：有一我子所啟，誠以為然。敕諸采女等造繡帷二張。畫者東漢末賢、高麗加西溢，又漢奴加己利。令者椋部秦久麻。

6. 法隆寺纲封藏释迦三尊佛造像记，戊子年（628 年）十二月十五日。

戊子年十二月十五日，朝風文|將其容濟師慧燈，爲噭加大臣，|誓願敬造釋迦佛像，以此願力|七世四恩六道四生俱成正覺。|

7. 宇治桥断碑铭，大化二年（646年）。

浼浼横流，其疾如箭。修修征人，停骑成市。欲赴重深，人馬亡命。從古至今，
莫知杭葦。」

世有釋子，名曰道登。出自山尻，惠满之家。大化二年，丙午之歲。構立此橋，
濟度人畜。」

即因微善，爰發大願。結因此橋，成果彼岸。法界衆生，普同此願。夢裏空中，
導其苦緣。」

8. 传一切经书写之碑模刻拓本，白凤二年（651年）七月九日。

净御原宮御宇，白鳳」二年七月九日，我朝」始寫一切經。詔諸」臣之時，先寫無
量壽」經一千部，爲拾函矣。」少僧都義成謹誌之。」

9. 观心寺阿弥陀如来造像记，戊午年（658年）十二月。

戊午年十二月爲命過名」伊之沙古，而其妻名汗麻」尾古，敬造彌陁佛像。以」
此功德願過往其夫」及以七世父母，生生世世恒生」净土，乃至法界衆生」悉同此願
耳。」

10. 船首王后墓志铭，戊辰年（668年）十二月。

惟船氏故王后首者，是船氏中租王智仁首兒，那沛故」首之子也。生於乎娑陀
宮治天下天皇之世，奉仕於等由」羅宮治天下天皇之朝，至於阿須迦宮治下天皇之」
朝，天皇照見，知其才異，仕有功勲，勅賜官位大仁品爲第」三。殞亡於阿須迦天皇
之末，歲次辛丑十二月三日庚寅。故」戊辰年十二月，殯葬於松岳山上，共婦安理故
能刀自」同墓，其大兄刀羅古首之墓，並作墓也，即爲安保万」代之靈基，牢固永劫
之寶地也。

11. 小野毛人朝臣墓志及铜函铭，丁丑年（677年）十二月。

（表）飛鳥淨御原宮治天下天皇御朝任太政官兼刑部大卿位大錦上

（裏）小野毛人朝臣之墓营造岁次丁丑年十二月上旬即葬

12. 药师寺东塔檫记，天武天皇八年（679 年）。

維清原宮馭宇｜

天皇即位八年庚辰之歲建子之月，以｜中宮不念，創此伽藍。而鋪金未遂，龍駕｜騰仙，太上天皇奉遵前緒，遂成斯業。｜照先皇之弘誓，光後帝之玄功。道濟群｜生，業傳曠劫，式旌高躅，敢勒貞金。｜其銘曰：｜

巍巍蕩蕩，藥師如來。大發誓願，廣｜運慈哀。猗與聖王，仰延冥助。爰｜飾靈宇，庄嚴調御。亭亭寶刹，｜寂寂法城。福崇億劫，慶溢萬｜齡。

13. 山ノ上碑铭，天武天皇九年（681 年）集月三日。

辛巳歲集月三日記｜

佐野三家定賜健守命孫黑賣刀自，此｜新川臣兒斯多々禰足尼孫大兒臣，娶生兒｜長利僧母爲記定文也。放光寺僧。

14. 铜版法华说相图铭，岁次降娄（687 年）七月上旬。

惟夫靈佛□□□□□□□□□｜立称已乘□□□□□□□□□｜真身，然大聖□□□□□□□｜不圖形表刹福□□□□□□｜日夕畢功，慈氏□□□□□□｜佛説，若人起卒堵□□□□□｜阿摩洛菓，以佛馱都□□□□。｜安置其中，樹以表刹量□□□。｜上安相輪，如小桑葉，或造佛像，｜下如積麥。此福無量，粵以奉爲｜天皇陛下敬造千佛多宝佛塔，｜上厝舍利，仲擬全身，下儀並坐｜諸佛方位，菩薩圍繞，声聞独覺，｜冀聖金剛師子振威。伏惟聖帝｜超金輪阿逸多，真俗雙流，化度｜无央。庶冀永保聖蹟，欲令不朽，｜天地等固，法界无窮。莫若崇據｜靈峯，星漢洞照；恒秘瑞巖，金石｜相堅。敬銘。其辞曰：｜

遙哉上覺，至矣大佛。理歸絕妙，｜事通感緣。釋天真像，降茲豐山。｜鷲峯宝塔，涌此心泉。負錫來遊，｜調琴練行。披林晏坐，寧枕熟定。｜乘斯勝善，同歸實相。壹投賢劫，｜俱值千聖。歲次降婁，漆莵上旬。｜道明率引捌拾許人，奉爲飛鳥｜淨御原大宮治天下天皇敬造。

15. 法隆寺观音菩萨造像记，甲午年（694年）三月十八日。

甲午年三月十八日鵤大寺德聰法師片岡王寺令弁法師｜飛鳥寺弁聰法師三僧，所生父母報恩，敬奉觀世音菩薩｜像，依此小善根，令得无生法忍，乃至六道四生衆生俱成正覺。｜

族大原博士，百濟在王，此土王姓。

16. 妙心寺钟铭，戊戌年（698年）四月十三日。

戊戌年四月十三日壬寅，收糟屋評造春米連廣國鑄鐘。

17. 那须国造碑铭，岁次庚子年（700年）正月二日。

永昌元年己丑四月，飛鳥淨禦原大宮那須國造｜追大壹那須直韋提，評督被賜，歲次庚子年正月｜二壬子日辰節殄。故意斯麻呂等立碑銘誌云爾。仰惟殞公廣氏尊胤，國家棟樑。一世之中，重被貳｜照；一命之期，連見再甦。碎骨飛髓，豈報前恩？是以｜曾子之家，無有嬌子；仲尼之門，無有罵者；行孝之｜子，不改其語。諸夏堯心，澄神照乾；六月童子，意香｜助坤。作徒之大，合言喩字。故無翼長飛，無根更固。

18. 山城宇治宿祢墓志铭，庆云二年（705年）十二月。

□□前誓願物部神□□□□｜□□八継孫，宇治宿祢□□□□｜□□大平，子孫安坐□□□□｜

（慶）雲二年十二月□

19. 文忌寸祢麻吕墓志铭，庆云四年（707年）九月二十一日。

壬申年將軍左衛士府督正四位上文禰麻｜呂忌寸，慶雲四年歲次丁未九月廿一日卒。

20. 威奈真人大村墓志，庆云四年（707年）十一月二十一日。

小納言正五位下威奈卿墓誌銘幷序｜

卿諱大村，檜前五百野宮」御宇天皇之四世，後岡」本聖朝紫冠威奈鏡公之」第三子也。卿溫良在性，恭」儉爲懷。簡而廉隅，柔而成」立。後清原聖朝初，授務」廣」肆，藤原聖朝小納言闕，於」是高門貴冑，各望備員，」天皇特擢卿，除小納言，授」勤廣肆。居無幾，進位直廣」肆。以大寶元年律令初定，」更授從五位下，仍兼」侍從。」卿對揚宸辰，參贊絲綸之」密；朝夕帷幄，深陳獻替之」規。四年正月，進爵」從五位」上。慶雲二年，命兼太政官」左小辨。越後北疆，衝接蝦」虜；柔懷鎮撫，允」屬其人。同」歲十一月十六日，命卿除」越後城司。四年二月，進爵」正五位下。卿臨」之以德澤，」扇之以仁風。化洽刑清，令」行禁止。所冀享茲惠祐，錫」以長齡。豈謂」一朝遽成千古，」以慶雲四年歲在丁未」四月廿四日寢疾，終於越」城，時年卅六。粵以其年冬」十一月乙未朔廿一日乙」卯，歸葬於大倭國葛木下」郡山君里狛井山岡。天」潢疏派，若木分枝。標英啓哲，」載德形儀。惟卿降誕，餘慶」在斯。吐納參贊，啓沃陳規。」位由道進，榮以禮隨。製錦」蕃維，令望攸屬。鳴絃露冕，」安民靜俗。憬服來蘇，遙荒」爾足。輔仁無驗，連城析玉。」空對泉門，長悲風燭。

21. 下道国胜国依母骨藏器铭，和铜元年（708 年）十一月二十七日。

（内圈）

銘下道圀勝，弟圀依朝臣，右二人母夫人之骨藏器，故知後人明不可移破。

（外圈）

以和銅元年歲次戊申十一月廿七日己酉成。

22. 建多胡郡辨官符碑铭，和铜四年（711 年）三月九日。

弁官符。上野國片岡郡、緑野郡、甘」良郡，并三郡内三百戶郡成給羊」成多胡郡。和銅四年三月九日甲寅，」宣左中弁正五位下多治比真人，」太政官二品穗積親王，左太臣正二」位石上尊，右太臣正二位藤原尊。

23. 发粟原寺塔婆覆钵铭（大和粟原寺露盘铭），和铜八年（715 年）四月。

寺壹院四至〈限東竹原谷東岑　限南大岑　限樫村谷西岑　限北忍坂川〉」

此粟原寺者，仲臣朝臣大嶋，惶惶誓願。」奉爲大倭國淨美原宮治天下天皇時，」

日並御宇東宮，敬造伽檻之尒。故比賣」朝臣額田以甲午年始，至於和銅八年」合廿二年中，敬造伽檻，而作金堂，仍造」釋迦丈六尊像。」和銅八年四月，敬以進上於三重寶塔」七科鑪盤矣。」仰願藉此功德」皇太子神靈速證无上菩提果。」願七世先靈共登彼岸。」願大嶋大夫必得佛果。」願及含識俱成正覺。

24. 元明天皇陵碑，养老五年（721年）十二月十三日。

大倭國添上郡平城」之宮，馭宇八洲」太上天皇之陵是其」所也。」養老五年歲次辛酉」冬十二月癸酉朔十」三日乙酉葬。

25. 奈良兴福寺观禅院钟铭，神龟四年（727年）十二月十一日。

椎捴神器，金鼓仁風。声振鷲岳，響暢龍宮。奉爲四恩，」先靈聖躬。遊神壽域，晤言天衆。鈿輪息下，折機清空。」芥城伊竭，弘誓無窮。鑄銅四千斤，白錫二百六十斤。」神龜四年歲次丁卯十二月十一日鑄。寺主德因時。

26. 小治田朝臣安万侣墓志，神龟六年（729年）二月九日。

右京三條二坊從四位下小治田朝臣安」萬侶大倭國山邊郡都家鄉郡里崗安墓」

神龜六年歲次己巳二月九日」

（副志）左琴神龜六年二月九日」

（副志）右書神龜六年二月九日

27. 美努冈万墓志，天平二年（730年）十月一日。

我祖美努岡萬連，飛鳥淨御原天皇御世」甲申年正月十六日，勅賜連姓。藤原宮御宇」大行天皇御世大寶元年歲次辛丑五月，」使乎唐國。平城宮治天下大行天皇御世」靈龜二年歲次丙辰正月五日，授從五位下，」任主殿寮頭。神龜五年歲次戊辰十月廿日」卒，春秋六十有七。其爲人小心事帝，移孝爲」忠，忠簡帝心，能秀臣下。成功廣業，照一代之」高榮；揚名顯親，遺千歲之長跡。令聞難盡，餘」慶無窮。仍作斯文，納置中墓。」

天平二年歲次庚午十月一日。

28. 传武智麿公碑残欠铭, 天平九年（737 年）。

天平九□□

29. 杨贵氏墓志铭, 天平十一年（739 年）八月十二日。

從五位下守右衛」土督兼行中宮亮」下道朝臣真備葬」亡姚楊貴氏之墓。」
天平十一年八月十」二日記。」歲次己卯。

30. 行基舍利瓶记断片, 天平二十一年（749 年）三月二十三日。

〔大僧正舍利瓶記」

　和上法諱法行, 一號行基, 藥師寺沙門也。俗姓高志氏, 厥」考諱才智, 字智法君之長子也。本出於百濟王子王爾之」後焉, 厥姚蜂田氏, 諱古爾比壳, 河內國大鳥郡蜂田首虎」身之長女也。近江大津之朝戊辰之歲, 誕於大鳥郡。至於」飛鳥之朝壬午之歲, 出家歸道。苦行精勤, 誘化不息, 人仰」慈悲, 世稱菩薩。是以天下蒼生, 上及人主, 莫不望塵頂禮,」奔集如市, 遂得」聖朝崇敬, 法侶歸服。天平十七」年, 別〔授大僧正之任, 並〕施百戶之封。于時僧綱已」備, 特居其上。雖〔然不以在懷,」勤苦彌屬, 壽八十二, 廿〕一年二月二日丁〔酉之夜, 右脇〕而臥, 正念如常, 奄終〕於右京〔菅原寺。二月八日火葬於」大倭國平群郡生馬山之東陵, 是依遺命也。弟子僧景靜」等, 攀號不及, 瞻仰見無, 唯有碎殘舍利然盡輕灰。故藏此」器中, 以爲頂禮之主, 界彼山上, 以慕多寶之塔。」

　天平廿一年歲次己丑三月廿三日, 沙門真成。〕

31. 龙福寺竹野王石塔铭, 天平胜宝三年（751 年）四月二十四日。

（东面）

昔阿育□王八万四千」塔遍國□造□□内」王年珍寶□□□□」□□□□□□□□□」□□□□□□□」其来尚年□□比□」号曰朝風南葬談武」

　（西面）

　□即□□□□□□」崇□□□□□□□」□□□□□□□□」

□□□□□□□□□」□之長□□□□□」□□□□□□□□□」臥
□□□□□□□□」

（南面）

之峯北際蝦田之谷」□安□之角」□□之」□□□□□□□□□」
□□□□□□□□」□□□□□□□」□□□□□□□□」

（北面）

□□□□□□□□□」天平勝寶三年歲次」辛卯四月廿四日丙」子」　從二位竹野
王」

32. 药师寺佛足石记，天平胜宝五年（753年）七月二十七日。

（正面）

釋迦牟尼佛跡圖」

案《西域傳》云：今摩揭陀國，昔阿育王方精舍中有一大石，」有佛跡，各長一
尺八寸，廣六寸，輪相花文，十指各異。是佛」欲涅槃，北趣拘尸，南望王城，足所
蹈處。近爲金耳國商迦王」不信正法，毀壞佛跡，鑿已還生，文相如故。又捐於河」
中，尋復本處。今現圖寫，所在流布。觀佛三昧經，」若人見佛足跡，内心敬重，无量
衆罪，由其而滅。今又值遇，」非有幸之所致乎？又北印度烏仗那國，東北二百六十
里」入大山，有龍泉河源，春夏含凍，晨夕飛雪。有暴惡」龍，常雨水災。如來往化，
令金剛神以杵擊崖。龍出□」伏，歸依於佛。恐惡心起，留跡示之。於泉南大石上，
現其足」跡，隨心淺深，量有長短。今丘慈國城北四十里寺佛堂」中玉石之上，亦有
佛跡，齋日放光。道俗至時，同住慶」修。觀佛三昧經，佛在世時，若有衆生見佛行
者及」見千輻輪相，即除千劫極重惡罪。佛去世後，想」佛行者亦除千劫極重惡業。
雖不想行，見佛迹者，見」像行者，步步之中，亦除千劫極重惡業。觀如來」足下平
滿，不容一毛，足下千輻輪相，轂輞具足，魚鱗相次，」金剛杵相。足跟亦有梵王頂
相、衆蠡之相，不遇諸惡，」是爲休祥。

（正面樺外下方）

知識家口男女大小

（左侧桦外右下方）

三國真人淨足

（左側）

大唐使人王玄策，向中天竺摩」揭陀國中轉法輪處，因見」跡，得轉寫搭，是第一本。」日本使人黄書本實，向」大唐國，於普光寺得轉」寫搭，是第二本。此本在」右京四条一坊禅院，向禅」院壇，披見神跡，敬轉寫」搭，是第三本。從天平勝」宝五年歲次癸巳七月十五日，尽」廿七日，并一十三箇日作畢。檀」主從三位智努王，以天平勝」宝四年歲次壬辰九月七日，」改王字成文室真人智努。」画師越田安万書寫。」神石手万呂人足」　　□仕奉□□□人」

（左側桦外左下方）

三國真人淨足」

（背面）

至心發願，爲」亡夫人，從四位下」茨田郡王，法」名良式，敬寫」釋迦如来神」跡。伏願夫人」之靈，駕遊入」无勝之妙邦。」受□□□□之」聖□，永脱有」漏，高証无爲，同」霑三界，共契一真。」

（右側）

諸行無常，」諸法无我，」涅槃寂静。」

（右隅）

觀□□

33. 石川年足墓志銘，天平宝字六年（762年）九月一日至十二月一日。

武内宿祢命子蘇我石川宿祢命十世孫，從三位行左大」辨石川石足朝臣長子，

御史大夫正三位兼行神祇伯年」足朝臣。當平成宮御宇天皇之世，天平寶字六年歲次壬」寅九月丙子朔乙巳，春秋七十有五，薨于京宅。以十二月」乙巳朔壬申葬于攝津國嶋上郡白髮鄉酒垂山墓，礼也。」儀形百代，冠蓋千年。夜臺荒寂，松伯含煙。鳴呼哀哉！

34. 多贺城碑铭，天平宝字六年（762 年）十二月一日。

西

多賀城，去京一千五百里，」去蝦夷王界一百廿里，」去常陸王界四百十二里，」去下野王界二百七十四里，」去靺鞨王界三千里。」

此城，神龜元年歲次甲子按察使兼鎮守府將」軍從四位上勳四等大野朝臣東人之所置也。」天平寶字六年歲次壬寅參議東海東山節度」使從四位上仁部省卿兼按察使鎮守將軍藤」原惠美朝臣朝獦修造也。」

天平寶字六年十二月一日。

35. 越前剑御子寺钟铭，神护景云四年（770 年）九月十一日。

劍御子寺鐘」

神護景雲四」年九月十一日

36. 高屋连枚人墓志，宝龟七年（776 年）十一月二十八日。

故正六位上常陸國」大目高屋連枚人之」墓，寶龜七年歲次丙」辰十一月乙卯朔廿」八日壬午葬。

37. 宇智川畔磨崖碑铭并阴刻佛像拓本，宝龟九年（778 年）二月四日。

大般涅槃經

□行□□□□□法□生滅々已□寂滅爲□」□□□句□□過□□□現在諸佛所説□空法道」□□□涅槃，永斷於生死，□有至心，□」常□无□□。」若有書寫讀誦，爲□□説一經，其□□□後，七劫不墮惡道。」寶龜九年二月四日□工少□□□」□□□□□□□□知識□□

38. 净水寺址灯楼竿石铭，延历二年（783 年）七月十四日。

奘善和上｜御願造奉｜燈樓一基。｜延曆二年｜七月十四日，｜真上日乙｜肥公馬長｜化僧藥蘭。

39. 纪吉继墓志，延历三年（784 年）朔癸酉丁酉。

維延曆三年歲次甲子朔癸酉丁｜酉，參議從四位下陸奧國按察使｜兼守鎮守副將軍勳四等紀氏｜諱廣純之女吉繼墓誌。

40. 净水寺址南大门碑铭，延历九年（790 年）二月二十三日。

南大門幷碑文開｜

夫人不独獨登，登者法，法不獨弘，弘者人。然玄奘法｜師，早芭四忍，先悟三空；智通無累，神測未形。超六｜塵而迴出，掩千古以無對。悲正法之陵遲，慨深文｜之訛謬。遠涉百州千餘國，兼從萬里之山川。積雪｜失地，驚砂迷天。西域捉科八藏五乘之教，梵本經｜論一千夾六百五十七部乎。

然仍奘善｜骸，起净水寺活田壹拾所，益城与宇土郡間稱宮｜瀉椅料栗林七所〈益城三所，宇土四所〉。寧同料内典收饒合六□｜千四百六卷，佛前諸聞親道等並犯用者，妙見｜菩薩及一千七百善神等，兹知監成道延命，□掩道理｜名寺矣。延曆九年二月廿三日。

（左侧面）

東佛像經塔並妙見之院

（背面）

北彌勒寺廟之院

（右侧面）

西鄉塔並燈樓之院

第二节　木简

　　日本木简出土地主要集中在中部南部地区，古代地属西海道、南海道、山阳道、山阴道、畿内、东海道、东山道、北陆道。据奈良文化财研究所统计，日本木简出土遗迹 1364 处，共出土木简 389380 件[①]，数量相当可观。从形制上看，有短册形（图 1-2）[②]，有侧面穿孔形（图 1-3），有两边切口形（图 1-4），有尖端形（图 1-5），还有复合形（图 1-6），当然还有一些残简（图 1-7）。

图 1-2　　　　　　　　图 1-3　　　　　　　图 1-4

---

① 数据来自奈良文化财研究所制作的"木简库"。

② 图像源自奈良文化财研究所制作的"木简库"，下同。

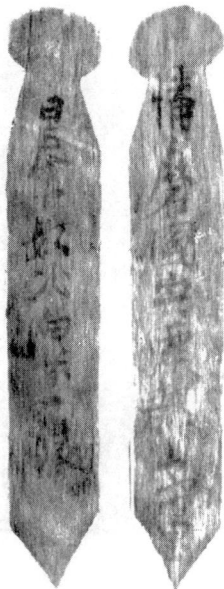

图 1-5　　　　　　图 1-6　　　　　　图 1-7

就木简内容看，有文书简、付札、荷札、传票、习书、落书、咒符、题签、封缄、佛事等。据奈良文化财研究所的 WTD（Wooden Tablet Database 木简库），文书简 7583 件，付札 2023 件，荷札 4388 件，传票 1041 件，习书、落书 2253 件，咒符 577 件，题签、封缄 278 件，佛事 2104 件，其他 2716 件。（数据统计时间为 2020 年 10 月）这些木简表现了明显的实用性，其中最值得关注的是习书、落书简。习书即学习书写汉字，落书即涂鸦。简文内容往往表现为同一个字反复书写，也有的在有字简上重新再写，如下（图 1-8）：

第一章总论部分曾谈到《日本书纪》及《古事记》都记载了王仁自百济国前往日本时带去了《论语》《千字文》等汉文书籍，这些汉文书籍就是当时的汉文教材。在出土的日本木简习书落书简就有《论语》《千字文》的内容。如 1979 年发表的藤原宫迹东方官衙北地区出土飞鸟时代的一枚木简（编号 662），如图 1-9。

正面简文（用繁体字形以保真，下同）曰：子曰學而不口。

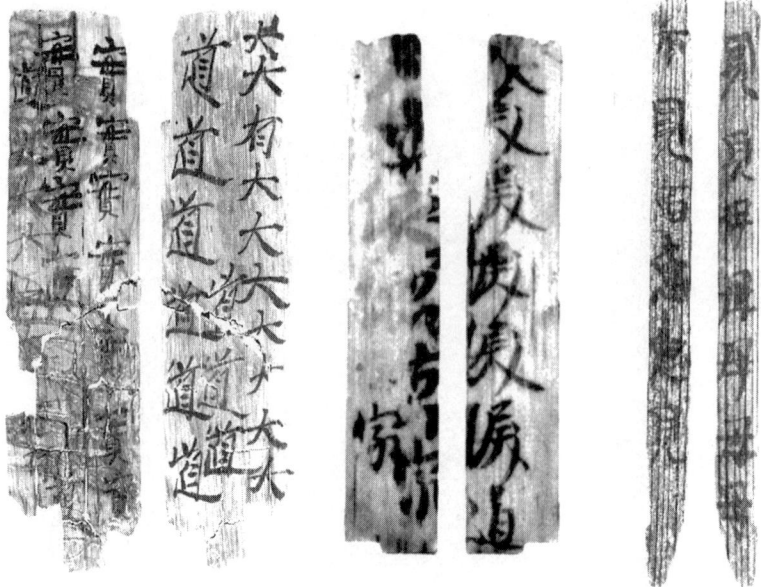

图 1-8

反面简文曰：□水明□□□。

此简正反面内容不一，具有常见的习书简特点。正面"子曰：學而不"应是源自《论语·为政》，从字形看，"曰"字书写成了"日"，一方面是"日""曰"不分的中古汉字书写实际，另一方面是"学""而"等字已经有较高的书写水平，说明《论语》是当时学习者经常进行书写练习的学习材料。

图 1-9

1998 年发表的飞鸟池遗迹北地区出土一枚《论语》习书木简（编号 953），如图 1-10。简文：禮論□語礼禮礼。该简文字交叠，类同涂鸦。

1967 年发布的《平城宫发掘调查出土木简概报》含"论语"木简一枚（编号 4688），如图 1-11。简文：青青青秦秦秦謹謹申 / 謹論語諫許計計課□謂諟誰。

1982 年发布的《平城宫发掘调查出土木简概报》含《论语》木简一枚（编

号 051 ），如图 1-12。简文：論語序□論□。

1993 年发布的《平城宫发掘调查出土木简概报》含《论语》木简一枚（编号 1105 ），如图 1-13。简文：論語語□。

1994 年发布的《平城宫发掘调查出土木简概报》含《论语》木简一枚，如图 1-14。简文：□□〇何晏集解〇子曰。

1996 年发布的《长野县屋代遗迹群出土木简》含《论语》木简两枚，简文 1：子曰学是不思，简文 2：亦樂乎人不知而不□。

1998 年发布的《平城宫发掘调查出土木简概报》含《论语》木简一枚（编号 310.42.4 ），如图 1-15。简文：曰上〈 〉〇不□我学〲子曰学而時習之□。

1998 年发布的《平城宫发掘调查出土木简概报》含《论语》木简一枚（编号 091 ），如图 1-16。简文：孔子謂季氏八□。

2000 年发布的《出石郡出石町袴狭遗迹》含《论语》木简两枚，简文 1：

图 1-10　　　　　图 1-11　　　　　图 1-12　　　图 1-13　图 1-14

論語序何晏集□，简文 2：子謂公冶長可妻。

2002 年发布的《飞鸟藤原宫发掘调查出土木简概报》含《论语》木简一枚（编号 833），如图 1-17。简文：亦樂乎。

2003 年发布的《飞鸟藤原宫发掘调查出土木简概报》含《论语》木简一枚（编号 3445），如图 1-18。简文：而時習。

2004 年发布的《飞鸟藤原宫发掘调查出土木简概报》含《论语》木简一枚（编号 102），如图 1-19。简文：乎〇有朋自遠方来〇□。

图 1-15　　　图 1-16　　　　图 1-17　　　　图 1-18　　　图 1-19

兵库县朝来郡山东町柴字方谷柴遗迹出土含《论语》木简一枚，简文：悦乎〇有朋自。

奈良县奈良市西大寺新田町平城京右京一条三坊十三、十四坪遗迹出土含"论语"木简两枚，简文 1：論論語卷卷卷卷，简文 2：□□論語。

阪原阪户遗迹出土一枚《论语》木简，简文：□□夫子之求之与其諸異乎。

兵库县神户市东滩区深江北町遗迹出土《论语》木简，简文：遠方來不亦樂乎人不知而不愠不亦君子乎。

以上涉及《论语》的木简有明显的特点，简文要么是《论语》篇名、序，要么是各章的起始部分。日本学者三上喜孝提出《论语》是官吏权贵们用以表现汉文水平的工具，是一种身份的象征。[1]《论语》作为一种象征，抄写乃至反复抄写也就不足为奇了，只存起始部分，也完全符合学习者练笔习惯。

简文所反映的《论语》版本为何晏《集解》本，《古事记》所提到的和迩吉师（王仁）自百济国携去日本的《论语》十卷就是何晏的《论语集解》十卷。

日本木简主要是七八世纪的遗物，除上文所述的文书、付札、传票、习书等内容类别丰富之外，其所涉及地名、人名、职官、勋阶、刑罚等专名也极其丰富。

其粮食有米、白米、大豆、赤米、余米、春米、小豆、黑米、酒米等，果蔬有栎、甘子、胡桃子、菁、毛瓜、名我、韩奈须比、水葱、杂交菜、茄子、青角豆、茶、瓜等，水产有鲷、乌贼、鲋、押年鱼、海松、熬海鼠、紫菜、若海藻、杂鱼、鲍、鲭、矶鲷、伊和志、年鱼、海细螺、少辛螺头打、鳗、贻贝、伊加、水母、荒坚鱼、鳎、蛎、佐米、鲋、稚海藻、赤鱼、耽罗鳆、麻须、小拟、多比、粗坚鱼、蕨甲蠃等，其物名还有衣物、农具、乐器、车马、动植物、香料、染料、药材、钱货等等。

其地名有伊势国度会郡继椅乡、新罗、高丽、斐国山梨郡加美乡、河内国交野郡、摄津国菟原、陆奥国、河内国安宿郡、宫津乡、上道郡、大内郡入野乡、能登国能登郡鹿嶋乡、远敷郡、若狭国三方郡乃止乡、若狭国三方郡能登乡、志麻国英虞郡船越乡、出云国、越前国足羽郡、越前国坂井郡、川原里有度部、因幡国、丹后国、上野国绿野郡小野乡、但马国养父郡老左乡、赞岐国三木郡、伊贺国伊贺郡长田乡新木里等等。

其人名（含部族、籍贯）有浓宜公水通、丈部宇万吕、县犬养宿祢清人、阿闭、纪朝臣直人、河内造清成、秦虫麻吕、礒部直成木、田尻麻吕、伯祢广地、大原、雀部朝臣道奥、山边君忍熊、若倭部息嶋、粟田、供麻吕、粟田公麻吕、

---

① 三上喜孝：《日本古代文字与地方社会》，吉川弘文馆，2013 年，第 64 页。

三家人波泉、丹比连道万吕、中臣广成、物部鸟麻吕、广万吕、生部枚麻吕、刑部种麻吕、王难波麻吕、大原东万吕、桑原安万吕、壬生国足、真床、阿治麻佐女、手豆支女、毛美良女、三富女、广椅女、小侬女、色夫知、比流臣足、酒波今、阿刀酒主等等。其中荒田目条里遗迹出土一枚木简上多达三十四人名字，见图1-20。简文正面：郡符里部自手古丸、黑成、宫泽、安继家、贞马、天地、子福积、奥成、得内、宫公、吉惟、胜法、圆隐，百济部於用丸、真人丸、奥丸、福丸、苏日丸、胜野、胜宗、贞继，净人部於日丸、净野、舍人丸、佐里丸、净继、子净继，丸子部福继、足小家，壬部福成女、於保五百继、子槐本家、太青女、真名足不子於足，合卅四人。右田人为以今月三日上面职田令殖可扈发如件。简文反面：大领於保臣，奉宣别为如任件口，以五月一日。

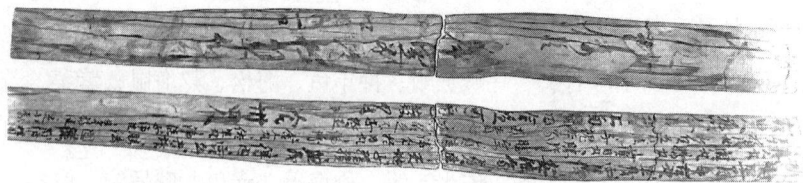

图 1-20

其勋阶有散位寮、大学寮直讲、大初位下、从八位上、正八位上、正八位下、少初位上、少初位下、三位、正六位上等等。

木简中还有乘法口诀，如平城宫东院地区西边遗址出土一枚木简（编号2730），如图1-21。简文：五九卌五。

平城京左京二条二坊五坪二条大路濠状遗构遗址出土两枚木简（编号5094、5095），如图1-22。简文：九九八十一。

图 1-21　　　　图 1-22

第三节　奈良时代古文书

日本因借鉴古代中国而形成的律令制度在奈良时代逐步得到完善，由此而形成的社会等级让普通人民生存艰难。日本奈良时代的诗人山上忆良《贫穷问答歌》写道："父母俱将受饥寒，妻儿呼食亦哭叫。试问斯时节，何以度世道？……窃思人世间，忧愧苦煎熬。无术逃天外，吾身非高鸟。"[①]诗人所控诉的是当政者的无能和酷吏的残暴，但高高在上的天皇却借助于佛教去抚慰众生，造寺、造佛、写经成了当时的宏大工程。圣武天皇740年发愿建造东大寺及卢舍那大佛像，743年开始兴建，耗时近10年，举国财力尚不足，又号召民众出钱出力。更有甚者，天皇又诏令各地方建立国分寺，造丈六释迦佛金铜像及左右菩萨，抄写《法华经》十部，并修建七重塔，僧尼分立两寺。国分寺的建造彻底拖垮了地方经济，加之饥馑和疫病，民不聊生，饿殍满地。另一方面，户籍与税赋制度较有效地维持国家机器的正常运转，留给后人大量的文书资料。奈良古文书资料有12000多件藏在正仓院，1836年始陆续整理为《正集》四十五卷、《续修集》五十卷、《尘介集》三十九卷、《续修后集》五十三卷、《续修别集》五十卷、《续续修集》四百三十九卷。内容大多为户籍、账册、公文、写经等，今较为通行者为宫内厅正仓院事务所编的《正仓院古文书影印集成》十七册，八木书店1988年至2007年初版（图1-23）。

奈良古文书在研究社会、历史、经济、文化制度等方面具有不可多得的价值，如《正仓院古文书影印集成·正集》卷二十二至二十六记录了御野国各郡户籍数据，卷二十七至三十七记录了越前、周防、长门等国税收；《正仓院古文书影印集成·续修别集》详细记录了建造东大寺涉及的各类官署、工匠、徒役及各官署、寺院往来文牒，抄写佛经所耗人力、物力、财力等等。《续修别集》第十一卷记录了奉写《一切经》一部4609卷，用纸12200张，校纸56800张，装潢纸11600张，调布220端2丈1尺；写经师有念林老人、占部忍男等44人。从正仓院古文书看，写经耗费了奈良时期巨额财力，使百姓陷入极度贫

---

① 译文参照李芒选译注：《万叶集选：日本古代诗歌集》，人民文学出版社，1998年，第170—172页。

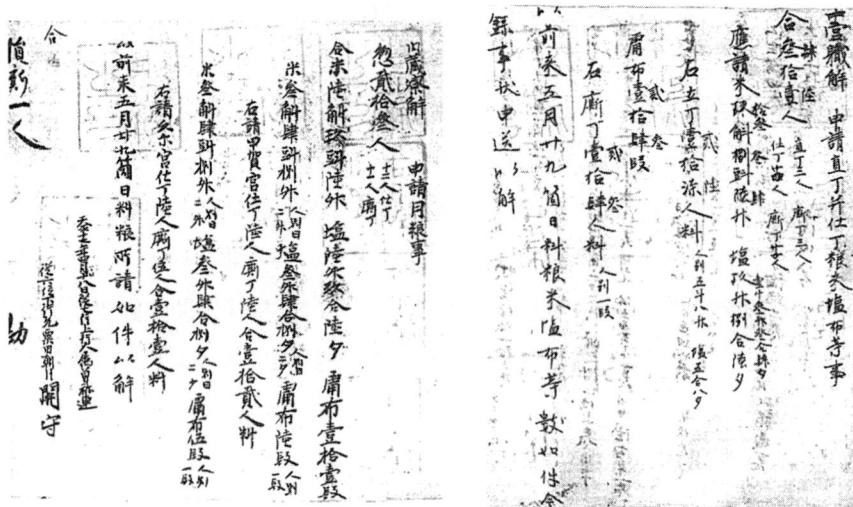

图 1-23

困的境地。另一方面，户籍制度又限制了人口流动，社会阶层的分化更是加剧了生存的艰辛。佛教的来世思想勉强给庶民带来一丝希望，成为当时日本社会艰难前行的一点动力。

正仓院古文书对奈良时代汉字使用的研究也是珍贵资料，古文书中历史汉字字样丰富，其典型字样见下表（表中主形字用繁体，下同）。

表1　日本正仓院故书字样表

安	安安		般	股股
案	案		被	被
奥	奥		备	俗
拔	拔		精	精
把	把		本	本
百	百		鼻	鼻
佰	伯		毕	畢
拜	拜		婢	婢
班	班		幣	幣

字	变体
邊	邊
波	陂
布	布布布布
步	歩
材	村
殘	殘殘殘殘殘
藏	藏藏
漕	漕
察	察
甌	甌
抄	杪
偶	偶偶偶
承	承承承
春	春
蠹	蠹
初	初初
處	處
船	舩
傳	傳傳
此	此
從	從
撮	撮撮
答	荅荅
擔	擔擔
盜	盜
稻	稻稻稻
得	得
等	等
砥	砥
第	苐苐

字	变体
殿	殿
鯛	鯛
牒	牒牒牒牒牒牒
定	定定
斟	斟
斗	斗
度	度度
端	端端端
段	段段段段
斷	斷
對	對
貳	貳貳貳貳貳
法	法
髮	髮
番	番
蕃	蕃
凡	凡
飛	飛
分	分
封	封
佛	仏
缶	缶缶缶
敷	敷
負	負
副	副
蝮	蝮
鰒	鰒
蓋	蓋蓋
綱	綱綱綱綱綱
葛	葛

第一章　汉字传入与传播

四五

羹	羹	堅	堅
功	㓛	間	間
穀	穀	煎	煎
穀	穀	檢	檢
寡	寡	件	件
鰹	鰹	薑	薑
觀	觀	匠	迊迊
冠	冠	醬	醬醬
龜	龜龜龜	膠	膠
鬼	鬼	校	校
國	国	解	解解解解解
裏	裏裏	堺	堺
海	海	今	今
漢	漢	金	金
黑	黑	謹	謹謹謹
斛	斛	京	京
壺	壺	經	経經經経
戶主	戸戸戸	景	景
畫	畫	盡	畫
換	換	酒	酒酒酒
荒	荒荒	就	就
惠	惠	舉	舉
會	會	具	具具
齋	齋	聚	聚
及	及	卷	卷
既	既	蕨	蕨
繼	繼繼継	勘	勘
冀	冀	墾	墾
假	假	來	来
奸	奸	哩	哩哩

穆	穆		例	例
磨	磨		歷	歷
男	男		鎌	鎌
能	能		椋	椋椋
尼	尼		糧	糧糧
年	年年		兩	兩
釀	釀		量	量
涅	涅		寮	寮
凝	凝		料	料料料
糯	糯		綾	綾
槃	槃		領	領領領
瓮	瓮		留	留留
匹	匹		流	流
菩薩	菩薩		龍	龍
浦	浦		籠	籠
柴	柴		樓	樓
岐	岐		廬	廬廬
鮨	鮨		陸	陸陸
綺	綺		麻	麻
器	器器		麥	麦
籤	籤		曼	曼
錢	錢		縵	縵
前	前		茂	茂
橋	橋		枚	枚
秦	秦		眉	眉
懃	懃		美	美
駈	駈		覓	覓
軀	軀		民	民
券	券		明	明
若	若		墨	墨墨

东亚汉字传播史研究　日本卷

薩	薩薩		堂	堂	
塞	塞塞		逃	逃	
叄	參參叅		聽	聽	
散	散散散		廷	廷	
桑	桒		庭	庭	
色	色		塗	塗	
僧	僧		菟	菟菟	
攝	攝		榑	榑	
滲	滲滲		屯	屯屯	
升	外外卅卅氺氺廾		驛	驛	
盛	盛		瓦	瓦	
勝	胜		垸	垸	
師	師師		万	万	
士	士		亡	亡	
勢	勢勢		望	望	
收	収		為	為為	
壽	寿		違	違	
疏	疏疏		甕	甕	
輸	輸		無	無	
屬	屬		誤	誤	
數	數數		悉	悉	
司	司司		蓆	蓆蓆	
私	私		冊	冊	
斯	斯		鄉	鄉	
肆	肆		下	下	
穗	穗		夏	夏	
歲	歲歲		像	像	
所	所所所所所		寫	寫寫寫寫寫	
索	索		修	修	
朔	朔		須	須須	

勳	勲	糟	糟
牙	牙	宅	宅
亞	亜	張	張滾張滾滾滾滾瓜瓜
鹽	塩塩塩塩塩塩塩	帳	帳
腰	臀	沼	沼
壹	壱	照	照
醫	醫	輒	輙
宜	冝冝	振	振振
夷	夷	賑	賑
移	移移	徵	徵
亦	亦	正	正
役	役	直	直直直直
義	義	殖	殖
野	野	旨	旨
因	因	紙	紙
慇	慇	徵	徵
穎	穎	置	置
庸	庸	莊	莊
勇	勇	裝	裝裝
尤	尤	狀	狀
魚	魚魚	總	總縂
奥	奥	足	足
羽	羽	祖	祖祖
欲	欲	最	冣冣
御	御御御	鑄	鑄
原	原	作	作
願	願	坐	坐
咋	咋	座	座
柞	柞	酢	酢
讚	讚		

第四节 《万叶集》

　　日本从 3 世纪上半叶接触到实物汉字，到 3 世纪下半叶主动延请汉字师傅王仁，再到 5 世纪能初步使用汉字，再到 7 世纪初用汉字颁布宪法十七条，然后是 8 世纪中期出现了汉文诗集《怀风藻》，其间还有飞鸟、奈良时代的金石文、木简、古文书等大量文献，都表明一个事实，即汉字的使用主要在日本上层社会，一些贵族能够写出很好的汉诗，甚至有的人还具有一定的汉字书法造诣。然而，上层社会的书面语文化繁荣并不能消除书面语与口语之间巨大的鸿沟，汉字的义训有时很难与日语契合，以至于出现了《日本书纪》那样的音读与训读并用的情形。无论是纯汉文还是音训并用都难以满足日常交流，尤其是社会各阶层之间的交流，一种完全假借汉字来记录日语音的形式（少量常用名词如天地、父母、风雨等除外）的出现算是消除书面语与日语口语巨大反差的一种尝试，即万叶假名。万叶假名以一部日本诗集《万叶集》而得名，《万叶集》是日本 8 世纪下半叶出现的一部和歌总集，全书共二十卷，收和歌四千五百余首。这些和歌的作者既有天皇、皇妃、皇子，也有浪人、士兵、乞丐，几乎涵盖了当时日本各阶层。最有名的诗人如舒明天皇、天智天皇、天武天皇、志贵皇子、额田王、柿本人麻吕、高市黑人、笠金村、山上忆良、大伴旅人、高桥虫麻吕、山部赤人、大伴家持等。《万叶集》较为通行的版本是庆长年间刊本，书影见图 1-24。

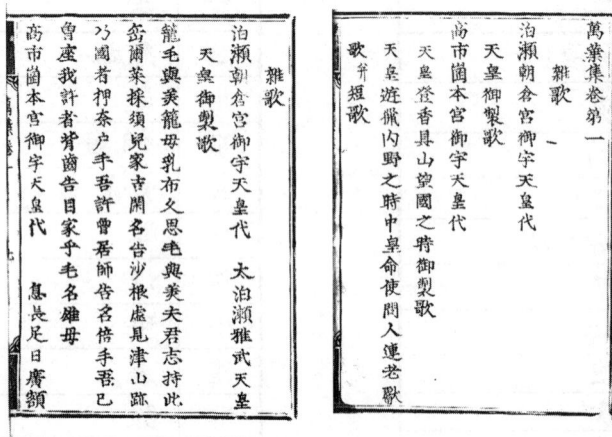

图 1-24

《万叶集》第一首天皇御制歌已在第一章总论部分述及，今先选几首戍边士兵的作品，见图1-25（图版均源自庆长年间刻本）。

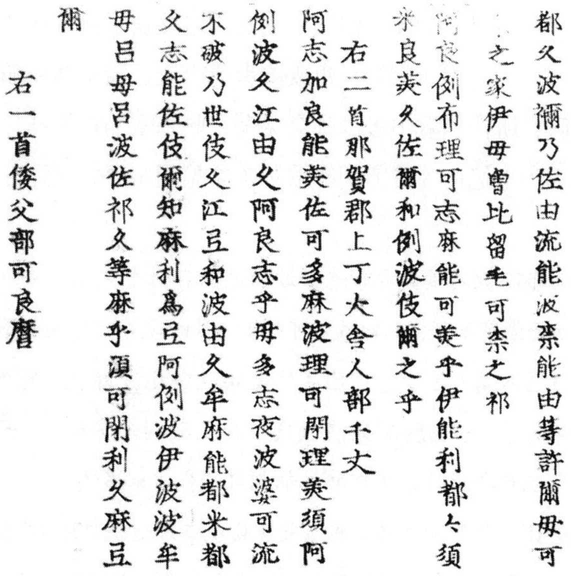

都久波嶺乃佐由流波奈都麻能由等許爾毋可
之家伊毋曾比留毛可奈之祁乎伊能利都々須
阿良多麻能布理可志麻能可美
米良我伎久佐爾祁和例波伎爾之乎
右二首那賀郡上丁大舍人部千文
阿志加良能美佐可多麻波理可閇美須阿
伊波久江由加乃阿良志乎毋志夜波婆可流
不破乃世伎由波々由久牟麻能都米都流
父志能佐伎爾知麻利爲弖阿例波伊波波牟
母呂母呂波佐祁久等麻乎須可閇利久麻豆
爾
右一首倭父部可良麿

图 1-25

那贺郡（茨城县）上丁大舍人部千文（二首）[1]：

筑波岭含翠，妹似百合花；夜寝百重恩，日间亦爱煞。

雨雪纷纷降，祈祷鹿岛神；天皇一战士，戍边别至亲。

倭父部可良麻吕[2]：

足柄越神坂，我赴戍边关。不破称天险，猛夫渡亦难。渡后我驻马，筑紫

---

① 译文参照李芒选译注：《万叶集选：日本古代诗歌集》，人民文学出版社，1998年，第282页。

② 译文参照李芒选译注：《万叶集选：日本古代诗歌集》，人民文学出版社，1998年，第282页。

海角山。自当为斋戒，祈佑共平安。戍役完成日，整装同凯旋。

从上面戍边士兵所作的三首诗歌可以看出，诗歌中所用汉字纯粹是用于记录日语语音，或者说汉字全部用作假借用法。这反映了日本社会下层人民并无机会学习汉文字，与之相对应的是贵族或者遣唐使、留学僧或随从人员在接受过汉文熏陶之后，所作和歌中多少都会夹杂一些基本的汉语词，如曾随遣唐使来过中国的诗人山上忆良《贫穷问答歌》（参见图 1–26）写道：

风离雨布流欲乃雨离雪布流欲波为波为部母奈久寒之安礼婆坚盐乎取都豆之吕比糟汤酒宇知须须吕比弖之可夫可比鼻毗之尔可登阿良农比宜可伎抚而安礼乎于伎弖人者安良自等富已吕倍腾寒之安礼波麻被引可贺布利布可多衣安里能许等其等伎曾倍腾毛寒夜须良乎和礼欲利母贫人乃父母波饥寒良牟妻子等波乞乞泣良牟此时者伊可尔之都都可汝代者和多流。

天地者比吕之等伊倍抒安我多米波狭也奈理奴流日月波安可之等伊倍腾安我多米波照哉多麻奴人皆可吾耳也之可流和久良婆尔比等等波安流乎比等奈美尔安礼母作乎绵毛奈伎布可多衣乃美富乃其等和和气佐我礼流可可布能尾负尔打悬保能麻宜伊保乃由尔直云尔蒿解敷而父母波枕乃可多尔妻子等母波足乃方尔围居而忧吟可麻度柔播火气布伎多弖受许之伎尔波久毛能须可伎弖饭炊事毛和须礼提奴延鸟乃能抒与比居尔伊等乃伎提短物乎端伎流等云云如楚取五十户

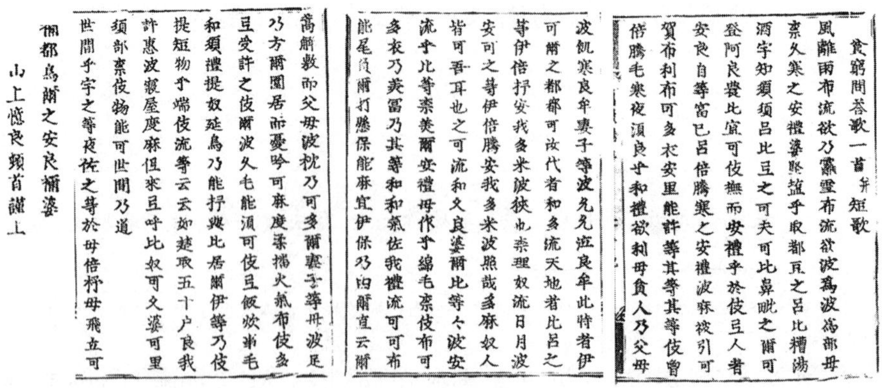
貧窮問答歌一首并短歌
風雜雨布流欲乃雨雜雪布流欲波爲波爲部母
奈久寒之安禮婆堅鹽乎取都豆之呂比糟湯
酒宇知須須呂比弖之可夫可比鼻毗之爾可
登阿良農比宜可伎撫而安禮乎於伎弖人者
安良自等富已呂倍騰寒之安禮波麻被引可
賀布利布可多衣安里能許等其等其等伎曾
倍騰毛寒夜須良乎和禮欲利母貧人乃父母
波飢寒良牟妻子等波乞乞泣良牟此時者伊
可爾之都都可汝代者和多流天地者比呂之
等伊倍抒安我多米波狹也奈理奴流日月波
安可之等伊倍騰安我多米波照哉多麻奴人
皆可吾耳也之可流和久良婆爾比等等波安
流乎比等奈美爾安禮母作乎綿毛奈伎布可
多衣乃美富乃其等和和氣佐我禮流可可布
能尾負爾打懸保能麻宜伊保乃內爾直土爾
藁解敷而父母波枕乃可多爾妻子等母波足
乃方爾圍居而憂吟可麻度柔播火氣布伎多
弖受許之伎爾波久毛能須可伎弖飯炊事毛
和須禮提奴延鳥乃能抒與比居爾伊等乃伎
提短物乎端伎流等云云如楚取五十戶良我
許惠波寢屋度麻但來立呼比奴可久婆可里
須部奈伎物能可世間乃道
世間乎宇之等夜佐之等於毛倍杼毛飛立可
禰都鳥爾之安良袮婆
山上憶良頓首謹上

图 1–26

良我许惠波寝屋度麻侣来旵乎比奴可久婆可里须部奈伎物能可世间乃道。

世间乎宇之等夜佐之等于母倍抒母飞立可祢都鸟尔之安良祢婆。

汉语译文[1]：

　　风雨交加夜，雨雪共飘宵。无术度严寒，粒粒黑盐嚼。更饮糟汤酒，喘咳鼻涕抽未了。疏须尚频将，自恃颇骄傲："天下唯有我，孰或比我高！"寒气弥凛冽，且盖麻被套。尽着布肩衣，长夜苦难熬。尤念更贫者：父母俱将受饥寒，妻儿呼食亦哭叫。试问斯时节，何以度世道？

　　天地虽云广，于我却狭小。烈日尽光明，不我来相照。人尽皆如斯，抑独我无告？有幸生为人，亦力执锄镐。裋褐旧无绵，褴褛似海藻。矮庐欲倾塌，泥地铺稻草。父母头顶卧，妻儿绕双脚。头脚团团围，呻吟何时了。无火灶冰凉，甑中蛛网罩。甚而忘断炊，忧伤如哀鸟。诚如谚语云："短褐又遭铰。"持杖入陋室，里长厉声叫。无术何如斯，难哉斯世道！

　　（反歌）窃思人世间，忧愧苦煎熬。无术逃天外，吾身非高鸟。

从译文与原文对照可以看出，山上忆良所作的《贫穷问答歌》中风、雨、雪、父母、妻子、天地、日月、我、火、饭、炊事、世间、寝屋等是汉字词。排除汉字词的用法，把所有用来记录日语语音的汉字归并在一起，编录为《万叶假名表》，如下。

表2　万叶假名表[2]

あ	阿、安、婀、鞅、英、吾、足
い	伊、以、異、已、移、易、怡、印、壹、夷、因，射、膽

---

①　译文参照李芒选译注：《万叶集选：日本古代诗歌集》，人民文学出版社，1998年，第170—172页。

②　《万叶假名表》源自平凡社2007年出版的《改定新版世界大百科事典》，网络公布地址：https://japanknowledge.com/introduction/keyword.html?i=375（2019.10.23）。表中甲乙表示甲类乙类，甲类为借音假名，乙类为借训假名。亦可参考大野透《万叶假名的研究》（高山本店，1977年）。

う	宇、汙、於、羽、有、雲、烏、禹、紆，卯、菟、得、鵜、鸕
え	愛、亞、衣、依、哀、埃，得、榎、荏
お	意、於、淤、隱、憶、藝、應、飫、乙、磤
か	加、迦、可、訶、甲、箇、架、嘉、哥、汙、賀、何、荷、歌、介、伽、哿、河、軻、柯、舸、珂、甘、香、蚊、鹿、髮、芳、歟
が	我、賀、何、荷、河、蛾、餓、俄、鵝、峨、奇、宜
き （甲）	伎、岐、吉、棄、支、企、枳、妓、耆、祇、祁、既、寸、杵、來
き （乙）	紀、幾、貴、奇、寄、綺、騎、基、氣、既、規、己、歸、記、機，木、城、樹、黃
ぎ （甲）	藝、祇、嵜、儀、蟻、伎
ぎ （乙）	疑、宜、擬、義
く	久、玖、苦、丘、九、鳩、口、君、群、句、絇、俱、區、矩、衢、屢、寠、來
ぐ	具、遇、求、隅、愚、虞、群
け （甲）	祁、家、計、雞、介、價、溪、結、奚、啟、稽、係、異
け （乙）	氣、既、該、戒、階、居、開、愷、凱、慨、概、希、舉、毛、飼、食、消、笥
げ （甲）	牙、下、雅、夏、霓
げ （乙）	宜、导、礙、皚、義、礒
こ （甲）	古、故、孤、姑、高、庫、祜、枯、顧、固，粉、兒、子、籠、小
こ （乙）	許、去、居、虛、興、己、忌、巨、舉、莒、據、渠、木
ご （甲）	吾、吳、後、胡、虞、悟、誤、娛、候
ご （乙）	碁、其、期、凝、語、御、馭
さ	佐、左、沙、作、紗、酢、柴、草、散、積、者、舍、差、娑、磋、瑳、匝、讚、尺，狹、猨、羅
ざ	邪、奢、社、射、謝、奘、裝、莊、藏、座

し	斯、志、師、新、芝、紫、之、子、思、時、旨、指、司、詞、事、四、寺、信、次、此、死、兹、伺、璽、辭、嗣、施、泊、詩、絁、矢、始、尸、試、資、至、偲，爲、磯
じ	自、士、仕、慈、盡、貳、兒、爾、珥、耳、茸、餌、時、下
す	須、周、洲、州、酒、珠、秀、素、主、蒭、輸、殊、數，渚、簀、酢、栖、楳、爲
ず	受、授、聚、孺、儒、殊
せ	勢、世、西、齊、施、細、制、是、劑、栖，背、湍、瀨、迫
ぜ	是、笶、噬
そ（甲）	蘇、素、宗、祖、泝、嗽，十、麻
そ（乙）	曾、則、所、僧、憎、諸、增、賊、贈、層，背、苑、衣、襲
ぞ（甲）	俗
ぞ（乙）	敘、序、賊、存、茹、鐇、鋤
た	多、他、當、丹、黨、哆、陁、駄、大、侈、太、田、手
だ	太、陀、娜、囊、儀、大、驒
ち	知、智、致、撥、苔、池、馳、至、恥、陳、珍、直、千、乳、血、茅、道、路
ぢ	遲、治、地、膩、尼、泥、旋
つ	都、川、追、通、菟、途、屠、突、徒、睹、豆、頭、圖、津
づ	豆、頭、弩、砮、逗、圖
て	氏、帝、底、提、天、題、諦，手、價、直、代
で	傳、殿、埿、泥、代、低、涅、提、弟、耐、田
と（甲）	斗、刀、土、妬、都、睹、杜、圖、徒、塗、屠、度、渡、利、戶、速、礪、聰、門、砥、疾、銳
と（乙）	登、等、止、得、苔、騰、縢、藤、鄧、臺、迹、跡、鳥、常、十
ど（甲）	度、奴、怒、渡、土
ど（乙）	杼、騰、縢、藤、特、廼、耐
な	那、奈、難、南、儺、乃、娜、寧，七、名、菜、魚、嘗、中、莫

に	爾、邇、仁、而、尼、耳、日、二、人、柔、珥、貳、儞、荷、似、煮、煎、丹、瓊
ぬ	奴、濃、農、努、怒、蕤，宿、沼、寐、渟
ね	禰、泥、尼、年、涅、埿、根、宿
の（甲）	怒、努、弩、奴，野
の（乙）	能、乃、迺，箆、笑、荷
は	波、播、破、幡、幡、八、半、伴、方、芳、泊、薄、簸、巴、絆、婆、防、房、回、泮，羽、葉、齒、者
ば	婆、伐、磨、魔、麼、摩
ひ（甲）	比、卑、臂、必、賓、嬪、避、譬、毗、日、檜、冰
ひ（乙）	斐、肥、悲、飛、非、妃、彼、被、祕、費，火、樋、乾、干、簸
び（甲）	毘、鼻、婢、妣、弭、寐、彌
び（乙）	備、肥、眉、媚、縻
ふ	布、賦、敷、不、否、輔、赴、浮、甫、府、符、富、負、歷、經、乾
ぶ	夫、扶、矛、鷲、部、父、步
へ（甲）	幣、平、弊、陛、覇、反、返、遍、蔽、鞞、聲、俾、隔、重、部、邊
へ（乙）	閇、倍、陪、背、杯、沛、俳、珮、拜，甌、戶、經、綜
べ（甲）	辨、便、別、謎、婢
べ（乙）	倍、毎、陪、謎
ほ	富、本、番、蕃、菩、品、保、朋、抱、寶、凡、褒、報、譜、倍、哀、袍、陪、方，帆、穗、火
ぼ	煩
ま	麻、摩、萬、末、磨、馬、滿、莽、魔、麼、真、閒、目、信、鬼
み（甲）	美、彌、民、瀰、弭、寐、湄、御、見、三、視、水、參

み （乙）	微、味、未、尾，箕、身、實
む	牟、武、无、務、無、鵡、模、謀、夢、霧、茂、儛，六
め （甲）	賣、咩、馬、面、綿、迷、謎、女、婦
め （乙）	米、迷、味、梅、每、妹、目、眼
も	毛、母、茂、望、文、聞、忘、蒙、畝、問、門、勿、木、 暮、謀、慕、謨、梅、悶、墓、莽、物、裳、藻、哭、喪、裙
や	夜、移、耶、野、楊、也、椰、瑘、揶、陽、益，八、屋、 矢、箭
ゆ	由、喻、遊、庚、踰、臾、油、愈、瑜、湯、弓
え （ヤ）	延、曳、要、遙、叡、吉、枝、江、兄
よ （甲）	用、容、欲、庸，夜
よ （乙）	余、與、豫、餘、預、譽、已、四、世、代、吉
ら	羅、良、樂、浪、邏、囉、攞、蘿
り	理、利、梨、里、隣、離、唎、鼇
る	留、流、琉、類、屢、樓、蘆、漏、瑠、盧、婁
れ	禮、例、列、烈、連、戾、黎
ろ （甲）	漏、路、樓、露、魯、婁、盧
ろ （乙）	呂、侶、盧、里、稜、慮、廬
わ	和、丸、浣、倭，輪
ゐ	韋、位、謂、爲、委、萎、偉、威、井、豬、居
ゑ	惠、回、衛、隈、迴、穢、慧、価、畫、咲、坐、座
を	袁、遠、乎、越、呼、怨、烏、弘、塢、嗚、惋、日，少、 叨、雄、男、緒、尾、小、麻、綬

第五节　《新译大方广佛华严经音义私记》

《北史·倭传》："无文字，唯刻木结绳。敬佛法，于百济求得佛经，始

有文字。"①此话虽有武断之嫌，但佛经传播对日本使用汉字的作用的确不容小觑。日本留学僧频繁造访大唐，带回日本的除佛经之外还有多部佛经音义类书籍，如释玄应《一切经音义》、释慧苑《新译大方广佛华严经音义》、贤首大师《新旧华严音义》《华严传音义》等。佛经音义对研习佛经至关重要，日本僧人也竞相传抄佛经音义，水谷真成《佛典音义书目》载有天平九年（737年）的《玄应音义》写本②。抄经也成为当时的一件要事（还包括校经、装裱等工作），日本正仓院古文书中就有详细记录（图1-27）。与之相应的是，日本僧人编撰的单经音义也陆续出现，如平备《法华经音义》二卷，行信《最胜王经音义》一卷，法进《最胜王经音义》三卷，信行《大般若经音义》三卷、《大般涅槃经音义》六卷、《大智度论音义》三卷、《瑜伽论音义》四卷、《法华音义》二卷、《法华玄赞音义》一卷。此外，还有一些佚名的音义之作，如《新译大方广佛华严经音义私记》（以下简称《私记》）。③《私记》现存最

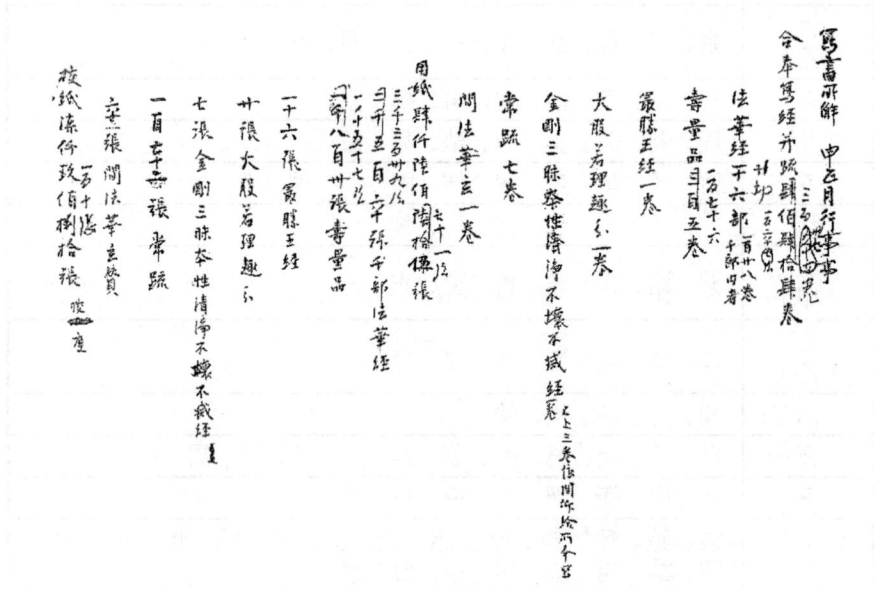

图 1-27

① 李延寿：《北史》，中华书局，1974年，第3137页。

② 水谷真成：《佛典音义书目》，《大谷学报》第二十八卷第二号（1949年3月）。

③ 苗昱、梁晓虹：《〈新译大方广佛华严经音义私记〉整理与研究》，凤凰出版社，2014年，第8—9页。

早版本为小川睦之辅氏家藏本，据小林芳规等日本学者考证，此本为奈良末期传抄本。罗振玉于1940年由墨缘堂影印出版，题名《古写本华严音义》，并撰写了序言（图1-28）。

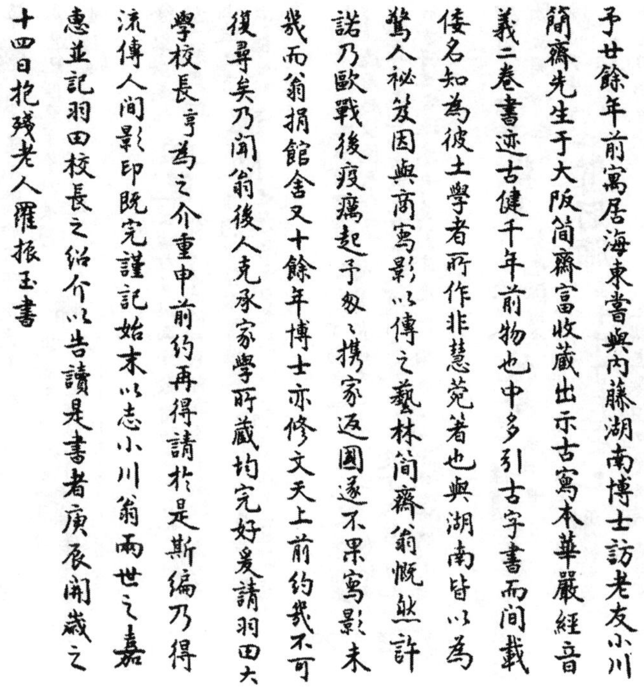

予廿餘年前寓居海東書與內藤湖南博士訪老友小川
簡齋先生于大阪簡齋富收藏出示古寫本華嚴經音
義二卷書迹古健千年前物也中多引古字書而間載
倭名知為彼土學者所作非慧苑者也與湖南皆以為
驚人祕笈因與商寫影以傳之藝林簡齋翁慨然許
諾乃歐戰後疫癘起于數～携家返圖遂不果寫影未
幾而翁捐館舍又十餘年博士亦修文天上前約我不可
復尋矣乃聞翁後人克承家學所藏均完好爰請羽田大
學校長亨為之介重申前約再得請於是斯編乃得
流傳人間影印既完謹記末以志小川翁兩世之嘉
惠並記羽田校長之紹介以告讀是書者庚辰開歲之
十四日抱殘老人羅振玉書

图 1-28

　　《私记》中往往有倭训，应是佛经音义日本化的常见形态，其倭训有的标识以"倭言、倭云、亦云"，有时直以"训"引领，也有不加任何标识词的情况（图1-29）。如："皆砌。上古谐反，道也，上进也，陛也。下千计反，限也。倭云石太太美。"石太太美假名作イシダタミ，为砌字和训。再如："丑陋。下猥也，谓容貌猥恶也。猥，可多自气奈之。"可多自气奈之假名作カタジケナシ，为猥字和训。再如："架险航深。架置物在高悬虚之上也。亦云波之由布。"波之由布假名作ハシユフ，为架字和训。又如："连肤。连训安牟。下波太。音普。心肾肝脯。心，人情也。肾音神，训牟良斗。肝音干，训岐毛。脯。跌武反，干肉薄析之曰脯也。大小肠。波良汗多。损败他形。上灭也。败，沮也。他形者，倭言保可之伎可多知。又异

形。"安牟假名作アム，为连字和训。波太假名作ハダ，为肤字和训。牟良斗假名作ムラト，为肾字和训。岐毛假名作キモ，为肝字和训。波良汙多假名作ハラワタ，为肠字和训。保可之伎可多知假名作ホカシキカタチ，为他形和训。

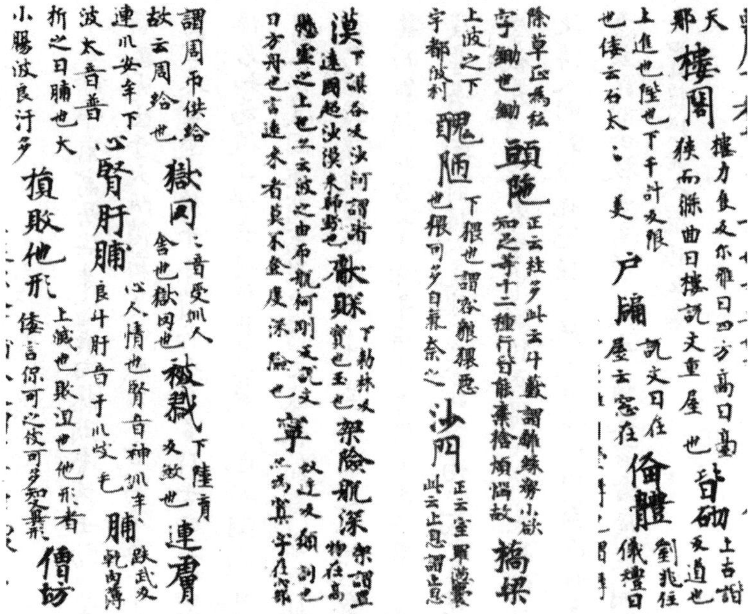

图 1-29

日本学者用《私记》研究日本早期假名训读、反切及直音等音韵学史料，已经取得不少成果。我们这里主要是通过《私记》用字及字形材料观察汉字在奈良时代的字样问题。《私记》中典型的字样见下表。

表3 《新译大方广佛华严经音义私记》字样表

哀	𠎰		岸	㟁
隘	隘		案	案
礙	礙		傲	傲
安	安		拔	拔

<table>
<tr><td>跋</td><td>跋</td></tr>
<tr><td>罷</td><td>罷</td></tr>
<tr><td>般</td><td>般</td></tr>
<tr><td>瘢</td><td>瘢</td></tr>
<tr><td>半</td><td>半</td></tr>
<tr><td>邦</td><td>邦</td></tr>
<tr><td>胞</td><td>胞胞</td></tr>
<tr><td>保</td><td>保</td></tr>
<tr><td>抱</td><td>抱抱</td></tr>
<tr><td>暴</td><td>暴暴</td></tr>
<tr><td>備</td><td>備</td></tr>
<tr><td>董</td><td>董</td></tr>
<tr><td>本</td><td>本</td></tr>
<tr><td>俾</td><td>俾</td></tr>
<tr><td>胜</td><td>胜</td></tr>
<tr><td>弼</td><td>弼</td></tr>
<tr><td>蔽</td><td>蔽蔽</td></tr>
<tr><td>弊</td><td>弊</td></tr>
<tr><td>鞭</td><td>鞭</td></tr>
<tr><td>臂</td><td>臂臂臂臂</td></tr>
<tr><td>辨</td><td>辨</td></tr>
<tr><td>賓</td><td>賓</td></tr>
<tr><td>臍</td><td>臍</td></tr>
<tr><td>鬢</td><td>鬢</td></tr>
<tr><td>稟</td><td>稟</td></tr>
<tr><td>博</td><td>博</td></tr>
<tr><td>補</td><td>補</td></tr>
<tr><td>步</td><td>步</td></tr>
<tr><td>材</td><td>材</td></tr>
<tr><td>財</td><td>財</td></tr>
<tr><td>參</td><td>參</td></tr>
</table>

<table>
<tr><td>殘</td><td>殘</td></tr>
<tr><td>藏</td><td>藏藏</td></tr>
<tr><td>曹</td><td>曹</td></tr>
<tr><td>茶</td><td>茶</td></tr>
<tr><td>察</td><td>察</td></tr>
<tr><td>刹</td><td>刹</td></tr>
<tr><td>犰</td><td>犰</td></tr>
<tr><td>鋋</td><td>鋋</td></tr>
<tr><td>塵</td><td>塵塵</td></tr>
<tr><td>纏</td><td>纏</td></tr>
<tr><td>纏</td><td>纏</td></tr>
<tr><td>諂</td><td>諂</td></tr>
<tr><td>懺</td><td>懺</td></tr>
<tr><td>超</td><td>超</td></tr>
<tr><td>撤</td><td>撤</td></tr>
<tr><td>徹</td><td>徹</td></tr>
<tr><td>儡</td><td>儡</td></tr>
<tr><td>辰</td><td>辰</td></tr>
<tr><td>晨</td><td>晨</td></tr>
<tr><td>塵</td><td>塵塵</td></tr>
<tr><td>稱</td><td>稱稱</td></tr>
<tr><td>承</td><td>承承承</td></tr>
<tr><td>癡</td><td>癡</td></tr>
<tr><td>埠</td><td>埠</td></tr>
<tr><td>遲</td><td>遲</td></tr>
<tr><td>恥</td><td>恥</td></tr>
<tr><td>齒</td><td>齒</td></tr>
<tr><td>崇</td><td>崇</td></tr>
<tr><td>儔</td><td>儔</td></tr>
<tr><td>疇</td><td>疇</td></tr>
<tr><td>醜</td><td>醜</td></tr>
</table>

楚	楚 楚		
處	處		
穿	穿 穿		
傳	傳		
垂	垂		
捶	捶		
唇	脣 脣		
辵	辵		
辭	辝 辤 辞		
此	此		
刺	刺		
聰	聰		
從	從		
叢	叢		
麤	麁		
促	促		
蹙	蹙		
竄	竄		
萃	萃 萃		
撮	撮		
錯	錯 錯		
答	荅		
擔	擔		
但	但		
苔	苔		
誕	誕		
憺	憺		
蕩	蕩		
島	嶌		
蹈	蹈		
稻	稻		

德	德			
的	的			
等	等 寸			
低	低			
滴	滴			
嫡	嫡			
敵	敵			
底	底			
第	弟 苐			
弔	予			
堞	堞 堞			
牒	牒			
定	定			
兜	兜			
杜	杜			
度	度 度			
斷	斷 斷 斷			
堆	堆			
對	對			
鈍	鈍			
楯	楯			
頓	頓			
奪	奪			
惰	惰			
惡	惡			
恩	恩			
發	發 發			
番	番			
翻	翻 翻 翻 翻			
分	分			
氛	氛			

字	书体
龜	鼃
歸	歸
軌	軏
晷	晷
國	囻
裏	裏
孩	孩
害	害
含	含
函	函
航	航
耗	耗
號	獅 号
鑿	鑿 宲 斮
侯	矦
弧	弧
壞	壞 壞
患	患
煥	煥 煥
擐	擐
荒	荒
毀	毀
惠	惠
會	會 會
慧	慧
穢	穢
或	戓
惑	惑
激	激
擊	擊
雞	雞

字	书体
焚	焚
峰	峯
豐	豐
鳳	鳳
敷	敷
膚	膚
福	福 福
副	副
富	富
馥	馥
霞	霞
該	該 該
蓋	蓋 蓋
幹	幹
剛	剛
高	髙
割	割
革	革
騰	騰 騰
耕	耕 耕
功	功
恭	恭
溝	溝
轂	轂
瞽	瞽
顧	顧 顧 顧 顧
怪	恠
觀	觀
灌	灌 灌
廣	廣

羈	羈
疾	疾
極	極
棘	棘
藉	藉
膱	膱
脊	脊
載	載
偈	偈
寂	寂
際	際
冀	冀
濟	濟
繼	繼
佳	佳
假	假
堅	堅
建	建
劍	劍
將	將
疆	疆
憍	憍
驕	驕
矯	矯
皆	皆
揭	揭
嗟	嗟
捷	捷
竭	竭
羯	羯

解	解
戒	戒
界	界
堺	堺
牾	悟
誠	誠
筋	筋
僅	僅
饉	饉
勁	勁
靳	靳
盡	盡
觀	覿
京	京
莖	莖
經	經
穽	穽
景	景
頸	頸
徑	徑
迴	迴
酒	酒
咎	咎
救	救
就	就
舊	舊
驚	驚
局	局
舉	舉
聚	聚

歷	歷
麗	麗
礫	礫
盦	盫
涼	涼
梁	梁　梁
兩	兩　兩
陵	陵
鈴	鈴
靈	靈
留	留
流	流
劉	劉
隆	隆　隆
龍	龍　龍
聾	聾
樓	樓　樓
盧	盧　盧
戮	戮
卵	卵　卯
亂	亂　乱
淪	淪
侶	侣
旅	旅　捈
膂	膂
履	履
曼	曼
蔓	蔓
慢	慢
縵	縵
芒	芒

遽	遽
寠	寠
眷	眷
覺	覺
均	均
峻	峻
駿	駿
欨	欨
坎	坎
尻	尻
咳	咳
克	克
坑	坑
恐	恐
哭	哭
酷	酷
寬	寬
款	款
虧	虧
愧	愧
匱	匱
廓	廓
臘	臘　臘
來	來
牢	牢
酪	酪
勒	勒
類	類
楞	楞
禮	礼
傿	傿

盲	盲			
茂	茂	茂		
衰	衰	衰	衰	衰
貌	貌	貌	皃	皃
沒	沒			
眉	眉			
美	美			
寐	寐	寐		
媚	媚			
萌	萌			
蒙	蒙			
猛	猛	猛	猛	
彌	弥	弥	弥	
密	密			
苗	苗			
蔑	蔑			
明	明			
冥	冥			
謬	謬			
殁	殁			
繧	繧			
牟	牟			
牧	牧			
那	那			
囊	囊			
曩	曩	曩		
惱	惱			
能	能			
尼	尼			
泥	泥			
擬	擬			

逆	逆	
匿	匿	
溺	溺	
年	年	
念	念	
涅	涅	涅
囓	囓	
鑷	鑷	
凝	凝	
耨	耨	
虐	虐	虐
衄	衄	
潘	潘	
槃	槃	槃
咆	咆	
彎	彎	
匹	迅	
睥	睥	
僻	僻	
譬	譬	
頻	頻	
嬪	嬪	
顙	頼	
菩	菩	
僕	僕	
溥	溥	
瀑	瀑	
漆	漆	漆
奇	奇	
齊	齋	
綺	綺	

砌	砌				
氣	氣				
器	器	器			
牽	牽	牽			
僉	僉				
慳	慳				
前	前				
乾	乾				
淺	浅				
牆	牆	牆	墻	墻	墻
切	切				
愜	愜				
籤	蓬	莶			
竊	蓬	莶	竊		
侵	侵				
勤	侵				
懃	勤				
罄	罄	罄			
曲	曲				
取	取				
筌	筌				
權	權				
勸	勸				
缺	缺	缺			
穀	穀	穀	穀		
然	然				
染	染	染			
壞	壞				
熱	熱	熱			
榮	榮				
肉	宍				

蕎	蕎		
濡	濡		
辱	辱	辱	
蓐	蓐	蓐	
弱	弱		
膈	膈		
薩	薩	薩	
傘	傘		
桑	桑		
喪	喪	喪	喪
澀	澀		
穡	穡		
煞	煞		
刪	刪	刪	
招	招		
紹	紹		
舍	舍		
捨	捨		
涉	涉		
攝	攝	攝	
審	審		
滲	滲		
聲	聲		
勝	勝		
師	師		
式	式	式	
栻	栻		
飾	飾		
試	試		
適	適		
釋	釋		

庭	庭
同	同
偷	偷
徒	徒
吐	吐
搏	搏
臀	臀
瓦	瓦
宛	宛
甑	甑
罔	罔
往	往　往
網	網
妄	妄
忘	忘
望	望　望
危	危
微	微　微
巍	巍
帷	帷
慰	慰
謂	謂
倭	倭
沃	沃
幄	幄
渥	渥
烏	烏
昔	昔
悉	悉
惜	惜
熙	熙

瘦	瘦
孰	孰
術	術　术
爽	爽
舜	舜
瞬	瞬
私	私
聳	聳
窣	窣
蘇	蘇
肅	肅
酸	酸
歲	歲
睟	睟
所	所
塔	塔
臺	臺　臺
貪	貪
壇	壇
檀	檀
坦	坦　坦
祖	祖
唐	唐
堂	堂
濤	濤
邋	邋
涕	涕
填	填
檪	檪
聽	聽
亭	亭

膝	
嬉	
席	
習	
喜	
璽	
戲	
狹	
遐	
瑕	
暇	
轄	
霞	
鮮	
羨	
獻	
簫	
曉	
笑	
楔	
歇	
協	
懈	
辛	
馨	
形	
胸	
修	
脩	
嗅	
虛	

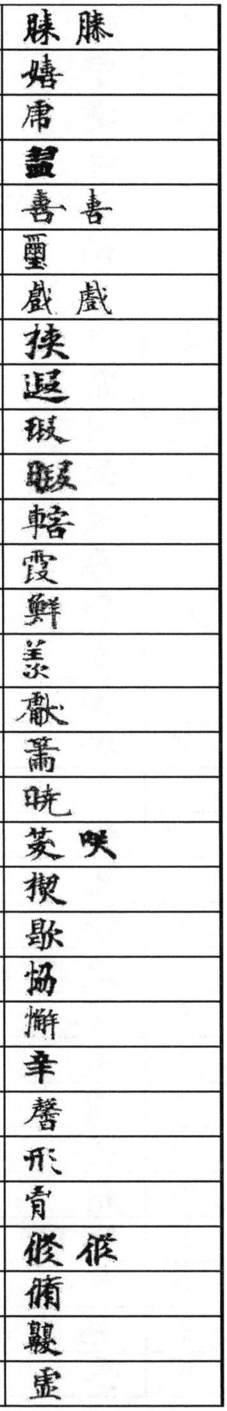

須	
序	
敘	
湑	
旋	
訓	
厓	
雅	
焉	
延	
壛	
偃	
演	
晏	
雁	
猒	
鞅	
陽	
仰	
殽	
搖	
遙	
藥	
椰	
葉	
鍱	
鋻	
醫	
夷	
宜	
痍	

字	书法				字	书法		
覩	覩				疑	疑		
宇	宇				矣	矣		
庚	庚				亦	亦		
喻	喻				役	役		
御	御	御	御		奕	奕		
預	預				詣	詣		
豫	豫	豫			翳	翳		
禦	禦				藝	藝		
鸑	鸑				因	因		
淵	渊				殷	殷		
原	原				陰	陰		
源	源				淫	淫		
怨	怨				引	引		
願	願				隱	隱		
越	越				斷	斷		
粵	粵				迳	迳		
樂	樂				檼	檼		
哉	哉				嬰	嬰		
再	再				迎	迎	迎	
暫	暫				盈	盈		
遭	遭	遭	遭		影	影	影	
鑿	鑿				癭	癭		
澤	澤				映	映	映	映
增	增				庸	庸		
窄	窄				傭	傭		
斿	斿				勇	勇		
瞻	瞻	瞻			猶	猶		
章	章				牖	牖		
張	張				於	於		
帳	帳				奧	奧		
					魚	魚		

沼	沼		肘	时
照	照		咒	咒
肇	肇		胄	冑
哲	㫼		籀	籀
蛰	蛰		煮	煑
珍	珎		瞩	矚
臻	臻　臻		助	助
振	振		注	徍
震	震		著	耆
拯	抍　撜		筑	築
整	整		莊	荘
正	匝		狀	状
支	攴		幢	憧
胝	胝		酌	酌
脂	晴		呰	呰
直	直		總	惣
值	值		足	乄
植	植　植		卒	卆
殖	殖		族	族　族
止	止		鑽	鑚
旨	㫖		最	冣
指	㧑　指		醉	醉　醉　醉
纸	紙		佐	佐
炙	炙		坐	坐
陟	陟		座	座
置	置　置		酢	酢
洲	洲　洲			

现存《私记》抄本字形与唐代历史汉字字样基本一致，但其中也有不少讹混者，如注/住、狭/挟、两/雨等。整体上看，《私记》抄本字样相对一致，抄写者书写汉字应是相当娴熟，直与唐人笔迹无有差异。

第二章　汉字接受与普及

汉字起初以实物文字形式传入日本，后又经百济输入汉籍和教授汉字的老师，开启了日本的信史时代。从传世与出土文字资料看，日本在 8 世纪上半叶之前，汉字的使用往往坚持真名原则，即使用汉字音义。只有在记录地名、人名等专有名称时才用汉字记录日语读音，即汉字的假借用法，或称假名。《古事记》《日本书纪》《怀风藻》及金石、木简、奈良古文书等莫不如此。使用真名往往要有较高的汉文造诣，使用范围也局限于贵族阶层，而且文字与语言难免有违和之感，难以适应社会各阶层之间的正常交流。万叶假名的使用似乎给上述问题的解决带来一丝曙光，但由于万叶假名标记的语音不够精确，一个音还会用不同的汉字记录，有的甚至数十个汉字对应一个音，也有一个字对应多个音的情形，一时间难以形成固定的一对一对应关系，就像是汉语中注音用的反切字一样，同一个音往往在不同的书中会用不同的反切字。因此，万叶假名并不是较好的解决之道，汉字的传播在奈良时代仍然处在探索阶段。

随着平安时代的到来，汉字的系统学习与文学创作全面展开，汉字在日本进入了接受与普及阶段，表现为《篆隶万象名义》《新撰字镜》《倭名类聚抄》等大型字书的编纂，《文华秀丽集》《本朝文粹》《吾妻镜》等文学作品的创作，《倭玉篇》《下学集》等普及工具书的诞生。

第一节 《玉篇》传入与传播

南朝梁代顾野王编撰的《玉篇》，经萧恺删减行世（今存《玉篇》残卷可以窥见面貌）。至唐代上元年间（674—676 年），处士孙强对《玉篇》进行了增字减注，后世习称上元本。至宋代，陈彭年、吴锐、邱雍等重修《玉篇》，定名为《大广益会玉篇》。之后的"玉篇系"文献便以《大广益会玉篇》为主线，开枝散叶，广泛流布。晚清以来，随着域外访书的推进，散见于国外的"玉篇系"古文献不断被发现，为《玉篇》研究提供了珍贵资料。其大宗资料无外乎顾野王原本《玉篇》残卷和空海编撰的《篆隶万象名义》（以下简称《名义》），其小宗仍有敦煌残卷、吐鲁番残卷等。敦煌残卷为唐写本，是否与上元本有关，还有待进一步考证。

顾野王编撰《玉篇》实为解经服务（非一般意义上的字典），其义训必以经传随文释义为主，在字条之中往往刻意勾连字际关系（标记为或为某字，在某部），经传异文因此而得到合适的解释。如：

> 咢，鱼各反。《周礼·占梦》：所掌六梦，二曰咢梦。杜子春曰：谓敬咢也。《毛诗》：式歌式咢。《传》曰：徒歌曰咢也。《尔雅》：徒击鼓谓之咢咢。《庄子》：所以咢人。野王案：咢然直言也。《大戴礼》出言以咢咢是也。《淮南》：下无垠咢之门。许叔重曰：无垠咢，无形兆端之兒也。《说文》：谔，讼也。《字书》或为谔字，在言部。或为颚字，在页部。或为愕字，在心部。古文为噩字，在部。《广苍》以土有垠坎为壏字也，在土部。（原本《玉篇》残卷）

《玉篇》中不仅有经籍诂林，还有顾野王按语。字际关系的勾连也是巨细无遗，"咢梦"字作"噩"，"无垠咢"字作"壏"，而经典有通用"咢"者，检此《玉篇》，万象无不通矣。

然而，顾野王《玉篇》70 万字（根据残卷存量推定原三十卷为 69.7 万字）的规模在手书时代实属卷帙浩繁，难以传抄通行。唐代早期大型注疏文献如《文选注》《经典释文》《五经正义》等多不引《玉篇》，释玄应《一切经音义》

也极少引《玉篇》，说明《玉篇》在唐代前期与《说文》《字林》不可同日而语，这种情形与《玉篇》是鸿篇巨制不无关系。且唐代科考，多依孔颖达《五经正义》的标准解释，经典异文不是科考需要关注的内容，顾野王《玉篇》的经学价值得不到充分发挥。另一方面，唐代科考的"明字科"也主要涉及《说文解字》《字林》，顾野王《玉篇》的字学地位在当时相对不突出。唐代中期以后，《玉篇》出现了改编本及删略本，如 1042 年成书的《崇文总目》记载有唐代释慧力《象文玉篇》二十卷，道士赵利正《玉篇解疑》三十卷。另外，891 年成书的《日本国见在书目录》（又名《见在目》，日本宫内厅书陵部藏本）记录有《玉篇抄》十三卷。该《玉篇抄》是自大唐渡去，还是日本人摘抄成书，今不得而考。

《玉篇》在唐代已有刻本，日本僧人宗睿编撰的《新书写请来法门等目录》卷末记录有"西川印子《唐韵》一部五卷，同印子《玉篇》一部三十卷"。①这些韵书、字书因"非法门世者所要"而被统称作"杂书"，置于卷末。正是这无关紧要的一笔，在《玉篇》传播史上成了不可多得的文献证据，这个证据证实了《玉篇》在唐代已有刊刻本，而且这个刊本很可能是《玉篇》最早的刊刻本，这个刊本被宗睿于 865 年带去了日本。

顾野王《玉篇》传入日本，大概是留学僧空海携去，今存原本《玉篇》各写本残卷多源自真言宗寺院也能印证这一观点。②另外，空海《篆隶万象名义》就是依据顾野王《玉篇》编撰而成，也进一步说明空海在《玉篇》传播中的贡献。顾野王《玉篇》经唐代孙强增字减注而成上元本，又经宋代陈彭年等重修而成《大广益会玉篇》。今顾野王《玉篇》及上元本皆亡佚，日本存《玉篇》残卷数种，学界习称之为原本《玉篇》残卷。

原本《玉篇》残卷的近现代刊印本主要有：《影旧钞卷子原本玉篇零卷》

---

① 王其全《文化的承载与传播——浙江雕版印刷工艺文化研究》（载《浙江工艺美术》2008 年第 1 期）、冯先思《〈可洪音义〉所见五代〈玉篇〉传本考》（载《古籍研究》2016 年第 1 辑）、王启涛《天府之国与丝绸之路》（载《西南民族大学学报》[人文社会科学版] 2018 年第 2 期）都提及该刊本。

② 丁锋：《如斯斋汉语史续稿》，贵州大学出版社，2012 年，第 2—5 页。

含《玉篇》卷九、十八、十九、二十七（《古逸丛书》本），黎庶昌，光绪十年（1884 年）刊；黎庶昌于光绪十二年又刊刻《玉篇》卷九、二十二、二十七；《玉篇残卷》，罗振玉，1916—1917 年影印，该影印本收入残卷卷九、卷二十四，卷十二七；《原本玉篇残卷》，民国六年刊；《玉篇古抄本》，《东方文化丛书》第 6 种，昭和七至十年影印[①]；《玉篇零卷》（《丛书集成初编》本），商务印书馆，1935 年。内容同《古逸丛书》本；《玉篇》（《百部丛书集成》本），台北艺文印书馆，1965 年。《玉篇零卷》，台北台湾力行书局，1970 年；《原本玉篇残卷》，中华书局，1985 年；《玉篇》（《续修四库全书》本），上海古籍出版社，2002 年。

今较为通行的是中华书局本和上海古籍本。中华书局本把罗振玉影印本（含卷九、二十四和二十七）和黎庶昌刊本（含卷九、十八、十九、二十二和二十七）合为一编，又补入东方文化研究院卷八《心部》残卷，但黎本卷二十七只收后半段。

这些刊本及影印本中，收录较全且较善者为《续修四库全书》本，但该本多处以黎庶昌本配补，《鱼部》存在错简。另外，《续修四库全书》本还有几处残片遗漏。

原本《玉篇》残卷出版后，相关研究不断深入，然研究所依据的资料各有不同（如上所述的各种版本），因而成果的精确度也有差异。今以《续修四库全书》本为线索，从文献学与文字学意义上详细考论各残卷，以期对《玉篇》研究有所助益。

残卷一

《心部》存 7 字，久原文库藏本。该残卷属于顾野王《玉篇》三十卷之卷八，首字残存"与怨慽同为忿恨之恨也"，字头当作"悺"。这个残卷字形上颇类唐抄本，卷面整齐，几无讹舛，堪称精当。该残卷列字顺序与《篆隶万象

---

① 该影印本收入残卷卷八、卷九（京都福井崇兰馆佐佐木宗四郎藏卷九《册部》至《欠部》60 字除外），卷十八、卷十九（安田文库藏卷十九《水部》26 字除外），卷二十二、卷二十四、卷二十七。

名义》（以下简称《名义》）相同，且反切注音也分别相同。义项方面与《名义》只有细微差别，就是《名义》"愚"字释为"多病也"，残卷作"病也"。《名义》"愳"字释为"邪伪也"，残卷作"邪也，为也"。因而，《心部》残卷与《名义》的认同度高，其内容可靠性强。

残卷二

《誩部》6字，马渊和夫家藏本，《续修四库全书》本取自黎庶昌《古逸丛书》本。该残卷属于顾野王《玉篇》三十卷之卷九，本应在早稻田大学藏卷九《言部》之后，不知为何佚出。该残卷列字顺序与注音、义项与《名义》相同（除《名义》未录兢字古文字形外），因而内容上也较为可靠。

残卷三

《言部》存313字，《曰部》11字，《乃部》5字，《丂部》4字，《可部》4字，《兮部》6字，《号部》1字，《亏部》6字，《云部》2字，《音部》16字，《告部》2字，《凵部》1字，《吅部》13字，《品部》4字，《㗊部》3字，《龠部》9字，《冊部》1字，《欠部》62字，《食部》144字，《甘部》9字，《旨部》3字，《次部》4字，《㐃部》3字。该残卷为三个片段黏合，隶属顾野王《玉篇》三十卷之卷九，今为早稻田大学所藏。此残卷虽字迹娟秀，然讹错不少，其脱文、衍文尤为突出。

该残卷讹错305处（其中倒文8处），如"諓"字下引《国语》"安知"讹作"案和"，"谤"字下"国人谤之"讹作"谤国之"，"丂"字下"古以为亏字"讹作"口以为丂字"。倒文如"谊"字下"议际"当作"际议"，"让"字下"衰过恶失"当作"衰恶过失"，"诘"字下"见将"当作"将见"。脱文87处。如"设"字下引《国语》"必设以此"下脱"民也"2字，"䚿"字下引《论语》"言之得"下脱"无"字，"谑"字下引郭璞注《尔雅》"乐祸助"下脱"虐"字，"谁"字下顾野王案"谁俜予美"前脱"毛诗"2字，"谥"字下引《白虎通》"谥之言列"后脱"其所行"3字。衍文25处，如"譖"字下衍"人部"2字，"护"字下"汉书"中间衍"也"字，"迊"字下衍"郑

玄曰于事不诬"7字，"让"字下"郑玄曰让"后衍"也仪礼宾入门"6字，"譄"字末衍"或为窥字在穴部也之"9字。甚至有字条重出者，如："譅，呼县反。《说文》：流言也。《仓颉篇》：县书有所求也。野王案：亦与夐字同，在贝部。"整个字条一字不差地重复。

与《名义》相较，残卷注音用字与《名义》不同者65处，如："谦"字"去兼反"，《名义》作"去嫌反"；"谊"字"鱼奇反"，《名义》作"宜奇反"；"欶"字"所縠反"，《名义》作"朔缩二音"；其中残卷误而《名义》不误者有："欻"字"林戴反"误，《名义》作"枯戴反"；"軮"字"呼伏反"误，《名义》作"呼狄反"；"楝"字"田縠反"误，《名义》作"思縠反"；"键"字"妃言反"误，《名义》作"纪言反"；"盗"字"往到反"误，《名义》作"徒到反"。收字方面，《名义》有"諤、谗、譆、谯、訋、夸、歆、暺、嗛"等9个字条，而残卷无。

以上所述表明，该残卷抄本相当草率，讹错、漏脱、重复者达数百处之多，其与顾野王原本《玉篇》相比应该说是已经有了相当大的差距。

残卷四

《册部》存3字，《晶部》9字，《只部》2字，《肉部》6字，《欠部》40字，该残卷隶属顾野王《玉篇》三十卷之卷九，今为京都福井崇兰馆佐佐木宗四郎所藏，《续修四库全书》本取自黎庶昌《古逸丛书》本。

此残卷讹错37处（其中倒文2处），如"嗣"字下"兴"讹作"与"，"嚣"字下"在"讹作"左"、"湫隘"讹作"秋盗"、"幣"讹作"满"，"器"字下"闾供"讹作"司休"、"族"讹作"扶"。其倒文如"商"字下"兑商"为"商兑"之倒。脱文6处，如"器"字下"木器"后脱"千伏"、"千钧"前脱"铜器"、"素木"后脱"铁"字。

与《名义》相较，注音方面如"嗣"字下"丑利反"，《名义》作"囟吏反"；"嚣"字下"许高、五高二反"，《名义》作"许朝反"；"商"字下"舒羊反"，《名义》作"舒羹反"；"欣"字下"虚殷反"，《名义》作"忻欣反"；"歠"字下"翼帝反"，《名义》作"翼离反"；"欵"字下"欣

既反”，《名义》作“希既反”。亦有残卷误而《名义》不误者，如：“嚚”字下“莫旦反”误，《名义》作“荒旦反”；“䛐”字下“布弔反”误，《名义》作“古弔反”；“㰤”字下“太一反”误，《名义》作“火一反”。收字方面，《名义》有“歅”字而残卷无，残卷有“欯”字而《名义》无。

残卷五

《放部》存3字，《丌部》11字，《左部》3字，《工部》3字，《卜部》8字，《兆部》2字，《用部》7字，《爻部》3字，《㸚部》4字，《车部》88字，《舟部》26字，《方部》4字。此残卷多段黏合，隶属顾野王《玉篇》三十卷之卷十八，今为藤田氏所藏，旧藏有奈良东大寺尊胜院、柏木探古书屋。此残卷早期影印本有明治十五年（1882年）探古书屋影印本。《续修四库全书》本有三处用黎庶昌《古逸丛书》本配补，分别是《车部》“舆”字下“为车”至“汉书”6行，《车部》“轊”字下“为檕字”至“軩”字下“左氏传”10行，《舟部》“艘”字下“雅艘至也”至“舫”字头14行。

此残卷讹错37处（含4处倒文），如“奠”字下“茜”讹作“尓”，“荐”讹作“廌”，“卙”字下“曰贞曰卙”讹作“曰贞贞”，“贞”字下“立”讹作“五”，“封”讹作“卦”，“转”字下“兂专”讹作“六基”。倒文如“舳”字下“舳为”当作“为舳”，“裞”字下“书字”当作“字书”。脱文22处（其中2处在配补部分），如“兆”字下“曰兆”前脱“十亿”2字，“车”字下“栈车”前脱“乘墨车士乘”5字，“方”字下“方聚”中间脱“且也鸠聚也僚见也言共工鸠”12字。衍文7处，如“放”字末衍“臣”字，“由”字下“考工记”后衍“系”字，“毛诗”中间衍“诸”字。

与《名义》相较，此残卷列字顺序有几处与《名义》不同，如“卟”字《名义》在“贞、占”之间，“轲”字《名义》在“篡”字前，“轥、軳、彤”等多字顺序残卷与《名义》互异。注音用字方面，“式”字下残卷作“诗力反”，《名义》作“舒力反”；“卟”字下残卷作“公啼反”，《名义》作“公蹄反”；“昡”字下残卷作“时照反”，《名义》作“时昭反”；“輢”字下残卷作“于蚁反”，《名义》作“于绮反”；“辄”字下残卷作“竹猎反”，《名

义》作"竹叶反"。类似注音异文共22处，其中残卷误而《名义》不误者如下："由"字下残卷作"余同反"，《名义》作"余周反"；"軕（同軶）"字下残卷作"徒政反"，《名义》作"徒改反"。

残卷六

《车部》存10字。该残卷有两个片段，軟、輯二字条为一个片段，軶、輳、軝、輷、輓、輩、輋、輂为另一个片段。这两个残片隶属顾野王《玉篇》三十卷之卷十八，今有奈良东大寺尊胜院传抄本，收入冈井慎吾《玉篇的研究》[①]。释文如下（用繁体字形以保真，下同）：

（輿）……乃案輿地圖。蘇林曰：輿猶盡載之意也。《廣雅》：輿，多也。輿，舉也。輿，載也。[②]

軟，甫遠反。《説文》：車耳反出也。《廣雅》：轓謂之軟也。

輯，徐入反。《尚書》：輯寧爾邽家。孔安國曰：輯，集也。《爾雅》：輯，和也。野王案，謂諧和也。《毛詩》：辭之輯矣，思……[③]

軶，《説文》亦軶字也。

輳，子由反。《説文》：車簀也。

軝，都禮、都履二反。《毛詩》：尹氏大師，惟周之軝。鎔之□，亦言尹氏爲

①　冈井慎吾：《玉篇的研究》，东洋文库，1933年，第56—57页。

②　在残卷中，"苏林"为《史记》或《汉书》注者，结合藤田家藏残卷"舆"字条看，此处"乃案舆地图"应是取自《汉书·淮南衡山济北王传》，当作"日夜与左吴等按舆地图"。与藤田家藏残卷该字条合并为："（舆），……为车。郑玄曰：攻木之工官别名也。《史记》：乃乘舆车。蔡雍曰：律曰，敢盗乘舆服御物。天子至尊，不敢媟嬻言之，故托于乘舆也。乘犹载也，舆犹车也。天子以天下为家，不以京师宫室为常处，则当乘车舆以行天下。故群臣托乘舆以言之也，故或谓之车驾。《左氏传》：大夫臣士，士臣皂，皂臣舆。野王案：第六品人也。又曰：听舆人之颂。杜预曰：舆，众也。《论语》：君在，舆舆如也。马融曰：威仪中适之貌。《汉书》（日夜与左吴）乃［等］案舆地图。苏林曰：舆犹尽载之意也。《广雅》：舆，多也。舆，举也。舆，载也。"

③　"辑宁尔邽家"当作"辑宁尔邦家"。今《诗·大雅·板》作"辞之辑矣"，又《诗·大雅·公刘》作"思辑用光"。此残卷"辑"字条与藤田家藏残卷"辑"字条前后相合成完整字条，作"辑，徐入反。《尚书》：辑宁尔邽（邦）家。孔安国曰：辑，集也。《尔雅》：辑，和也。野王案，谓谐和也。《毛诗》：辞之辑矣，思辑用光是也。《说文》：车藉辑也。或就之辑为集字，在隹部"。

周之軝轄持國政也。《説文》：大車後也。①

輹，扶云反。楊雄《長楊賦》：砰輹破穹盧。《漢書音義》：輹輨，匈奴車也。車可寢處也。《説文》：淮陽名車穹窿爲輹。《聲類》：攻車也。②

輷，於云反。《説文》：大車後壓也。《蒼頡篇》：兵車也。《聲類》：攻車也。

輂，居□反。《周禮》：與其輂輦。鄭玄曰：駕馬以載任器也。或作□字。《方言》：輂，載也。郭璞：輂輿，亦載物也。《説文》：大車駕者也。③

輂，仕佳反。《説文》：連車也。一曰却車抵堂也。野王案，《東京賦》皇輿□駕輂於東廂是也。《廣雅》：輂，塞也。野王案，訓塞之或與柴字同，在木部。④

輦，力前反。《禮》：皇后五路，輦車組輓，有翣、羽蓋。鄭玄曰：后居宮中……⑤

与《名义》相较，字头"辑"，《名义》作"軿"；"輈"字下"子由反"，《名义》作"子田反"；"輦"字下"力前反"，《名义》作"力剪反"。

残卷七

《水部》存 10 字。安田文库藏，《续修四库全书》本影印黎庶昌《古逸丛书》本。此残卷自"淦"字后半段始，至"湛"字前半段终，隶属顾野王《玉篇》三十卷之卷十九。《古逸丛书》本中该片段讹错少，只有"湊"字下野王

---

① "尹氏大师，惟周之軝"取自《诗·小雅·节南山》，今本作"尹氏大师，惟周之氏"。郑玄《笺》曰："氏当作桎辖之桎，毗辅也。言尹氏作大师之官，为周之桎辖，持国政之平，维制四方。"残卷此处抄脱郑玄笺语，且有讹误。

② 扬雄《长杨赋》今作"碎軿辐，破穹庐"，残卷疑有脱误。此文《汉书·扬雄传》下亦作"砰軿辐，破穹庐"，应劭曰："軿辐，匈奴车也。"然而"车可寝处也"则源自《文选》注引服虔语。

③ 《名义》作"居録反"。今本《周礼》郑注作"輂，驾马；輦，人挽行。所以载任器也"。今本《说文》作"大车驾马也"，残卷误。

④ 今本《文选·张衡〈东京赋〉》作"皇舆凤驾，輂于东阶"。"训塞之"后疑脱"輂"字。

⑤ 《名义》作"力剪反"。引《礼》应是《周礼》，"五路"一作"五辂"。

案引《公羊传》"凑公寝而"后脱"弑"字。

与《名义》相较，残卷脱"游"字音注及部分说解，《名义》作"游，似周反。浮也。又斿"；"砅"字下"理劚反"，《名义》作"力劚反"。

残卷八

《水部》存16字。见于《古逸丛书》，今藏地不明，《续修四库全书》本影印黎庶昌《古逸丛书》本。此残卷始自"湛"字后半段，至"潦"字终，隶属顾野王《玉篇》三十卷之卷十九。《古逸丛书》本中该片段讹错较少，有"㳇"字下"不弔者三"后脱"畏厭"2字，"湏"字下"回"字讹作"因"、"湏"字讹作"隈"，"潃"字下"兮"字讹作"予"。

与《名义》相比，注音用字的不同表现在"湏"字下"於因（回）反"，《名义》作"於迴反"；"潃"字下"於孔反"，《名义》作"乌孔反"。

残卷九

《水部》存119字，隶属顾野王《玉篇》三十卷之卷十九。奈良东大寺尊胜院旧藏，今为藤田氏家藏。此《水部》残卷与安田文库藏《水部》10字抄写的字迹一致，原本应是同一抄胥所为。此卷讹错少有，堪称精当。然而长泽规矩也认为此残卷最劣[1]。

此残卷讹错11处（含2处倒文），如"溓"字下"渍"讹作"清"，"湿"字下"失意"讹作"生意"，"高诱曰"讹作"高诱者"。倒文如"瀹"字下"牛杀"为"杀牛"之倒，"淡"字下"记礼"为"礼记"之倒。脱文2处，为"灌"字下"则涸为"后脱"枯"字，"洦"字下"史记"后脱"巖在鹿"3字。衍文3处，"旳"字末衍"有涿享"3字，"漉"字下"无漉陂"后衍一重文符号，"凉"字下引《韩诗》"北风其凉"前衍一"孔"字。

与《名义》相比，注音用字不同者29处，如"瀀"字下"於刘反"，《名义》作"於留反"；"渥"字下"乌学反"，《名义》作"乌角反"。残卷注

① 长泽规矩也：《长泽规矩也著作集·汉籍解题一》，汲古书院，1985年。

音误而《名义》不误者："汤"字下"耻郎反"误，《名义》作"他郎反"；"漱"字下"所雷反"误，《名义》作"所溜反"。

残卷十

《山部》存142字，《屾部》2字，《嵬部》2字，《屵部》10字，《广部》96字，《厂部》40字，《高部》7字，《危部》4字，《石部》152字，《磬部》8字，《𨸏部》2字，《阜部》139字，《𨸏部》5字，《厽部》4字，隶属顾野王《玉篇》三十卷之卷二十二。神宫文库藏，此残卷卷末有记曰"延喜四年正月十五日收为典药宅书"，延喜四年即公元904年，疑为此残卷抄写年代。该残卷的早期影印本有1896年吉川半七影印本。

此残卷讹错483处（含倒文，也有少量与衍文重叠），如"峒"字下"汪芒氏"讹作"住苞氏"，"崒"字下"峰头巉岩"讹作"山崒头巉"，"岣"字下"广雅"讹作"黄雅"，"序"字下"考工记"讹作"考工说"。脱文186处，如"岑"字下引《方言》脱"言"字，"岬"字下引《淮南》脱"淮南"2字，"廲"字下引《国语》脱"国语非德"4字，"府"字下引《尚书》孔传"报以众见罪"前脱"惟聚罪之事其"6字、引《周礼》郑众注"府六人（十）"前脱"众曰官属谓六官"7字，"廉"字下引《史记》脱"吾使廉问或为妖言"8字。衍文83处，如"岬"字下"许叔重"前衍"左思吴容"4字，"嵬"字下衍"说文高而不平也"7字，"廉"字下引《楚辞》王逸注"不受曰廉"后衍"曰或为妖言"5字，"厎"字下"张也"前衍"砮石可以为矢也"7字，"危"字下引《礼记》郑玄注"郑玄"前衍"危古文为厃字"6字，"𣙗"字条末衍"字同阁外闭门也在门部也"11字，"防"字下"野王案"前衍"夫防水杀见也说文防堤也或为坊字也"16字。还有"𨺋、陷、隌"等字条重出。

另外，字条说解内容窜乱，即张冠李戴的字条在该残卷中时有发生，如："廖，力雕反。《说文》：空卢。《尚书大传》：庙者皃也，其以皃言之也。《白虎通》曰：先祖之尊皃所在也。"此处"尚书大传"以下内容与"廖"字无涉，应是上文"庙"字说解，而上文"庙"字说解中已经有"《白虎通》曰：先祖之尊皃所在也"释语，因而这里应该把"廖"字下所引《尚书大传》内容

加在《白虎通》之前，而将此处"廖"字条剩余的部分删去，因为"廖"字条下文重出。此残卷讹舛严重，文辞错乱，难以卒读。

与《名义》相比，残卷注音用字不同者61处，如"岵"字下"胡都反"，《名义》作"胡覩反"，"嵥"字下"比结反"，误，《名义》作"比吉反"，"屏"字下"伊井反"，误，《名义》作"俾井反"，"雇"字下"徒雷反"，《名义》作"待雷反"，"廛"字下"田践反"，误，《名义》作"思践反"，"廞"字下"来甘反"，《名义》作"来含反"。在收字方面，《名义》有"崾、嶭、垈、磬、磨、磆、碥、砐、阽、隥"等字条，残卷无。

但不容忽视的是，残卷有些错讹与《名义》一致，如"峄"字头在残卷中讹作"牢"，又以双行小字形式混在"嵥"字条下，致使"峄"字条隐晦不显，《名义》未有"峄"字条，或即是因此。"辰"字下"於反"，缺反切下字，《名义》亦缺。又如残卷"砥，《字书》：石次玉也"应该接续在"砥，之视反。《尚书》：砥砥砮丹。孔安国曰：砥细于砺，皆石也。《说文》亦厎字也。厎亦平也，直也，均也。（在）厂部也"字条之后，但二者误倒，《名义》亦误倒。又"陷"字下"音"后脱直音法注音字，《名义》亦脱。

另外，此残卷抄胥文字功底欠佳，遇到不识之字即跳过不录，如"陕"字下"《字书》亦（髓）字也，在（齀）部也"，髓、齀二字盖底本有讹变，抄胥不识，脱漏不录。又如"防"字下"《说文》：防，淂（堤）也"抄写重复，其中"淂"字是"堤"字之误，抄胥不知，两次皆抄误，抑或是底本既误。

残卷十一

《鱼部》存19字，隶属顾野王《玉篇》三十卷之卷二十四。京都府船井郡高原村大福光寺藏。此残卷讹错极少，至为珍贵。只是各家影印本都有错简情况。今拨乱反正，释文如下：

　　鮚，渠傈反。《说文》：鮚，蚌也。《汉律》：會稽郡獻鮚醬二升。
　　鮨，子赤反。《说文》：鮨，鱼名也。野王案：此亦与鯦字同，鯦即鮪魚也。

第二章　汉字接受与普及

八三

鳗，莫安反。《説文》：鳗，魚名也。[①]

鰿，子益反。《楚辭》：煎鰿炙鶴。王逸曰：鰿，鮒也。鯽，《字書》或鰿字也。《説文》或爲鰂字也。野王案：今以爲鮒魚之鰿字也。[②]

鱯，胡跨反。《説文》：魚也。《字書》：似鮎。野王案：鱯者，鮎之大者也。

鮇，□飢反。《爾雅》：鮇，大鱯。郭璞曰：鱯似鮎而大。《聲類》：鮇，鰲鰊也。又音卑惟反。《爾雅》：魴鮇。郭璞曰：江東呼魴魚爲鯿。鯿，别名鮇也。[③]

鯉，胡瓦反。《説文》：鯉，鯉也。《聲類》：鯉，鱧也。《廣雅》：大鯉謂之鱯也。

鱬，如珠反。《山海經》：即翼澤多赤鱬，狀如魚人鴛鴦，食之不疾也。[④]

䱻，禹貴反。《山海經》：樂遊山，桃水出焉，其中多䱻魚，狀如虵而四足，食魚。

鰩，与照反。《山海經》：觀水多鰩，魚狀如鯉，魚身鳥翼，蒼文白首赤喙，常自西海遊於東海，以夜飛，音如鸞雞，味酸甘，見則天下大穰也。[⑤]

鰠，蘇高反。《山海經》：鳥鼠同穴山多鰠魚，狀如鱣魚，動則其邑大有兵。

魮，婢葵反。《山海經》：濃水多如魮之魚，狀覆銚，鳥首而魚尾，音如磬石之聲也。[⑥]

鰷，祖道反。《山海經》：瀤澤之水多鰷魚，狀如狸而雞足，食之已肬。[⑦]

鱵，之深反。《山海經》：沢水多鱵魚，狀如儵魚，其喙如箴，食者無疫疾。郭璞曰：出東海，今江東水中亦有也。

---

① 《名义》作“莫案反”。
② 今《楚辞·大招》作“煎鰿臛雀”。
③ 《名义》作“俻饥反”。
④ “状如鱼人鸳鸯”有脱文，当作：状如鱼，人面，声如鸳鸯。
⑤ 《名义》作“与昭反”。
⑥ “濃水”当作“滥水”。
⑦ 《名义》作“粗道反”。

鱤，古禫反。《山海經》：減水中多鱤魚。郭璞曰：一名黄頰魚也。野王案：即魠魚也。

鮯，公帀反。《山海經》：綠澤有魚，狀如鯉而六足鳥尾，名曰鮯。鮯之魚，鳴自叫也。

鮡，治矯反。《爾雅》：魾大鱯，小者鮡。郭璞曰：鮧之者大曰鱯。

鮵，徒括反。《爾雅》：鯬大鮦，小者鮵。郭璞曰：兗州亦名小鮦爲鮵也。

鮂，徐鳩反。《爾雅》：鮂，黑鰦。郭璞曰：鮂，白儵也。江東呼鮂。《音義》曰：荊楚人又名白鮂或作部也。[1]

与《名义》相较，"鳗"字下"莫安反"，《名义》作"莫案反"；"鳐"字下"与照反"，《名义》作"与昭反"；"鱳"字下"祖道反"，《名义》作"粗道反"；"鮵"字下"徒括反"，《名义》作"徒桔（反）"。

残卷十二

《鱼部》存5字，隶属顾野王《玉篇》三十卷之卷二十四。该残片见于《留真谱初编》第三，收入冈井慎吾《玉篇的研究》。释文如下：

（䱥，充尸）反。《廣雅》：侯鮔，魺鮔也。[2]

鮛，尸鞠反。《埤蒼》：鮛，鮪也。野王案，鮛鮪即鮥也。

䱦，記家反。《廣雅》：䱦，鯤也。鯤血子也。[3]

鱹，口換反。《埤蒼》：魚控罩也。野王案，以罩於……

鮩，蒲杏反。《埤蒼》：白魚也。

与《名义》相较，"䱦"字下"记家反"，《名义》作"托罪反"，误；

---

① "或作部也"当作"或作鮂也"。

② 今本《广雅》作"鯸鮔魺䱥魧鱅魠也"，王念孙《疏证》谓此为两条误合，当作"鯸鮔魺也"和"䱥魧鱅魠也"。鮔与鲔同义。

③ 《广韵》："䱦，鲲鱼子也。"残卷有误。

"鮏"字下"蒲杏反"，《名义》作"蒲古反"，误。

残卷十三

《糸部》存270字，隶属顾野王《玉篇》三十卷之卷二十七，自卷二十七始，至《糸部》"缘"字。京都高山寺藏。

此残卷讹错202处（其中倒文7处），如"茧"字下误离为雒、误微为傲、误袍为祀，"绎"字下误羞为眷、误永为不，"纯"字下误箄为笄、误全为令、误秉为康、误广为庮、误莞为莫、误茅为萲，绝大多数皆因字形相近而致讹。其倒文者如"缝"字下"记礼"当作"礼记"，"绳"字下"詈纠绳谬"当作"绳詈纠谬"，"纷"字下"纵，放也"当作"放，纵也"。脱文49处，如"绪"字下引《庄子》"曩者先生有"后脱"绪"字，"经"字下引《周礼》"造县鄙形体之"后脱"法"字，"緫"字下引《周礼》郑注"緫薄"后脱"书"字、"种别与大凡"后脱"官府之有财物入若关市之属"12字。衍文37处，如"纪"字下引《吕氏春秋》高诱注"纪犹贯"前衍"地"字、后衍"目"字，"紋"字下"野王案"前衍"野也"2字。

与《名义》相比，注音用字不同者6处，皆字形相近，如"绮"字下"祛倚反"，误，《名义》作"祛倚反"；"缟"字下"古到、古倒二反"，《名义》作"吉到反"。残卷与《名义》讹误相同者处，如"纥"字下"音龁反"衍"反"字，《名义》亦衍；"纘"字下"子反"脱反切下字"卵"，《名义》亦脱；"绚"字异体"约"为"约"之误，《名义》亦误；"缰"字下"居半反"，误，当作"居羊反"，《名义》亦误。

残卷十四

《糸部》存122字，《系部》5字，《素部》8字，《絲部》7字，《叀部》7字，《率部》1字，《索部》3字，隶属顾野王《玉篇》三十卷之卷二十七。近江石山寺藏。此残卷与高山寺藏《糸部》字迹统一，与早稻田大学藏残卷字迹也基本一致，可能出自同一抄胥之手。该残卷的讹舛情况也与早稻田大学所藏基本相同。该残卷与高山寺藏《糸部》残卷的早期影印本有明治十六年印刷

局影印本。

此残卷讹错 83 处，如"缏"字下误"枲"为"系"、误"緁"为"缝"，"絣"字下误"说"为"记"、误"氐"为"立"，"率"字下引《史记》"黥辟疑赦其罚百率"误作"黥罚疑其攻百率"。脱文 33 处，如"绥"字下"行迟绥绥为字在部"当作"行迟绥绥为夊字，在夊部"，脱"夊"字，因抄胥不识之故；"綵"字下引《广雅》"麹尘"后脱"绿缛紫"3 字。衍文 14 处，如"缚"字末衍"或为𦃇，在索部"，"䌤"字下"弔䌤"后衍"鞠汰辅杜预曰䌤壶也"9 字。此残卷也有字条窜乱者，如"纗，古环反。《说文》：织缯以丝贯杼也。"之后有"繉，《说文》亦古文繘字也"。繉与纗不同字，繉为古文繘字，与上文绋同字，因而"繉，《说文》亦古文繘字也"应该接续在上文"绋"字条下。

与《名义》相比，注音用字不同者 4 处，如"缮"字下"祛善反"，《名义》作"社善反"，误；"绻"字下"吴阮反"，《名义》作"吴院反"，误；"紙"字下"并卖反"，《名义》作"普卖反"。

结论

原本《玉篇》残卷及其藏本源流虽多与真言宗寺庙有关[1]，但各残卷彼此差异不容忽视。首先，各抄本讹舛程度不同。若以讹舛数量除以字条数量的得数为讹舛度，则各残卷讹舛度分别为：残卷一为 0，残卷二为 0，残卷三为 0.666，残卷四为 0.716，残卷五为 0.407，残卷六为 0.8，残卷七为 0.1，残卷八为 0.25，残卷九为 0.134，残卷十为 1.233，残卷十一为 0.105，残卷十二为 0.2，残卷十三为 1.066，残卷十四为 0.856。讹舛度大于 0.5 者可谓讹舛频发，抄胥不审。整体上看，内容少的残片相对讹舛少，内容较可靠，如残卷一、残卷二、残卷五、残卷十一、残卷十二。残卷七、八、九为近世传抄校对本，讹舛也较少。相比之下，残卷三、四、六、十、十三、十四讹舛最为严重。日本学者石塚晴通教授利用显微镜对高山寺藏原本《玉篇》残卷卷二十七的纸张进行研究，得出的

---

[1] 丁锋：《如斯斋汉语史续稿》，贵州大学出版社，2012 年，第 5 页。

结论是该残卷抄写用纸为楮纸（来自中国），高山寺藏书写于楮纸上的抄本为普通抄本。如果石塚的研究可靠，则不限于高山寺藏的卷二十七残卷，石山寺藏的卷二十七残卷、神宫文库藏的卷二十二残卷等大宗残卷都属于普通抄本，这也许能解释这些残卷讹舛严重的原因，但要说这些残卷在中国抄就后东渡日本，还是有些出乎意料。①

其次，残卷引书也有不一致之处。如卷二十七残卷引《续汉书》《茂陵中书》《丧服小记》《诸葛亮集》《文士传》《范子计然》《博物志》等文献，尽管有的只引1次，其他残卷则不引。另外，卷二十七残卷引《尔雅·释草》，其他残卷多引《尔雅》，未详细到具体篇目，只有卷二十二残卷引《尔雅·释山》1次。另外，藤田氏藏卷十八之残卷字形与其他残卷不类，引《说文》时往往会连引字形说解，如下（字头后截取字形说解，字条之间以 \ 间隔）：

丌：荐物之几，象形也。\ 辺：故从辵，从丌声也。\ 典：从册在丌上，尊阁之也。\ 畀：从丌，由声也。\ 奠：从酋，酋，酒也。丌其几也。\ 左：从ナ工。\ 差：从左，从巫声也。\ 壓：从二。\ 巨：古文工字也，从彡。\ 贞：从贝，贝以为贽也。一曰从鼎省声也。\ 兆：象形也。\ 用：从卜、中。\ 甫：从用从父，父声也。\ 葡：从用，苟省声也。\ 庸：从用从庚。\ 宁：从庸，宁省声也。\ 尔：从冂、㸚，其孔丽丽也，尔声也。\ 爽：从大、㸚。\ 车：象形也。\ 辄：从车，耴声也。\ 轸：从㐱声也。\ 輨：从䡮。䡮，古婚字也。\ 轨：从九声也。\ 輢：故从车、付。\ 舟：象形也。\ 俞：从亼从舟从刂，刂，水也。\ 船：从铅省声也。\ 彤：从彡声也。\ 削：从则声也。\ 般：从舟从殳。殳，般旋也。

以上30条字形说解在所收字头中占比较大，凸显了该残卷与其他残卷的差异，这种现象说明现存原本《玉篇》各残卷在文献上不同质。换句话说，现存原本《玉篇》各残卷可能有不同的来源。陈燕、刘洁《〈玉篇零卷〉年代释疑》

① 若为当年空海抄写并带去日本，则该抄本能保存至今，实属难得。毕竟唐抄佛经传至今日者已是罕见，就连《篆隶万象名义》今见在本也是12世纪的抄本。残卷唯一有时间标记的是神宫文库藏延喜四年写本，这个时间已经距离空海归国过去了约100年。

沿着杨守敬据柏木探古藏卷十八字形而得出的"最为奇古"的看法，论证了柏木本是南北朝的原本抄本，是更为接近顾野王原本《玉篇》的抄本。[①] 我们这里有几处疑点可供进一步讨论：一是冈井慎吾《玉篇的研究》收录的奈良东大寺尊胜院抄本《车部》11 字条皆无字形说解。二是《玉篇》佚文材料也未见引《说文》有连同字形说解一并征引的情形。三是早于唐代的纸质传抄文献至今未见实物。四是柏木本字体也至少有三种，隶楷之外还有行书，字体古旧不表示抄本古旧。五是柏木本系后分卷本，显然晚于初分卷本，而日藏大多数残卷和《篆隶万象名义》等文献皆属于初分卷本系统。六是法相宗高僧昌住在宽平四年（892 年）编撰《新撰字镜》时尚未能得见《玉篇》，在昌泰年间（898—901 年）才把《玉篇》和《切韵》内容增补到《新撰字镜》之中，这说明《玉篇》在 9 世纪的日本并不多见，除真言密教外其他宗派并未有传本。

上文所述残卷刊本递相补替，后出转精，以致上海古籍出版社《续修四库全书》在国内算是原本《玉篇》残卷最好的版本。我们在整理残卷时一直有个直觉，就是残卷仍然有秘而不宣者，这一点从现已公布的残卷残存情况可以直观看出。首先，上文转录冈井慎吾《玉篇的研究》中的残卷六（两个片段）、残卷十二为原本《玉篇》残卷"新材料"，国内尚无著录，此二残卷正可以补充已出版的原本《玉篇》残卷。其次，从原本《玉篇》卷十八之残卷看，"式"字条残存上段，其后残缺 8 个字条，规模相当于影印本的 1 纸。"彀"字下残缺 15 字条（规模相当于 2 纸），之后残存 1 行，后又残缺 8 字条，这样有一定规律的残与存略显不正常。不过卷十八之残卷中时有补丁（因不同抄胥传抄而字迹大不同），又经多家转藏，有未公开的片段也在情理之中。原本《玉篇》残卷研究还有进一步深入之必要，此仅作发凡起例。

附原本《玉篇》佚文：

顾野王《玉篇》不仅从现存残卷窥见其面貌，《玉篇》佚文也能在一定程

---

① 陈燕、刘洁：《〈玉篇零卷〉年代释疑》，《天津师范大学学报》（社会科学版）1999 年第 3 期。

度上反映其面貌，而且《玉篇》佚文还能从某种意义上反观现存的原本《玉篇》残卷。在《玉篇》佚文材料中，《新撰字镜》《香药字抄》等所引具有典型意义。其中《新撰字镜》引"纶"字条、《香字抄》引"餀"字条、《类聚名义抄》引"緜"字条、《令集解》引"绥"字条等可以和现存残卷形成对照，比对如下（字条中讹误以方括号标注，脱文以圆括号补出，衍文以双删除线标示，用繁体字形以保真）：

緜，力旬、公頑二反。《周易》：弥綸天地之道。劉瓛曰：弥，廣也。綸，經理也。《毛詩》：之子乎釣，言綸之繩。《箋》云：綸，釣繳也。《禮記》：公[孔]子曰王言如絲，其出其[如]綸。鄭玄曰：今有秋[秩]，盡[嗇]夫所佩也。《續漢書》：百否石，青納[紺]綸，一采，婉轉繆織，長（丈）二尺。《説文》：糾青絲綬也。《范子計然》：布卒者，綸絮之未。其无絲之國，出布不可以布卒爲綸未也。野王案：此謂麻絲挈[絮]爲綸也。《爾雅·釋草》：綸（似綸），東海有之。郭璞曰：海（中）有（草）象之，因以爲名也。《太玄經》：（玄）鴻綸天（元）。宋忠曰：綸，絡也。《方言》：或謂車紃爲曲綸。郭璞曰：今江東通呼索爲綸也。——原本《玉篇》殘卷

綸，力旬、工頑二反囜。《周易》：弥綸天地之道。劉瓛曰：弥，廣也。綸，經理也。《毛詩》：之子于釣，言綸之繩。《箋》云：釣繳也。《禮記》：孔子曰，王言如絲，其出如綸。鄭玄曰：今有秩，嗇夫所佩也。《續漢書》：百石，青紺綸，一采，婉轉繆織，長丈二尺。《説文》：糾青絲授[綬]也。《范子計然》：右[布]平[卒]者，綸絮之未。其无絲之國，出布不可以布（卒）爲綸未也。野王案，此謂摩絲絮爲綸也。《爾雅·釋草》：綸以[似]綸，東海有之。郭璞曰：海中有草象之，因以爲名也。《太玄經》：（玄）鴻綸天元。宋忠曰：綸，絡也。《方言》：或謂車紃爲曲綸。郭璞曰：也今江東通呼索爲綸也。——《新撰字鏡》

不难看出，二者内容基本一致，皆有讹脱衍文，可以相互校订。当然可以证明，类似佚文材料与原本《玉篇》残卷内容属性相同，具有相同的祖本。类似佚文如下：

东亚汉字传播史研究 日本卷

珮，蒲背反。《周禮》：玉符［府］掌王之玉佩珠玉。鄭玄曰：佩玉，所帶玉也。《大戴禮》：珮上有雙衡，下有雙璜，衝牙璜珠，以納其間。《禮記》：佩瑜瓊玖，孔子佩象環五寸。野王案，凡帶物於身皆謂之。天子佩白玉，公侯佩山玄玉，大夫佩水倉玉，世子佩瑜玉。（左）佩帨帨、刀、礪、小鐉、金鐩，右佩決、扞、管、人［大］雙［觿］、木燧，婦人佩箴、管、線、纊。《楚辭》紉秋蘭以爲佩並是也。《説文》爲佩字，在人部也。——《新撰字鏡》

巾，羈臨反。《周禮》：巾車掌公車之政令。鄭玄曰：巾猶衣也。《毛詩》：出其東門，有女如雲，縞衣綦巾。《傳》曰：綦巾，女服也。《方言》：魏宋楚之間謂蔽膝爲大巾。《説文》：佩巾也。野王案，本所已拭物，後人稍著之於頭以當冠也。《漢書》：平［斥］諸病吏，白巾出府門。《東觀漢記》：縫襜褕絺巾。郭林宗折角巾之例是也。——《新撰字鏡》

帉，孚云反。《禮記》：老佩帨帨。鄭玄曰：帨，拭物巾也。今齊人有言帉者。《方言》：大巾謂之帉。郭璞曰：今江東通呼巾爲帉也。帉，《廣雅》：帉，幘也。《字書》亦帉字也。——《新撰字鏡》

帶，都大反。《毛詩》：垂帶而厲。《左氏傳》：帶裳幅舄。《禮記》：雜帶，君朱綠，大夫玄華，士緇辟二寸，再繚四寸。凡帶，有率無箴功。鄭玄曰：雜猶飾也。《方言》：屬謂之帶。郭璞曰：《小爾雅》云，帶之垂者爲屬。又曰：帶，行也。郭璞曰：隨人行者也。《説文》：帶也。《考工記》：鳧氏爲鐘帶，鐘帶謂之篆也。——《新撰字鏡》

帔，鈹議反。《左氏傳》：靈王翠帔以見子革。杜預曰：以翠羽飾帔也。《方言》：陳楚之間謂襌帔。《説文》：弘農謂帬曰帔。《釋名》：帔，被也。彼肩背不及下也。又音濞皮反。《山海經》：猦獸，豪如帔蓑。野王案，帔之於背上也。《楚辭》：惟桀紂之昌帔。王逸曰：昌帔，衣不帶之皃也。又曰：帔明月兮佩寶璐。王逸曰：在背曰帔也。——《新撰字鏡》

帨，如鋭反。《毛詩》：無撼我帨。《傳》曰：佩巾也。《禮記》：老佩帉帨。鄭玄曰：拭物巾也。——《新撰字鏡》

（居），《尚書》：五宅三居。又曰：民弗適有居。孔安國曰：民不欲殷有邑

居。是（也）。野王案：居猶處也。《禮記》：孔子曰，丘少居魯，長居宋。是也。《考工記》：凡居，秋大倚小則權。野王案：居亦蓄聚也。毛詩：上帝居欲。箋云：案居也。《左氏傳》：國有人焉，誰居？其孟椒乎？杜預曰：居猶與也。《禮記》：其有中士下士，數各居其上之三分。鄭玄曰：居猶當也。又曰：居，吾語汝。鄭玄曰：居。又曰：居士錦帶。鄭玄曰：有道義處士也。《毛詩》：羔裘豹袪，自我人居居。《傳》：居居，懷德不親比之皃也。《說文》以爲蹲踞之踞字。居處之居爲尻字，在几部。《禮記》：孔子曰，二伐鼓何居？鄭玄曰：居讀如姬姓之姬。齊魯之間助語也。何居，怪之也。屄，古文居字。——《新撰字鏡》

所，師旅反。《尚書》：天閱毖我功所。孔安國曰：言天慎勞我周家，成功所在也。《毛詩傳》曰：所所，柹皃也。又曰：有截有［其］所。《箋》云：所猶處也。野王案，《儀禮》奠于其所是也。《禮記》：求得當欲，不以其所。鄭玄曰：當猶稱也，所猶道也。《廣雅》：所居，所几也。《尚書》：多歷年所。野王案，年所猶歷年也。《說文》：從斤（戶）聲也。——《新撰字鏡》

竝，浦若［茗］反。《禮記》：竝坐，不橫肱。野王案：《說文》：竝，併也。《漢書》样［牂］枒［柯］郡有周竝縣。音浦俱反。——《新撰字鏡》

並，浦鯁反。《毛詩》云：並驅從兩豜兮。《箋》云：並，併也。《楚辭》：古國［固］有不並。王逸曰：並，俱也。野王案，《禮記》不敢並行，（不）敢並命是也。《字書》今竝字也云云。——《新撰字鏡》

<u>汰</u>，他計反。《說文》：暜，廢也。俗爲替字。替，減也，去也，止待也。在《夫部》。——《新撰字鏡》

誥，古到反。《尚書》：作仲虺之誥。孔安國曰：以諸侯相天子會同曰誥。《爾雅》：誥，告也。野王案，（《尚書》）乃供［洪］大語［誥］治是也。又曰：誥，謹也。郭璞曰：所以約謹戒眾也。《尚書大傳》：何以爲之誥？風告也。——《新撰字鏡》

詰，《（左）氏傳》子盍（詰盜），並是也。《周禮》：大司寇之職，建邦之三典，以詰四方。郜［鄭］齋［玄］（曰）：詰，謹也。《書》云王旃荒度作刑，以詰四方是也。《禮記》：詰誅暴慢。鄭玄曰：詰，謂問其罪也。《廣雅》：詰，責也。詰，典［無］也。詰，讓也。《左氏傳》：詰朝將見。杜預曰：詰朝，平（旦

也）。——《新撰字镜》

豆，徒鬪反。《左氏傳》：齊舊四量，豆區釜鍾。四升爲豆，各以其四，以登
於釜。野王案：此量名也。《考工記》：其實一豆是也。《説文》：古食肉器也。
野王案：此亦桓字也。《字書》亦叔也。野王案：《廣雅》大豆曰尗，小豆荅是
也。今並謂尗爲豆。或荳字，在草部也。——《香药抄》《香字抄》

蘅，胡梗反。《山海經》：天帝山有草如葵，臭如蘪蕪，名曰杜蘅，可以走
馬，食之已癭。郭璞曰：香也，蘇［帶］之，舍［令］人便馬也。——《香药抄》
《香字抄》

麇，莫悲反。《周禮》：獸人夏獻麇。野王案：《説文》：鹿屬也，以夏至
解角。《白虎通》：射侯射麇者，示遠迷惑人者也。麇之爲言迷也。《方言》：
麇，老也。郭璞曰：麇猶眉也。——《香药字抄》《香字抄》

芬，芳云反。《説文》：草初生，香分布也。或爲芬字，分亦如也，在草
部。——《香药字抄》《香字抄》

芬，孚云反。《毛詩》：苾苾芬芬。《箋》云：芬芬然香也。《方言》：芬，和
也。郭璞曰：芬香和調也。爲芬［芬］字，在中部。——《香药字抄》《香字抄》

芳，孚王反。《儀禮》：嘉荐令芳。鄭玄曰：芳香也。野王案：宜［草］香爲
芳，芳之遠聞則爲馨也。《楚辭》固衆芳之所在是也。——《香药字抄》《香字
抄》

苾，蒲結反。《毛詩》：苾苾芬芬，祀事孔明。《箋》云：苾苾，狀芬香也。
或爲馝［咇］字，在口部。《字書》或爲馝字，在香部。又爲咇字，在口部。或爲
秘字，在黍部也。——《香药抄》《香字抄》

香，盧良反。《尚書》：至治馨香，感于神祇。《禮記》：中上［央］其臭香。
《説文》：芳也。或爲馫字，在黍部。或爲薌字，在草部。——《香药字抄》《香
字抄》

馨，盧庭反。《尚書》：黍稷非馨，明德惟馨。《説文》：香之遠聞也。——
《香药字抄》《香字抄》

馦，呼兼反。《廣雅》：馦，香也。或爲嗛字，在甘部。——《香药字抄》
《香字抄》

䶫，呼含反。《廣雅》：䶫，香也。——《香藥字抄》《香字抄》

醃，於含反。《廣雅》：醃，香也。——《香字抄》

馥，皮逼、扶福二反。《韓詩》：馥芳［芬］孝祀。馥，香兒也。——《香藥字抄》《香字抄》

䖘，蒲結反。《埤蒼》：大香也。或爲飶字，在食部。或爲呅字，在口部。或爲苾字，在草部。或爲䵬字，在黍部也。——《香藥字抄》《香字抄》

馞，蒲骨反。《廣雅》：馞馞，香也。《埤蒼》：大香也。——《香藥字抄》《香字抄》

馝，匹結反。《廣雅》：馝馝，香也。《埤蒼》：馝馝，小香也。——《香藥字抄》《香字抄》

馛，扶末反。《廣雅》：馛馛，香也。《埤蒼》：大香也。《字書》：馞，馛也。——《香藥字抄》《香字抄》

馧，於云反。《字書》：馧，香也。野王案：薀馧也。今爲蕰字，在草部。——《香藥字抄》《香字抄》

薌，虚良反。《禮記》：孔子（曰），燔燎馨薌。野王案：此亦香字也，在香部。——《香藥字抄》《香字抄》

葯，於略反。《山海經》：來［崍］山多葯。郭璞曰：即藁也。《廣雅》：白芷，葉曰葯。——《香藥字抄》《香字抄》

呅，蒲結反。《字書》或飶字也，苾［飶］，芬香也，在食部。或爲䖘字，在香部。或爲苾字，在草部。或爲䵬字，在黍部。——《香藥字抄》

苾，蒲結反。《毛詩》：苾苾芬芬，祀事孔明。《箋》云：苾苾，狀芬香也。或爲飶［呅］字，在口部。《字書》或爲䖘字，在香部。又爲呅字，在口部。或爲䵬字，在黍部也。——《香藥字抄》《香字抄》

蔲，呼侯反。《本草》：豆蔲，生南海。《異物志》：豆蔲，生交阯北海，如薑，子從根中生，形似益智，皮小厚，如安石留，辛且香。——《香藥字抄》

芸，右軍反。楚。《禮記》：仲冬，芸始生。鄭玄曰：香草也。野王案：《呂氏春秋》菜之美者，有陽花［華］之芸。《夏小正》二月採芸。並是也。《説文》：似苜蓿。《淮南子》説可以死而復生。《倉頡篇》：茗也。又音舊反。《毛詩》裳

裳者花［華］，芸其黃矣。《傳》曰：芸，黃盛。——《香药字抄》《香药抄》

芽，語嘉反。《禮記》仲春，安萌芽，養幼少。野王案：《説文》：芽即萌也。《廣雅》：芽，始也。《聲類》亦狼芽也。野王案：狼芽，藥名也。——《香药字抄》《药字抄》

藿，呼郭反。《儀禮》：牛藿羊苦。鄭玄曰：藿豆葉也。《説文》：尗［菽］之苗也。——《香药字抄》《药字抄》

蒳，奴荅反。左思《吳客賦》：草則藿蒳豆蔻。劉逵［逵］曰：《異物志》云，蒳，草樹也，葉如并［栟］同［桐］而小，三月采日［其］葉，（細）破，（陰）干之，味近善［苦］而有甘，并雞舌（香）食（之），益善［美］。（又）曰：南人者［喜］之，與檳榔同（狀），以金質之。《字指》：子狀檳榔，五月熟，長一寸，剝皮，合浮留、蠡灰食之。——《香药字抄》《药字抄》

蒞，於云反。左思《蜀賦》云：鬱蒞（蒞）以翠。後。《字書》爲薀字。薀亦香也。在香部。——《香药字抄》《药字抄》

菌，奇隕反。《山海經》：孟子山多（菌）。《爾雅》：中馗菌。郭璞曰：地蕈也，似蓋，今江東呼土菌，上［亦］曰馗樹。《莊子》：朝菌不知朔朔。司馬彪［彪］曰：犬芝也，天陰生糞上。《廣雅》：菌，蕙也。葉曰蕙，根曰菌。野王案：雜申柳［椒］與菌桂是也。《本草》：菌桂，生交趾，枝間無骨，正圓也。——《香字抄》

芣，服丘反。《毛詩》：采采芣苢。《傳》曰：芣苢，馬車前草也。宜懷任［懷妊］焉。《爾雅》亦曰。郭璞曰：即蝦蟆衣也。《韓詩》直曰車前瞿曰芣苢也。——《香字抄》

苢，餘止反。《周書》：芣苢，如李，食之宜子，出於西戎。野王案：《詩》《書》所説各一種物也。郭璞曰，《爾雅音義》亦云，同名而實異也。——《香字抄》

藚，胥亦反。《埤蒼》：馬藚，芣苢也。——《香药字抄》

飶，蒲結反。《毛詩》：有飶其香。《傳》曰：飶，芬香也。《説文》：食之香也。或爲苾字，在（艸）部。《聲類》或爲咇字，口部。或爲馝字，在香部。或爲秘字，在黍部。——《香药字抄》《香字抄》

秫，時律反。《爾雅》：粟，秫。郭璞曰：黏粟也。野王案：《禮記》乃命大酋，秫稻必齊是也。《說文》：稷之黏者也。《漢書》：飛龍秫遊上天。蘇棟［林］曰：秫，飛皃也。古文爲朮。——《香药字抄》《药字抄》

桎，之實反。《周禮》：掌囚，凡囚，中罪桎梏。鄭玄曰：在手曰桎，在足曰梏。鄭眾曰：桎梏，兩手各一木也。《倉頡篇》：偏者曰桎，參著曰梏。——《香字抄》

欇，時葉反。《爾雅》：欇，虎藥。郭璞曰：虎豆也。一名狙欇。《音義》曰：今建平人又名之鳥枕。野王案：今謂之狸豆也。——《香字抄》

拇，莫后反。《國語》：至于指拇。賈逵曰：大指也。野王案：《周易》咸其拇是。《倉頡篇》：將指也。——《香字抄》

膠，古交反。《考工記》：鹿膠青白，馬膠赤白，牛膠大赤，鼠膠黑，魚膠餌，犀膠黃。鄭玄曰：皆謂煮取其皮也，或用角。餌者，亦如餌也。野王案：所以連綴物，令相粘著也。又曰：輪人爲輪，施膠必厚。《莊子》聖人不斷，惡用膠是也。《本草》：白膠，一名鹿角（膠），煮（鹿角）作之。阿膠，一名傳致膠，者［煮］牛皮作之，出東阿。《毛詩》：德音孔膠。《傳》曰：膠，固也。《禮記》：殷人養國老於東膠。鄭玄曰：東膠亦太學也。膠之言糾也。案，訓糾亦與撟同，在手部。《方言》：膠，詐也。涼州西南之間曰膠，關之東西或曰膠。《廣雅》：膠，欺也。膠葛，深之遠也，駆馳爲轇字，在車部。——《香字抄》

士，事几反。《老子》曰：古之善爲士者，微妙玄通。《尚書》曰：囚奴正士。孔安國曰：正士，箕子惟正諫紂惡士也。——《三部经音义集》

審，詩甚反。《尚書》：乃審厥象。野王案：審猶詳諦也。《國語》：不審固。賈逵曰：審，信也。——《令集解》

綬，時帚反。《周禮》：綬人掌帷幕幄帟綬綬之事。鄭眾曰：綬組，所以繫帷也。《禮記》：天子玄組綬，公侯朱組綬，大夫純組綬，世子綦組綬，士緼（組）綬也。鄭玄曰：綬者，所以貫佩玉相承受者也。《爾雅》：邃，綬也。郭璞曰：即佩玉之組，所以連繫瑞玉，因通謂之邃也。——《令集解》

第二节　《篆隶万象名义》

《篆隶万象名义》（以下简称《名义》）是日本传世的最早的一部汉文字书，它诞生于平安时代早期，是日本沙门大僧都空海的晚年杰作。空海（774—835年）出身豪门望族，空海的父亲佐伯直真氏是讚歧国有权有势的豪族，他的母亲阿刀氏出身学问、武术世家，他的舅父阿刀大足是伊豫亲王的侍讲。空海少年时代接受了良好的汉文教育，《论语》《孝经》及史传文献广泛涉猎，入大学后，《尚书》《左传》《毛诗》等经典文献不仅提高了他的汉文功底，也成就了他的儒学修养。

当时的日本政界非常倚重佛教，752年，东大寺僧人道镜被孝谦天皇招入宫中道场，后又以看病禅师身份深受女皇宠幸，并于764年参与政事。藤原惠美押胜（即藤原仲麻吕）因不满而发动军事政变，流放天皇于淡路。但随后的称德天皇再次重用道镜，并将其升为太政大臣禅师，后一年又升任法王位。身处上流社会的空海认为并不是儒学道统的现世伦理与世俗道德所支撑和维持的政统在维系社会运行，而是佛教道统。在经历了数年的苦闷后，空海撰写了《聋瞽指归》《三教指归》，标志着空海已有遁入佛门之心愿。

804年，空海入唐求法，拜师青龙寺真言密宗第七祖惠果阿阇梨门下，被授予遍照金刚之号。806年，空海随遣唐使高阶真人远城东渡回国。空海带去了大量的佛学典籍，如《大日经供养仪式》《不动尊使者秘密法》《悉昙字记》《悉昙释》《华严经》等，带去的汉籍有顾野王《玉篇》、沈约《四声谱》等辞书，有皎然《诗式》、王昌龄《诗格》、崔融《唐朝新定诗格》、元兢《诗髓脑》等诗论文献，还有《飞白书法》《谓之行草》《鸟兽飞白》《古今篆隶文体》《释令起八分书》《欧阳询真迹》《不空三藏碑》《急就章》《大王诸舍帖》等书法书籍。

空海《篆隶万象名义》取名"篆隶"是因书中字头篆隶相配（图2-1），其篆体很可能与《古今篆隶文体》有关。今传世《名义》为日本鸟羽永久二年（1114年）抄写本，该抄本的底本是敦文王本。今传世本《名义》篆书字头仅存1056个，分别是：第一帖560个篆形（重出33个），篆形中有132个为《说文》

所无。第二帖 335 个篆形（重出 6 个），篆形中有 62 个为《说文》所无。第三帖 19 个篆形，7 个篆形为《说文》所无。第四帖 114 个篆形（重出 1 个），3 个为《说文》所无。第五帖 15 个篆形，8 个为《说文》所无。第六帖 5 个篆形，2 个为《说文》所无。根据《名义》所存篆形可以推导出以下几点：1. 篆字形出现在字头之上或许与《说文解字》有关，但毕竟有些篆字形为《说文》所无，这部分篆形源自何处？联系起空海带去日本的《古今篆隶文体》，篆形的来源多少能够得到合理解释。2. 篆字形出现在空海的字书中，应有书法的因素。空海自己就是那个时代日本的书法大家，传世作品《风信帖》（图 2-2）。空海与橘逸势、嵯峨天皇在平安时代被尊为书法圣人，合称"三笔"。书法风尚很可能是空海字书中收篆形的主要原因。3. 今传世本篆形只存 1056 个，是原本中就没有配齐篆形，还是传抄过程中遗脱，由于敦文王本已经亡佚，今不得而知。但从篆形的扭曲变形情况看，非有良好的书法功底不能写好篆书字形。从日本金石文等实物文字看，篆书所用极少。换句话说就是篆书在当时的日本缺乏使用基础，因而《名义》中的篆书也就很难得到重视，并在随后的传抄中传承下来。

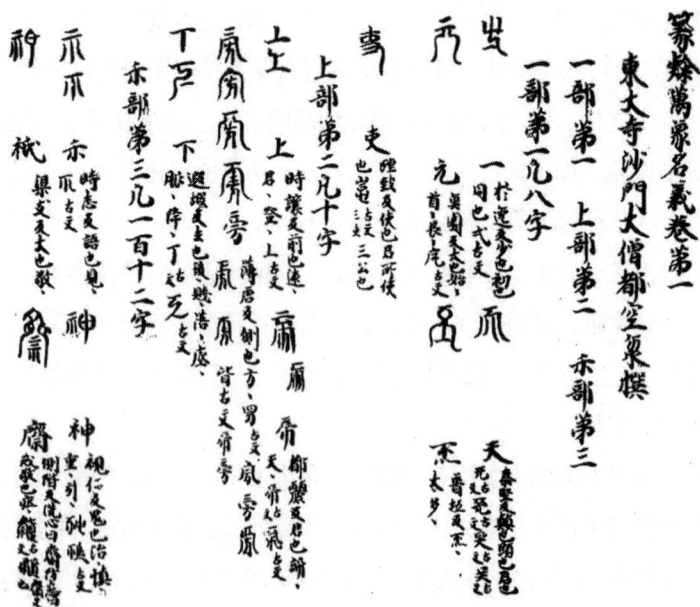

图 2-1

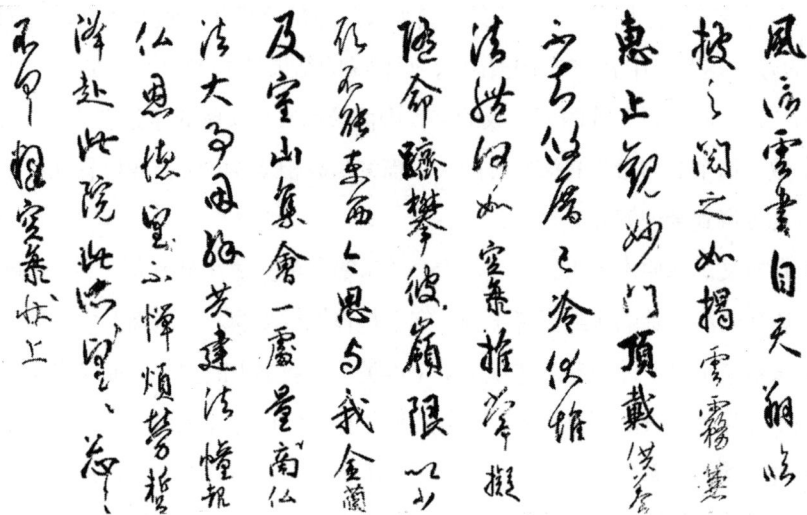

图 2-2

与"万象"之称有联系的有唐代释慧力《象文玉篇》，《崇文总目》谓其"据顾野王之书，裒益众说，皆标文示象"。今《象文玉篇》不存，其中的"象"也未详所指。从《名义》看，"象"很可能是指古文、籀文、俗字、异体等字形，甚至包括经传异文。据统计，今本《名义》存重文 1214 字（卷一相对较多），再算上篆书、隶书字形，即可当"万象"之名。"篆隶万象"盖言字形之多也。

"名"往往可以指汉字，有真名、假名之别。《名义》字条中字音来自汉语、义训也是汉语，属真名，故名义连用。与晚出的《倭名类聚抄》《类聚名义抄》中的"名"稍有不同。

一、收字问题 [①]

唐代封演《封氏闻见记》记载顾野王《玉篇》收字 16917 字，被清代杨守敬称作"直当一部顾氏原本《玉篇》可矣"的《名义》究竟收字几何？刘尚慈在中华书局影印本《名义》中统计为 16938 字，周祖庠则认为《名义》收字 16917

---

① 内容部分见于拙著《〈篆隶万象名义〉研究》（上海古籍出版社，2006 年）。

字"本《玉篇》之旧"①。我们统计《名义》各部所辖字头数及重文数之和为 16429 字，这些字中有 152 个重出字，两相减的结果是 16277 字。16277 字中还包括"甾、欣、伇"等两部兼收的字，因而《名义》实际收字还要少于 16277 这个数。这个数与唐代封演统计的《玉篇》字数相差 640 字，数量悬殊可以从以下几点得到合理解释。

1. 重文。从原本《玉篇》残卷看，《玉篇》重文往往单列大字头，也就是说，唐代封演统计的顾野王《玉篇》字数是包括重文的。《玉篇》中集结了大量的来自《字书》《埤苍》《说文》《声类》等辞书中的重文。而《名义》把这些重文保存下来的不是太多，《名义》收重文 1214 个（未统计异部重文）。可以说，《名义》未收录或传抄脱漏了《玉篇》中的部分重文，根据原本《玉篇》残卷（以下称《残卷》）就可推知《名义》脱漏了相当数量的重文。《名义》（与《残卷》相应的部分）共漏脱 88 字，其中有 72 字属于重文漏脱，具体条列如下：

《言部》脱𧦧（《说文》籀文詩字），脱𢈲（《说文》古文䜌字），脱𧧼（《说文》籀文诞字），脱讕（《字书》講字），脱謯（《声类》誊字），脱䜋（《说文》籀文詟字），脱諂諰（《字书》諡字），脱讪（《说文》或体询字），脱詥（《说文》亦询字），脱訟（《说文》古文讼字），脱訴（《说文》诉字），脱誚（《说文》古文谯字），脱謳（《说文》或体讪字），脱調（《说文》或体谰字），脱譙（《说文》或体谿字），脱詢（《说文》或体诟字），脱譜（《说文》或体诱字），脱諓（《声类》謇字），脱譮（《字书》谐字），脱諺（《字书》诧字）。

《誩部》脱𧩙（《声类》競字）。

《曰部》脱𠃟（《说文》古文忽字），脱曹（《字书》今𧄋字）。

《乃部》脱𠄎（《说文》古文乃字），脱𠤕（《说文》籀文乃字），脱卤（《说文》古文卤字）。

《亏部》脱于（《字书》今亏字）。

---

① 周祖庠语，见《篆隶万象名义研究·音韵卷》（宁夏大学出版社，2001 年）第 13 页。

《叩部》脱𠱶（《说文》籀文戢字），脱嚴（《说文》古文严字）。

《㗊部》脱㗊（《字书》器字）。

《㕯部》脱㠿（《说文》古文商字），𠂤（《说文》亦古文商字），𡣜（《说文》籀文商字）。

《欠部》脱款（《说文》之或体款字），脱㱡（《字书》欯字），脱歓（《字书》㨽厥字），脱歎（《说文》籀文叹字），脱𣢚（《声类》古文次字），脱㳄（《字书》古文次字）。

《食部》脱饎（《说文》或饎字），脱饎（《说文》亦饎字），脱𩜾（《说文》籀文饗字），脱饙（《说文》或饴字），脱飴（《字书》饴字），脱饎（《说文》或餈字），脱饌（《说文》或籑字），脱𩟀（《字书》饡字），脱餳（《说文》或餕字），脱飡（《说文》或飧字。按，大徐本《说文》无或体），脱飴（《字书》䬼字），脱餱（《字书》餎字），脱䭛（《说文》古文饱字），餐（《说文》亦古文饱字），脱饕（《说文》籀文饕字），脱飱（或飱字），脱䬽（《字书》古文饐字），脱𩚉（《字书》古文饥字），脱餲（《声类》餲字），脱𩚵（《说文》亦健字。按，大徐本《说文》无），脱㱃（《说文》古文饮字）。

《甘部》脱猒（《说文》或猒字），脱𠯋（《字书》古文猒字），脱㽥（《说文》古文甚字）。

《旨部》脱𠋚（《说文》古文旨字）。

《㳄部》脱㳄（《字书》籀文次字）。

《车部》脱軖（《字书》軖字）。

《水部》脱溢（《声类》洫字）。

《山部》脱崈（《说文》或崇字。按，大徐本《说文》无崈字形）。

《石部》脱砚（《字书》研字）。

《糸部》脱䋵（《字书》古文织字），脱𢇫（《字书》亦古文织字），脱緅（《字书》緰字）。

2. 部目。《名义》部首目录部分有习、之、丈三部，但正文部分脱漏了习、之、丈三部及其所辖诸字。

《名义》部首目录部分："习，词立反。"《说文》作"习，数飞也"。
《玉篇》："习，似立切。飞也，串也。又《诗》云：'习习谷风。'"按，
《玉篇》所引《诗》为《诗·谷风》："习习谷风，维风及雨。"郑笺："习
习，和调之貌。"

　　《说文·习部》有"翫"字，训"习厌也。《春秋传》曰：'翫岁而愒
日'"。《名义》"习部"亦当有翫字头。《玉篇》："翫，午乱切。习也，
众也，又贪悦也。"按，《名义》："玩，吾馆反。翫也。"翫、玩音义通。
亦足以证明《名义》原当有"翫"字头。

　　《名义》部首目录部分："之，上怡反。"《说文》作"之，出也"。《玉
篇》："之，止贻切。是也，至也，往也，发声也，出也。ㄓ，古文。"

　　《说文·之部》有"坐"字，训"草木妄生也"。则《名义》"之部"亦
当有此字。《玉篇》："坐，古文封字。《说文》云：'草木妄生也，从之在土
上。户光切。'"按，《名义》"田部"收古文封字作"茾"，又"山部"曰：
"坐，甫庸反。古封字。界也，厚也。"坐字不从之，与从之的坐字不同字。

　　《名义》部首目录部分："丈，除两反。"《说文》："丈，十尺也。"
《玉篇》："丈，除两切。十尺也，又丈夫也，长也，扶也，长扶万物也。"
《名义》中"丈"出现 34 次，其中 32 次用于反切注音。此亦说明《名义》原
当有"丈"字头。《说文》"丈"字归《十部》。

　　《玉篇·丈部》还有"受""扺"二字。《玉篇》："受，姓也。"《广
韵·号韵》："受，姓也，出河内。"《玉篇》："扺，他礼切。横首杖也。"
《广雅·释器》："扺，杖也。"《广韵·荠韵》："扺，横首杖名。"《说
文》无"丈部"。假如原本《玉篇》"丈部"只有"丈"一字，则没有必要
单独划出"丈部"这一部别。加上《广雅》中已有"扺"字，因而原本《玉
篇》有"受""扺"二字的可能性较大。换句话说，《名义》"丈部"当有
"丈""受""扺"三字。

　　3. 部首字。《名义》部首目录部分有里、田、士、狱、匚、巴等部目，但
正文部分却脱漏了这些部的部首字。

　　《名义·里部》脱"里"字头，然存其音读为"旅拟反"。《名义》部首

目录部分作"里，吕拟反"。《玉篇》作"里，力拟切。邑里也。《周礼》曰：
'五邻为里。'《国语》曰：'管仲制国，五家为轨，十轨为里'"。

《名义·田部》脱"田"字头。《名义》部首目录部分作"田，徒坚反"。
《玉篇》："田，徒坚反。土也，地也。《说文》云：'陈也。树穀曰田。象
四口，十，阡陌之制也。'《易》曰：'见龙在田。'王弼《易通》曰：'龙
处于地，故曰田也。'"

《名义·士部》脱"士"字头。《名义》部首目录部分作"士，事几反"。
《玉篇》："士，事几切。事也。传曰：'通古今辩不然谓之士。'数始于一，
终于十。孔子曰：'推一合十为士。'"按，《白虎通·爵》："通古今辩然
不谓之士。"《说苑·修文》："辩然否，通古今之道谓之士。"《玉篇》"传
曰：'通古今辩不然谓之士。'"未详出处。

《名义·狱部》脱"狱"字头。《名义》部首目录部分作"狱，牛斤反"。
《玉篇》："狱，牛斤切。两犬相啮也。"训同《说文》。

《名义·匸部》脱"匸"字头。《名义》部首目录部分作"匸，下体反"。
《玉篇》："匸，下体切。袤徯，有所挟藏也。"训同《说文》。

《名义·巴部》脱"巴"字头。《名义》部首目录部分作"巴，博加反"。
《玉篇》："巴，布加切。国名。又巴蛇吞象，三年而后吐其骨，服之无心腹
病。又《三巴记》云：'阆水东南逶（绕）如巴字。'"按，"巴蛇吞象，三
年而后吐其骨，服之无心腹病"云云出《山海经·海内南经》。

4.字头。

4.1. 根据《名义》说解可以推知《名义》脱漏了不少字头，示例如下。

埵，徒古反。塞也，冒也，闭也。墹，古杠字。

此处"杠"为"圢"字之误。"墹，古圢字"为"圢"字条隐没于此，
可以看作《名义》脱"圢"字头。《玉篇》作"圢，平也，鹿迹也。亦作町。
墹，古文"。

枯，同反。引也，赴也，弦也。

此处"枯"为反切上字，今据该字条音义推定字头为"控"。《说文》：
"控，引也。《诗》曰：'控于大邦。'匈奴名引弓控弦。"《名义》"弦

也”为引《诗》省误。

遐，何加反。远也，翱也，翔也，逍遥也，儴徉也，仿佯也。

《名义》“儴、徉、翱”皆有“逍遥”义，也收录有“遥”字条，独脱“逍”字条。《玉篇》作“逍，思遥切。逍遥也”。

歹，在安反。膀字，禽兽所食余也。多，殄字古文，绝尽。

“殄”字古文作“㱞”，此处“多”疑为“㱞”之误。此处有“殄”字古文，也有“绝尽”释义，独脱“殄”字头。《玉篇》作“殄，徒典切。绝也”。《说文》：“殄，尽也。”

檎，力支反。梨也，似柰而小。

此处“力支反。梨也”乃“樆”字音义。《名义》误合檎、樆二字为一，脱漏“樆”字头。若看作此处字头“檎”是“樆”之误，则脱“檎”字头。

棌，代反。菜音，槲木也。梣字。

“代反”脱反切上字。“菜音”为直音法，当作“音菜”。“梣字”与此处字头“棌”不合。“梣字”为“梣”字或体隐没此处，说明《名义》脱“梣”字头。《玉篇》作“梣，昨今切。青皮木。㭙、櫼，并同上”。

栜，山革反。屋极也。

此字头“栜”上文已见，作“栜，都并反。上栜下宇也，隐栜也”。“屋极也”为“栜”字义，但“山革反”不是“栜”字音。此处“栜”本当作“𣙷”，因形似而混同。

麧，音纥也。坚麦也。尤杰反，麦糠也。

“尤杰反，麦糠也”与字头“麧”不合，据音义可以推知其字头当为“麲”，此处是“麲”字音义隐没于此。

铢，时朱反。一黍重也。銋，鉹字。

“銋，鉹字”与字头“铢”不合，应是“鉹”字说解隐没于此。《玉篇》作“鉹，尺尔切。《说文》曰：‘曲鉹也。’又曰：‘鬵鼎也。’銋，同上”。

钭，千小反。好也。

“千小反。好也”与字头“钭”不合，此处字头为“钞”之误。《广

雅·释诂》："鉥，好也。"

　　礴，徒毒反。礉。

　　此处应与字头连读为"礉礴"，即田器。《名义》脱"礉"字头。

　　玁，戏捡反。北狄。

　　《玉篇》："玁，喜检切。玁狁，北狄也。"又"狁，余准切。玁狁。"
《名义》脱"狁"字头。

　　鞕，补绵反。坚也。

　　"补绵反"音与字头"鞕"及"坚也"义皆不合。根据反切音，字头当作
"鞭"，但"坚也"却是"鞕"字义。

　　幐，上字。

　　上文为"幨"字条，与"幐"字无涉。幐同帾。此条表明《名义》脱
"帾"字头。《玉篇》作"帾，竹与切。棺衣也。亦作褚。幐，同上"。

　　幗，乎格反。幯，帻。

　　"幯"应与字头连读为"幗幯"，《名义》脱"幯"字头。

　　裒，于耳反。袳，弱貌。

　　此处"袳"当作"袲"，字又同"褽"。胡吉宣《玉篇校释》作"裒褽，
弱貌"。《名义》脱"褽"字头。

　　襈，上字。

　　此处上一字条为"裯"，与"襈"字无涉。襈同襈。《名义》脱"襈"
字头。

　　旬，古文旬字。

　　《名义》脱"旬"字头。《说文》："旬，徧也，十日为旬。旬，
古文。"

　　4.2.根据《残卷》可以推知《名义》脱漏一些字头，示例如下。

　　《残卷》"眷、矕"字后为"瞖"字条。《名义》误瞖为矕，作"矕，
虚规反。相毁也"。"虚规反。相毁也"为"瞖"字音义，《名义》脱"瞖"
字头。

　　《残卷》"詨"字条后有"訽"字条，《名义》无。

《残卷》"于"字条后有"亏"字条，《名义》无。

《残卷》"款"字条后有"欵"字条，《名义》无。

《残卷》"瀾"字条后有"泔"字条，《名义》无。

《残卷》"砉"字条后有"碍"字条，《名义》无。

《残卷》"陓"字条后有"陶"字条，《名义》无。

《残卷》"经"字条后有"织、絾、结"三字条，《名义》无。

《残卷》"綝"字条后有"繹"字条，《名义》无。

《残卷》"练"字条后有"纒"字条，《名义》无。

《残卷》"縉、緅"字条后有"绊"字条，《名义》无。

《残卷》"系"字条后有"纑"字条，《名义》无。

《残卷》"缜"字条后有"缯"字条，《名义》无。

5.某些字形相近的字头误合为一字。如《木部》檎、橘混同，则脱"橘"字条。其他如"楝"混同于"栋"而脱"栋"字，"邧"混同于"邧"而脱"邧"字，"鞯"混同于"鞣"而脱"鞯"字等等，有的混同可能是传抄过程中发生的。

二、重出字条①

字书字条重出并非常态，其原因多半是抄胥误抄所致。《名义》中字条重出现象较为常见，这些非典型资料对考察《名义》的文献属性具有不可多得的价值，试述如下。

《名义》重出字头156对，其中有21对（如瑘、谗等）音义全同的例子，还有35对（如仈、魄、凝）两条之间成包孕状态的例子，剩下的重出字条彼此有所区别的例子共有100对，条列如下。

恒，何登反。久也，强[弦]也，常也，慨也，大也。（心部）//恒，何登反。

---

① 这部分内容部分见于拙著《〈篆隶万象名义〉研究》（上海古籍出版社，2006年），也部分见于拙文《〈篆隶万象名义〉重出字初探》（《古籍整理研究学刊》2003年第2期）。

久也, 弦也, 常也。(二部)

玩, 吾馆反。翫也。(玉部)//玩, 五馆反。弄也, 戏也。(玉部)

班, 补奸反。还也, 次也, 赐也, 布也。(珏部)//班, 补奸反。别, 次也, 赋也, 遍也, 位也, 列也, 赐也, 布也, 还。(珏部)

健, 渠建反。伉。(人部)//健, 渠建反。伉也。(人部)

佳, 古崖反。佳, 大也。(人部)//佳, 革崖反。善。(人部)

倅, 会[仓]愦反。副也, 盈也。(人部)//倅, 仓愦反。盈也, 副也。(人部)

傁, 苏舌[后]反。老也。(人部)//傁, 苏后反。老也。(人部)

傱, 子開反。可求。(人部)//傱, 子弇反。困也。(人部)

傻, 遐嘏反。夏也。(人部)//傻, 遐嘏反。夏字也。(人部)

俸, 补孔反。屏俸也, 上小貌也。(人部)//俸, 补孔反。屏棒[俸]也。(人部)

体, 他礼反。形也, 分也, 生也, 亲也, 身, 连结也, 接纳也。(骨部)//体, 耻礼反。形也。(身部)

颣, 力外反。疾也, 难晓也。(页部)//颣, 力外反。鲜白。(米部)

颞, 鱼(岂)牛岂反。静也, 乐也。(页部)//颞, 鱼岂反。静。(岂部)

晥, 一活反。媚。(目部)//晥, 一活反。娥媚也。(目部)

覰, 尸甚反。深见也。(见部)//覰, 尸甚反。窃见也。(耳部)

覗, 于革反。惊也。(见部)//覗, 于革反。视也。(耳部)

蔑, 亡结反。目劳无精。(首部)//蔑, 亡结反。劳也, 目无光也。(见部)

觊, 昌反召[昌召反]。普见。(觊部)//觊, 入召反。并视也, 比也。(耳部)

覵, 楷间反。畏视。(觊部)//覵, 楷间反。俱视也。(耳部)

霝, 火利反。见雨止也。(耳部)//霝, 欣衣反。见雨而上[止]息也。(觊部)

聸, 汝江反。耳中声。(耳部)//聸, 女江反。耳中声也。(耳部)

联, 力然反。聚也, 连也, 及也, 续也, 难也。(耳部)//联, 力彼反。聚也, 连也, 及也, 合, 续也。(耳部)

听, 呼垢反。耻辱也, 厚怒也。(口部)//听, 居候反。耻辱, 詈也。(口部)

哉, 子来反。间也。(口部)//哉, 子来反。始也。(戈部)

押，子荢反。辅也，捡也，夹。（手部）//押，古狎反。辅也，夹也，捡也。（手部）

"子荢反"为"捍"字音，此处误"捍"为"押"，义训却是"押"字义。

挈，口结反。提。（韧部）//挈，苦节反。提也，迲也。（手部）

憕，除承反。失志貌。（心部）//憕，除蒸反。平也。（心部）

忧，于尤反。优字，愁，思也。（夂部）//忧，于牛反。愁也，思也。（心部）

钦，去音反。慕也。（金部）//钦，去金反。敬也，忧也。（欠部）

歖，虚纪反。喜字，乐也。（欠部）//歖，欣疑反。卒憙也，唉怒也。（欠部）

彴，已约反。徛渡也。（彳部）//彴，已约反。徛度，横木渡水也。（彳部）

属，之時反。联也，会也，录也，解也，续也，近也，著也，独也，適也，足也，连也。（尾部）//属，時欲反。合聚也，录也，会也，足也，解也，近也，续也，连也，系也，著也，注也，独，適也。（尸部）

殂，苦胡反。殂也，干也，殟也，枯字。（歹部）//殂，古胡反。辜字，罪也，干也，殟也，枯字。（歹部）

蕖，渠与反。苦莫也，菜。//蕖，具居反。菜似苏也。（艸部）

筤，力桑反。笑也，篮也。（竹部）//筤，力桑反。篮也，车篕也，盛物也。（竹部）

耧，大兀反。（耒部）//耧，徒兀反。耕禾间也。（耒部）

种，直忠反。稚也。（禾部）//种，直中反。稚也。（禾部）

全，聚沿反。具也，完也。（入部）//全，聚缘反。完。（亼部）

令，力政反。命也，善也，伶也，告也，使也。（卩部）//令，力贞反。使。（入部）

豉，时寘反。盐也。（豆部）//豉，时寘反。五味和。（豆部）

盇，力读反。溋字。（皿部）//盇，力读反。竭。（皿部）

弙，口孤反。持也，张也。（弓部）//弙，反。满弓有所向。（弓部）

彄，菩侯反。弓端弦所居。（弓部）//彄，苦侯反。弦所居。（弓部）

劙，力支反。分割。（刀部）//劙，力支反。分也。（刀部）

锲，可结反。缺也。（金部）//锲，口结反。镰。（金部）

弑，尸至反。杀。弑，又杀。（杀部）//弑，尸忌反。子杀文［父］也。（杀部）

杀，所黠反。宰。（杀部）//杀，所黠反。復古役死也，截也，贼也，咸［减］也，抒也，疾也。（杀部）

籑，须芮反。饮歡。（水部）//籑，须绢反。饮。（水部）

谿，苦奚反。（谷部）//谿，苦兮反。（谷部）

谬，力彫反。空谷。（谷部）//谬，力周［彫］反。空谷，深。（谷部）

谻，渠周反。谩也，亭。（谷部）//谻，渠周反。谩。（谷部）

谾，呼江反。谷空。（谷部）//谾，呼江反。谷。（谷部）

谷，渠六反。谷名。（谷部）//谷，渠陆反。谷。（谷部）

谼，胡东反。大谷。（谷部）//谼，胡东反。大壑。（谷部）

凋，丁聊反。半伤。（冫部）//凋，丁聊反。伤也，弊也。（冫部）

泂，胡炯反。冷。（冫部）//泂，胡炯反。冷也。（冫部）

淒，渠井反。寒。（冫部）//淒，渠井反，寒貌。（冫部）

准，之允反。均平。（冫部）//准，之允反。準字。（冫部）

霖，力占反。久雨。（雨部）//霖，力沾反。久雨。（雨部）

霍，匹各反。霑濡也。（雨部）//霍，柯霸反。霑濡。（雨部）

霓，五奚反，又五结反。云色似龙。（雨部）//霓，五奚反。云似龙。（雨部）

需，息俱反。凝［疑］。（雨部）//需，思俱反。不进。（雨部）

霊，日［丑］立反。霅也。（雨部）//霊，普立反。（雨部）

霤，力［丑］涉反。小雨。（雨部）//霤，丑涉反。小雨。（雨部）

霷，虚鬼反。震雷貌。（雨部）//霷，虚鬼反。雷震。（雨部）

霅，徒桓反。露盛多。（雨部）//霅，徒桓反。零露。（雨部）

霢，唯壁反。大雨。（雨部）//霢，惟辟反。大雨。（雨部）

霾，徒戴反。（云部）//霾，他爱反。不明也。（云部）

飖，君［尹］绢反。小风。（风部）//飖，尹绢反。小风。（风部）

飈，附娱反。自上下。（风部）//飈，附娱反。风上下。（风部）

飀，于［所］留反。風音。（风部）//飀，所留反。飀。（风部）//飀，所留反。

颫音。(风部)

飅，思陆反。寒风。(风部)//飅，思六反。寒风。(风部)

飀，匹周反。风吹也。(风部)//飀，叵周反。吹貌。(风部)

颸，楚饥反。疾貌。(风部)//颸，楚饥反。疾风。(风部)

颮，丑文[交]反。热风。(风部)//颮，丑交反。热风。(风部)

颽，柯谐反。疾也。(风部)//颽，柯谐反。疾貌。(风部)

飁，似立反。大也。(风部)//飁，似立反。和貌。(风部)

皬，胡告反。鸟白貌。(白部)//皬，胡告反。鸟白。(白部)

皃，去弓[并]反。际见貌[白]。(白部)//皃，去千[并]反。际见白也。(白部)

晵，苦见反。告也，干也。(日部)//晵，苦见反。干也。(日部)

晹，余亦反。日覆云暂见。(日部)//晹，余亦反。覆云暂见。(日部)

宿[佰]，繙涉反。日趺[跌]。(日部)//佰，阻涉反。日跌。(日部)

旺，禹况反。往也，美也。(日部)//暀，禹况反。美光也。(日部)

曬，所隘反。日干物。(日部)//曬，所隘反。暴也。(日部)

晞，欣机反。燥。(日部)//晞，许机反。暴也。(日部)

昔，思亦反。往，古也。(日部)//昔，思亦反。夜也，古也，昨也。(日部)

曒，公鸟反。明也，皎也。皡，上文。(日部)//曒，公鸟反。如也，明也。(日部)

暮，绵故反。晚也，夕也。(日部)//暮，莫故反。冥也。(日部)

暧，于戴反。似春。(日部)//暧，于戴反。暗也。(日部)

睫，勑爱反。不明也。(日部)//睫，徒爱反。不明也。(日部)

晚，无远反。暮后也。(日部)//晚，莫远反。后也，暮也。(日部)

明，靡京反。辨，哲也，洁也，朗也，齐也，照也，发也，著也，尊也。(明部)//明，靡京反。光。(月部)

奅，巨教反。大也。(大部)//奅，普教反。大也。(大部)

戴，雉慄反。大。(大部)//戴，知栗反。大。(大部)

奃，丁计反。大也。（大部）//奃，丁计反。大。（大部）

夼，饥薤反。大也。（大部）//夼，饥薤反。大，不［介］大。（大部）

奕，余各［石］反。容也，盛也。（大部）//奕，余石反。盛貌。（大部）

黰，居咸反。黑。（黑部）//黰，五函反。釜底黑。（黑部）

隆，力弓反。多也，丰大也。（阜部）//隆，生力［力生］反。丰大。（生部）

幨，昌瞻反。绝。（巾部）//幨，昌瞻反。绝起。（巾部）

通过疏理《名义》重出字条，我们可以得出以下结论：

1.今本《名义》讹舛较严重。上引重出字条大多为同一个部别内部重出，以《人部》《覞部》《谷部》《雨部》《风部》《日部》《大部》等部为较多。但这几个部别并非收字较多的大部，常理上不该有如此多的重出字条。另外，《杀部》整部重出，分见于《刀部》前后，实属罕见。

2.今本《名义》义项取舍有一定随意性。《名义》编撰之初，所收义项很可能多于今之传抄本。因为今本《名义》重出字条中有不少字条存在义项互补的情况，如"玩、凋、暮"等重出字条。上引重出字条还表现为义项增削的差异，增是他字义项误入此中，削是脱掉了部分义项。

3.今本《名义》内容不可能仅仅来自顾野王《玉篇》。目前学界较为通行的看法是，《名义》是在顾野王《玉篇》的基础上编撰而成，但《名义》与《残卷》到底有多少差互，至今未得到彻查。我们在整理研究《名义》的过程中发现，《名义》材料来源不限于顾野王《玉篇》。通过对《名义》重出字资料的梳理，也可以得出上述看法。如部分重出字条的反切注音同但用字不同，如"暮"分别注"莫故反"和"绵故反"，"奣"分别注"普教反"和"叵教反"，"佳"分别注"古崖反"和"革崖反"，"檫"分别注"徒兀反"和"大兀反"，"需"分别注"息俱反"和"思俱反"，等等。这些音同而字异的反切注音不太可能来自同一字书。

三、注音①

《名义》注音主要过录了顾野王《玉篇》注音，但也有一定程度的差互。从《残卷》与《名义》相应的字条统计可知，二者注音差异多达 206 字条，约占总字条数的 9.8%。

这些差异大多是改字不改切，如（// 前为《残卷》注音，后为《名义》注音）：谦，去兼反 // 去嫌反。谊，鱼奇反 // 宜奇反。欣，虚殷反 // 忻欣反。欷，欣既反 // 希既反。式，诗力反 // 舒力反。卟，公啼反 // 公蹄反。卲，时照反 // 时昭反。犄，于蚁反 // 于绮反。辄，竹猎反 // 竹叶反。砑，理阕反 // 力阕反。潫，于孔反 // 乌孔反。瀀，于刘反 // 于留反。渥，乌学反 // 乌角反。廞，来甘反 // 来含反。

当然，注音差异中也有误字的情况，其《残卷》误而《名义》不误者如（// 前为《残卷》注音误者，后为《名义》注音）：欶，林戴反 // 枯戴反。軟，呼伏反 // 呼狄反。煉，田谷反 // 思谷反。键，妃言反 // 纪言反。盗，往到反 // 徒到反。罵，奂旦反 // 荒旦反。踊，布弔反 // 古弔反。歁，太一反 // 火一反。由，余同反 // 余周反。轵（同軓），徒政反 // 徒改反。汤，耻郎反 // 他郎反。漱，所雷反 // 所濡反。嶀，比结反 // 比吉反。屏，伊井反 // 俾井反。绮，祛倚反 // 祛倚反。其《残卷》不误而《名义》误者如（// 前为《残卷》注音，后为《名义》注音误者）：鮇，记冢反 // 托罪反。鮏，蒲杏反 // 蒲古反。缂，祛善反 // 社善反。绻，吴阮反 // 吴院反。

注音差异中最需要关注的是注音方式不同，如《残卷》"欶，所谷反"，《名义》作"朔、缩二音"；《残卷》"餲，于例、于芥二反"，《名义》作"瘗、喝二音"。这两个例子中，《残卷》用反切法注音，而《名义》用直音法。《名义》的这种直音法注音颇类敦煌残卷本《玉篇》中的"髟"字条（《名义》编撰者是否参考敦煌《玉篇》残卷那样的文献已不可考）。此外，《名义》

---

① 部分内容见于拙著《〈篆隶万象名义〉研究》（上海古籍出版社，2006 年），又见于拙著《〈名义〉音义舛拗考辨》（《中国文字研究》2004 年卷）。

直音法注音还有"殂，雁、讪二音"和"芏，兔、杜二音也"。

从汉字注音史上说，直音法应是早于反切法，南北朝是直音法与反切法并用的时代。今本《名义》中也表现出反切法与直音法并用的情形。如："榪，时支反。匙字，榪也。又音祇也。"再如："郐，庚娱反。输。"又如："㳟，与恭反。华也。勇，不安也。""勇"是直音法注音。其他如"蕲，居衣反。芹也"之"芹"字，"窔，普孝反。窖也，藏也，又溜也"之"溜"字，"禾，五慨反。礙字，别也，又鸡也"之"鸡"字都是直音法注音字。

《名义》中有的直音法注音可能是后世传抄的过程中添加上去的，如"茎"字头右旁注"音幸"，直音法注音"音幸"不是在字条下，而是在字条旁，有可能是传抄者或阅者所加。今本《名义》还有不少以符号代替"音"字的例子，如"苗"字头旁注"丶庙"，"菜"字头旁注"丶猜"，"撼"字头旁注"丶义"，"㧵"字头旁注有"丶于"，"蕳"字头旁注"丶良"，"䒷"字头旁注"丶骨"，"种"字头旁注"乚重"，皆为直音法注音省写样式。

《名义》中有的直音法没有任何标记，如"赶，渠言反。虔。举尾立也"之"虔"，"蘸，余田反。烟。竹也"之"烟"，"筬，额留反。邹。麻茎也"之"邹"，"瓟，蒲卓反。瓝。小瓜也，瓝也"之"瓝"，"瓟，扶田反。骈。白瓟瓜也"之"骈"皆为直音法注音。这种情况在《名义》中共有28例。

另外还有一种特殊注音，《名义》个别地方还标注了调类。如"瓔，如劳反。恼平"。此处"恼平"是指"瓔"应读为"恼"之平声。再如"梗，鼻绵反。杞也。上平二音"。此处"上平二音"是指"梗"字有上声和平声两读。

上引注音材料在一定程度上反映出《名义》编撰时很可能在顾野王《玉篇》的基础上还参考了其他《玉篇》类文献。空海来大唐的时间，是在释慧力《象文玉篇》和赵利正《玉篇解疑》以及《玉篇》孙强本成书之后。换句话说，空海能看到的《玉篇》不仅有顾野王原本《玉篇》，也有唐代诸改编本。空海编撰《名义》时可能以原本《玉篇》为基础，增加了《象文玉篇》的篆书，也参考了上元本及《玉篇解疑》。而上述敦煌《玉篇》残卷很像是文献记载的《玉篇解疑》，这就能解释《名义》中为何存在有别于《残卷》的直音法注音材料了。

在注音方面,《名义》也不像《残卷》那样大量标注又音,《残卷》二音、三音的字条到了《名义》之中往往只保留一音。据统计,《残卷》二音以上的字头103个(含1字头下注三音),这103个字条在《名义》中只有"车、巂"两字头注二音。另据统计,在注音选择方面,《名义》选择《残卷》二音之第一音者49例,选择《残卷》二音之第二音者39例,体现了《名义》择音的无规律特点。

在注音用字方面,《名义》与《残卷》也有不同之处,条例如下(//前为《残卷》注音字,后为《名义》注音字。《名义》与《残卷》注音用字不一致的例子共11例):

餲,始锐、始垂二反。//始悦反。

嚣,许高、五高二反。//许朝反。

敫,公的、公弔二反。//余灼反。

湫,子小、且周、在酒三反。//在由反。

澳奴管、奴馆二反。//如管反。

洗,桑礼、桑显二反。//先礼反。

瀄,须涵、须芮二反。//须绢反。

岊,子结、似结二反。//字结反。

庬蒲公、蒲江二反。//亡江反。

阪,甫晚、蒲板二反。//浦板反。

鬲,于例、于芥二反。//瘗、喝二音。

虽然《名义》注音相对《残卷》减少了不少又音,但《名义》也有不少注二音、三音的字条。《名义》"仳"字下附注:"自此以外犹可书两音字"。这个附注可能是校者或抄胥所加,无疑也是《名义》注音面貌的揭示。《名义》注二音78字条,注三音3字条。也有特殊的情况,就是注音用字讹误或脱落,如"鍉,丁狄、丁题也","丁题"为反切注音用字,此字条当作"鍉,丁狄、丁题二反"。又如"缸,古红双反",此处当是"古红、古双二反"的脱误。

四、义训

在义项的设立、取舍、排序等方面，《名义》与《残卷》存在一定差异。首先，《名义》有"話、諉、謷、詣、訒、譜、諂、謱、誑、誹、謗、訕、詶、誺、誂、譖、誼、譅、訛、譎、訴、詘、詷、誰、誅、譚、諲、譯、謚、謖、謉、詠、謖、誄、詨、懬、訛、訆、韵、詼、暹、乙、觭、乎、云、章、韹、告、咢、罜、嗣、囂、囂、吹、炊、款、歌、歆、歚、欹、歔、歠、欣、欺、欲、欵、嗽、欵、次、歐、默、欿、謙、食、餞、餔、餇、饒、餣、餙、飰、餤、餐、餕、饈、饂、餤、甘、曆、猒、旨、迊、典、畀、卜、用、庸、甯、爾、軏、輸、軋、軌、軒、輅、轆、剆、舫、艋、方、遊、瀹、瀑、溦、溿、滯、涇、汸、潤、湯、澳、淅、灘、瀹、湆、漿、澆、滄、沐、崲、巖、屼、巖、崒、崹、廚、庥、廏、庑、屫、高、鬝、臊、砳、岩、矸、礕、礜、隤、防、阢、陯、鄿、坙"等154字的字头下收录了《残卷》所没有的"义项"。

《名义》有个明显的特征是截取文献例证作为"义项"，示例如下：

芌，直吕反。纻，蒋芌青蘋也。

"蒋芌青蘋也"是引《汉书·司马相如传》"蒋芌青蘋"为训。

茶，汝结反。疲役不知所归也。

"疲役不知所归也"是引《庄子·齐物论》"茶然疲役而不知其所归"为训。

稙，竹力反。早也，穉叔麦也，稚幼稼。

"穉叔麦也"是引《诗·鲁颂·閟宫》"稙穉菽麦"为训。

钜，渠语沮举二反。宛之铁。

"宛之铁"是引《史记·礼书》"宛之钜铁"为训。

涟，力缠反。泣血。。

"泣血"是引《易·屯》"泣血涟如"为训。

泳，为命反。汉广也，潜也。

"汉广也"是引《诗·召南·汉广》"汉之广矣，不可泳思"为训。

湿，尸立反。水流就也，幽也，诗也，迟也，润也，生也。湿，或。

"水流就也"是引《周易》"水流湿，火就燥"之误省。

洄，胡炯反。酌彼行潦也，远也，同也。

"酌彼行潦也"是引《诗·大雅·泂酌》"泂酌彼行潦"为训。

澁，力二反。下濑。

"下濑"是引《上林赋》"澁澁下濑"为训。

鹄，胡笃反。知山川曲，知天地方圆。

"知山川曲，知天地方圆"是截取《楚辞》"黄鹄之一举，知山川之纡曲；再举，知天地之圆方"为训。

引例为训在《说文》中既有，《名义》中引例为训较为常见但极其简略，能省则省，这可能跟编撰者的文献功底有一定关系，且《名义》中有不少引例属于误省的情形，示例如下：

抎，尤粉反。辱也，坠也。

"辱也"为引《春秋传》"抎子辱矣"之误省。

掤，秘矜反。忌也，所以覆矢也。

"忌也"是引《诗·郑风·叔于田》"抑释掤忌"之误省。

诎，丘勿反。伸也，挠也，聚也，曲也，收也，折也。

"伸也"为引《易·系辞下》"往者诎也，来者伸也，诎伸相感而利生焉"之误省。

龂，除奇反。备也，皇帝乐名也。

"备也"为引《礼记·乐记》"咸龂备矣"之误省。

哭，口木反。往不反齐衰也，哭也。

《名义》为引《礼记·间传》"斩衰之哭，若往不反；齐衰之哭，若往而反"之误省。

歉，口草反。食不饱也，不歉也。

"不歉也"为引《淮南》"荣盖期衣若县衰，意犹不歉"之误省。

餒，奴猥反。耕也，饿也，飢也。

"耕也"为引《论语·卫灵公》"耕也，餒在其中矣"之误省。

闰，勅萌反。然也，覣字，闪字。

"然也"为引《公羊传·哀公六年》"开之则闯然"之误省。

疫，胡璧反。黄金四目，玄衣朱裳，执戈扬盾，殴疫也，惊殴疫鬼也。

《名义》为引《周礼·夏官·方相氏》"方相氏掌蒙熊皮，黄金四目，玄衣朱裳，执戈扬盾，帅百隶而时难，以索室殴疫"之误省。

瘠，在细反。病也，短，色容不盛也。

"色容不盛也"为引《礼记·玉藻》"亲瘠，色容不盛，此孝子之疏节也"之误省。

茑，都暾反。女萝松柏，寄生也，槁字。

"女萝松柏"为引《诗·小雅·頍弁》"茑与女萝，施于松柏"之误省。

葭，来唐反。尾也，兼葭也。

"兼葭也"为引《史记·司马相如列传》"其卑湿则生藏莨兼葭"之误省。

茁，侧劣反。葭也，草初生出也。

"葭也"为引《诗·召南·驺虞》"彼茁者葭"之误省。

蓑，素和反。荷苙也，箪也。

"荷苙也"为引《诗·小雅·无羊》"尔牧来思，何蓑何苙"之误省。

苇，方盖反。茅小也，甘尝也。

"甘尝也"为引《诗·召南·甘棠》"蔽芾甘棠"之误省。

莘，所巾反。鱼在藻莘也，薛［鲜］也，多。

"鱼在藻莘也"为引《诗·小雅·鱼藻》"鱼在在藻，有莘其尾"之误省。

稑，力竹反。黍稷也，先熟曰稑，后熟曰种。

"黍稷也"为引《诗·豳风·七月》"黍稷种稑"之误省。

获，胡郭反。稻也，刈也。

"稻也"为引《诗·豳风·七月》"八月剥枣，十月获稻"之误省。

戬，徒结反。利也，常也，大也。

"大也"为引《诗·巧言》"戬戬大猷"之误省。

轗，力感反。坎。

"坎"为引《楚辞》"坎轗兮贫士失职"之误省。

沈，充甚反。汁也，拾也。

"拾也"为引《左氏传》"犹拾沈也"之误省。

　　龠屾，猗筠反。瀁。

"瀁"为引《吴都赋》"泓澄龠屾瀁"之误省。

　　燂，许林反。烂，汤浴。燂，同上。

"烂汤浴"为引《礼记·内则》"五日则燂汤请浴"之误省。

五、《名义》成就

　　《名义》虽然有字条重出、文字讹误、音义错乱等诸多问题，但是作为现存最古的日本汉文字书，无疑对于佛教发展，对于汉字文化传播，对于日本后世字书编纂，都具有重大意义。

　　首先，伴随着佛教的传入与发展，佛经音义类辞书也陆续传入日本，如玄应《一切经音义》。日本僧人仿照《一切经音义》，并结合《玉篇》，编著了《新译华严经音义私记》。然而《新译华严经音义私记》仅针对《华严经》，由于编排无序，无法检索字条以利通用。当时的《玉篇》又因卷帙浩繁而通行受限，因而《名义》的诞生是时代的呼唤，是《玉篇》日本化的最初成果，也代表着日本当时字书的最高水平。

　　其次，日本接受汉字语音比较早的是吴音，即江南汉魏六朝语音。吴音经百济人传入日本九州长崎县的对岛，经过两三百年的浸染，逐渐成为当时日语主导语音。但随着遣唐使及留学僧的频繁交流，长安音（称为汉音）逐渐进入日本上层社会。桓武天皇极力鼓励汉音，甚至规定人们必须使用汉音。在这样的社会背景下，充满着吴音的《名义》无疑对日本汉字词语音的影响是深远的。汉音没有彻底取代吴音，除了吴音拥有广泛的群众基础，《名义》及相关音义类辞书的作用不容小觑。

　　再次，《名义》坚持真名（全是汉字汉语音义），在混合文体及万叶假名都早已登台亮相的时代，保留了上层社会对汉字的肯定。《名义》抄本中的"敦文王"（今本《名义》书末有"永久二年六月以敦文王之本书写了了"一行字）虽然无从考证，但空海与皇室的密切关系却是史实，可以说《名义》对汉字汉语文化的坚守值得肯定。

最后，《名义》改造顾野王《玉篇》，不仅是《玉篇》日本化的一种典型范例，也对后世改造《大广益会玉篇》具有指导意义。正是这样的改造，或者说中国字书日本化，才使得汉字文化圈得以形成并巩固下来，形成东亚文化的独特景观。

第三节 《新撰字镜》

日本平安时代，寺庙林立，佛教盛行，门派众多，对佛经音义需求旺盛。然而，传入的《一切经音义》按照佛典的文本顺序释读词语，也存在前后多次重复解释的情况。更为突出的问题是不便检索，无法适应日本僧人读经需要。空海编纂的《篆隶万象名义》从某种意义上讲就是为了读经解经需要，因而释义简略，删去了经传例证及义项来源。然而《篆隶万象名义》的部首系统与《玉篇》无异，部内列字顺序也按照原本《玉篇》顺序，这就使得《篆隶万象名义》的检索极为不便，一方面是因为日本人对汉字部首的设立以及系统没有理性认识，542个部首不能契合日本人对汉字的认知习惯。另一方面是部中字的无序，尤其是几百字的大部，检字难度可想而知。正是在这样的背景下，《新撰字镜》应运而生，成为日僧研读佛经的相对便捷的工具书。

《新撰字镜》的编者和编撰年代从其序文中可得到一些线索，但首先要说明的是，传世《新撰字镜》的三个版本，即天治本、享和本和群书类从本。天治本是现存最早的抄本，于天治元年（1124年）由法隆寺僧人静因、林幸、觉严、静寻、隆进、觉印、应顺等抄写而成，共十二卷，历经辗转，今藏于日本宫内厅书陵部（书影见图 2-3）。享和本为刻本，由丘岬俊平等人于享和三年（1803年）刊刻完成（书影见图 2-4）。群书类从本是活字本，与享和本有传承关系（书影见图 2-5）。另外，《新撰字镜》还有零星抄本，如日本国立公文馆藏抄本（图 2-6）。享和本、群书类从本《序》始皆有"守法僧昌住"字样，天治本、享和本、群书类从本《序》中有"以宽平四年夏草案已毕 / 竟"字样，知《新撰字镜》草创于公元892年。

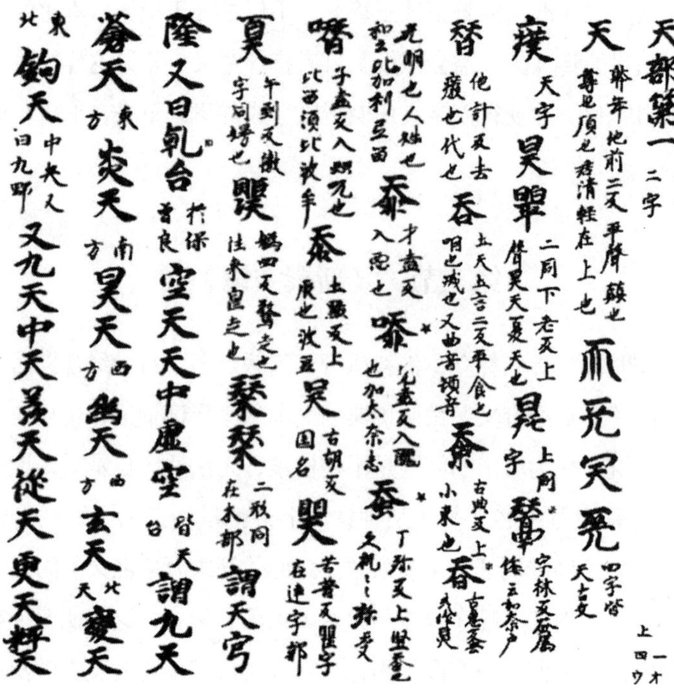

图 2-3

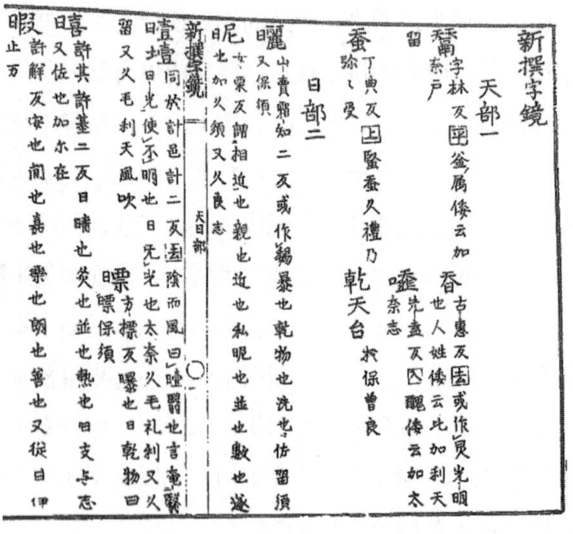

图 2-4

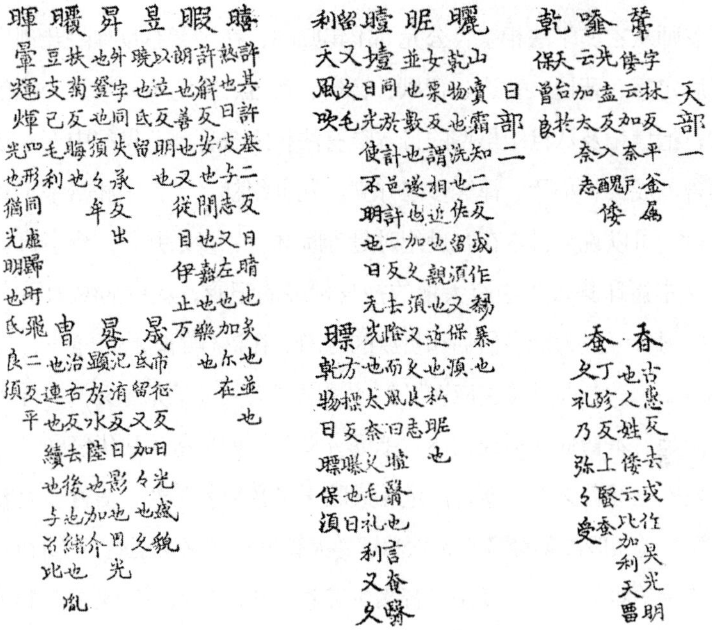

图 2-5

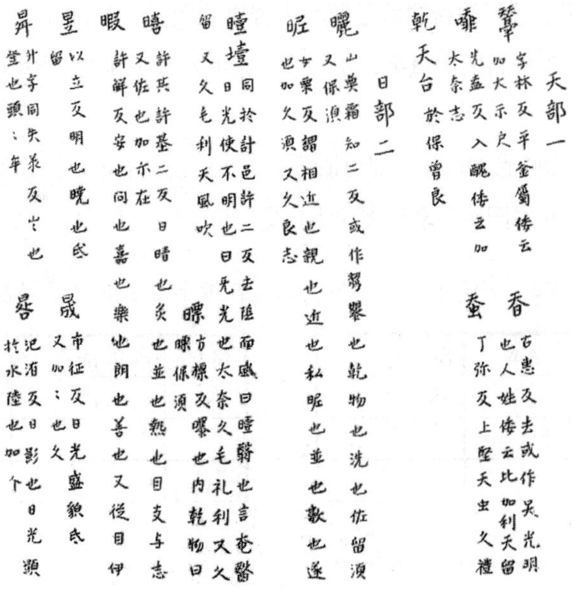

图 2-6

法相宗僧人昌住编纂《新撰字镜》是时代需求。日本僧人道昭于公元653年入长安师从玄奘学法相宗，公元661年归国，在平城右京禅院开创日本法相宗。其后定慧、智通、智达、智凤、智鸾、智雄、玄昉等一代又一代僧人皆传法相宗，七世纪及八世纪早期的日本唯有法相宗流行。八世纪中期，法相、三论、俱舍、成实、华严、律等多宗并立。九世纪初，天台宗和密宗（真言宗）开始流行。可以说，日本在九世纪时是寺院林立、多宗并行，佛事日繁（《正仓院古文书影印集成》中有大量的抄写佛经的记录，耗费的物力财力数量惊人），研习佛经成为众多僧侣和贵族的时尚。在这样的时代背景下，佛经音义成为必需品，一方面是《玄应音义》《慧琳音义》《慧苑音义》等传入日本，另一方面是日本僧侣抄写或撰述"单经音义"，如平备《法华经音义》二卷、行信《最胜王经音义》一卷、法进《最胜王经音义》三卷、信行《大般若经音义》三卷、《大般涅槃经音义》六卷、《大智度论音义》三卷、《瑜伽论音义》四卷、《梵语集》三卷、《法华音义》二卷、《法华玄赞音义》一卷等①。众经音义类文献卷帙浩繁，不便使用。单经音义有针对性，但难以满足阅读多经需要。且佛经音义皆是随文顺次加注，往往前后多有重复，又不便于查检。昌住编纂《新撰字镜》的目的就是要解决查检的问题，他在宽平四年（892年）把《玄应音义》资料辑出重编，按便于检索的原则编排音义资料，以利于后人研读佛经。

《新撰字镜》按部收字，部目情况见下表（以天治本、群书类从本对照，群书类从本与享和本同系，享和本缺卜、殳、品字样、麦、自、杂字等若干部）。

表4　天治本、群书类从本《新撰字镜》部目对照表

部序	天治本	群书类从本	部序	天治本	群书类从本
1	天	天	4	肉	肉
2	日	日	5	雨	雨
3	月	月	6	气	风

① 苗昱，梁晓虹：《〈新译大方广佛华严经音义私记〉整理与研究》，凤凰出版社2014年，第7—9页。

部序	天治本	群书类从本		部序	天治本	群书类从本
7	风	火		39	衣	米
8	火	连火		40	食	酉
9	灬	人		41	米	门
10	人	亻		42	罒	马
11	亻	亲族		43	巾	牛
12	父	身		44	酉	角
13	亲族	页		45	门、马	革
14	身	面		46		舟
15	页	目		47	牛	车
16	面	口		48	角	瓦
17	目	舌		49	革	见
18	口	耳		50	丹	勹
19	舌	鼻		51	舟	土
20	耳	齿		52	车	石
21	鼻	心		53	瓦	山
22	齿	手		54	缶	玉
23	心	足		55	斗	田
24	手	皮		56	见	水
25	足	毛		57	鼓	金
26	皮	色		58	勹	木
27	毛	广		59	土	草
28	色	言		60	石	禾
29	广	骨		61	山	耒
30	言	尸		62	谷	竹
31	骨	女		63	王	鸟
32	尸	髟		64	玉	羽
33	女	支		65	田	犭
34	髟	糸		66	水	鹿
35	支	衣		67	二水	豕
36	力	巾		68	金、木	羊
37		罒		69	《小学篇》字及《本草》木异名	虫
38	糸	食				

部序	天治本	群书类从本
70	草	龟
71	《小学篇》字及《本草》草异名	鱼
72	禾	走
73	耒	斤
74	竹	口
75	鸟	点
76	羽	阝
77	犭	阝
78	鹿	鬼
79	豕	韦
80	豸	辵
81	羊	彳
82	鼠	小
83	虫	手
84		贝
85	龟	广
86	黾	大
87	鱼	四
88	走	方
89	斤	片
90	而	戈
91	口	廾
92	亠点	文
93	阝	示
94	阜	户
95	矢	穴
96	鬼	刂
97	韦	欠
98	辶	黑
99	彳	白
100	忄	卜

部序	天治本	群书类从本
101	扌	殳
102	贝	品字样
103	广	麦
104	厂	自
105	文尻八点	杂字
106	尤	重点
107	大	连字
108	犬	
109	隹	
110	四	
111	方	
112	弓	
113	片	
114	戈	
115	弋	
116	刀	
117	矛	
118	灬	
119	文尻卅、十	
120	文	
121	示	
122	歹	
123	立	
124	户	
125	宀	
126	穴	
127	冖	
128	刂	
129	欠	
130	虍	
131	黑	
132	白	

部序	天治本	群书类从本
133	寸	
134	皿	
135	文下一点	
136	卜	
137	鬥	
138	黄、丘	
139	鬲	
140	关夫	
141	文下木点	
142	首角	
143	殳	
144	品	
145	儿	
146	九	

部序	天治本	群书类从本
147	卯卵	
148	叕	
149	豆	
150	赢	
151	瓜	
152	辨辡	
153	匸	
154	麦	
155	自	
156	数字	
157	杂字	
158	重点	
159	连字	
160	临时杂要字	

从上表可以看出，天治本"部目"差误不少，第37、46、84部空缺，门、马二部皆标第45，金、木二部皆标第68，文尻卝、十二部皆标第119，标错序号与空缺部序数目相等，可以看作天治本部目有160部（黄、丘同在第138，关、夫同在第140，卯、卵同在第147，辨、辡同在第152等，多少还是平添了160部的不确定性）。《新撰字镜·序》言片数为160，不包括"临时杂要字"部，则连同"临时杂要字"当即161部矣。然而今见最早版本天治本为160部，姑以此为据。这160部中有不少并非一般意义上的部首①，如"亲族、《小学篇》字及《本草》木异名、《小学篇》字及《本草》草异名、文尻八点、文下一点、数字、杂字、重点、连字、临时杂要字"等，再有就是天、灬、亻、忄、扌、刂、关、夫、首角、品、文下木点等"部首"要么是常规部首变形，要么是立部缺少理据，已与《玉篇》部首系统相去甚远。更有甚者，重点（即叠字）、连字（即语辞）、临时杂要字（字词兼具）早已不是按部编排所能涵盖，其"临时杂要字"又分"舍宅章、农业调度章、男女装束及

---

① 《新撰字镜·序》"片数一百六十"也只言"片数"，而非"部数"。

资具章、机调度及织缝染事、马鞍调度章、木工调度章、锻冶调度字、田畠作章、诸食物调馔章、海河菜章"等十类，因而《新撰字镜》可划归辞书一类，难以细定为字书、音书或义书了。享和本及群书类从本"部首"删削三分之一，但仍未能改变《新撰字镜》的基本面貌。《新撰字镜》分部也有可取之处，其灬、亻、犭、宀点（丶）、忄、扌、刂、文下一点（一）、关、夫、首角（丷）等部取材于实际字形，有的已属笔画层面，而非传统部首，但不少都为现代字典效仿。部目顺序也多能体现事类关系，如天、日、月、雨、气、风、火，身、页、面、目、口、舌、耳、鼻、齿、心、手、足，鸟、羽、犭、鹿、豕、豸、羊、鼠、虫、龟、黾、鱼等，还是有一定规律可循。①尤其是亲族、数字及卷末各部颇有雅学书系的做派。再看收字较多的部首，部列字顺序往往与《切韵》相合，这样列序无疑便于检索。可以说，《新撰字镜》综合字书、音书和义书的特征于一身，使用者需要具备初步的语义、字形和音韵常识，以达到检索方便的功用。

《新撰字镜》："天，体年、他前二反，平声。颠也，尊也，顶也，君，清轻在上也。**冗兂兂冗**，四字皆天古文。**疾**，天字。"注音"体年、他前二反，平声"很可能源自《切韵》。与《篆隶万象名义》"天，泰坚反。颠也，显也，君也。冗，古文。兂，古文。吴，古文。吴，古文"相比较，《新撰字镜》"清轻在上也"义项既不出于《玉篇》，也非出于《一切经音义》，这个义项源自《易乾凿度》，不知《切韵》是否收录。《新撰字镜》所录古文"**冗**"为武周新字，或体"**疾**"不见于他书，未详所出。可见，《新撰字镜》字形及音义资料来源驳杂，这也正是其文献价值之所在。

据《新撰字镜·序》，天治本《新撰字镜》收字 20949 字（群书类从本作20480 余字），且连字及重点字等不在其中，《小学篇》400 余字也不在其中。与《篆隶万象名义》相较，《新撰字镜》多收 4000 字左右，这些字中有相当数量的俗字（有些源自《干禄字书》），也有来自《切韵》的字。

承袭佛经音义的衣钵，《新撰字镜》在字形收录和说解上用力甚勤，其古

① 周祖谟：《日本的一种古字书〈新撰字镜〉》，《文献》1990 年第 2 期。

文、异体、正俗、古今、讹误等字形无不兼载，具体释例如下（例证后的数字为京都帝国大学文学部国语学国文学研究室泽泻久幸于 1944 年影印天治本的页码，下同）。

  𡗕兓冥冤，四字皆天古文。𤮾，天字。（21）

  晃，上同字。（21）

  吞，古惠反，去。或作昃。（21）

  壘，同作。壘，古文。（25）

  傑，巨荣反。特也，逸也。儁，上作误，此正作。（65）

  《新撰字镜》字形正通俗的判断往往以《干禄字书》为据①，《新撰字镜·之部》："逥逎，《干禄字书》作也。"是直引《干禄字书》之证。也有简称者，如《新撰字镜·日部》："明，武京反。晚（明），通作。日目部别。朙，正作，《干禄》之文。"绝大多数情况下，《新撰字镜》属于暗引《干禄字书》，大凡"正作、通作、俗作"等说解一般是源自《干禄字书》。示例如下。

  旨，之视反。𣅌，通作也。旨，正作也。美也。（28）

  景，正作。（30）

  暉，正作。（30）

  勝，上正作。（33）

  腹（膓），肠，正作。（36）

  胥，上同，正作。（43）

  俞，俞（兪），正作。正，翼珠反，平。往哉，然也，应言也，答也。借，丑救反，去。姓也。（61）

  今（含），正作。（62）

  儒，正作。（66）

  侣，上俗作。（67）

  俻，俗作。（81）

  ① 日本学者佐藤喜代治早已论述这个问题，参见其 1951 年 3 月发表于《东北大学文学部研究年报》第一号的《关于〈新撰字镜〉的原文》一文。

峆，正作。（118）

冇，俗作。（121）

凷，苦，上通下正。（123）

耴，上通作。（126）

麤，上字，正作。（128）

疏，上正作。（138）

《新撰字镜》在注音方面也是多法并用，不再拘泥于直音与反切。其直音法往往与一般直音法不同，即直音字"音"后置作"某音"。如："胴，同音。大腹。"另外，直音或反切之后往往注明声调（平上去入）。如："府，付音，上。藏也，聚也，本也。""顺，十润反，去。叙也，陈也，绪也，序也。"需要特别指出的是，《新撰字镜》注音还有正音、借音之别，正音即本音，读如字；借音即破读。这种音读注法在《玄应音义》中已使用，《新撰字镜》的标注可能承袭《玄应音义》，示例如下[①]。

晏，正音无顾反，去也。长，脩也，广也，美也，泽也。借音武旦反，去。无也，突也。曼，上字。（30）

使，正音所理反，上。令也，从也，俭也，役也。借音所吏反，去。又令者，聘也。（76）

躲，正音时柘反，去；又时益反，入。射，同字。弯弧发矢也。借夷石反，入。众也，厌也。（93）

相，正小良反，平。视也，质也，向也，背也。借息高（亮）反，去。助也，辅也。在木部。（104）

《新撰字镜》还有对倭音的标注，所谓倭音实则吴音，是南北朝时期传入日本的中古音。在6世纪末之前，吴语即吴文化对日本影响很大。到日本平安时代，随着留学僧一批又一批回国，长安语音被奉为正音，即汉音，而吴音则被称作倭音。[②]汉音的传入并未完全取代吴音，因为吴音在当时的日本已经有相当

① 张磊：《〈新撰字镜〉研究》，中国社会科学出版社，2012年，第13—14页。

② 筑岛裕：《平安时代语新论》，东京大学出版会，1978年，第405页。

的使用基础，从而形成汉音吴音混用局面。《新撰字镜》收录倭音示例如下。

股，古文骰。公户、苦固二反，上。固也，为强固也。倭古于反。宇豆毛毛。（34）

丕，扶悲、扶似二反。信也，敬也，诚也。又人名。倭比音。（59）

余（念），余庶反，去。预也，悦也，忘也。倭余音。（61）

在义项搜集方面，《新撰字镜》不可谓不全面，往往一字之下有多至十数义项者，甚至含有倭训。示例如下。

鬵，字林反。釜属。倭云加奈戸。（21）

香，古惠反，去。或作昋。光明也，人姓也。和云比加利氏留。（21—22）

曌，先盍反，入。醜也。加太奈志。（22）

《新撰字镜》突破了《篆隶万象名义》纯汉文辞典的模式，把字书、音书和义书融会贯通，并附加了一定数量的倭训，使得这部辞书的实用性大为提高，既开启了《倭玉篇》的时代，又成为后世摘抄类文献的典范。

第四节　《倭名类聚抄》《类聚名义抄》

释昌住《新撰字镜》把《一切经音义》《切韵》《玉篇》等文字音义资料汇为一编，出于实用目的，又辅以倭音倭训，成为汉文辞书日本化的典范。但是，《新撰字镜》毕竟是为读佛经而编撰，无法满足民众学习和接受汉文化所需。平安时代前期是日本文学"国风暗黑时代"[1]，然而汉诗毕竟只是皇家贵胄和贵族官僚及部分佛教精英们的专利，《万叶假名》的诞生作为民众文化意

---

① 日本学者吉泽义则最先提出这个概念，小岛宪之在《国风暗黑时代的文学（中）》（塙书房，1973—1979年，第598—599页）提及，吉泽义则在《国风暗黑时代的女子国语的诸多问题》（岩波书店，1932年，第3页）中进一步确立了"国风暗黑时代"这个概念。随后吉泽义则在《王朝文学概说》（《国文学大讲座》第15卷，日本文学社，1935年，第2页）说："概观王朝时代的文学，首先不能忘记的是，王朝时代是一个以和歌复兴为先驱，以和歌为基调的时代。所谓和歌复兴，指的是万叶时代曾经百花争艳的'国风'之花被汉诗文所压倒，历经百年时间，直到《古今和歌集》问世，'国风'才得以再次兴盛起来。"显然提出"国风"概念是要与"唐风"相对。在9世纪上半叶，以汉诗为代表的汉文学处在全盛时期，《凌云集》《文华秀丽集》《经国集》三大敕撰汉诗集完全盖过和歌，以和歌为表征的"国风"处在暗黑时代。

识逐步觉醒的标志，他们也需要以汉字为媒介，学习汉文化，发展本国文化。在这样的背景下，《倭名类聚抄》《类聚名义抄》等一批辞书诞生了。

一、《倭名类聚抄》

《倭名类聚抄》是平安时代和歌作家源顺（911—983 年）奉第四公主勤子内亲王之命编撰的一部辞书，关于编撰缘由及全书面貌，源顺在序里都有明确介绍。《倭名类聚抄·序》摘录如下：

> 我闻思拾芥者好探义实，期折桂者兢采文华，至于和名弃而不屑。是故虽一百帐《文馆词林》、三十卷《白氏事类》而徒备风月之兴，难决世俗之疑。适可决其疑者，《辨色立成》《杨氏汉语抄》、太医博士深根辅仁奉敕撰集《和名本草》、山州员外刺史田公望《日本纪私记》等也。然犹养老所传，杨说才十部，延喜所撰《药种》只一端，田氏《私记》一部三卷，古语多载，和名希存。《辨色立成》十有八章与杨家说名异实同，编录之间颇有长短。其余《汉语抄》不知何人撰，世谓之甲书，或呼为业书。甲则开口褒扬之名，业是服膺诵习之义，俗说两端，未详其一矣。又其所撰录名，音义不见，浮伪相交，海蛸为蚎、河鱼为鱣、祭树为榊、澡器为椋等是也。汝集彼数家之善说，令我临文无所疑焉。
>
> 仆之先人幸忝公主之外戚，故仆得见其草隶之神妙。仆之老母亦陪公主之下风，故仆得蒙其松容之教命。固辞，不许，遂用修撰。
>
> 或《汉语抄》之文，或流俗人之说，先举本文正说，各附出于其注。若本文未详，则直举《辨色立成》《杨氏汉语抄》《日本纪私记》，或举《类聚国史》《万叶集》《三代式》等所用之假字，水兽有苇鹿之名、山鸟有稻负之号、野草之中女郎花、海苔之属于期菜等是也。
>
> 至如于期菜者，所谓六书法，其五曰假借，"本无其字，依声讬事"者乎。内典梵语亦复如是。非无所据，故以取之。或复有以其音用于俗者，虽非和名，既是要用，石名之礠石礜石、香名之沉香浅香、法师具之香炉锡杖、画师具之燕脂胡粉等是也。或复有俗人知其讹谬不能改易者，鲑讹为鲑，楄读如杉，锻冶

之音误涉锻冶，蝙蝠之名伪用蛾蜓等是也。若此之类，注加今按，聊明故老之说，略述闾巷之谈。总而谓之，欲近于俗便，于事临忽忘如指掌。不欲异名别号，义深旨广，有烦于披览焉。

上举天地，中次人物，下至草木，勒成十卷，卷中分部，部中分门，廿四部百廿八门，名曰《和名类聚抄》。

古人有言：街谈巷说，犹有可採。仆虽诚浅学，而所注缉皆出自前经旧史倭汉之书，但刊谬补阙，非才分所及。内惭公主之照览，外愧贤智之卢胡耳。

从上可见，连当时的皇族都在汉字使用上存在诸多困惑，在国风暗黑时代，虽有《文馆词林》《白氏事类》等诸多汉文典籍，也只是能附庸风雅，于生活日常则不能答疑解惑。难得一见的《辨色立成》《杨氏汉语抄》《和名本草》《日本纪私记》等和书也只是"古语多载，和名希存"，且有限的"和名"还是"音义不见，浮伪相交"。当时的日本社会迫切需要一部能沟通正名真名与俗名假名的著作，即一部较为完善的名物词典。源顺由于其独特的身世，深得四公主信赖，在参引诸多中日文献的基础上，编撰出《和名类聚抄》（又称《倭名类聚抄》）十卷。

今观《倭名类聚抄》引书，其引证在 10 次以上者有 [①]：《唐韵》478 次（或引孙愐《切韵》、孙愐），《本草》267 次（或引《本草》注、《本草》疏、《本草音义》），《尔雅》215 次（或引《尔雅注》《尔雅集注》《尔雅音义》），《杨氏汉语抄》201 次（或引《杨氏抄》、杨氏说、杨氏、杨说），《汉语抄》194 次，《说文》183 次（或引许慎），《兼名苑》181 次（或引《兼名苑》注），《四声字苑》167 次，《玉篇》159 次（或引野王按、野王），《辨色立成》145 次，《文选》115 次（或引《文选注》等），《日本纪私记》109 次，《释名》105 次，《崔禹食经》68 次（或引《崔禹经》、崔禹），苏敬 59 次（或引苏敬《本草》注），《汉书》注 56 次（或引《地理志》《陈胜

---

① 藏中进、林忠鹏、川口宪治编的《倭名类聚抄十卷本廿卷本所引书名索引》（勉诚出版社，1999 年）有详细索引，十卷本的引书频次亦参照该书。

传》《律历志》《汉书注》《汉书音义》、应劭《汉书注》、应劭、师古《汉书注》），陆词《切韵》55次（或引陆词），《本朝式》49次（或引《式》），陶隐居49次，蒋魴《切韵》48次（或引蒋魴），《文字集略》44次，《方言》42次（或引扬雄《方言》《方言》注、郭璞《方言注》、郭璞），《唐令》38次，《唐令》37次，《毛诗》30次（或引《毛诗注》、注），《内典》29次，《考声切韵》29次，《唐式》28次，《病源论》26次，《广雅》22次，《周礼》注22次（或引《周礼》），七卷《食经》17次，《礼记》注16次（或引《礼记》），《食疗经》14次，《游仙窟》14次，《万叶集》14次（或引《新撰万叶集》），《白虎通》13次，《功程式》12次，《尚书》12次（或引《尚书》注、孔安国），《涅槃经》12次，《淮南子》11次（或引《淮南子注》），《崔豹古今注》10次，《山海经》10次（或引《山海经》注），《史记》10次，《仓颉篇》10次，《律书乐图》10次。

由引书频次表可知，《倭名类聚抄·序》中涉及的文献大都在高频引书之列，其中《唐韵》《切韵》等韵书，《尔雅》《广雅》等义书，《说文》《玉篇》《仓颉篇》《文字集略》《四声字苑》等字书，以及经传古注，是《倭名类聚抄》征引的主要材料。日本文献《杨氏汉语抄》《汉语抄》《辨色立成》《日本纪私记》《万叶集》等也成为摘抄的主要资料。这样的文献征引结构既对所摘抄的资料可靠性有所保障，又能顾及摘抄资料的实用性，如《本草》《食经》等。

今本《倭名类聚抄》有十卷本和二十卷本之别，传世十卷本抄本有镰仓时代真福寺本（存卷一卷二，又称尾张本），室町时代伊势本（伊势国山田中西信庆遗本，存卷三至卷八），江户时代京本（分别有锦所山田翁藏本、御医福井崇兰君藏本、东京大学国语研究室藏本），昌平本（昌平坂学问所藏本，存卷一至卷六），曲直濑本（江户官医曲直濑氏怀仙阁藏本，存卷一至卷四），下总本（下总国香取郡镝木村人平山满晴藏本），高松宫本（国立历史民俗博物馆藏），松井本（静嘉堂文库藏），天文本（东京大学国语研究室藏，见下图2-7），江户时代刻本享和本（依真福寺本为底本），明治时代抄本前田本（尊经阁藏）。另外还有杨守敬刊本，狩谷棭斋据京本校注的《笺注倭名类聚

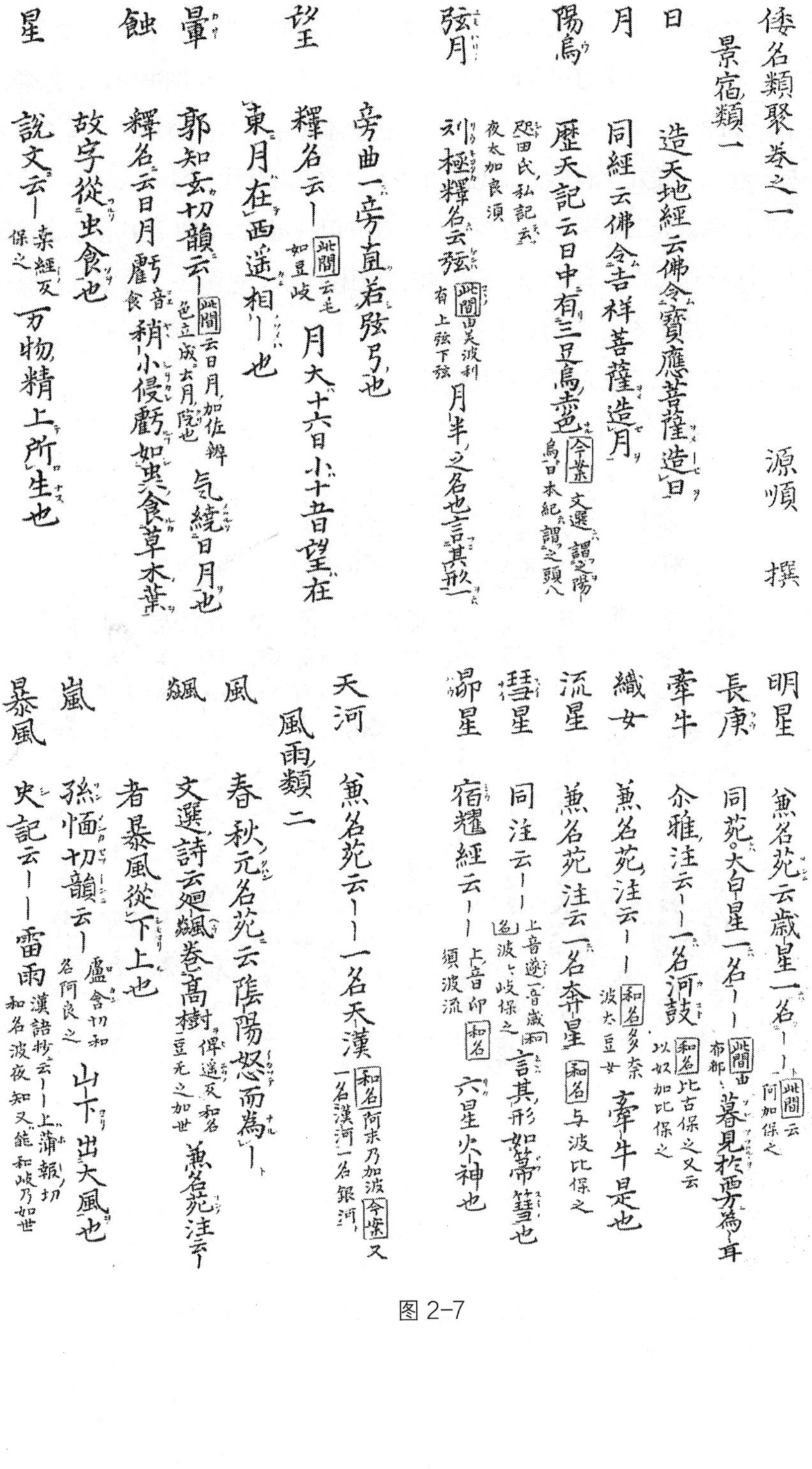

倭名類聚抄卷之一

景宿類一　　　　源順　撰

日　造天地經云佛令寶應菩薩造日

陽烏　歷天記云日中有三足烏赤色　同經云日中有吉祥菩薩造月

月

弦月　劉熙釋名云弦

望　釋名云　月大十六日小十五音望在

暈　郭知玄切韻云　气續日月也

蝕　釋名云月魘食稍小侵虧如蟲食草木葉

星　說文云　万物精上所生也

旁曲一旁直若弦弓也

東月在西遲相望也

故字從虫食也

明星　歲星一名

長庚　同苑大白星一名

牽牛　尒雅注云一名河鼓

織女　黃名苑注云一名河鼓

流星　黃名苑注云一名奔星　牽牛是也

彗星　同注云

郷星　宿耀經云　六星火神也

天河　黃名苑云一名天漢

風雨類二

風　春秋元命苞云陰陽怒而為

飆　文選詩云廻飆卷高樹　黃名苑注云

暴風　者暴風從下上也

嵐　孫愐切韻云　山下出大風也

暴風　史記云　雷雨

图2-7

抄》（1827 年撰，1883 年刊）。

二十卷本是平安时代末期的增补本（主要增加了"筋骨类、药名类"和"国郡部"），今传世本有平安时代抄本高山寺本（天理大学图书馆藏，存卷六至卷十。见图 2-8），室町时代初期抄本伊势本（中西信庆遗本，神宫文库藏，存卷一卷二、卷九至卷二十。见图 2-9），室町时代中期抄本天正本（大东急记念文库藏，全二十卷。见图 2-10），江户时代温古堂本（江户倭学讲谈所藏本），江户时代活字本（元和三年那波道圆校印本。见图 2-11），江户时代刻本（庆安元戊子岁霜月吉辰新刊）。又有"宽文丁未"等多种牌记者，或为庆安刻本之改牌记，或为据庆安本重刻。①

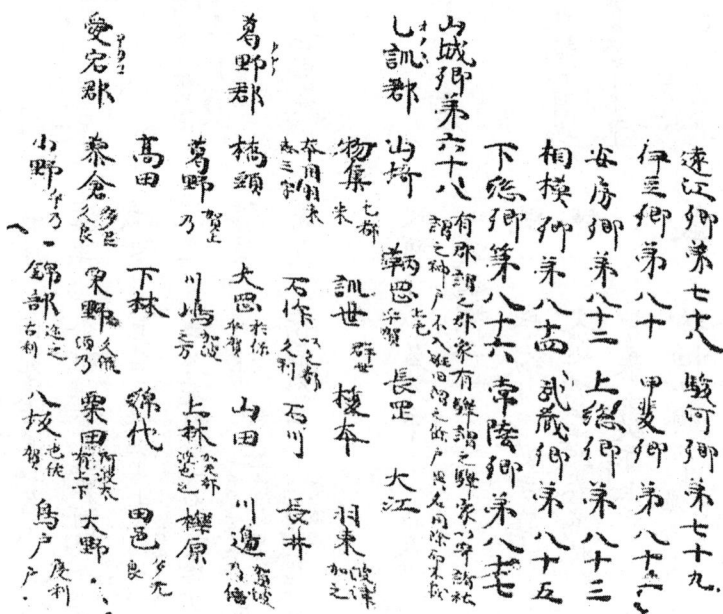

图 2-8

① 《倭名类聚抄》版本问题参考狩谷棭斋《笺注倭名类聚抄》、陈晨《日本辞书〈倭名类聚抄〉研究》（山西大学 2014 年硕士学位论文）。

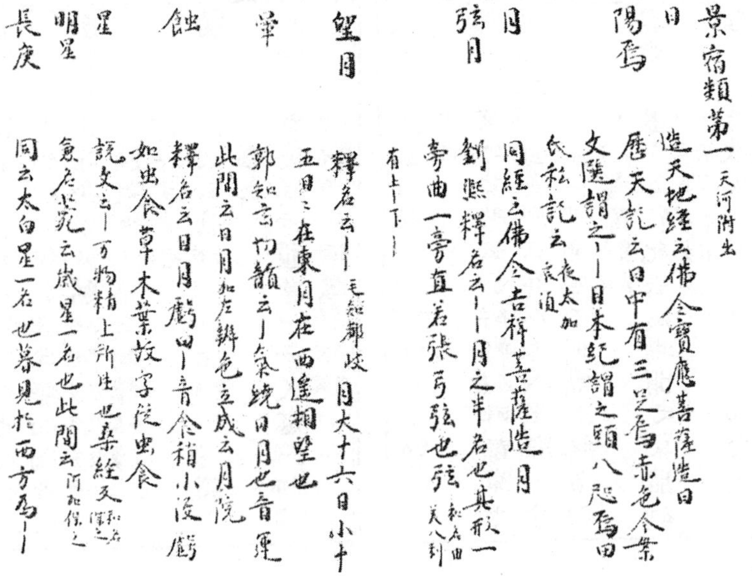

景宿類第一 天河附出

日 造天地經云佛令寶應菩薩造日

陽烏 歷天記云日中有三足烏赤色今案文選謂之——日本紀謂之頭八咫烏田氏私記云 夜太加良須

月 同經云佛令吉祥菩薩造月

弦月 劉熙釋名云——月之半名也其形一旁曲一旁直若張弓弦也弦 和名由美八利 有上—下—

望月 釋名云—— 毛知都岐 月大十六日小十五日日在東月在西遥相望也

暈 郭知玄切韻云—氣繞日月也音運 此間云日月加佐 辨色立成云月院

蝕 釋名云日月虧曰—音食稍小侵虧如虫食草木葉故字從虫食

星 說文云—万物精上所生也 兼名苑云歲星一名也此間云

明星

長庚 同云太白星一名也暮見於西方為——

图 2-9

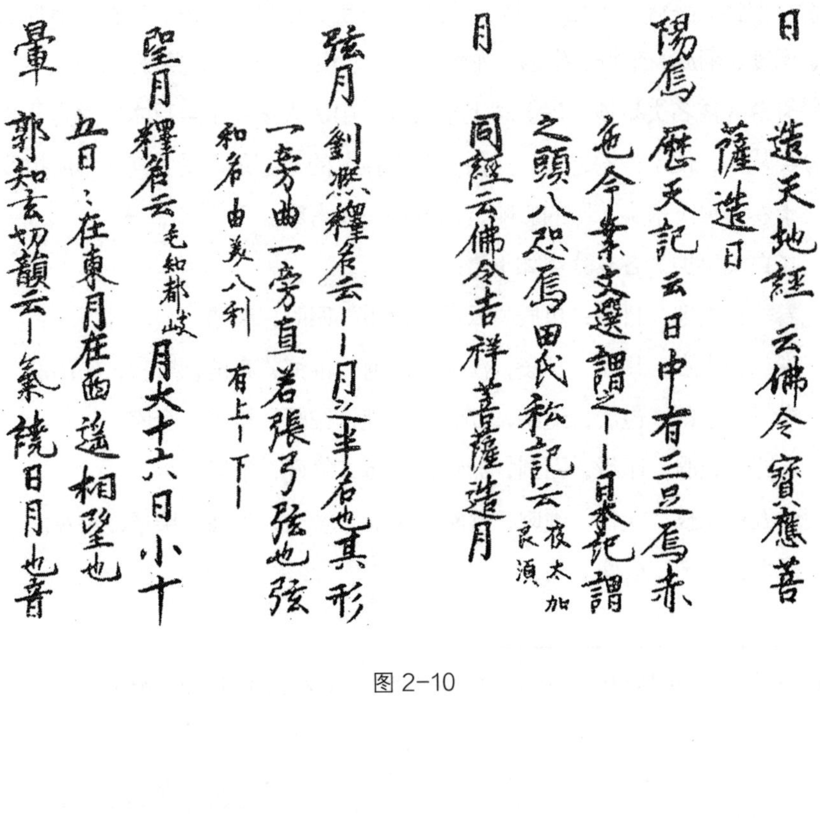

日 造天地經云佛令寶應菩薩造日

陽烏 歷天記云日中有三足烏赤色今案文選謂之——日本紀謂之頭八咫烏田氏私記云 夜太加良須

月 同經云佛令吉祥菩薩造月

弦月 劉熙釋名云——月之半名也其形一旁曲一旁直若張弓弦也弦 和名由美八利 有上—下—

望月 釋名云 毛知都岐 月大十六日小十五日日在東月在西遥相望也

暈 郭知玄切韻云—氣繞日月也音

图 2-10

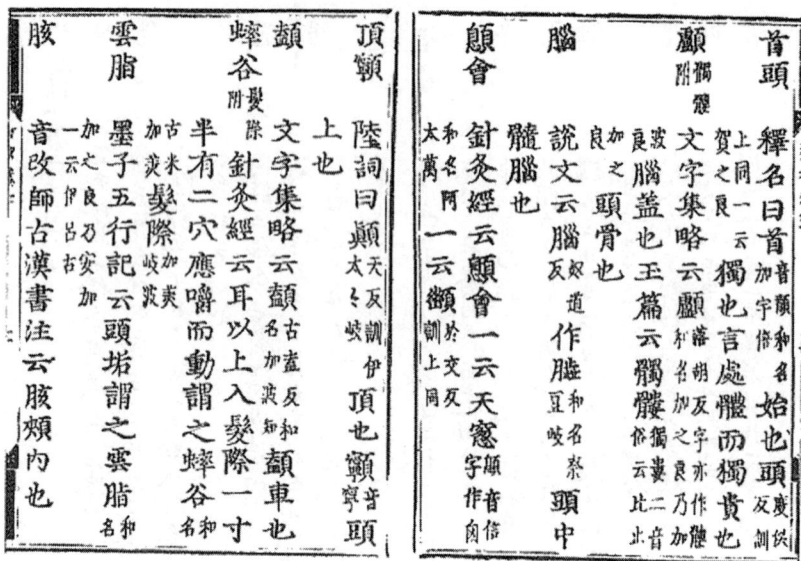

图 2-11

从结构上说,《倭名类聚抄》分十卷二十四部。二十四部分别是天地、人伦、形体、疾病、术艺、居处、舟车、珍宝、布帛、装束、饮食、器皿、灯火、调度、羽族、毛群、牛马、龙鱼、龟贝、虫豸、稻谷、菜蔬、果蔬、草木。排序符合《倭名类聚抄·序》"上举天地,中次人物,下至草木"之意,也体现分类从俗,便于检索之用。《倭名类聚抄》的分部是否受到其序中所提及的"三十卷《白氏事类》"的影响,需要进一步考察。

《白氏事类》各卷分类如下①:

卷一:天地,日月,星辰,云雨,风雷,四时,节腊。

卷二:山水,川泽,丘陵,溪洞,江河,淮海,泉池,宝货,布帛。

卷三:京都,邑居,道路,郊野,封疆,馆驿,楼阁,仓库,舟车。

卷四:衣服,印绶,刀剑,器物,袆褕,笔砚,纸墨。

卷五:酤权,饮食,酒肉,醯醢,茶盐,蜜酪,米面,柴草,菜炭。

卷六:宗亲,奴婢。

---

① 分类目录参见刘叶秋影印本《白氏六帖事类集》(文物出版社,1987 年)。

卷七：人，状貌，贵贱，隐逸，杂举措。

卷八：孝行，情性，忠义，智谋，仁信，贞俭，恭慎，傲慢，勇壮。

卷九：言语，视听，律吕，医相，书算，卜筮，图画，方药，博弈。

卷十：宾旅，干谒，朋友，推荐，离别，赠祝，庆贺，馈遗，奉使。

卷十一：帝德，朝会，宫苑，皇亲，制诏，图书，表奏，对见，谏争。

卷十二：理道，清廉，贪浊，暴政，威名，俸禄，举选。

卷十三：刑法，断狱，拷讯，议谳，改制，赃贿，冤狱。

卷十四：赏赐，战功，谏臣，田宅，车服，杂器物，封建，嗣荫。

卷十五：军旅，出征，战阵，训练，救援，献捷，伏兵，险阻，戎狄。

卷十六：资粮，屯田，用兵，戎服，兵器，险固，防备。

卷十七：礼仪，享宴，冠礼，乡饮酒，上寿，养老，致仕。

卷十八：乐制，乐，知音，六代四夷乐，杂戏，歌舞。

卷十九：丧服，殡敛，祭奠，哭踊，吊葬，坟墓，忌日。

卷二十：祭祀，蒸荐，宗庙，木社，地祇，释奠，杂祀。

卷二十一：职官。

卷二十二：户口，征赋，贡献，储蓄，均输。

卷二十三：劝农，开垦，耕耘，收获，农器，百谷，丰稔。

卷二十四：商贾，功巧，材木，胶皮，染练，金冶，土工。

卷二十五：畋猎，陷阱，网罟，射。

卷二十六：文武，三教。

卷二十七：鬼神，祷祀，妖怪，变化。

卷二十八：叛乱，寇贼，诣佞，仇怨，黜辱，妖讹，呪咀。

卷二十九：鸟兽。

卷三十：草木，杂果。

类书自《北堂书钞》到《艺文类聚》《初学记》《兼名苑》，唐代类书的分类逐步完善。《初学记》三十卷，分天部、岁时部、地部、州郡部、帝王部、中宫部、储宫部、帝戚部、职官部、礼部、乐部、人部、政理部、文部、武部、道释部、居处部、器物部、宝器部、果木部、兽部、鸟部、鳞介部、虫

部等二十四部。①《白氏事类》分一百八十四类，虽分类更细，但大体还是在二十四部系统之内。

《倭名类聚抄》二十四部下设一百二十八门，具体有景宿类、风雨类、神灵类、水土类、山石类、田野类、男女类、父母类、兄弟类、子孙类、婚姻类、夫妻类、头面类、耳目类、鼻口类、毛发类、身体类、脏腑类、手足类、茎垂类、病类、疮类、射艺类、射艺具、杂艺类、杂艺具、屋宅类、屋宅具、墙壁类、墙壁具、门户类、门户具、道路类、道路具、舟类、舟具、车类、车具、金银类、玉石类、锦绮类、绢布类、冠帽类、冠帽具衣服类、衣服具腰带类、腰带具、履袜类、履袜具、药酒类、水浆类、饭饼类、面糵类、酥蜜类、果菜类、鱼鸟类、盐梅类、金器、漆器、木器、瓦器、竹器、灯火类、灯火具、灯火器、佛塔具、伽蓝具、僧房具、祭祀具、文书具、图绘具、征战具、弓剑具、刑罚具、鞍马具、鹰犬具、攻猎具、渔钓具、农耕具、造作具、木工具、细工具、锻冶具、音乐具、服玩具、称量具、容饰具、澡浴具、厨膳具、熏香具、裁缝具、染色具、织机具、蚕丝具、屏障具、坐卧具、行旅具、葬送具、鸟名、鸟体、兽名、兽体、牛马类、牛马毛、牛马体、牛马病、龙鱼类、龙鱼体、龟贝类、龟贝体、虫名、虫体、稻谷类、稻谷具、蒜类、藻类、菜类、果蔬类、果蔬具、草类、苔类、莲类、葛类、竹类、竹具、木类、木具。

从所设部类看，二十四部不含《初学记》中的州郡、帝王、中宫、储宫、帝戚、职官等部，其一百二十八门也没有《白氏事类》的帝德、朝会、宫苑、皇亲、制诏、图书、表奏、对见、谏争、理道、清廉、贪浊、暴政、威名、俸禄、举选、刑法、断狱、栲讯、议谳、改制、赃贿、冤狱、赏赐、战功、谏臣、田宅、车服、杂器物、封建、嗣荫、职官、户口、征赋、贡献、储蓄、均输、鬼神、祷祀、妖怪、变化、叛乱、寇贼、谄佞、仇怨、黜辱、妖讹、呪咀等门类。可以说，《倭名类聚抄》的一百二十八门紧紧围绕民众的衣食住行等日常生活什用，既没有宗庙朝会，也少谈"怪力乱神"，因而其普世性十分突出，使得汉字词大规模融入日语，对汉字的传播与接受起着重要推动作用。

① 参见徐坚《初学记》（中华书局，1962 年）。

《倭名类聚抄》在内容取舍、体例编排上都具有独特之处，如"日、月"的解释出自《造天地经》。《白氏事类》"日"下有"日丽乎天、日中则昃、贞明、日昃之离、日居、日昃、朝日、冬日、夏日、三足乌、阳德之母、出自东方、照临下土、大明、曜灵、东君、实也、大明生东、无私照、在天成象、瞻仰、方中、杲杲、迟迟、未融、无二、并明、代明、扶桑、虞泉、桑榆、葵藿、丽天、出地、炎精、寸晷、分阴、晨明、问日近远、如日之升、我日斯迈、日云暮矣、致日、正日、乃日、十日、挥戈、踆乌、土圭测景、若木、长绳、金乌、悬象著明、双丽、夕沦濛谷、鲁阳挥、昭昭揭行、赤羽、白驹、冬日之阳、羲和之景、王者以日为兄、火德明晖、冠三光之首、具瞻、皆仰、王宫、在北陆、弃杖、亏盈、暴儒士之腹、炙野人之背、夤宾、夤饯、禋六宗、天子日官、底日、居卿、大如车盖、东方未晞、师尹惟日、黄道、久照、就之如日、剑日、走日"等条目，皆出自中国典籍，作诗用典尚可参考，距民众日常生活无疑是太过高远。

　　《初学记》"日"下分"叙事、事对、诗"三部分引证，其"叙事"部分："《说文》云：日者，实也，太阳之精，字从口一，象形也。又，君象也。《淮南子》云：日出于旸谷，浴于咸池，拂于扶桑，是谓晨明。登于扶桑之上，爰始将行，是谓朏明。至于曲阿，是谓朝明。临于曾泉，是谓早食。次于桑野，是谓晏食。臻于衡阳，是谓禺中。对于昆吾，是谓正中。靡于鸟次，是谓小迁。至于悲谷，是谓晡时。回于女纪，是谓大迁。经于泉隅，是谓高舂。顿于连石，是谓下舂。爰止羲和，爰息六螭，是谓悬车。薄于虞泉，是谓黄昏。沦于蒙谷，是谓定昏。日入崦嵫，经于细柳，入虞泉之池，曙于蒙谷之浦。日西垂景在树端，谓之桑榆。《广雅》云：日名耀灵，一名朱明，一名东君，一名大明，亦名阳乌。日御曰羲和，《纂要》云：日光曰景，日影曰晷，日气曰晛，日初出曰旭，日昕曰晞，日温曰煦。在午曰亭午，在未曰昳。日晚曰旰，日将落曰薄暮。日西落，光反照于东，谓之反景。景在上曰反景，在下曰倒景。日有爱日、畏日、迟日。""事对"部分又引"丽天、出地，合璧、连珠，两珥、重轮，火精、阳德，再中、三舍，分阴、寸晷，麟斗、鹿解，鞠陵、蒙谷，高舂、下枝，测景、步晷，建木、拒松，贯白虹、夹赤鸟，夸父弃

杖、鲁阳挥戈，似骐步、类凫飞，长安近、车轮远"等条目及例证，"诗"部分又引"太宗文皇帝《赋秋日悬清光赐房玄龄诗》《赋得白日半西山诗》、梁简文帝《咏朝日诗》、梁李镜《远日诗》、梁刘孝绰《咏日应令诗》、陈徐陵《日华诗》、隋康孟《咏日应赵王教诗》、虞世南《奉和咏日午诗》、褚亮《奉和咏日午诗》、董思《恭日诗》"等诗文，亦是内容充盈，卷帙浩繁。

《倭名类聚抄》"日"下只引"《造天地经》云：'佛令宝应声菩萨造日'"，凸显了当时日本佛教文化之盛，又避免跌入无边的文献瀚海。《初学记》也多次引《造天地经》，但在"日"字条下却只字未提。

《倭名类聚抄》的简洁体现在从不纠缠于详细的文献例证，而是引证一两文献足矣。且引证文献也往往有一定的随意性，如十卷本全书引《日本灵异记》《初学记》《千金方》《掌中要方》《药决》《田氏私记》《要抄》《和名本草》等文献只一两处而已。另外，文献称引名称也多不一致，如引《玉篇》，时而直称《玉篇》，时而称《广益玉篇》，时而称野王按，时而称野王，难以断定所称引是否属于同一文献。类似的情况在《唐韵》《切韵》《文选》《尔雅》《兼名苑》等高频征引文献中也存在，如《切韵》，或引郭知玄《切韵》、郭知玄、陆词《切韵》、陆词、蒋鲂《切韵》、蒋鲂、孙恓《切韵》、孙恓、《东宫切韵》、麻果《切韵》、麻果、王仁煦、释氏《切韵》、释氏、裴务齐《切韵》，众多版本，究竟有几处归入了《唐韵》已未可知。

根据《倭名类聚抄·序》"先举本文正说，各附出于其注。若本文未详，则直举《辨色立成》《杨氏汉语抄》《日本纪私记》，或举《类聚国史》《万叶集》《三代式》等所用之假字"，再结合具体词条内容，可知《倭名类聚抄》词条中主要内容来自《汉语抄》，尽管《汉语抄》不知为何人所编，但从"世谓之甲书，或呼为业书"看，已经是当时日本非常重要的诵习汉语汉字的材料了。《倭名类聚抄》所引《唐韵》《切韵》《尔雅》《说文》《玉篇》《仓颉篇》《文字集略》《文选》等汉文典籍很可能是转抄自《汉语抄》，即《倭名类聚抄·序》所说的"本文正说"。而"流俗人之说"则"各附出于其注"，即小字双行注的部分标注"此间"或未加任何标注的内容来自"流俗人之说"，如"星"条中"保之"，"彗星"条中"上音遂，一音岁"等为例。

《倭名类聚抄》引《辨色立成》《杨氏汉语抄》《日本纪私记》等日本文献旨在补释"本文未详"的词条，如"晕"字下引郭知玄《切韵》"气绕日月也"和流俗人之说"日月加佐"皆不足以明确释义的情况下，又引《辨色立成》"月院也"进一步补充。也有源顺自己加按语以补释的，如"阳乌"下的按语应是源顺所加。

《倭名类聚抄》中还有"产灵、岐神、稻魂、幸魂、现人神、天探女、妙美井、白水郎、渡子、承鞍、楼额"等日本文化特色名词，其释义一般引《日本纪私记》《辨色立成》，也有直引《万叶集》的，如"日本琴"词条。还有以汉字为假名的名词，如"稻负鸟、苇鹿、于期菜"等与字面意义无关，一般引自《万叶集》《本朝式》。

《倭名类聚抄》十卷本设景宿类、风雨类、神灵类、水土类、山石类、田野类、男女类、父母类、兄弟类、子孙类、婚姻类、夫妻类、头面类、耳目类、鼻口类、毛发类、身体类、脏腑类、手足类、茎垂类、病类、疮类、射艺类、射艺具、杂艺类、杂艺具、屋宅类、屋宅具、墙壁类、墙壁具、门户类、门户具、道路类、道路具、舟类、舟具、车类、车具、金银类、玉石类、锦绮类、绢布类、冠帽类、冠帽具、衣服类、衣服具、腰带类、腰带具、履袜类、履袜具、药酒类、水浆类、饭饼类、麹糵类、酥蜜类、果菜类、鱼鸟类、盐梅类、金器、漆器、木器、瓦器、竹器、灯火类、灯火具、灯火器、佛塔具、伽蓝具、僧房具、祭祀具、文书具、图绘具、征战具、弓剑具、刑罚具、鞍马具、鹰犬具、畋猎具、渔钓具、农耕具、造作具、木工具、细工具、锻冶具、音乐具、服玩具、称量具、容饰具、澡浴具、厨膳具、熏香具、裁缝具、染色具、织机具、蚕丝具、屏障具、坐卧具、行旅具、葬送具、鸟名、鸟体、兽名、兽体、牛马类、牛马毛、牛马体、牛马病、龙鱼类、龙鱼体、龟贝类、龟贝体、虫名、虫体、稻谷类、稻谷具、蒜类、藻类、菜类、果蔬类、果蔬具、草类、苔类、莲类、葛类、竹类、竹具、木类、木具等一百二十八门类，二十卷本则有景宿类、云雨类、风雪类、山谷类、岩石类、林野类、田园类、尘土类、水泉类、河海类、涯岸类、春三月、夏三月、秋三月、冬三月、神灵类、鬼魅类、男女类、老幼类、工商类、渔猎类、微贱类、乞盗类、父母类、伯叔类、兄弟

类、子孙类、婚姻类、夫妻类、头面类、耳目类、鼻口类、毛发类、身体类、筋骨类、肌肉类、藏府类、手足类、茎垂类、病类、疮类、射艺类、射艺具、杂艺类、杂艺具、钟鼓类、琴瑟类、管龠类、曲调类、职名、官名、畿内国、东海国、东山国、北陆国、山阴国、山阳国、南海国、西海国、畿内郡、东海郡、东山郡、北陆郡、山阴郡、山阳郡、南海郡、西海郡、山城国、大和国、河内国、和泉国、摄津国、伊贺国、伊势国、志摩国、尾张国、参河国、远江国、骏河国、伊豆国、甲斐国、相模国、武藏国、安房国、上总国、下总国、常陆国、近江国、美浓国、飞驒国、信浓国、上野国、下野国、陆奥国、出羽国、若狭国、越前国、加贺国、能登国、越中国、越后国、佐渡国、丹波国、丹后国、但马国、因幡国、伯耆国、出云国、石见国、隐岐国、播磨国、美作国、备前国、备中国、备后国、安艺国、周防国、长门国、纪伊国、淡路国、阿波国、讚岐国、伊豫国、土佐国、筑前国、筑后国、豊前国、豊后国、肥前国、肥后国、日向国、大隅国、萨摩国、壹岐岛、对马岛、居宅类、居宅具、墙壁类、墙壁具、门户类、门户具、道路类、道路具、舟类、舟事类、舟具、车类、车具、牛马类、牛马毛、牛马体、牛马病、金类、玉类、香名类、药名类、灯火类、灯火具、灯火器、锦绮类、绢布类、冠帽类、冠帽具、衣服类、衣服具、腰带类、腰带具、履袜类、履袜具、佛塔具、珈蓝具、僧房具、祭祀具、文书具、图绘具、征战具、弓剑具、刑罚具、服玩具、称量具、容饰具、澡浴具、厨膳具、裁缝具、染色具、织机具、蚕丝具、屏障具、坐卧具、行旅具、葬送具、鞍马具、鹰犬具、畋猎具、渔钓具、农耕具、造作具、工匠具、刻镂具、胶漆具、锻冶具、金器类、漆器类、木器类、瓦器类、竹器类、酒澧类、水浆类、饭饼类、麹糱类、酥蜜类、菜羹类、鱼鸟类、盐梅类、姜蒜类、稻类、米类、麦类、粟类、豆类、麻类、菓类、菓具、蓏、芋类、荤菜类、海菜类、水菜类、园菜类、野菜类、羽族类、羽族名、羽族体、毛群类、毛群名、毛群体、龙鱼类、龙鱼体、龟贝类、龟贝体、虫豸类、虫豸体、草类、苔类、莲类、葛类、竹类、竹具、木类、木具二百四十九门类。

　　二十卷本在十卷本的基础上增加了"岁时、郡国、器具"等部类，在小类数目也有增补，小类中词条也有不同程度的增补。详见"附录二：《倭名类聚

抄》十卷本与二十卷本收词表"。

二、《类聚名义抄》

《类聚名义抄》是继《倭名类聚抄》之后的又一部摘抄类辞书，其编撰者未详，《日本国语大辞典》（小学馆出版 2002 年第二版）认为是法相宗僧人，《世界大百科事典》（平凡社出版 1972 年第三版）认为是法相宗、真言宗僧人。从其分卷以"佛、法、僧"命名看，编撰者为僧人的可能性较大。其书名"类聚"源自《倭名类聚抄》，"名义"源自《篆隶万象名义》，因《篆隶万象名义》为真言宗编撰与传抄，《类聚名义抄》的编撰者与真言宗不无关系。至于《类聚名义抄》编撰的时代，一般认为是在 11 世纪至 12 世纪上半叶（即平安时代末期）。平安末期，日本"国风"时代到来，在氏族势力的推动下，日本固有文化复活。原先的汉语汉字辞书《篆隶万象名义》难以适应时代的变化，需要进行"倭名"化改造以适应"国风"日炽的时代背景。《倭名类聚抄》中的万叶假名也已不能完全适应"国风"，新型的更为简单的片假名登上历史舞台。《类聚名义抄》应运而生，此时的《类聚名义抄》已不仅仅是普通的抄物，它代表的是时代精神。

传世《类聚名义抄》有原本和改编本两个系统，原本以图书寮藏本（清水谷家旧藏，见图 2-12）为代表，该本为 12 世纪中期写本，残存"法卷"17 部。改编本以内阁文库本（浅草文库旧藏，建长三年抄本，见图 2-13）为代表，其他改编本还有观智院本（现藏于天理大学图书馆），高山寺本（12 世纪中期抄本，残存"佛卷"上、中两帖，现藏于天理大学图书馆），西念寺本（残存"佛卷"上及中帖前耳、女两部，现藏于天理大学图书馆），莲成院本（残存三册，佛、法、僧三卷皆有残存，现藏于镇国守国神社），宝菩提院本（残存"佛卷"下半册，现藏于东寺宝菩提院）。

图书寮本收字词条目数量比观智院本还多，以"水部"为例，图书寮本收录了水、大水、洪水、丽水、水手、石清水、法、法界、法性、法定、法住、法义、法乘、法用、源、海、海住、汝、沧溟、溟渤、渤澥、淳淳、淳地、江河、猕猴江、殑伽河、信度河、徒多河、缚蒭河、天河、汉河、银河、半天河、

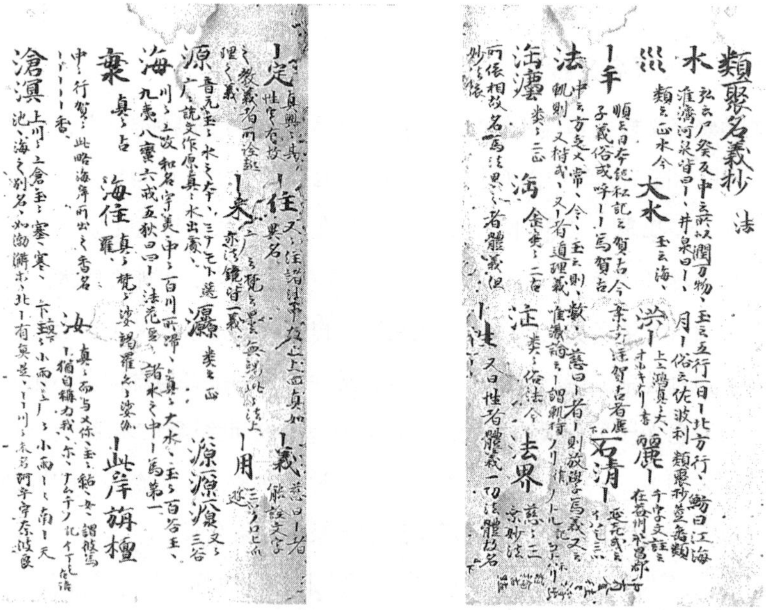

图 2-12

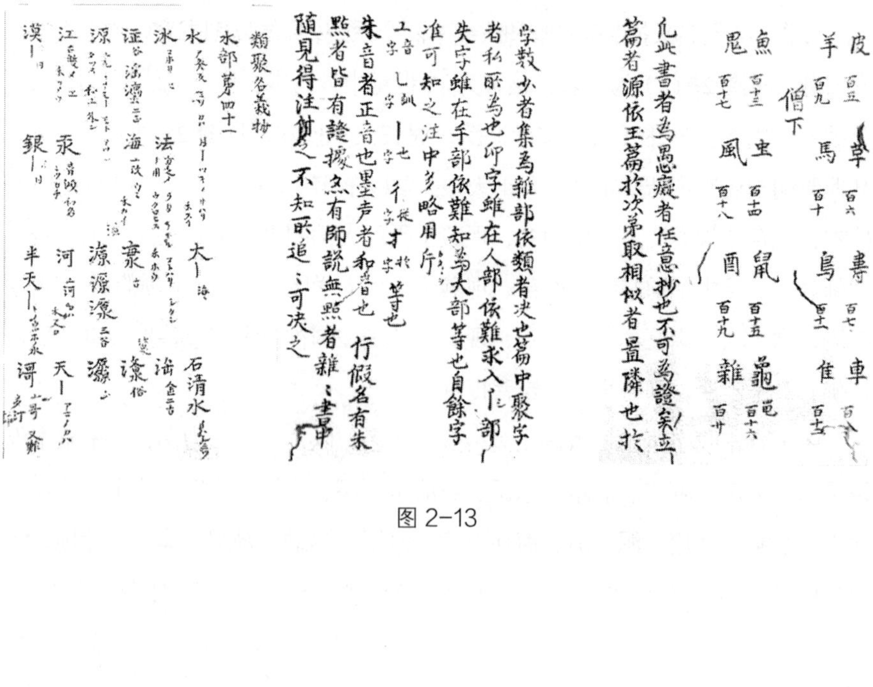

图 2-13

洰、向法次法、池、酒池、陂池、呼池、猕猴池、白鹭池、阿那婆答多池、阿耨达池、滂沱、沫泡、沫雨、汎、泛长、泛子、氾氾、氾、氾罗、淀、济、排济、免泾、准、溉灌、灌注、专注、注记、洼、𣲷、灌洒、渍洒、灌顶王、灌缏、溅洒、汎洒、污溅、洒散、四渎、泄渎、沪渎、四瀆、溃烂、渍、清净、清浊、能清、清凉、清冷、冷冷、冷水、冷而、普洽、霑洽、洽习、浛、潪水、淹久、泥潦、潦水、瓒、瓒唾、潜然、潜多、潜转、新净、新染、杂染、染污、污、生色可染、浩汗、汗、汀、汁、煎汁、汗、冲、河滩、洲潬、激潬、潬迅、夷潬、濑、濑悉、澡漱、澡浴、涷、漱口、婆涷、洗浴、手洗、洗洒、洗濯、沐浴、潭水、潭然、渊、派流、周流、风流、人流、流转、驰流、涟、浪、波浪、波罗蜜多、波罗夷、波罗提木叉等词条。

而改编本（以内阁文库本为例）"水部"收水、大水、石清水、冰、法、海、源、江、汞、河、天河、漠河、银河、半天河、洰、湃、汀、汁、煎汁、汗、污、汗、浒、浒、濩、池、酒池、陂池、呼池、滂沱、沤、洞、洄復、泗、洞、洞达、涠、涸、涤、泅、洒、洗、手洗、洫、凷、湎沔、溢、沟、涸、濡、潭、碧潭、溧、瀎、湮、澳、霎、潬、飞潬、潬迅、渣、涒、滩、潬、溜、濑、漱涷、濑漱、涷、澡、渗、济、浽、滥、浮、渊、浮涪、浘、浮等词条。

图书寮本"水部"词条多达四五百条，而内阁文库藏的改编本"水部"词条删减一半，最为突出的是原本中大量的佛教语辞在改编本中被删去，如"法界、法性、法定、法住、法义、法乘、法用、猕猴江、殑伽河、信度河、徒多河、缚刍河、猕猴池、白鹭池、阿那婆答多池、阿耨达池"等。且词条内容大幅度删减，原本的汉字音义几乎全被假名代替，如图书寮本："水，弘云：尸癸反。中云：所以润万物也。玉云：五行，一曰水，北方行也。鲂曰：江海淮济河泉皆曰水也。井泉曰水也。月水，俗云佐波利。《类聚抄茎垂类》。"而内阁文库藏改编本作"水，尸癸反。ミツワハ月水，ツキノサハリ 禾スイ"。

原本《类聚名义抄》大量征引汉文文献，图书寮本表现为文献缩略为单字，如《玄应音义》缩减为"广"或"应"字，《倭名类聚抄》（可能是二十卷本）缩减为"类"字，《和名类聚抄》缩减为"川"字，《篆隶万象名义》缩减为"弘"字，《真兴音义》缩减为"真"字，《东宫切韵》缩减为"东"

字，《玉篇》缩减为"玉"字，《广益玉篇》缩减为"益"字，《白虎通》缩减为"白"字，《文选》缩减为"巽"字，《切韵》有"然、方、鲂、中、季"多种缩减，还有如"兹"指慈恩，"公"指公任卿，"此"可能是此间，"记"未详所指。当然也有个别不用简称的，如《白氏文集》《千字文》等。

原本《类聚名义抄》引证文献相对集中，引证《玄应音义》339次，引《玉篇》229次，引《广益玉篇》20次，引《和名类聚抄》173次，引《倭名类聚抄》119次，引《篆隶万象名义》147次，引《季纲切韵》113次。其他引证频率较高的文献还有《东宫切韵》《真兴音义》《白氏文集》《白虎通》《千字文》《文选》《遊仙窟》，还有《白氏六帖》《初学记》等类书。引书也反映了融合《倭名类聚抄》与《篆隶万象名义》为一编的旨趣。

观智院本在汉字处理上更加简化，部分汉字的略写与假名颇相似，其"篇目"后记说明了"宀音、乚训、彳从、扌于"等略字字形。其正文还有其他略字字形（前为略字形，后为完整字形），如丶也、彡云、乂反、フ不、丁可、禾和、谷俗、牜物、亢疏、巠经、川顺、吾语、丂事、侖论、吴汉、巽选、つ罗、竹篇、㠯德、㕣服、昆龙、丁顶。

三、结语

从《篆隶万象名义》到《倭名类聚抄》《类聚名义抄》，平安时代的这几部重要辞书皆是僧人编撰，《篆隶万象名义》还是汉字字书，《倭名类聚抄》《类聚名义抄》已是汉和辞书，且后者更加突出了倭训。《倭名类聚抄》《类聚名义抄》都朝着更加方便世人习诵的趋势进行改编，这两部辞书的演进与传播标志着日本辞书已经从庙堂走入民间，促进了汉字日本语言文化的深度融汇，使汉字具有了日本语言底层属性。

第五节 《色叶字类抄》《聚分韵略》

一、《色叶字类抄》

平安末期，抄物盛行，由《倭名类聚抄》而《类聚名义抄》，内容分合之间取舍各便，辗转传抄之际私意更改，其版本源流难以厘清矣。又有《色叶字类抄》者，其《叙》曰："汉家以音悟义，本朝就训详言，而文字且千，训解非一。今扬色叶之一字为词条之初言，凡四十七篇，分为两卷。卷中勒部，为令见者不劳眸也；字下付训，为令愚者可指掌也。但外人不见，见而可笑。以授家童，欲无市阅。于脱漏字，后人补之云尔。"可知编者最初编撰此书只是供童蒙习字便览，原因在于《倭名类聚抄》不够贴近生活，且卷目繁多，《类聚名义抄》以部首统摄字词，于童蒙而言烦琐难检。而《色叶字类抄》试图以音编序，"以训详言"。其四十七篇（据十卷本）分别是（篇名字为揭示汉字与假名关系计，个别字用繁体。字后片假名参见《伊吕波字类抄》，汲古书院，2012 年）：伊イ、吕ロ、波ハ、仁ニ、保ホ、部へ、土ト、知チ、利リ、奴ヌ、留ル、远ヲ、和ワ、加カ、与ヨ、太タ、礼レ、所ソ、都ツ、祢ネ、奈ナ、良ラ、无ム、宇ウ、为ヰ、能ノ、於オ、久ク、也セ、末マ、计ケ、不フ、古コ、江エ、天テ、安ア、左サ、幾キ、由ユ、女メ、见ミ、志シ、惠ヱ、比ヒ、毛モ、世せ、须ス。

四十七篇之下分布有天象（付岁时）、地仪（付居处并居宅具）、植物、动物（付动物体）、人伦（付鬼神类）、人体（付病疮类）、人事、饮食、杂物、光彩（付缚舟并染色具）、方角、员数、辞字、重点、叠字、诸社、诸寺、国郡（付名所小路名）、官职（付僧位女官）、姓氏、名字等二十一部。从部类看，《色叶字类抄》与二十卷本《类聚名义抄》关系较近。

《色叶字类抄》有二卷本、三卷本、十卷本之别，二卷本成书于平安末期（约 1144—1165 年），三卷本为橘忠兼增补本（约成书于 1177—1188 年），十卷本为镰仓时期增补本，改名为《伊吕波字类抄》。传世二卷本有尊经阁文库藏本（永禄八年写本，内阁文库藏有该本影印本。见图 2-14）、庆长二年刊本（改名《节用集》，封题《易林节用集》。见图 2-15）、庆长年间抄本《节用集》

（内附《分毫字样》。见图 2-16）、《续群书类从》本（书名《平他字类抄》，康应元年写本。见图 2-17）。传世三卷本有前田本（尊经阁文库藏，镰仓初期写本）、黑川本（黑川真三男家藏，江户中期写本）、《伊吕波字类抄》（早稻田大学图书馆藏，文政十年写本。见图 2-18）。传世十卷本有学习院大学图书馆藏镰仓初期写本残本、大东急记念文库藏室町初期写本（见图 2-19）。

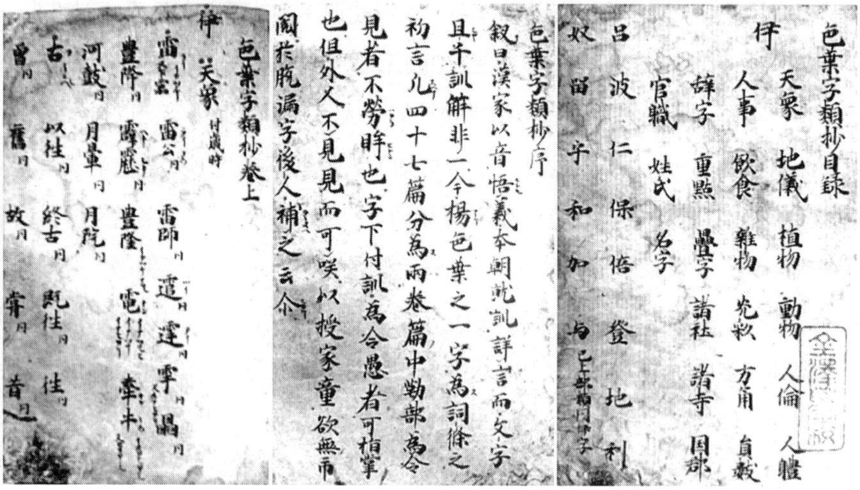

图 2-14

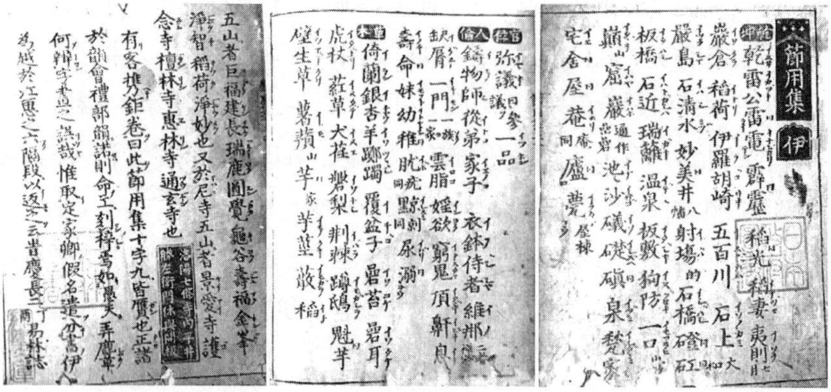

图 2-15

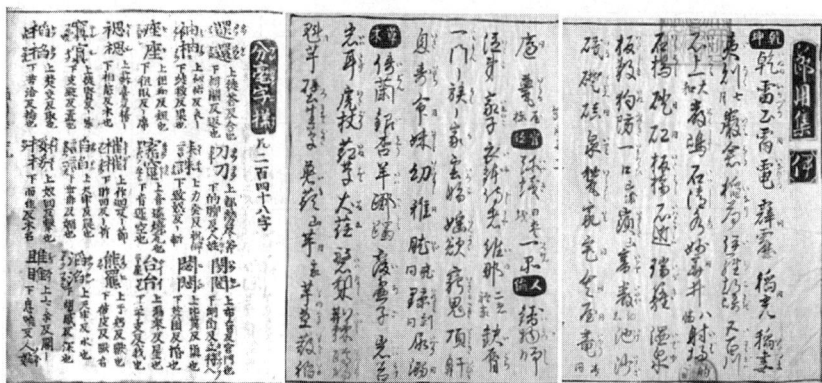

图 2-16

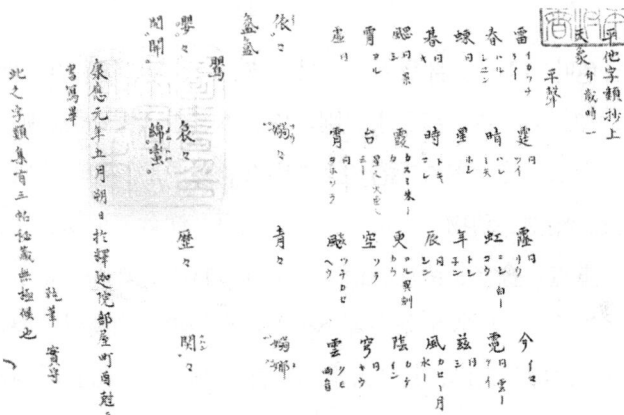

图 2-17

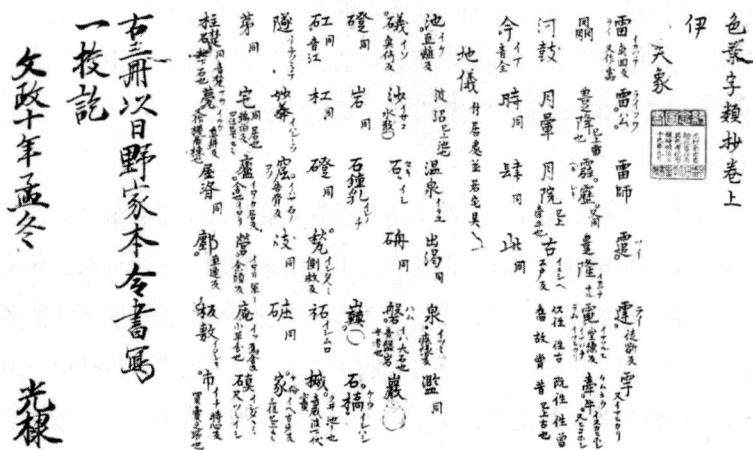

图 2-18

图 2-19

　　二卷本《色叶字类抄》部目有伊、吕、波、仁、保、边、度、池、利、奴、留、远、和、加、与、古、江、手、阿、佐、木、由、女、美、师、会、飞、毛、世、洲三十部，传世本缺中卷，下卷中女、美两部及师部前段残缺，部内分天象、地仪、植物、动物、人伦、人体、人事、饮食、杂物、光彩、方角、员数、辞字、重点、叠字、诸社、诸寺、国郡、官职、姓氏、名字等二十一类（各部类目多寡不一，所收词条多寡不一）。收词较多的类目主要是人事、辞字、叠字，以"伊部"为例，其"人事类"收词287个，"辞字"收词411个，"叠字"收词185个。由于该书以义类收词，因而多义词会在书中反复出现，既有各部收词的重复，也有部内各类收词的重复，甚至还有同一类目下词条重复的情况。如"伊部"的"人事"下收"活、劳"各2见，"伊部"的"辞字"类更是有诸多词条与该部"人事"类中重复（参见附录三：《色叶字类抄》语辞表）。

　　三卷本是在两卷本（实际原本也是三卷）的基础上重新编修的，三卷本在部分类目中有少量词条增补，但在有的类目中却删削了不少词条。其增补者如《伊·人伦》增妇夫、家眉，《伊·人体》增息、瘁。其删削者往往多见，如三卷本《和·辞字》43字，而二卷本收151字。且三卷本在传抄中不但很少更正原本中的讹舛，反而是抄错了不少字词，如《和·人事》误"躔"字成"躔、土"二字，误"恭"成"甚"，误"倨"成"涺"，误"虐"成"虎"，误

"迁"成"逆",误"冥"成"宵"。虽然三卷本为全本,但其文献价值不及残卷二卷本,这也是本书附录收二卷本语辞表的原因之一。

《色叶字类抄》"重点"类主要是一些叠音词,如猗猗、殷殷、隐隐、燔燔、莓莓、茫茫、番番、一一、色色、了了、苞苞等,源自多种汉文文献,可能是参考了当时已有的类书。

《色叶字类抄》"叠字"类收录两个音节以上的多音节词语,有的词语如"右动、熊耳、遊女、一人、一割、一族、一门、逸物、淫洪、一心、一期、意胡、优会、优长、友交、一院、有截、有隣、有口、有目、引级、一盏、壹爵、一切、一渧、伊望、伊爵、因准、已度、育彩、饮羽、饮露、一举、一六、有若亡、一榤手半、一生不犯、屑少、闻遵、长今、糸惜、今来、半汉、揭焉、兴贩、出举、斑给、时势粧"等难以认同为一般意义上的词语,因而《色叶字类抄》所抄应属于语辞范畴,不可以字词一概而论。

《色叶字类抄》"人事、辞字、杂物"等类别中多以同义词类聚,颇有雅学风范,是研究古汉语同义词不可多得的资料。

传世《色叶字类抄》二卷本传抄讹错不少,如伊部动物类"蟲螽"之"蟲"讹作蟲,从巾之字讹从忄,从木从扌互讹,从癶讹从弓,从衣从示不别,等等,字形的讹变在一定程度上也反映了中古俗字对日本用字的影响。

二、《聚分韵略》

《聚分韵略》,日本临济宗僧人虎关师炼(1278—1346 年)编撰[1],1306年成书。国立公文馆藏明应二年(1493 年)刊本、永正元年(1504 年)刊本和享禄三年(1530 年)刊本(见图 2-20)[2]。《聚分韵略》的后世改编本有《便蒙续字聚分韵略》(又称《头书聚分韵略》),传世本有苗村丈伯延宝四年(1676 年)序本(见图 2-21)。

---

① 虎关师炼,俗姓藤原,京都人。擅长汉文诗文,著有《济北集》二十卷,还有《东海一沤集》《一沤余滴》《中正子》《文明轩杂谈》等,其著佛教类书有《元亨释书》三十卷、《佛语心论》十八卷、《虎关十禅支和尚录》三卷、《禅余或问》二卷、《禅戒规》一卷等。

② 享禄三年刊本书末牌记"亨禄庚刀刻梓"之干支有误,应作庚寅。

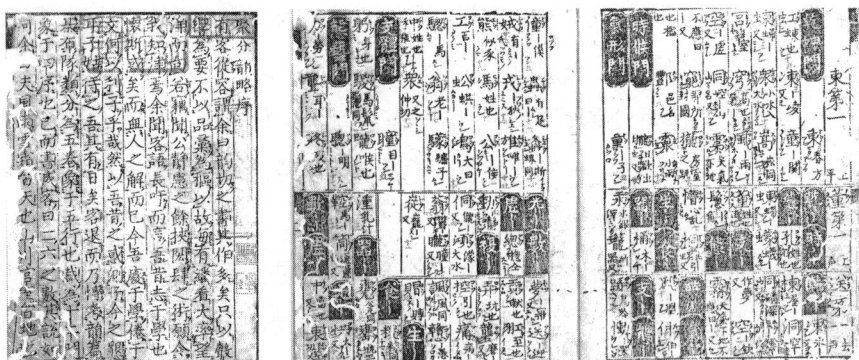

图 2-20

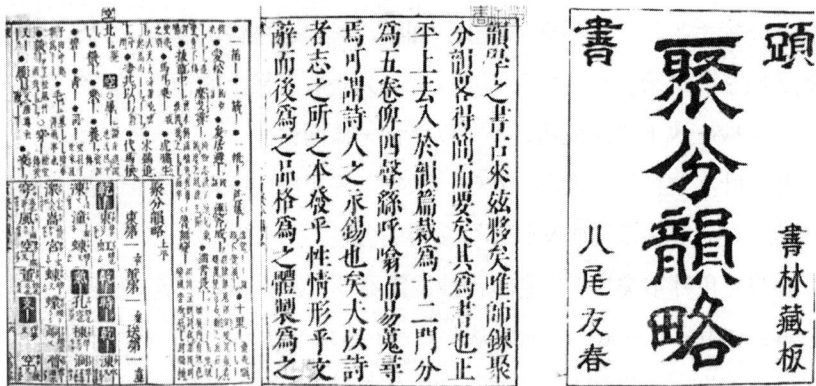

图 2-21

《聚分韵略·序》：

　　有客从容谓余曰："韵切之书，其作多矣，只以声响为要，不以品汇为枢。以故，每有翻看，大率望洋而向若。窃闻公静虑之，余挟闳肆之术，愿令我知津焉。"余闻客语，长吁而言："吾昔志于学也，怀斯惑矣，而无人之解而已。今吾废于学，倦于文，何以利予乎哉！然以吾昔之惑，测予今之恳耳。予姑待之，吾其有日矣。"客退，而乃博考韵篇，棋布队类，分为五卷，象干五行也。裁为十二门，象于四序也。已而书成，客曰："二六之数，其说如何？"余曰："夫风雨雪霜皆天也，山川宫室皆地也，至于方所、郡国、沙石、灰尘，莫不尽载者，盖取诸乾坤门。运春秋而成年，累晦朔而为月，古今、朝暮、阴霁、支干，莫不毕见

者，盖取诸时候门。形于上者，日月星辰也；形于下者，人兽虫豸也。姓名官党之品也，戎狄军旅之区也，莫不佥举者，盖取诸气形门。耳目之排颜，股肱之翼体也，毛发与涕唾，羽翎及角牙，莫不咸存者，盖取诸支体门。歌舞开宴，渔猎为嬉，讲习诗书，争赌博塞，何特吾人而已乎哉？飞鸣走吼者，禽兽之事也；游泳勃窣者，虫鱼之事也。坐立动止之仪，官婚祭丧之礼，无不并括者，盖取诸态艺门。灌溉而开蔬，耕耘而成谷，待雨露自茂，经霜雪不凋，果蓏柴樵，枝葩株柿，莫不兼收者，盖取诸生植门。味于口为食，御于身为服，颣绪之琐绁也，糟糠之粗粝也，莫不皆包者，盖取诸食服门。混而为财，散而为器，动而适用，收而归资，胶柒之在涂糊也，金玉之于装饰也，莫不共蓄者，盖取诸器财门。黼黻之殊彩，灯炬之分光，燧燧之明，红紫之色，莫不备含者，盖取诸光彩门。一生二而万物出焉，锱积铢而千钧成焉，寸尺之差，毫厘之异，莫不俱列者，盖取诸数量门。上之十门，皆有党伍，今复捃摭，读而虚者，以为两部。读而虚者，有单而可押，複而可用，所以后之二门之重建也。凡五行之动，不过一岁，剖于五，判于十二也，有以耳矣。抑又态艺之中，或通虚押，食服之里，邻于器财，而皆以科审订，泾渭分矣。字有异训，义又从之，牵于义，趋于类，所吾不制。子其熟之，毋容易焉。"客又请曰："公愿为之名，为之序？"余鞁然而曰："予既以撰纂烦吾也，重以序之与名何哉？而《易》有之云：方以类聚，物以群分。兹书之作，其殆庶几焉，可谓《聚分韵略》。若夫序者，不可更别有。吾适间为予所言之者，足以蔽予之请。"因而书之。嘉元丙午仲春上澣河东虎关师炼序。

师炼在他 28 岁时编成《聚分韵略》，而序中说"今吾废于学，倦于文"，则说明其汉文汉诗多作于年青之时。平安末期及镰仓时代，日人作汉诗有《类聚名义抄》《色叶字类抄》等辞书可参阅，也有传入的韵书可备查。然而《类聚名义抄》以部统字，部内始有音序；《色叶字类抄》以音分部，部内以类收语辞，但分部太粗，类目内语辞彼此交叉太多。传入的韵书虽分韵较细，但韵内字序无规律可循，即《聚分韵略·序》中所言"韵切之书，其作多矣，只以声音为要，不以品汇为枢"。以至于难以像汉人那样"以音悟义"，往往是晓音但不知其训，一韵之中，不能"就训详言"，且诸多字义训多出，令翻检之人

望洋兴叹，掩卷茫然。这便是此《聚分韵略》需要编撰的缘由。编撰者言"博考韵篇"，是指参考了传入的韵书与字书，韵书可能是《广韵》《礼部韵略》等，字书可能是《大广益会玉篇》《类篇》等。

《聚分韵略》分十二门，即乾坤门、时候门、气形门、支体门、态艺门、生植门、食服门、器财门、光彩门、数量门、虚坤门、复用门，各门涵盖字词义类在序中都有明确说明，其十二门分类及名称与《色叶字类抄》不无关系。

《聚分韵略》五卷，全书共 206 韵，平声两卷 57 韵，上声一卷 55 韵，去声一卷 60 韵，入声一卷 34 韵。以平声东韵为例，其下"乾坤门"收东、虹、涷、潼、崍、濛、嵩、宫、穹、风、空、峒、霙、窾、枞、鄷、霳 17 字，"时候门"收昽 1 字，"气形门"收童、僮、虫、螽、娥、戎、雄、熊、冯、公、工、蚣、鸿、聦、翁、骔、种、衆 18 字，"支体门"收瞳、躬、骏、咙 4 字，"态艺门"收聦、功、聋、夅、瞢、忠、翀、恫、攻、懵、砻、烔、彤、拢 14 字，"生植门"收桐、枫、丛、葱、楤、蓬、橦、稑、菘、藭 10 字，"食服门"无，"器财门"收篷、罞、笼、箜、铜、硐、罿、矼、幪、弓、筒 11 字，"光彩门"收红、烘 2 字，"数量门"无，"虚坤门"收忽、通、蒙、洪、丰、充、隆、崇、融、穷、沉、同、中、衷、浓、襛、冲、终、浲 19 字，"复用门"收侗、仲、芃、濛、胧、珑、薓、薜、梦、窿、嵷、鬆、茏 13 字，平声东韵下总计收 109 字。《广韵·东韵》收东、菄、鶇、辣、倲、倱、倲、怂、涷、崍、冻、鰊、徖、崇、埬、螽、鰜、同、仝、童、僮、铜、桐、峒、硐、硐、狪、筒、瞳、瓩、瓻、罿、橦、箐、潼、瞳、洞、恫、橦、烔、鶇、桐、酮、鲖、甋、羵、荆、眮、董、稑、衕等 356 字，《礼部韵略·东韵》收东、涷、崍、通、侗、恫、同、童、僮、侗、瞳、朣、瞳、铜、峒、桐、橦、絧、罿、硐、筒、箐、稑、潼、衕、鲖、詷、賦、幢、笼、枞、橐、稑、聋、咙、昽、胧、篭、籠、珑、砻、庞、蓬、芃、篷、薜、鬆、莑、㙊、蒙、冡、幪、髳、濛、霙、朦、曚、朦、蠓、氋、罞、懵、忽、葱、聦、聦、聦、夊、鬃、鬆、𣯍、椶、稷、綜、總、嵏、嵷、墢、酆、鮽、葼、丛、藂、洪、浲、荭、红、矼、鸿、虹、江、烘、空、悾、倥、公、功、工、攻、刉、矼、豇、翁、丰、鄷、沣、蘴、蠮、风、枫、冯、渢、芃、瞢、懵、嵩、娥、菘、崧、充、

一五四

躬、宫、穷、苢、穷、薲、潀、梦、逄、鄪、螽 131 字。《聚分韵略》收字数量远远少于《广韵》，与《礼部韵略》相差不大，因而《聚分韵略》参考的韵书很可能是《礼部韵略》系韵书，又因个别字不见于《礼部韵略》，很可能同时参考了字书。

《聚分韵略》便于诗人查检，其后世改编本苗村丈伯"序"谓之"诗人之永锡也"。但是，有了《聚分韵略》，未必能佳句连出，还需把字与佳句相配，始得其该备。丈伯"序"提到"凤洲作《活法》[①]，时夫作《韵府》[②]，以栋作《韵瑞》[③]，共础韵字，搜罗连珠碎金之语"，但这些书卷帙浩繁，不便于用。丈伯始采集"脍炙人口之诗文，截断其长文，辑略其要语，题之《聚分韵略》鳌头"，以更加方便诗人采撷。这种增加内容于原书鳌头的做法多为后世效仿，使辞书式样又添一类矣。

第六节　《倭玉篇》《下学集》

平安、镰仓时代，传入的《玉篇》经过《篆隶万象名义》，再与传入的韵书、类书反复融合，产生了诸如《新撰字镜》《倭名类聚抄》《类聚名义抄》《色叶字类抄》《聚分韵略》等辞书，这些辞书或立足于研读佛经的便利，或出于诗人拣词所需，皆非通用字典。《篆隶万象名义》作为汉汉字典，难以满足日本民众在语言文字上对字典的要求，汉和字典应时而出，成为汉文字典日本化的主要发展方向。

一、《倭玉篇》

室町时代中后期及江户时期出现了按照传入的《大广益会玉篇》编撰的系列"倭玉篇"类汉和字典，日本《本朝书籍目录》记载有《假名玉篇》三卷，

---

① 《活法》指《圆机活法》，编撰者未详。明万历年间刊《新刻重校增补圆机活法诗学全书》，卷端题"太仓凤洲王世贞校正"，凤洲是王世贞的字。

② 元代阴时夫编撰《韵府群玉》，是后世《佩文韵府》的模板。

③ 明代凌稚隆（字以栋）仿照阴时夫《韵府群玉》编撰《五车韵瑞》。

学界一般认为是《倭玉篇》的祖本，《倭玉篇》的出现可以追溯到室町时代（1336—1573 年）初期。

《倭玉篇》的古写本众多，庆长以前的写本有 30 余种。据川濑一马《增订古辞书人的研究》考证，《倭玉篇》版本有 40 多种。川濑根据不同版本的部首数和部序、收字及字序等方面差异把"倭玉篇"分成八大类，借以展示"倭玉篇"版本源流①。川濑之后，山田忠雄、铃木功真等都在"倭玉篇"分类问题上有所阐述②，铃木功真的考辨相对详尽，他按照部首与收字把"倭玉篇"分为《大广益会玉篇》系统、《龙龛手鉴》系统、世尊寺本《字镜》系统、《字镜集》系统和意义分类系统五类③。

需要指出的是，"倭玉篇"是一系列字书的总称，它们或名曰《倭玉篇》《真草倭玉篇》《新刊倭玉篇》《袖珍倭玉篇》《增字倭玉篇》《增补倭玉篇画引》，或名曰《和玉篇》《大广和玉篇》《新编和玉篇》《新板新编和玉篇》《增补和玉篇》《增补二行和玉篇》《新刊画引和玉篇》《头书韵附四声画引增益和玉篇》《小篆增字和玉篇纲目》《大广益真艸和玉篇》《字林和玉篇大成》《早引和玉篇大成》《增训画引和玉篇图汇》《倭玉真草字引大成》，或直接名曰《玉篇》《玉篇卷》《玉篇略》《玉篇要略集》《增补画引玉篇》，还有不含"玉篇"二字的名称，如《拾篇目集》《元龟字丛》《篇目次第》《类字韵》《音训篇》等。诸写本时间跨度也较大，有室町中期写本《拾篇目集》《篇目次第》《音训篇》《类字韵》《玉篇》《玉篇卷》《玉篇要略集》，室町末期写本《类字韵》，明治时期写本《元龟字丛》。刊本有庆长六、十、十五、十八年版，元和年间版，宽永四、五、七、九、十五、十六、十八、二十、二十一年版，正保三、四年版，庆安二、三、四、五年版，宽文二、四、五、六、七、十年版，延宝二、九年版，元禄三、六、八年版，宝永四、六年版，享保六、十年版，元文四年版，明和五年版，宽政八年版，享和二年版，文化三年版，文政三年版。

① 川濑一马：《增订古辞书的研究》，雄松堂 1986 年，第 683—685 页。
② 山田忠雄《国语学辞典》分成四类，铃木功真《倭玉篇的研究》分成五类。
③ 铃木功真：《倭玉篇的研究》，日本大学 2004 年博士学位论文。

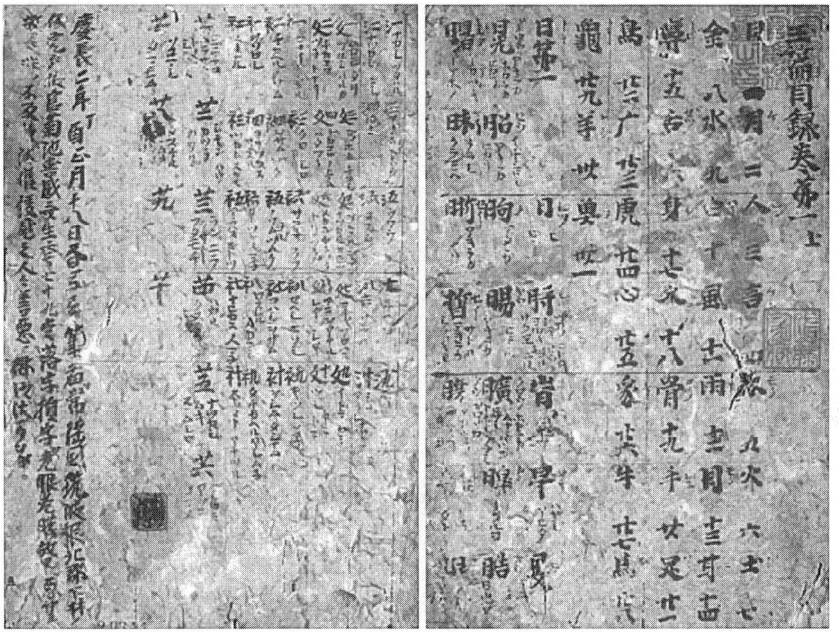

图 2-22　《玉篇》庆长二年写本

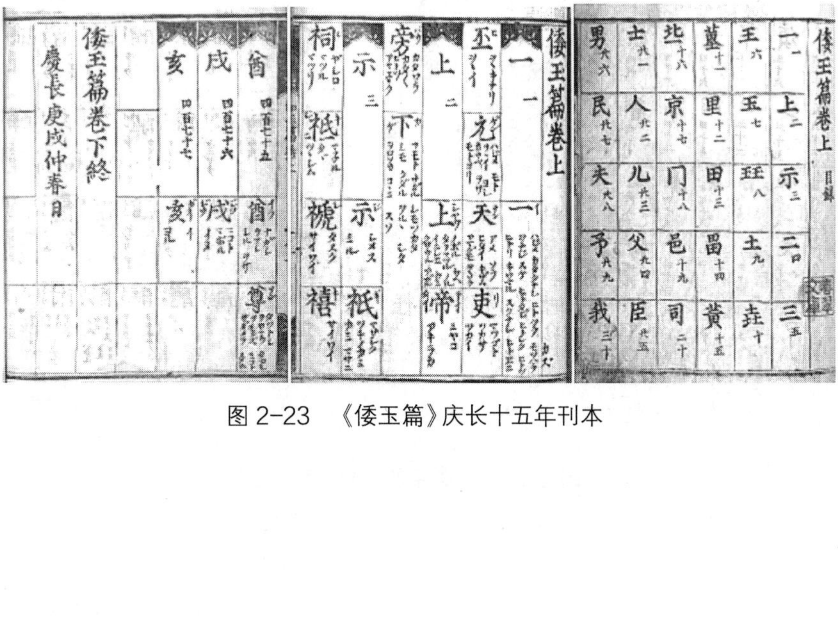

图 2-23　《倭玉篇》庆长十五年刊本

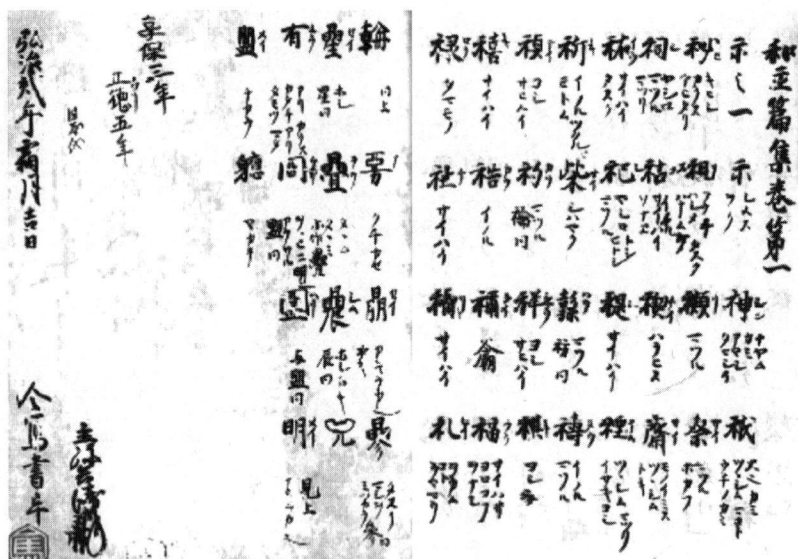

图 2-24 《和玉篇集卷》弘治二年写本

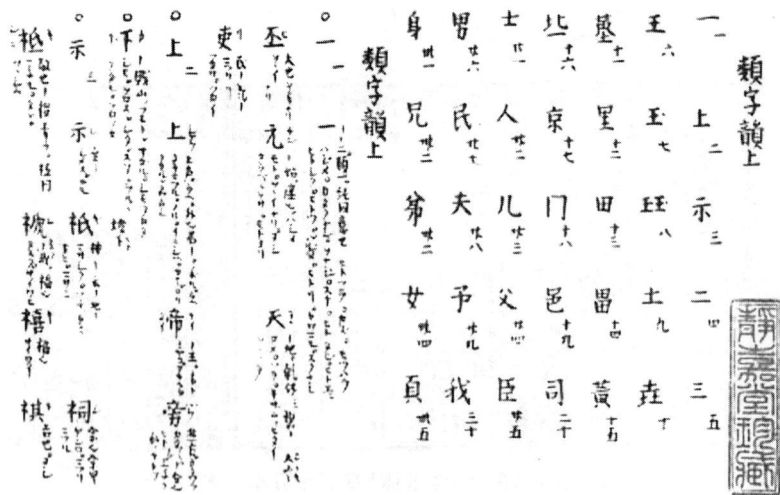

图 2-25 《类字韵》庆长年间写本

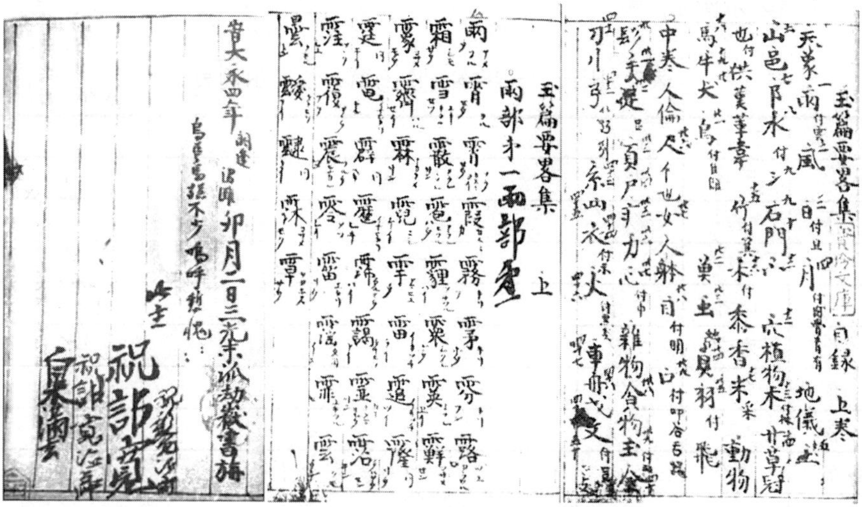

图 2-26　　《玉篇要略集》大永四年写本

　　传世《倭玉篇》最为常见的是庆长十五年刊本（国立国会图书馆、国立公文馆、东洋文库、静嘉堂文库、东京大学、早稻田大学等近三十家藏书单位或个人藏有该版本），这个刊本在版口、鱼尾及各部起始处的鱼尾纹样与《大广益会玉篇》元代刊本的纹样一致，其模仿痕迹十分明显。但是这并不能得出《倭玉篇》或者说庆长十五年刊本《倭玉篇》是以《大广益会玉篇》为蓝本编撰的结论。实际上与其他日本古辞书一样，《倭玉篇》的资料来源也较为复杂，目前比较通行的说法是：《倭玉篇》各版本在部首、收字、说解等方面各有不同，《大广益会玉篇》《龙龛手鉴》《字镜集》《字镜》《新撰字镜》《类聚名义抄》等都对《倭玉篇》有影响，其源流变转关系尚不能完全厘清。①

　　《倭玉篇》（以下以庆长十五年刊本为例）以部首统字，全书分设 477 部，收录 11794 字条。《倭玉篇》字头下大多以假名注音、释义，很少使用汉字注反切或说解字义及字际关系。假名注音有时分左右音，右音多为汉音，左音多

---

① 铃木功真：《关于弘治二年本倭玉篇和大广益会玉篇间的关系》，《语文》第 103 期（1999 年），第 51 页。

注吴音 ①。示例如下表。

表5　庆长十五年本《倭玉篇》音义示例表

字头	右音	左音	释义
帝	テイ	タイ	
下	カ	ゲ	
縶	ハウ		マツリ。祭也。與祊同。
禮	レイ	ライ	
祮	カウ	コク	
禍	クワ	ヲ	
祝	シユク	シウ	
禴	ヤク		マツリ。夏祭曰禴。與礿同。
凡	ボン	ハン	
竺	チク	ス	
巫	キヨク	キ	
璏	テイ	エイ	ツバ。劍鼻也。
塤	ケン		ツチブエ。樂器。與壎同。
城	ヂヤウ	セイ	
型	ケイ	キン	
塞	サイ	ソク	
埴	シク		フサグ、キック
墺	アフ	イク	スミ。與隩同。
圿	エキ		墿，上同。
疇	チヤウ	ト	ムカリ、ウ子、アゼ、タグヒ
畷	ダ	ゼン	シリゾク。城下田。畽，上同。
部	ブ	ホウ	
鄭	テイ	キヤウ	
供	ケウ	コウク	
依	イ	エ	
佳	ケイ	カイカ	
仁	ジン	ニン	

---

① 李承英：《倭玉篇的汉字发音系统——与文明本节用集的比较》，《日本语教育》第44期（2008年），第15页。

东亚汉字传播史研究 日本卷

字头	右音	左音	释义
仚	セン		偓佺,仙人。傎,上同。
夬	テウ		イソガシ、サハグ、ミダリ。闟,上同。
作	サ	サク	
借	シヤ	シヤク	
俗	ゾク	シヨク	ヒト、タミ、ナライ、ヲトコ。
柔	ジウ	ニウ	ヤスシ、ヨハシ、ヤハラカナリ。
鼫	ヤク	エキ	鼠類也。或作貀,又作□。
躑	テキ	チヤク	行不進也。蹢同。スツル、ナグル。
脈	ミヤク	ハク	チスヂ。脉同。
獻	ケン	ゴン	タテヤツル、カシコシ、マウス。献同。ススム。
霊	レイ	リヤウ	タツ、ヨシ、タマシイ。霊同上。
斲	セツ		タツ、クヂク、ヲル。断也,折也。
鴬	アフ		ウグヒス。黄鴬。亦鶯。

上表所列是一些音义相对完整的字条,《倭玉篇》大部分字头下只有右音,无左音及说解。这样的字书,如果没有一定的汉文功底,难以知音晓义,使用起来十分不便。再加上所收字头还有字形讹变的因素,《倭玉篇》有些部首内收的字原本不属于该部首统摄,如《儿部》凭、尻、凯,《臣部》师,《弟部》羿、種、矜、豫、柔,《面部》亶,《目部》肝、暗、暇、曝、眡、肶、臘、眭、腩、膜、胹、瞭、喝、曀、胗、昏、杳、具,《眀部》嬰、譬,《耳部》膻。以至于《倭玉篇》中疑难字条并不罕见,举其典型者,简述如下(字头后为假名注音,之后是倭训。音训之间以句号间隔。右音左音兼具者以顿号间隔,倭训之间亦用顿号)。

1.**瞞**,チ。アタル。

此字从贝,训当也、冲也、中也,疑即瞞字。

2.**賾**,セイ。タマウ。

此字从贝责声,训给赐也,即賾字。

3.**獻**,ク。カグ。

此字从鼻犬,训嗅也,作獻,当是嗅字异体。

4. 癈，ウ。ワヅラヒ、クダル。

此字从广憂声，训烦也、患也、累也、下也，即癈字。

5. 齃，ク。ヲハリ、クウ、カム、ヲクバヤム、ハ子。

此字训终也、竟也、毕也、食也、咋也、啗也、嚼也、釀也、咀嚼，字未详。

6. 齣，シ。イフ。

此字从齿术声，训云也、曰也，疑为讲述字。

7. 彻，シウ。ユク、行也。

此字从彳，训行也、往也、去也，当是彶字。

8. 翍，シウ。ユク。

此字从彳、羽，音义与上同，当是彶字之讹。日本以为国字。

9. 倰，リウ。ムナシ。

此字训空也、虚也，音邎，字未详。

10. 邟，シン。タスク。

此字训援助、辅助，音兴，即邟字。

11. 蝚，シン。ニジ。

此字训虹也，音兴，即蝚字。日本以为国字。

12. 蝑，イウ。ムマムシ。

此字从虫憂声，训梦魔虫，即蝑字。

13. 迋，ワウ。ユクサキ、ユクユク。

此字训行也、旨也，当是往字异体，作迋。

14. 遷，セン。ウツル、ウツス。

此字训移也、迁也，当是遷字之讹。

15. 剬，セイ。コトワル、ハジメ、ツクル、イマシム、トドム。

此字训理也、义也、辞也、初也、始也、作也、造也、为也、戒也、诫也、警也、留也，疑即制字。

16. 聂，ダ。ミミダリ。

此字训耳垂，音达，疑为耷字异体。

17. 馘，イヨク。ムグヌク。

此字从戈甬声，音义未详。

18. 馘，ヨウ。アエニノ、シイテ。

此字疑与上字同。

19. 衔，ガン。ノム、フクム、イフ、クッハナ。

此字训饮也、吞也、含也、曰也、云也，疑为衔字异体。衔异体作嗬、
衔等。

20. 衔，クワツ。スム。

此字训住也，字形作衔，未详。

21. 覛，ミヤク。ミル。

此字训视也、见也，疑为觅字之讹变。觅异体作覛。

22. 觌，クワウ。ミル。

此字从见，训视也、见也，疑覛之讹字。

23. 覛，ヘイ。ミル。

此字训视也、见也，即覛字。

24. 魖，タウ。カタクナシ、ヲモ子ル、フケル。

此字训顽固、老也，疑魖字。

25. 憶，タウ。ハタホコ。

此字训幡锋，即憶字。

26. 鐼，ボウ。タマキ、メグル。

此字从金梦声，训环也、回也、巡也，即鐼字。

27. 矍，サク。ヲドロク、ミル。

此字训惊也、愕也、视也、见也，疑即瞿字。

28. 矄，コン。ツミ、ミル。

此字训视也、见也，字形未详。

29. 矁，キ。ツミ、トク、ツマ、キズ。

此字训摘也、解也、着也，疑矁字。

30. 齡，シン。クチヒソム。

此字训缄口，疑齡字。

31. 噬，セイ。クウ。

此字训食也、咋也、啮也，即噬字。

32. 嚶，アフ。ナク。

此字训泣也、哭也，即嚶字。

33. 嚩，ハク。クラウ、カム。

此字训食也、啖也、嚼也、釀也，即嚩字。

34. 叅，サ、サン。ヲガム。

此字训拜也，疑叅字。

35. 嗌，イツ。ムスル。

此字疑嗌字之讹。

36. 嚅，エツ。トラカス、モチアソブ、アザケル。

此字训荡也、玩弄也、嘲也，即嚅字。

37. 嚱，スイ。クチバシ、ツグム、ツイハム。

此字训嘴也、喙也、觜也、噤也、啄也，即嚱字。

38. 啚，ヒ。イヤシ、ミツアシ、ハブク。

此字训卑贱也、鄙也、省也，疑为鄙字之讹变。

39. 駇，ヲウ。ハヤシ。

此字训早也、疾速也，即駇字，疑骤字之省形。

40. 舴，ゼウ。ニコゲ、アツマル。

此字训集也、聚也，即舴字。

41. 鑞，ボン、モン。カズ、カゾウル。

此字训数也、计也，即鑞字。

42. 紒，ヤク、エキ。ツヅマヤカ、ツカヌ、マトウ、セワセワシ。

疑即约字。

43. 瞷，クワン。トラフ。

此字训执也、捕捉也、囚也，即瞷字。

44. 瞙，モク。ミル。

此字训视也、见也，疑瞙字。

45. 瞆，キ。ツカル、ヲキナ、イタル。

即瞀字。

46. 眭，ケイ。子ブル。

疑作眭字。

47. 瞖，エイ。メノヤマヒ。

疑作瞖字。

48. 瞍，ソウ。メシヒタリ。

此字训盲目，未详。

49. 瞁，ソウ。ミル。

此字训视也、见也，未详。

50. 眗，ク。ミル。

此字训视也、见也，即眗字。

51. 瞁，ケイ。ミル。

此字训视也、见也，即瞁字。

52. 眵，チ。ミル。

此字训视也、见也，即眵字。

53. 瞍，サウ。ミル。

此字训视也、见也，即瞍字。

54. 瞀，ム。ミル。

此字训视也、见也，即瞀字。

55. 眥，セイ。ミル。

此字训视也、见也，即眥字。

56. 瞼，セウ。マツゲ。

此字训睫毛，即瞼字。

57. 眈，エン。マジロク。

此字训瞬也，即眈字。

58.瞋，シン。ボツカ、ヒシク、クラシ。

此字训暮也、暗也、昧也、晦也，当为瞑字之讹。

59.朡，サイ。ニラム。

此字训睨也，即瞈字。

60.雟，シヤク。トリメ。

此字训鸟目，即雟字。

61.睶，クワン。ツブル。

此字训瞑也，疑睯字。

62.瞢，モウ。クラシ。

此字训暮也、暗也、昧也、晦也，疑即瞢字。

63.瞀，トン。カハル、タスク、ヤム、ミダル。

此字训代也、替也、助也、辅也、止也、病也、滥也、未也，即替字之
讹变。

64.瞔，チヤク。アクル。

此字训明也、翌也，疑睳字之讹。

65.且，シヨ、ゴ。アキラカナリ、イクバク、コノ、コレ、ココニ。

此字训明也、显也、几何、几许、此物、此处，疑且字之讹。

66.镇，シユ。マツ。

此字未详。

67.頵，カン。クホシ、クボム。

此字训凹也、窪也，日本以为国字頵。

68.郷，キヨウ。フ子。

此字疑郷之讹。

69.娒，マイ。ヨロコフ、イモト。

即娒字。

70.媙，イ。ヨメ、バ、ヲウチメ。

此字疑即姨字。

71.姪，イ。カホヨシ、ウツクシ。

此字疑即妜字。

72. 𡢃，ニヤク。ヲンナ。

此字训女也，疑𡢃字。

73. 娘，コン。ムスメ。

此字从女、艮，疑即娘字。

74. 媢，サイ。ムコ、ヲット。

此字疑为婿字之讹变。

75. 拏，ナン、タ、ヌ。ミタル、ヒク、トラウ、カサヌ、コシロフ、アタル、タダス。

此字训滥也、见也、未也、引也、牵也、取也、捕也、重叠、当也、中也、充也、纠也、匡也，疑拏字。

76. 姹，ソ。ホコル。

此字训夸也、矜也，疑姹字。

77. 㛩，ガク。ナマメイタリ、ヤスシ、アハス、ヤサシ。

此字训艳也、生也、逢也、优也，即㛩字。

78. 嫂，シヨ。タスク、ゴトシ。

此字训援助、辅也，即嫭字。

79. 嬉，キ。アソビ。

此字训游也，从女熹声，疑嬉之异体。

80. 歐，タフ。ツクス。

此字训尽也，疑歐字之讹。

81. 併，ハイ、ヒヨウ。シカシナガラ、ナラブ、アハスアフ。

此字训揔也、学习、效也、相逢，即倂字。

82. 瞞，マン。クラシ。

此字训暗也，即瞞字。

83. 飴，シ。アメ。

此字训饴也，疑飴字之讹。

84. 摖，サク。サクル、アナクル。

此字训探索也、搜也，即㩜字。

85. 叡，エイ。アキラカ、ミヤビト、カルル。

此字训明显、宫人、枯也、涸也，疑叡字之讹。叡同睿，字形又作叡、叡、

叡、叡、叡。

86. 敼，ケキ。カクル。

此字训隐也、幽也、匿也，疑敼之讹字。

87. 闇，アン。カワヤ。

此字训圊也，从囗暗省声。日本以为国字。

88. 窠，クワ。アナ。

此字训孔穴、竅也，疑窩字之讹。

89. 訧，コウ。トガ、アヤマチ。

此字训咎也、科也、过失也、误也，即訧字。

90. 讙，ケン、クワン。カマビスシ、ヨロコブ。

此字训喧嚣、欢悦、喜庆、贺也，即讙字。

91. 羒，コン。ヒツジノコ。

此字训羊仔，从羊今声，作羒。

92. 羯，ケツ。ヒツジ、ツミ。

此字训羊也，从羊匋声，作羯。

93. 衼，ヘイ。ソテ、タモト。

此字训袖，疑为袂字之讹变。

94. 衦，ケン。コロモ。

此字训衣也，从衤开声，作衦。

95. 禮，レイ。クツ。

此字从衤豊声，训履也、屦也，字作禮。日本以为国字。

96. 神，ヂン。キヌ。

此字从衤申声，训绢，字作神。日本以为国字。

97. 鰎，ケン。ウグヒ、サワラ。

此字训鯏也、鰖也，疑是鰎字之讹。

98. 既，ゲン。スデニ。

此字训既也、已也，当是既字之讹变。

99. 趄，エン。ワシル。

此字训走也、趁也、趨也，即趄字。

100. 趰，ケツ。ワシル。

此字训走也、趁也、趨也，即趰字。

101. 趫，ヤウ。カルシ。

此字从走、益，训轻也，字作趫。日本以为国字。

102. 踖，セイ。タヅヌ。

此字训访也、讯也，字作踖。日本以为国字，同寻。

103. 蹼，フ。フム。

此字训履也、践也、踏也，从足履声，作躩。

104. 躠，クワン。ツルベ、ツ子。

此字疑躍字之讹。

105. 跱，シ。ソバダツ、マタガル。

此字训峙也、耸也、跨也、股也，从立峙声，作跱，疑跱之异体。

二、《下学集》1444 年

《倭玉篇》按部列字，字条说解简略，加上字形讹舛，实难为童蒙所用。基础教育还需有合适的辞书，《下学集》庶几成为不错的选择。

《下学集·序》曰：

　　夫文字者，贯道之器也。无器而能达此道，岂夫然乎。学诗以言、学礼以立者，鲁人之庭训也。良有以哉！爰有丫角童蒙，闻愚之斯言，而吁嗟曰："吾侪等聆文性聋，睹字心盲，吾之器毁矣，岂得达斯道乎？"彼之实语。童子为教，琵琶之为引，长恨之为歌，庭训杂笔为往来也。至若丝竹曰乐府，诗歌曰朗詠者，

卷夥文繁，实非聋盲之所可记焉。况彼之诗以言、礼以立，管于天、蠡于海者乎！请其图之而为子之千金赠言。愚语之曰："夫山成于覆篑，江起于滥觞，勿患性之愚鲁，唯思学而不休尔。且学一画，昏习只字，纵虽钜万之卷，读则可破，费功只在勉旃而已。"

乃造字书以授之，目曰《下学集》也。下学者，《语》曰下学而上达。云："尔思之，夫下学地理而上达天道，岂不在斯书乎？故卷则上下，象天地两仪；门则十八，取九天九地之二九矣。实该括四方，交罗四隅，神风所及，王化所播，闻而录焉，见而志焉。或问敷岛之道往人，拾倭歌之余材；或入异域之事迹门，执古诗之话欛。彼之华实开落，羽毛飞走，靡不採掇而载焉。然而斯书也，或字各而训同，或文均而释异，至彼之雌霓弄麑，林四郎之杜撰，亦无不质而改之。是尔之燕石，可秘而怀之。"童珍重而退矣。

他日又来，鞭然曰："自吾得《集》，知一大之为天，谱土也之为地。倭字所读，汉语所释，者之乎于言端，乌焉马于字体，指句读而知归，受笔授而得法矣。加旃南去雁札，北来鲤缄，酬答富辞，挨拶得便，实如渴骥奔泉，似蛰龙向阳。我今也诗以可言，礼以可立，贯道之器成矣，千金之赠获矣。"何懂如焉哉！愚曰："诚哉，子之言！以囊之弊不损其金，以书之拙不废其义。下学而上达者，其斯之谓。"与童子敛衽拱手而出矣。

时文安元稔阏逢困敦闰朱明林钟下澣东麓破衲序

《下学集》成书于文安元年（1444年）闰六月下旬。编者于"序"中以为童子解疑惑为出发点，分天地、时节、神祇、人伦、官位、人名、家屋、气形、支体、态艺、绢布、饮食、器财、草木、彩色、数量、言辞、叠字十八门，采录日常语词，或直接罗列，或加释义。值得一提的是，各门所录多是已经在日语中使用的语词，有的甚至是特有的名物词。如《天地门》收了碾驭卢岛、秋津岛等日本地名，野马台、山迹、敷岛、丰苇原、扶桑国、倭国等日本旧称，还有京师九陌名一条、正亲町、土御门等38条横小路名，朱雀、坊城、壬生等18条竖小路名。《官位门》收开白、大纳言、中纳言、少纳言、大舍人头、图书头、内藏头、缝殿头、阴阳头、内匠头、大学头、雅乐头、玄番头、诸陵

头、主计头、主税头、木工头等职官名。《人名门》收圣德太子、镰足大臣、淡海公、入鹿大臣、小野篁等。

《下学集》在体例上与以往的《倭名类聚抄》《色叶字类抄》有相似之处，但较二书简略，且注重从倭言视角收录语词，即"倭字所读，汉语所释"。从这个意义上讲，《下学集》偏向于和汉词典，只是这里的"和"不是假名而是真名而已。

《下学集》分类简约，门类所辖语词也不繁复。如《支体门》：

髻。鬟。髮。爪。髯，與鬢同。鬚髭，二字義同。額。頼。髑髏，首骨也。屍，通作尸。頬。輔車，《左傳》輔車相依云云。眉。眼。鼻，又始之義也。頤領，二字義同。頤，養也。觜，又星之名也。脣，與唇同字。牙、齒。腮。涎。唾。頸項，二字義同。咽喉，二字義同。眼膜，目病云也。燥疽，指之病也。喉痺，咽之病。胞癬，面之病。癧瘍，醫書作癧風。胸臆，二字義同。脇腋，二字義同。乳房。膽。腸。臍。背脊，二字義同。肩。寸白，病。腕。肘肱臂，三字義同。腰。膝。股。脛。踵。筋。脉。椎，灸處所言。腧，灸處所言。臗臀尻，三字義同。屬。痔，尻之病。五臟六腑，先論五藏者，左心肝腎，右肺脾命門也。命門與腎同位也。五藏有六府，心、小腸腑，肝膽腑，腎、膀胱腑，肺、大腸腑，脾胃腑，命門三焦腑也。癰疽，腫物。汗。屎矢，二字同，糞也。尿溲，二字義同。玉門，女前陰也。陰莖，男前陰也。羽翅翎翼，四字義同。尾。蹄，牛馬之足蹈也。距，雞足也。皺。齃鼻。膚。肉。疥癘。痙。吭，喉之穴也。

《叠字门》也只是收了开辟、涯际等92个复音词。

《下学集》传世本有宽永二十年（1643年）刊本，国立公文馆有藏。该刊本书末还附有《点画少异字》158对字形稍异字，并附有简略释义（见下图）。这个附录可能是受《大广益会玉篇》影响，也可能《下学集》原本未有这部分内容。

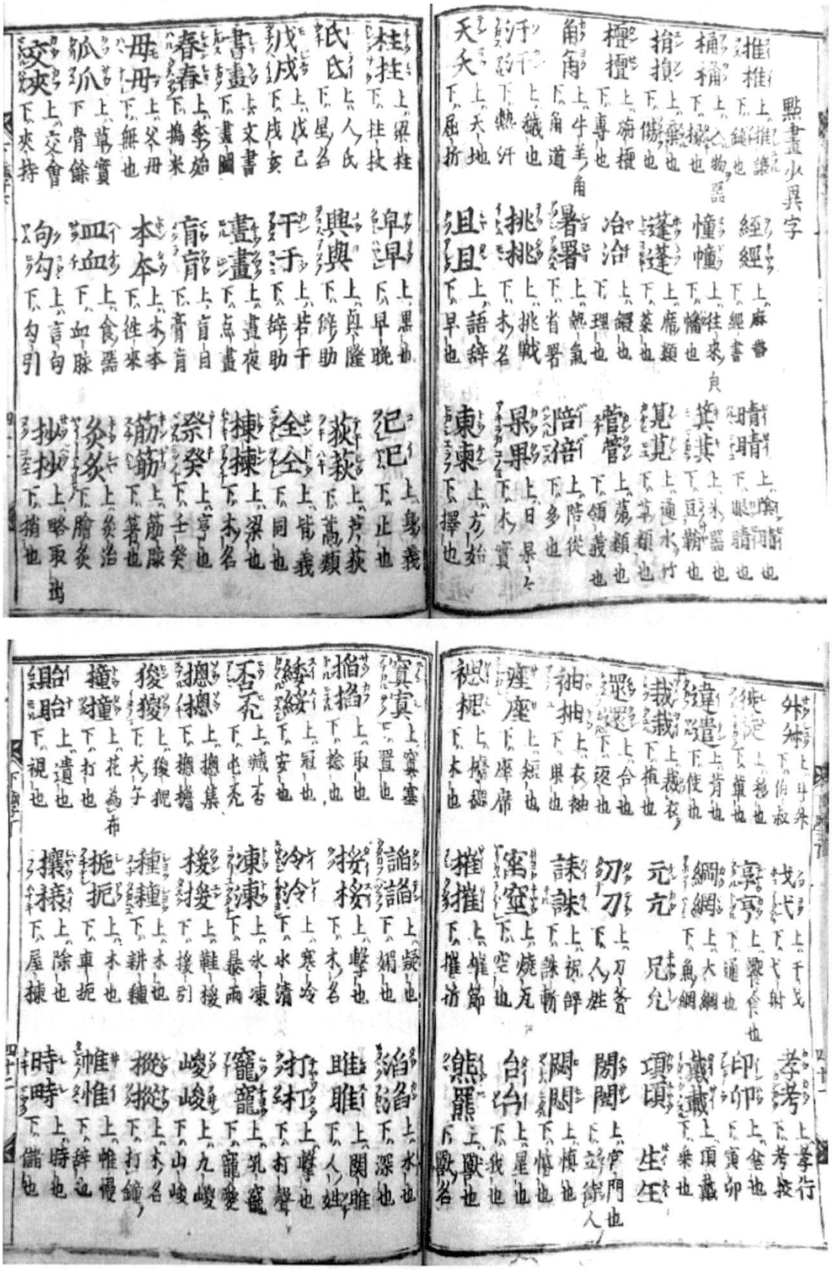

图 2-27

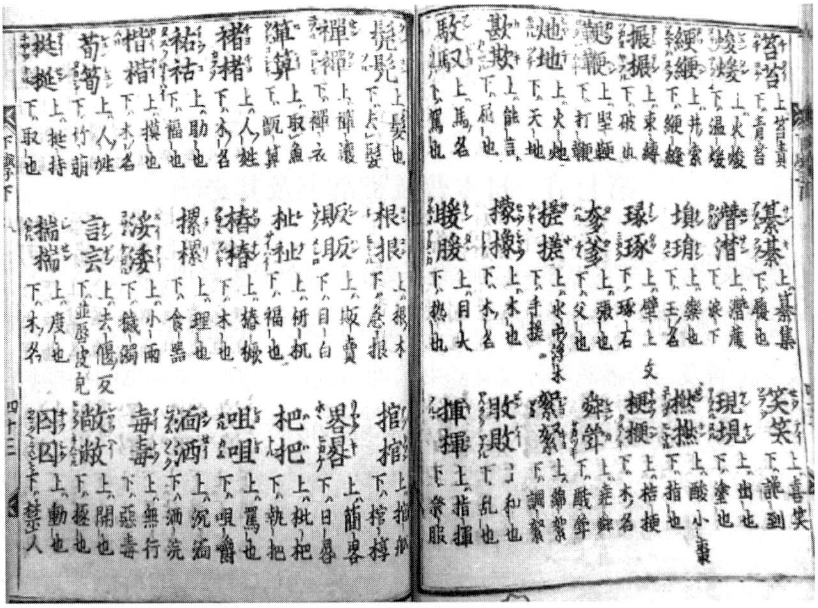

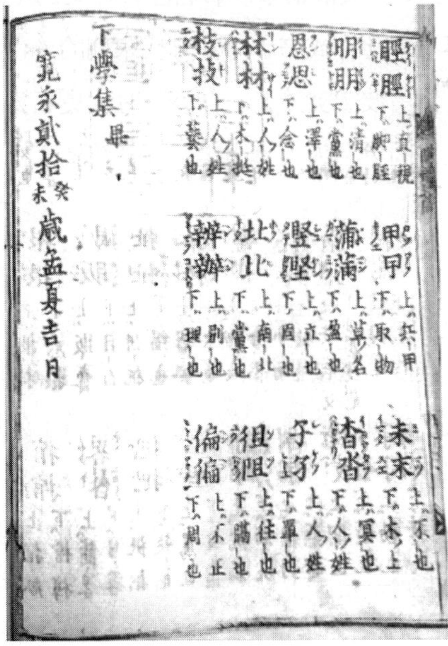

图 2-28

《下学集》在江户时代还有改编本、增补本，如宽文九年（1669 年）刊《增补下学集》，正德四年（1714 年）刊《和汉新撰下学集》，文政十一年（1828 年）写本《增刊下学集》。详说见下章。

第七节　日本普及类辞书及其影响

佛教文化在平安时代的社会政治与文化领域具有主导地位，进入镰仓、室町时代后，佛教世俗化进程加剧，与之相应的汉字文化也逐渐走近寻常百姓身边。文化的普及与传播离不开汉文辞书的助力，也同时对汉文辞书的编撰起导引作用。平安时代前期的《篆隶万象名义》《新撰字镜》等汉文辞书编撰之初就不会考虑到普通民众的需要，而平安末期的《倭名类聚抄》《类聚名义抄》多少已经有了亲民的成分。[1] 镰仓、室町时代的汉文辞书更注重对汉字文化的接受与普及，而且这时的汉文辞书与文学创作相互影响，通俗化的特征更为明显。

平安时代末期以来，汉文辞书多以假名注音释义，从《色叶字类抄》到《倭玉篇》《下学集》莫不如此。成书于平安时代末期的《色叶字类抄》在镰仓时代增补为十卷本的《伊吕波字类抄》，在室町时代更名为《平他字类抄》，在安土桃山时代的庆长年间更名为《节用集》，其流转变迁，绵延数百年。《倭玉篇》更是版本众多，流布甚广。[2] 甚至连明治时代的各种"玉篇"也与《倭玉篇》有着千丝万缕的联系。成书于室町时代中期的《下学集》在江户时代也有改编本、增补本，如《增补下学集》《和汉新撰下学集》《增刊下学集》等。可以说，以《色叶字类抄》《倭玉篇》《下学集》为代表的普及类辞书在相当长的历史时期对于汉字在日本传播、接受与普及起着十分重要的作用，且这种作用甚至影响到文学创作。

普及类辞书的传播，使得大量的汉语词能有机会进入日常生活领域，但镰仓、室町时代的文化主角——武士与庶民在接受汉语词时往往会有无法逾越的

---

① 《倭名类聚抄》是一部沟通正名真名与俗名假名的辞书。

② 据川濑一马《增订古辞书的研究》考证，《倭玉篇》版本有 40 多种。

知识限制，汉字汉文的使用日益呈现出日本化、通俗化的一面。[1]日本化、通俗化在字形上的表现就是俗字泛滥，《倭玉篇》收字按部列字，由于字形讹变，导致部内字与部首不类的现象，如肨、臈、䐺、胏、䏚、䏖、胗、暇、助、曝、睚、瞭、暍、暳、䁱、昏、替、容、具、且等字误入目部，羿、種、矜、豫、柔等字误入弟部。日本化、通俗化还表现为俗造字，如歒即嗅之俗，癋为忧累字，𤫩为讲述字，㓝、𠛬为㑉俗字，蛶训虹，鄙写作口鄙，骤省作骎，改禮为礼训作履，改神为神训作绢，诸如此类，不胜枚举。

这种日本化、通俗化无疑也会映射到文学领域。平安时代中期的《源氏物语》虽以假名书写，但书中大量的汉语词直译法处处透射出高雅。而镰仓时代的《平他物语》就不同，和汉雅俗混淆体是其语体标志。[2]所谓和汉雅俗混淆在汉字使用方面就表现为汉字俗用，这里的俗用指的是不用其汉语原有词义，肆意化用，以致随意假借，不辨原委，《吾妻镜》中就有不少典型的例子。[3]

日本普及类辞书中还值得一提的是《节用集》，相川仁童《节用集大系·翻字集》（大空社印制，非卖品）目录部分收有《真草二行节用集》《头书增补二行节用集》《二行节用集》《头书增补节用集大全》《广益二行节用集》《鳌头节用集》《头书大益节用集纲目》《头书增字节用集大成》《头书增补大成节用集》《童子字尽安见》《男节用集如意宝珠大成》《大国花节用集珍开藏》《大益字林节用不求人大成》《满字节用书翰宝藏》《大富节用福寿海》《悉皆世话字汇墨宝》《森罗万象要字海》《女节用集罂粟囊家宝大成》《永代节用大全无尽藏》《万世节用集广益大成》《大节用文字宝鑑》《袖中节用集》《女节用集文字囊》《早引节用集》《文翰节用通宝藏》《满字节用锦字选》《万代节用字林藏》《字典节用集》《日本节用万岁藏》《早考节用集》《掌中节用急字引》《字贯节用集》《大丰节用寿福海》《倭汉节用无双囊》《万宝节用富贵藏》《长半假名引节用集》《字引大全》《怀宝节

① 潘钧：《日本汉字的确立及其历史演变》，商务印书馆，2013年，第63页。

② 潘钧《日本汉字的确立及其历史演变》把汉文训读发展来的汉字片假名混合文与假名文进一步混合而形成的文体称为和汉混淆文，也称和汉雅俗混淆体。

③ 潘钧：《日本汉字的确立及其历史演变》，商务印书馆，2013年，第122—124页。

用集纲目大全》《字宝节用集千金藏》《文会节用集大成》《俳字节用集》《怀宝节用集》《数引节用集》《新いろは节用集大成》《大全早引节用集》《大全早字引节用集》《早字引集》《广益节用集》等版本，可见《节用集》流行之广，就连数次翻刻的《增续大广益会玉篇大全》也无法匹敌。日本民俗学家柳田国男称《节用集》中汉字的假借用法较多为"节用祸"，[①]其不知若没有《节用集》这样的普及类辞书，只有纯汉字的《大广益会玉篇》，日本的语言文化会是怎样的面貌。

---

① 潘钧：《日本汉字的确立及其历史演变》，商务印书馆，2013年，第67页。

第三章 汉字传承与发展

汉字的传承在上世时期主要是接收与学习，在中世主要表现为接受与普及，在近世主要表现为传承与发展。在这一过程中，先是政教集团为主导逐步过渡到以武人、庶民为主导，就汉字传承来说，正俗二元对立自中世以降始终存在，成为日本语言文字生活中无法消解的社会问题。

镰仓、室町时期，汉字的普及主要建立在《二中历》《平他字类抄》《倭玉篇》《下学集》《节用集》等普及类辞书基础上，这些辞书多数与传入的汉字辞书相比已有较大的变化，或者说带有明显的通俗化倾向。这一倾向对熟悉汉语汉字文化的知识阶层是一种挑战，然而，面对普及类辞书的洪流，汉字文化的卫道士们仅仅拿出一部五山版《大广益会玉篇》（据元圆沙书院泰定本翻刻）予以抵挡，其结果可想而知。

进入江户时代，《大广益会玉篇》又有了庆长九年翻刻本（据元至正丙午南山书院本翻刻），但很快又被俗化，梦梅本《玉篇》登场。梦梅本《玉篇》虽然算是《倭玉篇》的一种，但它与《大广益会玉篇》的关系较为密切。

梦梅本书名曰《玉篇》，之所以称梦梅本是因为书末有"梦梅谨志"字样，所记内容曰："斯《玉篇》者，以《韵会》《礼部韵》《龙龛手鉴》等校合觕书写者也。时庆长旃蒙大荒落禣月日。"[1]旃蒙大荒落即乙巳，庆长乙巳年即庆长十年。梦梅这个名字在《言经卿记》中有，应是个僧人。

---

① 梦梅：《玉篇·跋》，庆长十年刊。此节关于梦梅本的叙述又见于拙著《〈玉篇〉文献考述》（上海人民出版社，2018年）。

梦梅本《玉篇》兼具高雅与通俗两重属性，是传统汉字文化走出庙堂，主动亲近社会的一种尝试。然而这种尝试非但没有得到庶民的接受，还引起保守派的警觉，随之而来的是一种加注假名的《大广益会玉篇》诞生——宽永八年（1631年）本《大广益会玉篇》。这个版本像是中日对照本，其后的宽永十八年（1641年）本、廿一年（1644年）本递相效仿，成为那个年代的《大广益会玉篇》的保留样式。

同时，《大广益会玉篇》还有庆安二年（1649年）两种版本、庆安三年两种版本、庆安四年两种版本、万治二年（1659年）版、宽文三年（1663年）版，这几个版本虽有假名旁注，但主体内容与纯汉字版《大广益会玉篇》无异。

而且，这个时代的日本在传统字书方面紧跟中国步伐，明代万历元年（1573年）益藩本《新刊大广益会增修玉篇》传入日本后，日本宽文四年（1664年）编成了《新刊大广益会增修玉篇》。益藩本在《大广益会玉篇》的基础上新增3794字，宽文四年本又在益藩本的基础上再次大规模增字，只《玉部》就增加了王、玌、玑、玭、玵、伊、玿、玝、玨、珣、玶、环、玨、玷、珏、玥、玞、玾、珌、玺、珅、玿、珤、珸、珗、珀、珝、琪、珝、珬、玶、珣、班、琰、珪、珴、珍、珺、琬、珜、珛、琼、奭、珫、玷、璪、玻、珵、璧、玙、珼、珠、琝、琥、坚57字。更有甚者，天和三年（1683年）编成了《增补大广益会玉篇》，元禄四年（1691年）又编成了《增续大广益会玉篇大全》。尤其是《增续大广益会玉篇大全》不仅收字全，而且冠解引证资料翔实，大有网罗众多字书韵书于一体之意。可以说，这个时代的日本在汉文字书方面不仅承袭了中国字书，还发展到了把多部字书韵书合为一体，追求大全。

总体而言，江户时代是传统汉文字书大行其道的时代，这对于大幅提高知识阶层的汉文水平起到至关重要的作用，也为明治时代传承汉字奠定了坚实基础。①

进入明治时代后，汉文字书有了明显的转型，普及类字书重又大行其道。

---

① 江户末明治初曾出现废除汉字思潮。

明治时代编撰的汉文辞书有190多种，[①]其中大部分属于普及类辞书，以"玉篇"命名者无虑数十种，这些辞书的诞生对普及汉文教育起到巨大推动作用。

第一节　《玉篇》（梦梅校）

在日本学者川濑一马的《倭玉篇》分类中，庆长十五年刊梦梅本《玉篇》为第五类本。川濑一马的分类情况如下表[②]。

表6　《倭玉篇》分类表

分类	文献
第一类本	《玉篇要略集》大永四年写本，四卷。 京都大学藏室町末期写本，残本。
第二类本	弘治二年写本，三卷。 《篇目次第》三卷（有残），内阁文库藏。 《新编训点略玉篇》四卷，西庄文库本。
第三类本	圆乘本（室町末期写本）三卷。 吉利支丹版《落叶集》附载《小玉篇》。 图书寮藏庆长十年贤秀写本。 东京大学国语学研究室藏室町末期写本《音训篇立》。 国立国会图书馆藏室町中期写本《拾篇目集》。
第四类本	种本一：室町末期写判纸本，米泽图书馆藏本，龙门文库藏室町末期写本（下卷有残），家藏室町末期写本（三册），国立国会图书馆藏庆长二年写本（上卷），静嘉堂文库藏传绍益笔本，天理图书馆藏岛田蕃根旧藏本（上卷），伊势家藏本（黑川家旧藏）。 种本二：国立国会图书馆藏室町末期写本，长享三年写本（原本烧失），静嘉堂文库藏室町末期写本，岩濑文库藏《元龟字丛》（《倭玉篇》上卷），龙门文库藏室町末期写本，冈井慎吾博士藏《便蒙字义》（中卷有残），家藏室町末期写本（中卷，横本），家藏室町末期写本（中卷），家藏室町末期写本（中卷）。
第五类本	庆长十年刊梦梅本，三卷六册。

---

① 王平、李凡：《日本明治时代〈玉篇〉类字典的版本与价值》，《山东师范大学学报》2017年第2期。

② 川濑一马：《古辞书的研究》，讲谈社，昭和三十年（1955年）。

分类	文献
第六类本	庆长中刊（古活字本）三卷三册。分五段本初版与再版，四段本为第三版。
第七类本	东京大学国语学研究室藏永禄六年写本《类字韵》。 静嘉堂文库藏庆长中写本《类字韵》（《初辞通韵》合写）。
第八类本	庆长十五年刊本。 覆庆长十五年刊本。 庆长十八年刊本。

在这个分类表中，梦梅本《玉篇》单独为一类，且只有庆长十年一版，足以体现该字书的独特性。梦梅本的独特性还表现为它是众多《倭玉篇》中最接近《大广益会玉篇》的一种。

梦梅本《玉篇》分上中下三卷，上中两卷又分本末两部分，上卷本部首有日、月、肉、人、言、木、火、土、金、水、白、风、雨、目、耳、鼻、舌、身、王18部，上卷末有骨、手、足（附疋、疋）、鸟、广、虎（附虎）、心（附思、忢）、豸、牛（附犛）、马、羊（附羴、丫、莧）、龟、鱼（附鱻）23部。中卷本有虫（附虵、蟲、它）、贝、鬼、夂（附夊、夂、舛）、叕（附亞）、欠、司、墓（附里）、用（附爻、爻）、辵、邑、阜（附䏌、厽）、口（附谷）、宀（附宫、宁）、穴（附丨）、彳、行、页（附频）、车、舟（附方）、尸、仏（附勿）、永（附辰）、子、女、衣46部，中卷末有示、酉（附戌、亥）、玉、疒、囗（附贝）、见（附苜、莫、瞢）、斤、此（附正、是）、收（附㹢、奥、奂、臼、要）、齿（附牙）、弓（附弜）、弟、兄、隶、缶、癸、色、一、卩（附印、卯）、矛、戈、寸（附丈、酻）、先（附禿、厶、单）、钦、犬、叀、香（附皂、𨢑）、斗、竹、糸（附系、㡭、率、索）、艸（附舜）、革、韦、角、皮（附覍）、厂、长、彡、攴、刀、歹、死、户74部。卷下有走、门、石（附磬、殻、自）、食、禾、麦、黍、立、山、殳（附戉、戚）、皿、网、華（附菁、厶、去、北、西）、毛（附毳、冉、而）、冫、冖（附冃、冂）、大（附奢）、共（附異、史、支）、叜（附聿、聿）、隹（附奞、崔、瞿、雔、雥）、田、矢、巾（附市、帛）、爪（附乿）、門（附十）、

又、瓜（附丯、来）、力（附劦、吕）、羽（附飛、習、孔、非、不）、多（附小、幺、丝、玄、丏）、西（附西）、書、束、儿（附几、父）、赤（附亦）、勹（附包）、句（附丩、乚、凶）、上、生、卧、臣（附男、民、夫、予、我）、十（附卅、古）、匸（附先、旡、兒、兒）、黑、乃（附丂、可、兮、号、亏、云）、辛（附弃、辛、桀、壬、几、且）、九（附丸）、瓦、鼠（附易）、老、喜（附壴、鼓、豈）、豆（附豊、豐、虍、重）、鼎、片（附牀、毋、克、丿、厂）、弋（附く、刂）、曰（附倉、亶）、嗇（附亼、会、亯、旱、畐、入、网、尙）、章、耒、京（附亯、眢、杲、臣）、面（附凶、宂）、自（附盾、眉、夐、須）、乡（附辵、文、攵、癶）、止（附步、處）、血、瘳、曰、音（附告）、吅（附品、杂、凵、品、只、冋）、龠（附冊）、甘（附旨、次、卒、卒、亝、尢）、鹿、叔（附中）、东（附林、巢、叕）、蓐（附蚰、舜、才）、市（附毛、灮、罕、華、稽、杢、芉、美）、马（附柬、卤、柬、朿、棘、麻、朩、韭、瓠）、月、卤（附鹽、壬、琴）、鬲（附鬻、勺、厄）、匚（附曲、壺、甴、左）、亓（附工、珏、巫、卜、兆、用）、水（附く、巜、巛、井、泉、矗）、谷（附气、由、旦、晨、晶、有、明、囧、冥）、夕（附炙、爨、囱）、矢（附天、交、尢、丹、青、氐、氏）、高（附危）、豕（附豚、希、彑、罟、廌）、㲋（附兔、㲋、象、能、龍、鳥、乙、燕）、它（附黽、卵、至）、黹（附率、索、辟、旬、匕、匕、比、从、乑、出、之）、巢（附貝、齊、干、开、四）、八（附釆、半）、甲（附乙、丙、丁、戊、己、巴、庚）、了（附孨、厸、丑、寅、卯、辰、巳、午、未）342部。

以上三卷合计部目为503部，其中舜、西、它、黹、率、索、貝7部重复，莫、叠、奥、與、奥、要、戚、殷8部在《大广益会玉篇》中并非部首。《大广益会玉篇》542个部首，梦梅部目所无者为二、三、珏、垚、甾、黄、北、覞、异、筋、誩、竝、尾、尺、履、另、凶、箕、禾、束、秣、米、縠、冎、殺、刃、刃、放、雲、炎、焱、壹、丶、屾、嵬、屵、狀、麤、兜、熊、羆、素、絲、裘、臤、帀、峀、田、录、五、六、七、申、酋54部。梦梅本虽言与《龙龛手鉴》校合，但《龙龛手鉴》以平上去入四声把部首分类，而梦

梅本虽然打乱了《玉篇》部首顺序，在局部部序上仍能看出《玉篇》部序的影响。

在正文部分，梦梅本收字顺序大致与《大广益会玉篇》同，注音用假名标注于字头右侧（若有两个读音，则标注在字头两侧），释义部分收录的义项较为简略，常伴有假名训读。其分段列字也与元明分段本《玉篇》类似。梦梅本书末还附有《奇字指迷》《字当避俗》《字当从正》《字之所从》《字之所非》等，这些内容应是源自《大广益会玉篇·玉篇广韵指南》。

需要指出的是，庆长十五年刊本《倭玉篇》，部首顺序与《大广益会玉篇》相同，只是省减了叀、百、凶、曼、谷、疋、劜、凵、臬、侖、久、另、舜、才、巫、琴、禾、㞦、羙、東、卤、㭉、朩、丰、旱、尚、厶、豊、虍、㒼、㞢、珏、く、蠡、辰、明、丂、奢、炎、焱、炙、爨、屾、自、餌、莧、麤、龟、虒、瞿、鰲、蚰、蟲、毳、毳、市、卯、匕、耑、开、厂、录、叕、卅等64部首，注音释义也大都用假名，绝少以汉字释义者。

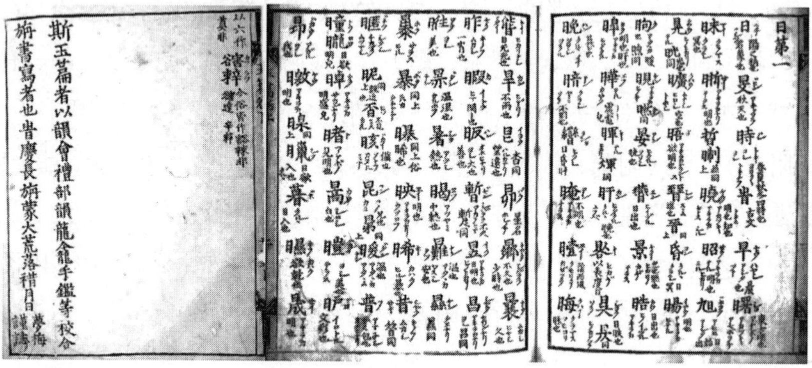

图 3-1

《大广益会玉篇》宋本与元明刊本的不同，宋本各部内字条首尾相接，字头横向参差不齐，而元明刊本则根据字条内容多寡调整了字条顺序，使得字头横向成行，有明显的分段效果。这两种形制的《大广益会玉篇》在日本都有藏本，宋本以图书寮《宋版玉篇》为代表，元代圆沙书院延祐本是分段本代表，在图书寮亦有藏本。下表以梦梅本《玉篇》的《日部》为例，比较其释义在宋本和圆沙书院延祐本中的异同。

表7　宋元刊《大广益会玉篇》与梦梅本《玉篇》对照表

字头	宋本（图书寮本）	元本（圆沙书院延祐本）	梦梅本
日	如逸切。陽之精也。《廣雅》云：朱明，曜靈，東君，並日名。日，實也，君象也，羲和日御也。囤，古文日字。	如逸切。陽之精也。《廣雅》云：朱明，曜靈，東君，並日名。日，實也，君象也，羲和日御也。	陽之精也，君象也。
旻	眉巾切。秋天也。仁覆愍下謂之旻天。	眉巾切。秋天也。仁覆愍下謂之旻天。	秋天也。
時	市之切。春夏秋冬四時也。旹，古文。	市之切。四時也，是春夏秋冬也。旹，古文。	春夏秋冬四時也。旹，古文。
早	子老切。晨也。	子老切。晨也。	晨也。
昒	亡屈切。旦明也。	亡屈切。旦明也。	
曙	市據切。東方明也。	市據切。東方明也。	東方明也。
昧	莫潰切。冥也。昧爽，旦也。	莫潰切。冥也。	冥也。
晣	之逝切。明也。晢、唽，並同上。	之逝切。明也。晢、唽，並同上。	明也。
曉	火了切。《説文》：明也。又曙也，知也，慧也。	火了切。《説文》：明也。曙也，知也，慧也。	明也，知也。
昭	之遙切。明也，光也，見也。又市遙切，昭穆也。	之遙切。明也，光也。又市遙切，昭穆也。	明也。
晤	五故切。欲明也。	五故切。欲明也。	欲明也。
晃	乎廣切。光也。晄，同上。	乎廣切。光也。晄，同上。	光也。晄，同。
曠	苦浪切。廣遠也，空也。	苦浪切。廣遠也。	空也。
旭	呼玉切。日始出昕旦之時。	呼玉切。日始出昕旦之時。	日始出。
晉	子刃切。進也。晉，同上。	子刃切。進也。晉，同上。	進也。晉，同上。

字头	宋本（图书寮本）	元本（圆沙书院延祐本）	梦梅本
昏	呼昆切。《说文》曰：日冥也。昬，同上。	呼昆切。日冥也。昬，同上。	日冥。
啓	康禮切。雨而畫晴也。	康禮切。雨而畫晴也。	
暘	弋章切。明也，日乾物也。	弋章切。明也，日乾也。	明也。
昫	欣句、許宇二切。暖也。亦煦同。	欣句、許宇二切。亦煦同。	暖也。煦，同。
晛	奴見切。日氣。又户顯切，明也。暵，同上。又煥［煥］也。	奴見切。日氣。户顯切，明也。暵，同上。又煥也。	暵，同。
晏	於諫切。晚也，天清也。	於諫切。晚，天清也。	晚也。
曹	於見切。日出也。	於見切。日出也。	日出也。
景	箕影切。光也，照也。	箕影切。光景也。	光也，照也。
晧	户老切。日出也，明也。	户老切。日出也，明也。	日出也。
暤	何老切。太皞，蒼精之君，伏羲氏也。又明也，旰也。	何老切。太皞，蒼精之君，伏羲氏。明也，旰也。	明也，旰也。
曄	爲輒切。曄曄，震電皃。曅，《说文》曄。	爲輒切。曄曄，震電皃。曅，同上，見《说文》。	震電皃。
暉	呼韋切。光也。或煇字。	呼韋切。光也。亦作煇。	煇，同。
旰	古旦切。晚也。	古旦切。晚也。	晚也。
暆	余支切。暆暆，日行也。又縣名。	余支切。日行也。又縣名。	
暑	居美切。以表度日也。	居美切。以表度日也。	以表度日。
昃	壯力切。日昳也。昗，同上。	壯力切。日昳也。昗，同上。	日昳也。昗，同。

字头	宋本（图书寮本）	元本（圆沙书院延祐本）	梦梅本
晚	莫遠切。後也，暮也。	莫遠切。後也，暮也。	暮也。
彎	力完切。日昏時。	力完切。日昏時也。	日昏時。
晻	於感切。不明也。	於感切。不明也。	不明也。
暗	於紺切。不明也，日無光也。	於紺切。不明也，日無光也。	不明也。
瞖	於計切。陰而風。	於計切。陰而風也。	陰而風。
晦	呼潰切。昧也。	呼潰切。昧也。	昧也。
暬	奴代切。日無光也。	奴代切。日無光也。	日无光也。
旱	何但切。不雨也。	何但切。不雨也。	不雨也。
杳	於了切。望遠也。或作杳、窅。	於了切。望遠也。或作杳、邕〔窅〕。	望遠也。杳，同。
昴	莫絞切。星名。	莫絞切。星名也。	星名。
曓	許兩切。不久也，少時也。	許兩切。不久也。	不久也，少時也。
曩	奴朗切。久也。	奴朗切。久也。	久也。
昨	才各切。一宵也。	才各切。一宵也。	一宵也。
昇	皮彦切。喜樂皃。	皮彦切。喜樂皃。	
暇	何嫁切。閑暇也。	何嫁切。閑暇也。	閑暇也。
昄	步板切。大也，善也。	步板切。大也，善也。	大也，善也。
暫	才濫切。不久也。或作蹔	才濫切。不久。或作蹔	不久。蹔，同。
昱	由鞠切。日明也。	由鞠切。日明也。	日明也。
昌	尺羊切。美言也，當也，盛也，明也。曰，籀文。	尺羊切。盛也，美言也。曰，籀文。	曰，同。
晄	于況切。美也。	于況切。美也。	美也。
暴	女版切。溫溼也，赤也。	女版切。溫溼也，赤也。	溫溼也。
暑	式與切。熱也。	式與切。熱也。	熱也。
暍	於歇切。中熱也，溫也。	於歇切。中熱也。	中熱也。

字头	宋本（图书寮本）	元本（圆沙书院延祐本）	梦梅本
齈	奴旦切。又奴達切。温也，安也。	奴旦切，奴達切。温也。	温也，安也。
㬏	呼殄切。微妙也。今作煭。	呼殄切。微妙。今作煭。	煭，同。
暴	步卜切。曬也，晞也。又蒲報切。暴，同上。麚，古文。曝，俗。	步卜切。又蒲報切。暴，同上。晞也，曬也。麚，古文暴。曝，俗文暴。	暴，同上。曝，同上，俗。晞也。
映	於敬切。明也。又於朗切，映瞔，不明也。	於敬切。明也。又於朗切，映瞔，不明也。	明也。
晞	許衣切。明不明之際也，燥也，暴也。或作烯。	許衣切。明不明之際。又燥也。或作烯。	暴也。
昔	思亦切。往也，久也，昨也。昝，《説文》昔。	思亦切。往也，古也，昨也。昝，《説文》。	昝，同。
暬	思列切。侍也。或作媟。	息列切。侍也。或作媟。	
暱	女栗切。親近也。昵，同上。	女栗切。親近也。昵，同上。	昵，同上。親近也。
杳	亡乙切。不見也。或作旮。	亡乙切。不見也。或作旮。	不見。
晐	古才切。備也，咸也，兼也。	古才切。備也，兼也，成[咸]也。	備也。
昆	古魂切。昆者，同也，并也，兄弟也，咸也。	古魂切。同也，兄弟也。	兄也。
晜	音昆。兄也。與昆同。亦作晜。	音昆。兄也。與昆同。亦作晜。	晜，同上。
暖	奴短切。温也。	奴卵切。温也。亦暵，同。	温也。
普	丕古切。包也，徧也。	丕古切。徧也。	包也。
曈	徒東切。曈曈，日欲明皃。	徒東切。曈曈，日欲明皃。	日欲明皃。
曨	力東切。曈曨。	力東切。曈曨也。	日欲明皃。

字头	宋本（图书寮本）	元本（圆沙书院延祐本）	梦梅本
晫	都角切。明盛皃。	都角切。明盛皃。	明盛皃。
晵	丁古切。旦明也。	丁古切。旦明也。	見〔旦〕明也。
暠	古老切。白也。	古老切。白也。	白也。
晐	口亥切。美也，照也。	口亥切。美也，照也。	美也。
旴	乎古切。文彩也。	乎古切。文彩也。	文彩也。
昂	五郎切。我也，君之德也。	五郎切。舉也，君之德也。	我也。
暞	公了切。明也。暤，同上。	公了切。明也。暤，同上。	明也。暤，同上。
曬	力涉切。日欲入也。	力涉切。日欲入也。	日欲入也。
暮	謨故切。日入也。	謨故切。日入也。	日入也。
昵	牛禮切。日昳也。昵，同上。	牛禮切。日昳也。昵，同上。	
曭	他朗切。不明也。	他朗切。不明也。	
暲	之羊切。明也。與章同。	之羊切。明也。與章同。	章，同。
暵	呼但切。熱氣也。	呼但切。熱氣也。	
暽	莫朗切。日無光	莫朗切。日無光也。	
晄	呼晃切。旱熱也。	呼晃切。旱熱也。	
暒	似盈切。雨止也，精明也，無雲也。晴，同上。	似盈切。雨止也，晴明也。晴，同上。	
曜	呼郭切。明也。	呼郭切。明也。	
晥	乎綰切。明星也。	乎綰切。明星也。	
昝	子感切。人姓也。	子感切。姓也。	
昲	孚未切。乾物也。	孚未切。乾物也。	
暅	古鄧切。乾燥也。	古鄧切。乾燥也。	
暳	呼惠切。眾星皃。	呼惠切。眾星皃。	
暡	於孔切。暡曚，天氣不明也。	於孔切。天氣不明，暡曚也。	天氣不明也。
暈	有愠切。日月旁氣也。	有愠切。日月旁氣也。	日月旁氣也。

字头	宋本（图书寮本）	元本（圆沙书院延祐本）	梦梅本
晊	之日切。大也。	之日切。大也。	大也。
曖	於代切。晻曖，暗皃。	於代切。晻曖，暗皃。	
曜	余照切。照也。亦作燿。	余照切。照也。亦作燿。	耀，同。
曦	許巳切。盛皃也，多熱也。	許巳切。盛皃。又多皃。	
暶	似緣切。美皃。	似緣切。美皃。	
昋	古惠、古迴二切。見也。亦作炅。	古惠、古迴二切。見也。亦作炅。	
旿	去既切。古氣字。	去既切。古氣字。	
哨	思遥切。古宵字。	思遥切。古文宵。	
星	先丁切。列宿也。古爲曐。	先丁切。列宿也。古作曐。	曐，同。
朞	巨基切。古文期。䄷，亦古文期。	巨基切。古文期字。䄷，亦古文期字。	期，同。䄷，同上，古文。
㝅	丁宗切。古文冬。各，同上。	丁宗切。古文冬字。各，同上。	古文冬。各，同上。
曆	力的切。象星辰，分節序四時之逆從也。又數也。本作歷。古文作厤。麡，古文。	力的切。象星辰，分節序四時之逆從也。又數也。本作歷。古本作厤。麡，古文。	コヨミ
㬤	丘立切。欲乾也。	丘立切。欲乾也。	欲乾也。
曞	女涉切。小煗也。	女涉切。小煗也。	
晟	是政切。明也。	是政切。明也。	明也。
暾	他昆切。日欲出。旽，同上。	他昆切。日欲出。旽，同上。	
晈	公鳥切。明也。	公鳥切。明也。	明也。
昧	莫蓋切。明也。又斗柄。	莫蓋切。斗柄也。	
昊	胡老切。昊昊，元氣廣大也。	胡老切。元氣廣大也。	昊昊，元氣廣大也。
昉	甫往切。明也，適也。	甫往切。明也。	明也。

字头	宋本（图书寮本）	元本（圆沙书院延祐本）	梦梅本
春	尺均切。蠢也，萬物蠢動而出也。萅，《説文》春。	尺均切。四時之首也。萅，《説文》同上。	萅，同。
曛	許云切。黄昏時。	許云切。黄昏時。	黄昏時。
晡	布胡切。申時也。	布胡切。申時也。	申時也。
曃	陀愛切。曖曃，不明皃。	陀愛切。曖曃，不明皃。	不明皃。
暕	古限切。明也。	古限切。明也。	
咄	滂佩切。向晴也。	滂佩切。向晴也。	向晴也。
晉	市刃切。古文慎。	市刃切。古文慎字。	
昺	碑景切。明也。亦作昞。	碑景切。明也。亦作昞。	明也。昞，同。
曇	徒含切。曇曇，黑雲皃。	徒含切。黑雲皃。	黑雲皃。
昇	式陵切。或升字。	式陵切。或作升。	升，同。
晁	除喬切。晁陽，縣名。	除喬切。明也。又姓也。	姓也，明也。
眤	都黎切。日。	都黎切。日也。	
晘	府微切。日色。	府微切。日色。	
晭	織由切。日光也。	織由切。日光。	
曘	七林切。日光也。	七林切。日光。	
碁	居其切。後也。	居其切。後也。	後也。
昊	徒來切。日光。又於景切。	徒來切，於景切。大也。	日光也。
昌	附夫切。	附夫切。	
盼	府文切。日光。	府文切。日光。	
曦	許宜切。日色也。	許宜切。日色。	日色也。
暐	直韋切。地名。	直韋切。地名。	
昳	附夫切。日。	附夫切。日也。	日也。
晎	色滓切。明。	色瘁［滓］切。明也。	
晅	許遠切。又古鄧切。明也。	許遠、古鄧二切。明也。	
晅	徒旦切。	徒旦切。旦日也。	旦日也。
瑳	思可切。明朗也。	思可切。明朗也。	

字头	宋本（图书寮本）	元本（圆沙书院延祐本）	梦梅本
暊	孚武切。又思主切。明。	孚武、思主二切。明也。	明也。
睋	五果切。明。	五果切。明也。	
晲	古杏切。日高也。	古杏切。日高。	日高也。
晾	力黨切。明。	力黨切。明也。	
昑	丘錦切。明也。	丘錦切。明也。	
曫	來甘切。	來甘切。日不到也。	
曮	魚儉切。日行。	魚險切。日行也。	日行也。
炅	久永切。日光也。	久永切。日光。	日光也。
㬇	胡管切。明也。	胡管切。明也。	
杲	古老切。日出也。	古老切。日出也。	日出也。
暐	于鬼切。日光也。暐，同上。	于鬼切。日光。暐，同上。	日光。暐，同。
晼	於阮切。	於阮切。明久也。	
曘	奴侯切。又日朱切。日色。	奴侯切，日朱切。日色。	
昀	羊倫切。日光也。	羊倫切。日光。	
暌	去圭切。達也。	去圭切。達也。	
曥	力魚切。	力魚切。日色。	
暷	與章切，又子郎切。焦。	與章、子郎二切。焦。	焦也。
暄	許圓切。春晚也。	許圓切。春晚。	春晚也。
旼	莫貧切。和也。	莫貧切。和也。	和也。
㝏	必民切。古文也。	必民切。古文。	
瞖	彌賓切。又眉殞切。强也。	彌賓切，眉殞切。强也。	强也。
暷	以專切。日行也。	以專切。日行也。	
旫	他調切。	他調切。日晦也。	
暚	余招切。日光也。	余招切。日光。	
晗	胡南切。欲明也。	胡南切。欲明也。	
㬉	於京切。明。	於京切。明也。	明也。
曚	莫紅切。曚曨也。又亡孔切，時也。	莫紅切。曚曨。亡孔切，時也。	曚曨。

字头	宋本（图书寮本）	元本（圆沙书院延祐本）	梦梅本
曤	七恭切。電光。	七恭切。電光也。	電光也。
眈	丁含切。	丁含切。日晚色。	
暖	奴卵切。温也。亦作煖。暖，同上。	奴卵切。温也。亦作煖。	
瞞	莫本切。暗。	莫本切。暗也。	
曞	匹表切。	匹表切。日暖皃。	
旿	吾古切。明也。	吾古切。明也。	
晪	他典切。明也。		
昫	香羽切。又香句切。日光也。	香羽、香句二切。日光也。	
昶	丑兩切。明久。	丑兩切。明久也。	明久也。
晈	匹頂切。	匹頂切。曉色。	
昇	俱冬切。扶。	俱冬切。扶也。	扶也。
晛	呼誼切。暘明。	呼誼切。陽明也。	
晃	許詠切。日中風。	許詠切。日中風。	
晌	職救切。光。	職救切。光也。	光也。
曕	以贍切。曬也。	以贍切。曬也。	
晵	許驗切。又許嚴切。妧。	許驗、許嚴二切。妧也。	
晘	所御切。	所御切。暖也。	暖也。
昪	皮變切。明也。	皮変切。明也。	
昛	其女切。暗。	其女切。暗也。	
晵	防晦切。又蒲没切。	防晦切。又蒲没切。	
晲	乞義切。日。	乞義切。日也。	
曖	烏蓋切。日色也。	烏蓋切。日色也。	
晬	子對切。周年也。	子對切。周年也。	
晙	子峻切。早也。	子峻切。早也。	早也。
旰	各汗切。半乾也。	各汗切。半乾也。	
旆	布蓋切。	布蓋切。星也。	星也。
曭	胡貫切。古國名。	胡貫切。古國名。	
曪	力制切。又力達切。日甚也。	力制、力達二切。日甚。	

字头	宋本（图书寮本）	元本（圆沙书院延祐本）	梦梅本
暜	烏訝切。姓。	烏訝切。姓也。	
暴	匹妙切。置風日中令乾。	匹妙切。置風日中令乾也。	
督	莫候切。亂明。	莫候切。亂也。	乱明也。
昜	才用切。功人也。	才用切。功人也。	
旺	王放切。日暈。	王放切。日暈也。	日暈也。
曎	以證切。	以證切。日暉也。	
暝	亡定切。夜也。	亡定切。夜也。	夜也。
暾	巨命切。明也。	巨命切。明也。	明也。
昦	五愛切。	五愛切。佛書字。	佛書字。
暚	子肖切。	子肖切。小明也。	小明兒。
昧	莫割切。星名。	莫割切。星名。	星名。
昳	徒結切。日昃。	徒結切。日昃也。	日昃也。
昷	於沒切。	於沒切。晦兒。	
朒	奴骨切。	奴骨切。日入色。	日入色。
暸	力玉切。日暗。	力玉切。日暗也。	日暗也。
曶	呼骨切。明。	呼骨切。明也。	明也。
映	古穴切。	古穴切。日食色。	日食色。
啓	楚洽切。日照水。	楚洽切。日照水也。	
吸	其劫切。乾。	其劫切。乾也。	乾也。
昕	許斤切。旦明也。	許斤切。旦明也。	旦明也。
晜	丑減切。日光照也。	丑減切。日光照也。	日光照也。
曬	所賣切。暴乾物也。亦作曬。	所賣切。暴乾物也。亦作曬。	暴乾物也。
旦			早也，朝也。
晶			精光也。
曑			參，同。
曼			路遠。
量			量度。
最			極也。俗作冣。
晨			早也，明也。
明			光也，昭也。

字头	宋本（图书寮本）	元本（圆沙书院延祐本）	梦梅本
晨			辰，同。
暜			钝也。
沓			重也，合也。
曾			则也，又姓。
智			知也。
替			废也，代也。
杳			冥也，深也。
習			学也，因也。
音			声也。
是			是非也。
勗			勉也。
易			变易，难易。
旨			美也，志也。

上表所反映的情况如下：

1. 梦梅本《日部》前半部分日、旻、时、早、曙、昧、晰、晓、昭、晤、晃、旷、旭、暜、昏、旸、昫、晛、晏、暓、景、皓、暤、曅、晖、旰、暑、昊、晚、曫、晻、暗、曋、晦、暜、旱、旵、昂、暴、曩、昨、暇、昄、暂、昱、昌、晔、暴、暑、暍、曮、曅、曝、映、晞、昔、曤、否、晐、昆、曻、暖、普、曈、曨、晫、睹、暠、暟、旷、昂、曔、曤、暮等74字条的汉文释义明显倾向于来自宋本《大广益会玉篇》，而且字条排序也基本相合。当然，《大广益会玉篇》中昐、啟、曤、昇、暬等字在梦梅本中未收。

2. 梦梅本《日部》的后半部分字条的汉文释义明显倾向于来自以圆沙书院本为代表的元明刊本，而且《大广益会玉篇·日部》的后半部分不少字条在梦梅本中都未收录。

3. 梦梅本《日部》也囊括了不少不属于《大广益会玉篇·日部》的字条，如旦、晶、曑、曼、量、最、晨、明、晨、暜、沓、曾、智、替、杳、習、音、是、勗、易、旨等字。

4. 梦梅本不仅融合了多种版本的《大广益会玉篇》，也在分部上做了归并

处理（尽管有的处理不合字形构形规律），这种简化处理还体现在收字和说解方面。

第二节 《新刻大广益会增修玉篇》

庆长年间，《玉篇》在日本有两种主要形式，一是覆刻，二是改编。覆刻本典型的是庆长九年（1604 年）覆刻南山书院本，这个覆刻本封面题《大广益玉篇》。改编本典型的是庆长十年刊梦梅本《玉篇》。《大广益会玉篇》重又成为日本古辞书源流中最为重要的一脉。一方面，在宽永八年（1631 年），《大广益会玉篇》出现了标注有假名的版本，之后以之为底本，在宽永十八年、二十一年分别重刻。庆安二年（1649 年）三个版本、庆安三年两个版本、庆安四年三个版本等都是宽永八年本的余续，表现出 17 世纪上半叶的日本对《大广益会玉篇》的格外推崇。

另一方面，万历元年（1573 年）益藩本《新刊大广益会增修玉篇》传入日本，在宽文四年（1664 年）京都村上平乐寺以之为底本重刻，称《新刊大广益会增修玉篇》（题金书名《增修大广益会玉篇》，又名《新刻增修玉篇》《新刊大广益会玉篇》《增修玉篇》）。日本东京大学文学部国语研究室藏本牌记"大阪心斋桥安土町河内屋和助板"，应是宽文四年本的修版重印本。可见，《玉篇》增修本在日本也有相当的市场。

在上述背景下，宽文四年（1664 年）诞生了益藩本的增补改编本——《新刻大广益会增修玉篇》。

益藩本在《大广益会玉篇》的基础上新增 3700 字（见《序》），由于字形正俗及讹变因素导致的新增与否的误判，实际新增 3794 字①。益藩本在部首内字头排序上以笔画多寡由少到多排列，收字多的部首内 4 画以上都有笔画提示，但部内字哪些是原《大广益会玉篇》所有，哪些是新增，并未有明确标注。但在日本宽文四年增补改编本中对于哪些是原《大广益会玉篇》所收字，哪些是

---

① 张亚欣：《明代益藩本〈新刊大广益会玉篇〉研究》，上海交通大学 2017 年硕士学位论文，第 32 页。

益藩本增加字，哪些是宽文四年本增补的字，都有明确标注。即益藩本增加字以"增修"标注，宽文四年本新增的字以"新增"标注（见下图）。

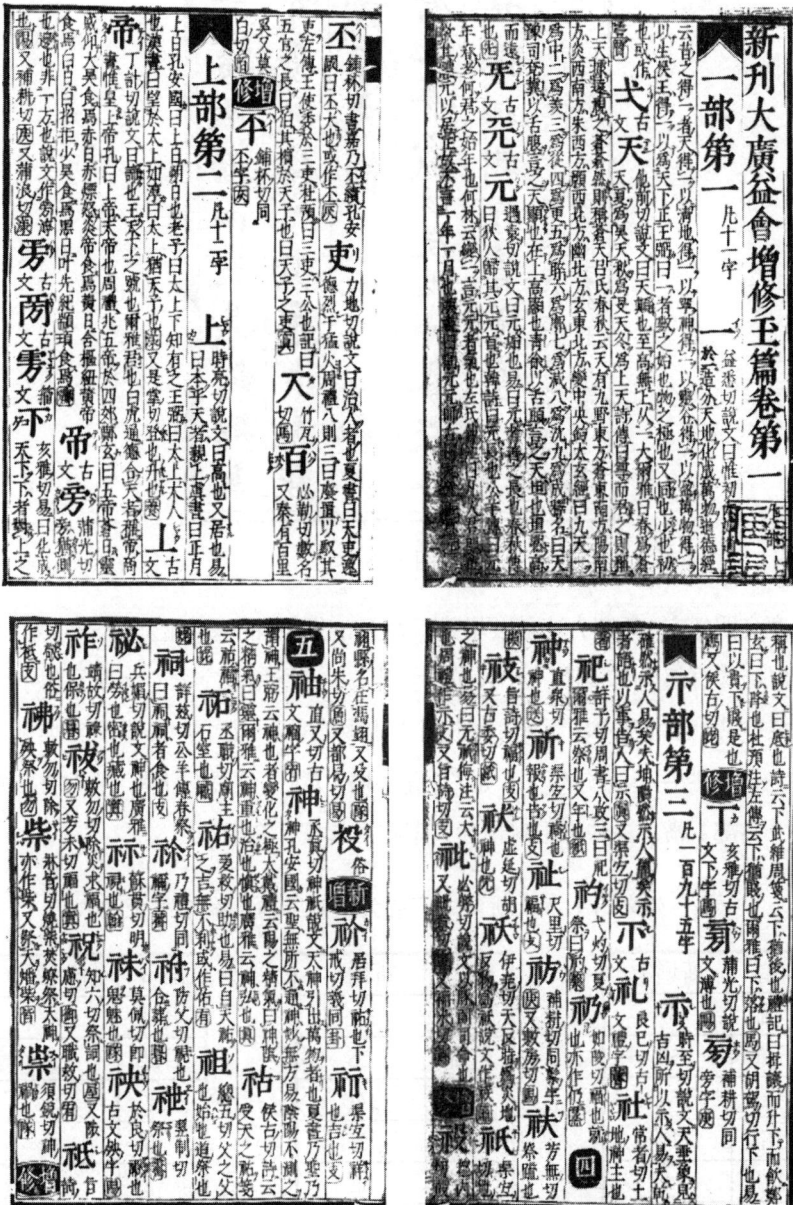

图 3-2

图 3-3

　　宽文四年本《新刻大广益会增修玉篇》在益藩本的基础上新增5865字（《疒部》尾与《歹部》首残缺，可能有几字出入），所增之字含有大量异体字，有的甚至不见于湖北辞书出版社和四川辞书出版社联合出版的《汉语大字典》（徐中舒主编，1986—1990 年版），如《土部》**塆**、**塯**，《田部》**暕**，《畾部》**嘵**、**曉**，《黄部》**韄**，这些字形对现代大型辞书编撰具有重要意义。

表8　宽文四年本《新刻大广益会增修玉篇》新增字统计表

部首	新增字	部首	新增字	部首	新增字
示部	30	亶部	1	頁部	96
玉部	57	邑部	26	目部	132
土部	67	人部	140	見部	26
田部	14	儿部	2	耳部	33
畾部	4	身部	32	口部	252
黄部	8	女部	182	齒部	36

部首	新增字
髟部	50
手部	185
爪部	5
足部	151
骨部	55
血部	13
肉部	115
力部	25
心部	156
言部	134
音部	11
欠部	31
食部	58
彳部	38
行部	9
走部	49
辵部	46
止部	8
立部	15
正部	1
宀部	36
門部	49
戶部	11
尸部	22
疒部	110
歹部	37
穴部	21
木部	139
艸部	187
竹部	101
麥部	36
黍部	16

部首	新增字
禾部	59
耒部	13
米部	45
网部	14
鹵部	5
皿部	15
瓦部	23
缶部	10
瓬部	10
矢部	10
弓部	25
斤部	6
矛部	9
戈部	6
殳部	10
刀部	35
金部	108
支部	43
車部	49
舟部	27
水部	141
氵部	18
雨部	48
風部	32
鬼部	36
日部	63
大部	12
火部	83
黑部	32
山部	120
广部	36
厂部	25

部首	新增字
石部	81
阜部	41
馬部	96
牛部	62
羊部	36
犬部	103
豕部	29
鹿部	22
龍部	10
虍部	13
虎部	6
豸部	30
鳥部	140
隹部	120
魚部	133
鼠部	18
虫部	157
䖵部	17
蟲部	1
黽部	10
貝部	45
羽部	21
毛部	35
角部	23
革部	64
韋部	21
糸部	87
巾部	37
衣部	108
囗部	24
酉部	49

和刻本《玉篇》的宽文三年（1663 年）本虽名称《大广益会玉篇》，但与宋元常见的《大广益会玉篇》比，该本有以下独特之处：（1）此本无《总目》及《玉篇广韵指南》。[①]（2）正文部首以笔画多寡为次第，部中字亦以笔画多寡为次第，各字条所属部首亦有调整。（3）此本四周单边，每半叶 6 行 16 字，小字双行，行小字 22 字，白口，版心有随叶序不断变化位置的墨丁（这一点与明刊《字汇》类似），书末有刊刻木记曰"宽文三年辛卯初夏吉日／寺町誓愿寺前／安田十兵卫开板"。

宽文四年的《新刻大广益会增修玉篇》（益藩本的增补改编本）基本沿袭了和刻本《玉篇》风格，即在保留汉文《玉篇》内容的基础上，于汉字旁标注假名以示音或标注读法。稍许的差异就是《新刻大广益会增修玉篇》在传来的益藩本基础上增补了部分字条。

天和三年（1683 年）版《增补大广益会玉篇》封内贴纸说该本是宽文三年版《大广益会玉篇》（京都寺町誓愿寺前安田十兵卫开板）的异版后刷本，这只是就字头排序方式及反切、义训而言，二者的差异明显见于以下几点：（1）天和三年本书名《增补大广益会玉篇》，其中必有增补的内容。其序录部分"新考增补"所增为韵部及四声（详见图 3-4），"订正训点"所订为底本训点之讹舛。（2）天和三年本序录部分有《玉篇广韵指南》。

如果说宽文三年版《大广益会玉篇》还只是改变了宽永八年、十八年、二十一年本的部首及部中字的排检顺序，那么天和三年版《增补大广益会玉篇》则是增补了韵部及四声。而标注韵部及四声最早是益藩本的做法，宽文四年本延续益藩风格，天和三年本也增加韵部，且多增了四声。

---

① 冈井慎吾《玉篇的研究》（东洋文库，1933 年，第 369—370 页）提及龟田学士藏宽文三年本为 11 册，第一册为《敕牒》《大广益会玉篇序》《进玉篇启》《玉篇广韵指南》，第二册为检字，第三至第十一册为正文。

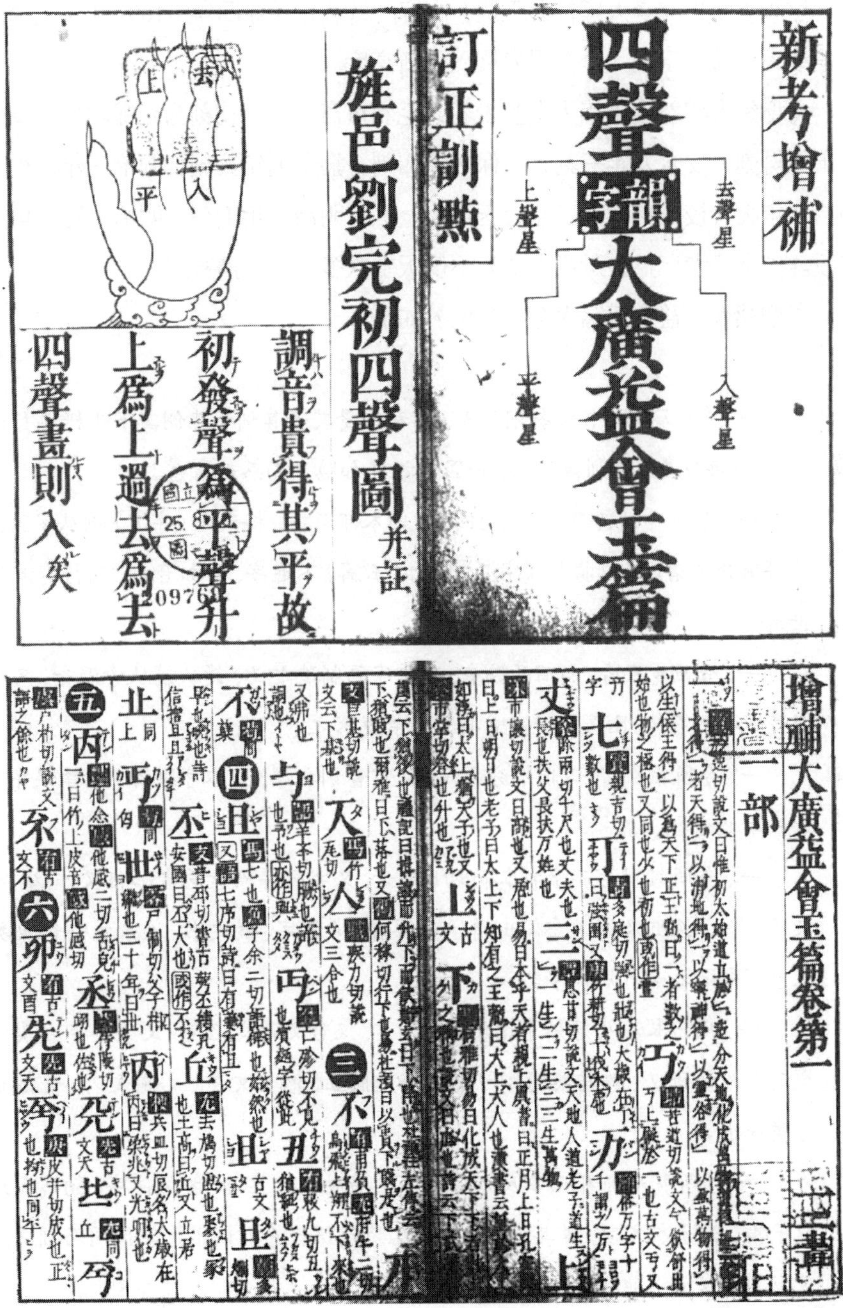

新考增補

四聲韻字大廣益會玉篇

訂正刪點

旌邑劉完初四聲圖并証

調音貴得其平故
初發聲為平平升
上為上過去為去
四聲盡則入矣

去聲星
上聲星
入聲星
平聲星

增補大廣益會玉篇卷第一

一部

丈　七　丁

不　亐　世　四　且

丙　丘　人　再　不

巫　丞　丙　丑

卯　兂　比　且

图 3-4

这种不断扩充《大广益会玉篇》内容的做法在元禄四年（1691年）成书的《增续大广益会玉篇大全》里发展到了新高度。

《增续大广益会玉篇大全》十卷，毛利贞斋编撰，初刻为元禄四年，享保二十年再刻，安永九年三刻，天保六年四刻，嘉永七年五刻，明治三年六刻，明治八年版《校正增续大广益会玉篇大全》，明治十年七刻，明治十三年再次出版。《增续大广益会玉篇大全》不仅版本众多，且传播甚广。

《增续大广益会玉篇大全·凡例》如下：

一、《玉篇》之书传本朝巳来，用和字赘其音其训于其侧其下绣梓颁行尚矣。予历年阅之，音训俱不正，料固陋之徒加臆见而惑世者也。

一、近世音训仍旧，欲便检阅，破旧本部新模。梅氏之《字汇》例从字画，件件有分之者。又别撮拾《字汇》所出《玉篇》不连字，增加音训，刊行有流布世者矣。

一、分画《玉篇》新旧两编者，不辨字画制造之义，谩从篇从旁混杂，又画数多少之失不少，且惑篇疑旁者七千字余脱落之。

一、今所撰编者，改旧本分画之差，订音训之谬，且本字脱落、注释误字，逐一革之者也。

一、今所续补字不出旧本而切日用者，又字画异而素同者如佛又作仏、害又作宫类。经史及释典中间出庸学难解者，考诸字、韵之书，连系之每部画数末包围中记之者可知补字矣。

一、凡旧本注及冠解中谓某与某同者，又古文籀文记某，又某俗字之类，槩其下不赘训义，搜与某同字可晓之如北同丘、佀古文凤、孑籀文乃、乱俗亂字类是也。

一、予所赘音训根旧本反切注释有他音他义之区者，搜罗他字、韵书及经史子集，别冠本文顶，释其音其义，庶几为使识音异则训亦异兼韵同而训异，又从连绵义差异也。

一、冠解所引书，多用《韵会》，又《字汇》所载其解详而得其枢要也。

一、本文下及冠解每字施四声韵字者，为使晓某字用某义则为其韵矣。

一、冠解所赘每字下，虽系韵字反切，间亦阙之。才记引用书题及字注者本注韵，又反切字同则略之。

一、冠解虽引字、韵书所出注解，经史所用之证，至本文下所注相同者，刊除之。其余异义连记之。

一、冠解所引诸书，题厌长才记一二字，其详见引用书目圈内下断者可明矣。

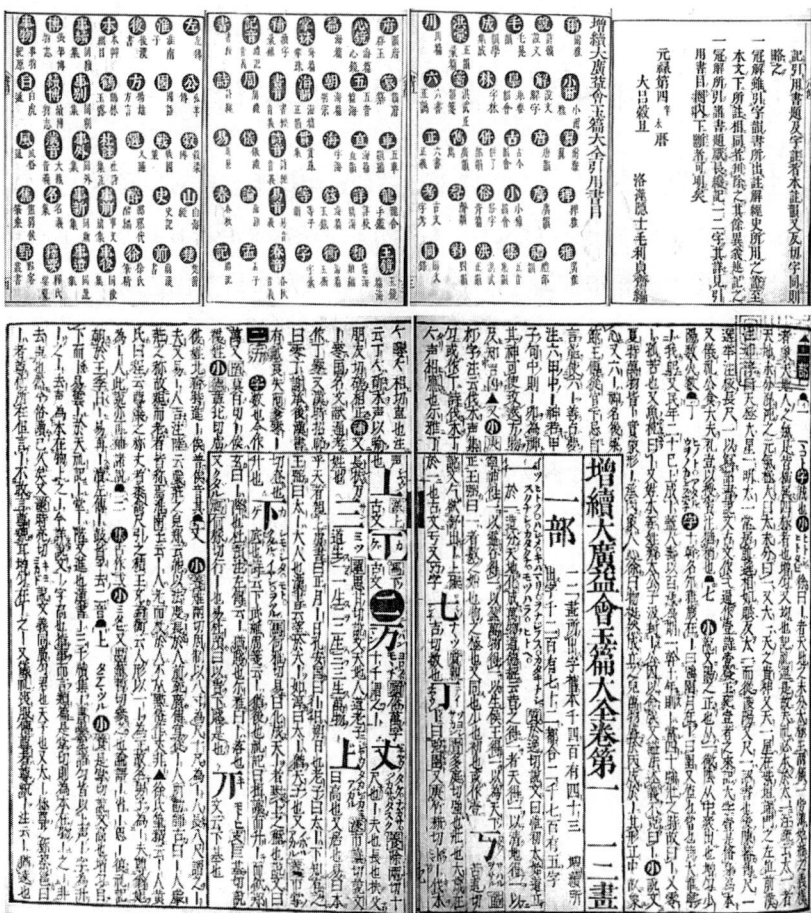

图 3-5　《增续大广益会玉篇大全》（鸟饲市兵卫享保二十年刻本）

《凡例》首先谈及和刻本《玉篇》的两种主要模式，即宽永八年本模式和宽文三年本模式。宽永八年本模式即"用和字赘其音其训于其侧其下"，宽文

三年本模式即仿照《字汇》以字画多寡列字，又据《字汇》增加收字数。这两种模式都存在偏旁混杂、分画差错、音训谬误、注释讹舛、本字脱漏等问题，因而《增续大广益会玉篇大全》还有订讹补缺之要务。其所"增续"之字为旧本所无而切日用者，也有讹俗字及经史释典中疑难字。

书名"大全"，盖指冠解部分引《韵会》《字汇》等字、韵之书所含众多典籍例证，其音义证据充分，冠解的做法类似疏证。

第四节　《和尔雅》《日本释名》

《玉篇》在日本经历覆刻、改编、增补，出现了一系列和刻本，甚至产生了《倭玉篇》系列字书。《尔雅》《释名》这些汉文辞书在日本 17 世纪末 18 世纪初也出现了《和尔雅》《日本释名》，汉文辞书日本化达到了新高度。

一、《和尔雅》

《和尔雅》八卷，分天文、地理、岁时、居处、神祇、人伦、身体、亲戚、官职、姓名、衣服、宝货、器用、畜兽、禽鸟、龙鱼、虫介、米谷、饮食、果蓏、菜蔬、草木、数量、言语等二十四类，还有附加杂类。虽名中有《尔雅》，却无《释诂》《释言》《释训》三篇同义词类聚，所分类别也与《尔雅》系统迥异。《和尔雅》的分类系统与《倭名类聚抄》《色叶字类抄》等有几分相似，只是在词语释义上更为细致，且保留汉汉辞书的基本属性而已。

《和尔雅·序》称叔侄二人顷岁辑成《倭尔雅》，以期为"童蒙之指南"。《凡例》也说："此编专为童蒙选辑，故所记之事物惟随方俗从来所熟知者。"可见，《和尔雅》的编纂很有针对性，但全以汉文释义，无疑会给童蒙带来不小的难度。

《和尔雅》所录内容有来自《延喜式》《和名类聚抄》《下学集》者，如日本六十六州之郡名、京师九陌横竖小路名等。日本官职、姓氏的收录也是《和尔雅》特色之一。在附录《杂类》中，《伊吕波本字》《片假字伊吕八本

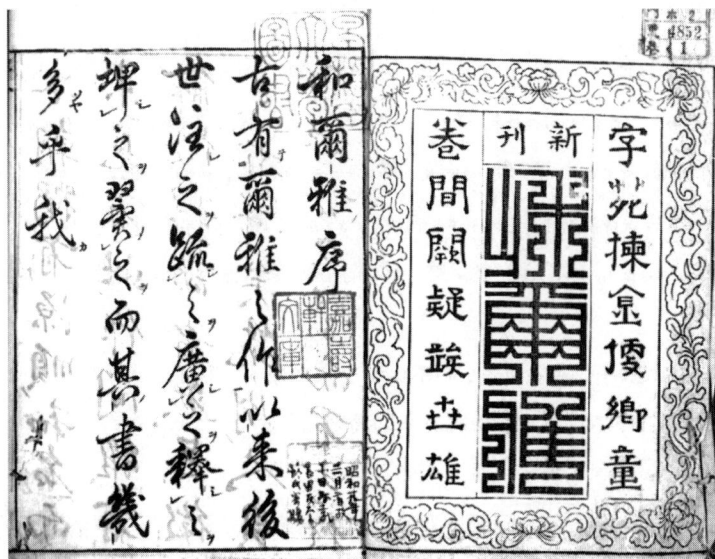

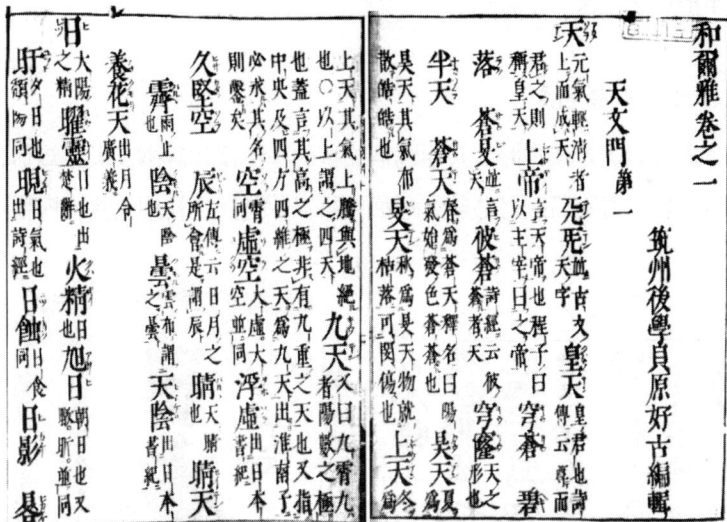

图 3-6　《和尔雅》(1694年刊本，早稻田大学图书馆藏本)

字》《倭俗误训义字》《倭俗制字》《二字相似类》《三字相似类》《四字相似类》《五字相似类》《六字相似类》等篇目都很有特色。如《倭俗制字》列举了后世称作日本国字的字，并给出一定说解，转录于下（用繁体字形以保真）：

迚，宜用衢字。峠，宜用嶺字。扨，宜用然字。働，宜用動字或運字。榊，《日本纪》作賢木，《萬葉集》作神木，《倭名抄》作龍眼木。杣，出于《和名抄》，又《江谈抄》云本朝山田福吉所作也。鵢，宜用金翅鳥字。鰯，宜用海鰮二字。鮱，鯔字佳。鱈，大口魚可也。椙，杉字佳。栬，紅葉字佳。躾，可用禮字。適，天晴字佳，字義見于《舊事本紀》及《古語拾遺》。俤，面影字佳。躮，可用賤息字。籾，穀字佳。糀，可用麴字。込，入也。軈。聢。鑓，可用鎗字。鎹，出于《延喜式》。辻。躻，可用空虛字。躵。

以上數字，倭俗所制，而不出于中華之字書，不可以爲正字。且此外尚倭俗制字甚多，不遑枚記，今取其一二論之爾。

《和尔雅》在倭俗字问题上观念明确，体现了“雅正”与“俗讹”的分立，不乏正本清源之意义。

二、《日本释名》

《日本释名》是江户时代贝原笃信编撰的一部汉和辞书。贝原笃信，字子诚，初号损轩，退隐后改号益轩，通称久兵卫，是江户初期大儒，博物学家。

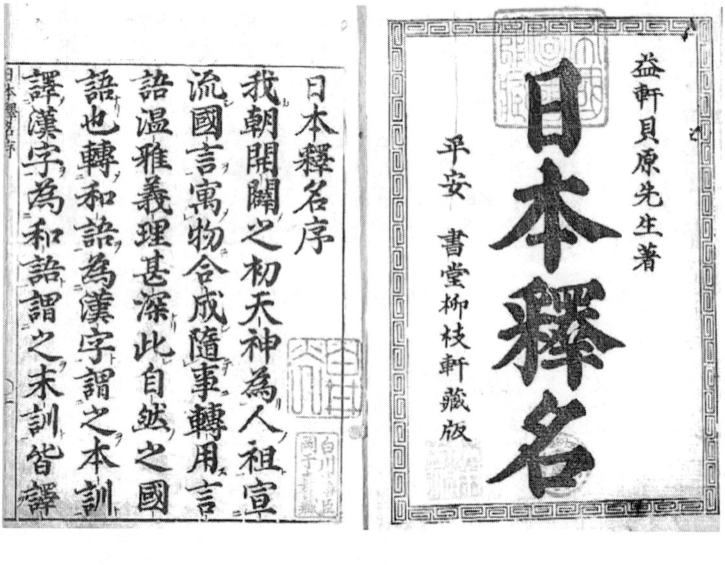
益軒貝原先生著
日本釋名
平安 書堂柳枝軒藏版

日本釋名序
我朝開闢之初天神為人祖宣
流國言寓物合成隨事轉用言
語温雅義理甚深此自然之國
語也轉和語為漢字謂之本訓
譯漢字為和語謂之末訓皆譯

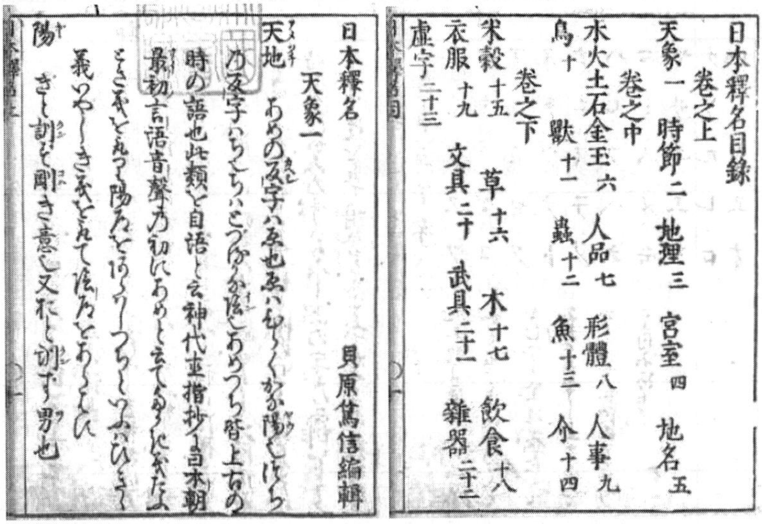
日本釋名目録
卷之上
天象一 時節二 地理三 宮室四 地名五
卷之中
水火土石金玉六 人品七 形體八 人事九
鳥十 獸十一 蟲十二 魚十三 介十四
卷之下
米穀十五 草十六 木十七 飲食十八
衣服十九 文具二十 武具二十一 雜器二十二
虚字二十三

日本釋名
天象一 貝原篤信編輯
天地

图 3-7

《日本释名》三卷，分天象、时节、地理、宫室、地名、水火土石金玉、人品、形体、人事、鸟、兽、虫、鱼、介、米谷、草、木、饮食、衣服、文具、武具、杂器、虚字 23 门，具体各门收词如下表。

表9 《日本释名》词表

23门	收词
天象	天地，阳，阴，神，日，月，星，风，雨，云，雪，霜，雷，烟，雾，冰，霙，岚，时雨，冻雨，东风，日方，南风，西北风，暴风，暴雨，冰箸，梅雨，虹，长庚，牵牛，织女，昴，云井，昙，春日，叆，云の耸，沫雨，五月雨
时节	时，年，春，夏，秋，冬，正月，二月，三月，四月，五月，六月，七月，八月，九月，十月，十一月，十二月，朔，望，既望，晦，朝，晨，夙，昼，夜，晓，宵，一昨日，昨日，今日，明日，明后日，去去下，去年，古，昔，世，昏黑，久，前比，已，未，二十日，甲乙，且开，暮，浮世，何时
地理	东，西，南，北，里，山，川，谷，村，郡，县，国，墓，塚，篱，井，瀑布，池，沟，濑，源，泉，渊，岸，港，波，洋，漪，矶，泻，渚，潮，津，嶋，小路，岳，峰，澳，隈，崎，麓，坂，峡，岫，洞，塞，牧，市，岐，垣，畷，天远鄙，彼方此方，彼地此地，远近，侧，暗路，山际，背向，洲，町，向寄，巅，桥，迫户，衢，邻，田，畠，岨，隅，土堤，岸险，栈

23门	收词
宫室	社，千木，鲣木，岛居，瑞垣，玉垣，丛祠，宫，屋，家，室，位，公，桁张，局，台，宿，楼，门，户，栋，梁，楣，栏，薨，藏，出居，巢，关，枨，厕，城，窻，柱，阶，桁，猿垣，楮柱，鸭居，阖，权首，蘆藿，寺，簀子，床，殿，夜御殿
地名	大和，河内，山城，和泉，摄津，志摩，伊势，叁河，远江，骏河，伊豆，相摸，当陆，近江，美浓，上野下野，陆奥，越前越中越后，备前备中备后，隐岐，淡路，筑前筑后，丰前丰后，肥前肥后，日向，萨摩，壹岐，对马，磁矶嶋，长谷，奈良，大秦，筑紫，大唐，唐，夷，任那，吾嬬，蒙古高句丽，纪伊
水火土石金玉	水，火，炎，焰，塘，炭，土，尘，埃，泥，砂，白粉，瓦，石，玉，细石，金，锡，铅，烟，煤，石灰
人品	人，民，亲，父母，祖父，曾祖父，妻，子，息男，孙，伯父叔父，伯母叔母，继母，兄，弟，弟兄，姊，妹，姪男，姪女，妇，从兄弟，舅，壻，君，后，皇，帝，尊命，宰，圣，儿，吾兄子，吾妹子，彦，姬，贱，乳母，妇人，长，兵，童，我彼，守，助，丞，目，士，孤，物部，宿祢，舍人，吴服部，秦人，靫员，掃部，刀自，医师，尼，盗，仇，囚，鬼，佛，水手，瘡，朝臣，妹兄
形体	头，形，姿，魂魄，腹，背，颊，鼻，目，发，额，咽喉，手，足，掌，肩，肝，心，脾，肺，肾，眼，眸，眉，白发，唇，齿，牙，髭，指，腮，筋，腰，膝，腨，怀，尸，泪，汗，乳，血，涎，津液，疣，阴，小腹，鬓，秃，尻，意，右，左，左右，臀，胸，爪，御发，裸，腕，腋，舌，肘，疵，跟，命，龄，踝，胁，皴，靫，息
人事	仁，义，礼，智，信，真字假字，拜，惠，慎，法，德，敬，学，真似，乐，惩，守，戒，怀，威，教，政，天祚，诏，曰，奉，拱，举，拙，愚，跪，跨，欺，持，詠，孕，疲，袚，祝，宿直，惜，甦，陵，交，从，叛，嫉，积，祈，病，厌，療，剃，帷，兆，罪，健，控，喰，樵，筥，丧，天晴阿那面白，由基主基，殿，声，音，名乘，梦，欲，鹿嶋立，热，尿，粪，膝行，戴，巴，饯，谦，矜，战，静揺，相扑，辱，羨，咕，避，溲，细语，申，诣，帅，諫，送越，迷，石战，谥名，吃
鸟	鸟，鹤，鹰，鹈，鹭，鸢，乌，啄木鸟，鵰，鸼鸫，鹭，雀，鶺鸰，报春鸟，鳳，燕，告天子，梟，觜，求食，尾，翼，秧鸡，鸳鸯，雀鹈，毚，卵，雎鸠，鹄

23门	收词
兽	兽，牛，马，羊，犬，猫，野猪，鹿，羚羊，兔，狼，狐，獭，鼠，鼹鼠，鼬，虎，象，皮，毛，蹄，尾，胶
虫	虫，蚁，蟊，萤，蝉，蚦，蝮，蚊，蚤，虱，螳螂，蝦蟆，蟾蜍，蜈蚣，羞，蜘蛛，水母，蚯蚓，蜻蛉，蜂，蜉蝣，蝙蝠，蜥蜴
鱼	鲤，鲋，鲈，鲷，大口鱼，鱼，鲣，鲽，鳗鲡，海鳗，海鳁，海鳍，鲠，鲊，龙，鳐，鲭，杜父鱼，鲦，鳞鱼，马鲛鱼，章鱼，鱼师，鳜鱼
介	寄居虫，鲍，荣螺，辛螺，贝，蜗蠃，蛏，蟹，蚶，法螺
米谷	稻，粟，米，穗，早稻，晚稻，大豆，绿豆，豇豆，黍，蚕豆，栗，稗，粳，赤小豆，罂粟，荞麦，秕，糠，薏苡，麦，小粉，阿剌吉酒，餐
草	草，竹，蘷麦，红，臙脂，茅花，小竹，艾，凝菜，苇，蔓，蔄，葛，菜，卷栢，筍，莲，葱，胡葱，薯，茎，菊，菠薐，蕈蘼，竹实，莴苣，菖蒲，木贼，蒜，韭，木通，酸浆草，冬瓜，蕈，百合，款冬，芹，苔，薰，油，蓝，葵，紫阳花，鹿鸣草，棘，车前，地锦，海苔，燕子花，蔺，薑，淡婆姑，桃竹，苺，荇，蘘荷，羊蹄，木天蓼，篁，節，藜，菅
木	木，本，末，林，森，桑，花，松，梅，杉，桃，菓，臭橘，桧，蔷薇，合欢，枣，篠栗，栗，毬，柿，椎，贤木，ほけえ，ふづえ，栀，漆，葉，木瓜，蘺枋，常葉，框，楠，荔枝，莽草，木槿，柳，鸡冠木，柴，幹，楚，樱，石榴，榛，五棓子，黄杨，杏子，李，槠子，黄蘗，五加木，胡桃，核，梨，橙，红叶，椮，棣棠花，木栾子，空木，榎，桐，朴
饮食	糁，粽，酒，羹，药，粥，肴，粱，糟，饴，糊，盐，糈，饭，麹尘，秣，馁，胙
衣服	衣，御衣，裳，冠，袴，带，衾，襟，绢，衣，表，袖，绵，袂，绨绅，生绢，衣の裔，胫巾，绫，襷，紬，緫，引出物，浅葱色，萌葱色，麹尘，布，幅，锦，鞋，单皮，鞴
文具	书，笔，墨，砚，机，几，卷，纸，曆，界筭，界，水茎

23门	收词
武具	太刀，锋，剑，刃，鞘，镡，櫑，鎗，刃带金，楯，弓，彇，弦，矢，征夫，筈，鞴，的，柄，鞍，兜鍪，眉券，菎，甲矢乙矢，鞦，鞴，颠宀，镫，靫，鞭，衔，鐼，腹带，钺，药煉，障泥，钎，胫楯，弣，峰刀
杂器	器，财，櫃，棺，车，箸，土产，苞，杓，盂，土器，橐籯，绳，团扇，囊，锲，坏，镜，箴，末那板，纲，鞠，针，御币，席荐，插头，笄，御统，琴，柱，枕，铧，枡，扇，注连，铃，舆，盖，笿，笼，苫，荐，札，簟，镰，胡床，鼓，匙，茶匙，砧，杖，绁，梭，松明，经纬，行李，鱼笱，蒲筥，俵，沓，屐，斧，筏，箱，瓶，环，簾，甄，锯，锄，鐘，行器，锥，汤桶，锁袄，小挟，垂露，一枚，闸，枒，盬，钩瓶，臼，綱，船，匜，尺，簨，桶，竃，杵，澪標，䱥，笏，釜，锅，轮
虚字	富，蓋，宁，殆，はやめ，ちは，故，者，俦，抑，未，初，次，秽，一，二，三，四，十，廿，百，千，万，文，雪の斑，剩，斜，别，而，直，出葉，则，忽，直，恒，都，赜，聊，淳，美，死，自，襄，倾，流，件，青，黄，赤，白，黑，颇，速，ほりきわし，改，遍，跡，恰，味，约，文，古，无墓，区，御，显，浮沉，后，前，后，悉，现，幻，そく，须，干，臭，美，美，酸，苦，甘，辛，鹹，况，光，ユタヱ，约，浓，滞，详，常磐坚岩，可爱，驯染，衰，延，余波，不明，速，神宿，恨，全，噪，怔，偖，齐，云云，寿

　　《日本释名》与刘熙《释名》除书名的关联外，其他几无相似之处。从内容看，《日本释名》像是"倭名类释"或是"色叶字类解"等，依类选取了常用名词（"虚字"部分除外）加以说解，有不少是日语词，如御发、天晴阿那面白、由基主基、鹿嶋立、静搔、相扑、送越、石战、阿刺吉酒、末那板等；有的干脆就用假名表示，如衣の裔、ほけえ、ふづえ、はやめ、ちは、ほりきわし等。

第五节　唐话辞书

　　在汉语语音史上，先秦两汉时的语音称上古音，以《诗经》为代表；魏晋南北朝至唐宋时的语音称中古音，以《切韵》为代表；元明清时的语音称近古

音，元代周德清《中原音韵》成为近古音的代表作。日本对不同时代传入的汉语语音有不同于汉语语音史的分段和分类，六朝时传入的语音称吴音，之前传入的称古音，唐代传入的称汉音，宋元传入的称唐宋音，明清传入的称唐音。广义的唐音也涵盖宋元传入的语音，因而称传入的白话为唐话。

江户时代中期，随着白话小说在日本流行，出现了一系列针对白话小说的辞书，较早的有滥吹子《语录字义》、冈岛冠山《唐话纂要》《唐音和解》《唐语便用》《唐译便览》《唐音雅俗语类》，后有冈崎元轨《中夏俗语丛》、秋水园主人《小说字汇》等。

汲古书院出版的日本古典研究会编《唐话辞书类集》收录《唐话类纂》《胡言汉语》《怯里马赤》《语录释义》《唐话为文笺》《忠义水浒传解》《忠义水浒传钞译》《水浒传批评解》《尔言解》《色香歌》《剧语审译》《唐人问书》《崎港闻见录》《南山考讲记》《常话方语》《唐话纂要》《唐音雅俗语类》《唐译便览》《唐话便用》《两国译通》《唐音和解》《唐音世语》《语录字义》《宗门方语》《碧岩录方语解》《八仙卓燕式记》《徒杠字汇》《俗语解》《明律考》《应氏六帖》《水浒传译解》《忠义水浒传语解》《忠义水浒传语译》《水浒传字汇外集》《公武官职称名考》《词略》《奇字抄录》《杂纂译解》《字海便览》《小说字汇》《训义抄录》《支那小说字解》《中夏俗语薮》《汉字和训》《授幼难字训》《学语编》《粗幼略记》《华语详解》《官府文字译义》《俗语译义》《游焉社常谈》《华学圈套》《译通类略》《译通类略（异本）》《译官杂字簿》《满汉琐语》《杂字类译》《中华十五省》《译家必备》《水浒传记闻》《水浒传抄解》《谚解校注古本西厢记》等63种文献。《唐话辞书类集》所收唐话辞书时间跨度大（涵盖江户中后期至明治早期百余年时间），文献类型多（稿本、抄本、刊本皆有，语辞来源与编排多样）。整体上说，唐话辞书是在白话小说大量传入日本的情况下，为解读白话小说中的特定语辞而编纂的辞书。当然，有的唐话辞书编纂目的是学习唐话唐音。正因为如此，唐话辞书所收语辞的假名注音与传统辞书（如《玉篇》）的注音有所不同，释义也有所不同。

天明甲辰（1784年）刊秋水园主人编的《小说字汇》所收语辞源自《后水

浒传》《金瓶梅》《三国志演义》《五代史演义》《西游记》《后西游记》《痴婆子传》《珍珠舶》《列国志》《笑林广记》《绣摺〔榻〕野史》《欢喜冤家》《封神演义》《凤箫媒》《照世杯》《杜骗新书》《醉菩提》《一片情》《拍案惊奇》《五色石》《云仙笑》《百家公案》《包考〔孝〕肃公案》《有夏志传》《开辟衍义》《古今言》《云合奇踪》《虞初新志》《点玉音》《归梦莲》《禅真逸史》《寒肠冷》《苏秦演义》《禅真后史》《水晶灯》《炎冷〔凉〕岸》《艳史》《梧桐影》《五〔玉〕楼春》《两汉演义》《白猿传》《锦带文》《续英烈传》《笑谈》《清律》《五金鱼传》《定人情》《南北宋则》《注水浒传》《灯月缘》《妍国夫人传》《龙图公案》《春灯闹》《笑府》《俗呼小录》《韩湘子》《隋史遗文》《觉世名言》《琵琶记》《今古奇观》《孙庞演义》《西厢记》《万锦情林》《委巷丛谈》《玉楼春》《醒世恒言》《孤树裒谈》《杏花天》《警世通言》《小说选言》《八洞天》《燕居笔记》《金陵百媚》《西洋记》《俗语难字》《古今小说》《肉蒲团》《平山冷燕》《麟儿报》《西洋历术》《幻缘奇遇》《好逑传》《两交婚传》《详清〔情〕公案》《石点头》《三教开迷》《女仙外史》《玉杵记》《浪史》《狯园》《情史》《艳异编》《传奇十种》《引凤箫》《耳谭〔谭〕》《隋唐演义》《巧联珠》《滑耀编》《春渚纪闻》《连城璧》《一百笑》《阃外春秋》《美人镜》《双剑雪》《两山墨谈》《赛花铃》《侠〔快〕士传》《玉镜新谈》《锦香亭》《风流悟》《荔枝奇逢》《金翘传》《遍地金》《花陈绮言》《东游记》《梦月楼》《僧尼孽海》《南游记》《玉支玑》《怀春怀集》《赛红丝》《凤凰池》《旸谷漫录》《二胥记》《惊梦啼》《西湖佳话》《恋情人》《桃花影》《西湖二集》《阴阳梦》《蝴蝶媒》《混唐后传》《雅笑编》《一夕话》《定鼎奇闻》《生绡〔绡〕剪》《混唐平西录》《女开料〔科〕传》《利奇缘》《聊斋志异》《飞花艳想》《五凤吟》《雅笑篇》《东度记》《情梦折〔柝〕》《会真本记》《玉娇梨》《幻情缘》《昭阳趣史》《画图缘》《绣屏像》《五色奇文》《平妖传》《鸳鸯针》《鼓掌绝尘》《笑的好》《合浦珠》《雅叹篇》《韩魏小史》《醒名花》等 160 部文献（《玉楼春》重出），其中绝大部分是白话小说。所引文献中的《点玉音》《寒肠冷》《水晶灯》《锦带文》《三教开迷》《美人镜》《利奇缘》《惊梦啼》

《幻情缘》《五色奇文》《韩魏小史》等已亡佚。[①]

《小说字汇》是唐话辞书的一个缩影，一方面反映了日本学者在汉语汉字传播中所作出的巨大努力和贡献，另一方面保存了大量古本白话小说的珍贵语辞，在汉语词汇史、方言等研究领域具有不可替代的研究价值。

唐话辞书多为手写本，兹介绍其中几种如下：

1.《唐话类纂》（图3-8）

传世本《唐话类纂》二卷为冈岛援之等人编撰，书末有享保十年（1725年）、元文五年（1740年）、宽保三年（1743年）等书，说明该书历经传写增续，成书于18世纪上半叶。

《唐话类纂》卷一收录二字话（即双音节语辞），偶尔也有一字话。语辞分态艺、宫室、时候、人伦、气形、支体、生植、器材、食服等类别，体现了日本辞书以类相从的编纂传统。但有的分类不够严谨，如象儿、老虎、大虫等动物本应在生植类，却混入了人伦类中。卷二语辞分三字话、四字话、五字话、六字话、七字话、八字话并九字话、十字话、十字以上话，有些语辞已经超出了短句的范畴，如"你若躲在这里保你无虞、这是紧要事情不可迟误、休要慌张再容慢慢商议、措手不及吃他砍了一刀"。更有像短文一般，如"前日有三个车夫牵一个车子，牵到外面去了。守办的人看见了，就骂了一顿。只见前头的车夫不牵车子，后头的车夫不管，推了车子去了，恐怕撞着了去路人，所以骂了一顿。那时，车夫斗笠也不却，手也不曾揖，自像自意走了去，不故此守办的。人恼起来，就把车夫打了一顿。车夫吃了一惊，只得没奈何伏在地上拜了一拜，然后走开去了"。

2.《胡言汉语》（图3-9）

《胡言汉语》三册，编者未详。主要收录通俗词语，按首字笔画多少分类。语词解释多引书证，有《升菴外集》《女仙外史》《警世恒言》《古今奇观》《古今谭槩》《天禄识余》《水浒传》《平妖传》《搜神记》《方言藻》《蜀语》《通雅》《品字笺》《正字通》《陔余丛考》《唐韵》《日知录》《容斋

---

① 孙楷第：《中国通俗小说书目》，作家出版社，1957年，第212—213页。

随笔》《古今原始》《朱子语录》等。如："不牡：《蜀语》云，交情不合谓之不牡。""不对牡：《蜀语》云，言语不合谓之不对牡。"

清代翟灏编《通俗编》收罗通俗语辞、方言及谚语等，分天文、地理等38类，收录语辞5000余条。《胡言汉语》所收语辞与《通俗编》类似，只是编排方法不同，收词也较少。

3.《怯里马赤》（图3-10）

《怯里马赤》，一名《小说字典》，实际是汉日语辞对译。语辞排序以伊吕波为序，及假名音序，使用较为便利。所录语辞不拘一格，既有单音节词，也有如"方面大耳伟干丰躯、放慢绿儿讲话、逢人且说三分话未可全抛一片心"等语段，大体摘抄自白话小说，没有明确选词标准，仅供学习汉语白话之用。

4.《唐话为文笺》（图3-11）

《唐话为文笺》，不分卷，渡边约郎辑撰。先以三字话、四字话、五字话收录语辞，接着分亲族、器用、畜兽、虫介、禽鸟、龙鱼、米谷、菜蔬、果蓏、树竹、花草、船具、匹头、日本货币、数目等类目收录相关语辞，带有明显的摘录性质，只是该书的假名注音及和训较为完备。

5.《尔言解》（图3-12）

《尔言解》一册，不分卷，编者未详。该书以一部、丁部、三部、上部、下部、七部、不部、丈部、亅部又丨部、丶部、丿部、乙部、二部、五部、些部、互部、人部、八部、儿部、冫部、入部、亠部、冂部、冖部、厶部、匚部等部目分列语辞，配以简要倭训。可以看出，编者原是要按字数部首系统编排相关语辞，实际上只有人部收词较多，其余还在草创阶段，应算是一部未完成之作。

6.《唐话纂要》（图3-13）

《唐话纂要》六卷，冈岛援之编辑，享保元年刊（享保三年增补）。卷一为二字话、三字话，卷二为四字话，卷三为五字话、六字话、常言（熟语），卷四为长短话，卷五为亲族、器用、畜兽、虫介、禽鸟、龙鱼、米谷、菜蔬、果蓏、树竹、花草、船具、数目、小曲等内容，卷六为有点四声标注《孙八救人得福》《德容行善有报》，皆配以日语翻译文本。

7.《唐音雅俗语类》（图 3-14）

《唐音雅俗语类》五卷，冈岛援之编辑，享保十一年刊。其书内容并无特别之处，只是每字皆标注官音和平上去入四声。

8.《徒杠字汇》（图 3-15）

《徒杠字汇》十一册，前五册（五卷）为安政七年刊本，后六册为写本。刊本封题云窗先生著，卷一下题谦受卿著。根据云窗金谦受卿的《徒杠字汇·序》，其书"莫论经子史集、诗赋辞章、正籍稗官，凡鸟兽草木同实异名与异实同名、雅言鄙语，随见撰抄焉，译以国字"。全书以词语首字笔画多寡为序，收词极为丰富，比之同类书更为详尽。但兰汀渔人在《跋》中说《徒杠字汇》"比诸向之类部之繁简得其中"，似有诤辞之嫌。

9.《俗语解》（图 3-16）

今本《俗语解》两种，长泽本、静嘉堂本。长泽本五册，手写本，为长泽规矩也收藏。兹以长泽本为例，简要说明其体例。

《俗语解》以伊吕波分部列序，所收语辞较为详尽，如"ハ之部"收有白做、白话、白吃、白想、白痴、白醒、白送、白嘈、白赖、白拿、白放、白丧、白道、白食、白煮、白描、白丁、白身、白屋、白席、白撞、白战、白扑、白醵、白殕、白酒、白菓、白糖、白绢、白打、白掉、白地、白白地、白日撞、白撞贼、白日鬼、白花花、白薜薜、白生生、白馥馥、白鲛皮、白落布、白襕净、白秃疮、白毫笔、薄福、薄媚、薄億、薄情、薄倖、薄俭、薄东、薄酌、薄醉、薄饼、怕羞、怕婆、怕痒树、怕杀、剥了、剥去、朴素、朴实、仆水、仆倒、伯劳飞燕、伯叔、伯姆、伯娘、伯伯、拍马、博、博山、舶商、模糊、迫胁、帕子、逼勒、蓦地、蓦面、蓦突突、蓦然、蓦生生、闯行、闯寡、蛮子、蛮皮、蛮法、蛮理、蛮话、蛮哭、蛮弄、蛮骂、蛮性、蛮力、蛮气力、盘诘、盘下、盘问、盘驳、盘缠、盘费、盘上、盘膝、盘斗、盘线花、盘陀石、盘坡、盘运、搬运、搬移、搬口、搬调、搬捧、搬兴、搬是非、搬戏、般般、半点、半把、半晌、半东、半子、半边、半霎时、半路上、半眠半坐、半生半熟、半信半疑、半吞半吐、半三半四、半二半三、拌倒、拌料、绊翻、绊住脚、绊马索等 500 多个词语。

10.《授幼难字训》（图 3-17）

《授幼难字训》三卷，井泽长秀编撰，享保十二年刊本。《授幼难字训》语辞来源复杂，按伊吕波顺次为序（实际是以和训为序），汉语词旁注和训，下注文献来源。《授幼难字训》收词不拘，亦有特色，如"卜"类收春首、分岁、别岁、传生酒、节酒、一个周旋底人、一时闻人、富骨、殊色、绝代色、出世色、名状、老妇、少小时、奇丑、时听、更点、当直、止宿、宿还、上直止宿、亲邻、客路、行囊、路粮、口粮脚力、灯市、去处、通行、处中流、八面受敌、那里去、那里去寻、安眠、安寝、熟睡、熟眠、熟寐寱言、熟习、满分、正分、一场闲话说、一场好笑、一场儿戏、纷纷外议、嫌私加爱、狂游戏谑、泥醉、消释、消铄、融液、望张、淫荒、淫秽、喜淫、纵淫、懵懵懂懂的、笑乐、园、几间、扇举、赌跳、傥来、喊声、呐喊、喝嗾、新凶、扣击户、闭塞勿发通、解鸟语、教飞禽、殒、漫尔、寒粟［栗］遍体、迂路、作何等气、非时甘菓、岁宴等语辞。

井泽长秀还编有《汉字和训》八卷，按天文、地理、岁时、居处、人物、身体、亲戚、衣服、宝货、器用、畜兽、禽鸟、鱼虫、米谷、饮食、果蓏、菜蔬、草木等分类列词。

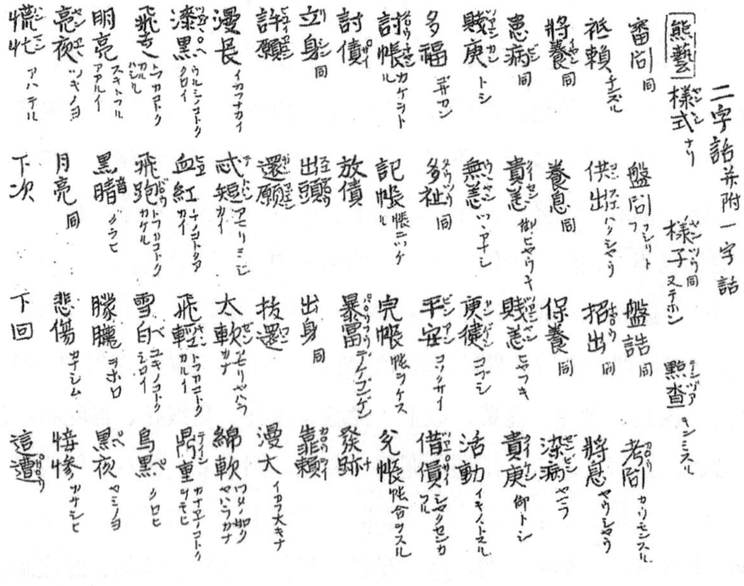

图 3-8

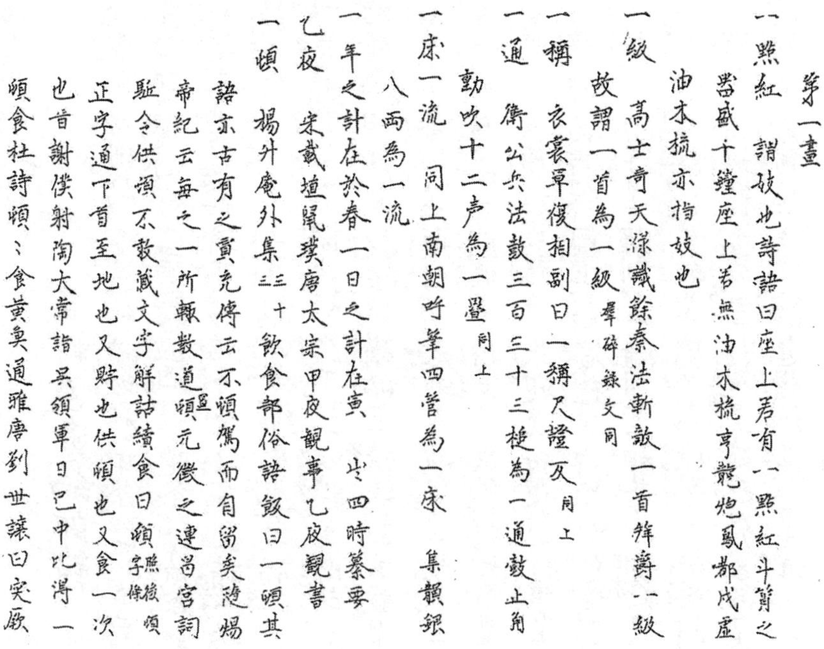

第一畫

一點紅　謂妓也　詩語曰座上若有一點紅斗賡之
器盛千鐘座上若無油木梳亦指妓也
油木梳亦指妓也

一級　高士奇天祿識餘奏法斬敵一首辞爵一級
改謂一首為一級　晕碎錄文同

一稱　衣裳單復相副曰一稱　尺證反　同上

一通　傳公兵法數三百三十三梃為一通鼓止角
勒吹十二声為一疊　同上

一床　同上南朝呼箏四管為一床　集韻銀
八兩為一流

一流

一年之計在於春一日之計在寅　少四時纂要
乙夜　宋葳埴鼠璞廣太宗甲夜觀書乙夜觀書
一頓　揚升庵外集三十飲食部俗語飯曰一頓其

語京古有之賣完傳云不頓駕而自留美隨煬
帝紀云每之一所報數道頓元徵之連昌宮詞
駈令供頓不敢葳文字解詁績食曰頓煠係頓
正字通下首至地也又野也供頓食一次
也昔謝僕射陶大常詣吳領軍曰已中比得一
頓食杜詩頓二食黃豐通雅唐劉世讓曰突厥

图 3-9

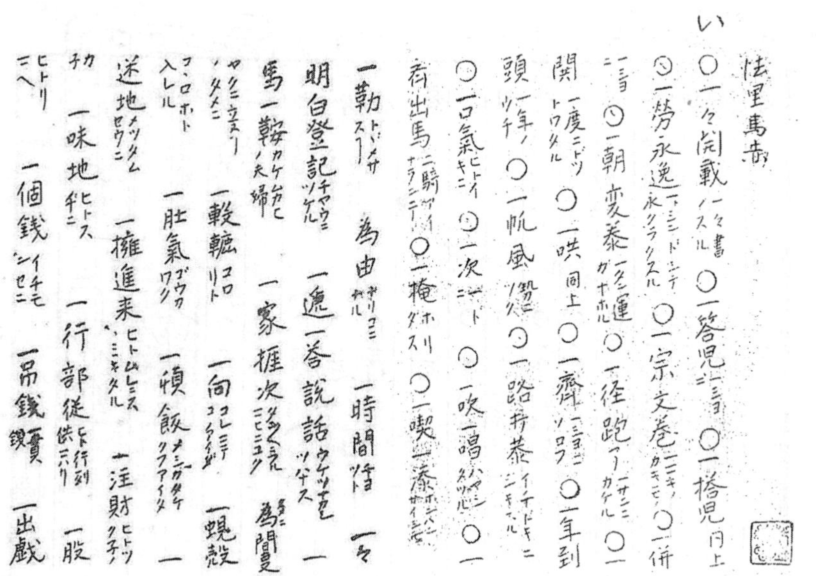

法星馬击

い　○一々同載　○答兒
○一勞永逸　○宗文卷　○一佾
○一朝一変泰　○一運
○関一度　○一径
○一言　○一哄同上
頭　○一帆風處　○一路荷茶
○一氣　○吹鳴
○一喫茶
商出馬　○一掩
一勤　為由　○一喫茶
明白登記　一時間　○
写一鞍　一遍一答説話
一家框次
送地　一肚氣　一蜆殼
一味地　一傾飯
一行部從　一注財
一擁進来
一個錢　一股
一帛錢貫　出戲

图 3-10

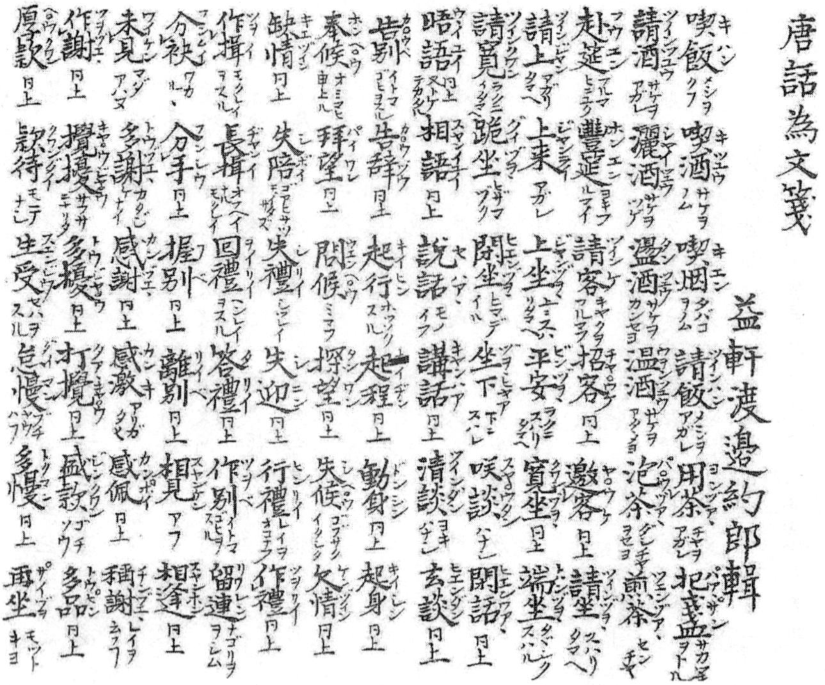

唐話爲文箋

益軒渡邊約郎輯

喫飯　喫酒　喫烟
請酒　麗酒　溫酒　溫酒
赴延　豐延　溫酒
請覧　跪坐　請客　招客　邀客
晤語　相語　開坐　上坐　上坐　平安　寛坐　端坐
告別　起行　走程　勤身　起身
奉候　問候　挨候　失候　欠情
失陪　失禮　失迎
缺情　長揖　作別　留連　作禮
作揖　回禮　離別　覿
分袂　握別　覿　相逢
未見　多謝　感激　感佩　稱謝
作謝　打攪　盛款　多品
厚款　款待　生受　怠慢　多慢　再坐

图 3-11

爾言解頤集

一道　一遄　一體　一覺　一撤　一劇　一遍　一掉　一帶　一定　一接　一代　一垣　一攅　一時

明治十五年購求

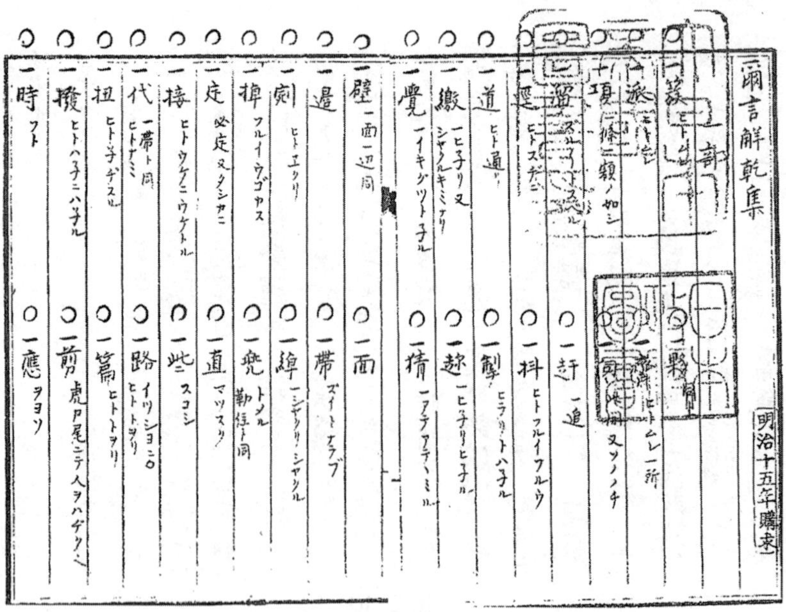

图 3-12

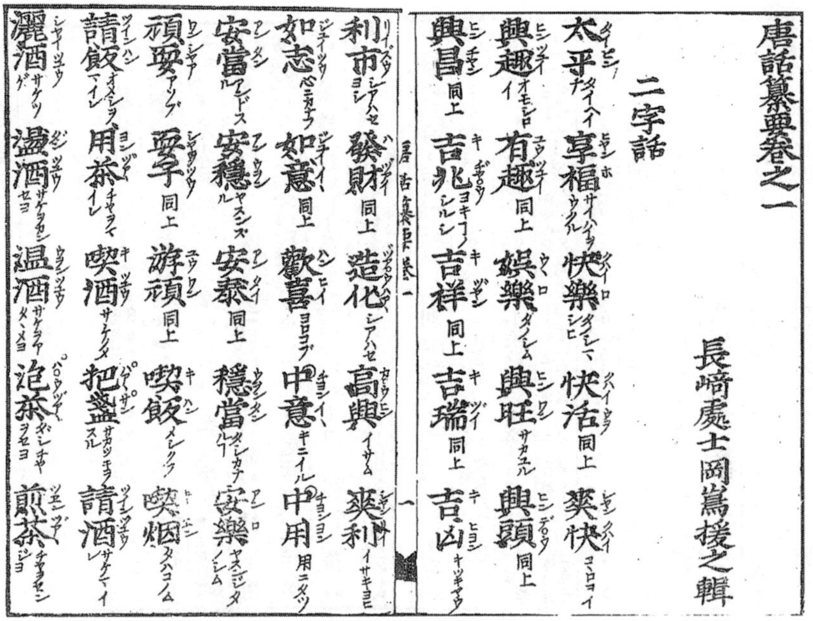

唐話纂要卷之一

二字話

長崎處士岡嶋援之輯

太平　享福　快樂　快活　藥快
興昌　吉兆　吉祥　吉瑞　吉凶
興趣　有趣　娛樂　興旺　興頭
如志　如意　造化　高興　爽利　中用
利市　發財
安當　安穩　安泰　穩當　安樂
頑要　游頑　喫酒　把盞　喫飯　喫烟
請飯　用茶　喫茶　請酒
麗酒　盪酒　溫酒　泡茶　煎茶

图 3-13

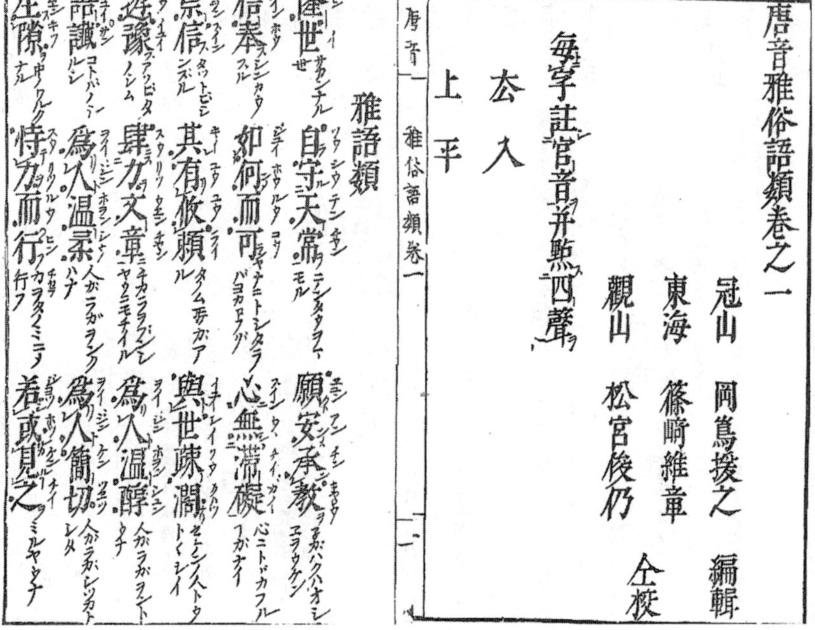

唐音雅俗語類卷之一

每字註官音并點四聲

太入
上平

冠山　岡嶋援之　編輯
東海　篠崎維章
觀山　松宮俊仍　仝校

雅語類

隆世　自守天常　願安承教
信奉　如何而可　心無滯礙
祭信　其有攸願
遊豫　與世疎潤　為人溫醇
語識　肆力文章　為人溫涼
生隙　特力而行　若或見之

图 3-14

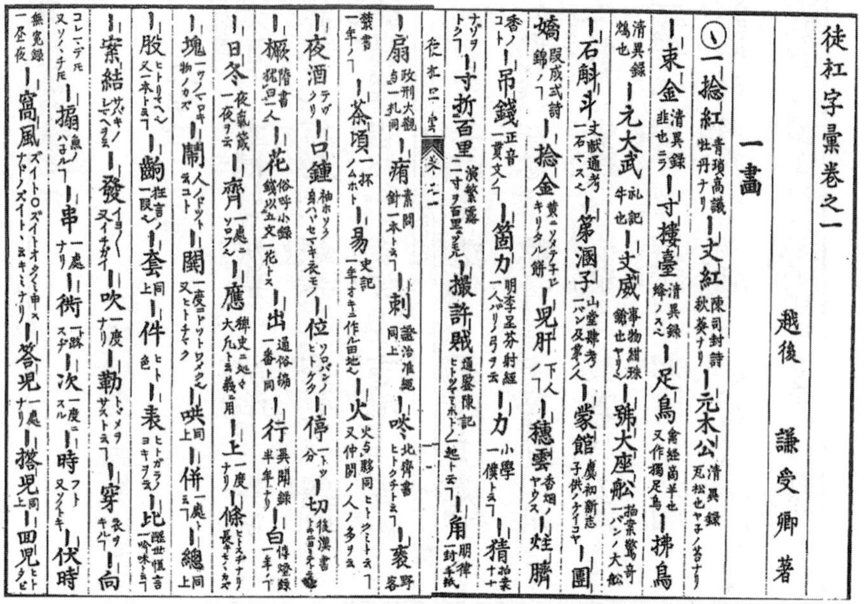

徒杠字彙卷之一

越後　謙受卿著

一畫

图 3-15

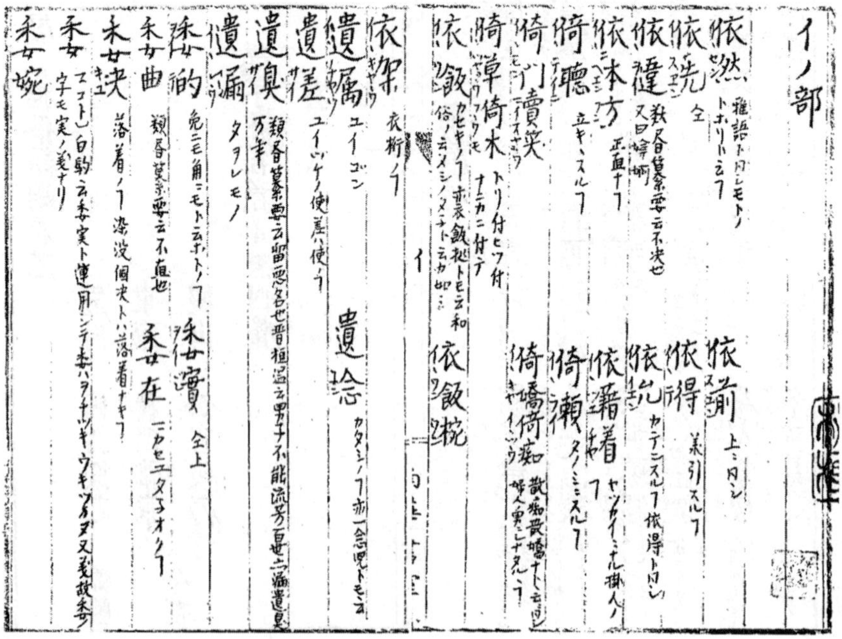

イノ部

图 3-16

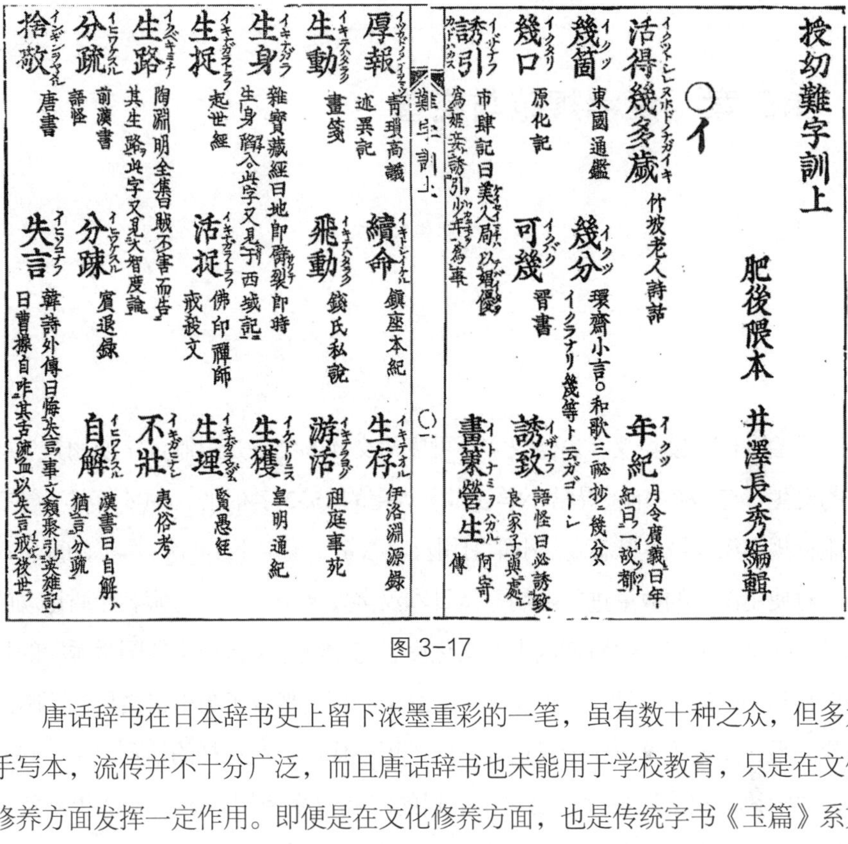
授幼難字訓上

肥後隈本　井澤長秀編輯

○イ

活得幾多歳　竹披老人詩話　年紀　月令廣義曰年紀曰一歲都

幾箇　東國通鑑　幾分　環齋小言。和歌三祕抄ニ幾分。イクラナリ幾度等ト云ガゴトシ

幾口　原化記　可幾　晋書　誘致　語怪曰必誘致

誘引　市肆記　畫策營生　傳

生存　伊洛淵源録　續命　鎮座本紀　厚報　青瑣高議　述異記

游活　祖庭事苑　飛動　錢氏私誌　生動　畫筌

生獲　皇明通紀　生身　雜寶藏經

生理　賢愚經　活捉　佛印禪師戒殺文　生捉　起世經

不壯　夷俗考　生路　陶淵明全集

自解　漢書曰自解　猶言分疏　分疎　賓退録　分疏　前漢書　語怪

失言　韓詩外傳　捨教　唐書

图 3–17

唐话辞书在日本辞书史上留下浓墨重彩的一笔，虽有数十种之众，但多为手写本，流传并不十分广泛，而且唐话辞书也未能用于学校教育，只是在文化修养方面发挥一定作用。即便是在文化修养方面，也是传统字书《玉篇》系文献的主阵地。从另一个角度看，唐话辞书的出现与传播对日语中业已存在的汉字词产生了较大冲击，尤其是读音方面，江户中期以前经过近千年所接受下来的音训到了江户中期时面临着新的变数，字还是原来的字，但读音的改变，字与字的组合也产生海量的新语辞，所有这些都会让江户中后期的文化界感到难以适应，以至于酝酿出了废除汉字的声音。

第四章　汉字规范与完善

　　明治时代的废除汉字论与汉字不可废论交锋的结果是限制汉字使用数量政策的诞生，与 1887 年《寻常小学读本》规定的 1532 字相比，1905 年《小学校令施行规则第 3 号》则缩减了小学习用汉字数量，规定小学四年学习 1200 个汉字。对使用汉字的数量进行限制，是日本汉字发展史上真名与假名矛盾运动的结果，既反映了江户中后期以来的文化反思与觉醒，又体现了"国学派"的思想根基和文化追求。日本使用汉字一千多年的历史形成了与中华文化割不断的血脉关系，注定了汉字作为日语标记的不可替代性。在这样的情形之下，1934 年，"国语审议会"成立，沿袭了一贯的限制汉字使用政策。1942 年制定了"标准汉字表"，涵盖"常用汉字"1134 字，"准常用汉字"1320 字，"特别汉字"74 字。1945 年，"国语审议会"再次审视汉字存废问题。几个月后，即 1946 年 3 月 31 日，美国教育使节团劝告日本政府把罗马字作为日本文字。这一主张刺激了日本政府的敏感神经，反而唤起了民族意识，在 1946 年 11 月 16 日公布了"当用汉字表"。一方面委婉表达了政府的文字态度，另一方面又把"当用"当作是解决汉字问题的过渡性处理方式，可谓左右逢源，用心良苦。"当用汉字"1850 个汉字排除了固有名词的汉字，副词、连词、代词等也尽量不用汉字，动植物名词也大多不用汉字，疑难字及构词能力不强的汉字也予以舍弃，给日本人民的文字生活带来种种不便。另一方面，1850 个字对于义务教育用字来说已是负担过重，于是日本政府在 1948 年 2 月颁布了"当用汉字别表"881 字。"当用汉字表"与"当用汉字别表"因选字的原则和依据不同而

存在诸多矛盾之处，再加上报刊媒体用字难以限定在 1850 字以内，表外汉字与表内汉字使用混乱，修订"当用汉字表"的呼声越来越高，终于促成了"当用汉字表补正案"，并在 1954 年 4 月 1 日正式实行。但是，"补正案"因未能在学校推行而导致日本社会用字更为混乱。这种混乱还表现在人名用字上，因人名用字也要限定在 1850 字以内，招致国民不满，甚至因名字用表外汉字而与政府机构就《户籍法》的规定打官司。1951 年 5 月通过了"人名用汉字别表"，在 1850 字之外，增补了 92 个汉字。

可以说，20 世纪上半叶，日本一直就汉字的规范使用不停地出台各种政策，在限制汉字使用数量的前提下，不断协调各方所需，却也在各种规范政策轮番袭击中无所适从，日本汉字的有序使用还有很长的路要走。

第一节　汉字存废之争

汉字传入日本源自中日政治文化交流，用汉字作为文字标记是古代日本的主动选择，也是唯一选择。以汉字为载体的中国传统文化在日本社会政治、宗教、语言、教育等各领域发挥主导作用，形成了东亚文化共同体。在共同体中，中国社会政治、宗教、语言等领域的变化会直接影响到日本，如朝代更迭、宗教兴衰、语音变化，甚至是学术变革，都能引起日本社会相应的变革。

17 世纪初，明朝政治废弛、宦官专权、边患严重，最终导致清军入关，大明败亡。日本也在这个时期开始了武人当政，进入幕府时代。此后，中日两国不约而同地选择了闭关锁国，这个政策与其说是断绝经济贸易，还不如说是抵制文化入侵，或者说是在中西文化碰撞中采取了消极回避策略。日本幕府政权驱逐基督教信徒，把荷兰人、西班牙人限制在长崎。南明将军郑成功则把荷兰人赶出了台湾。

在政治上驱除鞑虏的同时，学术上追根溯源成为主流。明朝遗老顾炎武首倡上古音研究，著《音学五书》，创建了清代学术研究路径，也为清代学术繁荣奠定了方法论基础。这一古音研究的方法也被日本学者借鉴并用于国语研究，日本国学家本居宣长著《古事记传》，试图通过《古事记》《万叶集》等古文

献复原"大和语"。当然，本居宣长的观点引起上田秋成等学者的激烈辩论，他关于吴音、汉音、唐音的观点也是遭到了荻生徂徕等人的批评。[①] 其实，本居宣长并不是独行侠，复古主义代表人物还有契冲、荷田春满、贺茂真渊等，主要是在文体上复古，文字标记则主张尽量用平假名。这其实在一定程度上与荷兰文化影响下所萌生的文字变革想法相一致。

锁国与复古阻挡不了坚船利炮与文化冲突，继鸦片战争之后，1853 年，美国东印度舰队司令柏利率领舰队闯进江户湾，后迫使日本签订《日美亲善条约》。1858 年以后，俄、英、法、荷等国也迫使日本订立通商条约，神奈川被辟为开放港口。

伴随着通商与贸易而来的是文化导入与传播，世界近代史上的西学东渐，动摇了传统"华夷"观念，在江户时代末期的日本催生了文化觉醒与反思，国语国文问题成为热点，一方面是西方人对汉字的鄙视与讥讽，另一方面是接触过荷兰文的日本人也认可西方人对汉字的看法。在亟待谋求进步与发展的日本随即出现了汉字废除论，其代表人物是前岛密。

前岛密有一定的西学素养，曾学习兰学医学，也曾在西式学校中教授过兰学。1866 年 12 月，前岛密向德川庆喜献上建议书《汉字御废止之义》。前岛密认为国家之大本在于教育，教育对象应该是所有国民。为普及教育，应尽可能使用简单的文字书写文章，仿效西洋诸国用音符字（假名字）进行民众教育，以期在公、私文章中逐步废止汉字。[②]

前岛密的建议书并未收到回复，这与幕府时期的汉文复兴不无关系，但前岛密提出的谈话笔录体文章（即言文一致）引起大批学者的兴趣，也具有国语国文运动的启发意义。进入明治以后，前岛密仍坚持走废除汉字道路，发表了《兴国文废汉字议》《国文教育实施的方法》等建议，成为日本近现代国文改良史上举足轻重的人物。

汉字废止论也引起日本各界的广泛讨论，其讨论的主阵地便是《明六杂

---

① 小森阳一：《日本近代国语批判》，陈多友译，吉林人民出版社，2003 年，第 13—16 页。

② 安田敏朗：《汉字废止的思想史》，平凡社，2016 年，第 49—50 页。

志》。汉字废止，用什么文字标记日语，社会上出现了不同的主张，主要有假名标记论、罗马字论、神代文字论等。

1869年，国语学家柳河春三灶提出"假名标记"的主张。此后，前岛密发行《每日平假名报纸》，将平假名标记日语付诸实践。1882年，《军人诏敕》发布后，主张表音主义的师范教育"伊吕波会"、庆应义塾系列"伊吕波文会"、古典文献学派"假名之友会"纷纷成立，并于次年合并为"假名会"。[①]

假名标记面临着大量同训难以区分的挑战，用平假名即便是翻译英语也难以应付。于是，罗马字也成了选择。1872年，森有礼主张用简略英语取代国语，西周、外山正一等人纷纷响应。1884年，"罗马字会"成立，会刊《罗马字杂志》，该会鼎盛时会员6876名。[②]"罗马字会"于1907年刊行的《国字问题论集》收录了泽柳政太郎《国名的一大问题》、上田万年《今后的国字》、白岛库吉《文字的优胜劣败》、南条文雄《一国字和万国字》、藤冈胜二《汉字与假名同罗马字的比较》、前岛密《汉字排斥的理由》、樋口勘次郎《罗马字采用论》等文章，作者有政治家、教育家、学者、作家等，足见"罗马字会"广泛的社会影响。[③]

"罗马字会"虽盛极一时，但其衰败也是必然。首先，汉字汉文已经浸润到日本贵族文化的血脉之中，汉字标记仍然得到尊崇。其次，罗马字标记不但难以解决汉字语辞问题，就连"言文一致"也做不到，具有较大局限性。

在"假名会"与"罗马字会"主流声音里，也出现过"神代文字采用论"异响，虽"神代文字"最后被证伪，但还是在日本近代文化史上留下了明显的印记。

汉字废止论者想尽办法贬斥汉字，甚至以科学的名义排斥汉字，心理学家田中宽一甚至给出了汉字抑制科学发展的证明，但仍然阻止不了汉字废止论批判者的脚步。《国学院杂志》刊出《汉字废止论批判》特集，称汉字废止论是"好事家"的"浅见短虑"，是从"功利的经济的教育观"出发得出的"一知半

---

① 小森阳一：《日本近代国语批判》，陈多友译，吉林人民出版社，2003年，第102页。

② 安田敏朗：《汉字废止的思想史》，平凡社，2016年，第54页。

③ 安田敏朗：《汉字废止的思想史》，平凡社，2016年，第82—83页。

解"的结论。汉字废止论批判代表人物有市村瓚次郎、高桥龙雄、泽田总清、松尾舍治郎、小柳司气太、今井时郎、小野祖教、藤野岩友、饭岛忠夫、今泉忠义、森田铁三郎、尾崎久弥等。①

与前岛密废止汉字的过激观点相比，也有温和派的"限制汉字"提法，这种提法的代表人物是日本近代启蒙思想家福泽谕吉。福泽谕吉其实是典型的"脱亚论"者，他把中国和朝鲜贬斥为具有"恶德"的"恶邻、恶友"，已经"大不幸"的日本应"脱亚入欧"，以"西洋文明"的"智"取代"东洋儒教"的"德"。②在汉字问题上，福泽谕吉在他的《文字之教》一书中认为古往今来的全国日用书写都是汉字，因而废止汉字会有不便之处。但也不是束手无策，可以减少使用疑难字，把汉字使用量控制在两三千字。福泽谕吉观点的实质是分阶段逐步废止汉字。③1873 年，福泽谕吉出版了他的《文字之教附录》，他选定的汉字表有 928 个汉字，远少于他把汉字使用量控制在两三千字的设想。

福泽谕吉的"限制汉字"在一定程度上得到了官方认可，1940 年 5 月，《兵器用语集》出版，使兵器名称简易化，陆军省技术本部总务部第三课长大村龟太郎提案把陆军兵器用语限制在 500 字内。④日本战败后的汉字政策基本上没有脱离限制汉字使用的方针。

伴随汉字存废论争的还有"言文一致"问题，这个问题一直是日本借用汉字后的一个隐痛。在用字上有真名与假名的不同，在文体上有汉文体与和汉混合文体的差异，二者此消彼长，始终处在动态平衡中。无论是达到平衡还是打破平衡都主要与知识阶层相关。

首先是作家群体，他们对语言文字的把握相对娴熟，受"唐话运动"影响大，文学作品中往往含有大量的来自明清白话小说的语辞。这种有卖弄学问之嫌的作品不仅难倒了读者，也将日语引入到新的不平衡状态。以尾崎红叶为首的"砚友社"的作家群被堺枯川指斥为"麻烦制造者"，但堺枯川在《言文一

---

① 安田敏朗：《汉字废止的思想史》，平凡社，2016 年，第 185—187 页。
② 韩东育：《福泽谕吉与"脱亚论"的理论与实践》，《古代文明》2008 年第 4 期。
③ 土屋道雄：《国语问题论争史》，玉川大学出版社，2005 年，第 42—43 页。
④ 安田敏朗：《汉字废止的思想史》，平凡社，2016 年，第 196—197 页。

致事业和小说家》一文中分析了具体原因：一是汉字能补充日语中的言不尽意之处，同时也能增添日语的"视觉效果"。二是汉字能突破方言限制，持不同方言的人都能通过汉字领会大意。三是汉字和日语经过一千多年的磨合，已经达到了极富美感的和谐。[①] 其实，不光是"砚友社"作家，当时有名的作家如岛崎藤村、二叶亭四迷等也都大量使用汉字。之所以如此，一方面是与"唐话运动"有关，另一方面就是与大量翻译西方新词有关。

在翻译西方新词方面，福泽谕吉也做出了贡献，如"演说、政治、经济、外交"等。尤其是"演说"，竟成为他"言文一致"主张的践行手段。

福泽谕吉自 1873 年起在明六社进行一系列演说，演说文章在《明六杂志》上发表，形成新型文章模式。[②] 随后，西周、津田真道、西村茂树等人纷纷效仿，把自己的演说写成口语体文章在《明六杂志》发表。[③] 这种更接近口语体的书面语逐步得到社会认可，以至于"不在汉字旁边注日文假名读音的汉文调"政论文章还需要经过"报刊解说会"的加工解说成演说场合的语言形态，才能被民众接受。这种情形有些类似于文言文与白话文的关系，文言文只有知识分子读得懂，而一般民众则倾向于阅读白话文。

同时，在文字标记使用上，无论是罗马字还是假名，都无法直面明治以来从西方文明翻译过来的大量的双音节汉字词。若没有汉字字形的参与，那些双音节汉字词的意义便失去依托，因而废止汉字会使得日语缺乏表现力。

可以说，演说体文章在"言文一致"方面做出了尝试，也间接为民权运动注入了活力。但这种活力不久就遭到遏制，1882 年的《军人诏敕》全面否定了幕府时代的武人政治，使政体、国体得以回归。1889 年的《教育诏敕》更是恢复古制，重新把东方文化中的"德"提高到前所未有的高度。

《教育诏敕》曰："朕以为，我皇祖皇宗立国之初便立德深厚……待友以

---

① 齐一民：《日本语言文字脱亚入欧之路——日本近代言文一致问题初探》，知识产权出版社，2014 年，第 113—114 页。

② 与福泽谕吉在废除汉字首先限制汉字用量的温和做法相似，他的"言文一致"下的"口语体"仍保留着旧文体的语法结构，只是在用词上不再像平安时代那样古雅。

③ 小森阳一：《日本近代国语批判》，陈多友译，吉林人民出版社，2003 年，第 30—33 页。

信，以恭俭自持，博爱及众，修学习业，以启智能，以成德器……朕期望，尔等臣民一同，以拳拳之心，服膺此道，以弘扬其德。"[1]

一方面是近代思想启蒙，国文改良探索，民权意识苏醒；另一方面是《军人诏敕》《教育诏敕》发布，复古色彩强烈。汉字的存废还在论争之中，而军国主义逐渐显现。

第二节 汉字政策的演进

江户末以降的半个多世纪里，废除汉字的呼声从未中断。甚至在日本侵华战争期间，文部省大臣平生釟三郎老调重弹，以可以缩短义务教育年限和节省政府教育开支为由提倡废除汉字。但在政府政策层面，废除汉字并未提上日程。明治四十五年（1912年），后藤朝太郎《从教育看明治的汉字》、林勇《教坛上的汉字》出版，讨论了汉字教学的方法问题，如利用音符法教授"高、嵩、嚆、稿、犒、镐、敲、膏、藁，夭、笑、乔、桥、娇、矫、轿、荞"等。[2]

大正八年（1919年）十二月，文部省普通学务局发表《汉字整理案》。大正十二年（1923年）五月，临时国语调查委员会发布"常用汉字表"，总字数1962字。而当时的小学国定教科书汉字使用数1360字，振假名汉字362字，课外读本教科书652字，几项合计2380字，其中1781字为常用字。[3]

昭和六年（1931年）五月八日，临时国语调查会对大正十二年的"常用汉字表"进行了修订，增补45字（其中20字为《教育诏敕》中用字），删除"辉、循、效、但、须、赦、辅、弘、顷、鸟、狼、忽、悦、谓、谊、颁、寡、宇、只、又、迄、页、云、勺、狐、狸、猿、猪"等字。

昭和十二年（1937年）十一月，国语审议会在大正十四年发布的《字体整理案》的基础上提出《汉字字体整理案》，决定以《康熙字典》字体为依据，遵循习用、简便原则整理汉字字体。第一种文字被指定的是"乱、双、属、虫、

---

① 转引自小森阳一：《日本近代国语批判》，陈多友译，吉林人民出版社，2003年，第73页。
② 土屋道雄：《国语问题论争史》，玉川大学出版部，2005年，第132—133页。
③ 土屋道雄：《国语问题论争史》，玉川大学出版部，2005年，第150页。

蚕、蛮、变、献、辞、铁、齿、龟、塩、号、点、関、断"等 743 字。第二种被指定的有"台、弁、旧、声、体、医、辺、欠、学、実、区、応、条、当、発、写、仏"等 299 字。[①]

昭和十七年（1942 年）三月，国语审议会发布"标准汉字表"，常用汉字 1112 字，准常用汉字 1346 字，特别汉字 71 字，合计 2529 字。六月，又调整为常用 1134 字，准常用 1320 字，特别 74 字，合计 2528 字（其中简体字 142 字）。[②] 常用汉字是指与国民日常生活关系密切且使用频繁的字，准常用汉字是指与国民日常生活有一定关系但使用频度低的字，特别汉字指宪法、诏敕等使用且在常用字、准常用字以外的字。"标准汉字表"还规定代词、副词、连词、助动词等以假名标记，外国（伪满洲国、中华民国除外）地名、人名等原则上以假名标记。

昭和二十年（1945 年）十二月十七日至二十一年四月八日，汉字主查委员会经过 14 次会议讨论拟定常用汉字 1295 字。在随后半年多的时间里，委员会又举行多次会议，有委员提出科学技术方面的用字不足，也有委员提出新闻出版实际使用的 4200 字大大超限，还有委员指出宪法中有的字不在这 1295 字之列。昭和二十一年十月十六日，委员会选定当用汉字 1850 字。十一月五日，国语审议委员会第十二次会议上 71 名委员中只有 46 票赞成，而且这 46 票中还有 14 票是根据委托书投的票（实际在场投票的只有 32 名委员）。[③] 比起汉字主查委员会拟定的 1295 个常用汉字，"当用汉字表"增加了数百字，这区区数百字也是各方力量博弈的结果，坎坷中诞生的"当用汉字表"为日后进一步修订埋下伏笔。

昭和二十一年（1946 年）十一月十六日以内阁训令、内阁告示的形式发布"当用汉字表"（字表内 1850 字），同时发布的还有"现代假名用法"。之所以用内阁训令、内阁告示形式发布，可能与日本政府之前接到美国教育使团把罗马字作为日本文字的建议有关，但这种做法竟成为日本后来汉字政策发布的常

---

① 土屋道雄：《国语问题论争史》，玉川大学出版部，2005 年，第 190—191 页。

② 土屋道雄：《国语问题论争史》，玉川大学出版部，2005 年，第 210 页。

③ 土屋道雄：《国语问题论争史》，玉川大学出版部，2005 年，第 226-227 页。

规形式，也可见汉字问题实在关乎日本社会诸多方面，非自上而下推行不能奏效。文字的问题定了，文体也随之而定，即汉字和假名混合体得以确立下来。

在"当用汉字表"发布前后的几个月时间里，以安藤正次为委员长的义务教育用汉字主查委员会自昭和二十一年十月至二十二年八月召开了33次会议，拟定"当用汉字别表"881字。这881字主要是从"当用汉字表"中选出，用于义务教育汉字。"当用汉字别表"中收录有少量的"当用汉字表"中决定用假名标记的动植物名称，如犬、牛、馬、魚、貝、蚕、竹、麦、菜。对于两表的矛盾，国语审议会给出的解释是有关当用汉字的假名标记的方针不适用于义务教育汉字。①

以山本有三为委员长的音训整理主查委员会自昭和二十一年十二月至二十二年九月召开了29次会议，拟定"当用汉字音训表"。国语审议委员会第十三次会议通过了"当用汉字别表"和"当用汉字音训表"。昭和二十三年二月十六日以内阁训令、内阁告示形式发布"当用汉字别表"（教育汉字）和"当用汉字音训表"。②

"当用汉字音训表"中只有一音的785字，一音一训的786字，一音二训64字，一音三训3字（初、小、竝），一音四训1字（上），只有二音的59字，二音一训90字，二音二训23字，二音三训2字（明、重），二音四训1字（生），二音五训1字（下），三音一训4字（分、宫、石、纳），三音三训1字（行），只有一训的29字，只有二训的1字（畑）。③这个音训表中只用于训读的汉字30字，只用于音读的汉字844字，音训两用的汉字976字。音训表中对既、必、全、若、及、并等副词、连词的训读与"当用汉字表"规定的用假名标记副词、连词相矛盾，④以至于"当用汉字音训表"与"当用汉字表"的关联性出现问题。

昭和二十二年（1947年）七月，为统一印刷用字、教科书用字及一般社会

---

① 洪仁善：《战后日本的汉字政策研究》，商务印书馆，2011年，第42页。

② 土屋道雄：《国语问题论争史》，玉川大学出版部，2005年，第233页。

③ 土屋道雄：《国语问题论争史》，玉川大学出版部，2005年，第234页。

④ 洪仁善：《战后日本的汉字政策研究》，商务印书馆，2011年，第65—71页。

用字的字形，减轻教育负担，由 20 名新闻出版和官员组成的活字字体整理协议会设立，至二十三年五月，经过多次会议，拟定了"当用汉字字体表"。六月一日，国语审议委员会通过，文部省以内阁训令、内阁告示形式发布。

这个字体表与昭和十二年发布的"汉字字体整理案"差别较大，如"者、暑、著、都"等字的点省去，"徵、德"等字的短横省去，"羽、翼、習"等字的短横改为点提，"急、雪、掃"等字的横缩短，再如"靑"改为"青"，"淨"改为"净"，"歷"改为"歷"，"舍"改为"舍"，等等。但字形整理限定在"当用汉字表"内，表外汉字仍然用旧有字形。这无疑增加了汉字字形选择的困惑，社会用字更为混乱，这种新字体也旋即废止。①

昭和二十三年（1948 年）一月一日颁布的《户籍法》把人名用字限制在"当用汉字表"内，引起民众不满，国语审议会于昭和二十六年（1951 年）五月二十五日公布了"人名用汉字别表"92 字。②

昭和二十八年（1953 年）二月，新闻出版界提出对于当用汉字补正的建议，国语审议会的汉字部在二十九年三月十五日发表"当用汉字审议报告"，补正方案中删除"当用汉字表"里"且丹但劾又唐嚇堪奴寡悦朕濫煩爵璽箇罷脹虞竭迅遞遵諫附隸頒"28 字，增补"亭俸偵僕厄堀壤宵尚戾披挑据朴杉棧殼汁泥洪涯渦溪矯酌齊龍"27 字。③

昭和四十八年（1973 年）六月，以内阁训令、内阁告示形式公布"当用汉字音训表"。新的音训表中一音零训 665 字，一音一训 227 字，一音三训 76 字，一音四训 31 字，一音五训 7 字，一音六训 1 字（污），一音七训三字（交冷搖）；二音零训 71 字，二音一训 91 字，二音二训 53 字，二音三训 15 字，二音四训 10 字，二音八训 1 字（上），二音九训 1 字（明），二音十训 2 字（生下）；三音零训 2 字（法質），三音一训 7 字，三音二训 5 字，三音三训 2 字（合行），三音四训 1 字（分）；五音二训 1 字（納）；无音一训 32 字，

① 土屋道雄：《国语问题论争史》，玉川大学出版部，2005 年，第 241—242 页。
② 洪仁善：《战后日本的汉字政策研究》，商务印书馆，2011 年，第 22 页。
③ 土屋道雄：《国语问题论争史》，玉川大学出版部，2005 年，第 249 页。

无音二训 7 字，无音三训 1 字（掛）。①

昭和五十二年（1977 年）一月，国语审议会提出"新汉字表试行草案"，在"当用汉字表"1850 字的基础上删减 33 字，增补 83 字，形成了 1900 字的字表。

昭和五十四年（1979 年）三月，国语审议会又提出"常用汉字表案（修正案）"，在 1977 年"新汉字表试行草案"1900 字的基础上增补 26 字，形成 1926 字的字表。

昭和五十六年（1981 年）十月，以内阁训令、内阁告示形式公布"常用汉字表"，相当于在"常用汉字表案（修正案）"的基础上增补 19 字。也是在昭和二十一年"当用汉字表"1850 字的基础上删减 14 字，增补"泡汁皿崎猫杉"等 109 字，总数达到 1945 字。②

在一个多世纪的时间里，日本关于汉字存废的争论，关于文字标记选用的争论，关于汉字字量选择的争论，关于字形样式的争论，关于汉字音训的争论，一直此起彼伏，汉字政策也一直在变化之中，人名用字更是如此。

1946 年"当用汉字表"发布后，1947 年日本法务省"户籍法施行规则"规定自 1948 年 1 月 1 日起新生儿取名用汉字须是"当用汉字表"中的字。这个规定引发民众的不满，1948 年 9 月，神奈川县一对夫妇给女儿取名"瑛美"，因"瑛"字不在"当用汉字表"1850 字之内而不能给女儿登记户籍。后改名为"玖美"，"玖"依然是"表"外汉字。1950 年，该对夫妇向辖区法院"家庭裁判所"起诉，却以败诉告终。这件事经《朝日新闻》报道，在社会上引起很大反响，民众要求取消人名用字限制的呼声此起彼伏。③1951 年 5 月 25 日，内阁发布"人名用汉字别表"。"别表"92 字，即人名用汉字可选范围扩大到了 1942 字。这依然无法满足民众取名需要，1976 年又在"别表"中增加 28 字。到 1981 年"常用汉字表"发布时，"人名用汉字别表"做了进一步修订（删去

---

① 土屋道雄：《国语问题论争史》，玉川大学出版部，2005 年，第 321—322 页。

② 土屋道雄：《国语问题论争史》，玉川大学出版部，2005 年，第 354 页。

③ 刘元满：《日本人名用汉字数量变迁》，《北京大学学报》（哲学社会科学版）2007 年第 4 期。

8字，增加54字），使"人名用汉字别表"达到166字。平成九年（1997年）"人名用汉字别表"扩展到285字，平成十六年（2004年）又扩展到983字，平成二十二年（2010年）删129字、加8字，平成二十七年（2015年）又增"巫"字，平成二十九年（2017年）又增加"浑"字。

第三节　信息时代的日本汉字

汉字在信息时代之初面临严峻挑战，计算机硬件与软件对于汉字信息化都有种种限制。日本在汉字信息处理方面也历经变革，最早在1971年10月隶属于情报处理学会的汉字编码委员会就推出"标准编码用汉字表（试案）"，这个汉字表涵盖6100字，但由于当时打字机硬件限制，这个试案无法真正成为信息处理标准字集。1974年，行政管理厅在"标准编码用汉字表（试案）"内选定2817字作为"行政管理厅基本汉字"。同年，工业技术院联合情报处理开发中心成立汉字符号标准化调查委员会，并于1978年1月1日发布［JIS C 6226:1978］。[①]［JIS C 6226:1978］是日本汉字信息处理的第一个标准字集，字符集含6349个汉字，远超1850字的"当用汉字表"，这是因为字表中汉字的选定更多地考虑到情报处理和行政业务处理的需要，使一些不常用的人名、地名进入了标准字集。又由于当时的电脑和输出设备在汉字处理技术上的限制，6349字的标准字集分成了第一水准汉字和第二水准汉字。第一水准汉字2959字，基本涵盖"当用汉字表""人名用汉字别表"等。第二水准汉字3390字涵盖情报处理、行政业务处理等第一水准之外的汉字。

1981年，"常用汉字表"增补19字，达到1945字。"人名用汉字别表"也同时做了进一步修订（删去8字，增加54字），使"人名用汉字别表"达到166字。这些变化促使JIS字集修订。1983年，JIS委员会发布［JIS C 6226:1983］，增补"堯、瑤、槇、遙"4个字体（其实它们是"尧、瑶、槙、遥"的异体字），使得JIS83版字集字数达6353字。

---

① 洪仁善：《战后日本的汉字政策研究》，商务印书馆，2011年，第129—130页。

1987 年，日本工业标准汉字信息处理标准字集由 JIS C 6226 更改为 JIS X 0208。1990 年发布的［JIS X 0208］增加"凛、熙"二字，字集达 6355 字。

JIS 字集经过几次修改，字数所增无几，但是在计算机及打印机技术飞速发展以及信息交换日益国际化的背景下，6000 余字的字集完全不能满足社会需要，尤其是限制了出版印刷业的正常业务。日本印刷产业联合会在大量社会调查的基础上，结合《大汉和辞典》，选定了 5801 个汉字，希望把这 5801 字编入 JIS 字集，但遇到一些阻力。JIS 原案委员会委员长田岛一夫把 5801 字另做处理，设定为"情报交换用汉字符号——补助汉字"。[①] 但因当时的电脑不能兼容 5801 字，在 1997 年 JIS 字集修改之时有人提出废除"补助汉字"。到了 1998 年日语版 WIN98 操作系统上市后，Unicode 收录了"补助汉字"，汉字信息处理在字量上有了较大突破。

1997 年，JIS 原案委员会发布［JIS X 0208:1997］，字集收录 6897 字（第一水准 2965 字，第二水准 3390 字）。

2000 年，JIS 原案委员会发布［JIS X 0213:2000］，字集增加第三水准汉字 1249 字、第四水准汉字 2436 字。［JIS X 0213:2000］收字总量达到 11223 字（其中汉字 10040 字，非汉字 1183 字）。[②]

JIS 标准字集的变化不仅涉及字量的问题，而且关涉字样的问题。如上文提到的堯、瑤、槇、遙与尧、瑶、槙、遥有旧字体与简体字的不同，此外还有應（応）、櫻（桜）、價（価）、樂（楽）、氣（気）、惠（恵）、藝（芸）、縣（県）、嚴（厳）、廣（広）、國（国）、濕（湿）、澁（渋）、條（条）、狀（状）、盡（尽）、穗（穂）、齊（斉）、攝（摂）、戰（戦）、巢（巣）、單（単）、團（団）、彈（弾）、晝（昼）、鑄（鋳）、廳（庁）、轉（転）、傳（伝）、燈（灯）、拂（払）、佛（仏）、與（与）、壘（塁）等繁简不同，亞

① 1990 年 11 月，田岛一夫监修，日本规格协会出版了《最新 JIS 汉字辞典》（讲谈社），收录了包括 5801 个"补助汉字"在内的 12156 个汉字。

② 2002 年，芝野耕司编著，日本规格协会出版了《增补改订 JIS 汉字字典》，附录部分"面区点位置索引"1 面从第 14 区至 94 区共涵盖汉字 7606 字，2 面共 26 区涵盖汉字 2436 字，共 10042 字，与［JIS X 0213:2000］略有差异。

（亜）、惡（悪）、衛（衛）、謁（**謁**）、緣（緣）、奧（奧）、橫（橫）、
溫（温）、悔（**悔**）、海（**海**）、壞（壞）、懷（懷）、卷（卷）、陷（陷）、
寬（寬）、鷄（鷄）、儉（儉）、劍（剣）、險（険）、圈（圏）、檢（検）、
驗（験）、恆（恒）、黃（黄）、黑（黒）、穀（**穀**）、碎（砕）、雜（雑）、
兒（児）、臭（**臭**）、從（従）、暑（**暑**）、署（署）、緖（緒）、諸（**諸**）、
敍（叙）、剩（剰）、眞（真）、僧（**僧**）、層（**層**）、騷（騒）、增（増）、
憎（**憎**）、藏（蔵）、贈（**贈**）、臟（臓）、卽（即）、帶（帯）、滯（滞）、
徵（徴）、盜（盗）、稻（稲）、德（徳）、突（**突**）、拜（拝）、梅（**梅**）、
髮（髪）、拔（抜）、繁（**繁**）、賓（賓）、敏（**敏**）、侮（**侮**）、步（歩）、
墨（**墨**）、每（毎）、默（黙）、虜（**虜**）、綠（緑）、類（**類**）、曆（暦）、
歷（歴）、練（**練**）、鍊（錬）、郞（郎）、朗（**朗**）、廊（廊）、錄（録）
等正俗字體的不同。这些不同会涉及常用与非常用问题，也就是涉及 JIS 第一
水准到第四水准的不同分配。且各水准分区排序也不同，如在 JIS X 0213 标准
中第一水准汉字主要分布在 1 面 16—47 区，按日语音读排序。第二水准汉字主
要分布在 1 面 48—83 区，按部首结合笔画多寡排序。第三水准汉字主要分布在
1 面 14—15 区、47 区部分、84—94 区，按部首及笔画多寡排序，但分区被打
断。第四水准汉字分布在 2 面 01、03—05、08、12—15、78—94 区，按部首结
合笔画排序。

　　日本工业标准 JIS 汉字不断扩容，给社会用字带来一定的便利，"常用汉字
表"和"人名用字别表"已经满足不了民众的文化生活需要，文部科学省（原
名文部省）与法务省相关部门也及时采取了应对之策。文部科学省文化审议会
的国语分科会就"常用汉字表"进行了广泛的讨论：一方面，电子产品字库容
量已经突破一万，民众在使用电子产品时更倾向于用汉字来标记过去手写时用
假名标记的语辞。另一方面，新闻媒体及出版业用字为了"便于阅读"也超出
"常用汉字表"的范围。同时，法务省在人名用字方面也在民众的用字需求压
力下，在 2004 年 9 月增加了 488 字的人名用字。文部科学省也终于在 2009 年
1 月 29 日发布"新常用汉字表试案（暂称）"，增加 191 字。之后经过一年多
的广泛征求意见，191 字中删除了"哨、憚、聘、諜"4 字，增加"勾、哺、

柿、楷、毁、睦、賂、錮、釜"9字。2010年6月7日，国语分科会的汉字小委员会向文部科学省提交了"改订常用汉字表"，字表共2136字（含新增196字）。2010年11月30日，"改订常用汉字表"以内阁告示、内阁训令形式发布。[1]

社会用字尤其是人名用字的个性化需求不仅对"常用汉字表"有所触动，对JIS汉字也带来一定挑战。2004年2月，经济产业省发布［JIS X 0213:2004］，参照"表外汉字字体表"更换了168个汉字字体，增加了10个汉字。随着国际标准组织表意文字工作组（ISO/IEC JTC1/SC2/WG2/IRG）工作的不断推进，日本JIS字集将会有更大的调整空间。

第四节　关于日本"国字"

"国字"的提法始自新井白石（1657—1725）的《同文通考》，日本学者研究"国字"主要依据《古事记》《日本书纪》《万叶集》《新撰字镜》等文献，也有学者指出出土木简中已经有"皼、耞"等字。[2]エッコ・オバタ・ライマソ把《大日本百科事典》（小学馆1972）、《大汉和辞典》（大修馆1956）、《日本国语大辞典》（小学馆1981）、《国语学辞典》（东京堂1955）、《国语学研究事典》（明治书院1977）等通行辞书中关于"国字"的内容概括为：（1）国字又称倭字、和字、和制汉字、和俗字、本邦制作字、皇国所制会意字、日本制文字、和俗制作字。[3]（2）主要以会意方法（如人和动合成働）造字。（3）主要是训读字，音读字很少。（4）国字例字约140个。（5）国字自古就有，但多数是中世以降的新造字。（6）国字的严格认定、历史意义及具体文献调查还未完成，国字研究有待深化。（7）参考文献有《古事记》《日本书纪》《万叶集》《新撰字镜》《类聚名义抄》《伊吕波字类抄》《下学集》《节

---

① 洪仁善：《战后日本的汉字政策研究》，商务印书馆，2011年，第216—236页。

② 笹原宏之：《国字的相位与展开》，三省堂，2007年，第224页。

③ 丁锋：《日本"国字"在汉字构形模式上的传承和拓展》，《民俗典籍文字研究》2015年第1期。

用集》《续和汉名数》《和汉三才图会》《本朝俚谚》《新撰早字引》《都会节用百家通》《同文通考》《古事记传》《音训国字格》《国字考》《笺注和名类聚抄》《日本灵异记考证》《文教温故》《类聚名物考》《倭字考》《汉字要览》《皇朝造字考》《国语史文字篇》《国语学史》《国语学概论》《热田本平家物语的汉字及其用法的一个侧面》《异体字研究资料集成》。①

　　关于"国字"数量，由于考察文献范围不同，判定标准不同，其结果也随之不同。新井白石的《同文通考》录"国字"80字：俤、働、凩、凪、峠、朂、杣、椋、椙、榊、栂、樫、枻、糀、柾、楛、畑、畠、罸、笹、莡、萪、籾、糀、蚫、螢、聢、禅、襷、訨、扮、恖、躾、腔、籬、辻、込、迚、逎、鎹、鑓、鉏、釰、鈮、鑢、問、鞆、鱸、魸、鰯、鱧、鰈、鰺、鱈、鯎、鮏、魦、鮓、煞、鹹、鰊、鱚、鮅、鯤、鰰、鰻、鯏、鮄、鮴、鱰、魸、鯏、鞐、鳫、衞、鴫、鳶、鶸、鴇、麿。中根元圭《异体字弁》录和俗字89字：枻、雫、匁、辻、侘、杣、迚、凩、逎、嘸、俤、聢、咁、噂、嗳、問、扱、捌、拵、込、扨、偖、椋、榊、樫、働、峠、鰹、鱈、鯖、鱧、鰆、籬、綣、杜、社、薄、鑓、畑、扮、訨、躾、鐙、錠、碇、樋、枴、檽、扶、湊、溙、俵、梱、喃、魦、柈、樺、蚯、榎、鷭、鵙、鵝、鶫、菷、枡、栎、笹、伽、杯、泙、鰐、挓、畠、捉、鴫、椙、椰、穪、毟、鐔、恌、蟬、繊、綛、袝、擱、鶸、糀、訧。山本格安《和字正俗通》录和制字125字。伴直方《国字考》录115字。冈本保孝《倭字考》录170字。木村正辞《皇朝造字考》录366字（其中277字为木村正辞增补）。②不仅学者研究"国字"所得字数没有定数，现代辞书对"国字"取舍也是莫衷一是，1955—1959年版《大汉和辞典》录170字，1959年版《角川汉和中辞典》录112字，1962年版《最新汉英辞典》录80字，1965年版《大字典》录75字，1968年版《新字源》录278字，1978年版《学

---

① エッコ・オバタ・ライマソ：《日本人的自制汉字》(国字的各种问题)，云南堂，1990年，第14—15页。
② エッコ・オバタ・ライマソ：《日本人的自制汉字》(国字的各种问题)，云南堂，1990年，第19—53页。

研汉和大字典》录 123 字，1981—1982 年版《广汉和辞典》录 266 字。[①] 中国现代辞书也收录有日本字，如《汉字大字典》《辞源》《辞海》《现代汉语词典》《汉语大词典》等，收字数量相对较少，音义标注也不尽相同。也有收字较多的，如汪耀楠编撰的《国际标准汉字词典》（外语教学与研究出版社 2005年）中标注为日本国字 201 字：ヘ、乄、俤、凧、凩、凪、匁、叺、听、噺、圦、圷、圸、垉、垪、垰、圬、垈、塰、塛、墹、壗、姤、嬶、岃、岊、岼、峠、籵、嵶、蝶、弖、彁、徠、�、扨、掆、拐、杢、朳、枥、杣、桦、杁、桝、栬、栅、桗、椚、椙、栃、椛、楔、榀、梻、栖、椡、椦、榊、椊、橲、榿、榎、楦、樯、橳、榶、橀、橸、檑、毟、挊、汢、浤、渋、渿、湾、濹、�、燵、畦、罕、疂、畠、眪、砿、碚、碵、稻、喬、穬、窡、筑、笹、笽、箷、箟、簎、籾、秌、炉、粨、糀、稼、紀、紘、綗、纐、翐、沪、舮、苅、茚、萠、范、菜、莚、蒩、蘰、蛯、螲、簈、袮、裃、裟、褄、裄、襌、襾、詫、襷、鼄、誮、恕、紛、躾、腟、鸓、雖、辷、轌、込、迚、迖、逧、遖、酘、釛、铲、铦、鉮、铍、鉱、鉥、錺、鈏、鑁、鈿、铁、鎜、鏪、问、閖、雫、霻、鞆、靽、颪、饂、馷、魥、魸、魞、魳、魸、鮱、魬、鮋、鮏、鮖、鯑、鯱、鯲、鱇、鱚、鰇、鰡、鰰、鱛、鱲、鳗、鳝、鸠、鸥、衙、鸰、鸉、鵤、鸰、鶫、麿。

关于国字的分类，山崎美成《文教温故》按文字结构把"国字"分十类：（1）俗用字，如颪、扨、込。（2）会意字，如榊、椛、襷。（3）假名合成字，如咕、麿。（4）熟字合成字，如畠、昊。（5）与中国字形同训异字，如俵、栲。（6）连歌用字，如衙、雫、凩。（7）作事修理方法用字，如枛、问。（8）刀剑鉴定用字，如煇、铂。（9）熟字偏旁省略字，如夫木（扶桑）、比巴（琵琶）。（10）佛经用略字，如椋（林泉）、釗（金刚）、価（西佛）。[②]
何华珍将"国字"分为两种：一种是汉语所无日本独有的国字，其中包括模仿

① エッコ・オバタ・ライマソ：《日本人的自制汉字》（国字的各种问题），云南堂，1990年，第 72 页。

② エッコ・オバタ・ライマソ：《日本人的自制汉字》（国字的各种问题），云南堂，1990年，第 35—36 页。

汉字结构全新创造或改换原有汉字结构部分创造的国字；另一种是与中国汉字（包括字书中的有音无义字或者音义未详字）偶合的国字。[1]日本学者的分类以文字结构属性、字用属性等为依据，所分类别彼此有交叉，逻辑关系不甚明确。国内学者从比较文字学角度，以字形为主要参考条件，分类简单明了，但忽略了字用差别，没有把文字的地域属性、历史属性纳入研究视域，在“国字”判定等方面无疑有先天不足。

ライマソ在《日本人的自制汉字》中谈到了地名中的“国字”，据1981年金井弘夫编的《日本地名索引》，地名中高频“国字”有峠（1960例）、畑（1070例）、笹（330例）、俣（200例）、栃（154例）、辻（148例）、樫（93例）、畠（66例）、込（57例）、垰（48例）。[2]其他地域用字如关东地名中有“轌、榁、艝”等字，山梨县有“垈”字，高知有“汢”字，静冈有“墹”字，中国地区有“垰、乢、嵶”，京都有“椥”字，鹿儿岛有“𥨫”字，青森有“听”字，茨城有“圷”字。冈山市有“穝”，JIS第二水准字中将其误作“樶”。东北有“岃”字，是山、刀合文。东日本JR五能线有“𩡧木駅”，𩡧是驫的异写。[3]也有地名用字转化为姓氏用字的，如“鰰、圷、褜、鱩、樺、橲、甹力”等字又用于姓氏。ライマソ把姓氏中的异形字也算作“国字”，如冣（最）、㘴（坐）、斦（所）、蝕（鈍）等。

“国字”不仅是日本学者们敝帚自珍的选题，也是民众津津乐道的话题。[4]究竟什么才是“国字”，各有各的看法，各有各的“国字集”，就连专门研究者也从未达成过一致意见。从文字学角度看，“国字”应该是汉字，是日本创制的具有汉字属性的文字。汉字是形音义的统一体，现代汉字的“形”包含构件、构形模式、基本笔画等要素，日本学者提出的“ㄨ（爲）、乚（也）、ヿ

① 何华珍：《日本汉字和汉字词研究》，中国社会科学出版社，2004年，第32页。

② エツコ・オバタ・ライマソ：《日本人的自制汉字》（国字的各种问题），1990年，第108页。

③ 笹原宏之：《方言汉字》，角川学艺出版，2013年，第30—40页。

④ 不少学者和民众把白雉年间（650—654年）天皇诏令编撰的《新字》四十四卷看成是“国字”，岂不知中国南朝梁代顾野王编撰的《玉篇》也只有三十卷，所谓“新字”恐非新造字。

（盉司）”等或是草书变形，或是抽象记号，不具有现代汉字的构形要素。有些在形体上看似汉字，但形音义结合上不具有汉字的基本特点，如"龘、椮"等，"龘"出现在翻译佛经中，是帝和孕的反切字合成，用以表示"帝孕切"这个音，不具有汉字的基本特点。"椮"出现在写经中，是"林泉"一词的省形合成，写经中还有"剑"是"金刚"的省形合成，"丼"是"菩萨"的省形合成，"麿"是"麻吕"的合成，在汉字发展史上称作合文，不是一个汉字。近现代出现的瓩（千瓦）、粁（千米）、粍（毫米）、圕（图书馆）等也是合文。①

我们主张把日本"国字"与日本字区分开，日本"国字"强调的是创制，日本字强调的则是用字。后者包括使用中国汉字标记不同的音义，或者是通过省减、变形等方式形成"新"字形。如曑是靐字的省形，朩、匁是钱字的省变形，竓是生字的省形（竓表示竹节义），看成日本字问题不大，看成日本"国字"则多少有些牵强。日本常用汉字系统中的発、亜、圧、囲、壱、栄、応、桜等等也都是汉字的省减变形，不宜看成日本"国字"。

日本学者统计的"国字"主要是历史汉字，是汉字传播、接受与发展史上出现过的汉字字样。统计历史汉字字样也需考虑通行的因素，换句话说就是个人偶书或只是个人使用的字样并不通行，或是仅在一定范围内通行，也不宜看作"国字"，如鰤、鮀等字。

从造字法角度讲，"国字"的独特性表现之一是突破"六书"范畴，造出了一些并不属于会意、形声或会意兼形声的合成字，如丁锋《日本"国字"在汉字构形模式上的传承与拓展》所列的 128 个从鱼的无理据字，② 它们表面上看似形声字，但并不是由形符与声符构成。只是因为从鱼，可知与鱼有关，仅此而已。

---

① 丁锋《日本"国字"在汉字构形模式上的传承与拓展》（《民俗典籍文字研究》2015年第1期）把合文看作多字词义音合成构形模式及其省形构形模式，是日本"国字"独特构形法之一。

② 丁锋：《日本"国字"在汉字构形模式上的传承与拓展》，《民俗典籍文字研究》2015年第1期。

参考文献

陈寿：《三国志》，中华书局，2010 年。

丁锋：《如斯斋汉语史续稿》，贵州大学出版社，2012 年。

董志翘：《〈入唐求法巡礼行记〉词汇研究》，中国社会科学出版社，2000 年。

范晔：《后汉书》，中华书局，2010 年。

顾野王著，吕浩点校：《日藏宋本〈大广益会玉篇〉》，中华书局，2019 年。

何华珍：《日本汉字和汉字词研究》，中国社会科学出版社，2004 年。

何群雄：《汉字在日本》，香港商务印书馆，2001 年。

洪仁善，《战后日本的汉字政策研究》，商务印书馆，2011 年。

李芒选译注：《万叶集选：日本古代诗歌集》，人民文学出版社，1998 年。

李延寿：《南史》，中华书局，1975 年。

梁容若：《中日文化交流史论》，商务印书馆，1985 年。

刘叶秋影印：《白氏六帖事类集》，文物出版社，1985 年。

刘元满：《汉字在日本》，首都师范大学出版社，2008 年。

陆锡兴：《汉字传播史》，商务印书馆，2018 年。

苗昱，梁晓虹：《〈新译大方广佛华严经音义私记〉整理与研究》，凤凰出版社，2014 年。

吕浩：《韩国汉文古文献异形字研究》，上海人民出版社，2013 年。

吕浩：《〈篆隶万象名义〉研究》，上海古籍出版社，2006 年。

吕浩：《〈玉篇〉文献考述》，上海人民出版社，2018 年。

潘钧：《日本汉字的确立及其历史演变》，商务印书馆，2013 年。

齐一民：《日本语言文字脱亚入欧之路——日本近代言文一致问题初探》，知识产权出版社，2014 年。

沈约：《宋书》，中华书局，2011 年。

孙楷第：《中国通俗小说书目》，作家出版社，1957 年。

汪向荣：《中日关系史文献论考》，岳麓书社，1985 年。

王勇：《中日汉籍交流史论》，杭州大学出版社，1992 年。

小森阳一著，陈多友译：《日本近代国语批判》，吉林人民出版社，2004 年。

许慎：《说文解字》，中华书局，2013 年。

严绍璗：《汉籍在日本的流布研究》，江苏古籍出版社，1992 年。

张磊：《〈新撰字镜〉研究》，中国社会科学出版社，2012 年。

周祖庠：《篆隶万象名义研究·音韵卷》，宁夏大学出版社，2001 年。

エツコ・オバタ・ライマソ：《日本人の作った漢字》（國字の諸問題），雲南堂，1990 年。

安田敏朗：《漢字廢止の思想史》，平凡社，2016 年。

安万侣：《古事記》，享和三年刊，長瀬真幸校本。

長澤規矩也：《長澤規矩也著作集·漢籍解題一》，汲古書院，1985 年。

沖森卓也：《日本の漢字——1600 年の歴史》，ベレ出版，2011 年。

川瀬一馬：《古辭書の研究》，講談社，1955 年。

川瀬一馬：《増訂古辭書の研究》，雄松堂，1986 年。

村上雅孝：《近世漢字文化と日本語》，おうふう，2005 年。

大伴旅人：《万葉集》，慶長刊本。

大島正二：《漢字伝來》，岩波書店，2006 年。

大庭脩：《漢籍輸入の文化史》，研文出版，1997 年。

大西雅雄：《日本基本漢字》，三省堂，1941 年。

大野透：《万葉仮名の研究　古代日本語の表記の研究》，明治書院，1962 年。

稻岡耕二：《万葉表記論》，塙書房，1976 年。

東野治之：《正倉院文書と木簡の研究》，塙書房，1977 年。

岡井慎吾：《玉篇の研究》，東洋文庫，1933 年，

岡井慎吾：《漢字の日本化》，《國語文化講座第二卷國語概論篇》，朝日新聞社，1994 年。

宮内庁正倉院事務所編：《正倉院古文書影印集成》，八木書店，1988—2007 年。

宮崎市定：《謎一般的七支刀——五世紀的東亞與日本》，中央公論社，1983 年。

古典研究會：《唐話辞書類集》，汲古書院，1969—1977 年。

光田慶一：《古事記以前的文字資料》，けやき出版社，2016 年。

吉田金彥：《古辭書と國語》，臨川書店，2013 年。

吉澤義則：《國風暗黑時代的女子國語的諸多問題》，岩波書店，1932 年。

今野真二：《辭書からみた日本語の歷史》，筑摩書房，2014 年。

井上円了：《漢字不可廢論》，哲學館，1900 年。

井之口有一：《明治以後の漢字政策》，日本学術振興會，1982 年。

鈴木博：《室町時代語論考》，清文堂，1984 年。

鈴木功真：《倭玉篇の研究》，日本大学 2004 年博士学位論文。

末永雅雄：《日本的武器大刀和外裝》，雄山閣書店，1992 年。

木崎愛吉：《大日本金石史》，好尚會出版會，1921 年。

平井昌夫：《國語國字問題の歷史》，三元社，1998 年。

三上喜孝：《日本古代文字與地方社會》，吉川弘文館，2013 年。

桑原祐子：《正倉院文書の國語学的研究》，思文閣出版，2005 年。

森岡健二：《日本語と漢字》，明治書院，2004 年。

杉本つとむ：《異體字研究資料集成》，雄山閣，1973—1975 年。

笹原宏之：《國字の位相と展開》，三省堂，2006 年。

笹原宏之：《日本の漢字》，岩波書店，2006 年。

笹原宏之：《方言漢字》，角川学芸出版，2013 年。

松坂眾則：《國語國字論争：復古主義への反論》，新興出版，1962 年。

藤堂明保：《漢字の過去と未來》，岩波書店，1982 年。

田島一夫監修，日本規格協會：《最新 JIS 漢字辭典》，講談社，1990 年。

田中章夫：《日本語の位相と位相差》，明治書院，1999 年。

土屋道雄：《國語問題論争史》，玉川大學出版社，2005 年。

小島憲之：《國風暗黑時代的文學》，塙書房，1973—1979 年。

小林芳規：《図説日本の漢字》，大修館書店，1998 年。

藏中進，林忠鵬，川口憲治：《倭名類聚抄十卷本廿卷本所引書名索引》，勉誠出版，1999 年。

鄭允容：《字類注釋》（手寫本），建國大學校出版部，1974 年影印本。

芝野耕司：《增補改訂 JIS 漢字字典》，日本規格協會出版，2002 年。

子安宣邦：《漢字論——不可避の他者》，岩波書店，2003 年。

築島裕：《平安時代語新論》，東京大学出版會，1978 年。

陈燕，刘洁：《〈玉篇零卷〉年代释疑》，《天津师范大学学报》1999 年第 3 期。

丁锋：《日本“国字”在汉字构形模式上的传承与拓展》，《民俗典籍文字研究》2015 年第 1 期。

韩东育：《福泽谕吉与“脱亚论”的理论与实践》，《古代文明》2008 年第 4 期。

李运富，何余华：《简论跨文化汉字研究》，《北京师范大学学报》2018 年第 1 期。

刘元满：《日本人名用汉字数量变迁》，《北京大学学报》2007 年第 4 期，

王平，李凡：《日本明治时代〈玉篇〉类字典的版本与价值》，《山东师范大学学报》2017 年第 2 期。

周祖谟：《日本的一种古字书〈新撰字镜〉》，《文献》1990 年第 2 期。

李承英：《倭玉篇における漢字音の系統——文明本節用集との比較》，《日本語教育》第 44 期（2008 年）。

鈴木功真：《弘治二年本倭玉篇と大広益會玉篇との関係に就いて》，《語文》第 103 期（1999 年）。

水穀真誠：《佛典音義書目》，《大穀學報》第 28 卷第 2 号。

石塚晴通：《古辭書研究とコディコロジー》，《〈古辭書研究の射程〉國際會議論文集》，2018 年 8 月 25 日。

附录一 日本汉字传播史大事记

弥生时代（前3世纪—3世纪）

公元前 3 世纪左右的古墓出土了一片"贝札"上书"汉隶"二字。（1958年，日本九州南部的种子岛考古发现）

中元二年（57 年），汉光武帝所赠"汉委奴国王"金印传入日本，1784 年在福冈县被发现这枚金印。

景初三年（239 年），神兽镜铭文："景初三年，陈是作铭铭之，保子宜孙。"（1951 年，大阪府和泉市黄金冢古坟考古发现。）

古坟时代（3世纪后期—7世纪）

应神十六年（285 年），自百济国前往日本的王仁带去了《论语》《千字文》等汉文书籍。

4 世纪末至 5 世纪末，金石铭文有七支刀铭、江田船山古坟刀铭、稻荷山古坟刀铭。

6 世纪末，金石铭文有释迦如来造像记、伊沙庭碑铭、法兴寺宝塔露盘铭。

飞鸟时代（6世纪末—710）

604 年，圣德太子亲笔作宪法十七条，强调贵族豪门以礼为本，效忠天皇，尊奉佛法。

7世纪上半叶，金石铭文有法兴寺丈六佛光背铭、中宫寺天寿国曼荼罗绣帐铭、法隆寺纲封藏释迦三尊佛造像记、宇治桥断碑铭。

646年，日本孝德天皇颁布《改新之诏》，全面学习唐朝律令制度，史称"大化改新"。大化改新，用汉字制定律令。

7世纪下半叶，金石铭文有传一切经书写之碑、观心寺阿弥陀如来造像记、船首王后墓志铭、小野毛人朝臣墓志及铜函铭、药师寺东塔囗铭、山ノ上碑铭、铜版法华说相图铭、法隆寺观音菩萨造像记、妙心寺钟铭。

682年，境部连石积等人奉命编集《新字》一部44卷。

701年，文武天皇大宝元年颁布"大宝律令"，亦全用汉字。

8世纪初，金石铭文有那须国造碑铭、山城宇治宿祢墓志铭、文忌寸祢麻吕墓志铭、威奈真人大村墓志、下道国胜国依母骨藏器铭。

奈良时代（710—794）

712年，《古事记》成书。

720年，《日本书纪》成书。

730年，日本设立大学寮，全面负责教育与考试，《论语》《孝经》《文选》等成为主要学习和考试内容。

737年，《玄应音义》写本成书。

8世纪中叶，纯汉文诗集《怀风藻》成书。

8世纪后半期，《万叶集》成书。

794年，《新译华严经音义私记》成书。

平安时代（794—1192）

804年，空海入唐求法。

806年，空海带《玉篇》《急就章》《四声谱》《古今篆隶文体》《飞白书法》及大量佛学典籍回日本。

818年，《文华秀丽集》成书。

834年，《篆隶万象名义》成书。

865 年，留学僧宗睿带去日本西川印子本《玉篇》一部三十卷。

891 年，《日本国见在书目录》成书。

898—901 年，《新撰字镜》成书。

905—914 年，《古今和歌集》成书。

934 年，《倭名类聚抄》成书。

1001 年，《枕草子》成书。

1001—1008 年，《源氏物语》成书。

1100 年，《类聚名义抄》成书。

1114 年，藏于高山寺的《篆隶万象名义》抄本抄毕。

1160 年，《本朝文萃》成书。

1164 年，《色叶字类抄》成书。

镰仓时代（1192—1333）

13 世纪初，《平家物语》成书。

1227 年，《字镜》成书。

1245 年，《字镜集》成书。

1251 年，观智院本《类聚名义抄》成书。

1306 年，《聚分韵略》成书。

室町时代（1333—1467）

1444 年，《下学集》成书。

战国时代（1467—1573）

1474 年，文明本《节用集》成书。

安土桃山时代（1573—1603）

1597年，易林本《节用集》成书。

1601年，《倭玉篇》成书。

江户时代（1603—1867）

1604年，据元代至正丙午南山书院本翻刻的《大广益会玉篇》刊行。

1605年，梦梅本《玉篇》成书。

1631年，加注假名的《大广益会玉篇》成书。

1664年，《新刊大广益会增修玉篇》成书。

1673年，《小野篁歌字尽》成书。

1669年，《增补下学集》成书。

1676年，《便蒙续字聚分韵略》（又称《头书聚分韵略》）成书。

1691年，《增续大广益会玉篇大全》成书。

1692年，《异体字弁》成书。

1694年，《和尔雅》成书。

1700年，《日本释名》成书。

1714年，《和汉新撰下学集》成书。

1716年，《唐话纂要》成书。

1717年，《东雅》成书。

1760年，《同文通考》成书。

1780年，翻刻《康熙字典》。

1784年，《小说字汇》成书。

1818年，《国字考》成书。

1827年，《笺注和名类聚抄》成书。

1828年，写本《增刊下学集》成书。

1836年始，正仓院藏奈良古文书资料12000多件陆续整理为《正集》45卷、《续修集》50卷、《尘介集》39卷、《续修后集》53卷、《续修别集》50卷、《续续修集》439卷。

1861年，《古今字样考》成书。

1867年，前岛密提出"汉字御废止之议"。

明治时代（1868—1912）

1869年，柳河春三灶提出"假名标记"论。

1872年，森有礼主张用简略英语取代国语。

1884年，"罗马字会"成立。

1887年，《寻常小学读本》限定使用汉字1532字。

1903年，三省堂出版《汉和大字典》。

大正时代（1912—1926）

1912年，后藤朝太郎《从教育看明治的汉字》、林勇《教坛上的汉字》出版。

1919年，文部省普通学务局发表《汉字整理案》。

昭和时代（1926—1989）

1937年，国语审议会提出《汉字字体整理案》，决定以《康熙字典》字体为依据。

1940年，《兵器用语集》出版。

1942年，《标准汉字表》发布。

1946年，1850字的"当用汉字表"发布。

1947年，"当用汉字字体表"发布。

1948年，"当用汉字音训表"、"当用汉字别表"发布。

1951年，92字的"人名用汉字"发布。

1973年，"当用汉字音训表"公布。

1981年，"常用汉字表"公布。

1983年，JIS（日本工业标准）委员会发布［JIS C 6226:1983］。

平成时代（1989—2018）

1990年，JIS委员会发布［JIS X 0208］，增加凛、熙二字，字集达6355字。

1997年，JIS原案委员会发布［JIS X 0208:1997］，字集收录6897字（第一水准2965字，第二水准3390字）。

2000年，JIS原案委员会发布［JIS X 0213:2000］，字集增加第三水准汉字1249字、第四水准汉字2436字。

2004年，经济产业省发布［JIS X 0213:2004］，参照"表外汉字字体表"更换了168个汉字字体，增加了10个汉字。

2010年，"改订常用汉字表"发布，字表共2136字。

附录二 《倭名类聚抄》十卷本与二十卷本收词表

十卷本			二十卷本		
部别	类目	字词条目	部别	类目	字词条目
天地部	景宿类	日、陽烏、月、弦月、望月、暈、蝕、星、明星、長庚、牽牛、織女、流星、彗、昴星、天河	天部	景宿類	
	風雨類	風、飆、嵐、暴風、大風、微風、雲、霞、霧、虹、雨、霢霂、霖、霈、暴雨、雷、霰雨、霜、雪、雹、霰、露		雲雨類	雲、霞、霧、虹、蜺、雨、霢霂、霈、暴雨、霰雨、雷、潦、沫雨
	神靈類	天神、地神、人神、靈、太白神、天一神、雷公、山神、海神、河伯、土公、產靈、道祖、岐神、道神、保食神、稻魂、幸魂、現人神、邪鬼、窮神、魔鬼、瘧鬼、樹神、水神、魑魅、醜女、天探女		風雪類	風、飆、嵐、暴風、大風、微風、雪、霜、霰、雹、霰、霓、露
	水土類	水波、泊湘、冰、潮、江、海、湖、池、陂堤、堰埭、川、潭、湍、瀧、溫泉、井、妙美水、溝、塹、溪谷、涯岸、浦、渚、濱、洲、汀、潟、湊、土塊、埴、堊、壚、涅、泥、塵埃、糞堆	地部	山谷類	嶽、丘、罡、峰、巓、峽、岫、洞、岅嶝、麓、島嶼、岬、柵、溪谷、澗

二五〇

东亚汉字传播史研究·日本卷

十卷本			二十卷本		
部別	類目	字詞條目	部別	類目	字詞條目
天地部	山石類	山嶽、丘、峰、巔、峽、岫、洞、岐嶝、麓、島嶼、岬、岫、岩、磐、石、鐘乳、消石、礜石、礬石、滑石、陽起石、凝水石、茲石、玄石、長石、桃花石、方解石、浮石、細石、砂	岩石類		岩、磐、石、鐘乳、消石、樸消、礜石、滑石、陽起石、凝水石、慈石、玄石、理石、長石、桃花石、方解石、浮石、細石、砂、纖砂
	田野類	田、佃、火田、畠、粟田、豆田、町、畔、畞、畷、培塿、畎、園圃、苑囿、野、曠野、林、藪、澤、原、塞、牧	林野類		林、原、野、曠野、塞、藪、澤、牧
人倫部	男女類	人、男子、丈夫、牡士、婦人，赤子，娘、姬、半月、嬰兒、鰥夫、童、髻髮、寡婦、總角、侲子、叟、嫗、𡢺、耑、孕婦、產婦、乳母、君、臣僕、人民、師、弟子、賓客、朋友、故人、瞽、巫覡、獵師、泉郎、渡子、水手、稧抄、市人、商賈、田舍人、邊鄙、蕩子、遊女、閹人、儱人、圉人、奴、婢、客作兒、屠兒、乞兒、偷兒、群盜、海賊、囚人	地部	田園類	田、佃、火田、嚁、町、畔、白田、嘆、粟田、豆田、塍、畞、畷、培塿、畎、園圃、苑囿
	父母類	高祖父，高祖母，高祖姑，曾祖父，曾祖母，曾祖姑，族父，族昆弟，祖父，祖母，祖姑，從祖父，伯父、仲父、叔父、伯母，叔母，父，母，外祖父，外祖母，舅，從母，從舅		塵土類	塵埃、墱堨、糞堆、土塊、埴、堊、壚、埿、泥
	兄弟類	兄，弟，姊，妹、母兄、母弟、甥、姪、外姪、從父兄弟、再從兄弟、三從兄弟、從母兄弟	水部	水泉類	水波，泊湘，冰、潮、瀧、井、妙美水、石清水，桔槔

十卷本			二十卷本		
部別	類目	字詞條目	部別	類目	字詞條目
人倫部	子孫類	子，孫，曾孫，玄孫，來孫，昆孫，仍孫，雲孫，外孫，離孫，歸孫	水部	河海類	河、潭、淵、瀨、湍、淀，堰埭、沼、池，槭、陂堤、湖、江、海、溟渤、滄溟，溫泉、溝、渠、流黃、壍
	婚姻類	婚姻，婚兄弟，姻兄弟，婿，婭，私，婦，娣婦，姒婦，嫂婦，妯娌		涯岸類	涯岸、浦、渚、濱、洲、汀、潟、湊
	夫妻類	夫，舅，姑，兄公，叔，女公，女妹，妻，妾，前後妻，外舅，外姑，婦兄弟，姨，甥	歲時部	春三月	春，正月，初春，二月，仲春，三月，暮春
形體部	頭面類	前頸，顖，腦，顄會，頂顎，額，蟀谷，雲脂，顏面，額，頰，厴，頷，頸，胡，項		夏三月	夏，四月，首夏，五月，仲夏，六月，季夏
	耳目類	耳，耳埵，完骨，目，眼，瞳，眸，瞼，眶，眥，眵，涕淚		秋三月	秋，七月，初秋，八月，仲秋，九月，季秋
	鼻口類	鼻，䚡，鼻柱，齃，洟，口，舌，人中，脣吻，縱理，齒，板齒，牙，齗，斷，腭，咽喉，吭，唾		冬三月	冬，十月，孟冬，十一月，仲冬，十二月，季冬
	毛髮類	毫毛，鬢髮，鬟，髻，鬐，髭鬚，眉，睫，䀹	鬼神部	神靈類	天神、心神，地祇，天一神、山神、海神、河伯、旱魃、土公、產靈、道祖、歧神、道神、保食神、稻魂、幸魂、現人神、樹神、水神、靈
	身體類	身，肢躰，髑骺，肩，胛，腋，背，胸臆，乳，腹，腅臍，水腹，脇肋，腰，膁，胯，腿，臀，骨，髓，筋力，肉，脂膏，血脉，孔竅，皮，肌膚，汗		鬼魅類	鬼，餓鬼，瘧鬼，邪鬼、窮神、魑魅、魍魎、醜女、天探女
	藏府類	五藏，肝，心，脾，肺，腎，六府，大腸，小腸，膽，胃，三膲，膀胱，魂神	人倫部	男女類	人、男，牡士、士、鰥夫、半月，婦人，娘，小女，姬，寡，孕婦，乳母

十卷本			二十卷本		
部別	類目	字詞條目	部別	類目	字詞條目
形體部	手足類	手子，掌，拳，指，胭，拇，食指，中指，無名指，季指，腕，臂，股，膝，膝髕，腨，腓，胕，脚足，踝，踵，跗，踱，爪甲	人倫部	老幼類	翁，老公，古老，耆宿，嫗，傁，耑，鬢髮，總角，侲子，赤子，嬰兒
	莖垂類	陰，玉莖，陰囊，陰頹，陰核，玉門，吉舌，月水，精液，尿，屁，屎		工商類	醫，相工，工匠，鍛冶，陶者，客作兒，市郭兒，商人，褌販
疾病部	病類	頭風，聾，聤耳，盲，**清**盲，近目，眇，曤，目瞖，雀盲，眩，塞鼻，瘖瘂，吃，兔缺，喎僻，失聲，嗽噎，喘息，欬嗽，歐吐，唾血，哽咽，鼾鼾，重舌，**彈涎**，齲齒，歷齒，齬齒，齗齒，齘，胡臭，脚氣，痿痺，轉筋，**㾂**，蹇，駢拇，癥瘕，痞，疝，蚘蟲，痕，痔，脫肛，痢，癇，淋病，臨瀝，長血，產後腹，陰頹，疫，癘，癲狂，失意，酗酒，痟**瘑**，黃疸，瘧乱，瘧，苦船，瘲臥，擇食	人倫部	漁獵類	漁子，漁父，泉郎，潛女，獵師，列卒，屠兒
	瘡類	瘡，丁瘡，丹毒瘡，疽，癰，瘭疽，乳癰，痤，癤，浸淫瘡，胞瘡，瘻，瘻，瘤，癮肉，附贅，懸疣，胅目，盯瞕，疥，癩，癬，瘍，鬼舐頭，肝，瘭，漆瘡，熱沸瘡，餇面，皶鼻，胗，白癜，歷易，疵，黑子，代指，**瘃**，皸，肉刺，癭肸，風癮肸，皴，腫，膿，痕，疼，痂，痕，痛，癢		微賤類	邊鄙，田舍人，人民，闍人，圉人，儱人，舟子，檝師，涉人，奴僕，婢

十卷本			二十卷本		
部別	類目	字詞條目	部別	類目	字詞條目
術藝類	射藝類	騎射，步射，細射，遠射，六射，馳射，弋射，照射，戲射	人倫部	乞盜類	巫覡，遊女，傀儡師，偷兒，群盜，海賊，囚人
	射藝具	射鞲，弽，韘，馬垺，射埻，的，皮，射乏，射翳	親戚部	父母類	高祖父，高祖母，高祖姑，曾祖父，曾祖母，曾祖姑，族父，族昆弟，祖父，祖母，祖姑，從祖父，外祖父，外祖母，父母，繼父母
	雜藝類	投壺，藏鉤，蹴鞠，競渡，競馬，鞦韆，圍碁，彈棊，樗蒱，八道行成，雙六，意錢，弄槍，弄丸，相撲，相攎，相扠，牽道，擲倒，鬥雞，鬥草，拍浮		伯叔類	伯父，叔父，伯母，叔母，舅，從母，姨，從舅
	雜藝具	碁子，碁局，樗蒱采，雙六采，鞠，毬杖，紙老鴟，酒胡子，傀儡，獨樂，輪鼓，插頭花		兄弟類	兄，弟，姊，妹，母兄、母弟，甥，姪，外姪，從父兄弟，再從兄弟，三從兄弟，從母兄弟
居處類	屋宅類	屋舍，四阿，雨下，殿，寢殿，堂，櫓，樓閣，觀，臺，廊，行宮，假床，房，坊，助鋪，室，舘，亭，廳，院，家，宇，營，倉廩，窖，庫，廚，廄，廥，肆，邸家，店家，窟，窨，窯，庵室，廡，庇，廁		子孫類	子，男子，女子，孫，曾孫，玄孫，來孫，昆孫，仍孫，雲孫，外孫，離孫，歸孫
	屋宅具	甍，棟，瓦，疏瓦，花瓦，牝瓦，牡瓦，棧，鴟尾，檐，飛檐，棉栭，懸魚，榑風，桁，梁，長押，欀，璫，桷，天井，簷子，蔀，柱，欄額，枓，枅，栭，梲，鴨柄，杈首，軒檻，簀，柱礎，壇，楷，庭		婚姻類	婚姻，婚兄弟，姻兄弟，婿，婭，私，婦，娣婦，姒婦，嫂婦，妯娌

十卷本			二十卷本		
部別	類目	字詞條目	部別	類目	字詞條目
居處類	牆壁類	垣墻，築墻，女墻，屏，柵，籬，壁	親戚部	夫妻類	夫，後夫，前夫，舅，姑，兄公，叔，女公，妹，妻，妾，後妻，前妻，外舅，外姑，婦兄，婦弟，姨
	牆壁具	助枝，楡，壁帶，櫨子，庸，石灰，白土	形體部	頭面類	顱，腦，頤會，頂顖，顙，蟀谷，雲脂，胲，顏面，額，頰，靨，領，頷，頸，胡，項，顛，脰
	門户類	門，閭閻，坊門，鷄栖，户，窻，水門		耳目類	耳，耳埵，耳骨，完骨，目，眼，矙，眸，瞼，睚，眥，眵，涕淚，眼尾，盯
	門户具	扉，樞，楣，楣，青瑣，扃，鐌，鐶鈕，户鰈，關木，鑰，鈎匙，鏉子，桹，橛，閾		鼻口類	鼻，鼻柱，齃，齆，渎，人中，咽喉，吭，齓，揥，唾
	道路類	馳道，馬道，微道，間道，徑路，大路，巷，十字，地道，碊道，津，濟，泊		毛髮類	毫毛，鬢髮，髮，鬢，髻，髽，髭鬚，眉，睫
	道路具	關，橋，石橋，浮橋，土橋，獨梁，梯，遄邏，雁齒，驛		身體類	肢躰，肩，胛，腋，背，胷臆，乳，腹，臍臍，水腹，脅肋，腰，臁，胯，脇，腿，臀，骨，髓，筋力，肉，脂膏，血脉，孔竅，皮，肌膚，汗
舟車部	舟類	舟船，舶，艇，舴艋，艅，艜，舸，艨艟，水脉船，桴筏，查		筋骨類	骨，髑髏，完骨，輔車，頤車，缺盆骨，鳩尾骨，骼，肋
	舟事類	艐，艤，舢		肌肉類	肌，膚，皮，皱，肉，膜，血脉，脂膏，竅
	舟具	舳，艫，帆，帆竿，帆柱，帆網，舟笒，苫，篷庳，柣，棹，檝，橈，艣，舵，纜，牽紋，戕舸，碇，紃，戽，艕			

附录二 《倭名类聚抄》十卷本与二十卷本收词表

十卷本			二十卷本		
部別	類目	字詞條目	部別	類目	字詞條目
舟車部	車類	車駕，轝，腰輿，籃轝，輂，青蓋車，長簷車，四馬車，副車，飛車，指南車	藏府類		肝，脾，心，肺，腎，六府，大腸，小腸，膽，胃，三膲，膀胱
	車具	車蓋，輫，軾，轅，軛，軸，**轉**，輪，轂，輻，轄，釭，輮，乘泥，罿，車簾，鞀，榻，鞦，鞅，斧，牛縻	手足類		掌，拳，指，腷，拇，食指，中指，無名指，季指，腕，臂，股，膝䯏，扚，脛，膕，腓，胇，脚足，踝，踵，跗，蹠，爪甲
珍寶部	金銀類	金，金屑，銀，銀屑，銅，半熟，鐵，鐵落，鐵精，鉛，錫，水銀，汞粉，鎮粉，錢	形體部	莖垂類	陰，玉莖，陰囊，陰核，玉門，吉舌，月水，精液，尿，屎，屁
	玉石類	珠，玉，璞，水精，火精，瑠璃，雲母，玫瑰，珊瑚，琥珀，砗碌，馬腦，鍮石		病類	灸，頭風，聾，聤耳，盲，清盲，近目，眇，矘，目翳，雀盲，眩，塞鼻，瘄瘂，吃，兔缺，喎僻，失聲，嘶咽，哽咽，嘁噎，喘息，欬**㾲**，歐吐，疢，唾，津頤，**漦**，睨吐，喉痺，齁屑，重舌，**㗊䖲**，齫齒，歷齒，齲齒，齗齒，齻，齗，顊齻，胡臭，脚氣，痿痺，轉筋，**㿗**，蹇，駢拇，癥痕，痞，疝，蚘蟲，痕，痔，脫疜，痢，癬，淋病，臨瀝，長血，產後腹，陰頹，疫，癧，癲狂，失意，酗酒，痟**癗**，黃疸，癨亂，瘧病，苦船，瘲臥，擇食邪

十卷本			二十卷本		
部別	類目	字詞條目	部別	類目	字詞條目
布帛部	錦綺類	錦，綺，兔褐，夾纈，繡，綾，羅，縠，縑	形體部	瘡類	瘡，丁瘡，丹毒瘡，疽，癰，瘭疽，乳癰，癤，浸淫瘡，胞瘡，瘰瘻，瘤，瘜肉，附贅，懸疣，胅目，疥，癩，癬，瘍，鬼舐頭，皯，皰，漆瘡，熱沸瘡，飼面，皺鼻，胗，白癜，歷易，疵，黑子，代指，瘃，皸，肉刺，癭胗，風癮胗，皺，腫，膿，痕，疼，痛，癢
	絹布類	絹，練，絁，帛，紗，布，白絲布，紵布，調布，貲布，商布，棉絮		射藝類	騎射，步射，細射，遠射，六射，弋射，馳射，照射，戲射
裝束部	冠帽類	冠，冕，雲冠，天冠，帕額，烏帽，頭巾，幗	術藝部	射藝具	弓，彌，弣，弩，角弓，彈弓，箭，箭，䩆，鏃，筈，征箭，明箭，射韝，䊧，皷，馬埒，射垛，的，皮，射乏，司𤖌，射翳
	冠帽具	簪，巾子，纓，綾，櫟鬢廠		雜藝類	投壺，藏鉤，打毬，蹴鞠，競渡，競，鞦韆，圍碁，彈碁，樗蒲，八道行成，雙六，意錢，弄槍，弄丸，相撲，相撼，相扠，牽道，拍姕，擲倒，鬪雞，鬪草
	衣服類	袍，縫掖，缺掖，半臂，汗衫，襴衫，襖子，裲襠，背子，裙裳，袘，袿，袗，裘，單衣，袷衣，袴，大口袴，袴奴，布衣袴，褌，褊袴		雜藝具	碁子，碁局，樗蒲，雙六采，鞠，毱杖，曲杖，紙老鴉，酒胡子，傀儡子，獨樂，輪鼓，插頭花
	衣服具	衿，紐子，衽，袖，袯，襴，裾，表裏，襲，襞襀，襅裸		鐘鼓類	鉦鼓，方磬，鼓，大鼓，摺鼓，鞺鼓，鼗鼓，腰鼓，拍子
	腰帶類	紳，革，金隱起帶，金銅帶，白犀帶，鞢帶，接勒，白布帶，衿帶，勒肚巾	音樂部	琴瑟類	琴，瑟，箏，琵琶，新羅琴，阮咸，箜篌，竪篌，日本琴，惠朋，𦦋琴
	腰帶具	鞓，鉸具，銙子，瑪瑙，魚袋		管龠類	簫，笙，篳篥，橫笛，篪，長笛，尺八，草牟

十卷本			二十卷本		
部別	類目	字詞條目	部別	類目	字詞條目
裝束部	履襪類	履，襪，靴，深頭履，單皮履，鼻高履，線鞋，絲鞋，麻鞋，錦鞋，靸鞋，木履，屐，屐屧，屩，草履	音樂部	曲調類	壹越調曲，沙陀調曲，雙調曲，平調曲，道調曲，乞食調曲，性調曲，黃鐘調曲，水調曲，盤涉調曲，角調曲，高麗樂曲
	履襪具	履楦，履屧，靴氈，靴帶，屐系，屩耳，屩靼	職官部	職名	大政大臣，大臣，大納言，中納言，參議，少納言，大辨，中辨，少辨，大外記，大史，小史，史生，官掌，長官，次官，判官，佑官，位階，僧位階
飲食部	藥酒類	藥，煎，酒，醴，醪，醅，醇酒，酎酒，醰酒，酵，醨，糟，酒蟻，酒膏，肴		官名	官，省，臺，職，坊，寮，司，監，署，府，局

十卷本			二十卷本		
部別	類目	字詞條目	部別	類目	字詞條目
飲食部	水漿類	漿，冰漿，白飲，糒糗，粥，暑預粥，茶茗	國郡部		畿內國、東海國、東山國、北陸國、山陰國、山陽國、南海國、西海國、畿內郡、東海郡、東山郡、北陸郡、山陰郡、山陽郡、南海郡、西海郡、山城郡、大和國、河內國、和泉國、攝津國、伊賀國、伊勢國、志摩國、尾張國、參河國、遠江國、駿河國、伊豆國、甲斐國、相模國、武藏國、安房國、上總國、下總國、常陸國、近江國、美濃國、飛驒國、信濃國、上野國、下野國、陸奧國、出羽國、若狹國、越前國、加賀國、能登國、越中國、越後國、佐渡國、丹波國、丹後國、但馬國、因幡國、伯耆國、出雲國、石見國、隱岐國、播磨國、美作國、備前國、備中國、備後國、安藝國、周防國、長門國、紀伊國、淡路國、阿波國、讚岐國、伊豫國、土佐國、築前國、築後國、豊前國、豊後國、肥前國、肥後國、日向國、大隅國、薩摩國、壹岐島、對馬島（各郡國細目略）
	飯餅類	餕餽，強飯，餬飯，油飯，糒，餉，餅，餅脡，糭，餻，餢飳，糫餅，云餅，結果，捻頭，索餅，粉熟，餛飩，餺飥，煎餅，餲餅，黏臍，䬾䬫，飿子，歡喜團			

十卷本			二十卷本		
部別	類目	字詞條目	部別	類目	字詞條目
飲食部	麴糵類	麴，糵，粉，麵，大豆 麨，糒米，粔籹，粮	居處部	居宅類	四阿，雨下，殿，神嘉 殿，武德門，寢殿，堂， 院，樓，櫓，臺榭，廊， 房，坊，助鋪，室，館， 亭，廳，家，宇，營，倉 廩，庫，廚，廐，廥，肆， 邸家，店家，窟，庵室， 廗，厠
	酥蜜類	醍醐，酥，酪，乳餅， 飴，蜜，千歲蘽汁		居宅具	甍，棟，瓦，疏瓦，花瓦， 瓬，瓹，鴟尾，棧，檐，棉 栶，懸魚，榑風，桁，梁， 長押，欂，瑠，桷，天井， 隔子，蔀，柱，欄額，枓， 枡，栭，梲，鴨柄，权首， 軒檻，簀，柱礎，壇，楷， 庭
	果菜類	笋，長間笋，生菜，㷭 （蒸），茹，菹，黃菜， 蕈，菌茸，羹		牆壁類	垣墻，築墻，女墻，屏， 柵，籬，壁
	魚鳥類	鱠，鮨，腜，脯，魚條， 魬，炒熊，炙肶，炰， 臛，膅，寒，魚頭，冰 頭，雉脯，腊，鹿脯， 醢，臕，頭腦，鍊		牆壁具	助枝，楡，壁帶，櫺子， 牖，石灰，白土
	塩梅類	塩，酢，醬，煎汁，末 醬，豉，擣蒜，薑，蜀 椒，辛夷，山葵，蘭蒿， 薄荷，胡荽，芥，蓼，胡 桃，齏，橘皮		門戶類	門，閭閻，坊門，鷄栖， 戶，窓，水門
器皿部	金器	鼎，釜，鍑，銚，鑊子， 鎗，鍋，鏊，鈔鑼，鉢， 鋺		門戶具	扉，樞，楣，榍，青瑣， 扃，鋷，鐶鈕，戶鍱，關 木，鑰，鉤匙，鏁子，根， 橛，閾
	漆器	樽，壺，酒臺，大槃木， 樏子，疊，合子，匜，盥		道路類	馳道，馬道，徼道，間道， 徑路，大路，巷，十字，地 道，磴道，津，濟，泊

十卷本			二十卷本		
部別	類目	字詞條目	部別	類目	字詞條目
器皿部	木器	廚，櫃，櫺，机，**梟**，臼，碓，磑，甂，酒槽，桶，杓，桊，筲，衦麵杖，茶研	居處部	道路具	關，橋，石橋，浮橋，土橋，獨梁，梯，逡邏，雁齒，驛
	瓦器	大甕，甕，坩，瓶子，游塯，盆，罐，堝，瓷，盌，盤，盃盞	船部	舟類	舟船，舶，艇，舴艋，舼，艜，舸，艨艟，水脉船，桴筏，查
				舟事類	艘，艤，**舢**
	竹器	箱篋，篦，籠，筊箐，籭，篙，箄，籌，篩，笟籬，箕		舟具	舳，艫，帆，帆竿，帆柱，帆網，舟筴，苫，篷庫，柂，棹，檝，橈，艫，舵，纜，戕牁，碇，**舠**，庌，勝
燈火部	燈火類	燈，燭，蠟燭，紙燭，炬火，庭燎，烽燧，塘煨，燐火	車部	車類	車駕，轝，腰輿，輦，青蓋車，長簷車，四馬車，副車，飛車，指南車
	燈火具	火鑽，燧，油，燈心，炭，松明，薪，燼，灰，炲煤，煙，燼		車具	車蓋，緋，軾，轅，軶，軸，**轉**，輪，轂，輻，轄，釭，軿，乘泥，罩，車簾，鞂，榻，鞦，鞅，鞴䪉，牛縻
	燈火器	燈籠，燈械，燈臺，燈盞，油瓶，火爐，火筯，竈	牛馬部	牛馬類	牛，特牛，乳牛，水牛，馬，駿馬，駑，騬馬，驢騾，駱駝
調度部	佛塔具	塔，舍利，檫，層，露盤，火珠，寶鐸，箜篌		牛馬毛	黃牛，烏牛，**牥**牛，駰馬，桃花馬，青驪馬，連錢驄，驃馬，騧馬，騮馬，驪馬，雒，赭白馬，路馬，油馬，騂馬，戴星馬，落星馬，騥馬，駁馬，騚馬
	珈藍具	金堂，講堂，食堂，經藏，寶藏，鐘樓，僧坊，浴室，宝幢，窣堵婆，幡，蓋，花鬘，鐘，磬，金鼓，匜，火舍，閼伽，燈明，高座		牛馬體	牛角，耳筒，驪，鼻梁，食槽，迴毛，排鞍肉，脊梁，承鐙肉，三封，汗溝，歷草，尾株（林），烏頭，夜眼，蹄，陰脉，糞門，嘶

十卷本			二十卷本		
部別	類目	字詞條目	部別	類目	字詞條目
調度部	僧坊具	香爐，錫杖，如意，三鈷，金鎚，念珠，跋折羅，白拂，鉢，漉水囊，寶螺，水瓶，三衣匣，剃刀，頭巾，袈裟，橫被，衲，裳，座具，草具，鹿杖	牛馬部	牛馬病	蝸蜒，蹄漏，脊瘡，腹瘤，腳病，腹轉病，鷙，獘
	祭祀具	木綿，龍眼木，蘿鬘，幣帛，偶人，芻靈，紙錢，玉籤，神籬，葦索，注連，葉椀，葉手，粢餅，粿米，神酒，糈米，犧牲，宝倉，瑞籬	寶貨部	金類	金，金屑，銀，銀屑，銅，半熟，鐵，鐵落，鐵精，鉛，錫，水銀，汞粉，鎮粉，錢
	文書具	筆，橐筆，墨，硯，水滴器，筆臺，紙，反紋，檦昻，軸，帙，籤，笈，書櫃，書案，簡札，牒，牓示，户籍，版位，笮，曆		玉類	珠，玉，璞，水精，火精，瑠璃，雲母，玫瑰，珊瑚，琥珀，硨磲，馬腦，鑰石
	圖繪具	丹砂，朱砂，燕支，青黛，空青，金青，白青，綠青，雌黃，銅黃，胡粉	香藥部	香名類	沉香，淺香，麝香，裛衣香，丁子香，薰陸香，牛頭香，雞舌香，萑頭香，龍腦香，青木香，零陵香，都梁香，兜納香，兜末香，流黃香，艾納香，甘松香，迷迭香，詹糖香，欝金香，白芷香，蘇合香，百合香，甲香，芸香
	征戰具	幡，甲，冑，楯，步楯，弓，弩，角弓，彈弓，靫，箙，箭，征箭，鳴箭，平題箭，刀，長刀，短刀，劍，屬鏤，鈇鉞，叉，戟，矛，䈽，角		藥名類	丹藥，膏藥，丸藥，散藥，湯藥，煎藥（諸藥細名略）
	弓劍具	檠，弦，弓袋，弦袋，櫑，鮫皮，鐔，韘韣，劍鞘，劍韜	燈火部	燈火類	燈燭，蠟燭，紙燭，炬火，庭燎，烽燧，篝火，野火，煻煨，燐火，蚊火
	刑罰具	笞，杖，棒，盤枷，鉗，杻，械，錠，鏁，箯（筐），輿，獄		燈火具	火鑽，燧，油，燈心，炭，松明，薪，爐，灰，炻煤，煙，燗

十卷本			二十卷本		
部別	類目	字詞條目	部別	類目	字詞條目
調度部	鞍馬具	鞍，鞍橋，鞍褥，犀脊，韉，接鞦，鞂，鞦，當胷，杏葉，韉，雲珠，腹帶，鞿，鐙，鐙粗，逆粗，障泥，鞍杷，金駿，尾韜，鑣，蒺藜銜，彎，承鞊，鞴頭，樓額，傿，馬衣，馬厖，枊，檷，槽，剉薤（碓），蒭，**秣**，鞭，胄索，絆	燈火部	燈火器	燈籠，燈械，燈臺，燈盞，油瓶，火爐，火筋，竈
	鷹犬具	攀，條，旋子，韝，鏁，絏，鍿，犬枷	布帛部	錦綺類	錦，綺，兔褐，夾纈，繡，綾，羅，縠，縑
	畋獵具	罘網，蹄，弶，棞，鼠弩，鳥羅，罔，鳥籠，媒鳥，繳，翭，餌		絹布類	絹，練，絁，帛，紗，布，白絲布，紵布，調布，貲布，商布，棉絮
	漁釣具	網罟，纚，魚梁，筌，籪，內林（罧），籗，釣，泛子		冠帽類	冠，冕，雲冠，天冠，帕額，烏帽，頭巾，幘
	農耕具	犁，鋤，鏨，鎛，**鈠**，馬杷，櫂，朳，枚，鎌，連枷，口籠		冠帽具	簪，巾子，纓，綏，櫟鬢厖
	造作具	轆轤，鋌，釘，鐕，**釕**，鐂，栓，繩，准繩，鏒，杙，椓擊，泥鏝，楮柱，麻柱，檜楚，榑，板，材木	裝束部	衣服類	袍，縫掖，缺掖，半臂，汗衫，襴衫，襖，袒，袿，裘，裳，單衣，袷衣，袴，大口袴，奴袴，布衣袴，褌，褌袴
	木工具	鐇，斧，釿，鋤，鋸，鑿，鎹，鐵槌，柊楑，墨斗，繩墨，墨恖，曲尺		衣服具	衿，紐子，衹，袖，袯，襴，裾，表，襲，褺襀，襷褌
	細工具	刀子，錐，觿，**鐁**，膠，漆，朱漆，金漆，掃墨，鬃筆，錯子，木賊，椶葉，金銀薄，竹刀，韋，革，蠟		腰帶類	紳，革帶，金隱起帶，金銅帶，白犀帶，緶帶，接勒，白布帶，衿帶，勒肚巾

附录二 《倭名类聚抄》十卷本与二十卷本收词表

二六三

十卷本			二十卷本		
部別	類目	字詞條目	部別	類目	字詞條目
調度部	鍛冶具	鞴，蹈鞴，鎔，炭鉤，和炭，鐵槌，鐵鉗，鐵碪，鉸刀，鏟，鑢子，錯，砥，礦，青礦	裝束部	腰帶具	鞓，鉸具，鉉子，瑪瑙，魚袋
	音樂具	鉦鼓，方磬，銅鈸子，琴，箏，琵琶，阮咸，箜篌，篌篌，新羅琴，日本琴，橫笛，長笛，高麗笛，笙，篳篥，簫，莫目，尺八，中管，鼓，大鼓，摺鼓，羯鼓，㲉鼓，腰鼓，拍子		履襪類	履，襪，靴，深頭履，單皮履，鼻高履，線鞋，絲鞋，麻鞋，錦鞋，靸鞋，木履，屐，屐屜，屩，草履
	服玩具	笏，玉珮，瑱，璫，鐶，釧，綬，縬，鈴，華蓋，翳，屏繖，塵尾，扇，團，蒲葵扇		履襪具	履植，履屜（屧），靴氈，靴帶，屐系，屩耳，屩靼
	稱量具	權衡，龠，合，升，斗，半石，斛	調度部	佛塔具	塔，舍利，檫，層，露盤，火珠，寶鐸，箜篌
	容飾具	鏡，鏡臺，髮，假髻，蔽髮，䰄，鞋粉，粉，白粉，黛，澤，黑齒，鉸刀，鑷子，櫛，細櫛，嚴器		珈藍具	金堂，講堂，食堂，經藏，鐘樓，僧坊，浴室，寶幢，幡，蓋，花鬘，鐘，金鼓，磬，鑪，火舍，閼伽，燈明，高座
	澡浴具	澡豆，楊枝，手巾，巾箱，匜，盥，唾壺，浴斛，內衣		僧房具	香爐，錫杖，如意，三鈷，金鎚，念珠，白拂，鉢，漉水囊，寶螺，水瓶，三衣匣，剃刀，頭巾，袈裟，橫被，衲，座具，草具，鹿杖
	廚膳具	箸，匙，俎，炙函，串梜，籤，柈，油單，食單，苞苴		祭祀具	木綿，龍眼木，蘿鬘，幣帛，偶人，蒭靈，紙錢，神籬，藁索，注連，葉椀，葉手，粢餅，粿米，神酒，糈米，宝倉，瑞籬

十卷本			二十卷本		
部別	類目	字詞條目	部別	類目	字詞條目
調度部	熏香具	香，沉香，淺香，麝香，裛衣香，丁子香，薰陸香，牛頭香，鷄舌香，崔頭香，龍腦香，青木香，都梁香，兜納香，兜未香，流黄香，艾納香，迷迭香，詹糖香，白芷香，蘇合香，甲香，百合香，芸香，薰爐，薰籠，香囊	調度部	文書具	筆，橐筆，墨，硯，水滴器，筆臺，紙，反紋，褾帀，軸，帙，籤，笈，書櫃，書案，簡，牒，牓，户籍，版位，笀，曆
	裁縫具	碓，砧，擣衣杵，碪，模，剪刀，針，針管，鐕，熨斗		圖繪具	丹砂，朱砂，燕支，青黛，空青，金青，白青，綠青，雌黄，同黄，胡粉
	染色具	蘇枋，黄櫨，蘗，橡，茜，紫草，紅藍，藍，黄中，鴨頭草，赤莧，黄灰，栟灰，灰汁		征戰具	幡，甲，冑，楯，步楯，弓，弩，角弓，彈弓，靫，箙，箭，征箭，鳴箭，平題箭，刀，長刀，短刀，劍，屬鏤，鈇鉞，叉，戟，矛，䝉，角
	織機具	機，杼，筬，縢，綜，臥機，機躡，繀車，繀筸，織榎，麻苧，卷子		弓劍具	檠，弦，弓袋，弦袋，橅，鮫皮，鐔，鐸鞢，劍鞘，劍韜
	蠶絲具	𧖓，繭，桑蠶，蠶沙，蠶簿，桑柘，絲，絓絲，𥯤，反轉，繰車，鍋，絡垜		刑罰具	笞，杖，棒，盤枷，鉗，杻，械，錠，鏁，篋輿，獄
	屏障具	帷，幕，帘，幄，幔，幌，帳，簾，軟障，行障，屏風，承塵，傅壁，籧篨，障子		服玩具	笏，玉珮，瑱，璫，鐶，釧，綬，総，鈴，華蓋，翳，屏，塵尾，扇，蒲葵扇
	坐臥具	衣架，几，牙床，倚子，床子，草敦，胡床，毯，氍，茵，簞，圓座，㲪，筵，薦，鎮子，枕，械庰，褻器		稱量具	權衡，龠，合，升，斗，半石，斛
	行旅具	籠，筐，欚，蓑，笠，簦，雨衣，行縢，行纏，杖，橫首杖，鐵杖，朸，扒㦬，囊，縢		容飾具	鏡，鏡臺，髮，假髻，蔽髮，鬐，鬆粉，粉，白粉，黛，澤，黑齒，鉸刀，鑷子，櫛，細櫛，嚴器

十卷本			二十卷本		
部別	類目	字詞條目	部別	類目	字詞條目
調度部	葬送具	棺，槨，琀，香輿，火輿，縗衣，步障，門燎，山陵，墳墓	調度部	澡浴具	澡豆，楊枝，手巾，巾箱，匜，盥，唾壺，浴斛，內衣
羽族部	鳥名	鳥，鳳凰，孔雀，鸚䳇，鶴，鵰鷲，角鷹，鷙，鷹，鷂，鸐鶥，雀鷂，鶻，鴡鳩，山鷄，木兔，鴟，梟，恠鴟，烏，鳩，鴿，鵃，鴒，鴲，䳇子鳥，鵯鳥，鵐鳥，鶇，鷚鳥，胡鷰，鸀鳿，喚子鳥，稻負鳥，鵙，斲木，布穀鳥，鵼，鵂鶹，鵊鵲，鸒，鷗鸏鳥，雉，鶉，鷾，雲雀，鸐鷉鳥，鼁鳥，鷰，燕鳥，雀，鵙鴒，巧婦，鶬鶊，鷃，鴻鴈，鴨，鴛鴦，鸍，鵝，鴶，鸛，鷺，蒼鷺，鵲，鳰，鸕鷀，鵁，魚虎，鶅鵗，鷗，鷁，卵		廚膳具	箸，匙，俎，炙函，串䅟，籤，柈，油單，苞苴
	鳥體	冠，觜，毳，襹褷，淋滲，羽，翼，翮，倍羅䴥，翹，尾，鞦，膵，吭，膍胵，肫，膝，鴪，鴨通，蜀水草，蹼，距，飛翥，啄，嚇，㪷毛，孶尾，巢，塒		裁縫具	碓，砧，擣衣杵，碇，模，剪刀，尺，針，針管，鐕，熨斗
毛群部	獸名	獸，師子，象，犀，麒麟，猩，虎，豹，熊，豺狼，猫，葦鹿，獨行，水豹，獺，麋，鹿，麞，䴥羊，玃，猱狿，猨，狐，狢，野猪，狸，猯，兔，貂，黑貂，鼠，火鼠，鼷鼠，鼱鼩，鼳鼲，鼯鼠，鼬鼠，鼴鼠，猪，羊，犬，獽		染色具	蘇枋，黃櫨，蘗，梔子，橡，茜，紫草，紅藍，藍，黃草，鴨頭草，赤莧，黃灰，柃灰，灰汁

十卷本			二十卷本		
部別	類目	字詞條目	部別	類目	字詞條目
毛群部	獸體	牙，角，鰓，奴角，鹿茸，熊白，蹯，猨嗛，豚卵，氄毛，蹄，齝，犬㕧，嗥，舭，甒，遊牝，生益		織機具	機，杼，筬，縢，綜，臥機，機躡，緯車，緯筹，織梭，麻苧，卷子
牛馬部	牛馬類	牛，特牛，乳牛，水牛，馬，駿馬，駑馬，駽馬，驢騾，駱駝		蠶絲具	蠶，繭，桑蠶，蠶沙，蠶簿，桑柘，絲，絓絲，籆，反轉，繰車，鍋，絡垜
	牛馬毛	黃牛，烏牛，怦牛，驄馬，桃花馬，青驪馬，連錢驄，驃馬，騧馬，驈馬，騟馬，驪馬，雒，赭白馬，路馬，駢馬，戴星馬，落星馬，騏馬，駁馬，驦馬	調度部	屏障具	帷，幕，帟，幄，幔，幌，帳，簾，軟障，行障，屏風，承塵，傳壁，籧篨，障子
	牛馬體	牛角，耳筒，驤，鼻梁，食槽，迴毛，排鞍肉，脊梁，承鐙肉，三封，汗溝，歷草，尾林，烏頭，夜眼，蹄，陰脉，糞門，嘶		坐臥具	衣架，几，牙床，倚子，床子，草敦，胡床，毯，氈，茵，簟，圓座，疊，筵，薦，鎮子，枕，楲㢘，褻器
	牛馬病	蝍蟟，蹄漏，脊瘡，腹痕，腳病，腹轉病，鷩，㿎		行旅具	籠，筬，樏子，蓑，笠，镫，雨衣，行滕，行纏，杖，橫首杖，鐵杖，朸，杷檴，囊，縢
龍魚部	龍魚類	龍，虯龍，蛟，魚，鯨鯢，鯙鯡，鰐，鰲魚，人魚，鮪，鰹魚，鮊魚，鮫，鯶魚，鰩，鯛，龙魚，海鯽，王餘魚，鱄魚，鰻，梳齒魚，針魚，鱈魚，鱣魚，鰕，鱸魚，鯵，鯖，鱕魚，鯆魚，鰝，鰯，鯔，鯯，鱧，鯛，魬魚，鱨鰕魚，鰻鱺，韶陽，鮭魚，鯉魚，鮒，蟹，鮳，鱸，鯇，鱒，鮸，鯰，鮏，鱛，鯛魚，鱖魚，鮎，鯷魚，鮑，鮴，鮑魚，魟，細魚		葬送具	棺，槨，珆，香輿，火輿，縗衣，步障，門燎，山陵，墳墓

十卷本			二十卷本		
部別	類目	字詞條目	部別	類目	字詞條目
龍魚部	龍魚體	鱗，鰓，魚丁，胯，鰭，鰾，腴，鯁，鮻鯉	鞍馬具		鞍，鞍橋，鞍褥，屜脊，鞴，鞁，鞦，當胷，杏葉，鞛，雲珠，腹帶，鞏，鐙，鐙韉，逆韉，障泥，鞍杷，金駿，尾韜，鑣，蒺藜銜，轡，承韉，籠頭，樓額，係，馬衣，馬廄，枊，櫪，槽，剗碓，蒭，秣，鞭，罥索，絆
龜貝部	龜貝類	龜，黿鼉，攝龜，秦龜，鼈，甲蠃子，石陰子，榮螺子，靈蠃子，龙蹄子，小蠃子，河貝子，寄居子，石炎螺，大辛螺，小辛螺，田中螺，蚶，蚌蛤，海蛤，文蛤，馬蛤，蜆貝，白貝，貽貝，紫貝，錦貝，海髑子，蝮（鰒），蠣，烏賊，擁劍，海蛸子，小蛸魚，貝鮹，海鼠，老海鼠，海月，蝙蛞，蟹，彭，蜞蟛，石蟹	調度部	鷹犬具	拳，條，旋子，韝，鞢，紲，鉤，犬枷
	龜貝體	甲，貝，殼，角蓋，玉蓋，芒角，螯，烏賊黑，沙囊		畋獵具	罘網，蹄，弶，楅，鼠弩，鳥羅，罔，鳥籠，媒，羈，䍦，餌

十卷本			二十卷本		
部別	類目	字詞條目	部別	類目	字詞條目
蟲豸部	蟲名	蟲，虵，蚖虵，蚺虵，蟒虵，蝮，蝘蜓，蝙蝠，蜇蠊，螳蜋，蜻蛉，胡黎，赤卒，促織，地膽，蜻蛚，螽蜇，蚱蜢，蟋蟖，蟋蟀，螢，叩頭虫，齧髮虫，蝎，烏毛虫，蜈蚣，馬陸，蚰蜓，蝸牛，蟯蜋，蠐螬，蠦虫，蚇蠖，螟蛉，蠱，桃蠹，衣魚，蟬，蚱蟬，蝒蜩，寒蜩，蛁蟟，矛蜩，夏蟲，蝶，綠蝶，紺蝶，鳳車，蛾，蚤，蝨，蟲，水蛭，馬蛭，草蛭，蚯蚓，白頸蚯蚓，蝦蟇，青蝦蟇，黑蝦蟇，蛙黽，蟾蜍，蜘蛛，蠨蛸，蠅虎，蜂蠆，土蜂，木蜂，蜜蜂，蠮蝓，蚊，蝱，蠅，狗蠅，守瓜，蝗蝮，螻蛄，泅，大蟻，赤蟻，飛蟻，蟣虱，蚤，蟉，蟺，蠁子，蛄蟖，蛃，蟻蠓	調度部	漁釣具	網罟，纚，魚梁，筌，籐，罧，篧，釣，泛子
	蟲體	蟠，蚑行，蠢，蟄，蛻，蟄，化		農耕具	犂，鋤，鍫，鎛，鈹，馬杷，櫂，杚，枕，鎌，連枷，口籠
稻穀部	稻穀類	稻，穀，穭，米，糅，粳米，鑿米，粺米，糯米，糙米，糫米，大麥，小麥，蕎麥，粟，丹黍，秬黍，秫，粱米，大豆，烏豆，鷫豆，珂孚豆，大角豆，小豆，野豆，蓏，胡麻，荏，香菜，蕹，堇子		造作具	轆轤，鋌，釘，鐕，鉶鏂，栓，繩，准繩，鑢，杙，拵擊，泥鏝，楮柱，麻柱，橧楚，榑，板，材木
	稻穀具	種子，粒，籽，糠，秕，糩，粃，秥，芒，秉，蒿，麥奴，麩，稍，其，腐婢		工匠具	鐇，斧，釿，鋤，鋒

<table>
<tr><th colspan="3">十卷本</th><th colspan="3">二十卷本</th></tr>
<tr><th>部別</th><th>類目</th><th>字詞條目</th><th>部別</th><th>類目</th><th>字詞條目</th></tr>
<tr><td rowspan="3">菜蔬部</td><td>蒜類</td><td>蒜，大蒜，小蒜，獨子蒜，澤蒜，島蒜，葱，冬葱，薤，韮</td><td rowspan="3">調度部</td><td>刻鏤具</td><td>刀子，錐，觽，蹈鞴，鎔，炭鉤，和炭，鐵槌，鐵鉗，鐵碪，鉸刀，鏟剗，鐠，砥，礪，磺，青礪</td></tr>
<tr><td>藻類</td><td>藻，昆布，海藻，海松，涉厘，神仙菜，紫苔，海蘿，鶏冠菜，海髪，於期菜，大凝菜，莫鳴菜，鹿角菜，鹿尾菜，石純，水雲，紫苔，水苔，芹，水葱，荇，芡，蓴，骨蓬，江浦草，葴</td><td>膠漆具</td><td>膠，漆，朱漆，金漆，掃墨，鬖筆，錯子，木賊，椋葉，金銀薄，竹刀，韋，革，蠟</td></tr>
<tr><td>菜類</td><td>菜蔬，菌，萸，蔓菁，辛芥，温菘，辛菜，葍，蘘荷，薑，蒟蒻，苣，薊，大薊，蕗，葵，龍葵，兔葵，莧，馬莧，菫菜，芸薹，薇蕨，荼，苜蓿，荷蕸，牛蒡，鬼皂莢，薺，薺蒿，蘩蔞，羊蹄菜，蔾</td><td>鍛冶具</td><td>鞴，鋸，鑿，鋘，鐵槌，柊楑，墨斗，繩墨，墨芯，曲尺</td></tr>
<tr><td>果蔬部</td><td>果蔬類</td><td>果蓏，石榴，梨子，樆，柑子，木蓮子，獼猴桃，榛，栗，杬子，椎子，櫟子，榧子，五粒松子，胡頽子，鸎實，杏子，榇子，林檎子，揚梅，桃子，冬桃，李子，麥李，李桃，棗，酸枣，橘，橙，柚，櫾椵，梅，柹，鹿心柹，杍，枇杷，椋子，青瓜，斑瓜，白瓜，黄颬，熟瓜，寒瓜，冬瓜，胡瓜，瓞瓝，茄子，都（椰）子，葡，菱子，蓮子，覆盆子，薯蕷，芋，澤舄，烏芋，薢</td><td>器皿部</td><td>金器類</td><td>鼎，釜，鍑，銚子，鑊子，鎗，鍋，鈔鑼，鉢，金椀</td></tr>
</table>

十卷本			二十卷本		
部別	類目	字詞條目	部別	類目	字詞條目
果蔬部	果蓏具	核，李衡，桃奴，甘皮，寔，檪棷，栗扶，栗刺，桃脂，瓣		漆器類	樽，酒海，壺，酒臺，大槃，櫎子，疊子，合子，酒臺子，匜，盥
草木部	草類	草，蘭，菊，芸，紫苑，桔梗，龍膽，女郎花，瞿麥，牡丹，金錢花，萱草，麥門冬，款冬，芭蕉，鹿鳴草，薄，荻，蘆葦，薔薇，芍藥，赤箭，天門冬，朮，女葳蕤，黃精，地黃，甘草，黃連，人參，石蘚，卷栢，細辛，欋活，升麻，茈胡，女青，草麻，巴戟天，牽牛草，地膚，蒺藜，狼毒，防葵，防風，苦芺，藺茹，羊桃，天名精，澤蘭，續斷，雲實，蒲公草，黃耆，漏蘆，飛廉中，夏枯草，當歸，秦艽，白頭公，蓋草，麻黃，知母，大青，決明，狗尾草，貝母，連翹，石韋，牛扁，萹蓄，三白草，旋花，敗醬，白芷，青葙，杜蘅，白鮮，白薇，紫參，地榆，仙靈毗草，茸蓎子，薺苨，大黃，鱧腸草，半夏，蒟醬，甘遂，虎掌，蔜華，藜蘆，兔葵，亭歷子，赭魁，及已，大戟，鳶尾，牛膝，蓍，虎杖，葎草，菴蘆子，馬先蒿，薏苡，商陸，車前子，芄蔚，白英，石龍蒭，石龍芮，穬麥，栝樓，玄參，射干，苦參，藁本，酢漿，酸漿，茇艾，茵陳蒿，白	器皿部	木器類	廚子，櫃，襯，机，食床，椻，臼，碓，磑，甊，酒槽，桶，杓，棬，筥，衦麵杖，茶研

十卷本			二十卷本		
部別	類目	字詞條目	部別	類目	字詞條目
草木部	草類	蒿，芄蘭，徐長卿，白前，白蘞，王不留行，景天，菝葜，枲耳，王孫，積雪中，菅，茅，萱，菜中，百合，懷香，白慈中，狼牙，莨菪子，貫眾，蒴藋，葒草，苛，蘼蕪，由跋，荓，蒲，菰，昌蒲，劇草，虵床子，三稜草，莎草，莞，藺，鼠尾中，烏頭附子	器皿部		
	苔類	苔，屋遊，石衣，垣衣，蘿		瓦器類	瓿，甈，甕，坩，瓶子，游堝，盆，罐，堝，瓷，盌，盤，盃盞，甗
	蓮類	芙蕖，藕，蓋，茄，蕸，菡萏，蓮，蕣		竹器類	篚，籠，箱，籮，篙，笭箵，籌，篩，箄，笊籬，箕，箒
	葛類	葛，藤，皂莢，馬鞭草，苧蘼，五味，紫萄，防己，忍冬，千歲虆，絡石，百部，細子草	飲食部	酒醴類	酒，醴，醪，醅，醇酒，酎酒，醰酒，酵，醨，糟，酒蟣，酒膏，肴
	竹類	竹，簩竹，笘竹，篠竹，筸竹，斑竹，筒，篦，篠		水漿類	漿，冰漿，白飲，糏糅，粥，暑預粥，茶茗
	竹具	笋，長間笋，籜，篾，節，篁		飯餅類	饆饠，強飯，飷飯，油飯，糒，餉，餅，餅餤，糉，餻，餢飳，糫餅，結果，捻頭，索餅，粉熟，餛飩，餺飥，煎餅，餲餅，黏臍，饆饠，餢子，歡喜團

十卷本			二十卷本		
部別	類目	字詞條目	部別	類目	字詞條目
草木部	木類	莇檀，紫檀，白檀，蘇枋，黑柿，黃楊，檂，柀，栢，楓，桂，松，檉，楊，柳，水楊，櫻，朱櫻，柞，梻，樆，桑，柘，枸杞，合歡木，蔓椒，吳茱萸，食茱萸，杉，檜，樅，梧桐，厚朴，椶櫚，欒，槻，榎，椋，木瓜，釣樟，羊躑躅，茵芋，山榴，槐，樗，檍，孤棱，欀，柀，梓，穀，檀，杜仲，衛矛，蕪荑，榆，石檀，陵苕，五茄，賣子木，雞冠木，接骨木，金漆樹，烏草樹，女貞，莽草，黃芩，石楠草，木蘭，蔓荊，荊，柃，椿，楸，蜀漆，楝，栖，桜，溲疏，木天蓼，檳榔，槲，楠，舉樹，枳椇，榎，寄生	飲食部	麴蘗類	麴，蘗，粉，麵，大豆麨，糒米，粔籹，粮
	木具	根株，蘗，枝條，莖，葉，樹梢，橃，杈椏，樸，樺，花，葩，萼，蘂，節，心，樹汁，脂，半天河		酥蜜類	醍醐，酥，酪，乳餅，飴，蜜，千歲蘽汁
				菜羹類	生菜，蒸，茹，菹，黃菜，菌茸，羹
				魚鳥類	鱠，鮨，腜，膴，魚條，䵚，炒煼，炙，炰，臛，膍，寒，魚頭，冰頭，雉脯，腊，鹿脯，醯，臕，頭腦，餗
				鹽梅類	塩梅，白塩，黑塩，酢，醬，煎汁，未醬，豉

十卷本			二十卷本		
部別	類目	字詞條目	部別	類目	字詞條目
			飲食部	薑蒜類	鼇，搗蒜，生薑，乾薑，蜀椒，辛夷，山葵，蘭蒿，薄**蓟**，胡荽，芥，蓼，胡桃，橘皮
			稻穀部	稻類	稻，**糠，稭**，榖，糙，粃，秙
				米類	米，杭米，粳，糳米，粺米，糯米，糒米
				麥類	麥，大麥，小麥，麥奴，蕎麥，穬麥
				粟類	粟，丹黍，秬黍，秫，粱米
				豆類	大豆，烏豆，**鷓**豆，珂乎豆，大角豆，小豆，野豆，蓲豆
				麻類	胡麻，荏，香菜，薜，菫子
			菓蓏部	菓類	果蓏，石榴，梨子，橘子，柑子，木蓮子，獼猴桃，榛子，栗子，杭子，椎子，櫟子，榧子，松子，胡頹子，鷪實，杏子，梌子，林檎子，楊梅，桃子，冬桃，李子，麥李，李桃，棗，酸棗，橘，橙，柚，橙椵，梅，柿，鹿心柿，杼，枇杷，椋子
				菓具	核，李衡，桃奴，甘皮，寔，櫟梂，栗扶，栗刺，桃脂
				蓏類	瓜，青瓜，斑瓜，白瓜，黃瓜，熟瓜，寒瓜，冬瓜，胡瓜，瓝瓟，茄子，郁（椰）子，葡子，菱子，蓮子，覆盆子
				芋類	芋，山芋，零餘子，薢，澤鳥，烏芋

十卷本			二十卷本		
部別	類目	字詞條目	部別	類目	字詞條目
			菜蔬部	葷菜類	葷菜，蒜，大蒜，小蒜，獨子蒜，澤蒜，島蒜，蒸，冬蒸，薤，韮
				海菜類	藻，昆布，海藻，滑海藻，海松，涉厘，神仙菜，紫菜，海蘿，鷄冠菜，於期菜，海髮，大凝菜，莫鳴菜，鹿角菜，鹿尾菜，石純，水雲
				水菜類	水苔，紫苔，芹，水蒸，芡，蓴，骨蓬，江浦草，蕺
				園菜類	蔓，蔓菁根，薑，辛芥，温菘，辛菜，菖，蘘荷，薑，蒟蒻，苣，薊，蕗，葵
				野菜類	大薊，兔葵，龍葵，菌，莧，馬莧，菫菜，芸薹，蕨，荼，苜蓿，苻蔰，牛蒡，鬼皂莢，薺，薺蒿，蘩蔞，羊蹄菜，藜
			羽族部	羽族類	鳥，鷥鳥，雄雌，卵，鰕，鶵，孳尾
				羽族名	鳳凰，孔雀，鸚鵡，鶴，鵬鷟，角鷹，鷹，鵰，鶺鷵，鷂子，雀鷹，雀鳧，鵑，鳲鳩，山鷄，木兔，鴟，梟，怤鴟，烏，鳩，鴿，鵤，鴒，鶺，獦子鳥，鵯，鵯鳥，鶫鳥，鷄鳥，胡鶿，鶪鷧，唤子鳥，稻負鳥，鴶，（斲）木鳥，鵅，鵂鶹，鷄鴒，鶯，鶌鷚鳥，雉，鶉，鷰，雲雀，鶡鸝鳥，黿鳥，雀，鶱，連雀，鵰鴿，巧婦，鶺鴒，鶊，鴻鴈，鴨，鴛鴦，鸍，鵝，鵠，鸛，鷺，蒼鷺，鵲，鳰，鸕鷀，鴗，鳾，鶺鶒，鷗

<table>
<tr><th colspan="3">十卷本</th><th colspan="3">二十卷本</th></tr>
<tr><th>部别</th><th>類目</th><th>字詞條目</th><th>部别</th><th>類目</th><th>字詞條目</th></tr>
<tr><td></td><td></td><td></td><td>羽族部</td><td>羽族體</td><td>冠，毛冠，毛角，觜，鳴，毳，䙰褷，淋滲，羽，翼，翮，翈，倍羅麼，翹，尾，鞦，臎，吭，膍胵，肫，膝，鳮，鴨通，蜀水華，蹼，距，巢</td></tr>
<tr><td></td><td></td><td></td><td rowspan="3">毛群部</td><td>毛群類</td><td>獸，畜，牝，牡，遊牝，獸產，殨</td></tr>
<tr><td></td><td></td><td></td><td>毛群名</td><td>師子，象，犀，麒麟，猩猩，豹，虎，熊，羆，豺狼，猫，葦鹿，獨行，水豹，獺，麋，鹿，麞，麢羊，玃，猱狿，猨，狐，狢，野猪，狸，猯，兔，貂，黑貂，鼠，火鼠，鼷鼠，鼱鼩，鼹鼶，鼯鼠，鼬鼠，鼴，猪，羊，犬，獚</td></tr>
<tr><td></td><td></td><td></td><td>毛群體</td><td>牙，角，鰓，奴角，鹿茸，熊白，蹯，猨嗛，豚卵，氄毛，蹄，齝，犬吣，嘷，觝，鼿</td></tr>
<tr><td></td><td></td><td></td><td rowspan="2">鱗介部</td><td>龍魚類</td><td>龍，虬龍，螭龍，蛟，魚，鯨鯢，鮃鮪，鰐，鮝魚，人魚，鮪，鰹魚，鮀魚，鮫，鰚魚，鰩，鯛，龙魚，海鰂，王餘魚，鰽，鰻，梳齒魚，針魚，鱏魚，鱣魚，鰕，鱶魚，鰺，鯖，鱕魚，鯆魚，鮬，鰯，鯔，鰢，鱧魚，鯯，魬魚，鱯鰕魚，鰻鱺魚，韶陽魚，鮏魚，鯉魚，鮒，鰠，鰣，鱸，鯇，鱒，鮸，鯰，鮔，鱅，鯛魚，鱖魚，鮎，鯷魚，鮠，鮢，鮊魚，魦，細魚</td></tr>
<tr><td></td><td></td><td></td><td>龍魚體</td><td>鱗，鰓，魚丁，脬，鰭，鰾，腴，鯁，鯘鯹</td></tr>
</table>

十卷本			二十卷本		
部別	類目	字詞條目	部別	類目	字詞條目
			鱗介部	龜貝類	龜，黿鼉，欇龜，秦龜，鼈，甲蠃子，榮螺子，石陰子，靈蠃子，尨蹄子，小蠃，河貝子，寄居子，石炎螺，大辛螺，小辛螺，田中螺，蚶，蚌蛤，海蛤，文蛤，馬蛤，蜆貝，白貝，貽貝，紫貝，錦（貝），海䖳子，鰒，蠣，烏賊，擁劍，海蛸子，小蛸魚，貝鮹，海鼠，老海鼠，海月，蝙蝓，蟹，蟚蜞，蟚蝐，石蟹
				龜貝體	甲，貝，殼，角蓋，玉蓋，芒角，螯，烏賊黑，沙囊
			蟲豸部	蟲豸類	蟲，虵，蚖虵，蛶虵，蟒虵，蝮，蝘蜓，蝙蝠，蜚蠊，蟷蜋，蜻蛉，胡黎，赤卒，促織，地膽，蜻蜥，螽蜥，蚱蜢，蟪蚸，蟋蟀，螢，叩頭虫，蠹髮虫，蝟，烏毛虫，蜈蚣，馬陸，蚰蜒，蝸牛，蟯蜋，蠐螬，蠥虫，蚇蠖，蟪蛉，衣魚，蟬，蚱蟬，馬蜩，寒蜩，蛁蟟，茅蜩，夏蟲，蝶，綠蝶，鳳蝶，蛾，蠶，蠱，蛋，水蛭，馬蛭，草蛭，蚯蚓，白頸蚯蚓，蝦蟇，青蝦蟇，黑蝦蟇，蛙黽，蟾蜍，蜘蛛，蠨蛸，蠅虎，蜂，土蜂，木蜂，蜜蜂，蠮螉，蚊，蝱，蠅，狗蠅，守瓜，蝗，螻蛄，大蟻，赤蟻，飛蟻，蟣虱，蚤，蛹，螬，蟋子，蛄蟹，蟻蠓，蛶
				蟲豸體	蟠，蚑行，蠢動，螫，蛻，蟄，化

十卷本			二十卷本		
部別	類目	字詞條目	部別	類目	字詞條目
			草木部	草類	草，蘭，菊，芸，紫苑，桔梗，龍膽，女郎花，瞿麥，牡丹，金錢花，麥門冬，萱草，款冬，芭蕉，鹿鳴草，薄，紫陽花，蘆葦，荻，薔薇，芍藥，赤箭，天門冬，朮，女葳蕤，黃精，地黃，甘草，黃蓮，人參，石斛，卷栢，細辛，獨活，升麻，茈胡，女青，草麻，巴戟天，牽牛子，地膚，蒺藜，狼毒，防葵，防風，苦芙，薗茄，羊桃，天名精，澤蘭，續斷，雲實，蒲公草，黃耆，漏蘆，飛廉草，夏枯草，當歸，秦芁，白頭公，蓋草，麻黃，知母，大青，決明，狗尾草，貝母，連翹，石韋，牛扁，萹蓄，三白草，旋花，敗醬，白芷，青葙，杜衡，白鮮，白薇，紫參，地榆，仙靈毗草，茸蓎子，薺苨，大黃，鱧腸草，半夏，蒟醬，甘遂，虎掌，蕘花，藜蘆，兔葵，亭歷子，赭魁，及已，大戟，鳶尾，牛膝，薺，虎杖，葎草，菴蘆，馬先蒿，薏苡，商陸，車前子，茺蔚，白英，石龍蒭，石龍芮，瞿麥，栝樓，射干，玄參，苦參，藁本，酢漿，酸漿，蓬，茵陳蒿，白蒿，芄蘭，徐長卿，白前，白薇，王不留行，景天，拔葜，蒼耳，王孫，積雪草，菅，茅，萱，菜草，百合，懷香，白慈草，狼牙，莨蓎子，貫眾，蒴藋，菰草，苟，蕉，由跋，洴，蒲，菰，昌蒲，劇草，虵床子，三稜草，莎草，莞，藺，鼠尾草，烏頭附子

十卷本			二十卷本		
部別	類目	字詞條目	部別	類目	字詞條目
				苔類	苔，屋遊，石衣，垣衣，蘿，松蘿
				蓮類	芙蕖，藕，薂，茄，蔤，菡萏，蓮，荈
				葛類	葛，藤，皂莢，馬鞭草，芎藭，五味，紫萄，防己，忍冬，千歲虆，終石，百部，細子草，通草
				竹類	竹，斑竹，筈竹，箁竹，篓竹，笴竹，筒，籧，篠
				竹具	笋，長間笋，籜，篾，節，兩節間
			草木部	木類	旃檀，紫檀，白檀，蘇枋，黑柿，黃楊，檂，㮈，松，栢，楓，桂，樫，楊，柳，水楊，櫻，柞，桾，桑，柘，枸杞，合歡木，蔓椒，吳茱萸，食茱萸，杉，檜，樅，梧桐，厚朴，梭欏，欒，槻，榎，椋，木瓜，釣樟，羊躑躅，茵芋，山榴，槐，㭘，檍，柧棱，橿，柀，梓，穀，檀，杜仲，衞矛，蕪荑，榆，石檀，陵苕，五茄，賣子木，雞冠木，接骨木，金漆樹，烏草樹，女貞，莽草，黃芩，石楠草，木蘭，蔓荊，荊，柃，椿，楸，蜀漆，楝，栖，桜，溲疏，木天蓼，檳榔，槲，楠，舉樹，枳椇，槭，寄生
				木具	根株，蘖，枝條，莖，葉，樹梢，樾，权桠，樸，樺，花，葩，萼，蘂，節，心，樹汁，松脂，半天河，蠧，桃蠧

★本表中十卷本为高松宫本（日本国立历史民俗博物馆藏），此本为江户时代前期写本。二十卷本为天正三年（1575 年）写本，其中间有少量以江户时代活字本（元和三年本）配补。

附录三　《色叶字类抄》语辞表

部	类目	收词
伊	天象	雷、雷公、雷師、遟、霆、雩、晶、豐隆、霹靂、豐隆、電、牽牛、河鼓、月暈、月院、古、以往、終古、既往、往、曾、舊、故、嘗、昔、今、時、肆、此
	地儀	池、陂、沼、溫泉、出湯、泉、濫、礒、沙、石、砳、磐、巖、礎、岩、石鍾乳、巘、石橋、矼、杠、磴、甃、祐、械、隧、妙美井、窟、岐、砡、家、茅、宅、廬、營、庵、磧、柱礎、薨、屋脊、板敷、市、肆、廛、隧、瑞籬、闍、郁芳門、殷富門、遊義門、陰明門、右腋門、悠記門
	植物	稻、稴、秔、稃、秖、穄、稂、積、秉、穧、水蘇、香柔、兔葵、蒂、菓、茴、苛、茸、蒡蔓、羊桃、蔬芺、石韋、蕨、蓝子、苺子、覆盆子、薯蕷、芋、蹲鴟、魁、莪、芋柄、虎杖、武杖、菈草、蘢、遊龍、地菽、景天、慎火草、商陸、連翹、卷栢、石蘚、櫟、蔓椒、羊躑躅、櫟梂、刺、栐栗、木連子、折傷木、海髮、小髮、小凝菜
	動物	鴿、鵤、斑鳩、稻負鳥、老菟、鶬鶊、鵁鶄、鸚鵡、犬、狣、狗、獹、犴、獒、猧、鼬鼠、狖、狟、鼠獲、貙、犬嗾、鳴、嘶、驚、嗎、喃、嘩、狄、魚、鱗、鯉、鰯、鮂鮞、鮒鰥、江豚、鮪鱧、鱖鯹、鰻、石首魚、脟、鯁、鮈、鮴、鰯、魚丁、貽貝、黑貝、秦龜、蠑螈、石蟹、文蛤、魁蛤、烏賊、鮂鰔、烏鱡、蟷蜋、蟷蠰、蝸、蟊蜇、蚣蝑、蠜蝨、春黍、蚱蜢、蠱蚤、狗鱧、赤蟻、赤駁、蚍蜉、蠆虹、網
	人倫	母、妹、兄、姊、從父兄弟、從母姊妹、從祖伯叔、再從兄弟、姨、女公、鑄師、漁子、市人、市郭叟、軍、師、魁、卒、獸、忌子、稻實公、窮鬼、生靈
	人體	頂、顈、顛、膽、氣、雲脂、頭垢、氣噎、兔缺、缺脣、肒目、皰瘡、瘱瘠

部	类目	收词
伊	人事	生、活、存、居、穀、蘇、穌，寢、寐、德、睡、眠、宿，淫，穀，壽、命、運、籌、識、考，賤、局、恛、鄙、芮、卑、俚、民、慥、窟、庶、睥、販、俾、蕞、得、**類**、陋、狗、聊、菓、廝、記、頑、衡、汭、竄、恌、權、眇、**僞**、醜、嚕、悝、**悟**、寠、忐、恓、亞、固、冀、下、偷、野、劣、微、佻，嘘、痛、**悽**、懊、傷、快、憺、侗、毒、惕、疧、慟、惻、疢、憯、惆、悽、悵、懆、怺、隱、**僇**、切、**役**、忦、劇、怛、**㤊**、艱、酸、彫、慘、悼、涽、疚、怊、慄、慭、愴、惜、疾、讝、耿、唏、軫、**懵**、戚、青、**稀**、恫、矜、**瘖**、懷、忡、憑、勞，息、活、憩、**顛**、愒、塈、煦、慰、穩、恤、休，暇、遑、徨、閑、遙、假、隟、覞、居、瞻，瞋、嗔、忿、懣、恚、怒、**惪**、慍、怨、瞵、忓、格、蔵、懠、獮、蔑、噁、啗、憒、忍、悔、苛、悁、諏、悍、聶、潰、俟、吒、奪、旺、奮，諫、讕、諷、諂、詞、誶、詢、讕、敢、證、叱，勇、忏、獷、揆、賁、驍、仡、叱、咄、悍、悍，謚、諱、謦、羨，聲、僨、況、代、**總**、**懇**、喫、益、報，斎、弋、射勢、威芮，饑、勞、勤、忍、修、榮、**騁**、**㑫**、惓、庸、劬、惆、憚、勦，憂、偽、詐、丕、佯、誑、譎、陽、欺、奸、謫、訣、這、誕、誷、讒、謾、壽蔆、諂、詭、諭、詳、繆摩、譴，幸、網、絞、櫡、石聞、致斎、斎籠、逸，幼、小、稚、弱、欝、憒、紛、懣、骨悶，嘘、氣、師、膾、石抛、石彈、綜糸，壹越調，壹弄樂，溢金樂，壹團橋，壹德鹽，移都師，飲酒樂，遊字女，石川樂
	飲食	飯、餉，膢、煎物，煎付大豆，署預粥，熬海鼠，煎汁、色利，粒，麷，犧、牲齏，饋，飯盛，爨
	雜物	絲、絮、綖、綵、繹、絞、紡，線、縷，**䋣**，総，衣架，倚子，串**絿**，板，筏、**游**、桴、杙，桴孔，箄，籔，籃，飯樻，木刀，甕，碇、沉石，**篵**，艨艟，鎔，石灰、堊灰，平題箭、衡鏑，今木，印，籞，稻機，壹腰鼓
	光彩	色、綵、甁，采、彩、臒、綀，光彩，白
	方角	**乹**，戌，巔，槙
	員數	五，伍，五十日，一揲，一匝

部	类目	收词
伊	辞字	移，忌、諱、禁、諫、弭、諡、齋、慤、忱，去、徂、往、出、外、入、納、容、內、委、襲、偪、滅、注、誅、誄、没、開、闢、盛、函、漸、畜、逝、異、涵、鑄、鎔、炊、活、泥、射、躲、矢、弋、沃、洯、潑、灌、煎、燋、焦、熬、愈、除、差、痊、瘳、平、療、間、瘳，謂，最，苦丁、祈、禱、願、咒、祠、贖、闕、視、岐、祝，祝、崇、榮、揭、綵、綺、緻、交、偈、繡、飾、皂、形、陝、桃、誂、咷、桃、競、爭、角、競，獸、厭、歡、飫、餉、飽、殉、歡、饜、射、斁、壓、辭、怢、至、臻、致、到、輸、詹、泊、迄、極、篠、盬、偈、詣、庆、屈、造、華、到、底、前、郊、屬、效、庄、戾、摧、揭、放、周、挌、冲、砧、懷、抱、簁、察、巡、悃、濫、演、懲、款、迫、应、溢、薄、距、篁、迪、躔、扺、參、走、糺、假、奄、漸、投、劾、掑、止、躋、踵、虹、達、往、訖、戒、栝、者、橄、稽、狌、集、怚、死、柩、痕、及、砥、予、役、怞、自、逝、傳、懷、抱、任、圄、拉、攜、在、坐、謂、言、曰、猶、偢、稱、云、息、置、盛、遠、藏、販、貸、未、乃、摺、不、敢、無、治、曹，何、朗，熱，勢、疢、鯁、厥、忿、劇、忙、謗、務、營、經、惶、勞、勤、遽、忙、遑、殉、劇、悁、徇、桃、倦、庸、劫、閑、徒、禮、指、逗、穆、虐、戴、頂、冒、戴、口、旭、冠、塚、碣、訝、雖、戒、警、徽、勘、衛、箴、儆、勑、兢、庆、懲、誡、諷、惻、整、肅、箴、肆、謨、謀、謹、忩、感、慈、悲、滑、噆、仁、恩、惠、戀、嚴、莊、宗、豎、陪、鰓、森、巍、慇、酷、烈、釀、幾、優、爭、曷、奚、盍、何、奈、焉、胡、那、若、於、惡、安、惡、庸、孰、焉、寧、儻、彌、焉、逾、踰、慊、驟、漸、盛、愈、轉、遠、憐、霧、覆、扸、揃、聊、俚、激，況、矧、剄，苛、蕢、莉、藪、誚、鬭、忙、惚、怍、悼、市、惔、熠、壏、點、潔、淨、清、蠲、屑，揭、炤、言、勞、汗、煩，忽、忘、恕、蔑
	重點	猗猗，殷殷，隱隱，一一，家家，色色，了了

部	类目	收词
伊	疊字	陰晴，陰雲，淫雨，幽天，遊糸，夷則，偷閒，一旦，幽奇，幽玄，右動，隱路，夷狄，異域，有年，引啐，幽谷，熊耳，遊女，淫奇，引攝，引導，因緣，因果，一人，遊觀，意見，揖讓，一割，以往，以來，以降，由緒，異桐，醫方，醫家，異父，一族，一門，隱逸，異治，逸物，淫奔，淫欲，淫洪，優美，優豔，遊宴，優賞，幼稚，幼日，幼少，邑老，有職，一心，一期，愍懃，雄飛，雄稱，異樣，異體，意趣，意胡，意略，意氣，猶預，一定，優恕，優免，陰謀，遊覽，遊放，優遊，優蕩，優會，優長，陰□，隱居，隱計，隱遁，隱匿，一□，友交，誘引，一院，有截，猗頓，有隣，有口，有目，遊夏，引級，意□，依違，倚蘭，幽居，邑居，移徙，幽閒，衣裳，衣冠，隱又，異味，隱居，一盞，異能，郵船，遊馬，壹鬱，一切，一淓，伊望，伊鬱，因准，已度，逸才，育彩，飲羽，飲露，一舉，優劣，一六，有若亡，一字千金，一人當千，一檥手半，一生不犯氣調，早晚，引唱，森然，所謂，飆悠，如何，雲何，奈何，其奈，何況，幾多，幾何，何所，所幾，微譏，幾許，多少，屑少，聞道，言說，長今，糸惜，不知，孰與，何焉，去來，歸去，何遑，冰衿，何為，威猛，器量，利鬼，今來，於何，半漢，勇堪，沛艾，簡略，刑罰，警策，禁固，經營，好色，固辭，忽諸，疋文，不審，未審，揭焉，興販，出舉，斑給，綵緻，潔齊，清澄，時勢粧
	諸社	伊勢，石清水，稻荷，石上，率川，嚴島
	諸寺	飯室，石山，石藏，詳士，石間
	國郡	和泉，伊勢，伊賀，伊豆，出羽，因幡，出雲，石見，伊豫，瞻吹山，妹妹山
	官職	醫博士，市司，一臈，一勞，已講，已灌頂
	姓氏	石川，犬上，池田，池原，石上，伊勢，池上，入間，伊福部，伊賀，礒上，石城，生夷，伊香，齊部，出雲，廬原，市往，石邊，伊吉，伊豫，石野，今木，出水，石作，池田，池邊，壹岐，糸井，生江，不知山，五百井，池後，伊蘇志，出庭，檥井，生部，的，礒
	名字	家，宅，彌，最，今，未
呂	地儀	樓
	動物	鹿，六畜
	人體	六府，瘰癧
	人事	祿，論，籙，弄殿樂，呏搶
	雜物	轆轤，鏇，艫、櫓，爐，祿物，論，籠子、籠子、樓子
	光彩	綠青，綠衫
	辞字	勒，論，錄
	重點	錄錄，轆轤

部	类目	收词
呂	疊字	漏尅，六通，論議，論匠，籠居，露顯，論談，嘘呼，嗃言，露瞻，籠鳥，録事，弄槍，露驛，路頭，路次，路上，路畔，六趣，漏宣，漏失，虜掠，魯愚，卤薄，魯鈍，鏤盤，蘆洲，露盤
	諸寺	六波羅，六角堂
	官職	鏤尅，録
波	天象	彗星，檽槍，約杓，霓，暴風，霸，晴，霽，霙，春，八月
	地儀	礬石，濱、沙汰，林，原、平，畠、壟、陸田，嶐、峪、余田，墓、墀、除、橋、梁，階、陛、堨、障、阤，庭、場，房、坊、坊門，柱、楹、欄額，柱貫，榑風，欀、橡，柱寄，端込
	植物	荻，鹿鳴草，蕭，芽子，秦，莪，貝母，糁，花薄，蘩蔞，雞腹草，菴蘆，芭蕉，薑、藏，薄薢，蔓荊，旋華、大戟，大青，天名精，麥句薑，亭曆子，莠，蕘華，雲實、天豆，蔜菜、茨，防風、屛風，續断、含水藤，秦艽，榛、榛，桓、欛、柞、柳檽，杜仲、木綿，椒、梻、楝，朱櫻、櫻桃，盧橘，花、菁、絮，茄、榮、芩、蕃，英、葩、葉、萼、蘂，柎、蘂、蔕、蕤，華房，荷、蓮、芙蕖，蓮子，藕、藿、茄、蕅，菡萏
	動物	鳩、鴿、隼、鵪、鶉、祝鳩、晨風，鵶、鵯、雞、鸜，羽、翼、翡、翮，翥、翦、怒、騫、翻，慘纏、毟、叔蕩、叔，觜、革、騂、胡春馬，鼻樑、峪、蹤血，腹轉病，鱄、鮑、鰕、鱓、鮀、鱗、鮈、鮒、鯢魚、腹赤、鱧魚、鰲魚、鰻、魬魚、鰻鱺魚、顛、針魚、鰭、蛤、蚌、含漿、蠐、蜃、蜂、薑、蝁、蜱、蠅、胆、蠅虎、蛄、蠅蝗、蠅豹子、蜈蚣、蝮、蝶蛺、促織、絡緯、飛蟻、螶、蚑行、露蜂房
	人倫	母、孃、姥、妣、舅、姨、從母，外祖父，外祖母，外甥，裔、覬，孕婦，半月，破旬
	人體	鼻、隆准、髑、鼻柱、齒、張、帒，齗、胎、胞、膓、睹、腹、肱、陰、膚、肥、妃、膧、肌、胕、脛、踹、跤、骹、骸、䑛、玉莖、閇、塞鼻、顋、䏢、疌、寞、衂、捒、劓、骬、亂、曆齒、齦、齕、齘齒、齒府、痕、疱、疥癲、腫、疛、瘒、黑子、疐、靨子、誌

部	类目	收词
波	人事	魔，破、晴、食、喍、噈、茹、浪、喰、喙、慙、愧、恥、羞、覻、怍、辱、**顕**、忝、**愬**、券、悔、**慆**、誑、詬、惡、儜、恨、聏、聦、涽、囨、謨、詢、謉、偽、醜、忸、怩、懺、羞、垢、懵、員、罰、拜、娠、孕、妊、身、**僑**、懷、胎、藏、胞、脈、肧、褉、袯、枎、掃、救、箒、摸、擠、除、挑、蠲、撥、抴、灑、條、**槑**、桦、襄、攘、擺、擎、攘、清、祛、彗、**刮**、滌、攘、捐、治、**罿**、扞、抽、薅、夏、奔、犇、趹、走、迍、趨、赴、馬、獂、驛、驅、駈、謀、計、議、規、諏、圖、**虞**、揆、廓、量、推、枰、商、揣、測、啚、計、評、斟、**爐**、惟、料、怠、詢、村、詮、謨、限、訾、**軒**、貲、權、躰、**尖**、斩、主、度、諆、誼、茹、側、概、蘊、穴、葵、翅、盡、猶、土、**撐**、汰、**彭**、虞、科、諧、捷、忖、訪、裎、銓、詢、罰、蹤、踐、跣、愽打、白癡、計、葬、稷、劇、剿、罵、**辻**、謀、計、猷、謠、略、議、規、擁、諏、誕、策、圖、證、籌、稱、虞、竅、惲、**暮**、揆、廓、筴、謨、竿、**恭**、諆、盡、訾、諫、天、陪廬、拔頭、沉龍舟、反鼻胡德，埋破，盤涉調、盤涉參軍，白柱，放鷹樂
	飲食	餺飥，白米
	雜物	袴、襦、襠、半臂、袪、勒肚巾、班犀、蠻繪、翳、行纏、脛巾、屧、扉、半靴、旗、斾、斿、旐、旌、旗、旂、幡、旒、杠、幢、橦、鬘、花瓶、蠅掃、甐、白拂、帛、幅、機、**繢**、半熟、鎚、刃、鍔、耳、緣、鉉、瞽、揻、搤、**匜**、匧、槤、盤、桦、槳、局、箸、鉗、鉏、筴、挾提、鉢、**纓**、腹帶、鏧、腹卷、羽、箒、篜、針、錨、針管、薄、**髹**筆、笘、函、匣、匲、箱、筴、篋、笈、筐、籃、鉸刀、鋏、白粉、黑齒、掃墨、枹、槌、檳、橙、鈸、糜、紉、紃、**呼**、輮、圈、卷、篼、馬籠、旅籠、遊艇、舫、舸、高尾舟、椀、棒、躐、張鋸、巴頭、白芷、灰、煨、鼻縿、斿、麾、旂、粃、最花、種子、埋輪、圭、楲
	光彩	縹、縂、黃櫨
	方角	初、端、邊、且、概、側、段、頭、原、緣、沣、畔、測、耳、交、夾、間、介
	員數	廿、稱、斤、格、錘、權、量、把、段、端、番、度、破

部	类目	收词
波	辞字	殼，走、踢、劈、礐、馳、迪、剝、歗、作、為、礐、治、開、驚、驅、嘘、羽、搪、罌、昆、吒、拂、擽、揎、蚑、剒、歗、擽、馳、迪、剝、歗、作、為、遷、慨、焰、放、捨、佚、遷、慨、裂、攜、發、離、放，遯、迴、驅、振、莫、使、始、做、徂、朔、祖、孔、蔓、運，壤、省、育、孚、纏、斜，悛、歊，暴、短，昀，凌，圈，灼
	重點	莓莓，旙旙，婆婆，苞苞，茫茫，陪陪，番番

部	类目	收词
波	疊字	梅天，白駒、白日，迫來，白晝，半夜、晚景、晚頭，白地，豹隱、麥秋，晚夏、晚秋，晚冬，薄地，萬里，牓示，亡避，蠻夷，播殖，白鹿，望夫，波浪，波濤，滂沱，望禮，拔褉，八講、八教，白馬，萬乘，拜除，版位，拜禮，忘家，萬機，博陸，傍例，方來，半死，倍增，傍孫，傍輩，未仕，伴僧，幾人，博勞，芳豔，白鬢、白髮，放逸，放縱、放儻，汎愛，放言，排卻，抱膝，白癡，伴惹，謗難，髮膚，末葉，媒介，磨瑳，發語，房室，房內，配偶，拜領，放垿，苞苴，亡命，癈忘，惘然，白咲，班給，放還，芳心，芳命，芳契，末座，傍座，拜謝，拜謁，拜悅，拜覲，拜披，芳約，芳談，伴類，波臣，陪從，配流，放逐、忘卻，白眠，放坐，博士，破題，博學，博覽，博聞，芳劑，拔萃，拔群，判斷，防援，放免，跋扈，繁昌，拔刀，反畔，白波，放火，八虎、八難，破裂，班犀，白玉，茅屋，庖丁，飽滿，盃盤，破損，破壞，盃酒，放盞，八木，博弈，番匠，般輸，麻柱，破急，俳優，彷徨，波郵，俳佪，賣買，方計，方術，方略，沛艾，半漢，放牧，放散，放湌，班駮，髣髴，莫大，繁費，芳菲，癈量，薄命，發起，發越，博愛，發語，發遣，撥撫，賣藥，磻溪，忘筌，拜迎，茅山，婆娑，八佾，萬雉，馬上，白珠，半月，白麻，白毛，巴狹，白精，八重，芳枝，白羽，望海，莓苔，百鍊，百結，百枝，馬後，梅口，反魂香，傍若無人，房室過度，萬死一生，蠶辱，狼枕，終頭，半面，聲華，嗽獲，商確，鼓腹，蔓莚，勁捷，帖騎，徒跣，岌峇，無墓，所難，含嬌，𣪩𣪩，切齒，雪恥，飽滿
	諸社	苔埼，八幡
	諸寺	長穀，蜂罝寺，㳒堂
	國郡	伯耆，幡磨博多，阪東
	官職	伯，坊，隼人司，博士、儒，判官，判事，判官代，祝，番長，將監，花摘
	姓氏	春原，林，八多，秦，羽束志，幡美，間人，丈部，祝部，土師，羽咋，榛原，葉栗，秦長藏，春野，春井，治田，服倍，蜂田，丈倍，原，長谷
	名字	春、治玄、晴、霽
仁	天象	虹、霓、蝃蝀
	地儀	庭、墀、塲、除、填、壇、潦
	植物	薕、葦、菁、龍膽、地膚、地葵，甘遂，人蔘，茼茹，榆、枌，茵芋，朱櫻、櫻桃，苦菌，海藻、和布
	動物	雞、鷄、鷗、翰、鶒鶒、錢母、鶳鶵、鳭、麀、麛、麞、雛馬，鼠尾馬，駄，駘，齝、齛、齫、鮫，人魚、鯪魚，小辛螺、蓼螺，河貝子、蜷，蚰蜒，地膽、芫青

部	类目	收词
仁	人倫	人民，人形
	人體	人中、水溝，胈、氄，痤、二禁，皷鼻
	人事	惡、憎、亞、憶、猒、偲、覷、慫、惜、嫌、送、醜、嫉、疾、耗、吟、嚖、唭、呻，斷、戲，瞋、睚眥、呲、眥、瞰、眄、睨
	飲食	菹，寒，鯖，煮凝，煮鹽，醪、醯、醢，漿、漿甘水，乳酪，乳餅，贅，苦，毒切
	雜物	錦，褥，膠，和炭，庭燈，如意，荷荷，如紫霸
	光彩	丹，鈍色
	方角	西、兗
	員數	二，廿
	辞字	亨、湘、臑、煮，逆、逃、遁、北、退、行、投、蹤、逭、亡、通、稼、勺、欝、薫、芬、馥、芳、氳、菲、染、荷、擔、輿、肩、掮、攍、鈍、頓、軋、癡、遲、克、訥、訒、拙、諉、頑、銖、駑、濁、渾，泗，渭，泊，淯、墋、顙、混、淦、洿、污、潤、圂、茲、似、肖、疑、類、仞、偭、如、相、抵、柖、拳、握、拱、掘、掬、�、捲、揣、抄、掌、把、擬、搦、搏、躝、狃、亂足、轢、踏、和、菹、染、焠、優、穰、潤、饒、稼、賑、贍、賙、周、豪、烷、穡、農、穢、膩、稔、賑、贍、賙、周、俄、頓、屯、率、捽、猥、卒、忽、歿、暴、弱、泊、便、飈、伇、劇、同、止、慦、甫、條、戾、歔、交、延、旱、欻、霍、猝、強、邋、溘、卒、斗，靁，膩、膵，圩
	重點	日日
	疊字	日没，日中，人定，入礼，忍辱，入滅，入室，柔和，柔軟，日給，日勞，女御，女御代，人民，柔專，如意，任斷，人體，柔弱，人間，入部，任限，入學，日食，刃傷，如法，入已，人非人，轢然，皃尒，睚眥，白眼，駑駘，純魯，率尒，早卒，造次，斗頓，發越
	諸社	丹生川上
	諸寺	仁和寺，錦織寺
	官職	入寺僧，女瑀
	姓氏	新田部，壬生部，壬生，錦，新屋，新長，錦織
保	天象	星，躔，北斗，衝黑
	地儀	洞、壑、岫、隍、墥、塄、城、堡、礬石，寶倉，橫巷屋，廊、棖、榍、杵立，豐財坊
	植物	半夏，牡丹，酸漿，洛神珠，白莫、鬼鼻，穗、毬、迅、蒂，百部，朴、淳木，厚朴、厚皮，蔓枡，寄生，寓生，重皮

部	类目	收词
保	動物	鳳凰，鷁鷉、郭公、霍公、鵬、公鳥、時鳥、布穀鳥、鶌鷉、鴹鵑倍羅麼，落星馬，秤牛，鰾，老海鼠，瑩蛤保夜，鳳蝶，鬼車，螢、蟒、蚿、熠燿
	人倫	佛，菩薩，法師，儌，濁，乞兒、乞索兒
	人體	頰，腋，骨、勒、骸、臍，胿，肋，小腸，膘，顏面、面子
	人事	哺，褒、讚繩、稱嘆、美譽、贊、娘歎，報，法，耄，醋，俸、褒、譽，誇，矜矜、自代、伐伶、諫慢、庄詡、耀、拍、傲、夸、妡、奢、鐃、娛、託、蕃、屠、芬，悶，祭、落、禱、崩、耄、忙、忙、恂、悅、惆、駛、悖、嗛、噭、躍、踊、跔、蹶、跳、踶、跳、躞、蹀、弄搶、北庭樂，菩薩、豐生樂、補臨禪脫，保曾路
	飲食	糈，腒、蒲、腜、羞、鹿脯、脩，雉脯、干鳥、腊，臘，烏梅，乾薑、熟瓜，虎掌、羊骸、小青、大班
	雜物	戟、干、戈、矛，縱、鉋、鋋、蕎、鶴膝、搶鏉、殳、鋒、撖、矛、鈹、戚、轊、櫕、橦、鍛、襦、鍬、録、細刀、缶、瓵、盆、盂、益，綪、枇、梳、帽子、反故，方錢，方磐、寶幢，寶鐸，寶螺，爓、灺、裁、燼，火撅、捶撅，絆、頓、槩、錠、羈、辈、帆、颿、帆席、帆竿、帆柱、槳、樯、帆檣、帆綱、長捎、綃，野火，枝、杖、木糞，乏
	光彩	焰、燄、炎
	方角	程，闸，期、寫，外、表、襫、裔，邊，濟、陼、頭、湄、側、得、端、瀕，浃、畔、塇、陲、渡、濱、糜、屑、裔、閫、崎、滂、澳、泝、湭、漘、上、法、漬，于、壖、潯、下、周，曲儒，垂偏，圻闒，湑，垠，將，幽，方
	辞字	干、曝、乾、晞，掘、堀、疏、窨、莖、露、墾、闕、窟、鑿城、穿、刿、穿，吠、吼、嗁、哮、嘷、呴、咆、嗲、嗥、吽、粗、略、幽，亡、滅、泯、殞、夭、喪、殲、殄、無、殉、削、死、蔡、嶅、逃、勿、屠、夷、殘、弊、佗、倉、歿、細、微、纖纖、精、欲，側、像、恠、風、微、俙、怲（恠）、悅、曙、祖、仿髴、肉屍、勿罔，絆、頹、束、縶、蹄、罜、羈、報、封、浸、熱、炳、焱、蒂、嘲、迸、透、施、檀、播、放、撤、報、誇、貶、賜、揮、希、布、灌、略、澤、廣、衍、渾、沌、殟、歿、宣、輸、班、矢、散、漁、殲滅、殆、動、幾、危、汔、勳、綻、綻、祖、袈、撤、恣、逸、屬、專、肆、逞、蹤、意、撼、愢（惼）、資、縱、任、孝、容、禪、嗟、旋、委、超然、澹、淡、略、聊、狼、橫、擅、浪、播、掖、撅、衍、放、恣、朗、洞、廓、散、爍、胡、笑、睥睨、嶙、呀、融、廊、晤、亮、怵、優、豁、聞、敞、漱、晃、開、耿羊、瞋、衍、砑

部	类目	收词
保	疊字	北辰，北斗，普天，暴風，夢澤，豐稔，豐贍，豐年，暮山，補天，蓬萊，奉幣，報幣，報賽，法文，梵字，梵語，翻譯，法相，法華，寶幢，寶蓋，法會，法用，發露，梵行，菩提，鳳曆，寶祚，寶釵，奉敕，蓬宮，鳳池，輔翼，輔弼，牧宰，奉公，本末，卜筮，方藥，發動，煩惱，母儀，夏駕，豐顏，毛嗇，品秩，蓬頭，媭母，蓬鬢，蒲柳，母堂，報恩，本意，本懷，稟性，蓬鄉，暴惡，暴虎，奔營，鳳雛，褒譽，匍匐，蒲伏，發起，報答，報命，毛舉，朋友，寶物，僕從，僕夫，步卒，褒賞，奔波，奉仕，俸斷，俸祿，褒美，犯詞，發句，方略，報總（憾），法家，法條，法令，本系，發覺，蜂起，犯過，犯罪，犯用，木訥，蓬門，蓬戶，蓬屋，布衣，布袴，補綴，寶冠，方錢，奔走，步行，北狄，暮往，謀計，謀略，乏少，奉借，奉入，奉送，鳳輦，蒲輪，本體，本樣，品態，太強，毛群，墨子，毛衣，皈手，褒貶，方圓，寥廓，清朗，倨傲，誇尚，髣髴，仿像，靉靆，瞟眇，嚮蒙，潦倒，自由，縱矜，自恣，偃蹇，庄犬，憍雍，容憍，惘然，浮出，風聞，放縱
	諸社	北野
	諸寺	法華寺，法隆寺，寶幢院，法性寺
	官職	保司，法務，法印，法眼，法橋
	姓氏	星川，穗積，品治
邊	地儀	戶，歧，邊道，亭子，戶屋，屏，罘罳，邊付
	植物	斑竹，淚竹，椐，蒕
	動物	豹，虵，虵蛻、龍子衣
	人倫	竈神
	人體	臍、膃、劑，陰核，勢，屁，糞、宗、放屁，瘷疽，歐吐
	人事	謙、撝、弊、耗、貶，聘，嬖，閱，謟、謟、諛、倍、泊、詬、倢、詷、協、佞、調，平蠻樂
	飲食	餅朕
	雜物	舳，瓶子，鏻，鋙，標紙，版位，班幔，幣，綜，繳，足沮，纜，卷子，經粉，赤點，表，鑔，緣，綖，標
	員數	戶主
	辭字	耗，減，壓，可，應，宜，當，將，合，肯，會，須，倢、協，經，歷，逴，麗，躧，彌，篇，耗，折，憊，增，倍，變，隔，屏，阻，滁，別，停，隔，間，複，中，斃，覀
	重點	眇眇，淼淼，變變，行行，戶戶

部	类目	收词
邊	疊字	霹靂，行雲，碧落，平明，平旦，秉燭，僻遠，眇邈，別業，邊鄙，偏戶，邊畔，邊土，邊地，淼茫，碧水，陛下，冤琉，平安，辨濟，表事，表相，返閉，平愈，平復，平痊，扁鵲，苗裔，平民，冰魚，偏頗，偏執，憑虛，蔑介，蔑如，平懷，蔑賤，行言，別離，僻人，抃感，抃喜，抃躍，閉口，并日，貶謫，貶點，偏録，篇付，弁才，冤後，弁説，弁定，弁決，辟居，反難，碧蒲，抃帳，弊居，弊宅，弁備，平索，弁進，弁補，廟略，遍滿，偏黨，變改，邊際，返奉，返上，返進，反獻，返納，平均，攀緣，反損，平坏，炳焉，陪從，變化，表白，漂倒，迷惑，平給，忭悦，邊塞，表裏，平否
	官職	辨，別當，弁濟使
	姓氏	平群
度	天象	年、歲、朞、載、稔、紀、茲、時、尅、辰、節、秋、堯
	地儀	泊、潴、處、所、田、殿、座、坐、床、戶、扉、荊、扇、闔、樞、墟、根、扃、鍵、蕭、柝、開、國、闈、楹、墭、榯、㻮、棲、窠、鳥居、鷄栖、榙、鐶劍、枓、枏、直廬、隣、登華殿、通陽門、東福門、洞清樓
	植物	瞿麥、薢茩（茞）、野老、木賊、升麻、苻蒿、籐、杼、栩、枋、槁、柹、石楠草、石檀、秦皮、樑、朵、鷄冠菜、鳥坂苔
	動物	鳥、禽、鳶、鴟、鳶、鵬、鵾鴒、冠、鶷、毛角、腌腔、㕙、虎、犵、魁、武、駿、胡獠、鯺、鰻、蝘蜓、蚯蝪、蝶蜋、獨、龍子、守宮
	人倫	高祖父、朋友、輩、倫、儔、徒、友、伴、侶、仔、禽、孚、搶、舍人、饢人、囚人、讀師、童子、土公
	人體	髑髏，雀盲，疫，勞疲
	人事	富、福、穡、穰、德、豐、稔、賑、咎、過、瑕、傹、尤、失、殃、科、齋、得、嫁、娶、歸、房、閬、婚、咒、詛、殉、照射、直、宿、遠射、執咋、屎、鬭鷄、團乱旋、德貫子、登貞樂、都欝志、登天樂
	飲食	廚麻、屠穌、頭腦、毒、調齏
	雜物	幌、幃、頭巾、兔褐，朱襪，兜納、兜末、燈、燃、燭、釭、燈心、炷、燈臺、燈爐、燈樓、燈械、燈擎、飛車、箱、棑、輿、軾、轅、轉、輓、輻、展轉、反側、轂、小轅、鴟尾、軫、轤、笭、篷、纜、苫、烽燧、燎、馼、軔、毯、拾、獨鑽、銅鈸子、頓拍子、礦、砥、硌、硎、鳥羅、鳥籠、筊、利鴈矢、筒、獨狞
	光彩	同黃
	方角	寅，酉，外
	員數	十、拾、旬，度，斗，斗概，屯

部	类目	收词
度	辞字	絡、諗、拖、索、擢、摸、收、素、共、究、睯、利、聰、駛、翱、朝、尋、通、賒、捕、執、澈、延、乏、嚇、咎、臣、篷、勉、住、盡、弭、寔、留、訊、貞、具、部、落、奉、部、耦、部、格、論、持、擥、撈、撣、乘、極、論、頓、駿、湍、胡、霏、知、連、迤、擒、捉、開、跰、音、開、往、著、按、蔬、息、遂、弨、凝、泯、住、訪、喧、倫、鑪、類、黨、整、齊、敕、拖、擭、招、掊、撝、攪、果、舉、頗、淈、湎、與、霑、共、幹、綿、擒、執、脚、疏、沖、田、歸、稽、遏、趑、頓、訪、疇、律、整、索、挖、掊、掃、泆、手、遂、褫、論、駿、湍、胡、與、知、連、迴、擒、開、跰、田、著、稽、頓、遂、訪、倫、儔、黨、禍、齊、救、擢、擭、拁、撋、捲、攪、遂、赦、疾、失、厲、舉、翩、翊、標、鴻、霏、朝、尋、賖、摛、開、趼、乏、延、嚇、臣、篷、勉、盡、弭、寔、留、訊、具、落、奉、耦、格、摸、握、招、撝、掠、右、攬、乘、洒、疾、失、厲、舉、翩、翊、共、僚、備、奉、幹、連、通、賖、捕、執、澈、疏、音、開、往、著、按、息、遂、凝、泯、訪、喧、倫、儔、律、整、齊、救、閉、訊、投、執、撮、援、秉、杵、嫂、姍、揄、乩、臼、抄、撫、卒、拈、趍、迹、詮、却、銷、赦、疾、失、厲、舉、飛、蜚、翊、倫、偕、友、共、奉、知、俱、具、遠、眇、遼、遐、邅、迓、綿、徊、擒、捉、開、趼、音、田、歸、著、稽、遏、趑、頓、止、按、稽、息、遂、弨、凝、泯、往、訪、貞、具、部、落、奉、部、耦、格

部	类目	收词
度		正、歷、鬲、御、餝、等、竝、階、虞、振、適、飭、振、捻、肅、諧、俱、儌、備、謁、巾、誠、展、剪、弨、整、歷、膩、理、整、轙、服、嚴、飭、選、均、藏、振、驟、轟、闐、軋、拉、挫、搕、振、捐，滯、遭、淳、汀、濡、淹、懆、欝、稽、謟、底、頡，頑，鎮、常、恒、慎、經、例、長，握
	重點	處處，往往，年年，時時，轉轉，轟轟，鼕鼕，度度
	疊字	登睦、登時、銅焉、土風、土產、土毛、東作、得酒、東傾、洞庭、渡海、燈明、讀經、斗藪、度緣、登壇、登霞、頓宮、璜潢、徒然、棟梁、登用、童斷、同腹、同母、同族、土人、同氣、土餌、土德、童蒙、童稚、土民、貪欲、等閑、怒忿、怒目、慟哭、同心、鈍根、徒跣、頓滅、頓死、同穴、通家、突磨、登臨、逋避、獨步、獨立、獨身、獨行、動靜、得替、得意、等輩、同僚、同門、同朋、同隸、同行、同法、等倫、德望、東閣、銅山、僮僕、東海、登省、土代、讀合、蠹簡、登天、德誇、德化、鬭亂、鬭訟、鬭諍、蠹害、銅馬、頭巾、通天、土器、屯食、土木、途中、東夷、東西、逗留、同道、投跡、等分、燈燭、燈爐、駑駘、同車、同船、吞鳥、通德、投杖、桐孫、東園、騰躍、藤花、痛惄、塗炭、遁世、頓作、等同、同等、頓首、動植、得失、都鄙、德行、圖畫、不古、勦説、駃騠、儚狡、左右、遙點、擁滯、終古、解纜、常復、等閑，弁備
	國郡	遠江，土左，鳥羽，常盤，鳥部野，奴夷國
	官職	主殿寮，東宮，頭，統領，襃帷，圓，刀袮，得遷，得葉
	姓氏	時原，伴，豐國，登美，豐野，常世，鳥井，豐原，豐罡，鳥取，殿來，豐津，取石，豐村，遠澤，十市
	名字	支、公、奉、倫、偏、共、知、類、丈、俱、偕、與、兼、僚、具、伴、朝、朋、寬、那、比、等、誠，俊、利、敏、載、年、歲、稔、逸、聰、明、知、鏡、照、詮、信、章、季、曉、時、説、莭、候、秋、辰、言、朝、昔、宗、國、遠、遐、遶、通、寬、玄、得、德、豐、仁、農、富
池	地儀	地、足路、沉潛、磅礴、澄濁、疑輿、塵、埃、逢、壒、塊、墅、馳道、磐石、衢、歧、街、庄、歧、派、衝、衕、巷、陣、廳、恨、逭、邏、貞觀殿、長樂門、陣座
	植物	茅、白羽草、苣、蕒苣、地黃、紫參、貶醬、地楡、石衣、石髮、茶、稚海藻
	動物	千鳥、鴒、馼馬、乳牛、畜生、腳病、鱐、鰻、海鯽
	人倫	天、父、娜、考、毛、嫡子、朕、兒、孀、住持、烏獲、魑魅
	人體	乳、妳房、乳府、乳癰、疕、血、血脉、力、制、手、均、征、骨、稅、拳、近目、痔、唾血、赤痢、癭、疝，丁瘡、瘿胗、瘡、軫

部	类目	收词
池	人事	智，忠，秩，誅、契、約、誓、願、制、逝、盟、矢、寵，敕、陳、筑紫諸縣，直火鳳，長慶子，竹林樂，地久樂，重光樂，長命女兒
	飲食	茶，糭、角黍、鶑尾
	雜物	幗、襗、褌、褌、褠、帳、軸，𣗓，逆勒，鎮子、鍮石，絢、賃、筑、沉香，丁子，茶坑，地子，陳橘皮
	員數	千、仟、丈，町，挺、張，千仞，千種，帙，頓
	辭字	散、毛、靡、翩、分、紛、𦩘、𦩘、宣、泮、圀、溷、逃、希、允、落、持、近、隣、親、逼、庶、躬、攔、眤、迩、戚、儷、似、幾、迫、𠤏、奈、役、尒、懷、兌、迎、里、殆、摩、比、育、暱、促、切、傍、寺、因、遝、擋、攙、儻、疊鎮，小、稈、幼、稚、稺、私、策、促、鏤、繳、鍍
	重點	遲遲，重重，嫡嫡
	疊字	重陽，仲春、仲夏、仲秋、仲冬、晝夜、遲日、逐電、中間，地理、地形、地勢、地裂、塵土、中央、治田、池沼、池水，着岸、致齋、鎮魂、鎮守、長講、鎮護、知識、頂戴、長行、中門、住持、聽眾、聽聞、定者、除帳、持齋、儲君、除目、敕宣、敕答、陳中、陣頭、地久、中宮、長秋宮、柱石、致仕、重職、致敬、廳例、湅本、抽任、抽賞、中古、疇昔、遲速、遲引、遲怠、遲參、地震、沉困、嫡子、長者、杖者、長生、長髮、濃粗、着袴、着裳、竹馬、忠臣、忠信、忠節、忠貞、惆悵、悵望、遲鈍、中庸、遲疑、持疑、沉淪、沉滯、中天、著姓、重代、中媒、晝突、悵望、珍重、重怠、秩滿、着府、着任、治略、智音、知己、禂人、地望、珍寶、珍財、沉難、眤近、除名、智慧、智者、知新、竹帛、長案、馳望、沉思、沉吟、着鋮、着鈦、笞杖、誅人、停止、停廢、恥辱、忸怩、珍美、珍膳、珍菓、珍物、中垸、濁酒、中戶、沉醉、竹葉、地味、雉目、柱礎、打球、女車、踟躕、佇留、直入、算量、儲新、量質、重疊、注記、馳嚴、寵愛、辰芝、竹簡、雉尾、長樂、籌策、注人、馳走、中興、珍事、治方、治術、蓄懷、蟄居、重服、地忍、濁世、懲肅、女几、寵辱、長短、長太息、知恩報恩、沉惑之僻、握齱、交加、贔屓、誓事、尩弱
	諸社	竹生島
	國郡	筑前、筑後、鎮西、筑紫、鎮守府
	官職	中宮職、治部省、主稅寮、中納言、中將、忠，直講、知家事、廳官、广守、長史、注記、中綱、長講、知事、定額
	姓氏	小子部、珍、筑紫、道守
	名字	近、邇、親、愛、隣、周、允、幾、庶、懷、用、身、躬、子、實、見、損、慎、元，千
利	地儀	里，綾綺殿
	植物	龍膽，零陵香，林檎，令法
	動物	龍，麟

部	类目	收词
利	人倫	吏，良家子
	人體	良朱，痢病
	人事	利，令，律，略，臨色乱，陵王，柳花花，龍勝樂，臨胡禪脱，輪臺，臨河
	雜物	龍鬢，輪鼓，龍腦，廲，龍頭，輪，綾羅，裲襠
	員數	兩，鏊
	辞字	理，領，略
	重點	略略，領領，離離
	疊字	涼暖，涼燠，良辰，良久，林鍾，霖雨，六出，立錐，陸路，隣境，隣國，領知，領掌，閭里，閭巷，閭閻，隣里，流俗，隴畝，梁塵，流水，利他，兩界，靈驗，竪義，利養，諒闇，臨幸，綸言，鏊務，令旨，綸旨，綸綍，龍首，龍樓，麟閣，龍尾，鱗次，流例，霖西，良朱，柳黛，綠珠，憐憨，流涕，泣涕，兩舌，兩條，兩樣，良吏，苙境，吏幹，吏途，流旡，流冗，利根，森然，利口，里儒，令條，理非，理論，理致，虜領，慮外，虜掠，綠林，理髮，履轍，律呂，陸行，旅宿，量定，量欠，利并，陸梁，龍蹄，利益，利潤，流肝，流離，輪轉，籠鐘，略躰，良藥，兩馬，利梬，怵惜，立用，陵遲，陵夷，領狀，利見，利盂，六律，瀧頭，瀧外，流焉，六德，梁山，李門，利害，利鈍，理乱，理不盡，利口覆國
	官職	率分，國郡，流沙，律師，竪者
奴	地儀	沼，淳，塗籠
	植物	蘇，王孫、黃孫、蓀，零餘子，樗、檽、白膠木、樛，枸杞、杬櫨，蕁
	動物	鴰、鵁、舥、鼤，叩頭虫
	人倫	主、王、皇，偷兒，盜人、群盜、賊、下良人
	人體	額，板齒，鬑
	人事	寁，盜、偷、賊、寇、奸、竊、攘、謂、濫、借、踦、蹟，曝布
	飲食	糠
	雜物	繡、絳、璊、布，白布帶，緯，塗篦，維車，秾麻，樓額，貫鞘，貫箐，縛
	辞字	拔、擢、挺、援、抽、抄、挮、㪅，摺、芰、撏、鄰、點、拜、搴、徼、鑷、貫、徹、靂、説、脱、解、除、舍、蟉、緲、釋、縫、霈、濕、濯、污、潤、淹、渾、沃、湍、塗、墐、斁、墼、汢、冪、泥，主、駕、遲駘、紽、絾、緫、縫、拔、擢、挺、抽、搴、貫、挺、紬、碏、讀，補
	疊字	奴婢，叩頭、頓首，猶悠
	官職	縫殿寮

部	类目	收词
奴	姓氏	額田部，布師，額田，布敷，柒島
留	人倫	類
	雜物	琉璃、流離，露盤，漏，誅
	疊字	留難，類親，累葉、累世，累祖、累代，流轉，流浪，流連，留守，流罪，流通，累路，瑠璃，流記
遠	天象	朧，一昨日，贈日
	地儀	岳、丘、崗、陵、罘、墟、阜，江洛，格，梏、圈、牢、檻、穽
	植物	稌，麻、芋，女郎花、女倍芝，芸臺，苻蓠，赤箭，遠志，术、山薊、荻木、玄參、重臺，芎藭、薢蕉，茵芋，楓、櫄、棘、荊、榛、藤、菜，
	動物	雄，鴛鴦、鳬鷖、鷄鶏，鶗鴂、鳩、護田鳥、澤虞，牡，牡馬、駁，駑、駘、駄、麇、麋、鹿、鯨、白貝、蛤
	人倫	伯父、仲父、叔父，阿伯，舅，伯母、叔母，姨，姑，甥、姪男，男子、童男，覡，女、妓，少女、童女，夫，妾，孃，天台，臣下，己、自、余、予
	人體	齲齒，吁嘔，瘒瘂、譅
	人事	居、住、坐、廬、處、止、在、亥、巢、宙、宋、閈、閭、房、宅、庀、處、躔、集、里、恆、度、音、聲、惶、恐、怖、悛、畏、懼、愺、怕、偲、俀、徬、傾、匡、譯、教、誨、撟、風、訓、摛、惎、喻、諫、譯、誦、智、捷、諭、惎、授、詮、記、慘、傾、化、諷、數、譜、懶、奢、侈、慢、驕、姐、泿、怊、逸、敖、寵、傲、振、忕、夸、倨、踞、寵、偕、嬌、誇、汰、虛、訕、夋、威、攝、慞、怖、饞、喝、枿、剝、剽、虐、愕、惛、慞、悛、惶、慓、脅、瘠、却、溺、黜、刦、掠、奪、怯、驚、愚、頑、踈、慵、卷、屛、迁、冥、顪、庸、偲、蟪、憧、恂、忕、癡、茼、簡、慆、蹭、蹶、躍、踊、跳、惶、摽、悚、懾、怕、譻、競、愕、慓、惏、慴、憭、恂、戰、音、男祭，嫁、喝、枿、剽、愕、脅、劫、刦、怯、却，蓬
	飲食	押鮎
	雜物	韋，緒、紲、緕、繳、絶、絃、紲，綺、繪、織物，印，璽，几，凭軾，夾膝，安机，艇，小忌、蹶，鼠弩，贈、賂、饋、甀、牡瓦，塘煨、熾、塘，柏浮，烏藥

部	类目	收词
遠	辞字	小，置、安、除、於、在、軼、罷、據、跱、豦、肆、居、錯、厝、捨、逸、鉒、印、着、政、貪、車、寘、投、都、越、掅、被、稅、措、宿、施、舍、棲，追、逐、趑、駇、從、後、逸、道、覃、及、譽，推、搜、壓、押、排、惣、扔、捿、扰、交、抑，呼，織、作，了、終、畢、訖、卒、弥、闋、遒、闋、已、异、迄、猝、首、十、射、竟、闕、崇、求，及、逮、曁、被、覃、迄、殆、逝、咥、襲、年、暢、達、泊、耐、延、槩、逐、遽、迫、能，犯、侵、[illegible]、起、嘖、暴、干、虐、冒、[illegible]、慼、淩、迮、迹、奸、昧、蒙，重、倕、右，藝、麾、行，抑、握、推、膺、耐、抧、捺、捞、扣、擬、御、按、晉、挫、撫、搦、厭、後、逸、遲、殿、嫚、慢，遲、後、晚、徐、漸、�院、[illegible]、疏、嫚、嬉、溼、晏、暮，生，襲，送、贈、傳、閭、鐀、奏、賻、賸、貽、遺、[illegible]、歸、返、侵、逽、饋、詔、詒、將、問、餉、餞、奉、餽、貺，約，澆，各，貰、貣、酤、賒、典、貸，補、裨、行、修、邁、聖、將、售、勤、咒、策、載、公、率、步、功、舉、沽、施，怠、懈、退、懶、懈、休、惓、嬾、緩、駄、倦、過、墮、忽、黎、嫚、惰、慢、仔、紓、秦、紹、殆、鬩、稽，緘，溺、游、蒙、漂、浮，籠、朧，卦、掛，風，機、棍、權，劣，於，自，徒、然、材、佘、而、腊、旡，排、淮、推、擱、擠、搦，扶，搗，啃，辶、辻
	疊字	擁政，擁怠，擁滯，擁積，蒙籠，蹝曚，名言，排却，除非，被及給哉，自然
	國郡	小野，小倉山，小栗栖
	官職	織部司
	姓氏	小野，小治，小長谷，罡屋，小槻，小家，刑部，越智，小橋
	名字	男、雄、緒、緡、濟、尾、臣、水，罡，岳
和	地儀	濟、泊、渡，海，掖
	植物	萱草，薇、蕨、蔜、蓁，山葵、山薑，早稻、稑、穜、穛，若菜，蒟醬、葷蘼，黃連，木天蓼
	動物	鵰、鷲、鶚，黃鷹，膔脛，鰐，蚌
	人倫	王，童、豎，侲子、兒，渡子，海神、海童、海若
	人體	腋、脇，掖、肶、脾，胡臭，瘧病、痁，黃疸、黃病

部	类目	收词
和	人事	我、吾、言、朕、台、儂、卬、予、余、喣、醍、佗、儕、態、事、行、能、故、傮、稺、幼、少、處、若、苟、种、趄、嬾、釋、冥、弱、趑、趄、摶、趣、驟、別、離、忘、遺、忽、死、憪、失、喪、亡、誼、諸、謤、訣、怵、慢、忈、暬、諼、咲、嘆、吠、嗤、咍、哂、憨、听、嘲、曄、笑、噎、啞、憖、謔、嚎、孟、弄、侘、惆、惱、傺、膠、醍、伫、劣、黎、龜、頑、民、矬、驚、柔、煩、惱、戀、累、戀、慢、掔、嬈、洿、懯、蛊、旁、纍、究、懩、潤、靡、櫌、傰、活、計、倡、災、沵、菑、禍、飢、天、殃、蘗、妖、祟、蘗、過、孽、厄、死、衻、責、厲、菑、私、渃、皇庫、皇帝破陣樂、王昭君、黄鐘調、皇帝帝三臺
	飲食	醋、黄菜、垸飯
	雜物	綿、絮、纊、被、襧、缺被、開被、蜀衱、横被、腋楯、簟、杋、尿、輪、垸、破子、檪、倭琴、横笛、屬、屝、藁沓、屬耳、蹄、藁、藁筆、稒、圂、圓座、黄精根、艟、方舟、渡船
	光彩	黄土
	辞字	破、剖、磴、判、涌、沸、分、別、體、班、和、涌、沸、徹、盪、漬、湯、泮、鑠、鏤、銷、燦、潴、漬、混、瀁、煖、分、別、頒、捨、配、體、班、衢、折、支、漸、爻、仳、流、仁、義、街、泒、差、疏、拆、違、灑、離、辭、判、贇、別、班、仳、離、辭、判、贇、宛、械、度、渡、過、俓、涉、亙、絚、濟、洹、弥、縆、凌、揭、竟、蹊、袤、經、掩、萇、格、絕、恬、乱、泏、津、揚、逕、遍、成、觀、亂、截、沉、僅、肩、財、栽、偶、播、折、趣、恌、諷、挴、攦、讚、怯、纔、適、裁、曠、勤、庸、儕、哆、曲、甋、蟠、摎、辨、別、弁、諸、分、哽、擇、了、識、潘、波、戰、着、絮、繩、僅、纔、財、瀁、蟠、摎、盤、蜿、挾、劍、拑、釼
	重點	往往
	疊字	往年，往日，往時，王者，王孫，皇城，黄丹，王侯，往古，往代，往事，往昔，和合，猥誑，賄賂，賄貨，往哲，匟弱，横死，和奸，猥錯，猥雜，王孫，和顔，枉法，枉惑，蝸舍，和議，蝸廬，垸飯，横笛，和歌，和市，往來、往還、往反、往複，匟贏，窊窿，和儌，王豹，王母，王粲，王喬鳥，和光同塵，妖霧，瘴煙，瘴雲，厄死，王事靡盬，可被分給
	國郡	若狹
	姓氏	若櫻部，和安部，和氣，若湯坐，若大養，和迩部，別，度守，丸部

部	类目	收词
加	天象	風、吹、颭，明庶風，景風，閶闔，廣莫，清明，涼風，不周，條風，霞，暈，月院，霹靂，景、影、陰、曇、蔭、音，十月
	地儀	河、川、淮、涯，潟，峽，浮石，磴道，蹊，間道，梯、棧、懸磴，巷所，伏龍肝，郊，行宮，頓宮，衙，閣、閤，講堂，伽藍，窠，門，門舍，壁，墙，障，墻、墻，垣院、墡、陴、庑，城，屏，藩，窬，厠、圂、清、圊、圃、厠，檻欄、篅子、格子，鴨柄，鴈齒，桔槔，栭，棧、蘆蘿、檈、雀柤，烟、竈，皮張，教葉坊，開建坊，嘉喜門，感化門，含耀門，結政，山寺
	植物	笿竹、筥竹、河竹、石竹、莽、人參、神草、苦荬、防己、辛菜、芥子、菘、萱、莿萱、黃連、王連、蕘草、黃草、麻黃、王不留行、草麻、白芷、女青、雀瓢、劇草、馬蘭、由跋、蜀葵、芋、酢漿、鳩酢草、蒱、莞、蒱黃、瓠、瓞、栝樓、菊、白蒿、射干、烏扇、赤箭、刘安草、苫草、糵麥、三白草、冬瓜、蓏、寒瓜、茿蘭、蘿摩子、蘞、大麥、青科麥、穎、頴（穎）、稃、柄、稼、皮、蕪菁、菁根、下體、菲、莒、蓊、葛、蘘、皂筴、䃉結、蘅矛、賈子木、栢、椆、樻子、栢實、柏、櫟、草麻、桂、楓、槁、柑子、胡椒、柿、椑、杏子、椋、柰、樾、棪、櫨、柕、櫍、柞、樫、穀、枯、楮、枳椇、枳實、枸櫞、鷄冠木、鷄頭樹、水楊、吳朱萸、樺、桊、李衡、梂、幹、骨蓬、荊根、川骨、水苔、河苔，未滑海藻、榪（棍）布
	動物	鶻、撫鷹、烏、鴉、鷹、鴻、鴨、鷥、梟、鷄鵞、鷗、江鶿、鷓、鷃、鸚、鶴、鵲、鵝、鷿鸊、鴷、卵、孵、翈、鴨通、鹿、麖、麜、麠羊、羺、麜、零羊、零、駧馬、驅馬、駱馬、油馬、髟白、鹿茸、瞷、鱕魚、新婦魚、鯹魚、堅魚、鮦、蠹魚、王餘魚、鰈、鮮、鮴、䱟、䱟、鮈魚、龜、黿、能、鼇、罷、蟥、蟹、蟹黃、擁劍、蠣、蝴蜅、寄居子、蟹蜷、石陰子、甲羸、貝、貝鮹、鱉、蝸牛、蛟螺、沙囊、螫、螯、蛙、蝦蟇、螻蟈、黽、蝌蚪、蛞蝓、蚊、蜑、蠶、妙、烏毛虫、髳虫、蜻、蝙蝠、仙鼠、伏翼、蠮螉、天鼠矢、蜻蛉、蚏蝶、虹蚓、蟋蟖、寒螐、寒螿、蟷、土龍、白頭蚯蚓、草蛭、蠰、齧髮虫、殼
	人倫	父、巫、覡、敵、狄、笯、仆、偬、雦、雦、怨、仇、潛子、鍛冶、偏孤、獵師、虞人、列卒、蒐、檯師、梜杪、梎取、水手、塗工、乞兒、乞索兒、丐、豪物、閽人、神、祇、靈、神、河伯、水伯，風伯、人形、餓鬼

部	类目	收词
加	人體	首、頭，顱、頷、領、車、髮、髦、髯、髮、鶴髮、苞，髮際、雲脂、頭垢、顏、面子，髭，肩、踦、髆，髑髏、缺盆骨、髑、脾、肘、肶、脅、肋、幹、膈，皮、肌，尸、屍、骸、禿、影、瘡、癬、瘕、痕、痂、瘍、癰、癤、風癭胗，癢、委、轉筋、蚘虫、白虫、癥瘕、痟瘋、脚病、飼面、軀
	人事	豪，行，号，利，狩，駈，獠、駢、獵、驅、苗、兗、駒、田、旺、毆、畋、蒐、陸、戒、臭、菸、聞、鶵、形、狠、狀、像、貌、穆、躰、質、綵、儀、纘、影、攢、暖、白、範、析、房、面、模、顏、敏、膊、蒙、軀、叕、訊、象、物、相、容、裁、姿、奸、感、癋、諸、行、神樂、賢、恭、儉、黠、聖、豪、仙、佛、實、威、愈、麗、妖、姝、艷、嬬、好、婉、變、娥、美、娃、姱、頌、摆、戴、祠、饞、祝、傅、威、儀、寵、扶、奸、姦、猾、慾、黠、盜、竊、窺、婬、妙、婢、祖、裲、脱、禫、褐、悲、哽、憨、商、悽、弔、哀、憀、憋、悵、惆、懇、折、惆、愓、閔、旻、矜、憐、涼、懦、噫、鳴、睇、咽、慟、臨、怜、悼、浴、沐、步射、楛蒲、九采、捣子、頑、虻、愍、顚、逡、畔、邎、魯、癡、醜、贛、戀、緟、饙、陋、酼、猫、愁、尰、鑿、踦、噷、嚚、讙、嘉、嘩、鬧、潰、漢、噐、虞、吳、聤、轟、嘈、聑、謹、頑、呢、嚚、擲倒、掻首、沭、白地藏、恶、由所、賀殿、河水樂、歌曲子、迦樓頻、合歡鹽、賀王恩、河南浦、感城樂、海仙樂、感秋樂、角調、沺州、酤醉樂、賀利夜須、顏徐王仁庭
	飲食	粥、饗、糜、饘、醇、酪，苦酒，糟、醋、粕、魄，麹，粮、粻、糇、餉、糅、飳飯、修食饋、粿米、糙米、鶴頭、膳、酊、唐菓子、餲餬、結果、乾藥、栗黃、捣栗、腆、辛

部	类目	收词
加	雜物	冠、帔、幞頭、幘、冕、弁、爵、紘、綏、簪、笄、釵、篦、纓、鈿、攃髾叞、勁叞髾、蘽、髮、鬘、插頭花、頭花、帷、幔、明衣、幬、帄單、裘、革，褐衣、汗衫、獨衣、狩襖、布衣，布袴、革帶、襲、緋帶、鉸具、玉鉤、鈌、背子、纐纈、綺、毯、毟、氈、縑、綃、繒、帛、繒、綈、高麗、防壁、高座、鋺、銳、鈢、鏡、鏡臺、釭、鑪，鐵落、鐘、釜、鍋、鼎、鑊、錡、鐵鍋、竃、蕭、鑰、釣、鎰、匙、鑰匙、釣匙、鑠、鎖、刀、剃刀、钁、鐵杖、鹿杖、橫首杖、赾、桛、鶮胯、狩俟、刈鈷、橇、鎌、鍥、刈刎、柯、韓櫃、合子、木刀、匕、匙、瓶、瓺、瓷、柄、幹、枚、螺、蠡、胄、首鎧、兜鍪、鳴前、鏑、簳、鋌、痂、鉗、鈇、莛、鎹、鐵精、鐁、鏇、曲刀、鐵槌、鎚、鎚、靳、鈴、鐵鉗、鈷、鈻、鐵碪、砧、鑽、和炭、模、紙屋紙、皮剥、兌刺、釶、艾納、甘松、甲香、革、皮、囊、紙、箋、牋、紙麻、笠、帽、蚊遣火、鑱、筈箭、簞、筥、篘、筐、篝、筭、碓、連枷、門燎、嚴器、唐櫛匣、香爐、香囊、鞲、鞍鞘、㮚、犁、耒耜、耒鑱、唐皮、呵梨勒、蒲葵扇、紙錢、梎、橇、梶、栀、桌、榜、櫂、戕訶、衡、銓、鞉鼓、瓦、樂、額、香、冐索、繩、香輿、行障、珨、假字、纏頭、幪
	光彩	耀、輝、曜、煌、熒、晒、混、瀁、瞾、眩、香、芳、菲、䓑、芬、馨、馥、橐、芝、蕫、蘭、漫、閬、醵、酚、醃、祕、觢、稀、韞、丐、薰、黃草、刘安草、火色
	方角	上，庚，辛，側，傍，斥，倚，謟，旁，隣，防，彭，偏，方，垠，隁，限，陰，蔭
	員數	姟、毫、員、數、机、瓢、甌、筭、籌、稽、量、計、説、融、艾、麗、撰、笭、簡、个，合，銓衡
	辞字	香，賀，歟，勝，愈，佐，輸，雌，尅，克，賊，捷，哉，兄、乘、贏、盡、圖、績、製、筆、書、畫、繫、絓、懸、眩、挂、縸、絲、摌（擺）、綰、緜、網、掛、係、披、纓、羅、拘、祿、嬰、離、罹、繻、冐、屬、蠂、綖、胥、眠、駕、凴、擺、罗、維、閻、梟、檻、祛、加、縛、棲，闗、缺、虖、褰、皃、歡、缺、虖、玷、蝕、騫、魏、毀、肖、漏、戾、攬、搔、撥、捵、摸、摘、抓、擢、攪、書、繕、抹、編、舁、和、蓼雜、糅、搗、益、斬、苅、艾、芟、芟、刈、穫、借、假、贐、藉、橐、擁、暇、儥、貸、枯、槁、死、渴、殺、梧、暅、槖、干、竭、乾、涸、飼、牧、養、飯、燊、啗、圕、啖、蓄、餇、育、畜、炎、刷、廉、替、稜、角、濤、釋、渐、泊、濡、穮、替、資、貸、代、易、買、交、更、值、沽、售、貨、賈、換、酤、賣、糴、市、儥、贊、離、變、遷、渝、迭、狎、賁、移、拾、

部	类目	收词
加	辞字	與，塘、賢、鞏、金、罊、撥、羽、緘、選、屈、幹、胼、藝、文、覆、班、偕、揩、汁、疊、申、尊、誘、埒、條、煱、輨、逾、蔭、係、顄、羂、深、浹、蕭、議、掠、頯、斜、象；懷、繞、牢、假、志、攘、騰、拼，秤、話、航，凵、摎、痄、搾、裝、旋、皈、允、構、符、儚、層、貳、展、泮、隄、枯、干、易、跨、翳、逃、恩、蔽、遮、伏、玷、泰、薛、話、誧，低、陂、肯、銷；該、遠、衛、逃、遒、膠、強、志、桃、翩、投、量、泥、折、蝶、瘁、擺、縈、變、領、却、稱、契、嗣、裛、曾、襲、愾、撲、獵、闔、禋、鄂、撤、干、熿、燆，輕、窘、屏、借、翳、逃、恩、獠、塞、愛、愔、疏、隱、語、談、話、白、誧，彼、傾、低、陂、肯、銷、鑒、鏡；包、固、石、肆、虐、閑、袪、襄、桃、苟、翔、搦、批、籌、筴、員、數、諾、死、病、疧、講、結、復、翻、變、稱、尤、揆、曾、絜、鎮、挾、疆、裎、際、送、礙、裎、蓄、爝、犗，超、踰、越（挑）、窘、并、邅（匚）、掩、蔕、匪、沴、雍、勃、開、穿、圜、寧、遽、都、諫、辞、辭、彼、倻、柀、鸁、仄、肅、興、辟、波、芰、剗，墀、圖、狀，彘、囊、稽、沓、匍、對、齊、惕、寧、涯、國、澗、尋、期，燎、渝、燥、淖、蓿、擬、悈、超、踰、弊、蔗、陰、弊、隱、藏、陰、蔗、弊、窘、屏、借、翳、逃、恩；嚼、齧、釀、嗑、梯，兼、包、遠、堅、逃、遒、膠、強、袪、襄、翩、投、拼、秤、批、擸、搦、死、病、疧、講、結、折、縈、摋、擺、揆、曾、絜、鎮、挾、獵、疆、鄂、隄、撤、枯、燆，跨、翳、借、屏、窘、窖、逐、曾、言、誥、害、潛、淬，拷、具、伯、波、芰、剗，鑒

部	类目	收词
	辞字	照、覽、復、覆、蒙、被、任、攘、魯、冒、贄、賴、前、覆、盆、荒、局、黷、蓋、冠，語、談、話、議，籯，譩，玅，勘、檢、考、校、較、核、稽、閲、覈、拂、扜、句、參、計、扶、臾、且、輸、輝、耀、曜、弈、費、煌、熒、昞、涽、灊、藝、眩、燿、旁、必、要、會、須、司、詑、縶、期、急、滓、俒、摯、咪、高、陂、髯、剔、右、攀、鏻、重、累、增、搥、攃、綯、裹、曾、弔、挑、撥、酷、慘、意、匡、叱、恐、畏、寫、顧、睠、睞、昄、盰、阶、睢、省、咢、熙、養、頤、恩、顧、睢、禿、童、輴、閲、差、跛、斥、偏、隻、陁、猈、豕、擽、撩、揄、抒、險、侈、叄、參、嚙、兩、掛、被、冠、摳、攝、代、迭、狎、悛、胵、猶、若、蝶、忝、辱、尊、惶、膜、貴、懼、恐、叨、故、賽、眘、縱、纏、蓬、餉、饐、籃、椅、墊、額
	重點	各各，嗷嗷，啞啞，咬咬，赫赫，峩峩，厒厒
加	疊字	高天，皓天，寒天，寒溫，寒燠，寒暑，佳晨，項年，改年，閑夜，閑夕，寒地，膏腴，高低，逕邐，隔壁，街衢，稼穗，耕作，耕種，開發，耕私，開墾，甲田，嚴石，河海，海濱，涯岸，海渚，江海，河水，解纜，海人，海道，含靈，香花，加持，加護，降伏，渴仰，講堂，鴈塔，伽藍，講説，講莚，講經，講演，講師，合煞、加茶、合黨、戒牒、羯磨、簡略、考定、更衣、閑官、加階、加汲、鴈行、勘返、勘發、嘉祥、旱魃、旱潦、合藥、香藥、看病、脚病、更發、家訓、好突、嫁娶、佳人、□冶、佳妓、娥眉、芥雞、高年、艾髮、鶴髮、覺悟、好色、隔心、豪憶、雅意、幹了、強力、甘心、礭執、眼下、呵嘖、勘責、睚眥、合力、合眼、我慢、顏色、強弱、肝膽、骸心、強奸、合壻、侮儢、偕老、覺譽、角立、歌舞、遨遊、感興、感情、感心、感悦、感歎、感欣、感緒、閑語、閑談、高脣、高聲、巧言、膠言、勘畢、勘濟、覺舉、佳容、交分、膠柒、膠柱、交水、甘醴、感會、嘉會、嘉哲、高家、下種、下宅、下愚、衡門、閑散、閑素、餓死、寒素、寒門、寒苦、恪勤、狎客、強緣、河難、學生、學館、學堂、鴈帛、鴈書、學門、高才、強記、洽聞、高誨、鑒試、高教、翰藻、苛法、苛政、苛酷、勘問、拷掠、拷訊、勘當、勘責、拷問、勘糺、莔定、改定、甲兵、甲胄、高匡、敢言、合戰、降人、奸嚚、礭論、奸心、姦匿、奸行、鉗口、邂逅、干紀、高湖、強竊、海賊、強盜、家屋、閑居、閑素、閑寂、閑暇、閑所、閑吟、加冠、鶴頭、好飲、看清、行酒、向酒、高苗、高實、稼子、強力、樂器、雅樂、雅音、雅旨、鏗鏘、行旅、客遊、艱難、脚力、行李、網丁、邯鄲、行步、欠缺、勘合、毫釐、家計、家途、高直、堪能、涯分、合應、鶴望、高覽、鑒察、肝心、梗槩、慷慨、傲悷，

部	类目	收词
加	疊字	瑕疊，瑕瑾，開檢，楷模，感歎，感荷，簡要，甘露，割置，涯際，客遊，改易，勘會，炊爨，合夕，寒心，耿介，轗軻，坎壈，鑒誡，確乎，荷擔，解脱，強盛，我犺，行藏，函谷，蓋嶺，佳賔，酣暢，絳沙，鵝眼，霞光，銜泥，銜燭，解谷，鵝毛，香峰，賢不肖，邯鄲步，強緣近習，合別，開闔，甲乙，勾引，忸怩，歸歟，只且，陂阤，參差，陸離，酷烈，蕭瑟，蕭條，誰何，理髪，鬣髽，恐喝，禮褟，彼此，迅哉，衏哉，蓬累，徒跣，咀嚱，如此，假借，威儀，請降，斥言，黿卜、謀黿，方違，綿惙，啀齜，因護，首途，可微力，甲斐无，顩頟，容皃，發越
	諸社	鴨御祖，賀茂別雷，春日，香椎，鹿鳴，香取，高良，河合
	諸寺	高野，勝尾，鎌藏，笠置，葛川
	國郡	河內，甲斐，上総，上野，加賀，綺，韓，葛木，神崎，蝌島，桂川，神藥罡
	官職	神祇官，主計寮，掃部寮，勘解由使，典鎰，伯，卿，尹，長官，大夫，頭，正，奉膳，首，大將，督，使，尚侍，師，將軍，守，大領，令，神主，鎰取，更衣，駕輿丁，粮所，看督長，鄉司，網所，網掌
	姓氏	加陽，上毛野，葛城，川邊，笠，柿本，賀茂，甘南備，香山，笠原，春日，葛井，巫部，掃守，河內，葛木，柏原，上服，神服，川枯，川上，葛城，輕部，坏作，鴨，各務，上，風早，甲可，膳，葛野，神門，川合，輕我孫，堅井，川俣
	名字	方、賢、象、堅、固、良、形，員、數、竿、和、量，景、影、陰、蔭、晷，兼、包、懷、苞、該，香、芳、馨，勝、菱、遂，門、廉，風、吹，穎、柄，金、鐵
與	天象	流星、奔星，夜、霄、月、宿，冥、昔、夕、窀、穸，世、代、葉、世間
	地儀	陌，柳
	植物	蓬、葦、蘙草、艾、蒿、蕭，白芷、白芝、吡草，宿花、妖花，兩節間
	動物	恠鵶，喚子鳥，騙、踏雪，夜眼，針魚，蛄蟹、蛪
	人倫	嫂，婦、娣婦、姒婦、妯娌、姨，丁，桑門
	人體	膕，脾，津頤，涎
	人事	予，慾、欲，齒、齡，娉，這嫁，好，夜弦，粧、裝、鞦、識、裝、儌、儀、躰、式、勢、嚴、樣、服，悦、慶、怡、喜、欣、歡、忻、愉、賀、遐、兑、假、懋、媮、繹、懌、樂、講、拜、菸、熙、似、叶、驩、胎、怫、躭、鵨、貌、愷、矜、折、識、絃、説、懋、嬉、賴、快、懽、澤、夷、賞、憙、懂，搔，純，穌、息、活，勇勝樂，与路歧
	飲食	米，孽，蓖

部	类目	收词
與	雜物	鎧、渠、甲犀、鉰、介、甲、鉀，庸布，斧、鋍，軸，橫笛，橫刀，伏突，綸，枼
	員數	万、萬、四、肆、冊
	辞字	善、佳、良、吉、好、泊、理、珍、愛、義、賢、堯、仁、榮、美、能、嘉、可、賀、禈、令、資、純、典、儀、虜、烋、繕、哿、祺、類、穆、鑠、鉺、咸、旨、淑、壽、趍、詔、喜、都、許、證、懿、懿、猗、鮮、倪、祥、恂、趨、麗、尬、戲、秀、慶、穀、敳、嚮、予、儳、婬、愿、位、克、藝、捨、櫂、言、壽、若、至、經、微、況、昌、眰、宜、妍、碩、盱、適、攻、英、享、由、緣、因、致、旨、至、序、寄、趨、猶、倚、軌、寓、依、因、藉、仍、緣、繇、依、因、藉、寄、仍、俋、由、趨、猶、佐、門、據、佽、賴、資、淲、振、廧、凭、介、伽、阿、緣、倚、椅、假、儲、僑、軌、樣、飯、入、棘、慮、奇、歸、匿、憑、俒、阻、繇、撫、授、杖、從、自、處、階、襲、适、隱、沁、放、翌、僑、客、寓、聊、室、儀、遂、繇、訒、道、而、偶、尋、枕、迄、來、與、攀、喚、叫、稱、叱、呵、咷、招、咜、號、呼、嚜、速、哮、召、縒、傻、縷、紕、讀、誦、訓、頋、暗、竿、筭、宜、微、義、豫、寗、逼、展、攓、乍、弱、恾、駕、寗、劣、悝、厇、負、過、訛、軷、遺、超、儀、裝、擁、淀、遭、澱、審、沁、滓、好、鑠、能、祥、摃、軸、回、殷、回、縱、衝、邪、誑、亘、遍、僻、菲、旅、潛、副、倚、淲、凭、嬪
	重點	夜夜，世世，代代，時時
	疊字	餘上，餘塵，容華、容艷，飯宴，庸夫，用意，用心，容貌、容儀、容兒、容顏，庸受，与不，勇敢，勇者，勇路，勇士，勇毅，抑屈，抑留，用途、用度、用殘、用盡，輿車，□□，欲然，欲益，飯飲，傭賃，雍容，餘慶，庸才，与奪，脅力，用捨，慾心，与同罪，欲益返損，節折，盤紆，穌生，竟夜，終宵，通夜，佳辰，令月，微弱，賴離，尋常，口活，逶迤，无由
	諸社	吉田，依羅
	諸寺	橫川
	國郡	与渡
	姓氏	令宗，良峰，吉野，吉井，依羅，吉水，吉田，吉身
	名字	吉、良、好、義、慶、善、能、淑、懿、令、嘉、榮、理、綏、微、美、愛、佳、珍、至、資、休、若、由、德、賴、承、燕、宜、克、賴、依、資、倚、自、方、賢、孚、穀、命、麗、可、時、俻、敬、形、曲、利、寄、之、因、據、適、仍

部	类目	收词
缺中卷“他、礼、曾、津、禰、那、良、無、宇、井、乃、於”各部		
古	天象	霡霂、涿、細雨、霹、霰，微風，去年、昔歲，今年、今茲，近日、迺者、近來、項，比、黎，却，期，此夕、此夜，今宵
	地儀	冰、凍、澌、凌，鴻水，泥，水田，余田，徼道，金堂，助鋪，層、級、龕，橛、閴，闈，瑠，木舞、橑焚，郡，徯涼殿，弘徽
	植物	苔、薛，蘚、蔦、荔、莎、蘿、水衣，衣，菰、蔣、茭欝、薀菜、茭草、薦、菰首、菠弱、茭弱，葑，溫菘，蒟蒻、芶若，胡□，小麥，秩，金錢花，鳶尾、烏園，胡□，狼牙、犬牙，莎，韮，牛蒡，龍葵，小森，獼猴桃，萿，紅梅，金漆樹，辛夷，五粒松、五葉松，樕梢、杪、標、槙，楨，榛，麻，樸，菓，石蒓、水葵菜、海蓴，昆布，大凝菜、凝海藻、心太、意強菜
	動物	鷲，兄鷄，鵠、鵞，特牛、牡牛、牡子，犢，駒，戴星馬、白顛、的顙，光、狛，鰓，胡獱，牟，鯉、鮎、鯪、鰈、䠶、鱣、魴，鯏、鰇，鮀魚、乞魚，韶陽魚，攝龜、陸龜，海龜，甲、介，蜻蛚，蚉，蚉沙
	人倫	子、皃、息，兄、昆，兄妐、叔，女妐、妹，婦兄、姨、甥，前妻，故人，許，樹神、木魅，醜女
	人體	五藏，心、意、情，蛑谷，拳、捲，季指，甲，腰，腰支，髂，腓、蹲腨，水腹、小腸，自，肥，音、聲，訇、錚、鉠、理、鍠，五藏，喉痺，重舌，瘻，吃、訥，這，膧、腫，轉筋，軲，嘶咽、告意，失意、悶絶，奏、爽，悸
	人事	戸，圍碁，事、綷、公、物、繹、言、异、采、貫、説、語、質、幹、士、載，戀、想、惷、慕、吟、郁，媚、嬌、睦、侫、响、圂、諂，功，伿、胷、言、性、識、中，産，詞，辞、辤、辭，逃、謝、慶、羌、譮、言、語、話、辭，煞、害、誅、戮、夷、擟、擟、傾、殲、刑、戕、愁、殪、劉、剿、戳、剄、劉、弒，答、報、酬、應、果、對，哭，蕘，諺、里、語、喭，理，裁、判、決、是、辨、慮、謂、断、聽、義、制、許、數、釐、載，壽、事、禱，扶，孳，事取，志、植、操、悃、詩，快、為、逞、曉、憭、填、聊、賚、恣，性、操，獨樂，用，相撲，胡飲酒，古詠詩，五更轉、五聖樂、興明樂、五坊樂、徯散，乞食調，古唐，高麗樂，古鳥蘇、狛桙、胡德樂、狛犬、胡蝶樂、崐崘八仙
	飲食	米、穀，五穀，糠，漿、糧、白飲，醴，強飯，粉，餛飩，糈、秔，菓，□，餗、糝、蔌，細切，燋飯

部	类目	收词
古	雜物	柱，琴，絃，箜篌，高麗笛、伎橫笛、簫，金鼓，槽，衣，袊、衦、襟，把撲、衣撲，袴、裇，裙、裙，被，巾子，轂，金、鐙、鏐，釦，銑，金漆，金剛砂，金鎗，五鈷，曆，甑，檜橧，炊單（箪）、甑帶、箪、軨，金屑、生金，楉、棺、籠、筊、櫜、焚、輦、車，瑠，鈎，戶籍，舡，轂，兀子，某，某局、某枰，碁子，泥鏝、鐵鈩，射構，小手，錯子，枕，糊，柿，薦，榦，槙，牛頭，轉，粉糞，胡椒
	光彩	紺，胡粉，金青，紺青，濃，焦，紅雪
	員數	九，玖，斛、石，斤
	辞字	小，期，踰、逾、越、超，逃、蹢、趏、偉、蹴、躑、跨、突、卓、肥、妃、偉、胎、沃、欒、澆、漳、肥、刖、凝、沌、凍、邪、沃、寒、析，渭、涇、掉、泡、漕、榜、极、核、橃、刑、撲、摘、滋、請、乞、幾、商、庶、美、青、願、散、祈、聊、謁、广、込、籠、蟄、圈、圍、樊、約、込、漲、獄、幽、撨、剝、是、斯、焉、云、此、惟、箇、之、時、宩、茲、越、維、隻、右、所、問、滋、於、伊、期、社、祐、京、泛、落、墜、漏、違、翻、覆、反、壞、遞、隕、隳、覆、破、毀、刮、剚、舉、書、提、合、懲、罪、承、禁、特、殊、岌、異、奇、別、發、扰、异、秀、与、凝、催、強、侷、剛、猛、力、撥、勁、彊、競、尌、健、硬、幹、翰、魖、昏、堅、槙、羡、忞、苑、厲、偕、勍、勁、者、爰、是、斯、尚、焉、云、四、遊、游、但、此、惟、伊、緜、逾、休、時、宩、茲、㐱、奥、言、越、漸、薄、于、之、箇、就、如、若、猶、尚、由、令、適、漸、似、類、緜、每、焦、燋、㷿、炙、燸、拒、岠、嬌、呼、捍、好、怙、娃、憙、嬉、媬、欣、綏、烟、赐、愛、燿、娱、淫、嬙、忔、昵、嗜、睍、睆、稼、試、嘗、都、警、逅、質、言、課、俄、圈、圈、誘、誨、扶、臨、誂、訹、比、間、來、旬、遅、黎、故、事、載、交、拱、擨、裹、劼、濃、穚、霭、細、淬、淳、翠、滋、厲、偕、勍、競、勁、庶、尚、幾、俾、冀、慕、希、羡、好、喜、從、營、悉、咸、盡、漸、彌、弥、宩、偹、究、眾、幾、卒、磬、物、竭、畢、訖、壹、單、完、迄、誠、斟、累、迋、釦
	重點	尵尵，戶戶，援援，心心，聲聲，事事

部	类目	收词
古	疊字	五星，虹蜺，昊天，令羊，後夜、五更、五夜、五包，沽洗，曲水，厚地，國郡、故鄉，五岳，御靈會，五戒，五時，金乘，金堂，金殿，許可，護摩，御齋會，國家，五德，國忌，御襖，御製，鴻慈，扈從，御藥，后圍，后房，巨細，股肱，古風，骨鯁，懇望，恒例，故實，古今、古昔，忽然，蠱道，洪水，近親，昆弟、骨肉，後生、後輩，古老，根性，尅念，權議，懇款，鴻恩，拒捍，忽諸，故怠，狐疑，窈窕，虛言，虛妄，枯槁，喉舌，骨髓，婚姻，後朝，故障，固辭，孤立，闥外，言語，偶語，口入，國司，國宰，酷吏，故人，故舊，後來，極幸，後障，孤獨，孤露，孤陋，孤微，貢士，黑心，厚顏、胡顏，狐鳴，黑山，寇盜，後懸，後宴，後到，工匠，建立，拘留，斥納，巨多，口活，興敗，混沌，混雜，根源，空手，根本，混同，古幣，顧眄，顧恩，御覽，忽焉，言上，懇篤，懇切，懇志，語逃，顧命，骨法，忽忘，忽尒，後世，虛實，蠱毒，獄囚，娛樂，鼓譟，混合，興隆，乞丐，鼓動，己用，乞食，言失，骨張，鴻才，後素，曲肱，紅藤，虹形，五明，五殺，居壁，紅艷，紅房，固安，紅膚，紅葩，紅葉，厚薄，越胡，黑白，御傍親，姑射山，興隆佛法，故人早澆，金甌不壞，鴻才博覽，庶幾，本緣，陁遲，煖熱，別樣，於是、於焉、于兹，所以、以降、以來、以還，逴嚟、卓犖，矜矜，祫祫，鈔喜，阿堵，委曲，更衣，小心，如許，意見，心着無，准的，南邊，欼哉，惟谷，拘惜
	諸寺	粉河，金肅，金甌峰寺，根本中堂
	國郡	久我，木幡，木津
	官職	近衛府，歷博士，一手，小舍人，兄部，健兒，勾當
	姓氏	惟宗，許曾倍，巨勢，高麗，木津，郡、狛，薦口
	名字	是、惟、維、斯、伊、之、時、此、官、自、比、繁
江	天象	曜
	地儀	江，緣、檪、棧、焞，延嘉房，延政門
	植物	荏，龍膽，決明，芍藥，紫葛，蒲萄，槦、栖、枝、條、椵、枚，蔆、朵、柯、枹，昆布
	動物	雀賊，鰕、海老、蜆，鱓魚、鯖魚
	人倫	俘囚，夷、蠻、戎、狄、兕、尢、邊、影、嬰孩
	人體	肢、躰，胞衣，痁，疫，癘病、梗
	人事	緣、宴、讌、醼，謁、豔、艷、穀，否，晏飲樂，延喜樂
	飲食	堝梅
	雜物	纓，鳶尾，烏帽子、頭衣、帽子，杌、棧、柄、柯，蜑簿、霝，竹笛、簁、箙、簾，衣比香，堝消

部	类目	收词
	光彩	燕脂、烟子、焉支
江	辞字	蕳、選、擇、撰、掄、簡、見、蒐、嗟、練、揀、詮、斤、嘉、導、精、涓、芼、接、掏、差、調、撰、歷、揆、採、謁、獲、得、營、足、適、贅、收，要，映，佀、伇、緜，榮
	重點	營營，緣緣，曳曳，嘤嘤
	疊字	炎天、艷陽、湲济，遙拜、晏駕、掖庭、延引、延怠、易莖、厭魅、厭術、妖艷、窈窕、艷姿、窈娘、英雄、英才、幼少、嬰兒、嚶孩、幼稚、嬰稚、妖言、諛諂、壓略、偃息、偃卧、奕業、艷書、延年、艷言、猒却、宴會、延齡、宴會、遙點、擾乱、衣服、塩梅、淵醉、延行、驛傳、驛樓、煙郵、腰輿、要樞、要須、洩啟、易衣、郢曲、燕夢、澤陽、營造、要害、要劇、要用、延期、遙授、依怗、偀伇、偀丁、宴遊、英傑、英髦、壓狀、艷態、幼敏、艷色、緣起、緣邊、緣海、妖孼、曳佐、妖不勝德、不可勝
	諸寺	江文
	國郡	江口，榎並
	姓氏	江沼，榎本，榎室
	名字	枝、柯、族、條、江、柯、兄、柄
手	天象	天、呑、蒼天、蒼穹、昊天、炎天、旻天、上天、幽天、圓清、蒼岸、堝鏡、九根
	地儀	泥、堲、條、寺、精舍、祇園、柰蒙、月殿、日空、伽藍、道場、殿、亭、弟、天井、鑠木、戶鑠、殿上
	動物	鴛、斳木、啄木鳥、囮、貂、狐、蝶、野蛾、蛺蝶、綠蝶、紺蝶
	人倫	弟子，天狐，天魔
	人體	體、手、手明陽、胴、紋
	人事	抃、枡、扑、摩、衒、行、道、撇、澤、手筒、擎、共、盥、盥洮、澡、田樂、手、天骨、晢，把、摰、藏鉤，都盧、天臺樂、天人樂、提金樂，鳥向樂
	飲食	黏臍
	雜物	輦、天冠、調布、簹、手笪、手箱、紵、白絲布、手作布、牒、帖、釿、厲、小斧、橚、綴牛皮、步楯、矛、鉾、手戟、杻、梏、盥、銚子、鑯精、兆土、調度、疊笠、笠子、刁斗
	光彩	照、燭、燿、晃、曜、暉、爛、燿、映、炳、激、煥、光、輝、曄、爡、晱、暐、粲、熿、煬、烈、昭
	員數	帖、兆、帖丁
	辞字	傳、篡、點、帖、撤、轉、者
	重點	朝朝，轉轉，條條，曩曩，泥泥

部	类目	收词
手	疊字	天文，朝夕、亭午，泥土、田舍、田畕，貞女，店家，凋幣、朝宗，摘花，天台，天子、帝德，朝章、朝議、傳宣、朝市、朝廷、朝位、朝覲、朝威，天長，冢宰，天恩、朝恩，超越，朝撰，癲狂，姪弟，庭訓，貞潔，田夫，隄防，鄭重、丁寧，天性，貞節，啼泣，低頭，拙運，傳轉，展轉，桃書，眺望，田獵，逃亡、逃名、逃去、逃隱、逃脫、逃散，帝虎，體骨，傳言，嘲哳、嘲咲，蹴魚、調魚，提挃，提攜、提常、提耳、提撕，鳥跡、鳥路，拙狀，程限，朝憲，點定，敵對，乖違，謟曲、謟奸，朝衣，調偹、調味，泥醉，滴瀝，田實、天實，定面，調子、調樂，轉蓬，纏牽，亭吏，點拎，田宅，調度，耀耀，填納，調良，停滯，定獵，定畕，泥塗，顛倒，傳舟，擲地，鄽縣，朝暮，天地，朝來暮往，朝日，纏頭，謟誑、謟佞，顛佈，調庸，調物，點畫，寵辱，殄滅，哲利，拱手，手談，挵拗，手自，為躰，起弱，不相，手継
	官職	典膳，天文博士，典藥寮，寺主
	姓氏	豐島
	名字	光、照
阿	天象	天，天河、銀璜、漢河、銀漢、瓊浦、銀河、玉潤、天津、折木、天漢，明星、歲星、太白，雨，嵐，雹、霰、霙，沫雪，天上，天邊，秋，秋，商，朝，調，早衙，旦、旭、晨，明日、翌日，明、晞，旦、晨、明、晞、曉、曙、暘、暄，晨明，待月，凌晨，會明，平明，曉、曙，明、曠，以往，熱，暑，熱、煦、炎，
	地儀	滄溟，沫、泡、唾、柒、沸、到、漚、漦、漦，網道，網代，曠野，嵯、崮、畬、畠、畠、畠，載，畔、塍、埵，穴、穽、阱，孔、竅、寶，坎、塬、坑，莽、奧，穿、窟，空、匿空、匿孔，粟田，糞堆，芥，射垛，坰、埯、壝，霤、溜，潦水，坏、培、墣，四阿，亭，庵室，幄，麻柱，反倉，朝所，安福殿，安眾房，安嘉門，安喜門
	植物	葵、蘿、菝、藜、藿，牽牛子，槿，菌，莽，箕，蘆、葦，蒹葭，茭、薍，蓬蘽，芳，粟，禾，丹黍，黃黍，粱米，芒粟，苅，穰，稬米，麻，苴，小豆，赤小豆，女葳蕤、黃芝，女萎，島蒜，阿佐豆岐，蕌豆，腐婢，青瓜，青登，龍蹄，虒，蔓菁，生菜，菿，蕪菁，菵、茹，蘭蒿，藍，茜，澤蘭，赤莧，蕢，桔梗，漏蘆，昌蒲、臭蒲，蓋草，麻黃，地榆，玉豉，甘草、蜜草，紫陽花，葠，梓，楝，枸，橙，櫅，山榴，安梠榴，罵實，英，滑海澡、芒布，神仙菜、甘苔，紫菜，陟釐，青苔，荇，芣，通草、通理草，蔔鹿、蔔藤、山女，附通子，烏覆，通草子，千歲虆，甘葛，虆薁藤，防己、解雜

部	类目	收词
阿	動物	猧子鳥、胡雀、鴑、鵩鴘鳥，鸚鵡，胡鷰、鷁鶂、鴹，距，驛，[illegible]，驓馬，騘馬、桃花馬、黃騘、菼馬、白馬，黃牛，水豹，葦鹿、獨行，鼷鼠，汗溝，承鐙肉，鮎、鮧魚、銀口魚、細鱗魚、年魚、鯷，鯇、魰、江鮭、水鮭，鯖、鰺，鱖，海糠魚、鰋，梳齒魚，鰓，鯘、鯹，鮮，鮑、鰒，石決明，大辛螺、蓼螺、赤口類，螱蛸、葦原蟹，馬陸、百足，蒼蠅，蛣蟯，蝀，赤卒、蜂騮，蝱、蜩，蟻，蟻蚳、蚳蝝，蚪，蛙黽，青蝦蟇、土鴨，蟰蛸、蟢子、蟢子，螟蛉，[illegible]
	人倫	姊、女兄，兄，阿兄，娅，妯娌，赤子，主、癸，尼，泉郎、海人，商賈、商人、商客，翁伯，總角，遊女、遊行女兒，邊鄙、東人，讎、仇、寇、怨、敵、伉，嬰孩，天神，現人神，天探女，邪鬼
	人體	顖會、顱頸、天窓，瓩，腭，窴，足，脚、趾、随，跗，蹠、跏，足陽明，汗，垢、[illegible]、穢垢，膏、脂、肪，髕，竅、孔，齞脣，蹇，跛，跋，痿，痕，皸，疵，疝，癘，瘜肉，清盲，喘息、咳逆，喘、噎、噱、[illegible]，脚氣、脚病，熱沸瘡，皻，卒死
	人事	跡、蹤、踑，愛，遊、嬉、弄、激、戲、好、遨、婬、淫、婸、熙、游、蕩，步、涉、行、躧、愳，上氣、佽、欠，字，愛，頒、班、辨、播、縻、散，饗，寇，澆，繞、遽、章、瞻、頟、狼狽，嘲、哢、[illegible]、呶、嘷、哂、哨、謷、嗤、呰、詐、謾、譁、誣、讒、誘、怏、謔、悝、輕、欺，蒠，欺、嘲、詐、謾、誣、譁、讒、誘、悝、輕、諛、謀、謗、嗤、蚩、冶、詬、網、突、譸、紹、紿、怺、矯、蒙、詿、佾、詭、誑、陽、誘、張、驕，噍，咊、咳、[illegible]、[illegible]、煦，哀、憐、愍、慜、嘻、[illegible]、惆、[illegible]、懷、傷、悠、[illegible]、憮、唏、矜、愛、恤、憓、孌、恤、慨，誤、謬、訛、愆、[illegible]、過、僻、佚、紕、[illegible]、性、錯、譻、僣、軼、脫、跌、闕、鼍、郄、[illegible]、訛、僊、撳、忒、譻、[illegible]、綢、眚、偽、尤、失、差、悞、儃、猛、基、萫、瑕、訧，貴、忝，育、暍，跳，掎，咄，散齋，飽腹，咍、唒，雩，裸，剔，稄、稄，脚、椅哫，按弓士，安城樂，安樂塩，安摩，阿夜岐理，東遊
	飲食	飴、餹、餳、糖，千歲虆汁、甘葛爽、虆蕪、蘡薁，餅粉，炙、鐇、炰、烘、眏，溫餅，羹、享、膮、臛，膷，鼈、酟、齏、和、鳌，糟、粗，[illegible]，糏、[illegible]，粱、稄，滿豆，白塩，小豆粥，味漬，油飯，粿米，甘、甜、熟，淡、薄、湫、聒、淳，味、絮、嘗

部	类目	收词
阿	雜物	銅，鑛，璞，鼎，鎗，鐎，鐺，錡，挺空，㩲，天平貨，綾、文、紋，袖，袷衣、袂，棟淡，葦津緒，襖子、襖，絁，絮，紵布、麻布，天衣，雨衣，油衣，胡床、草墊、床子，鐙，障泥，韅，蔽泥，籧篨，籚籤，網代，網、罘、罟、罛、罝、罜、羅、霉、翼、磧、扇、箑、履、足下、履系、械、桱、筐輿、炭、油、脂、油瓶、燈盞，澤，脂綿，閼伽，礦、磴、青礦、青瓷、鞹、枌、㩋擊、棒、欒、篇、篙、籚筐、䉾、編、案、麻、舉鎹、花瓦、鐙瓦，竹刀，苞苴、荒卷，蒭，梓弓、葦索、蘆手、贖、赤木，煨
	光彩	青、蒼、碧、苾、尨、赤、朱、頳、桪、絳、緹、晞、煥、赭、䃒、姝、赮、經、酡、窺、丹、赫、彤、骍、緋、緹、緇、茜、藍、澱、殷、肙、照、皅、偷、青驪、赤莧、灰汁，淋灰，黃灰、冬灰、藜灰，退紅，綠青，純
	方角	間、魄、祭、來、端、旬、項、匝、比，東，交
	員數	數、婁、諸、万、餘、強、唎、余、臘、盛、氵皿、遺、渾、剩、羨、長、肆、贏
	辭字	嗟、呼、㘆、咛、噎、疑、噫，編、繢、綆、䌂、貫、會、遇、相、逢、值、對、覲、遭、邁、翁、肙、貴、懼、邀、齎、接、胥、窳、眥、羅、即、計、調、妻、遷、離、期、戮、偶、述、聳、屬、總、阻、驤、勦、獻、扈、擲、譏、栝、盍、妬、矗、晤、侑、開、揚、上、槁、颮、摽、舉、擎、撞、臺、騰、捏、擺、扢、捂、坎、躋、抏、苞、驤、扛、舡、屬、勝、昂、登、翹、翔、矯、疾、稱、釄、升、兀、舳、涑、仉、琜、掀、捉、翰、蜿、栽、裒、沉、聳、騫、發、應、貫、飽、餾、餾、予、厭、足、饜、餾、饜、跡、蹤、軌、迹、轍、远、趨、蹟、躅、躧、軫、遠、斗、凶、疏、踢、痕、远、槀、武、配、酬、浴、渥、沐、洄，凶、邪、莠、醜、屬、虐、刮、苦、厖、肖、似、有、在、或、現、乍、昂、瘙、生、豈、青、悞、謬、骨、荒、蕪、荒、蕪、蔓、曠、蓬、葶、龐、暴、厖、惡、地、鯁、忽、硬、壚、集、聚、屯、雲、鳩、躬、積、苹、萃、郡、孝、攢、俏、攝、吨、蔬、鄭、斂、襄、傅、崇、鑽、溱、朝、彙、嶃、蓋、揟、戩、翁、搗、宬、贅、團、黎、猥、押、浹、輯、愆、同、薄、付、縸、湊、委、屬、總、稠、繪、識、堆、驟、頫、跛、踏、搏、會、森、華、踔、磝、并、剅、鏈、崒、敦、道、蒸、荐，并、合、勦、併、都、闘、淺、膚、俴、譑、泛、濊、氽、踐、軒、趾、塲、亭、抑、昂、俷、俛、曩、御、儸、宣、偃、次、溢、遙、適、敗、蕙、浹、逎、蔽、散，炙、燈、焔、炮、焙、散、繩、宣、紾、贖、謝、肪、貨、保、果、償、脈、宗、崇、奉、祠、赦、

部	类目	收词
阿	辞字	盥原、掔、誦、埤、能、的、敖、御、辨、茹、賑、皆、訟、惜、著、形、許、蔑、玩、殆、寇、燠，商、明、光、發、告、著、時、繰、暑、宿、暫、潃、掘、評、渥、叉、魄、間、資、化、丁、任、順、償、分、勠、翔、博、湛、諍、訟、保、公、許、蕆、狎、惕、把、挈、預、暨、使、密、陽、招、佶、曙、緯、曛、燔、滌、發、評、異、錫、方、適、簸、歷、爭、顗，題、旌、剡、煥、窓、蓟、澡、值、賑、賧、均、普、歷、章、宣、詘、易、危、嗛、飫、恼、事、垢、親、奇，洒、撥、詥、厄、詭、神、證、勝、堪、羨、擬、膺、享、賖、跌、跙、跪、踠、宛、恰、浣、否、瀟、重、諄、詭、卑、付、鐘、遂、遍、扇、普、周、滿、歷、呈、現、覈、曝、洽、瀟、愊、帽、窳、耐、底、雎、強、扤、估、躒、豆、角、競、顯、彰、露、澱、憺、瀉、溉、詭、壞、窳、耐、卑、抎、區、拾、匪、逵、泡、宣、祖、陽、詔、瓤、屬、曝、無、涷、適、淳、怊、神、證、卑、保、雎、實、價、更、歷、說、遙、泲、巟、改、題、置、庁、陵、咄、濯、汰、篤、豐、適、壞、窳、耐、雎、強、更、不、窟、逵、汋、洽、競、祖、飀、讚、欺、悖、飽、滶、淅、篠、交、奇、授、予、予、着、擬、膺、值、賑、毳、辛、非、坎、坑、亘、杓、娆、豆、簁、爽、題、颶、讚、欺、洗、溚、濃、糺、與、予、資、脱、暨、中、保、雎、強、抎、能、毅、更、不、窟、逵、汋、洽、豆、改、顯、置、颶、覺、嫚、悖、欽，詔、敦、摎、偉、施、克、祇、蔽、仁、恪、傍、搜、洤、傍、論、嫪、表、暴、坦、侮、瀆、曉、脆、改、間、俻、率、拖、括、収、佑、章、審、皎、察、趡、偟、弲、狊、炳、研、炳、屛、眅、旌、詮、暄、爰、預、暨、偷、閑、豫、粗、蟲、賽、顯、了、刺、觸、揚、焆、麗、較、寅、奮、目、詮、爰、脂、粗、豫、偷、閑、豫、莚、陽、濡、□、跨、躃、誇、暄、預、素、膏、膩、肪、心靜、無查、欸、忽、蹔、偷、閑、豫、倍、祶、亭、撗、扱、濺、罯
	重點	嚶嚶，潡潡，蛬蛬

部	类目	收词
阿	疊字	暗夜，暗聲，安堵，惡靈，安居，渥澤，晏然，愛敬，阿兄，婀娜，阿容，阿黨，愛增，愛惡，惡念，愛者，愛翫，愛憐，哀愍，哀慕，哀傷，惡業，暗陋，惡言，暗誦，惡逆，遏絕，安置，安穩，案內，愛習，押署，遏密，晏駕，押書，安危，哀樂，惡知識，白地，偷閑，卒尒，支離，周章，馥焉，淡薄，澆薄，憚惶，舉動，早朝，大索，嗟呼，疑噫，消息，於戲，嶚㭗，和市，可惜，浮宕，無為，无事，無端，不用，灅灙，不仁，孟浪，同躪，他魔，商賈，蘭闍，肖與，沛艾，賣眼，念熱，敦養，薑芥，曉之裏，可憎，何由，可耐，尉眼，白馬
	諸社	熱田，粟鹿
	諸寺	飛鳥
	國郡	安房，近江，安藝，淡路，阿波，愛宕護山，粟田，粟津，會坂
	官職	按察使府，押領使，安主，東竪子，阿闍梨，預
	姓氏	在原，朝原，粟田，阿保，秋篠，海淡，荒城，安倍，縣大養，阿刀，漢人，荒木田，安曇，英多，荒卜，阿閇，阿閇間人，阿支那，葦占，麻田，海原，麻續，海部，葦田，朝來，荒田，奄智，飛鳥部，朝妻，朝明，我孫，足羽，漢部，淺井，赤染，突，穴師
	名字	明、昭、章、信、朗、詮、在、顯、著、卿、光、耀、高、行、秋、明、在、章、顯、著、有、在、茂、滿、光、順、照、合、相、會、遇、厚、篤、敦、淳、肖、似、朝
佐	天象	五月雨，五月，晡時，寒、涼、吹、凄、冽、悽、瀜、凍、沍、涸、近曾，項嘗
	地儀	坂、嶝、澤、皐、隰、碕、泊湘、細石、礫、礧、罅、境、域、界、畟、壇、堺、城、開、摽、彊、略、畛、經、闉、壤、阹、鄉、闟、闬、巷、邡、閣、眾、寰、包、郛，棧敷、假床、狹敷、曹司、闉閣、坊門，決込，仮首，蒼龍樓，朔平門，左掖門，藻壁門
	植物	萫，薺苨，藁本，澤蘭，大角豆，白角豆，篠、小竹、枝葵、王瓜、芩、犀、櫻、楉榴、柘榴、龍眼木、坂樹、榊、賢木、杬子、鸎栗，石楠草，麥李、青房、酸棗、樲棗、烏草樹、杮、核、實、人、奴、衡、五味葛
	動物	梟、鷦鷯、鷸鷑、獨舂鳥、反舌、鷺、□、鶼鶼、鶇、冠、毛角、囀、犀、兕、罘、舄、猿、狄、獮猴、狙、猱、胡孫、麢、麂、猿嗛、牙、奴角、鈺鴶毛、三對、毫、鮭、年魚、鮫、鮐、鮏、鉅鰲、鰼魚、鯊魚、鯖、鰭、鮬、鰆、榮螺子、細螺、蠬蜦、螺蠃、土蜂、蠁子、酒蠟
	人倫	侍，里胥，質，相工，雜色，雜仕，道祖神，幸魂

部	类目	收词
佐	人體	藏府，姿，毫，月水，嗷噎、卒啘，懸疣，酗酒、酒狂、酒癲，酲，鮨背
	人事	相、坐、才、材、操、產、醒、酷、覺、悟、寤、滄、醅，覺、悟、論、慧、識、曉、踰、憲、慬、憑、寤、適、諭、喻、智、穌、懇、憋、躰、解、體、五、恶、了、聰、慧、俊、敏、智、傑、賢、廠、點、叫、號、喚、咷、詈、嗷、號、譸、呶、懺、讒、諓、諸、騷、噪、診、躁、縈、孚，捋、細工、幸、富、祐、祚、福、禧、祥、運、禘、社、祉、禔、懕、禔、禎、禧、穰、第、社、杏、吟、醒、嚚、騷、喧、嘩、跨、掉、鬧、囂、噪、嗲、諱、動、診、扇、愕、懆、躁、候、陪、綴、遲、頭、佇、侍、趁、葬送、戲射、散樂、瘨、醒、酗、釀、上壽、埑裂、雙皋麗、沙阤調、最涼州、曹婆、催馬樂、狹鰭河、相夫憐、三臺鹽、散金打毬樂、採桑老、山鷓胡曲、曹娘褌脫、散手破陣樂
	飲食	酒、釀、洽、酎、醴、醒、酪、醇、醪、醛、醴、醲、酤、醰、醽、九醞、榴華、宜春、藍水、桃花、竹葉、金罍、千日、千旬、十夜、八珍、酒膏、醪敷、酢酒、肴、殽、宜、薙、羞、散飯、黃米、鮭糝、醼
	雜物	盃、盞、杯、卮、觴、爵、雀、觚、盂、杯卮、玉緑、酒甌、白、鐘、鸚鵡盃、白爵、滿盃、玉斝、觥、罍、盤、作㑊、淺甕、瓶、甒、割出、槽、捲、匏、銚子、鎢錥、乃、刁、鍋子、鑊、鍼、懸釜、鈔鑼、雜羅、珊瑚、鞘、鞾、草履、靸鞋、插鞋、草蘙、草子、笄子、釵、枇、細櫛、刺櫛、散豆、竿、棹、簾、樑、檔、椁、干、榜、橈、三鈷、三衣匣、狹廧、草座、貲布、此布、袴奴、差貫、絹狩袴、柊楑、椎、櫂、渠檸、橄杷、鎛、灑、鑷子、采、篋、澡豆、編木、瓴、精、鏑、澁、衣、念、曝布、末鑷、鋒、釵、砂缽、三枝、材木、草烏頭、草菓
	方角	申、前、芒
	員數	卅、撮、壯、笒、穧
	辞字	先、前、向、芒、雄、鋒、崎、昨、方、指、惍、差、刺、攙、鏢、蠚、螫、鑷、捹、揩、刲、剔、掐、攙、軼、斥、開、僻、裂、折、割、製、掣、劵、剠、劊、剖、拆、裂、刺、剝、刑、栗、撼、圻、去、遠、避、違、闕、遷、巡、討、策、返、狼、遭、蔫、謝、祛、遏、除、腓、芘、行、泄、走、斥、辟、迂、辤、却、黜、偏、僻、柬、俱、狹、災㐆，策、榮、昌、華、祥、秀、茂、逆、悖、忤、定、貞、完、安、辨、填、贅、質、決、凝、立、弊、英、騖、庆、的、夬、折、在、奧、決、彫、所、潹、折、泄、探、搜、撝、釣、承、涼、揚、曝、曬、捧、擎、承、汎、奉、授、付、下、支、梧、枝、枕、柱、趷、障、閡、導、礙、邐、

部	类目	收词
佐	辞字	屏、遏、隟、滯、困、漉、遮、壆、陆、坊，避、遠、偏、朿、洵、僻、昔、誕、逖、逿、闊，褊、狹、阸、褊，更、輸、悛，阻、峻、岌、險、淨、崎、岠、峑、嶷、峩、嶮、岨、崔、跱、崪、碕、巍、廞，散，誘、雇，擢、避、掃，除，濾，堺，察，擺，詖，先、盛、翕然、壯、隆、馮、殷、昌、懋、煽、菜、富、忤、凴、閱、熾、方、蕃、俶、阜、茂、熺、菜、般、牡、洒、灼、紛、絃、興、嘉、藹、繁、佚、豫、織、給、蓊、[illegible]、磲、硌、澤、悖、輶、[illegible]、蕭、欝、蔚、闇，閣，邀、[illegible]、遮、闌、閑、激、徼、抗、邊、[illegible]，逆、倒、僻、到、悖、虐、[illegible]、忤、妨、盻、礙、禁、遏、煩、囀、[illegible]、譯、咬、啅、歌，亮、苦，寂，撥，正，伶、傳、跉、跰、[illegible]，柱、炙，灣，梔、珥、插、枊、扱、挾，輂，[illegible]、麾，接、洐、坂、訴、溯、遡，遮，輂，爽，倒，逆
	重點	細細，在在，散散，早早，察察，草草，雜雜，歲歲，作作
	疊字	三光，霜雪，早朝、早晚、早衙，倉卒，草木、山川，山庄，桑婦，山谷，山嶺、山路，蒼海、砂磧，舴艋，散供、祭文、散齋、再拜，賽鼓，三昧、三歸、綵色，讃嘆、相應，三明，三論，三緦，彩幡，最勝、三礼，散花，坐禪，桑門，齋食，齋戒，懺慙，懺愧，讃佛，山陵，蒼穹，作法，散班，沙汰，採擇，採用，採擢，最前，最初，最末，最後，最弟，早速，早參，災異，災難，三兆，棗地，再生，妻妾，妻子，妻孥，蹉跎，霜笋，座次，坐席，操行，左道，罪根、罪障，嗟嘆、嗟歎，雜怠，詐偽、詐訛，讒邪、三失、讒言，爪牙，藏荷，相傳，相承，三夜，坐臥，躁靜，三宮，財貨，財物，雜色、雜人，蒼預，雜役，掃除，左遷、左降，坐事，才智，才學、才行、才幹、才華、才英，鑽仰，草案、草藁、三史、刪定，璅才，散禁，造意，騷動，左道，相違，慚愧，草謀，棧敷、山居，雜袍、裁縫、細者、纔者，散豆，菜食，細工、造作、草創、造化、材木，雜藝，山郵、山驛，筭計、筭術，筭數，產業，雜丹、三途、雜乱、插着、雜事、雜要、察量、相節，散用，散在，綵緻，罪過，□折，贓物，參入、參拜，參仕，左言，澡浴，澡履，催促，糟糠，相博，參期，操懍，採憧，蒼梧，草聖，相見，三支，採薇，霜下，桑孫，珊瑚，山梁，蔡倫，三尺，三徒，造舟，霜毛，左顧，綵錢，三品，灑落，煞竹，左右，桑田變，造次，顛沛，糟糠妻不乘堂，周章，際目，滓浪，以往，遮莫、任他，誘引、伴惹，數奇，私語、耳語，驚破，云云，逶迤，向來，[illegible]咤，傀和、傀言、勦說，寂寞，酒藕，逆旅，伶傳、流浪，跉跰
	諸社	三枝，相模，佐渡，讃岐，薩摩，嵯峨

部	类目	收词
佐	官職	造酒司，齋宮寮，齋院司，史、屬、令史、疏、掌侍、志、録、典、將曹、目、笙博士、宰相，在廳，座頭，參軍，散仕，座主
	姓氏	櫻井，坂本，雀部，酒人，坂田，坂上，佐太，榮井，佐伯，坂合部，佐為，佐佐貴山，酒部，櫻田，佐良，三枝部，櫻野，辟田，沙田，負
	名字	真、信、實、誠、良、孚、核，定、貞、完、愜、里、鄉、隣、束、識
木	天象	霧、霗、雰，昨，紀，二月，季
	地儀	岸、涯、崖、堆、垠、溵、氾、澀、潯、圻，凝華舍，宜陽殿，喜陽門，宜秋門，興禮門，記錄所
	植物	菊、日精草，桔梗、蕊、苕、黍、蒸露、秫、稷米、粟秫、稯，黄瓜、黄瓟、白𦿂，胡瓜，及已，蕎，樹、木、材、桐、梧、椅、欒、櫄、薣、藕、樾，半天河，甘皮
	動物	雉、鴂、翟、鷮、野雞、鼍、麒麟、騏驎、象、狐、野干、牙、食槽、魚頭、胡黎、胡離、蚕、蟲、蟋蟀、蚶、蟣
	人倫	君、公、侯、皇后、辟、乾、王、宮、仁、吾、臣、穌、蒸、渠、玉中、相、林、樵木、樵蘇，經師
	人體	肝、膽、丹田，氣躰，牙、巓、頤車、踵、跟、瘡、瘢、瘍、傷、疛、痍、疵、癥、夷、疊、痕、黄疸、黄病，瘡痕
	人事	義、議、儀、聞、聆、相、聰、正、聘、聱、職、耳、耳聲、飀、聽、虐、相、樵、興、伎藝、行、賊、瘡、傷、疊衣，喜春樂，九城樂，玉樹後庭花
	飲食	腒、腊、膴，黑塸，切漬
	雜物	衣、服，裾、絹、絶、綃、紈、綺、蓋、繳、襟、領、襵、砧、碪、碇、杵、槌、橫、格、魚袋，几帳，鏡臺、琴、錐、錯、栓、鐫、雲母、雲珠、雲英、雲液、雲沙、經、杏葉、木履、欒、紲、毦杖，骨摘、袠代，錦鞋，金鑱、銀面，着背，黄久里
	光彩	黄、金、頳、魠，黄蘗、黄皮，麴塵
	方角	北、坎、朔、陰、陽，甲、乙，際，痕、畿
	員數	寸，窮

部	类目	收词
木	辞字	切、截、斬、剪、鑽、伐、攲、砌、槎、撕、刊、披、斯、劗、鍛、劉、煞、祿、誅、劌、割、剿、翦、桀、形（刑）、髡、断、刡、戬、劈、剚、斤、剔、劘、裁、刎、斫、著、被、服、披、御、衣、銷、滅、消、解、鏤、鈔、耗、死、蠟、泯、記、玼、瑕、瑾、來、硃、逮、臨、恭、影、儀、懷、俫、戻、研、輾、剗、蜜、稠、嚴、秘、安、緻、搷、凌、芴、綣、穤、競、比、爭、譊、淨、騛、劾、況、挍、噐、戰、萌、尅、稑、□、子、紉、刻、兆、兆、萌、芼、擇、簡、嫌、衘、極、究、窮、竟、谷、源、穿、空、騁、信、述、鞠、亢、訖、犁、弥、彊、抗、蜀、裹、鞠、薀、漉、屈、約、詩、詘、偹、弛、限、彌、有、肆、淨、清、雪、水、泾、潔、涼、霑、察、澳、澍、充、瀞、溢、溹、淹、澄、泊、雷、懲、冶、刷、廉、禁、御、刻、剗、剛、契、鑴、彫、摡、柞、素、卜、繕、穢、粲、鋁、素、珍、艷、瀏、睟
	重點	近近，謹謹，熙熙，兢兢，輕輕，猗猗
	疊字	玉瓮，金瓮，銀漢，銀丸，魚鱗，九光，九疑，去年、去月、舊年，舊日，居諸，竟夜，九洲，塿坎，丘墟，九坂，近隣、近境、鄉里、鄉黨、鄉国、舊里，乞漿，漁釣、漁父、漁翁，祈禱、祈請、祈年，窮鬼，祈念，祈願，義解、經論、經藏，行香、行道、行者、經行，今上，九德，御宇、行幸、行啟，九重、宮中，綺閣、禁圍，禁省、御溝，居然，宮闈，儀形，牛車，鳩杖，儀式，季祿，究濟，規模、舊風、舊貫，近古、今來，既往、近曾、向來，向後，急速、急切、急來，乞巧，吉祥，喜瑞，炙冶，瘕病，舅甥，吟動，器量，繼縓，綺紈，鳩車，者年、者芢、者老、朽邁，窮老、舊老，喜懼，踟躕，遑迹，向背，謹慎、謹厚，仰屈，救急，虛言、虛宣，救濟，虛誕，輕慢，饗應，魚鈍，疑慮，疑惑，疑殆，氣色，筋力，氣精，氣力，休息、休退，箕裘，形貌，吟咏，魚魯，起居、行住，許容，興複，舊意，久惡，金蘭，牛馬走，窮屈，饑寒、窮魚、窮鳥，窮人、窮者，饑饉，窮困，近習，勤公、勤厚，弃除、弃置，及弟、及科，給粼，擬生，嗜學、勤學，奇骨，舉達，記錄，魚網，禁法、禁斷、禁制、禁遏、禁止、禁固，糺彈、糺断，糾正，議定，起請，弓箭，逆心，奇恠，希代，巨猾，黔首，居處、居住，走白，麴塵，綺羅、錦繡，魚袋，警策，氣味，宜春，器物，朽損，饗撰，擬把，虛入，凝濁，楮柱，基趾，伎樂，球杖，九奏，逆旅、羈旅，擬使，機關，御出，騎用，舊車，牛車，禁忌、忌諱，凝睇，喜悅，行事，仰望、仰齊，謹啟、謹言，驚啟，謹辞、謹解，欣悦、欣齊，欣然，氣驗，譏嫌，儀伏，議讞，義理，奇特，奇異，期約，規矩，吉甫，矜恤，舉狀，舉用，

部	类目	收词
木	疊字	喜怒，器用，機緣，機感，給主，咎微，給複，觀謁，禁色，咎祟，御遊，勤節，勤勞，勤惰，舊故，經歷，許諾，機根，巨害，歧嶷，虛無，給官，九乳，薪竹，牛哀，居壁，疑星，却老，九枝，淇園，金彩，及肩，禽獸，去留，去來，吉凶，狐借虎威，喦齰，木強，騎雨，端正，錐徹
	諸社	祇園，北野，貴布祢，杵築
	諸寺	清水，祇陀林
	國郡	紀伊，禁野
	官職	刑部省，京職，卿，行事，給斨，吉上
	姓氏	紀，吉備，岸田，清原，淨村，清海，清川，淨山，清道，清水，城上，公子
	名字	木、材、興、城、樹、黃、紀、息、置、起、來、杖、減、莋、甲、規、清、淨、潔、渧、聖、公、林、君
由	天象	雪、鈆粉、弦月、恒緪、長庚、太白星、薄暮、晡、晚、暮、夕、昏、稀、暝、晏
	地儀	溫泉、湯泉、石流黃、油黃、浴室、溫室、弓塲、床、牀
	植物	百合、磨蕪、柚、橡、橙椵、柚柑、柞、樹、杠、楊
	動物	遊牝、土蜂
	人體	指、拇、扐、膀胱、胞中、脬、尿、屎、溲、溺、定、喎
	人事	夢、行、之、往、征、徂、逝、諸、進、以、追、徂、如、發、造、由、般、傔、仡、邇、佻、沺、適、霽、遷、迢、遂、隨、游、王（亡）、作、流、遡、于、踵、躃、跣、興、通、將、浴、讓、謙、壞、傳、位、踐、譜、愻、護、譙、譴、禪、推、指、定、鞦韆、射、旋、沐、溺
	飲食	茹、湯、臑
	雜物	弓、弧、弴、彍、弦、弣、靶、堞、彊、榖、弴拾、弦弣抉、弓袋、韥、弦袋、櫜、檠、駟、游塪、靫、枯、湯、水、浴、斛、內衣、明衣、戽、樑相、潛、泔、潘、溞、沐、泔器、油單、木綿、鐶、纈
	辭字	汰、結、束、縶、屬、總、縛、故、由、以、致、茹、燽、溹、薈、糅、茹、焊、煤、燥、慎、奴、夢、擇、許、免、赦、聽、祚、原、放、釋、刓、容、刺、除、蕩、寬、質、施、肆、脫、醒、挺、觤、貫、從、赦、縱、興、舍、謝、說、蠲、賖、該、稅、緩、賒、怠、僕、酬、慢、怠、惕、旎、羽、寬、嫚、贏、施、紓、驕、蚴、婥、綽、弤、邑、捊、動、臑、爛、扛、苦、喎、椴、虵、曲、戕、哨、蘇、彫、僻、櫠、搖、傑、作、動、紓、婥、豐、饒、阜、贍、餾、稔、裕、寬、篰、泰、就、怡、疣、賒、衍、綽、衍、异、繲、祚、優、萊、約、縮、彎、開、貫、挽、張、揉、抒、拖……
		缺"由部"下、"女、美"兩部及"師部"上

部	类目	收词
師	地儀	……承朋門，式乾門，日華門，章善門，章德門，章義門，壽成門，上東門，上西門，朱省門，主基所，進物門
	植物	萊草，茨，芝、䅶草，菫，蓫，羊蹄菜，紫菀、紫蒨，垣衣、烏韮，皂筴、虵結，青木香，昌蒱，薔薇，紫萼，白蒿、蘩蘠，篠，長間笋，白瓜、女臂、羊角、羊肩，猕猴桃，柳、小楊、獨搖，椎，檰、莽草，紫檀，椂，椶櫚、蒱葵、栟櫚，蔆，楉，虆，枎，柴，芝，葴
	動物	鷲、鵰、野鳥，䴈，䳑、鴿、鷃、鴻，鸕鷀、鵜鶘，鵵，嶕，師子、狻猊，鹿、麚、麖，兕、兕，羆，驃馬，頶，猩，鹿茸，肰，完，內，衷，殨，生益，鮪、黃頰魚、鮊魚，鮩，小羸子、細螺，蜆貝、蛤蜆，玉蓋，虱、蝶蝍，蟫、紙魚、衣魚，白虫、蛃魚
	人倫	覔，舅、阿翁，姑，外舅、婦翁，外姑，臣，聖人，師，真言師，修行者，請僧，沙弥，從僧，士，戚，姓，眾，邪魔，醜女
	人體	舌，胡，鬚，髯，尻，脽，豚、臀、启竹，肉，腠，臠，齗，鬒、白髮，皺，屍，朋、閃、閇，縱理，疝，淋病，臨瀝、溲，瘃，䜅𧬈，哯吐，欬唻，咳唻，咳申，脫疒，痔，瘤、瘻、癅，白癜，白血，浸淫瘡，重下，產後腹，珠管，䛟談
	人事	仁、信、品、位、階、堦、科、等、差、級、秩、怢、裎、域、䃁、堿，死、殨、崩、薨、卒、斃、殞、殯、瘂、滅、没、卒、艮、殪、往、損、歿、去、夭、亡、歿、殂、殚，強、誣、虠、澨、囧、悾、暴，計（針）、鍼，質，賞，譖、讒、冤，慕、從、遏、戀、子、櫝，執、業、為，澨，愬、䆳、蘔、強、㭲，親、昵、周、訓、戚、戚、頻、隣，職、誦、爵、設樂，咤、吒、偲、冤、陵、虐、定、淩、轢，䫆，血淚，冢戲，吟、嘞、呻，踞，藉，皙，談、䜌，椅，酒胡子、承和樂、酒淨子、春鶯轉，春庭樂，新羅陵王，心河鳥、十天樂，澨金樂，性調，惜惜塩，上元樂，庶人三臺，秦王破陳樂，赤白桃李花、赤白蓮花，拾翠樂，秋風樂，志岐傳、新鳥蘇、進宿德、新靺鞨
	飲食	粥，汁、液、滓、瀋、渳、醨、酵，涪，餈、粄，粢餅，粺米，粃，醢、醢、醯，鹽，饡，鹵、醎、鹹，調和
	雜物	銀、鐐，銀屑、銀蘇，白鑞，錫、釰，硨磲，笙，瑟，簧，箏，新羅琴，微，黴，鉦鼓、鐃，赤銅，尺八，字，籍，珠、玉，球琳、琊玕、琨瑶、琓琰，詩，笏，襪，屩，屜，絲鞋，下襲，褌、下袴，繡綟綾，紗，帷裳，下簾，絓絲、紶，茵、裀、鞇、文鞇，榻，鞦，韉、韉，鞖、角代，尻鞘，標，注連，繩，樟腦，酒臺，巡方，璽、符，白瓷，紙燭，色紙，粉，章断，酌子，籮、筩（管）、瀝，笏、籔、

部	类目	收词
	雜物	箄、奠，巫鼓，筶，錫杖，塵尾，蕁，清器，虎子，尿莒、褻器，象眼，紙老鴉，紙鳶，生結香，縮砂，四馬車，指南車，簇，濕布，潤衣，麝香，床子，鏃，樆蒲采、搗子，紫蓋，私，紫藤，紫雪，紫金，肅慎羽，承塵，承足
	光彩	白，素，華、斯、皚、皓、潔、縞、曤、皅、皦、皭、顯、暠，朱砂，雌黃，金液，朱漆
	方角	下、賤、乙、後、科，四維
	員數	卅，銖，尺，仞，勺，滋，重，入
師	辭字	占、卜、令、使、俾、遣、教、垂、造、命、凍、辭、染、漬、沛、著、入、敷、布、鋪、設、賦、茄、班、施、展、為、陳、流、濝、種、代、替、直、叱、若、如、加、及、知、識、了、諭、智、誚、佷、解、領、曉、察、疏、聳、愬、會，繁、茂、稠、滋、孳、重、森、番、蕃、揭、臣，注、録、勒、記、註、訂、銘、驗、籤、著、補、書、効、疋、疏、徵、屬、識、目、題、符、策、紀、誌、効、策、驗、故、記、徵、補、瑞、籤、摽、苻、印、志、著、物、寶、微、鎮、殿、肅、縮、威、臧、襄、朕、沈、潛、涵、淪、淹、沒、逐、撦、潛、渳、填、溺、淫、汎、湮、示、瑞、傍、俟、垂、而、表、見、宣、視、調、樂、歌、唄、韻、編、勛、糪、精、槃、陵、趁、淩、駕、馮、邁、武，瀿、瀉、瀧、泄、淳、瀘、深、漣、洲、淬、滲、釃、筦、沈、編、蔀、欝、髟、華、謝、攘、縠、汰、筦、縠、絞、汗、淬、汐、收、縛、扰、繫、纏、萎、洞、茷、痿、頷、頷、顥、衰、旻、頻、荐、仍、累、連、洊、薦、比、而、尒、然、喻、如、俞、忍、耐、厥、偲、詠、囑、約、悠、眊，遮、淋、洮、瀝、溜、滴、溹、涕、渧、泫、漏、皴、皴、皻（皰）、皯，靜、閑、寂、寞、舜、顗、寥、宛、捷、褝、儳、定、然、鎮、湉、靖、寧、安、契、闃、證、晏、弭、廮、闌、恬、肅、憪、洫、舍、徐、謐、按、澹、康、求、褝、譚、怕、樊、輻、徐、疑、案、磬、覸、間、元、靚、狚、眕、擬、隨、從、導、訓、泏、順、率、殉、徇、入師、遂、侍、睦、導、應、揥、遝、惠、蹟、巽、若、德、因、孫、馴、督、如、悌、修、阿、和、振、諾、迗、遺、追、坤、很、舉、婉、留、訟、殘、憫、止、滅、自、傀、俛、巨、退、却、辭、後、逡、罷、點、沺、詘、埋、蚚、奎、瘷、偲、跋、匪、屏、紐、庍、攘、黜、退、還、俦、异、逆、邊、蹲、踞、郊、撤、郝、徒、迤、降、徹、仟、踖、卬、去、遷、延、湛、貶、除、調、認、屢、數、乍、驟、頻、偝、巫、且、而、且、暫、乍、少、嘗、弟、俄、晦、項、聊、間、姑、正、斯、須、偷、權、籍、稱、礆、城、差、紫、瀝、滴、䲁、泫、纖、忛、澀、下、韜、驟、為、併、補

部	类目	收词
師	重點	生生，鏘鏘，種種，**紊紊**，嶈嶈，湯湯，嘵嘵，啾啾，孑孑，孜孜
	疊字	紫霄、驟雨、日月、七曜、辰宿、星宿、紫薇、甚雨、司夜、時節、春秋、七夕、新年、旬月、晨夜、晨昏、旬日、終日、終宵、初夜、終夜、深夜、深更、人定、商羊、斜脚、時尅、須臾、勝境、勝地、勝絶、樹林、四方、四維、濕地、勝形、斜俓、深泥、咫尺、庄園、庄家、庄司、四至、城外、聚落、種子、種蒋、纖紙、秋收、織婦、如雲、深山、洲渚、四海、舟檝、乘船、神社、神祇、如在、紙錢、糈米、粢餅、神籬、精進、清淨、示現、尚饗、神今食、釋奠、邪氣、生靈、宿賽、修法、石塔、誦經、守護、四弘、自利、庄嚴、周匝、勝利、信施、受記、章疏、聖教、真言、止觀、悉曇、成實、寺家、鐘樓、鐘堂、常行、石磬、借住、咒願、受持、進善、釋教、淨行、修驗、修學、修行、受戒、師檀、師匠、自恣、障礙、𤙲瓶、釋經、眾斷、主上、聖朝、受文、宸位、社稷、執政、昇霞、讓位、主基、仁風、賞賜、賞罰、敘位、上奏、上表、入眼、車駕、乘輿、神璽、紫閣、將相、丞相、相府、辭退、辭謝、師範、夙夜、上官、諸司、出身、昇進、所望、請印、氏爵、時服、習礼、巡檢、實檢、常典、賑給、賑恤、施行、上古、如今、承前、終始、將來、咒詛、祥瑞、障難、失火、診脈、疾病、時行、辛苦、姊妹、親族、氏族、所屬、子息、子姪、如子、子孫、叔父、叔母、順孫、枝葉、慈堂、醜女、淑人、自謙、眾望、人望、宿德、新冠、弱冠、兒童、宿老、晨昏、謝德、次第、上臈、種姓、種類、人情、思慮、思惟、心神、心情、心操、庶幾、心懷、仁義、邪見、老別、如泥、斟酌、支配、瞑志、瞑意、進心、熟者、嫉惡、實誠、實情、正直、質朴、任意、真實、正道、正理、慈悲、仁愛、鐘愛、仁恕、弸惠、□□、支急、深恩、仁恩、嗟嘆、心勞、自在、自如、自若、自由、自得、酒獵、酒狂、甚口、朱愚、醜惡、身體、手足、松齒、心肝、心事、終身、壽夭、食祿、執壻、觸詠、稱譽、失誤、失礼、失錯、耳語、承諾、宿諾、祇承、承引、信受、信心、承伏、刺史、脩良、脩吏、狀悵、受領、收納、出舉、自首、芝蘭、詩敵、親友、詩客、酒客、眾議、集會、集向、酒坐、詩莚、拾謁、准后、殊勝、執權、執柄、潤屋、潤色、潤澤、仕丁、廝丁、舍人、執鞭、仕宦、祇候、宿直、親近、親昵、縱容、松容、省試、成業、詩人、儒後、儒孫、儒家、儒門、儒者、儒林、儒胤、宿學、述懷、識者、上智、拾螢、聚雪、實錄、史書、色目、借書、手契、書狀、書籍、書契、書跡、書寫、讎校、紙面、詞華、詞浪、思風、詞露、詞林、詞藻、詩魔、詩主、詩境、詩

部	类目	收词
師	疊字	仙，囚人，事發，章條，證據，證明，眾證，實否，上兵，戒具，自歎，自讚，自代，爭論，執論，所執，讎敵，蹂躪，邪見，頳面，辱降，辱合，伺隙，舍宅，城邑，城柵，松窗，所據，寂寞，寂寥，雀羅，裝束，宿衣，巡方，執盃，上戶，巡行，酒部，酒讌，酒肴，入鄉，食歟，秋實，麾牙，修理，修造，宿構，支度，絲竹，唱樂，聲哥，鐘鼓，倡子，試樂，鞦韆，出門，首途，進發，徒倚，使者，使卒，巡擬，指南，出入，進退，趍走，膝行，資用，資貯，食口，資財，資具，車賃，術計，借用，所負，借貸，宿債，商賈，出息，脂燭，宿馬，忕馬，新車，輿車，車石，子細，充滿，娑婆，剩闕，裝潢，勝載，掌燈，指歸，至用，尋常，執者，嫉妬，信仰，質直，執掌，寢席，周章，悄悅，珠履，赦免，商量，取捨，勝形，勝趣，參差，四生，眾力，趍趨，至極，准據，處分，准擬，自然，仁察，成就，上啟，執達，執啟，准的，所緣，出九，所澁，生涯，執聞，悚息，逡巡，積善，悚望，悚慄，正員，神速，心喪，精代，質券，死罪，神妙，所得，所課，所知，精粡，啁唯，周関，而然，熾盛，所依，所怙，所宣，悉悅，眾徒，雌伏，震動，思景，弛張，雀頭，入夢，紫蓋，問卜，舒姑，象玉，如愚，雀環，朱輪，周白，壽域，子夜，泗濱，入木，手談，晉銀，松煙，上黨，十二，相如，十字，常生，四知，蜀江，乘軒，燭夜，秋書，紫鱗，紫萼，朱實，湘水，兒觥，從橫，首尾，枕席，雌雄，緇素，錙銖，視聽，昇降，主從，親疎，取捨，勝劣，出納，勝負，上下，聚散，盛衰，真偽，脣吻，時時見，兒女子，勝他心，指佞草，无所詮，序破急，心心興興，死生不知，眾議不同，次第不同，支度相違，上求下化，自讚毀他，自行化他，師資相承，子子孫孫，生天得果，酒不亂眥，乳狗莁（噬）虎，眾犬吠聲，駟不及舌，士知己死，食為人天，參差，如然，价馨，蹲踏，龍鐘，凌轢，小選、俄項、項之、只且、少時、閻敳、葳蕤、加之，岸品，軒渠，任意，襪襀，嫛屑，暴謔，然而，白癡，面縛，昇座
	諸社	信太
	諸寺	信貴，書寫山
	國郡	志摩，下總，信濃，下野，閑原
	官職	式部省，修理職，侍從，助教，侍醫，針博士，次官，書博士，史，進士，秀才，俊士，職事，政官，出納，書生，庄司，所司，食辨使，執行，執當，上座，從威儀師，小經，所司，承仕
	姓氏	完人，下道，下野，毛井，島根，滋野，澁川，委文，志賀，島田，志我閇，堀屋，鴻，志紀，白堤，志貴，下
	名字	重、成、滋、繁、蕃、茂、枝、為、以、兒

部	类目	收词
會	地儀	永昌坊，永寧坊，永安門，永嘉門，永福門，永陽門
	植物	女葳蕤、黃芝、女菱，園豆，狗尾草，槐、懷，彎發
	動物	狗，赤卒
	人倫	畫師、繪師，李放，屠兒、衒賣
	人體	麜，癱
	人事	醉、酩、酊、醒、酊，嘆、咲、听，穢，詠，畫，咲，越天樂，永隆樂，永寶樂
	飲食	餌、醶、釄
	雜物	繪、畫、繢，餌袋，袜複
	辭字	彫、鏤、瑑、割、鑴、鐫、疏，穢，彎、發、號
	重點	遠遠
	疊字	遠處，遠国，遠邦，遠路，營斷，遠山，冤鬼，迴向，榮爵，會釋，榮耀、榮華，詠歌，衛仕，猿臂，冤枉，垣下，遠驛，圓滿，遠見，遠近，越挺，榮望，榮利，榮貴，圓璧，遠岸，永安
	國郡	越前，越中，越後
	官職	衛門府，衛士
	姓氏	會加
飛	天象	日、陽、暘、敡、金烏，陽精、耀靈、羲光、羲和，光、晷、曦、暉、炬、暲、曠、輝、映、景、杲、暉、曜，牽牛、河鼓，霈、大雨，雨冰、霂、雹，旱，晝，曩日，正晣，終日，晝日、終朝、崇朝，旰，姃、電、爆，昇、陽炎
	地儀	嶼，泥、塗、淖、冰，獨梁、獨木，冰室、凌室、冰池、獄、囹圄、庀、廂、樓簷，助鋪，帘，飛檐，枅、肶木，慈臺、檜垣，葷，飛香舍，美福門，白虎樓
	植物	莧，菱子、薜茘、荸、蘿、瓠、瓢、匏、壺、王瓜、土瓜，犀、蒜、葷、穎、獨子蒜、獨頭蒜、穭，徐長卿，虵床子，細辛、蒴，白鮮，羊羶，馬先蒿、爛石草，茵陳蒿，黃，檜、柃、白檀，檳榔、枇杷、盧橘，女楨、冬青、檳榔子，楸、黃芩、扛谷樹，蕪荑、蕤薠、檜皮、蘗、藁、肆、肆、楳、梓、櫶、柿，菌茸，白附子，晚稻，鹿尾菜、六味菜、水葵菜，絢
	動物	鶉、鷺、鷗、鸑鷟，鶺鴒、雲雀，鴒、鶂、鷓、鷇、雛、鶹、鶼、鶹、翹、膵、羊、羝、羅、羔、羚、羒、羘、火鼠、蹢、護桁、蹄、魦、鯤魚、鰭、冰頭，蟾蜍、蟾蜍、蟄、第蜩、水蛭，蛾、蛺蝶、蠲、蟒、蜉蝣
	人倫	人、者、仁、猒、士、夫，曾孫，聖，僧，姬、婦、妃，稗販，鬻女，侏儒、傞傀，比丘，白丁，人民，匹夫，美丈夫，美婦人，賓、賓客，偶人、人形，大白神

部	类目	收词
飛	人體	額、顙、顎、顴、題、揚、頯、瞳、眸、瞖、蔽髮、鬢、鬐、食指、頭指、髭、髯、鬚、髑髏、臂、肱、肘、吉舌、閂、閭、膝、膝䯒、胶、皴、失聲、痿痹、疼、瘆、疼、芩、艹、目瞖、胝、瘃
	人事	嗔、嚬、囄、呷、盗、偷、喊、粥弲、餬販、鷖、僻、邪、謬、迂、嚻、佷、罵、怗、胶、串紉、紘、長、性、覃、跪、啓、蹲、踞、突、跍、跟、顑、顧、面現、中頭、偶、匹、天、平調
	飲食	醬、醢、醯、汐、冰漿、酢漿、糒糉、糯、粃、麰、神籬、胙、莘手、□盤、滯、平手、鞞鞴、趍趀、炒鱐魚、火干、曳干、平栗、擣菻
	雜物	軾、膝突、釧、獨璽、檜楚、檜曾、琵琶、篳篥、柏子、金鼓、火精、瑒璲、火玉、火珠、火、煨、火爐、火筋、薰爐、火鳥、燧、敧火、鑽、單衣、衫、衿帶、蔽髮、領巾、白蓋、蘿鬘、紉、細子、櫝、檳、杓、壼、殼、鼻高履、梘扄、樋、綺、杼、竿、梭、火興、平緒、緪、兵船、長篅、車、庇刺車、筆臺、艃、平田船、排、副車、百合香、盆、叉簇、箸、砒青、屏風、碑、棺、柩、蟇目、直垂、秘色、錕、鋃劍、襫、襞積、鑊子、白鑞、佩、屏繳、平文、冷槽
	光彩	光、輝、文、昭、芒、焆、煇、熒、煇、暉、照、曜、晶、白青、拎灰、藻
	方角	東、震、坤、丙、丁、未、左、隳
	員數	一、壹、隻、尋、枚、齊、均、匹
	辞字	引、曳、牽、提、彎、控、彈、掎、拖、援、搜、牢、攜、把、延、挽、揄、渲、紉、扔、靮、挈、攣、輦、輓、抵、揎、撝、揰、扳、扣、撢、簸、挺、淬、摼、拡、據、扺、捫、婁、箕、籭、筲、掃、晞、睎、干、乾、嘆、膜、活、枯、旱、晞、秀、英、冷、淬、瀊、涼、倮、洌、凄、窒、瞞、秘、便、掣、扣、久、尚、矣、佯、濟、儹、浦、肱、曠、曩、守、遂、舊、桂、折、闊、離、奄、淹、淫、芨、昔、填、拾、摭、掇、捃、拓、押、綴、扮、拼、開、披、啟、戶、發、祐、闊、蔽、闡、闈、嚇、排、惟、敮、張、閘、閭、闠、決、闊、闇、振、辟、夷、揚、闤、離、肱、裖、翁、除、苊、跛、剪、劃、閜、閃、祛、等、均、齊、平、輦、埒、偕、傭、皆、佯、埒、慟、儔、濟、夷、中、孱、倫、疇、敵、矗、稠、同、衡、廣、宏、泗、弘、博、仈、荒、寬、春、祐、泛、仉、恢、嘉、喜、漫、熙、淡、熹、壼、梱、闊、混、浴、浸、侵、濡、淹、澆、潰、蘸、濰、漚、淋、灓、漳、濂、濫、漸、潋、灌、灑、捻、撚、媕、挻、橫、繙、展、沖、燋、拉、貶、拆、蘇

部	类目	收词
飛	辭字	瞋、蟄、提、摯、擘、鸞、鍉、睥、販、抵、攜、掣、響、檕、蠚，獨、孤、特、一、寡、王、宋、屬、抗、孤、偏、扁、顁、隻、露、匹、狐、介、單、拆、皴、裂、圮、𡉈，會、撥、甌、密、密、竊、潛、偷、私、陰、諱、微、私、閑、𦊰、永、潛、間、周、磷、頓、衡、平、並、腷、均、胇、盛、位、混、泯、濫、湝、合、冷、寒、熾、生、率、師、羨、遵、洽、裌、燭、飆、恢，正、鴻、方、雅、偏、拏、擢、翻、翩、轉、倒、返、飄、飅、燔
飛	重點	蜜蜜，日日
飛	疊字	旻天，避暑，美景，未明，微時，比郡，比屋，兵船，飛帆，譬喻，白毫，非時，嬪御，品藻，弥留，白丁，美女、美人、美麗、美操、美好，卑下，氓民、鄙人、匹夫、鄙陋，匪石，誹謗、繆言，悲慟，皮膚、肌膚，眉目，肥滿，微弱，非死，秘隱、秘藏、秘密、密道，紕繆、繆説，蜜語，謬言，比翼，賓容，匹夫，卑人，微賤、貧賤、貧弊、貧窮、貧寒、貧家、貧者、貧妻，僂侻，擯出，譬喻，秘書，筆削、筆跡、比校、筆勢、筆海，被盜，評定，兵革、兵杖、兵乱，飛騰，非道、非理、非法、非律、非常，美食，美酒，非戶，便李，飛驛，便路，微行，平等，禪并，疲牛、疲頓，牝牡，便車，必定、必然，披露、費用，繽紛，禪補，便宜，比類、比方，披陳、披閱，秘重，便脚，被管，品秩，贔屓，畢竟，秘術，非據，秘計，秘閣，蜜突，便風，尾籠，飛蛾，比珠，未米，飛羽，披香，鬢毛，飛絮，飛沉，貧富，非成業，非學生，非參議，非恪勤，非常人，長成，拏擢，溧漉，磕嘉，小丈，乘昏，北辰，蝶臥，面現，獡犺，敢死，目斜，日（目）施，伺陳，端仰，固護
飛	諸社	平野，日吉，廣瀬，廣田
飛	諸寺	比叡山，日野，彦根
飛	國郡	常陸，飛騨，備前，備中，備後，肥前，肥後，日向，比良山，廣澤
飛	官職	弼，兵部省，兵庫寮，囚獄司，主醬署，兵衛府
飛	姓名	貞、廣根，飛多，冰上，檜原，平田，日置，檜前，廣原，廣幡、廣階，平松，廣田、廣海、廣升，目奉
飛	名字	平、衡、位、救、均、成、牧、行，弘、廣、博、熙、泰、尋、寬、久、尚、人、仁者，秀、英、彦、孫、光
毛	天象	望月，望
毛	地儀	杜，龕，門，身屋
毛	植物	葎草，樅，桃、錦桃、桃奴、桃人、桃脂、桃膠，木瓜，梬，羊躑躅，林蘭，木穗子，木蘭，黃葉、紅葉，藻、蘋、薄、海苔，水雲

部	类目	收词
	動物	鵙、鶝、百舌鳥、伯勞，青鷹，縢，肫，鼳鼠、鼺鼠，桃蟲、巃蟲、嬗、蜿、蛻、蚍、蟺、脫、圿
	人倫	眾、物、者、肖、體，春根，百族
	人體	瞽、鬓，股、髀、目盲、癲狂、狂人，皰瘡，瘝臥，喪
	人事	耄、魝、祈、悶、絕、言、語、談、識、載，僉、慵，宨嫩、澁、惓、倦、懈、恓、惰、問喪，物忌，語、話、談，齋、嘿、亞、瘂、訥、襟、思、魘
	飲食	醨、醪、粗、穀、糯、糒、餅、餫、餞、蘖、襃（蔓）、萌、棲、糙米、秌、穄、䊋
	雜物	物、罍、甕、缸、罇、盂、罌、缶、盆、桄、裳、裙、瞖、絜、莮、剪、刀、繞、純、緣、聯、旋子、稿、黏、徽、鍫、銖、鈑、帽額、肱枝、爐、炙炷、炷、木爛地、柗、水子、没藥
	光彩	文，萌黃，萌木
	方角	下、本、日，基，許，底
	員數	百、佰、諸、眾、師、庶、萬、醜、糜、蒸，万尋，屯，百日
毛	辞字	以、玩、毗、將、持、去、茂、望、寅、宋、目、异、庸、搞、捫、操、拈、讎、贍、拏、攬、搵、資、贏、載、撫、戴、戴、須、用、持、將、以、用、茂、庸、式、荷、賈、齎、撫、漏、泄、潰、洩、涵、茩、若、頗、儴、如、胱、摩、捫、渫、盛、積、饌、置、苞、本、基、下、元、幹、故、源、舊、跋、宰、質、邸、原、太、根、雅、職、素、苞、往、例、燃、烟、熾、㷭、烘、燎、難、燒、熛、㦨、焱、椀、极、桃、椙、賣、脆、靡、㳰、鹽、鹽、求、賣、竟、徇、認、索、干、僦、拾、摎、邀、微、徵、𧣾、視、流、激、責、方、略、殉、索、索、要、薪、祈、戾、繚、㺭、反、拂、愎、狡、還、擡、舉、點、陰、闇、尤、宧、以、最、宗、縈、䄷、積、灌、潱、輸、專、純、一、淳、顙、悃、檀、搏、軾、虞、嫌、談、用、庸、仁、御、舉、須、已、尋、行、注、食、以、控、肆、自、由、試、去、將、抖、撒、屑、素、宿、雅、時、資、舊、曾、緒、例、本、基、源、原、蟲、紆、繚、繞、旋、絞、撰、催、勸、促、策、徵、償、瓵、耽、賞、羿、吒、玩、美、弄、綵、懶、輪、呈、文、秄
	重點	門門，文文
	疊字	物恠，悶絕，因代，文人，文書，目錄，文簿，文字，木素，勿論，蒙露，沐浴，文契，文盲，問答，點然，問誶，門徒，本自，元來，由來

部	类目	收词
毛	官職	木工寮，主冰司，文章博士，門部
	姓氏	守山，守道，物集，水取，守部，物部
	名字	茂、用、以、持、望、荷、住、蔚、庸、將、式、徭、申、殖，元、本、軄、基、資、幹、舊、意、臺、株，師、諸、庶、認、度、眾，守、盛、護、衛、積
世	天象	節
	地儀	瀨、潢、湍，灣、潺湲，閇、剗，涸，昭陽舍，宣耀殿，清涼殿，栖鳳樓，栖霞樓，霽（霽）景樓，宣風房，宣義房，宣陽門，宣仁門，青瑣門，仙華門，照慶門，宣政門，宣光門，西華門，昭訓門
	植物	梢檀，芹、水芹、水英，前裁
	動物	兄鷹，背、脊梁，鼁，鮬、婢妾魚，龙蹄子、石花，蟬、蟬蛄、良蜩、蝘蝳、蟪蛄、螗蛦、蚻蜻、蝬蜣、蜩、蟹
	人倫	膳夫，仙人，先達，戚
	人體	背、脊，脢，膂，精，癬，痟瘍
	人事	性，詔，節，餞，闃、佷、憒，茌，噞，意錢、攤錢，踾、偪、仄、彫、弊，韶應樂，仙樂，小娘子，仙人河、聖明樂，西河，千金女兒，聖淨樂，清海波、千秋樂，青海樂
	飲食	煎餅、餺餅，煎，膳，饌
	雜物	錢、鎈，鎔，鏹、緡，紙錢，鏟，籖、銃貫，鏊，簫，詹糖，淺香，線鞋，軟障，接坳，軟錦，川木香，犀帶
	光彩	青黛
	員數	千、仟
	辭字	逼、責、迫、譴、譛、窘、誧、敂、誅、攻、偶、逝、役、讀、尅、謫、薄、瀆、訶、誐、馮、勠、霸、費、澆、讓、譔、憒、譙、詭、急、譚、數、訟、誚、迮、呵、遒，塞、閑、激、堰、闞、團、間、扃、戔、湩、搗，為、不、弗、勿、靡、匪、追、未，迫、迮、遵、仄、薄，狹、窄、少、逼、約、殺，煎，製，制，攝，遒、促，切，約
	重點	世世，濟濟，漸漸，少少，切切，說說，淒淒，寂寂，蕭蕭，戰戰，前前
	疊字	霽晴、星辰，星躔、青天，照地，星霜，節候、歲暮，韶景，韶光，前年，先年、歲月，光日，刹那、切髮，絶域，世路，阡陌、西藏，青山，接河，潺湲，青草，千秋，積流，船舫、船頭，祭祀，誓願，刹柱，説經，說法，禪房，禪室、禪定，聖主、聖明，先帝，戚里，踐祚、昭臨、節會，政理、政績，政事，政務，政教，宣命，宣旨，詔勅，遷幸，城都，昭陽殿，椒園、椒掖、椒房，櫼籙，燮理，碩德，僉議，遷官，成選，省略，前分，前蹤，施行，施米，施与，弛入，撰擇，先後，先兆、先表，先摽，燒亡，少間，先祖、先達，昭穆，西施，蟬髮，善人，少壯，成人，

部	类目	收词
世	疊字	成長、少兒，專輾、情慾、情操，清廉，精誠，積薪，聖人、先哲，折疑，顓頊，世途、世間、世會、世祿、紹介，智公，請託，逍遙，涉獵，清談、善語、正談，誓約、然諾，遷替，招引，勢家，蟬冤，樵夫，前駈，絕煙，廁門，青眼，遷謫，請益，消息，禪教，制法，是非，精兵，折角，青櫝，赤眉，煞害，竊盜，寂寞、寂寥，洗濯，染色，精好、鮮明，青雲，赤石，鮮物，燒尾，成風，前途，餞別、餞行、餞送，詔使，專李，為術、為方，際會，戰越，纖芥、細碎，蟬焉，戰栗，蕭然，照察，瞻望，誠惶、千里，千稟錦，夕陽，誠恐，戰慄，細目，制止，專一，清潔，開前，世俗，誓盟、誓言，聖目，切磋，薦舉，絕廁，絕交、絕倫，蕭索，成命，煞生，紹隆，絕入，勢德，善惡，成敗，淺深，清濁，尺有所短，聖人無二言，赤松，青州，青髓，成橋，遷喬，青袍，石髮，青蘋，成蹊，青女，善知識，先祖相傳，清淨潔白，絕入，啾唧，迫來
	國郡	勢多橋，芹川
	官職	攝政，少將，少納言，施藥院，進，祐，將監，尉，承，允，佑，掾，掌侍，先生，專當
洲	天象	昴星，冷、涼、凄、欷、颮、清、零、風
	地儀	住、棲、室、宅、宿、寄、据，陁，巢、窠、栖、樓、室、陁、撲，鐘樓，水門，楷柱、梠、桷、角木，透垣，簀子、板敷，春興殿，淳風房，崇仁房，春華門，崇明門
	植物	菅、薄、芋、蕩，菫菜、菫葵，天門冬、薥蕪，白慈草，石蕶，椶櫚、蒝葵、栟櫚、杉、楹、李、黃吉、蘇枋，楉、心、荊、蔆、楚，紫苔、水雲、胡蓉，忍冬
	動物	雀，佳賓、雀連、雀鷗、駕，鰕，水牛，鱸，小蛸魚，蠐螬、蛞蝓、蜻蜻，蟄
	人倫	皇，陶師，主領，魑魅
	人體	姿、質、容、兒、躰、形、狀，鬌、髓、筯、眇、矄、角膝、寸白、踈
	人事	居、妥、安、坐、虔，住、巢、栖、樓、宿、寓、造、宅、陁、室、純、在，咒師，術，搞，啜、唆、哂、歔、嚏、瀨、欮，跐、踐，相撲，獨馳，漁、鮫，雙六、六子、六采，弄鈴，水調
	飲食	酢、酸、苦酒、醶，魚條、楚割，鮨、鮓、鮺、鯘，清菜，須須保利，酢菹，次飯，落索，酸、醋、酢、楚

部	类目	收词
洲	雜物	硯、覔、枡，水滴器、硯瓶、水甌、墨、墨你、墨斗、繩墨、襴衫，裾，麈尾、炭、銚、炭鉤、羹、籄、炭籠、簾、箔、簀、陶、陶器、酒海、磑、硬、礱、碓、生衣、生絲、褻、水干、褌、假髻、數珠、念珠、項數、水精、鈴、鈴、鑾、鐸、楷鼓、鋤、錭、耒、耜、鎡、鉏、鎒、鎸、錠、銶、屑、雙六采、食單、食薦、焰煤、簾子、炭櫃、賭、生
	光彩	蘇枋，朱沙，蒼，礬
	方角	隅、陬、角、維、木、季，抄、橡、標、栢
	員數	寸、村、銖、條、少、微、乏、宜、寡、璅、耿、小、尾、鮮、尠、一、約、僅、尠、匹、減、儉、彳、它、細、希、無、多、幾、幺、寡、都、惣、総、捻、倧、綜、忽、管、統、凡、理、部、畢、攝、慮、琮、繞、須、挾、戢、擁、偆、終、撮、閱、覼
	辭字	擬、將、欲、為、作、未、不、弗，摸、摺、揩、攢、摩、捫、磨、敲、泅、研、和、礱、貶、希、扢、剔、槩、戛、輾、轔、轀、拮、捐、硪、轇、攙、蘭、捎、捨、棄、拋、癈、擲、掃、蓙、弃、徹、去、舍、墮、蘍、宿、捐、播、挬、打、拌、振、弛、隮、抵、委、袪、釋、撥、擯、稅、遺、肆、擇、肆、替、損、指、懷、陸、透、澡、過、荒、却、漉、摘、滴、透、徹、璃、庚、耕、鋤、畚、錭、犂、糝、過、往、遇、瑕、軼、佚、邊、汰、曉、愁、闕、逸、贏、邁、超、惱、澄、清、瀞、注、瀲、苦、哺、吸、噙、欲、鹽、嗟、噯、呪、頪、吸、哈、漱、員、歆、吮、巡、尖、炭、銳、巍、嶤、嶸、嵩、癈、替、癡、荒、隱、救、潛、拯、拔、度、周、揉、挺、恂、振、抌、捄、備、拯、挐、抄、扨、荒、濯、澡、盪、滌、瀨、浣、淹、洒、滲、漱、湔、澆、浣、洗、進、勸、暹、誘、透、遝、邁、虞、薦、催、羞、秾、贊、侑、御、灖、漸、晉、前、閻、諸、強、勒、聳、許、逾、迪、迕、幸、抗、鎞、槳、肅、勣、升、銳、爾、蓋、生、跂、首、年、湅、延、階、跙、勛、然、拯、登、將、既、已、現、气、拒、擔、情、徒、寬、然、蕭、閅、坐、心、靜、子、窄、燿、雍、総、強、瓶、枲、緧、蔦、遨、否、冷、涼、徒、白、酸、爽、荒、佚、質、素、淳、朴、屑、樸、白、頗、少、婆、即、則、乃、便、酒、仍、載、因、輒、登、增、闇、羌、菲、適、風、楷、勒、細、拼、勝、最、絶、捷、愈、上、英、風、傑、出、雄、精、俊、速、迅、劇、早、楼、遶、颷、走、頓、迭、亟、伇、促、宣、急、驤、忒、遄、适、捷、跌、捐、風、蚤、緊、泃、灸、挍、却、俄、迫、絑、頻、猱、屢、越、尚、迲、逮、道、極、夙、遊、疾、駆、俊、敏、愓、須、尚、健

部	类目	收词
洲	重點	恓恓，蠢蠢
	疊字	驟雨，水氣，蕤寳，推移，隨近，衰亡，水面，水手，垂衣，崇班，瑞物，衰老，衰邁、衰翁，水菽，推量，淳朴，衰容，侏儒，脣吻，垂拱，水嬉，衰窮，吹嘘，吹舉，綷縩、垂纓，炊爨，醉鄉、醉顔，鶉目，水郵、水路，數多，推舉、推轂，水濕，隨身，隨分，推恐，推察，隨從，瑞祥，衰相，隨喜，數奇，水驛，髓腦，隨逐，遵行，取妣尾，醉吟，趍拜，水火，水旱不損，垂露，翠羽，隨車，綏山，翠質，熟金，循良，巡擬，術計，准的，匹如，單己，約略，所執，少間，卓犖，既往，無端，鎈硐，嘍囉，怠荒，斷絶，諸捨
	諸社	住吉
	國郡	駿河，周防，黑俣
	官職	主鈴，主典，主膳，主馬，鑄錢司，副、輔、弼、次官、高、助、中少將、佐、典侍、介，主船，隨身，主典代
	姓氏	菅原，住吉，菅野，菅生，村主
	名字	助、資、輔、傅、相、祐、亮、佐、副、扶、弼、毗、翼、介、為、棟、良、菅、澄、角、紀、處、住、栖、維、捿、未、季

★本表语词据尊经阁文库藏本（永禄八年写本，内阁文库藏影印）二卷本释读。语词间以逗号隔开，其以顿号隔开者多为同义语词。

项目资助：国家社科基金项目"《玉篇》发展史与传播史研究"（21FYYB049）
上海市哲学社会科学规划基金项目"《玉篇》发展史与传播史研究"（2020BYY001）

东亚汉字传播史研究

日本卷

下

吕浩 著

百花洲文艺出版社
BAIHUAZHOU LITERATURE AND ART PRESS

附录四　庆长十五年版《倭玉篇》字头表

序号	部首	字头	右音	左音
1	一	一	イ	
2	一	丕	ヒ	
3	一	元	ゲン	
4	一	天	テン	
5	一	吏	リ	
6	上	上	シヤウ	
7	上	帝	テイ	タイ
8	上	旁	バウ	
9	上	下	カ	ゲ
10	示	示	ジ	
11	示	祇	ギ	
12	示	祠	シ	
13	示	祇	キ	
14	示	褫	シ	
15	示	禧	キ	
16	示	祺	キ	
17	示	禕	イ	
18	示	提	シ	
19	示	衼	シ	
20	示	禠	リ	
21	示	祈	キ	
22	示	祼	ゴ	
23	示	祸	ゴ	
24	示	齋	サイ	
25	示	柴	サイ	
26	示	神	シン	
27	示	禋	イン	

序号	部首	字头	右音	左音
28	示	秱	サウ	
29	示	襧	ケン	
30	示	禪	ゼン	
31	示	祅	ヨウ	
32	示	祧	テウ	
33	示	裯	タウ	
34	示	禳	シヤウ	
35	示	禟	タウ	
36	示	祥	シヤウ	
37	示	髳	ハウ	
38	示	袂	アウ	
39	示	禎	テイ	
40	示	礽	ゼウ	
41	示	祲	シン	
42	示	禁	キン	
43	示	祀	シ	
44	示	祉	シ	チ
45	示	禦	ギヨ	
46	示	祖	ス	ソ
47	示	祐	ウ	コ
48	示	禰	子イ	
49	示	禮	レイ	ライ
50	示	禶	サン	
51	示	禰	テン	
52	示	禱	タウ	
53	示	祜	カウ	コク
54	示	禍	クワ	ヲ
55	示	社	シヤ	
56	示	禝	イウ	
57	示	襺	リ	
58	示	祟	スイ	
59	示	祕	ヒ	
60	示	禨	キ	
61	示	祔	フ	ヒ
62	示	祚	ス	ソ
63	示	禘	テイ	
64	示	祭	サイ	
65	示	禊	ケイ	
66	示	袘	ヱイ	
67	示	祝	セイ	

序号	部首	字头	右音	左音
68	示	檜	クワイ	
69	示	祓	ハイ	フツ
70	示	禡	マ	
71	示	褚	サ	
72	示	禜	ヤウ	
73	示	祝	シユク	シウ
74	示	祐	イウ	
75	示	褄	シン	
76	示	福	フク	
77	示	禄	ロク	
78	示	禪	ヒツ	
79	示	禴	ヤク	
80	示	禰	テキ	
81	示	祫	カウ	
82	示	祘	コン	
83	示	祛	キヨ	
84	二	二	ジ	
85	二	恒	ゴウ	
86	二	凡	ボン	ハン
87	二	竺	チク	ス
88	二	亟	キヨク	キ
89	三	三	サン	
90	王	王	ワウ	
91	王	皇	クワウ	
92	王	閏	ジユン	
93	玉	玉	ギヨク	ゴク
94	玉	璁	ソウ	
95	玉	玒	コウ	
96	玉	瓏	ロウ	
97	玉	琮	ソウ	
98	玉	琪	ケウ	
99	玉	玭	シ	
100	玉	璃	リ	
101	玉	琪	ヨ	
102	玉	璣	キ	
103	玉	琚	キヨ	
104	玉	璩	キヨ	
105	玉	璵	ヨ	
106	玉	瑜	コ	
107	玉	珠	シユ	

序号	部首	字头	右音	左音
108	玉	瑚	コフ	
109	玉	玞	フ	
110	玉	璨	レイ	
111	玉	珪	ケイ	
112	玉	瑰	クワイ	
113	玉	玫	マイ	
114	玉	珉	ミン	
115	玉	瑾	シン	
116	玉	珍	チン	
117	玉	璘	リン	
118	玉	璠	バン	
119	玉	琨	コン	
120	玉	玕	カン	
121	玉	珊	サン	
122	玉	環	クワン	
123	玉	璿	サン	
124	玉	瑄	セン	
125	玉	璇	セン	
126	玉	琱	テウ	
127	玉	瑶	ヨウ	
128	玉	珂	カ	
129	玉	玻	ハ	
130	玉	瑳	サ	
131	玉	瑕	カ	
132	玉	珈	カ	
133	玉	琊	ヤ	
134	玉	璢	タウ	
135	玉	琅	ラウ	
136	玉	瓓	ライ	
137	玉	璋	サヤウ	
138	玉	璜	クワウ	ワウ
139	玉	瑲	サウ	
140	玉	瑩	エイ	
141	玉	瓔	ヤウ	
142	玉	瓊	ケイ	
143	玉	珩	カウ	
144	玉	瑛	エイ	
145	玉	珵	テイ	
146	玉	琤	サウ	
147	玉	靈	レイ	リヤウ

序号	部首	字头	右音	左音
148	玉	玲	レイ	リヤウ
149	玉	璆	キウ	
150	玉	球	キウ	
151	玉	瑠	ル	
152	玉	琳	リン	
153	玉	琛	チン	
154	玉	理	リ	
155	玉	璽	ジ	
156	玉	珥	ジ	
157	玉	瑋	ヰ	
158	玉	斌	ブ	
159	玉	珝	ソ	
160	玉	琥	コ	ク
161	玉	璀	ザイ	
162	玉	琬	エン	
163	玉	瓉	サン	
164	玉	瑙	ナフ	
165	玉	琖	サン	
166	玉	璉	レン	
167	玉	珊	サン	
168	玉	璙	レウ	
169	玉	瓆	サ	
170	玉	瑝	タウ	
171	玉	珽	テイ	
172	玉	玖	キウ	
173	玉	玷	テン	
174	玉	璐	ロ	
175	玉	琰	エン	
176	玉	璲	スイ	
177	玉	瑞	ズイ	
178	玉	玠	カイ	
179	玉	瑂	マイ	
180	玉	瑇	タイ	
181	玉	珮	ハイ	
182	玉	瑾	キン	
183	玉	玩	クワン	
184	玉	璨	サン	
185	玉	瑗	エン	
186	玉	瑱	シン	
187	玉	瑁	ホウ	

序号	部首	字头	右音	左音
188	玉	琇	シウ	
189	玉	琭	ロク	
190	玉	琢	タク	
191	玉	璞	ハク	
192	玉	玦	ケツ	
193	玉	珞	ラク	
194	玉	璧	ヘキ	
195	玉	珀	ハク	
196	玉	碧	ハキ	
197	玉	礫	レキ	
198	玉	瓓	サウ	
199	玉	璥	ケイ	
200	玉	琠	テン	
201	玉	玘	キ	
202	玉	璽	ジ	
203	玉	璽	ライ	
204	玉	珦	キヤウ	
205	玉	瓄	トク	
206	玉	瓄	ダン	
207	玉	瑅	キン	
208	玉	瑒	チヤウ	
209	玉	瓛	ケン	
210	玉	珢	ソク	
211	玉	琡	シク	
212	玉	琫	ホウ	
213	玉	瓃	テイ	ヱイ
214	玉	玨	チウ	
215	玉	瑞	ジヤウ	
216	玉	璣	キ	
217	玉	琦	キ	
218	玉	瑤	サウ	
219	玉	璪	サウ	
220	玉	瑲	シヤウ	
221	玉	瓐	コ	
222	玉	玫	ボツ	
223	玉	琄	ケン	
224	玉	璑	ラウ	
225	玉	琛	シヨ	
226	玉	璿	セン	
227	玉	瓅	リツ	

序号	部首	字头	右音	左音
228	玉	珇	シ	
229	玉	玎	テイ	
230	玉	瑝	クワウ	
231	玉	玶	ビヤウ	
232	玉	瑛	エイ	
233	玉	瑬	ワン	
234	玉	瑎	カイ	
235	玉	瓐	ロ	
236	玉	珷	ブ	
237	玉	瓐	ロク	
238	玉	瓔	エイ	
239	玉	瓇	ヨウ	
240	玉	玓	テキ	
241	玉	瓌	クワイ	
242	玉	琲	ハイ	
243	玉	玽	シユツ	
244	玉	瑟	シツ	
245	玉	瑾	キン	
246	玉	玹	ケン	
247	玉	珹	セイ	
248	玉	瑢	ヨウ	
249	玉	琇	シウ	
250	玉	玦	ハツ	
251	玉	琛	トツ	
252	玉	玥	ケツ	
253	玉	琣	ト	
254	玉	珢	シン	
255	玉	璟	ケイ	
256	玉	瓁	キン	
257	玉	瑟	シツ	
258	珏	珏	コク	
259	珏	班	ハン	
260	珏	斑	ハン	
261	土	土	ト	
262	土	墉	ヨウ	
263	土	封	ホウ	
264	土	壅	ヨウ	
265	土	堤	テイ	
266	土	坻	チ	
267	土	墀	チ	

序号	部首	字头	右音	左音
268	土	壇	イイ	
269	土	圯	イイ	
270	土	墇	ジ	
271	土	基	キ	
272	土	垂	スイ	
273	土	埤	ヒ	
274	土	墟	キヨ	
275	土	坥	シヨ	
276	土	堨	キト	ク
277	土	塗	ト	
278	土	壚	ロ	
279	土	坪	ク	
280	土	圬	ヲ	
281	土	堙	デイ	
282	土	圭	ケイ	
283	土	堦	カイ	
284	土	埋	マイ	
285	土	塺	ハイ	
286	土	堆	タイ	
287	土	埃	アイ	
288	土	垓	ガイ	
289	土	墤	タイ	
290	土	塵	ヂン	
291	土	培	バイ	
292	土	垠	キン	
293	土	均	キン	
294	土	填	テン	
295	土	墳	フン	
296	土	圻	キ	
297	土	垣	エン	
298	土	坤	コン	
299	土	墦	バン	
300	土	埧	ケン	
301	土	壇	ダン	
302	土	壥	テン	
303	土	埏	エン	
304	土	垸	クワン	
305	土	堧	ナン	セン
306	土	塼	セン	
307	土	塤	エン	

序号	部首	字头	右音	左音
308	土	坳	アウ	
309	土	墝	カウ	
310	土	壕	カウ	
311	土	坡	ハ	
312	土	墇	シヤウ	
313	土	疆	キヤウ	
314	土	場	シヤウ	ヂヤウ
315	土	坊	バウ	
316	土	墻	シヤウ	
317	土	堂	ダウ	
318	土	塘	タウ	
319	土	坑	カウ	
320	土	塋	エイ	
321	土	城	ヂヤウ	セイ
322	土	埻	サウ	
323	土	坰	ケイ	
324	土	型	ケイ	キン
325	土	塍	セウ	
326	土	堋	ボウ	
327	土	增	ソウ	
328	土	坩	カン	
329	土	堪	カン	
330	土	壠	ロウ	
331	土	塚	チヨ	
332	土	壠	ロウ	
333	土	壘	ルイ	
334	土	址	シ	
335	土	圮	ヒ	
336	土	墅	シヨ	
337	土	坾	チヨ	
338	土	堵	ト	
339	土	塢	ウ	
340	土	坁	ヂイ	
341	土	坻	テイ	
342	土	塏	ガイ	
343	土	在	ザイ	
344	土	坋	ブン	ボン
345	土	圾	バン	
346	土	堰	エン	
347	土	墾	コン	

序号	部首	字头	右音	左音
348	土	壇	サン	
349	土	坦	タン	
350	土	墠	ゼン	
351	土	堫	ホウ	
352	土	埽	サウ	
353	土	埵	ダ	
354	土	垜	ダ	
355	土	坐	ザ	
356	土	坷	カ	
357	土	壤	シヤウ	
358	土	坱	アウ	
359	土	埂	カウ	
360	土	境	キヤウ	
361	土	培	ホウ	
362	土	塿	ロウ	
363	土	塸	ヲウ	
364	土	垢	ク	
365	土	垕	コウ	
366	土	坎	カン	
367	土	埳	カン	
368	土	塹	ゼン	
369	土	地	チ	
370	土	埴	シ	
371	土	坥	シキ	
372	土	垩	ヒ	
373	土	毀	キ	
374	土	墜	ツイ	
375	土	墍	キ	ヌ
376	土	墓	ホ	
377	土	壔	エイ	
378	土	瘞	エイ	
379	土	壒	アイ	カイ
380	土	壞	クワイ	
381	土	塊	クワイ	
382	土	埭	タイ	
383	土	塞	サイ	ソク
384	土	墐	キン	
385	土	埠	カン	
386	土	墁	マン	
387	土	堁	クワ	

序号	部首	字头	右音	左音
388	土	壙	クワウ	
389	土	埌	ラウ	
390	土	坫	テン	
391	土	埝	テン	
392	土	墊	テン	
393	土	塾	ジユク	
394	土	埱	シク	
395	土	堲	シツ	シヨク
396	土	堀	クツ	
397	土	埃	トツ	
398	土	埲	ホウ	
399	土	圠	アツ	
400	土	垤	テツ	
401	土	埒	レウ	ラツ
402	土	齷	ガク	
403	土	堊	アク	
404	土	墿	エキ	
405	土	坲	タツ	
406	土	墼	ゲキ	ギヤク
407	土	壁	ヘキ	
408	土	埴	シヨク	
409	土	域	イキ	
410	土	堛	ヒヨク	
411	土	塔	タウ	
412	土	堞	デウ	
413	土	壓	アフ	エフ
414	土	圾	ケウ	
415	土	壞	アフ	イク
416	土	塙	カウ	カク
417	土	坶	ボク	
418	土	墩	ケウ	カウ
419	土	埩	セイ	
420	土	圪	ゴツ	
421	土	壛	レウ	
422	土	塊	キ	
423	土	坌	フン	
424	土	墳	フン	
425	土	坄	エキ	
426	土	坴	リク	
427	土	埻	ジユン	

序号	部首	字头	右音	左音
428	土	坙	シ	ソク
429	土	聖	シヨク	ソク
430	土	堨	ケン	
431	土	垎	カク	
432	土	壚	カ	
433	土	坼	タク	
434	土	坅	キン	
435	土	墅	エイ	
436	土	坺	ヘツ	
437	土	墏	ソウ	
438	土	堨	アツ	
439	土	堲	シン	
440	土	埒	レウ	
441	土	抹	マツ	
442	土	坏	ハイ	
443	土	堅	シユ	
444	土	塈	シヨク	
445	土	圿	カツ	
446	土	塓	ベキ	
447	土	堕	ハウ	
448	土	壢	レン	
449	土	坲	ホツ	
450	土	墆	テイ	テツ
451	土	坰	レツ	
452	土	打	チヤウ	
453	土	壧	ガク	
454	土	墼	ヘツ	
455	土	堠	ト	
456	土	壖	エン	
457	土	堬	ユ	
458	土	堭	クワウ	
459	土	埰	サイ	
460	土	墲	ボ	
461	土	姚	テウ	
462	土	壪	タフ	
463	土	墋	シン	
464	土	墺	ヨ	
465	土	坱	ケツ	
466	土	堛	チヤウ	
467	土	堜	レン	

序号	部首	字头	右音	左音
468	土	圲	セン	
469	土	壏	カン	
470	土	壉	カウ	
471	土	埢	ケン	
472	土	垧	ナフ	デウ
473	土	壡	エイ	
474	土	坉	トン	
475	土	堛	フク	
476	土	墄	キ	
477	土	埈	シユン	
478	土	埕	子ツ	ドツ
479	土	垘	フク	
480	土	墱	トウ	
481	土	垗	ヲウ	
482	土	坬	シヤ	
483	土	堎	リン	
484	土	塯	リウ	
485	土	墒	テキ	
486	土	堈	カウ	
487	土	墺	キツ	
488	土	塛	リツ	
489	土	壿	キヨウ	
490	土	圻	ギン	
491	土	堷	シフ	
492	土	墩	ハイ	
493	土	堝	クワ	
494	土	垡	ハツ	
495	土	墜	スイ	
496	土	壇	セン	
497	土	墡	セン	
498	土	垔	イン	
499	土	堬	クワ	
500	土	垣	ゴウ	
501	土	埤	ヒ	
502	土	墈	テン	
503	土	坪	ヘイ	
504	土	墨	ボク	
505	土	嬴	ラ	
506	土	堀	クツ	
507	垚	垚	コウ	

序号	部首	字头	右音	左音
508	垚	堯	ゲウ	
509	墓	墓	キン	
510	墓	難	ナン	
511	墓	艱	ナン	
512	里	里	リ	
513	里	釐	リ	
514	里	野	ヤ	
515	田	田	デン	
516	田	菑	シ	
517	田	甾		
518	田	崎	キ	
519	田	畿	キ	
520	田	畬	シヨ	シャ
521	田	畦	ケイ	
522	田	畛	シン	
523	田	畋	デン	
524	田	疆	キヤウ	
525	田	當	タウ	
526	田	甿	バウ	
527	田	畊	カウ	
528	田	町	チヤウ	
529	田	膮	セウ	
530	田	疇	チウ	
531	田	畽	トン	
532	田	留	リウ	
533	田	畹	エン	
534	田	疃	ダン	
535	田	畎	ケン	
536	田	畋	テン	
537	田	畍	カウ	
538	田	疇	チヤウ	ト
539	田	疌	ジウ	ニウ
540	田	嵯	サ	
541	田	晦	ボウ	
542	田	嘆	カン	
543	田	畈	ヒ	
544	田	疄	ライ	
545	田	疁	サン	
546	田	眺	テウ	
547	田	疄	キク	

序号	部首	字头	右音	左音
548	田	畉	キヨウ	
549	田	畟	シヨク	
550	田	畤	ジ	
551	田	畩	イキ	
552	田	䑩	シヨウ	
553	田	畂	リウ	
554	田	頴	ケイ	キヤウ
555	田	畄	ハウ	
556	田	畉	フ	
557	田	畁	ヒ	
558	田	畦	ケイ	
559	田	畇	コウ	
560	田	畮	イウ	
561	田	岨	ソ	
562	田	畎	ケン	
563	田	畊	タン	カツ
564	田	枡	ケン	
565	田	畾	ライ	
566	田	疅	クハウ	
567	田	罍	ライ	
568	田	毗	ビ	
569	田	卧	ホ	
570	田	畷	テイ	
571	田	界	カイ	
572	田	疄	リン	
573	田	畯	シウン	
574	田	畔	ハン	
575	田	甸	テン	
576	田	畽	ダ	ゼン
577	田	畜	チク	キウ
578	田	略	リヤク	
579	田	畚	ホン	
580	田	畩	シユン	
581	田	疇	ゾウ	
582	田	畱	レツ	
583	田	疁	リウ	
584	田	異	イ	
585	田	畏	イ	
586	田	畠	バク	
587	畾	畾	リヤウ	

序号	部首	字头	右音	左音
588	畕	畺	キヤウ	
589	畕	疊	テウ	
590	黄	黄	クワウ	
591	黄	黅	キン	
592	黄	黌	クワウ	
593	黄	黈	トウ	
594	黄	黕	トウ	
595	黄	黇	テン	
596	黄	黵	セン	
597	黄	黆	トウ	
598	北	北	キウ	
599	北	虚	キヨ	コ
600	北	丘	キウ	
601	京	京	ケイ	キヤウ
602	京	就	ジユ	
603	冂	冂	ケイ	
604	冂	央	アフ	
605	邑	邑	ユウ	ヲウ
606	邑	竆	キウ	
607	邑	酆	ホウ	
608	邑	邛	ケウ	
609	邑	邦	ハウ	ホウ
610	邑	邳	ヒ	
611	邑	郗	チ	
612	邑	祁	キ	
613	邑	郛	フ	
614	邑	都	ト	
615	邑	鄰	リン	
616	邑	邯	カン	
617	邑	鄲	タン	
618	邑	廊	テン	
619	邑	郊	カウ	
620	邑	那	ナ	
621	邑	邪	ジヤ	
622	邑	鄉	キヤウ	ガウ
623	邑	鄣	シヤウ	
624	邑	郎	ラウ	
625	邑	郵	イウ	
626	邑	鄹	スウ	
627	邑	郴	チン	

序号	部首	字头	右音	左音
628	邑	鄙	ヒ	
629	邑	部	ブ	ホウ
630	邑	扈	コ	
631	邑	邸	テイ	
632	邑	酇	サン	
633	邑	郢	エイ	
634	邑	鄙	ヒ	
635	邑	郡	グン	
636	邑	鄆	ウン	
637	邑	邵	ゼウ	
638	邑	鄭	テイ	キヤウ
639	邑	邴	ヘイ	
640	邑	郁	イク	
641	邑	郅	シツ	
642	邑	郭	クワク	
643	邑	鄂	カク	
644	邑	郤	ケキ	
645	邑	鄏	シヨク	
646	邑	鄹	シウ	
647	司	司	シ	
648	司	伺	シ	
649	士	士	ジ	
650	士	壻	セイ	
651	士	壯	サウ	
652	士	墫	ジユン	
653	人	人	ニン	ジン
654	人	僮	トウ	
655	人	俑	ヨウ	
656	人	侗	トウ	
657	人	儂	ノウ	
658	人	傭	ヨウ	
659	人	供	ケウ	コウク
660	人	倕	スイ	
661	人	儀	ギ	
662	人	伊	イ	
663	人	僖	キ	
664	人	偲	シ	サイ
665	人	儗	シイ	
666	人	依	イ	ヱ
667	人	俙	キ	

序号	部首	字头	右音	左音
668	人	儲	チヨ	
669	人	儒	ジユ	
670	人	侏	シユ	
671	人	俘	フク	
672	人	俱	ク	
673	人	低	テイ	
674	人	倪	ゲイ	
675	人	儕	サイ	
676	人	俳	ハイ	
677	人	佳	ケイ	カイカ
678	人	偕	カイ	
679	人	儓	タイ	
680	人	傀	クソイ	
681	人	催	サイ	
682	人	倫	リン	
683	人	侲	シン	
684	人	仁	ジン	ニン
685	人	伸	シン	
686	人	倌	クワン	
687	人	佃	テン	
688	人	僊	セン	
689	人	仙	セン	
690	人	伭	ゲン	
691	人	仟	セン	
692	人	佺	セン	
693	人	儞	テン	
694	人	儇	ケン	
695	人	偏	ヘン	
696	人	傳	デン	
697	人	便	ベン	
698	人	僥	ゲウ	
699	人	僚	レウ	
700	人	僑	ケウ	
701	人	傜	ヨウ	
702	人	僄	ヘウ	
703	人	佻	テワ	
704	人	儦	ヒヨウ	
705	人	佼	カウ	
706	人	伫	チヨ	
707	人	佗	タ	

序号	部首	字头	右音	左音
708	人	他	タ	
709	人	伽	カ	キヤ
710	人	佉	キヤ	
711	人	儺	ダ	
712	人	俄	ガ	
713	人	何	ガ	
714	人	傍	バウ	
715	人	偟	クフウ	ワウ
716	人	僵	キヤウ	
717	人	倡	シヤウ	
718	人	傷	シヤウ	
719	人	併	ヒヤウ	ヘイ
720	人	償	シヤウ	
721	人	倘	シヤウ	
722	人	倀	チヤウ	シヤウ
723	人	偵	テイ	タウ
724	人	儜	ナフ	
725	人	傾	ケイ	
726	人	伶	レイ	
727	人	停	テイ	
728	人	僧	ソウ	
729	人	俏	セウ	
730	人	仍	ゼウ	
731	人	儔	チウ	
732	人	仇	キウ	
733	人	侯	コウ	
734	人	僂	ロウ	ル
735	人	偷	チウ	
736	人	優	ユウ	ウ
737	人	俲	チウ	
738	人	侔	ホウ	
739	人	任	ジン	ニン
740	人	侵	シン	
741	人	儳	ザン	
742	人	你	ニ	
743	人	佁	チ	アイ
744	人	仳	ヒ	
745	人	企	キ	
746	人	似	ジイ	
747	人	以	イ	

序号	部首	字头	右音	左音
748	人	倚	イ	
749	人	俾	ヒ	
750	人	俚	リ	
751	人	仔	シ	
752	人	儗	ギ	
753	人	偉	イ	
754	人	佇	チヨ	
755	人	侶	リヨ	
756	人	儛	ブ	
757	人	伍	ゴ	
758	人	傴	ク	
759	人	侮	ブ	
760	人	仵	コ	
761	人	俯	フ	
762	人	估	コ	カウ
763	人	俣	ク	
764	人	偮	ケイ	
765	人	儡	ルイ	ソイ
766	人	倍	バイ	
767	人	偃	エン	
768	人	伴	ハン	
769	人	但	クン	
770	人	倅	シユン	
771	人	侃	カン	
772	人	僝	セン	
773	人	件	ケン	
774	人	僋	サン	
775	人	倒	タウ	
776	人	保	ホウ	
777	人	假	カ	
778	人	像	ザウ	
779	人	仰	キヤウ	ガウ
780	人	傲	ハウ	
781	人	仗	ジヤウ	
782	人	仿	ハウ	
783	人	儻	タウ	
784	人	俳	ハイ	ヒヨウ
785	人	倖	カウ	
786	人	侹	テイ	チヤウ
787	人	咎	ク	キウ

序号	部首	字头	右音	左音
788	人	僋	タン	
789	人	儼	ゲン	
790	人	儉	ケン	
791	人	使	シ	
792	人	仕	シ	
793	人	俟	シ	
794	人	侈	シ	
795	人	仲	チウ	
796	人	偛	キウ	
797	人	偬	ソウ	
798	人	俸	ホウ	
799	人	偅	セウ	
800	人	位	イ	
801	人	侍	シ	
802	人	伎	キ	
803	人	莅	リ	
804	人	僞	ギ	
805	人	備	ビ	
806	人	值	チ	
807	人	伵	キ	
808	人	儷	レイ	
809	人	倨	キヨ	
810	人	住	ヂウ	
811	人	付	フ	
812	人	傅	フ	
813	人	傺	サイ	
814	人	偈	ゲ	
815	人	倲	レイ	
816	人	係	ケイ	
817	人	例	レイ	
818	人	价	カイ	
819	人	佐	サ	
820	人	僢	セン	
821	人	僥	ケイ	
822	人	倮	ラ	
823	人	侎	マイ	
824	人	侱	テイ	
825	人	侄	シ	
826	人	倥	コウ	
827	人	傱	シヨウ	

序号	部首	字头	右音	左音
828	人	倜	テン	
829	人	伈	シン	
830	人	佸	カツ	
831	人	儵	シウ	
832	人	俰	クワ	
833	人	偽	イ	
834	人	偠	ヨウ	
835	人	佑	イウ	
836	人	仠	カン	
837	人	俾	ヒツ	
838	人	偲	シイ	
839	人	倿	イ	
840	人	僰	ホク	
841	人	儣	キヨウ	
842	人	伻	ハウ	
843	人	倲	トウ	
844	人	催	スイ	
845	人	侉	クワ	
846	人	倡	シヨウ	
847	人	罷	ヒ	
848	人	俹	ヨ	
849	人	儛	ブ	
850	人	伣	ケン	
851	人	侸	ジ	
852	人	倗	ホウ	
853	人	仇	キウ	
854	人	傳	シ	
855	人	儥	キ	
856	人	伯	シン	
857	人	仂	アウ	
858	人	傔	ケン	
859	人	儗	ス	
860	人	俫	ライ	
861	人	伳	セツ	
862	人	傈	リツ	
863	人	俗	ケキ	
864	人	儠	シヨク	
865	人	儑	シフ	
866	人	佹	キ	
867	人	俒	コン	

东亚汉字传播史研究 日本卷

序号	部首	字头	右音	左音
868	人	仚	ケン	
869	人	儔	トウ	
870	人	佤	コ	
871	人	傁	サウ	
872	人	儚	ホウ	
873	人	佛	テイ	
874	人	**傾**	トウ	
875	人	伿	シヨク	
876	人	俌	ホ	
877	人	微	ビ	
878	人	儽	ルイ	
879	人	儓	タイ	
880	人	伤	ヒン	
881	人	偢	シウ	
882	人	俐	ワ	
883	人	傿	シン	
884	人	倎	テン	
885	人	仟	カン	
886	人	吏	テウ	
887	人	健	タツ	
888	人	個	カ	
889	人	偠	ヨウ	
890	人	佄	カン	
891	人	僤	ヒツ	
892	人	佬	テウ	
893	人	儩	シ	
894	人	俫	ライ	
895	人	倱	コン	
896	人	倔	クツ	
897	人	儚	ボウ	
898	人	儴	シヤウ	
899	人	**儡**	ギヨウ	
900	人	偋	ヘイ	
901	人	侸	ジユ	
902	人	佡	ソウ	
903	人	働	ドウ	
904	人	儅	タウ	シヤウ
905	人	佮	ガウ	
906	人	侎	ミ	
907	人	伾	ヒ	

序号	部首	字头	右音	左音
908	人	弔	テウ	
909	人	佻	テウ	
910	人	儅	タウ	
911	人	倩	セン	サイ
912	人	仕	シ	
913	人	松	シヨウ	
914	人	征	セイ	
915	人	份	ヒン	
916	人	佶	キツ	
917	人	倭	ワ	ア
918	人	俣	ゴ	
919	人	俟	シ	
920	人	倬	タク	
921	人	傍	ラウ	
922	人	偏	セン	
923	人	俶	シク	
924	人	偓	アク	
925	人	儹	サン	サイ
926	人	佮	ガフ	
927	人	佴	ジ	ニ
928	人	僵	ダン	
929	人	侒	アン	
930	人	儽	ライ	
931	人	倅	ソツ	
932	人	伐	バツ	
933	人	佸	クワツ	
934	人	侻	タツ	
935	人	傑	ケツ	
936	人	伯	ハク	
937	人	僻	ヘキ	
938	人	偬	テキ	
939	人	佰	ハク	
940	人	億	ヲク	
941	人	側	ソク	
942	人	偪	ヒヨク	ヘキシ
943	人	什	ジウ	
944	人	傸	ケウ	
945	人	俠	ケウ	
946	人	倗	ホウ	
947	人	俈	コク	

序号	部首	字头	右音	左音
948	人	倧	ソウ	
949	人	儦	セウ	
950	人	俉	ゴ	
951	人	佝	コウ	ク
952	人	僇	リウ	
953	人	偫	チ	
954	人	俌	フ	
955	人	侽	シン	
956	人	佷	コン	
957	人	仯	メウ	ヘウ
958	人	僜	トウ	
959	人	倗	ホウ	
960	人	僩	ケン	カン
961	人	休	キウ	
962	人	倇	エン	
963	人	修	シユ	
964	人	條	デウ	
965	人	佯	シヤウ	
966	人	脩	シユ	
967	人	攸	コウ	
968	人	俏	カウ	
969	人	倓	タン	
970	人	化	クワ	ケ
971	人	儓	タイ	
972	人	僯	リン	
973	人	俅	キウ	
974	人	佝	シコン	
975	人	俺	エン	
976	人	儌	キ	
977	人	俆	シヨ	
978	人	傞	サウ	
979	人	仢	テキ	
980	人	歸	キ	
981	人	俱	ウン	
982	人	倭	セウ	
983	人	健	ケン	
984	人	俒	コン	
985	人	傁	ソウ	
986	人	佖	ヒツ	
987	人	債	サイ	

序号	部首	字头	右音	左音
988	人	代	ダイ	
989	人	倅	サイ	
990	人	佩	ハイ	
991	人	信	シン	
992	人	俊	シユン	
993	人	儐	ヒン	
994	人	仭	ジン	
995	人	僅	キン	
996	人	儷	シ	
997	人	僨	フン	
998	人	健	ケン	
999	人	儺	ナン	
1000	人	僎	セン	
1001	人	俗	セン	
1002	人	倦	ケン	
1003	人	俴	サン	
1004	人	価	メン	
1005	人	尸	テウ	
1006	人	俵	ヒヨウ	
1007	人	傚	カウ	
1008	人	傚	カウ	
1009	人	傲	カウ	
1010	人	优	サ	
1011	人	作	サ	サク
1012	人	借	シヤ	シヤク
1013	人	俹	ア	
1014	人	侘	タク	
1015	人	價	カ	
1016	人	倞	リヤウ	
1017	人	伉	カウ	
1018	人	倢	ケイ	
1019	人	偋	ヘイ	
1020	人	俓	ケイ	
1021	人	佑	イウ	
1022	人	侑	イウ	
1023	人	候	コウ	
1024	人	僦	ジウ	
1025	人	伈	シン	
1026	人	僭	セン	
1027	人	僕	ボク	

序号	部首	字头	右音	左音
1028	人	伏	フク	
1029	人	俶	シク	シユク
1030	人	俗	ゾク	シヨク
1031	人	倈	ソク	
1032	人	促	ソク	
1033	人	倬	タク	
1034	人	偓	アク	
1035	人	傈	ソツ	
1036	人	佾	イツ	
1037	人	佚	イツ	
1038	人	佖	ヒツ	
1039	人	佶	キツ	
1040	人	仡	コツ	キツ
1041	人	佛	ブツ	
1042	人	倅	ソツ	
1043	人	坐	コ	
1044	人	微	ビ	
1045	人	債	イク	
1046	人	僕	キ	
1047	人	偈	ヨウ	
1048	人	倪	ケン	
1049	人	俗	シヨク	ゾク
1050	人	俤	ヨウ	
1051	人	使	シ	
1052	人	㵾	ヘイ	
1053	人	僣	シン	
1054	人	燃	ゼン	
1055	人	儻	コウ	
1056	人	侊	クワウ	
1057	人	倜	シ	
1058	人	侈	シ	
1059	人	伎	シイ	
1060	人	俋	イ	
1061	人	御	キヤク	
1062	人	僐	ゼン	
1063	人	儎	コウ	
1064	人	倷	シツ	
1065	人	傷	イ	
1066	人	債	フン	
1067	人	俑	イウ	トウ

序号	部首	字头	右音	左音
1068	人	係	ケイ	
1069	人	伏	ワク	フ
1070	人	促	ソク	
1071	人	俗	カウ	
1072	人	惟	キ	
1073	人	俗	ヨウ	
1074	人	傅	ソン	
1075	人	僭	サウ	
1076	人	像	ザウ	シヤウ
1077	人	偶	クウ	
1078	人	儥	タイ	
1079	人	伋	ギフ	
1080	人	傪	サン	
1081	人	撰	セン	
1082	人	儋	タン	
1083	人	僤	タン	
1084	人	侑	イウ	
1085	人	儴	シヤウ	
1086	人	個	クハイ	
1087	人	僚	ラウ	
1088	人	仇	ヘン	
1089	人	傑	キヨウ	
1090	人	伆	ブン	ホツ、モツ
1091	人	健	タツ	
1092	人	侼	ボツ	
1093	人	俐	ケイ	
1094	人	偎	ワイ	
1095	人	俛	ヘン	
1096	人	仈	ロク	
1097	人	倰	レウ	シウ
1098	人	祭	サイ	
1099	人	衎	カウ	
1100	人	徽	キ	
1101	人	佫	ケウ	
1102	人	倡	キヤウ	
1103	人	伏	フ	
1104	人	儀	ギ	
1105	人	体	ホン	
1106	人	偖	シヨ	
1107	人	俾	ヒ	

序号	部首	字头	右音	左音
1108	人	俩	リヤウ	
1109	儿	儿	シン	
1110	儿	兒	ジ	
1111	儿	允	イン	
1112	儿	兊	タイ	ヱツ
1113	儿	充	シウ	
1114	儿	亮	リヤウ	
1115	儿	免	メン	
1116	儿	兊	ケイ	
1117	儿	尻	キヨ	コ
1118	儿	𣢡	イ	
1119	父	父	ブ	
1120	父	爸	ハ	
1121	父	奢	シヤ	
1122	父	爺	ヤ	
1123	臣	臣	シン	
1124	臣	亞	キヤ	
1125	臣	臧	サウ	
1126	臣	師	シ	
1127	臣	歧	タン	
1128	臣	蹟	サク	
1129	臣	臨	リン	
1130	臣	卧	グワ	
1131	男	男	ダン	ナン
1132	男	甥	キウ	
1133	男	甥	セイ	
1134	男	嬲	チヨウ	子ウ
1135	男	舅	キウ	
1136	民	民	ヒン	ミン
1137	民	氓	バウ	マウ
1138	夫	夫	フ	
1139	夫	扶	ハツ	
1140	夫	替	テイ	
1141	夫	規	キ	
1142	予	予	コ	
1143	予	舒	シヨ	
1144	我	我	カ	
1145	我	義	ギ	
1146	身	身	シン	
1147	身	軀	ク	

序号	部首	字头	右音	左音
1148	身	躯	ク	
1149	身	躴	シ	
1150	身	躭	タン	
1151	身	䠊	ル	
1152	身	騁	ヘイ	
1153	身	軀	エン	
1154	身	躬	キウ	
1155	身	躬		
1156	身	軄	シヨク	
1157	身	躶	ラ	
1158	身	體	テイ	タイ
1159	身	躰	ヤ	
1160	身	軃	子イ	
1161	兄	兄	ケイ	キヤウ
1162	兄	兢	キヨウ	
1163	弟	弟	テイ	ダイ
1164	弟	第	テイ	ダイ
1165	弟	罤	コン	
1166	弟	羿	ガウ	
1167	弟	種	シウ	
1168	弟	矜	キヨウ	
1169	弟	豫	ヨ	
1170	弟	柔	ジウ	ニウ
1171	女	女	ヂヨ	ニヨ
1172	女	姓	セイ	シヤウ
1173	女	妖	エウ	
1174	女	婷	テイ	
1175	女	嫂	ル	ロ
1176	女	嫋	テウ	
1177	女	嫭	コ	
1178	女	爍	シヤク	チヤク
1179	女	嬌	キウ	
1180	女	媚	イ	マイ
1181	女	妎	カイ	
1182	女	婯	ジヨ	
1183	女	媉	ガク	
1184	女	妵	アフ	
1185	女	戀	レン	ラン
1186	女	娟	セウ	
1187	女	姟	ラク	マウス

序号	部首	字头	右音	左音
1188	女	拏	ナン	タ、ヌ
1189	女	嫞	コウ	
1190	女	娘	コン	
1191	女	娜	タ、ナ	ヤ
1192	女	妐	コウ	シユ
1193	女	嫗	ヲウ	
1194	女	妹	マイ	テイ
1195	女	媔	メン	
1196	女	姨	イ	
1197	女	婤	シウ	
1198	女	嫷	ダ	
1199	女	嬀	チク	
1200	女	嫽	リ	
1201	女	嫍	ナウ	
1202	女	嬑	ギ	
1203	女	妧	タン	
1204	女	姰	シユン	キン
1205	女	婀	ア	
1206	女	嬻	トク	
1207	女	嫭	シヨ	
1208	女	嫖	チウ	
1209	女	嫪	ロウ	
1210	女	妞	チウ	カウ
1211	女	嬛	クワン	カウ
1212	女	嬺	タク	
1213	女	嬗	セン	
1214	女	媁	イ	タ、ウ
1215	女	嬯	シツ	
1216	女	婎	シウ	
1217	女	婸	タウ	
1218	女	姸	ケン	
1219	女	嬥	キ	
1220	女	妷	キ	
1221	女	孥	ヌ	ト
1222	女	妉	タン	
1223	女	姤	ク	
1224	女	娍	シウ	
1225	女	嫉	シツ	
1226	女	妗	ケン	
1227	女	婿	サイ	

序号	部首	字头	右音	左音
1228	女	斕	ラン	
1229	女	嬋	セン	
1230	女	嫉	シツ	
1231	女	婉	カイ	
1232	女	妒	ト	
1233	女	婷	サウ	
1234	女	娥	ガ	
1235	女	媒	マイ	ハイ
1236	女	奸	カン	
1237	女	妍	ケン	セン
1238	女	娠	シン	
1239	女	嬗	セン	ダン
1240	女	姱	クワ	
1241	女	姏	シヨク	
1242	女	奴	ヌ	ト
1243	女	如	ニヨ	ジヨ
1244	女	婢	ヒ	
1245	女	嬃	ト	
1246	女	姟	コウ	
1247	女	甥	セイ	
1248	女	姎	ヘイ	
1249	女	孏	ラ	
1250	女	妌	セイ	
1251	女	姆	ム	
1252	女	妸	サウ	ガ
1253	女	嬁	トウ	
1254	女	娘	ジヤウ	
1255	女	妲	タン	
1256	女	姤	カウ	
1257	女	始	シ	
1258	女	娙	キヤウ	サウ、カウ
1259	女	嬉	キ	
1260	女	娣	テイ	
1261	女	嫁	カ	ケ
1262	女	娩	メン	ハン、マツ
1263	女	姓	セイ	
1264	女	娜	ヤ	
1265	女	姑	コ	キヨ、シウ
1266	女	嫚	マン	ハン
1267	女	婞	カウ	

序号	部首	字头	右音	左音
1268	女	婇	サイ	
1269	女	媅	タン	
1270	女	姉	シ	
1271	女	嫻	ケン	
1272	女	媛	エン	
1273	女	姚	テウ	ユウ
1274	女	姻	イン	
1275	女	姨	イ	
1276	女	孃		シヤウ
1277	女	姡	クワツ	
1278	女	妷	チツ	
1279	女	嫡	テキ	チヤク
1280	女	姡	コン	
1281	女	婚	セイ	
1282	女	姒	ジ	
1283	女	妯	チウ	
1284	女	娌	リ	
1285	女	妙	メウ	
1286	女	娛	ゴ	クウ
1287	女	婗	ヘイ	コン
1288	女	嫂	サウ	
1289	女	好	カウ	
1290	女	姒	ジ	
1291	女	姆	ホ	モ、モウ
1292	女	媽	ボ	
1293	女	姄	シ	
1294	女	嬀	タン	キ
1295	女	好	ヨ	
1296	女	媄	ホ	
1297	女	嫺	カン	ケン
1298	女	娟	ケン	
1299	女	婥	シヤク	
1300	女	嫋	子ウ	テウ
1301	女	妨	ハウ	
1302	女	嬛	ケイ	セン、クワン
1303	女	嫵	ブ	
1304	女	蛇	タ	
1305	女	姍	サン	
1306	女	嬪	ヒン	
1307	女	嬥	テウ	

序号	部首	字头	右音	左音
1308	女	媿	キ	
1309	女	姨	イ	
1310	女	嫡	テキ、シヤウ	チヤウ
1311	女	妒	ト	
1312	女	姎	イ	
1313	女	妓	ギ	
1314	女	媛	コン	
1315	女	妊	ニン	
1316	女	孀	ニヤク	
1317	女	姻	イン	コン
1318	女	婭	ア	
1319	女	媟	テウ	セツ
1320	女	媥	ヨウ	
1321	女	妎	ケ	
1322	女	姪	テツ	
1323	女	婉	エン	ヲン
1324	女	嬉	キ	
1325	女	媚	ヒ	ミ
1326	女	媱	イン	
1327	女	妃	ヒ	
1328	女	媮	トウ	ユ、イウ
1329	女	嬌	ケウ	
1330	女	孁	サウ	
1331	女	嬈	子ウ	
1332	女	姚	エウ	テウ
1333	女	婦	ヲ	コ、フ
1334	女	媲	ハイ	
1335	女	姝	シユ	ス
1336	女	媾	コウ	
1337	女	姉	シ	
1338	女	妹	マイ	
1339	女	妳	ヘイ、タ	テイ
1340	女	嫌	ケン	
1341	女	奻	カン	
1342	女	嫐	ナウ	
1343	女	妔	ソ	
1344	女	斐	ヒ	
1345	女	委	イ	
1346	女	妥	サイ	タ
1347	女	婁	ロウ	

序号	部首	字头	右音	左音
1348	女	姜	キヤウ	カウ
1349	女	婆	バ	
1350	女	妾	セウ	
1351	女	妻	サイ	
1352	女	娶	シユ	ス
1353	女	姿	シ	
1354	女	嬖	ヘイ	
1355	女	妄	マウ	
1356	女	娑	シヤ	サ
1357	女	妄	マウ	
1358	女	要	ヨウ	
1359	女	安	アン	
1360	女	姦	ケン	カン
1361	女	嬰	ヤウ	
1362	女	婥	シヤク	
1363	女	褻	シフ	
1364	女	妠	タツ	
1365	頁	頁	ケツ	
1366	頁	顒	ケウ	コウ、ク
1367	頁	頤	イ	
1368	頁	頎	キ	
1369	頁	顱	ロ	
1370	頁	題	テイ	ダイ
1371	頁	顋	サイ	
1372	頁	頼	タイ	
1373	頁	頛	シヤウ	
1374	頁	煩	ハン	ボン
1375	頁	頇	カン	
1376	頁	顔	ゲン	ガン
1377	頁	頑	グワン	
1378	頁	頒	ハン	フン
1379	頁	顅	セン	
1380	頁	顴	ケン	
1381	頁	顚	テン	
1382	頁	頗	ハ	
1383	頁	頏	カウ	
1384	頁	頸	キヤウ	
1385	頁	頭	トウ	ヅ
1386	頁	項	カウ	
1387	頁	顗	ギ	

序号	部首	字头	右音	左音
1388	頁	顕	ケン	
1389	頁	顥	カウ	
1390	頁	顆	クワ	
1391	頁	額	サウ	
1392	頁	頃	キヤウ	
1393	頁	領	リヤウ	レイ
1394	頁	頂	チヤウ	
1395	頁	顜	ヘイ	
1396	頁	顟	子イ	
1397	頁	顩	カン	
1398	頁	頷	カン	
1399	頁	頌		シヨウ
1400	頁	頫	スイ	
1401	頁	預	ヨ	
1402	頁	籲	イウ	
1403	頁	顧	コ	
1404	頁	頼	ライ	
1405	頁	頮	クワイ	
1406	頁	順	ジユン	
1407	頁	顫	セン	
1408	頁	頫	テウ	
1409	頁	顝	コツ	
1410	頁	頜	コツ	
1411	頁	頂	アツ	
1412	頁	頞	アツ	
1413	頁	頡	カツ	ケツ、キツ
1414	頁	額	カク	
1415	頁	碩	セキ	
1416	頁	頔	テキ	
1417	頁	頏	カウ	
1418	頁	顝	カウ	カツ
1419	頁	顤	ヒン	
1420	頁	頽	タイ	
1421	頁	頬	ケウ	イウ
1422	頁	纇	ライ	
1423	頁	類	ルイ	
1424	頁	顕	カン	
1425	頁	顒	クン	
1426	頁	頴	キヤウ	クワン
1427	頁	願	グワン	

序号	部首	字头	右音	左音
1428	頁	顂	ライ	
1429	頁	頭	ア	
1430	頁	搌	タウ	
1431	頁	顙	スイ	
1432	頁	傾	セウ	
1433	頁	頷	スイ	
1434	頁	頼	サウ	
1435	頁	顭	ドク	
1436	頁	顭	リン	
1437	頁	顯	タイ	
1438	頁	傾	キヤウ	
1439	頁	顂	カイ	
1440	頁	頷	シユ	
1441	頁	顫	トク	
1442	頁	顔	ケン	
1443	頻	頻	ヒン	
1444	頻	顰	ヒン	
1445	甞	甞	シユ	
1446	甞	馘	カク	
1447	県	県	ケウ	
1448	県	縣	ケン	
1449	面	面	メン	
1450	面	靤	ホ	
1451	面	靦	テン	
1452	面	靧	クワイ	
1453	面	酈	ヒ	
1454	面	靨	エウ	
1455	面	靪	シク	ケツ
1456	面	䩑	ガン	
1457	面	勔	メン	
1458	面	靕	タン	
1459	面	靤	クワツ	
1460	面	靨	レウ	
1461	面	靤	テウ	
1462	面	靫	ニン	
1463	色	色	シヨク	シキ
1464	色	艶	エン	
1465	臣	臣	イ	
1466	臣	賾	サク	
1467	亢	亢	カウ	

序号	部首	字头	右音	左音
1468	亠	蚖	ケウ	
1469	鼻	鼻	ビ	
1470	鼻	鼾	カン	
1471	鼻	鼽	キウ	
1472	鼻	齁	コウ	
1473	鼻	齅	キウ	
1474	鼻	齃	アツ	
1475	鼻	齂	シ	
1476	鼻	齇		
1477	鼻	齆	カウ	
1478	鼻	齍	エ	
1479	鼻	齈	ク	
1480	鼻	齉	コツ	
1481	鼻	齁	キウ	ク
1482	鼻	齞	キ	
1483	鼻	齝	クウイ	
1484	鼻	齸	ヲウ	イヨウ
1485	鼻	齾	タウ	
1486	鼻	齀	ヲウ	キウク
1487	鼻	齅	キ	ク
1488	鼻	齆	カウ	
1489	鼻	齇	セウ	
1490	自	自	ジ	
1491	自	臱	シウ	
1492	自	臲	シユ	ス
1493	自	臬	ケツ	
1494	自	皋	ザイ	クワ
1495	自	既	ゲン	
1496	自	曖	アン	
1497	自	臰	カツ	
1498	自	臭	シウ	
1499	目	目	モク	ボク
1500	目	睠	ケン	
1501	目	眦	サイ	イ
1502	目	瞵	リン	
1503	目	瞑	メイ	
1504	目	眣	シユン	
1505	目	睡	ボク	ロク
1506	目	睹	ト	
1507	目	肸	ソツ	

序号	部首	字头	右音	左音
1508	目	矖	ケン	
1509	目	睟	ソツ	シ
1510	目	眵	シ	
1511	目	睄	セウ	
1512	目	矏	メン	
1513	目	眭	ス	
1514	目	矇	モウ	
1515	目	暗	アン	ヲン
1516	目	眰	ギヤウ	カウ
1517	目	暇	カ	ケ
1518	目	瞼	ケン	
1519	目	瞎	カツ	カイ
1520	目	矊	リヤク	
1521	目	瞵	サイ	
1522	目	眂	シ	シク、キヤウ
1523	目	眣	ジ	
1524	目	眑	ケウ	セウ
1525	目	睗	ジヤク	
1526	目	瞱	トウ	
1527	目	瞰	カン	
1528	目	眧	コン	
1529	目	眎	コ	
1530	目	瞦	キ	
1531	目	瞴	ブ	
1532	目	眗	ジク	
1533	目	眂	チ	
1534	目	皎	ケウ	
1535	目	助	ジヨ	
1536	目	曝	セウ	
1537	目	眒	シン	
1538	目	暎	エイ	
1539	目	明	メイ	
1540	目	瞋	シン	
1541	目	睡	スイ	
1542	目	眚	セイ	
1543	目	眅	キン	
1544	目	朏	セツ	
1545	目	矉	サイ	
1546	目	瞜	ヨウ	
1547	目	眺	テイ	

序号	部首	字头	右音	左音
1548	目	暚	アン	
1549	目	矘	セウ	
1550	目	矔	クワン	
1551	目	矏	ケン	
1552	目	脉	ミヤク	
1553	目	肝	コ	
1554	目	瞕	タウ	セイ
1555	目	曬	サイ	
1556	目	瞤	ソン	
1557	目	矐	クワク	
1558	目	瞪	テイ	
1559	目	矋	レイ	
1560	目	眭	クワイ	
1561	目	眂	エン	
1562	目	略	リヤク	ラク
1563	目	睗	チヤク	
1564	目	腃	キ	
1565	目	瞁	ケキ	
1566	目	瞠	タウ	
1567	目	取	ケン	
1568	目	臀	ソウ	
1569	目	瞙	モク	
1570	目	睲	セキ	チヤク
1571	目	肝	ケイ	
1572	目	睥	ヒ	
1573	目	曉	コウ	
1574	目	眑	セン	
1575	目	瞍	セウ	
1576	目	瞵	モウ	
1577	目	眊	マウ	
1578	目	膰	フ	
1579	目	眪	ケイ	
1580	目	矄	メン	
1581	目	眤	セン	テン
1582	目	盯	タウ	
1583	目	眜	マイ	
1584	目	矔	クワン	
1585	目	矙	カン	
1586	目	瞶	セン	
1587	目	睊	ケン	

序号	部首	字头	右音	左音
1588	目	眠	メン	
1589	目	眹	チン	
1590	目	眇	ヒ	ハツ
1591	目	瞖	エイ	
1592	目	瞖	エイ	
1593	目	睚	ガイ	
1594	目	曖	アイ	
1595	目	晄	ワウ	
1596	目	睫	セウ	
1597	目	眨	サウ	サツ
1598	目	瞯	ケン	
1599	目	眮	トウ	
1600	目	盼	ハン	
1601	目	瓣	ハン	
1602	目	睯	ワン	
1603	目	瞗	コウ	テウ
1604	目	暗	アツ	
1605	目	䀹	キヨウ	
1606	目	睃	ソウ	
1607	目	眄	メン	
1608	目	瞥	エイ	ケイ
1609	目	䀼	サイ	
1610	目	瞍	ソウ	
1611	目	瞊	シフ	
1612	目	睳	ケイ	
1613	目	眡	シ	
1614	目	曤	ヨウ	
1615	目	瞞	バウ	マフ
1616	目	瞥	カウ	
1617	目	瞧	ギヨ	
1618	目	瞿	カク	
1619	目	眥	テイ	セイ
1620	目	晰		
1621	目	奩	ビ	ミ
1622	目	瞩	シヨウ	
1623	目	瞍	シヨウ	
1624	目	瞪	ヤク	エキ
1625	目	瞲	ソン	
1626	目	眬	バウ	マウ
1627	目	昕	キン	

序号	部首	字头	右音	左音
1628	目	肭	ヂク	
1629	目	眍	ク	
1630	目	眪	ヒヤウ	
1631	目	䐉	カク	
1632	目	瞫	タフ	
1633	目	瞨	ハク	
1634	目	卟	ホク	
1635	目	眣	キツ	
1636	目	眽	ミ	
1637	目	瞲	セン	
1638	目	䑏	キ	
1639	目	矉	キ	
1640	目	矘	サン	
1641	目	眶	ゴウ	
1642	目	瞀	ワク	コク
1643	目	瞁	セウ	
1644	目	瞟	ヒヨウ	
1645	目	睨	ゲイ	
1646	目	眒	ハイ	子イ、マイ
1647	目	晴	シヤウ	セイ
1648	目	眠	メン	
1649	目	腩	ユウ	
1650	目	眺	テウ	
1651	目	朕	ケウ	カウ
1652	目	睋	ガ	
1653	目	睼	テン	
1654	目	肶	ヤウ	
1655	目	瞻	セン	
1656	目	睩	リヨク	
1657	目	眲	ゲン	
1658	目	瞬	シユン	ジユン
1659	目	瞱	ベツ	
1660	目	胏	シ	
1661	目	瞪	テウ	トウ
1662	目	眣	セン	
1663	目	盰	カン	
1664	目	矖	レイ	
1665	目	眙	タ	
1666	目	睢	シヨ	スイ
1667	目	昭	セウ	

序号	部首	字头	右音	左音
1668	目	眴	シユン	
1669	目	睺	コウ	コ
1670	目	瞙	マク	マイ
1671	目	眸	ム	モウ
1672	目	眰	テツ	
1673	目	瞋	シン	
1674	目	睒	セン	エン
1675	目	睇	テイ	
1676	目	瞳	トウ	
1677	目	眩	ケン	
1678	目	睞	ライ	
1679	目	矚	シヨク	ゾノ
1680	目	眄	メン	
1681	目	眼	チヤウ	
1682	目	瞸	セン	
1683	目	曠	クワウ	
1684	目	際	サツ	セツ
1685	目	睕	エン	
1686	目	暍	カツ	
1687	目	盼	テウ	
1688	目	眍	ヒン	
1689	目	眇	メウ	ヘウ
1690	目	晰	セツ	キウ
1691	目	睎	キ	ケリウ
1692	目	盯	メン	
1693	目	瞶	キ	
1694	目	眜	メイ	
1695	目	眭	ヒ、ヒン	
1696	目	瞘	ク	
1697	目	瞑	メン	
1698	目	睯	ヱイ	
1699	目	瞔	ヱイ	
1700	目	睸	スン	
1701	目	眈	タン	
1702	目	眰	テツ	
1703	目	瞓	ケイ	
1704	目	瞞	キ	
1705	目	瞰	テツ	
1706	目	盻	レイ	
1707	目	睦	チヤク	

序号	部首	字头	右音	左音
1708	目	眂	チ	
1709	目	矔	クワン	
1710	目	睦	モク	
1711	目	晻	アン	
1712	目	眼	ゲン	
1713	目	睷	サウ	
1714	目	睴	グン	コン
1715	目	晗	ガン	
1716	目	眘	キ	
1717	目	瞢	モウ	
1718	目	瞽	ソウ	
1719	目	昏	コン	
1720	目	瞽	コ	ク
1721	目	耆	キ	
1722	目	替	トン	
1723	目	睛	シヤウ	セイ
1724	目	眷	ケン	
1725	目	奮	シヤク	
1726	目	瞢	シン	
1727	目	省	シヤウ	セイ
1728	目	瞀	ム	
1729	目	眥	シ	
1730	目	瞉	クワン	
1731	目	瞥	テツ	ヘツ
1732	目	矕	ハン	
1733	目	睲	セイ	
1734	目	盲	マウ	バウ
1735	目	看	カン	
1736	目	睿	エイ	
1737	目	審	イン	
1738	目	具	グ	
1739	目	眉	ミ	ビ
1740	目	旻	ヒン	
1741	目	且	シヨ	ゴ
1742	目	睩	ライ	
1743	目	瞞	マン	
1744	目	瞋	ヒン	
1745	盾	盾	シユン	トン
1746	眲	眲	グ	

序号	部首	字头	右音	左音
1747	睸	瞿	ク	
1748	睸	矍	サク	
1749	睸	嬰	ヤウ	シヤウ
1750	睸	矕	キ	
1751	睸	瞖	アイ	ヤウ
1752	睸	矏	シン	
1753	睸	矕	エン	
1754	睸	矗	コン	
1755	睸	睸	グ	
1756	見	見	ケン	
1757	見	覦	ユ	
1758	見	親	シン	
1759	見	觀	クワン	
1760	見	覵	カン	
1761	見	覸	カン	
1762	見	覎	ケン	
1763	見	親	ハウ	
1764	見	覘	テン	
1765	見	視	シ	
1766	見	覜	シ	
1767	見	覩	ト	
1768	見	覘	テン	
1769	見	覽	ラン	
1770	見	覬	キ	
1771	見	覜	シヨ	
1772	見	覩	キ	
1773	見	覺	カク	
1774	見	覯	セイ	
1775	見	覯	コウ	
1776	見	覝	マウ	
1777	見	覕	ヒツ	
1778	見	現	ジツ	ケツ、シ
1779	見	覻	アク	
1780	見	覿	テキ	
1781	見	覓	ミヤク	
1782	見	覓	ミヤク	
1783	見	覔	ミヤク	
1784	見	覜	テウ	
1785	見	覾	ジ	
1786	見	覝	キ	

序号	部首	字头	右音	左音
1787	見	覡	ケイ	
1788	見	覤	ヘキ	ヘイ
1789	見	覶	ダイ	
1790	見	覞	ミン	
1791	見	覘	テウ	
1792	見	覬	トウ	
1793	見	覩	シ	キ
1794	見	覥	クワウ	
1795	見	覠	タウ	
1796	見	覭	メイ	
1797	見	覗	カク	
1798	見	覍	トク	
1799	見	覛	ヘイ	
1800	見	覽	ライ	
1801	見	覽	ザン	
1802	見	覼	ラン	
1803	見	覗	シ	
1804	見	覰	ヒヨウ	
1805	見	覯	クワレ	
1806	見	覜	セウ	
1807	見	覬	カイ	
1808	見	覵	コン	
1809	見	覹	ケイ	
1810	見	視	クワウ	
1811	見	覩	フ	
1812	見	覦	シウ	
1813	見	覬	スイ	
1814	見	覦	シン	
1815	見	覾	エイ	
1816	見	覴	リン	
1817	見	覬	ケイ	
1818	見	覿	テツ	
1819	覞	覞	セウ	
1820	苜	苜	マウ	
1821	苜	覆	バウ	
1822	苜	薎	ヘツ	
1823	苜	薈	モウ	
1824	耳	耳	ジ	ニ
1825	耳	聰	ソウ	
1826	耳	聾	レウ	

序号	部首	字头	右音	左音
1827	耳	聞	モン	ブン
1828	耳	聯	レン	
1829	耳	聊	レウ	
1830	耳	聱	ガウ	ケウ
1831	耳	耶	ヤ	
1832	耳	聲	セイ	シヤウ
1833	耳	聹	子イ	
1834	耳	聆	レイ	
1835	耳	聽	チヤウ	
1836	耳	耽	タン	
1837	耳	聳	セウ	
1838	耳	聲	マイ	
1839	耳	聅	シン	
1840	耳	聤	セイ	
1841	耳	聵	クワイ	
1842	耳	聘	ヘイ	
1843	耳	聖	セイ	シヤウ
1844	耳	聰	チク	
1845	耳	職	カク	
1846	耳	聒	クワッ	
1847	耳	職	シヨク	シキ
1848	耳	聶	テウ	
1849	耳	聑	テウ	
1850	耳	耿	カウ	
1851	耳	取	シユ	
1852	耳	耻	チ	
1853	耳	耵	チヤウ	
1854	耳	聴	テイ	チヤウ
1855	耳	膻	サウ	
1856	耳	聭	クワイ	
1857	耳	璅	カイ	
1858	耳	聭	セイ	
1859	耳	職	コ	
1860	耳	联	フ	
1861	耳	聺	シン	
1862	耳	聜	ユン	
1863	耳	聚	ソク	
1864	耳	聶	ダ	
1865	耳	聚		ジユ
1866	耳	聱	セイ	

序号	部首	字头	右音	左音
1867	耳	餌	ニ	
1868	口	口	コウ	
1869	口	嚨	ロウ	
1870	口	喁	ギヨウ	
1871	口	噰	ヨウ	
1872	口	噇	タウ	シヤウ
1873	口	唬	ハウ	マウ
1874	口	呞	シ	
1875	口	台	イ	
1876	口	嘻	キ	
1877	口	噫	イ	アイ
1878	口	嗤	シ	
1879	口	吹	スイ	
1880	口	咨	シ	
1881	口	唯	ユイ	
1882	口	呢	テイ	ヂ
1883	口	咿	イ	
1884	口	嘰	キ	
1885	口	噓	キ	
1886	口	吾	ゴ	
1887	口	呼	コ	
1888	口	鳴	ウ	
1889	口	吁	ウ	
1890	口	嚅	ジユ	
1891	口	呱	コ	
1892	口	嘶	ゼイ	
1893	口	啼	テイ	
1894	口	喎	クワ	
1895	口	啀	ガイ	
1896	口	喈	カイ	
1897	口	台	タイ	
1898	口	哀	アイ	
1899	口	咍	タイ	
1900	口	咳	ガイ	
1901	口	吟	ギン	
1902	口	噱	キヤク	
1903	口	各	カク	
1904	口	嗌	エキ	アク
1905	口	嘖	サク	
1906	口	喫	キツ	

序号	部首	字头	右音	左音
1907	口	吸	ギフ	
1908	口	噍	シウ	
1909	口	戢	シウ	
1910	口	唼	セウ	
1911	口	嗒	タウ	タツ
1912	口	呫	テウ	
1913	口	叶	ケウ	
1914	口	嗶	セウ	
1915	口	呷	カウ	
1916	口	嗖	スウ	
1917	口	喋	ヘイ	ハイ
1918	口	哶	ホツ	
1919	口	嚙	ケイ	キヤウ
1920	口	嘿	モク	
1921	口	呿	コ	
1922	口	喧	ケン	
1923	口	吨	シツ	トン
1924	口	嘲	テウ	
1925	口	哰	ロウ	
1926	口	咆	ハウ	
1927	口	嘽	タン	
1928	口	哆	タ	
1929	口	喑	イン	
1930	口	嗙	ホウ	
1931	口	啁	トウ	
1932	口	嚪	ケン	ケイ
1933	口	卟	サウ	ケイ
1934	口	噍	ノフ	
1935	口	嚩	ケイ	
1936	口	噏	キウ	ヲウ、ヤウ
1937	口	喤	クワウ	
1938	口	噫	タイ	
1939	口	嗌	イツ	
1940	口	吭	カン	
1941	口	啘	カイ	
1942	口	啻	シ	テイ
1943	口	嘍	ル	
1944	口	囉	ラ	
1945	口	嬾	ラツ	
1946	口	嚕	ロ	

序号	部首	字头	右音	左音
1947	口	噀	ソン	
1948	口	嗽	キヨ	
1949	口	嚊	スイ	
1950	口	叩	コウ	
1951	口	嚶	ヤウ	
1952	口	哨	セウ	
1953	口	啾	シウ	
1954	口	哙	クイ	
1955	口	唧	ソク	
1956	口	呀	カ	
1957	口	嘖	セイ	
1958	口	噴	フン	
1959	口	喚	クワン	
1960	口	嘆	タン	
1961	口	嚥	エン	
1962	口	囀	テン	
1963	口	唁	ゲン	
1964	口	召	テウ	
1965	口	噍	セウ	
1966	口	咲	セウ	
1967	口	嘯	セウ	
1968	口	噭	ケウ	
1969	口	叫	ケウ	
1970	口	咷	テウ	
1971	口	哮	カウ	
1972	口	嗃	カウ	
1973	口	噪	サウ	
1974	口	唾	ダ	
1975	口	呵	カ	
1976	口	和	ワ	クワ
1977	口	嚇	カク	
1978	口	吒	タ	
1979	口	吭	カウ	
1980	口	唱	シヤウ	
1981	口	咏	エイ	
1982	口	命	メイ	
1983	口	噣	チウ	シウ
1984	口	咮	シウ	チウ
1985	口	嗅	シウ	
1986	口	咒	シユ	

序号	部首	字头	右音	左音
1987	口	嗽	ソウ	
1988	口	售	シユ	
1989	口	啗	タン	
1990	口	啖	タン	
1991	口	局	キヨク	
1992	口	囑	シヨク	ソク
1993	口	啄	タク	
1994	口	喔	アク	
1995	口	叱	シツ	
1996	口	吉	キツ	
1997	口	囄	シツ	
1998	口	吡	ヒツ	
1999	口	咈	ブツ	ホツ
2000	口	吃	キツ	
2001	口	咄	トツ、セツ	ト、タツ
2002	口	噦	ヱツ	アツ
2003	口	嗢	トツ	アツ
2004	口	唿	コツ	
2005	口	嘎	カツ	
2006	口	咥	テツ	
2007	口	噎	ヱツ	
2008	口	咽	ヱツ	
2009	口	嘰	セツ	
2010	口	呎	ケツ	
2011	口	哲	テツ	
2012	口	嚼	シヤク	
2013	口	嚩	ハク	
2014	口	唅	ガン	
2015	口	哺	ゼン	
2016	口	咸	カン	
2017	口	呰	シ	
2018	口	咀	シヨ	
2019	口	吷	ブ	
2020	口	吐	ト	
2021	口	啓	ケイ	
2022	口	哂	シン	
2023	口	吮		シン
2024	口	吻	フン	
2025	口	听	トン	
2026	口	喘	ゼン	

序号	部首	字头	右音	左音
2027	口	善	ゼン	
2028	口	嚙	カウ	
2029	口	咬	カウ	
2030	口	叵	ハ	
2031	口	啞	ア	
2032	口	咩	ミヤウ	
2033	口	哽	カウ	
2034	口	吼	コウ	
2035	口	叩	コウ	
2036	口	吽	コウ	
2037	口	噤	キン	
2038	口	嘈	サン	
2039	口	噉	ダン	
2040	口	嗛	ケン	
2041	口	噞	ケン	
2042	口	哰	ラウ	
2043	口	咡	ジ	
2044	口	喟	イ	
2045	口	嗜	シ	
2046	口	嗇	シ	
2047	口	呬	キ	
2048	口	味	ミ	ビ
2049	口	嘘	キヨ	
2050	口	吁	ウ	
2051	口	嗉	ソ	
2052	口	哺	フ	
2053	口	喻	ユ	
2054	口	呴	ク	
2055	口	啜	セイ	
2056	口	嚌	サイ	
2057	口	噬	セイ	
2058	口	唳	レイ	
2059	口	嘒	ケイ	
2060	口	嚏	テイ	
2061	口	唄	バイ	
2062	口	喝	アイ	
2063	口	啐	サイ	
2064	口	對	タウ	
2065	口	喙	ケイ	
2066	口	吠	ハイ	

序号	部首	字头	右音	左音
2067	口	吝	リン	
2068	口	嚫	シン	
2069	口	問	ブン	モン
2070	口	噫	ヱ	
2071	口	唶	シヤク	サク
2072	口	吱	ヘイ	
2073	口	喀	ク	
2074	口	啁	エツ	
2075	口	嗤	シ	キ
2076	口	噎	エツ	
2077	口	啯	シヤ	
2078	口	嘐	ケウ	
2079	口	吲	イン	
2080	口	嚛	カウ	
2081	口	嗚	キ	
2082	口	咡	ジ	
2083	口	吒	タク	タ
2084	口	嘷	カウ	
2085	口	呟	ケン	
2086	口	坐	サ	
2087	口	哭	コク	
2088	口	喰	サン	
2089	口	噂	ソン	
2090	口	鄙	ヒ	
2091	口	吤	カイ	
2092	口	嚛	コク	
2093	口	噲	クワイ	
2094	口	嗔	シン	
2095	口	噶	カイ	
2096	口	娑	サ	サン
2097	口	嗎	ケン	
2098	口	嘋	タイ	
2099	口	嚴	ゴン	
2100	口	喪	サウ	
2101	口	呻	シン	
2102	口	呀	カ	
2103	口	嘎	ウ	
2104	口	啡	ハイ	
2105	口	嘍	ハ	
2106	口	嚗	アフ	

序号	部首	字头	右音	左音
2107	口	叺	タウ	
2108	口	吳	コ	
2109	口	呈	テイ	タイ
2110	口	名	ミヤウ	
2111	舌	舌	ゼツ	
2112	舌	舐	シ	
2113	舌	䑏	テウ	
2114	舌	䑞	タウ	
2115	齿	齒	シ	
2116	齿	齝	シ	
2117	齿	齬	ゴ	
2118	齿	齯	グイ	
2119	齿	齜	サイ	
2120	齿	齗	キン	
2121	齿	齦	キン	
2122	齿	齡	レイ	
2123	齿	齟	ソ	シヨ
2124	齿	齩	カウ	
2125	齿	齏	セイ	サイ
2126	齿	齔	シン	
2127	齿	齷	アク	
2128	齿	齕	コツ	
2129	齿	齛	セツ	
2130	齿	齶	ガク	
2131	齿	齰	サク	
2132	齿	齚	サク	
2133	齿	齸	エキ	
2134	齿	齧	ケツ	
2135	齿	齨	キウ	
2136	齿	齲	ウ	
2137	齿	齚	シヤク	
2138	齿	齼	セン	
2139	齿	齴	ケン	
2140	齿	齱	シヤク	
2141	齿	齹	シヤ	
2142	齿	齺	イフ	
2143	齿	齤	カ	
2144	齿	齳	スウ	
2145	齿	齗	シヨ	
2146	齿	齾	ク	

序号	部首	字头	右音	左音
2147	齒	齲	ク	
2148	齒	齚	シヤ	
2149	齒	齏	サイ	
2150	齒	齠	キン	
2151	齒	齘	シ	
2152	牙	牙	カ	ゲ
2153	牙	牁	ゲン	
2154	須	須	シウ	
2155	須	覷	シ	
2156	彡	彡	サン	
2157	彡	彫	テウ	
2158	彡	彰	シヤウ	
2159	彡	形	ギヤウ	ケイ
2160	彡	修	シユ	
2161	彡	彩	サイ	
2162	彡	影	エイ	ケイ
2163	彡	彪	ヘン	
2164	彡	弱	ジヤク	ニヤク
2165	彡	珍	コウ	
2166	辵	辵	フン	
2167	辵	彦	ケン	
2168	文	文	ブン	モン
2169	文	斒	ヘン	
2170	髟	髟	ヒヨウ	
2171	髟	髮	ソウ	
2172	髟	鬆	ソウ	セウ
2173	髟	髭	シ	
2174	髟	鬐	ギ	
2175	髟	髪	ヒ	
2176	髟	髯	シ	
2177	髟	鬚	シユ	
2178	髟	髡	コン	
2179	髟	鬟	クワン	
2180	髟	鬘	マン	
2181	髟	鬋	ゼン	
2182	髟	髫	テウ	
2183	髟	髦	モウ	カウ
2184	髟	鬢	ザ	
2185	髟	鬙	ソウ	
2186	髟	鬃	ザン	

序号	部首	字头	右音	左音
2187	髟	鬆	ソウ	
2188	髟	鬠	サイ	
2189	髟	鬒	シン	
2190	髟	髣	ハウ	
2191	髟	髴	ヒ	
2192	髟	髻	ケイ	
2193	髟	鬄	テイ	
2194	髟	髢	テイ	
2195	髟	鬢	ビン	
2196	髟	鬂	ビン	
2197	髟	鬎	マク	
2198	髟	髴	フツ	
2199	髟	髪	ハツ	ホツ
2200	髟	髩	セキ	
2201	髟	鬚	シウ	
2202	髟	髻	タウ	
2203	髟	鬓	サ	
2204	髟	鬇	ハク	
2205	髟	鬤	セツ	
2206	髟	髳	ホ	
2207	髟	鬃	ヒヨウ	
2208	髟	鬐	キ	
2209	髟	鬘	セン	
2210	髟	鬟	セン	
2211	手	手	シユ	
2212	手	搴	ケン	
2213	手	摠	ソウ	
2214	手	擁	ヨウ	ヲウ
2215	手	捧	ハウ	
2216	手	拱	コウ	キヨウ
2217	手	攪	セウ	
2218	手	拳	ケウ	
2219	手	指	シ	
2220	手	擬	ギ	
2221	手	揆	キ	
2222	手	揣	シ	
2223	手	捶	スイ	
2224	手	抳	ニ	
2225	手	技	ギ	
2226	手	抵	シ	

序号	部首	字头	右音	左音
2227	手	搖	ヨウ	
2228	手	挫	ザ	
2229	手	播	ハン	
2230	手	攫	クワ	
2231	手	掠	リヤウ	
2232	手	搒	ハウ	
2233	手	擴	クワウ	
2234	手	樣	ヤウ	
2235	手	摒	ヘイ	ビヤウ
2236	手	授	ジュ	
2237	手	扣	コウ	
2238	手	揉	トウ	
2239	手	揕	チン	
2240	手	撍	サン	
2241	手	掞	エン	
2242	手	撕	サン	
2243	手	掬	キク	
2244	手	扑	ボン	
2245	手	摵	シユク	
2246	手	搐	シユク	
2247	手	摝	ロク	
2248	手	撲	ボク	
2249	手	挶	トヨク	
2250	手	攫	ハク	ボク
2251	手	捔	カク	
2252	手	擉	サク	
2253	手	捉	タク	シヤク
2254	手	琢	タク	
2255	手	擢	タク	
2256	手	搦	タク	
2257	手	推	カク	
2258	手	挃	チツ	
2259	手	扶	チツ	
2260	手	抳	ヒツ	
2261	手	掘	クツ	ケツ
2262	手	拂	ホツ	
2263	手	捽	ソツ	
2264	手	揭	チツ	
2265	手	撅	ケツ	
2266	手	扤	コツ	

序号	部首	字头	右音	左音
2267	手	挨	トツ	
2268	手	撻	タツ	
2269	手	捺	ナツ	
2270	手	抹	マツ	
2271	手	捋	ラツ	
2272	手	掇	タツ	サツ
2273	手	撮	サツ	
2274	手	掐	アツ	
2275	手	撥	サツ	
2276	手	撒	サツ	
2277	手	撥	ハツ	
2278	手	捹	サツ	
2279	手	括	クワツ	
2280	手	柿	ハツ	
2281	手	拔	ハツ	
2282	手	握	アツ	
2283	手	扎	サツ	
2284	手	拽	エツ	
2285	手	掣	セツ	
2286	手	揲	セウ	
2287	手	挈	ケツ	
2288	手	捩	レツ	
2289	手	擷	ケツ	
2290	手	捏	子ツ	
2291	手	搣	メツ	ヘツ
2292	手	撤	テツ	
2293	手	撇	ヘツ	
2294	手	捌	ベツ	
2295	手	折	セツ	
2296	手	揳	ケツ	
2297	手	拓	タク	
2298	手	攫	クワク	
2299	手	摸	マク	
2300	手	挌	カク	ラク
2301	手	搏	ハク	
2302	手	搾	サク	
2303	手	托	タク	
2304	手	掖	エキ	
2305	手	拍	ハク	
2306	手	擇	チヤク	

序号	部首	字头	右音	左音
2307	手	摑	カク	
2308	手	擘	ハク	
2309	手	摘	タク	
2310	手	搤	アク	ヱキ
2311	手	擲	テキ	
2312	手	拆	タク	
2313	手	擊	ゲキ	
2314	手	擽	レキ	
2315	手	拭	シヨク	シキ
2316	手	扐	ロク	
2317	手	抑	ヲク	
2318	手	揖	イフ	
2319	手	拾	ジフ	ジツ
2320	手	挹	イフ	
2321	手	拉	ラウ	ラツ
2322	手	搭	タフ	
2323	手	擸	ラウ	
2324	手	捻	子ウ	
2325	手	攔	セン	
2326	手	揎	セン	
2327	手	擩	セン	
2328	手	挑	テウ	
2329	手	撩	レウ	
2330	手	描	メウ	
2331	手	招	テウ	
2332	手	撟	ケウ	
2333	手	搖	ヨウ	
2334	手	捎	サウ	
2335	手	抄	セウ	
2336	手	抛	ハウ	
2337	手	抓	サウ	
2338	手	掊	ハウ	
2339	手	擤	サウ	
2340	手	操	サウ	
2341	手	搔	リウ	
2342	手	撓	ナウ	タウ
2343	手	撈	ラウ	
2344	手	掐	タウ	
2345	手	扤	ダ	
2346	手	挼	タ	

序号	部首	字头	右音	左音
2347	手	摩	マ	
2348	手	挐	サ	
2349	手	拏	ダ	
2350	手	撾	クワ	
2351	手	扠	シヤ	
2352	手	攘	ジヤウ	
2353	手	抗	カウ	
2354	手	搶	サウ	
2355	手	揚	ヤウ	
2356	手	擎	ケイ	キヤウ
2357	手	搒	ハウ	
2358	手	振	タウ	
2359	手	攍	エイ	
2360	手	攖	エイ	
2361	手	揑	クワウ	
2362	手	抨	ハウ	
2363	手	撑	タウ	
2364	手	承	ゼウ	
2365	手	捄	セウ	
2366	手	掤	ヘウ	
2367	手	擒	キン	
2368	手	投	トウ	
2369	手	搜	ソウ	
2370	手	揫	シウ	
2371	手	揉	シウ	
2372	手	抽	チウ	
2373	手	抔	ホウ	
2374	手	摎	リウ	
2375	手	撳	キン	
2376	手	探	タン	
2377	手	擔	タン	
2378	手	拈	子ン	テン
2379	手	攙	ザン	
2380	手	挏	トウ	
2381	手	扛	コウ	
2382	手	摐	セウ	
2383	手	撞	タウ	
2384	手	摿	セウ	
2385	手	控	カウ	
2386	手	持	ヂ	

序号	部首	字头	右音	左音
2387	手	推	スイ	
2388	手	掎	キ	
2389	手	撝	キ	
2390	手	挼	スイ	
2391	手	抾	キ	
2392	手	披	ヒ	
2393	手	摛	チ	
2394	手	揮	キ	
2395	手	挐	ジヨ	チヨ
2396	手	攄	チヨ	
2397	手	据	キヨ	
2398	手	摳	ク	
2399	手	摟	ル、ロ	ロウ
2400	手	扶	フ	
2401	手	摸	ホ	モ
2402	手	揄	ユ	
2403	手	搊	シユ	
2404	手	拘	コウ	
2405	手	提	ダイ	テイ
2406	手	撕	セイ	
2407	手	批	ヘイ	
2408	手	擠	セイ	
2409	手	攜	ケイ	
2410	手	携	ケイ	
2411	手	揩	カイ	
2412	手	排	ハイ	
2413	手	撞	タイ	
2414	手	搥	ツイ	
2415	手	挼	サイ	
2416	手	摧	サイ	
2417	手	擂	ライ	
2418	手	掄	リン	
2419	手	振	シン	
2420	手	援	エン	
2421	手	掀	キン	
2422	手	押	モン	
2423	手	攤	ダン	
2424	手	拌	ハン	
2425	手	搏	タン	
2426	手	擘	ハン	

序号	部首	字头	右音	左音
2427	手	攔	ラン	
2428	手	扳	ハン	
2429	手	攀	ハン	
2430	手	擐	クワン	
2431	手	拳	ケン	
2432	手	捲	ケン	
2433	手	捐	エン	
2434	手	攓	ケン	
2435	手	搴	ケン	
2436	手	攣	レン	
2437	手	捻	子ウ	子ン
2438	手	挾	カウ	ケウ
2439	手	摺	シウ	シヨウ
2440	手	揲	ヨウ	
2441	手	攝	セツ	セウ
2442	手	揶	シユ	
2443	手	撁	エウ	
2444	手	捷	シヨウ	
2445	手	搯	カウ	
2446	手	插	サウ	
2447	手	扱	サウ	サツ
2448	手	押	カウ	
2449	手	挾	ケウ	
2450	手	抾	ケウ	カウ
2451	収	収	シユ	
2452	収	鼻	ヨウ	
2453	収	舁	イ	
2454	収	兵	ヘイ	ヒヤウ
2455	収	丞	セウ	
2456	収	舁	トウ	
2457	収	登	トウ	
2458	収	奉	ホウ	ブ
2459	収	弊	シヤウ	
2460	収	异	エン	
2461	収	弄	ロウ	
2462	収	畁	ヒ	
2463	収	弃	キ	
2464	収	棄	キ	
2465	収	弊	ヘイ	
2466	収	戒	カイ	

序号	部首	字头	右音	左音
2467	収	筭	ガウ	
2468	収	奕	ヱキ	
2469	戕	戕	ハン	
2470	戕	樊	ハン	ヘン
2471	舁	舁	ヨ	
2472	舁	興	ケウ	コウ
2473	舁	與	ヨ	
2474	舁	舁	ヨ	
2475	臼	臼	キヨク	
2476	臼	要	ヨウ	
2477	爪	爪	サウ	
2478	爪	孚	フ	
2479	爪	爲	ヰ	
2480	爪	爬	ハン	
2481	丮	丮	ゲキ	
2482	丮	執	キイ	ケイ
2483	丮	孰	シク	
2484	丮	觏	サク	タク
2485	鬥	鬥	トウ	
2486	鬥	鬨	コウ	カウ
2487	鬥	鬪	トウ	
2488	鬥	鬮	キウ	
2489	鬥	鬩	ケキ	
2490	鬥	鬭	トウ	
2491	ナ	ナ	カク	
2492	ナ	卑	ヒ	
2493	又	又	ウ	ユウ
2494	又	反	ヘン	ハン、ホン
2495	又	曼	マン	
2496	又	叉	シヤ	
2497	又	取	シユ	ソウ、スウ
2498	又	尹	イン	
2499	又	友	イウ	
2500	又	夋	ソウ	
2501	又	叟	ソウ	
2502	又	右	イウ	
2503	又	彗	セイ	サイ、ケイ
2504	又	夬	クワイ	
2505	又	叚	タン	
2506	又	叔	シク	

序号	部首	字头	右音	左音
2507	又	叔	セツ	
2508	又	及	ギウ	キツ
2509	又	變	セウ	
2510	又	叡	コク	
2511	又	戣		
2512	又	秉	ヘイ	
2513	足	足	ソク	スウ
2514	足	蹤	セウ	
2515	足	蹱	シヨウ	
2516	足	踅	イウ	
2517	足	跔	チ	
2518	足	跠	イ	
2519	足	路	ロ	チ
2520	足	蹶	ケイ	ケツ
2521	足	踶	テイ	
2522	足	胝	テイ	
2523	足	跰	エイ	
2524	足	躙	リン	
2525	足	踔	タウ	タク
2526	足	蹈	タウ	
2527	足	躁	サウ	
2528	足	跢	タ	
2529	足	跰	ハウ	
2530	足	踁	ケイ	キヤウ
2531	足	蹬	トウ	
2532	足	踣	ホウ	
2533	足	蹔	ザン	
2534	足	蹼	ボウ	
2535	足	蹴	ジウ	
2536	足	踛	リク	
2537	足	蹙	シク	
2538	足	踘	キク	
2539	足	跼	キヨク	
2540	足	躅	チヨク	
2541	足	踤	ソツ	
2542	足	踤	ボソ	
2543	足	躂	タツ	
2544	足	跋	ハツ	
2545	足	蹩	ベツ	
2546	足	跌	テツ	

序号	部首	字头	右音	左音
2547	足	趹	ケツ	
2548	足	躍	ヤク	
2549	足	踖	ジヤク	
2550	足	跖	セキ	
2551	足	蹐	セキ	
2552	足	跡	セキ	
2553	足	踖	セキ	シヤク
2554	足	躄	ヒ、ヘキ	ビヤク
2555	足	躃	ヘキ	ビヤク
2556	足	蹟	セキ	
2557	足	躑	テキ	チヤク
2558	足	蹢	テキ	
2559	足	蹋	タウ	
2560	足	踏	タウ	
2561	足	躐	レウ	リヤウ
2562	足	躡	テウ	
2563	足	跲	カウ	ケウ
2564	足	踆	シユン	
2565	足	踖	セイ	
2566	足	跱	ゴ	
2567	足	踹	テイ	タン
2568	足	蹲	ハク	
2569	足	跲	シツ	チヤク
2570	足	躔	デン	
2571	足	跱	ジ	
2572	足	距	コ	
2573	足	卧	フ	
2574	足	跼	トウ	
2575	足	跂	キ	
2576	足	跊	シヨ	ソ
2577	足	踈	ソ	
2578	足	蹢	チヨ	
2579	足	踰	ユ	
2580	足	跌	フ	
2581	足	跗	フ	
2582	足	蹰	チウ	
2583	足	跔	ク	
2584	足	蹊	ケイ	
2585	足	蹄	テイ	タイ
2586	足	跆	タイ	

序号	部首	字头	右音	左音
2587	足	躋	セイ	サイ
2588	足	蹯	ハン	
2589	足	跟	コン	
2590	足	蹲	ソン	
2591	足	蹣	バン	
2592	足	跧	ザン	
2593	足	躔	テン	
2594	足	蹎	テン	
2595	足	躚	セン	
2596	足	踡	ケン	
2597	足	跳	テウ	
2598	足	蹻	ケウ	
2599	足	跑	ハウ	
2600	足	蹉	シヤ	サ
2601	足	跎	タ	
2602	足	跏	カ	
2603	足	踢	タウ	ヒウ
2604	足	蹌	サウ	
2605	足	踉	ラウ	
2606	足	跲	レイ	
2607	足	蹂	ジウ	
2608	足	躊	チウ	
2609	足	踧	シウ	
2610	足	踵	セウ	
2611	足	踊	ユ	
2612	足	趾	シ	
2613	足	踞	キ	
2614	足	跪	キ	
2615	足	跐	シ	
2616	足	躧	シキ	
2617	足	踦	キ	
2618	足	距	キヨ	コ
2619	足	蹇	ケン	
2620	足	踠	エン	
2621	足	跰	ケン	
2622	足	踐	セン	
2623	足	趻	チン	
2624	足	跣	セン	
2625	足	躓	テン	
2626	足	跛	ハ	

序号	部首	字头	右音	左音
2627	足	跨	クワ	
2628	足	踝	クワ	
2629	足	躓	チ	
2630	足	踞	キヨ	
2631	足	⿰𧾷屈	クッ	
2632	足	蹜	シユク	
2633	足	蹊	ケイ	
2634	足	⿰𧾷覆	フ	
2635	足	⿰𧾷雚	クワン	
2636	足	踴	ユウ	
2637	足	⿰𧾷長	チヤウ	
2638	足	⿰𧾷朋	ホウ	
2639	足	⿰𧾷嵐	サン	
2640	足	⿰𧾷吉	キッ	
2641	足	⿰𧾷屬	シヨク	
2642	足	踉	ラウ	
2643	足	跓	チウ	
2644	足	躘	レウ	
2645	足	⿰𧾷習	チ	
2646	足	⿰𧾷名	ミヤウ	
2647	足	⿰𧾷闕	ケッ	
2648	足	躟	シヤウ	
2649	足	⿰𧾷徹	テッ	
2650	足	蹠	シヤク	
2651	足	跙	タン	
2652	足	⿰𧾷幵	テキ	シク
2653	足	踁	キヤウ	
2654	足	跉	リヤウ	
2655	足	⿰𧾷詹	セン	
2656	足	踸	シン	
2657	足	蹭	ソウ	
2658	足	⿰𧾷巿	ハッ	
2659	足	趿	サウ	シフ
2660	足	⿰𧾷弗	ホッ	
2661	足	⿱支足	シ	
2662	足	⿰𧾷區	ク	
2663	足	跬	ケイ	カイ
2664	足	⿰𧾷周	ヌ	
2665	足	踳	スン	
2666	足	⿰𧾷需	セン	

序号	部首	字头	右音	左音
2667	足	躧	シ	
2668	足	躄	シヤウ	
2669	足	躨	ケン	
2670	足	蹏	テイ	
2671	足	跁	ホ	ハク
2672	足	躢	タン	
2673	足	蹛	タイ	テイ
2674	足	蹸	セツ	
2675	足	蹩	テウ	
2676	足	蹂	ヨウ	
2677	足	踮	シン	
2678	足	跰	ヒ	
2679	足	朒	グワッ	ゲツ
2680	足	蹟	タイ	
2681	足	踚	ヤク	
2682	足	躝	ラン	
2683	足	蹊	テイ	
2684	足	蹸	リン	
2685	足	跰	カン	
2686	足	跕	テウ	
2687	足	蹕	カウ	
2688	足	踳	ゾン	
2689	足	跧	セン	
2690	夎	夎	クワイ	
2691	夎	傘	サン	
2692	骨	骨	コツ	
2693	骨	軀	スウ	
2694	骨	骸	ガイ	
2695	骨	髖	クワン	
2696	骨	骹	カウ	ケウ
2697	骨	髏	ロウ	
2698	骨	髓	スイ	
2699	骨	髀	ヒ	ヘイ
2700	骨	體	タイ	
2701	骨	髕	ヒン	
2702	骨	骶	テイ	
2703	骨	骭	カン	
2704	骨	骱	カ	
2705	骨	髑	ドク	
2706	骨	髆	ハク	

序号	部首	字头	右音	左音
2707	骨	骹	コ	
2708	骨	骯	クワウ	
2709	骨	骼	カク	
2710	骨	髈	ハウ	
2711	骨	骾	カウ	
2712	骨	骩	イ	
2713	骨	骩	クワイ	
2714	骨	顝	コツ	
2715	骨	髎	リヨウ	
2716	骨	䯏	タウ	
2717	骨	骲	ハウ	
2718	骨	骹	レイ	リヤウ
2719	骨	骱	カウ	
2720	骨	骿	ケン	
2721	骨	䯊	シヨウ	
2722	骨	骲	イヨウ	
2723	骨	骲	セン	
2724	骨	骳	ヒ	
2725	骨	髂	セイ	
2726	骨	骫	カン	
2727	骨	髁	クワ	
2728	骨	髖	クワン	
2729	骨	髇	イヨク	
2730	骨	䯒	ヘキ	
2731	骨	髗	ロ	
2732	骨	骭	カン	
2733	骨	髒	ヨウ	
2734	骨	骯	カウ	
2735	骨	骾	ケイ	
2736	骨	骱	シヤ	
2737	骨	骬	ガ	
2738	骨	骴	タイ	
2739	骨	骯	コウ	カウ
2740	骨	骹	ハ	
2741	骨	髓	ホウ	
2742	骨	髂	カイ	
2743	骨	骻	クハ	
2744	骨	骴	コク	
2745	骨	骿	ソツ	
2746	骨	髉	ハク	

序号	部首	字头	右音	左音
2747	骨	髑	イヨク	
2748	骨	鶻	コツ	
2749	血	血	ケツ	
2750	血	盡	キヨク	
2751	血	衉	カツ	
2752	血	衁	クワウ	
2753	血	衄	チク	
2754	血	衂	シユツ	
2755	肉	肉	ニク	ジユ
2756	肉	月	ゲツ	
2757	肉	肎	ケウ	
2758	肉	膿	ノフ	
2759	肉	肛	カウ	
2760	肉	肢	シ	
2761	肉	脾	ヒ	
2762	肉	脂	シ	
2763	肉	肌	キ	
2764	肉	脽	スイ	
2765	肉	胝	チ	
2766	肉	胏	シ	
2767	肉	腩	ジ	
2768	肉	腓	ヒ	
2769	肉	肥	ヒ	
2770	肉	胥	シヨ	
2771	肉	腤	チヨ	
2772	肉	胆	ソ	
2773	肉	臚	ロ	
2774	肉	肰	キヨ	
2775	肉	胡	コ	
2776	肉	膚	フ	
2777	肉	膜	マク	
2778	肉	臞	ク	
2779	肉	腴	ユ	
2780	肉	胋	ヘイ	
2781	肉	臍	セイ	
2782	肉	胼	ヘン	
2783	肉	肧	ハイ	ヒウ
2784	肉	胎	タイ	
2785	肉	腮	サイ	
2786	肉	脢	マイ	

序号	部首	字头	右音	左音
2787	肉	朘	サイ	
2788	肉	脣	シン	
2789	肉	唇	シン	
2790	肉	腰	ヨウ	
2791	肉	膭	イン	
2792	肉	肫	シユン	
2793	肉	肝	カン	
2794	肉	胖	ハン	
2795	肉	肩	ケン	
2796	肉	臕	ヘウ	ヒヨウ
2797	肉	胞	ハウ	
2798	肉	脬	ヘウ	
2799	肉	肴	ケウ	
2800	肉	膠	カウ	ケウ
2801	肉	膏	カウ	
2802	肉	臊	サウ	
2803	肉	脞	サ	
2804	肉	膈	クワ	
2805	肉	胯	クワ	
2806	肉	腸	チヤウ	
2807	肉	膀	ハウ	
2808	肉	胱	クワウ	
2809	肉	肪	ハウ	
2810	肉	胻	カウ	
2811	肉	脖	ハウ	カウ
2812	肉	腥	セイ	
2813	肉	膺	ヨウ	
2814	肉	肱	コウ	
2815	肉	肬	イウ	
2816	肉	膢	ロウ	
2817	肉	脩	シウ	
2818	肉	腌	エン	
2819	肉	腫	シユウ	シユ
2820	肉	髓	ズイ	
2821	肉	肔	イ	
2822	肉	腑	フ	
2823	肉	肚	ト	
2824	肉	股	コウ	
2825	肉	脯	ホフ	
2826	肉	腐	フ	

序号	部首	字头	右音	左音
2827	肉	膴	ブ	
2828	肉	脛	ヘイ	
2829	肉	腿	タイ	
2830	肉	腎	ジン	
2831	肉	臏	ヒン	
2832	肉	脂	ヒン	
2833	肉	胗	シン	
2834	肉	腨	セン	
2835	肉	臠	レン	
2836	肉	腆	テン	
2837	肉	膈	ヘン	
2838	肉	腦	ナウ	
2839	肉	臀	エイ	ヤウ
2840	肉	肯	コウ	
2841	肉	肘	チウ	
2842	肉	膽	タン	
2843	肉	臉	ケン	
2844	肉	臁	ケン	
2845	肉	臂	ヒ	
2846	肉	脇	キ	
2847	肉	膵	スイ	
2848	肉	膩	ニ	
2849	肉	胾	シ	
2850	肉	胃	イ	
2851	肉	腧	ユ	
2852	肉	膝	ソ	
2853	肉	胙	ソ	
2854	肉	脅	ケイ	
2855	肉	脆	セイ	
2856	肉	膾	クワイ	
2857	肉	背	ハイ	
2858	肉	肺	ハイ	
2859	肉	胤	イン	
2860	肉	腕	ワン	
2861	肉	肖	セウ	
2862	肉	炙	シヤク	セキシヤ
2863	肉	脹	チヤウ	
2864	肉	膨	ハウ	
2865	肉	膳	ゼン	
2866	肉	脛	ケイ	キヤウ

序号	部首	字头	右音	左音
2867	肉	腥	セイ	シヤウ
2868	肉	膆	ソウ	
2869	肉	膃	トウ	
2870	肉	服	ブク	
2871	肉	腹	フク	
2872	肉	膝	シツ	
2873	肉	胐	コツ	ホツ、ヒ
2874	肉	脱	ダツ	
2875	肉	脟	レツ	
2876	肉	膬	セツ	
2877	肉	脚	キヤク	
2878	肉	膜	マク	
2879	肉	豚	タク	
2880	肉	胳	カク	
2881	肉	膗	カク	
2882	肉	膊	ハク	
2883	肉	腋	エキ	ヤク
2884	肉	脉	ミヤク	
2885	肉	膈	カク	
2886	肉	腤	セキ	
2887	肉	腊	シヤク	
2888	肉	肋	ロク	
2889	肉	臆	ヲク	
2890	肉	脥	ケウ	
2891	肉	臈	タウ	ナフ
2892	肉	胸	ヂク	
2893	肉	脅	ケウ	
2894	肉	朔	サク	
2895	肉	朗	ラウ	
2896	肉	腺	セン	
2897	肉	期	キ	ゴ
2898	肉	朦	モウ	
2899	肉	朧	ロウ	
2900	肉	阮	ゲン	
2901	肉	霸	ハ	
2902	肉	膜	ハイ	
2903	肉	胚	ヒウ	ハイ
2904	肉	胎	タイ	
2905	肉	肌	キ	
2906	肉	腴	ユ	

序号	部首	字头	右音	左音
2907	肉	肕	イク	
2908	肉	膲	セウ	
2909	肉	脺	スイ	
2910	肉	胑	シ	
2911	肉	脂	カイ	
2912	肉	胙	ソ	
2913	肉	齹	ナン	
2914	肉	膗	セン	
2915	肉	㪔	サン	
2916	肉	脼	リヤウ	
2917	肉	肎	コウ	
2918	肉	胃	エン	
2919	肉	膋	リヨ	
2920	肉	腋	エキ	
2921	肉	㲉	コク	
2922	肉	臟	セン	
2923	肉	腲	ワイ	
2924	肉	臋	テン	
2925	肉	𦠉	シヨク	
2926	肉	肵	キ	
2927	肉	胉	ハク	
2928	肉	䐉	サ	
2929	肉	腳	シヨク	
2930	肉	腺	カウ	ケウ
2931	肉	臠	キヨウ	
2932	肉	胼	ヘン	
2933	肉	胭	エン	
2934	肉	脈	ミヤク	ハク
2935	肉	膻	タン	
2936	肉	膇	シウ	
2937	肉	脥	トウ	
2938	肉	臂	チ	
2939	肉	肛	テイ	
2940	肉	腥	アク	
2941	肉	臋	キヨウ	
2942	肉	腮	ソウ	
2943	肉	脯	チヨウ	
2944	肉	麻	バ	マ
2945	肉	脤	シン	
2946	肉	膅	タウ	

序号	部首	字头	右音	左音
2947	肉	膣	タウ	
2948	肉	脱	ケン	
2949	肉	膹	クワウ	
2950	肉	縢	ダイ	
2951	肉	臛	セウ	
2952	肉	肵	ジヨ	
2953	肉	膡	ソン	
2954	肉	腔	ア	
2955	肉	膃	ヲウ	
2956	肉	膡	ユイ	
2957	肉	腖	トウ	
2958	肉	膓	シウ	
2959	肉	膶	ヰ	
2960	肉	膜	クワン	
2961	肉	肦	コツ	
2962	肉	肐	コツ	
2963	肉	肧	ヒツ	
2964	肉	肶	シチ	
2965	肉	脉	カク	
2966	肉	腄	ツイ	
2967	肉	腈	シウ	
2968	肉	肜	トウ	
2969	筋	筋	コン	キン
2970	力	力	リキ	リヨク
2971	力	功	コウ	
2972	力	勑	リ	
2973	力	劬	コウ	
2974	力	勲	クン	
2975	力	勛		
2976	力	勤	キン	
2977	力	勞	ラウ	
2978	力	加	カ	
2979	力	劭	キヤウ	
2980	力	勝	セウ	
2981	力	勠	リク	
2982	力	動	ドウ	
2983	力	勇	ユウ	
2984	力	努	ヌ	ト
2985	力	勔	メン	
2986	力	勉	メン	

序号	部首	字头	右音	左音
2987	力	勦	サウ	
2988	力	勥	キヤウ	
2989	力	勩	イ	
2990	力	助	ジヨ	
2991	力	勴	リヨ	
2992	力	募	ムホウ	ホ
2993	力	務	ム	
2994	力	勢	セイ	
2995	力	勵	レイ	
2996	力	劾	ガイ	
2997	力	券	ケン	
2998	力	勸	クワン	ケン
2999	力	劭	セウ	
3000	力	効	カウ	
3001	力	勁	ケイ	
3002	力	勘	カン	
3003	力	勗	ギヨク	
3004	力	勃	ホツ	
3005	力	劣	レツ	
3006	力	勊	コク	
3007	力	勑	チヨク	
3008	力	勴	リヨ	
3009	力	劼	カツ	
3010	力	勶	テツ	
3011	力	勥	ヰヤウ	
3012	力	勵	ライ	
3013	力	勮	キヨ	
3014	力	勤	キン	
3015	力	勶	ヘツ	
3016	力	勢	ガウ	
3017	力	勡	ヒヨウ	
3018	力	劫	コウ	キヤウ
3019	力	飭	チヨク	
3020	力	勈	ハウ	
3021	力	勠	イツ	
3022	力	勆	ホウ	
3023	力	勖	コツ	
3024	力	劢	ケン	
3025	力	勠	リヨウ	
3026	力	旇	サ	

序号	部首	字头	右音	左音
3027	力	勷	ヒツ	
3028	力	勃	ヤウ	
3029	力	勐	ラウ	
3030	力	勸	ヤウ	
3031	力	勒	カン	
3032	力	勗	カツ	
3033	力	勖	バク	マク
3034	力	囝	クワ	
3035	力	勰	ケフ	
3036	呂	呂	リヨ	
3037	呂	躳	キウ	
3038	疒	疒	モウ	
3039	疒	痲	ミ	
3040	疒	寝	シン	
3041	疒	痞	ゴ	
3042	疒	癢	ミ	メイ
3043	疒	瘤	マウ	
3044	疒	瘢	カン	
3045	疒	癩	チン	
3046	心	心	シン	
3047	心	忄		
3048	心	恫	トウ	
3049	心	懞	モウ	
3050	心	悾	コウ	
3051	心	忡	チウ	
3052	心	恟	ケウ	
3053	心	慵	ヨウ	
3054	心	悰	ソウ	
3055	心	憃	チウ	トウ
3056	心	恭	キヨウ	キヤウ
3057	心	憧	シヨウ	
3058	心	慒	サウ	
3059	心	惟	イ	ユイ
3060	心	慎	イ	
3061	心	怩	ヂ	
3062	心	悕	キイ	
3063	心	怡	イ	
3064	心	愉	ユ	
3065	心	懓	ル	ロウ
3066	心	悽	セイ	

序号	部首	字头	右音	左音
3067	心	憻	セイ	
3068	心	悷	ヘイ	
3069	心	懷	クワイ	
3070	心	悝	クワイ	
3071	心	恢	クワイ	
3072	心	忻	キン	
3073	心	忳	トン	
3074	心	惇	トン	
3075	心	懽	クワン	
3076	心	忼	クワン	
3077	心	愽	タン	
3078	心	慳	ケン	カン
3079	心	憐	レン	
3080	心	怜	レイ	
3081	心	悁	エン	ケン
3082	心	悛	セン	
3083	心	惓	ケン	
3084	心	怊	テウ	
3085	心	憍	ケウ	
3086	心	恌	テウ	
3087	心	憔	セウ	
3088	心	慆	タウ	
3089	心	忉	タウ	
3090	心	慅	サウ	
3091	心	忙	ハウ	
3092	心	惶	クワウ	
3093	心	恇	カウ	キヤウ
3094	心	憧	シヤウ	
3095	心	慷	カウ	
3096	心	情	シヤウ	セイ
3097	心	惸	ケイ	
3098	心	怔	セイ	
3099	心	憎	ゾウ	
3100	心	憀	レウ	
3101	心	恒	コウ	
3102	心	惆	チウ	
3103	心	忱	シン	
3104	心	愖	シン	
3105	心	愔	イン	
3106	心	惔	タン	

序号	部首	字头	右音	左音
3107	心	恬	テン	
3108	心	慚	ザン	
3109	心	懵	モウ	
3110	心	悚	シヨウ	
3111	心	恫	ヨウ	
3112	心	恙	ヤウ	
3113	心	懋	モウ	
3114	心	愁	モウ	ホウ
3115	心	念	子ン	
3116	心	恧	チク	チヨク
3117	心	慾	ヨク	
3118	心	慤	カク	
3119	心	愨	カク	
3120	心	悉	シツ	
3121	心	惡	アク	
3122	心	感	セキ	
3123	心	惄	テキ	
3124	心	必	ヒツ	
3125	心	慶	ケイ	キヤウ
3126	心	忽	コツ	
3127	心	惹	ジヤク	
3128	心	息	ソク	
3129	心	惑	ワク	
3130	心	悳	トク	
3131	心	忒	トク	
3132	心	慝	トク	
3133	心	急	キウ	
3134	心	慨	カイ	
3135	心	忋	カイ	
3136	心	悃	ベン	
3137	心	愅	カク	
3138	心	忬	ヨ	
3139	心	愐	メン	
3140	心	辨	ヘン	
3141	心	憹	タウ	
3142	心	恢	ダウ	
3143	心	愫	カイ	
3144	心	憰	カイ	キ
3145	心	忦	カイ	カツ
3146	心	怐	ケイ	

序号	部首	字头	右音	左音
3147	心	悷	リ	
3148	心	佟	トウ	
3149	心	懺		
3150	心	忬	チヨ	
3151	心	愶	アフ	
3152	心	恔	カウ	
3153	心	惍	キン	
3154	心	忚	ヒ	
3155	心	懓	セン	
3156	心	懻	ニキ	ヂ
3157	心	怬	キ	
3158	心	嫈	エイ	
3159	心	愇	サウ	
3160	心	忟	サ	
3161	心	傢	カ	
3162	心	恛	キ	
3163	心	憒	セイ	
3164	心	忕	ヨク	
3165	心	懺	セツ	
3166	心	惰	イク	
3167	心	恋	カイ	
3168	心	恃	ジ	
3169	心	怚	ソ	
3170	心	怙	コ	
3171	心	憮	ブ	
3172	心	悔	クワイ	ケ
3173	心	愷	ガイ	
3174	心	憫	ヒン	
3175	心	憤	フン	
3176	心	忖	ソン	
3177	心	悃	コン	
3178	心	惛	コン	
3179	心	懶	ラン	
3180	心	慄	セン	ナン
3181	心	悄	セウ	
3182	心	惱	ナウ	
3183	心	惰	ダ	
3184	心	悗	キヤウ	
3185	心	慷	カウ	
3186	心	怏	ヨウ	

序号	部首	字头	右音	左音
3187	心	怲	ヘイ	
3188	心	惺	セイ	
3189	心	憬	ケイ	
3190	心	怮	イウ	
3191	心	懔	リン	
3192	心	惨	サン	
3193	心	憯	ナン	セン
3194	心	惂	カン	
3195	心	忝	テン	
3196	心	慊	ケン	カン
3197	心	慟	ドウ	
3198	心	恫	トウ	
3199	心	悸	キ	
3200	心	惴	スイ	
3201	心	愧	キ	ギ
3202	心	懥	チ	
3203	心	悴	スイ	
3204	心	怖	フ	
3205	心	悞	ゴ	
3206	心	慕	ボ	
3207	心	悟	ゴ	
3208	心	懼	ク	
3209	心	忤	ゴ	
3210	心	忕	セイ	タイ
3211	心	愘	ガイ	
3212	心	懀	クソイ	
3213	心	懈	ゲ	ケ
3214	心	怪	ケ	クワイ
3215	心	恠	ケ	
3216	心	快	クワイ	
3217	心	悖	ハイ	
3218	心	憒	クワイ	
3219	心	慨	ガイ	
3220	心	悋	リン	
3221	心	愠	ウン	
3222	心	恨	コン	
3223	心	悍	カン	
3224	心	憚	タン	
3225	心	悺	クワン	
3226	心	惋	ワン	

序号	部首	字头	右音	左音
3227	心	慢	マン	
3228	心	慣	クワン	
3229	心	忭	ヘン	
3230	心	倦	ケン	
3231	心	恔	カウ	ケウ
3232	心	悼	タウ	
3233	心	慥	サウ	
3234	心	懊	アフ	イク
3235	心	憿	カウ	
3236	心	怕	ハク	
3237	心	懹	シヤウ	
3238	心	愓	シヤウ	
3239	心	悵	チヤウ	
3240	心	愴	サウ	
3241	心	性	セイ	シヤウ
3242	心	憾	カン	
3243	心	憨	カン	
3244	心	憺	タン	
3245	心	悁	エン	
3246	心	忉	チク	イク
3247	心	慉	チク	
3248	心	慄	リツ	
3249	心	恤	ジユツ	
3250	心	憤	シツ	
3251	心	怵	ジユツ	
3252	心	怛	タツ	
3253	心	悦	エツ	
3254	心	憿	ベツ	
3255	心	惙	テツ	
3256	心	愕	ガク	
3257	心	懼	クワク	カク
3258	心	怍	サク	
3259	心	恪	カク	
3260	心	惜	セキ	
3261	心	懌	エキ	
3262	心	慽	セキ	
3263	心	惕	テキ	
3264	心	惻	ソク	シヨク
3265	心	愎	フク	
3266	心	慉	チヨク	

序号	部首	字头	右音	左音
3267	心	悒	イフ	
3268	心	慴	シフ	
3269	心	愜	ケウ	
3270	心	恊	ケウ	
3271	心	怯	ケウ	
3272	心	忠	チウ	
3273	心	恖	ソウ	
3274	心	惢	ソウ	
3275	心	忽	ソウ	
3276	心	惷	セウ	タウ
3277	心	悲	ヒ	
3278	心	思	シ	
3279	心	慈	ジ	
3280	心	愚	グ	
3281	心	忿	フイン	
3282	心	慇	イン	ヲン
3283	心	懃	キン	チン、コン
3284	心	怨	エン	
3285	心	恩	ヲン	
3286	心	恣	エン	
3287	心	懸	ケン	
3288	心	忘	マウ	バウ
3289	心	憑	ヘウ	
3290	心	懲	テウ	
3291	心	應	ヲウ	
3292	心	愁	シウ	
3293	心	悠	イフ	
3294	心	恁	イン	シン
3295	心	慙	ザン	
3296	心	恐	ケウ	
3297	心	恥	チ	
3298	心	憙	キ	
3299	心	怒	ド	ヌ
3300	心	愈	ユ	イユ
3301	心	怠	タイ	
3302	心	愍	ミン	
3303	心	忍	ニン	
3304	心	忿	フン	
3305	心	懣	マン	
3306	心	懇	コン	

序号	部首	字头	右音	左音
3307	心	想	シヤウ	サウ
3308	心	憼	ケイ	
3309	心	感	カン	
3310	心	戀	コウ	サウ、タウ
3311	心	恚	イ	
3312	心	志	シ	
3313	心	恣	シイ	
3314	心	意	イ	
3315	心	懟	タイ	
3316	心	忌	キ	
3317	心	慰	ヰ	
3318	心	恕	ジヨ	
3319	心	愬	ソ	サク
3320	心	惡	ヲ	
3321	心	憩	ケイ	
3322	心	憩		
3323	心	慧	エ、ケイ	
3324	心	惠		
3325	心	憊	ハイ	
3326	心	恷	アイ	
3327	心	憝	ツイ	タイ
3328	心	忿	ガイ	
3329	心	懃	キン	
3330	心	愿	ゲン	
3331	心	懇	コン	
3332	心	悶	モン	
3333	心	憲	ケン	
3334	心	患	クワン	ゲン
3335	心	戀	レン	
3336	心	慫	シヨウ	
3337	心	恿	ヰヨウ	
3338	心	愍	ケイ	
3339	心	意	イフ	
3340	心	忿	ガイ	
3341	心	懯	バイ	
3342	心	恖	カイ	
3343	心	戀	イ	
3344	心	悊	テツ	
3345	心	愍	ビン	ミン
3346	心	愍		

序号	部首	字头	右音	左音
3347	心	忎	ジン	
3348	心	倏	シク	
3349	心	懸	ケツ	
3350	心	惎	キ	
3351	心	恷	トク	
3352	心	忣	キウ	
3353	心	憗	リ	
3354	心	悆	キフ	
3355	心	忍	ギ	
3356	心	栨	セキ	
3357	心	嫀	ギン	
3358	心	廲	クワウ	
3359	心	懭		
3360	心	籞	チウ	
3361	心	簏		
3362	心	羇	コツ	
3363	心	嗀	カク	
3364	心	嚃	セイ	
3365	心	基	ボ	
3366	心	解	カイ	
3367	心	解		
3368	心	懇	ヂキ	
3369	心	憝	ケキ	
3370	心	憲	カイ	
3371	心	忘	ト	
3372	心	憲	シウ	
3373	心	患	チヨウ	
3374	心	意	ゴン	
3375	心	恶	ゴキ	
3376	心	忎	キ	
3377	心	憓	エイ	
3378	心	志	コ	
3379	心	念	ヨ	
3380	思	思	シ	シイ
3381	思	慮	リヨ	
3382	惢	惢	ズイ	
3383	惢	纝	ズイ	
3384	言	言	ゲン	ゴン
3385	言	論	ロン	リン
3386	言	訃	フ	

序号	部首	字头	右音	左音
3387	言	詩	シ	
3388	言	訛	シ	
3389	言	諗	シ	
3390	言	詞	シ	
3391	言	譆	キ	
3392	言	謎	メイ	チ
3393	言	諅	キ	
3394	言	詖	ヒ	
3395	言	誰	スイ	
3396	言	誹	ヒ	
3397	言	譏	キ	
3398	言	譽	ヨ	
3399	言	諸	シヨ	
3400	言	諏	フ	
3401	言	誅	チウ	
3402	言	諛	ユ	
3403	言	謨	ホ	モ
3404	言	謘	コ	
3405	言	諏	シユ	
3406	言	訏	ウ	
3407	言	諟	テイ	
3408	言	誓	セイ	
3409	言	諧	カイ	
3410	言	該	カイ	
3411	言	詢	ジユン	
3412	言	諲	シン	
3413	言	諄	ジユン	
3414	言	誣	イン	
3415	言	信	シン	
3416	言	誾	ギン	
3417	言	誼	ケン	
3418	言	諼	クワン	ケン
3419	言	謾	マン	
3420	言	謹	ケン	クワン
3421	言	訕	セン	
3422	言	詮	セン	
3423	言	調	デウ	
3424	言	謠	ヨウ	
3425	言	譊	タウ	子ウ
3426	言	謟	タウ	

序号	部首	字头	右音	左音
3427	言	謌	カ	
3428	言	訶	カ	
3429	言	誐	ガ	
3430	言	訛	クワ	
3431	言	譌	クワ	
3432	言	誇	クワ	
3433	言	譁	クワ	
3434	言	詳	シヤウ	
3435	言	評	ヘイ	
3436	言	誠	セイ	ジヤウ
3437	言	請	セイ	シヤウ
3438	言	訇	カウ	
3439	言	訂	テイ	
3440	言	譍	ヨウ	
3441	言	謄	トウ	
3442	言	讔	シツ	
3443	言	謳	ヲウ	
3444	言	謀	ボウ	
3445	言	訧	コウ	
3446	言	譸	チウ	
3447	言	詶	シウ	シユ
3448	言	諶	シン	
3449	言	諳	アン	
3450	言	談	ダン	
3451	言	譚	タン	
3452	言	謙	ケン	
3453	言	讒	ザン	
3454	言	諴	カン	
3455	言	講	カウ	
3456	言	訨	シイ	
3457	言	詭	キ	
3458	言	譏	キ	
3459	言	諟	シ	
3460	言	詆	テイ	
3461	言	語	ゴ	ギヨ
3462	言	許	キヨ	
3463	言	詎	キヨ	
3464	言	譜	フ	
3465	言	詁	コ	
3466	言	詡	ク	

序号	部首	字头	右音	左音
3467	言	誧	ホ	
3468	言	僭	ケイ	
3469	言	詒	タイ	イチ
3470	言	診	シン	チン
3471	言	訠	シン	
3472	言	誕	エン	タン
3473	言	辯	ベン	
3474	言	辡	ベン	
3475	言	謇	ケン	
3476	言	讜	ケン	
3477	言	誂	テウ	
3478	言	討	タウ	
3479	言	警	ケイ	キヤウ
3480	言	謦	ケイ	キヤウ
3481	言	誘	イウ	コ
3482	言	詬	コウ	
3483	言	諗	シン	
3484	言	諂	テン	
3485	言	諷	フウ	
3486	言	訟	シ、セウ	ソウ
3487	言	誦	ジユ	シユウ
3488	言	詈	リ	
3489	言	議	ギ	
3490	言	誶	スイ	
3491	言	記	キ	
3492	言	誼	ギ	
3493	言	譬	ヒ	
3494	言	諡	シ	エキ
3495	言	誺	チイ	マイ
3496	言	試	シ	
3497	言	謝	シヤ	
3498	言	誡	カイ	
3499	言	課	クワ	
3500	言	訥	タウ	トツ
3501	言	詺	メイ	
3502	言	謬	メウ	
3503	言	譴	ケン	
3504	言	訊	ジン	
3505	言	詢	ジユン	
3506	言	詯	ジユン	

序号	部首	字头	右音	左音
3507	言	讚	サン	
3508	言	諫	カン	
3509	言	諺	ケン	
3510	言	譧	ユン	
3511	言	詔	セウ	
3512	言	誚	セウ	
3513	言	謞	ガウ	
3514	言	譟	サウ	
3515	言	訝	ガ、ゲ	
3516	言	讓	シヤウ	
3517	言	訪	ハウ	
3518	言	誆	キヤウ	ソウ
3519	言	譄	タウ	
3520	言	謗	ハウ	
3521	言	詳	シヤウ	
3522	言	詠	エイ	
3523	言	諍	ジヤウ	
3524	言	詬	コウ	
3525	言	誋	シウ	
3526	言	識	シン	
3527	言	讚	シン	
3528	言	讒	ザン	
3529	言	讀	ドク	
3530	言	諑	タク	
3531	言	詰	キッ	
3532	言	誶	シユツ	
3533	言	謐	ヒツ	
3534	言	詘	クツ	
3535	言	訖	コツ	キ、キッ
3536	言	謁	エツ	
3537	言	說	セツ	
3538	言	訐	セツ	
3539	言	譎	ケツ	
3540	言	訣	ケツ	
3541	言	謙	ケツ	
3542	言	設	セツ	
3543	言	諾	ダク	
3544	言	謔	ギヤク	
3545	言	託	タク	
3546	言	讁	タク	

序号	部首	字头	右音	左音
3547	言	識	シキ	
3548	言	謀	ラウ	
3549	言	誤	ソク	
3550	誩	誩	カウ	
3551	誩	譱	セン	
3552	誩	競	ケイ	
3553	誩	讟	ドク	
3554	曰	曰	ワツ	
3555	曰	替	サウ	
3556	曰	暹	セン	
3557	曰	曹	サク	
3558	曰	曷	カツ	
3559	曰	沓	タウ	
3560	曰	朁	子イ	
3561	乃	乃	ナイ	
3562	丂	丂	カウ	
3563	丂	寧	子イ	ニヤウ
3564	可	可	カ	
3565	可	奇	キ	
3566	可	哥	カ	
3567	可	哿	カ	
3568	兮	兮	ケイ	
3569	兮	粤	コ	
3570	号	号	カウ	
3571	号	號	カウ	
3572	亏	亏	ウ	
3573	亏	虧	キ	
3574	亏	夸	ヘイ	ビヤウ
3575	亏	平		
3576	亏	粤	ヱツ	
3577	云	云	ウン	
3578	云	黔	イン	
3579	音	音	ヲン	イン
3580	音	靜	ホウ	
3581	音	章	シヤウ	
3582	音	韻	イン	
3583	音	龄	キン	
3584	音	竟	キヤウ	ケイ
3585	音	響	キヤウ	カウ
3586	音	韶	ゼウ	

序号	部首	字头	右音	左音
3587	音	瞥	エイ	
3588	告	告	ガウ	コク
3589	告	嚳	コク	
3590	吅	吅	キウ	
3591	吅	單		タン
3592	吅	嚽	ダ	
3593	吅	喪	サウ	
3594	吅	哭	コク	
3595	吅	咢	カク	
3596	品	品	ホン	ヒン
3597	品	曑	セイ	
3598	冊	冊	サク	
3599	冊	扁	ヘン	
3600	冊	嗣	レイ	
3601	冊	嗣	シ	
3602	晶	晶	シウ	
3603	晶	嚻	ギン	
3604	晶	嚣	ケウ	
3605	晶	噩	ガク	
3606	晶	器	キ	
3607	晶	嚻	クワン	
3608	晶	啮	ケウ	
3609	晶	噩	サウ	
3610	只	只	シ	
3611	只	钕	ケイ	
3612	肉	肉	子ッ	
3613	肉	商	シヤウ	
3614	欠	欠	ケン	
3615	欠	飲	ラウ	
3616	欠	欷	キ	
3617	欠	歔	キヨ	
3618	欠	欤	ヨ	
3619	欠	歈	ユ	ユウ、トウ
3620	欠	欸	アイ	
3621	欠	歃	エフ	
3622	欠	歂	テン	
3623	欠	歡	クワン	
3624	欠	歎	タン	
3625	欠	歔	ケウ	
3626	欠	歌	カ	

序号	部首	字头	右音	左音
3627	欠	歐	ラウ	
3628	欠	欵	クワン	
3629	欠	欽	キン	
3630	欠	歆	キン	
3631	欠	歝	カン	
3632	欠	歉	ケン	カン
3633	欠	次	シ	
3634	欠	欬	ガイ	
3635	欠	歗	セウ	
3636	欠	歇	シヨク	ソク
3637	欠	欲	ヨク	
3638	欠	欶	サク	
3639	欠	歘	コツ	
3640	欠	歇	ケツ	
3641	欠	歠	セツ	
3642	欠	欬	カウ	
3643	欠	歃	サウ	
3644	欠	慾	テン	
3645	欠	歛	カン	
3646	欠	歐	エン	
3647	欠	歓	エウ	
3648	欠	欪	キツ	
3649	欠	歖	シ	
3650	欠	欣	コツ	
3651	欠	欨	イ	
3652	欠	歕	キ	
3653	欠	欯	シク	
3654	欠	欿	ク	
3655	欠	歜	シヨク	
3656	欠	欹	イ	
3657	欠	歌	カ	
3658	欠	欣	ゴン	キン
3659	欠	歱	セン	
3660	欠	欷	イウ	
3661	欠	欼	ク	
3662	欠	歡	テキ	
3663	欠	歕	ホン	
3664	欠	歔	コ	
3665	欠	歝	エキ	
3666	欠	欺	ゴ	キ

序号	部首	字头	右音	左音
3667	欠	軟	シン	
3668	欠	歙	ユウ	
3669	欠	欯	キン	
3670	欠	歐	シユ	
3671	欠	欪	チツ	
3672	欠	欿	コ	
3673	欠	嫩	トン	
3674	欠	姿	シ	
3675	欠	欬	キツ	
3676	欠	欿	カン	
3677	欠	欯	コン	
3678	欠	歔	カン	
3679	欠	歎	タン	
3680	欠	默	キン	
3681	欠	欶	ケツ	
3682	欠	炊	タン	
3683	欠	歍	イフ	
3684	欠	欽	キン	コウ
3685	欠	歗	ケイ	
3686	欠	歚	タイ	
3687	欠	欥	ケイ	
3688	欠	歜	ザン	
3689	欠	欱	カイ	
3690	欠	歆	ホウ	
3691	欠	歉	スイ	
3692	欠	欵	ケイ	
3693	欠	猋	ケン	
3694	欠	欣	カイ	
3695	欠	歐	ケウ	
3696	欠	欵	シツ	
3697	欠	歟	二	ヒ
3698	欠	欷	シツ	
3699	欠	欼	ヒツ	
3700	欠	歁	カツ	
3701	食	食	シヨク	ジキ
3702	食	饛	モウ	
3703	食	饗	ヨウ	ヲウ
3704	食	飢	キ	
3705	食	飴	イ	
3706	食	餈	シ	

序号	部首	字头	右音	左音
3707	食	饑	キ	
3708	食	餘	ヨ	
3709	食	餬	コ	
3710	食	餔	ホ	
3711	食	飴	シ	
3712	食	鍵	ケン	
3713	食	殘	ザン	
3714	食	饅	マン	
3715	食	餐	ザン	
3716	食	饘	セン	
3717	食	饒	子ウ	
3718	食	餚	カウ	
3719	食	饗	タウ	
3720	食	餻	カウ	
3721	食	饢	ラ	
3722	食	饟	シヤウ	
3723	食	餳	ジヤウ	
3724	食	餕	ソウ	
3725	食	餉	コウ	
3726	食	餱	コウ	
3727	食	餤	タン	
3728	食	餂	テン	
3729	食	饞	ザン	
3730	食	餧	タイ	
3731	食	飯	ハン	ホン
3732	食	餞	セン	
3733	食	飽	ハウ	
3734	食	饗	キヤウ	
3735	食	養	ヤウ	
3736	食	餅	ヘイ	ビヤウ
3737	食	餇	ケイ	
3738	食	餤	シン	
3739	食	飲	イン	
3740	食	餧	イ、シ	セイ
3741	食	饋	キ	
3742	食	餽	キ	
3743	食	餌	ジ	
3744	食	饑	キ	
3745	食	飫	イヨ	シヨ
3746	食	饉	キン	

序号	部首	字头	右音	左音
3747	食	䭂	スイ	
3748	食	館	クワン	
3749	食	餞	セン	
3750	食	饍	ゼン	
3751	食	饌	セン	
3752	食	饒	子ウ	
3753	食	餻	カウ	
3754	食	餓	カ	
3755	食	餉	シヤウ	キヤウ
3756	食	飣	テイ	
3757	食	餖	トウ	
3758	食	饜	エン	
3759	食	饆	ヒツ	
3760	食	䬝	マツ	
3761	食	饕	テツ	
3762	食	飾	シヨク	ジキ
3763	食	餝	シヨク	ジキ
3764	食	飭	チヨク	
3765	食	饇	ユウ	ヨウ
3766	食	飪	ジン	
3767	食	餘	シヤウ	
3768	食	餇	エン	
3769	食	饐	イ	
3770	食	餟	テイ	
3771	食	餲	セイ	
3772	食	飤	シ	
3773	食	鈴	レイ	
3774	食	饁	エフ	
3775	食	餦	チヤウ	
3776	食	饠	タウ	
3777	食	餯	テイ	
3778	食	饢	ダウ	ナウ
3779	食	愊	ヒヨク	
3780	食	餄	カウ	
3781	食	䬳	クハン	
3782	食	飥	テイ	
3783	食	饟	エイ	
3784	食	餲	シヤ	
3785	食	餹	シヤ	
3786	食	餜	クワ	

序号	部首	字头	右音	左音
3787	食	飦	クワ	
3788	食	馌	アウ	
3789	食	饖	ホツ	
3790	食	醳	エキ	イヤク
3791	食	饟	クハク	
3792	食	䬴	シヤ	サ
3793	食	飬	リウ	
3794	食	饘	セン	
3795	食	餮	サン	
3796	食	餇	シ	
3797	食	餌	ビ	
3798	食	鬹	キク	
3799	食	餲	エツ	
3800	食	餗	オク	
3801	食	餐	サン	
3802	食	湌	サン	
3803	食	皀	イフ	
3804	食	籑	エン	
3805	食	餡	タウ	
3806	食	饘	バ	マ
3807	食	餖	コ	
3808	食	鉰	トウ	
3809	食	鐙	トウ	
3810	食	餉	タウ	
3811	食	饇	ウ	
3812	食	饙	サイ	
3813	食	飽	チ	
3814	食	餠	カン	
3815	食	餲	イ	
3816	食	飳	ス	ツ
3817	食	飲	キウ	
3818	食	餞	ケン	
3819	食	餶	クワ	
3820	食	飼	ジ	
3821	食	餘	ロク	
3822	食	髑	トク	
3823	食	餻	カツ	
3824	食	餳	タフ	
3825	食	餺	ハク	
3826	食	餑	ボツ	

序号	部首	字头	右音	左音
3827	食	餰	カウ	
3828	食	餜	カウ	
3829	食	饞	セツ	
3830	食	饕	ダク	
3831	食	飢	シヨウ	
3832	食	饕	タン	
3833	甘	甘	カン	
3834	甘	甛	テン	
3835	甘	猒	エン	
3836	甘	猒	エン	
3837	甘	甚	ジン	
3838	甘	甙	タイ	
3839	甘	麿	カン	
3840	甘	甞	シヤウ	
3841	甘	嗛	ケン	
3842	旨	旨	シ	
3843	旨	嘗	シヤウ	
3844	次	次	セン	
3845	次	羨	セン	
3846	次	盜	タウ	
3847	次	欨	シ	
3848	夲	夲	セウ	
3849	夲	報	ホウ	
3850	夲	睪	エキ	ヤク
3851	夲	執	シウ	
3852	夲	圉	キヨ	
3853	夲	籬	キク	
3854	夰	夰	サン	
3855	夰	皐	カウ	
3856	夰	靮	イン	
3857	夰	暴	ボウ	
3858	夰	奏	ソウ	
3859	夼	夼	カウ	
3860	夼	羿	カウ	
3861	夼	昇	カウ	
3862	夼	昊	カウ	
3863	彳	彳	テキ	
3864	彳	從	シウ	ジウ
3865	彳	微	ビ	ミ
3866	彳	徐	ジヨ	

序号	部首	字头	右音	左音
3867	彳	徒	ト	
3868	彳	徂	ソ	
3869	彳	徯	ケイ	
3870	彳	徿	シク	ホク
3871	彳	徘	ハイ	
3872	彳	徊	クワイ	
3873	彳	循	ジユン	
3874	彳	徼	ゲウ	
3875	彳	徨	クワウ	ワウ
3876	彳	征	セイ	
3877	彳	徸	セウ	
3878	彳	徙	シ	
3879	彳	彼	ヒ	
3880	彳	待	タイ	
3881	彳	很	コン	
3882	彳	徃	ワウ	
3883	彳	彷	ハウ	
3884	彳	徭	ジウ	
3885	彳	犯	ハン	
3886	彳	後	コウ	ゴ
3887	彳	徠	ライ	
3888	彳	徇	ジユン	
3889	彳	御	ギヨ	ゴ
3890	彳	徧	ヘン	
3891	彳	徑	ケイ	
3892	彳	復	フク	ブ
3893	彳	彳	チヨク	
3894	彳	律	リツ	
3895	彳	徉	カウ	
3896	彳	佫	カク	
3897	彳	役	エキ	ヤク
3898	彳	得	トク	
3899	彳	徖		
3900	彳	條	デウ	
3901	彳	徵	テウ	
3902	彳	禅	ヒ	
3903	彳	偃	エン	
3904	彳	徿	ヘイ	
3905	彳	徉	カン	
3906	彳	代	トク	

序号	部首	字头	右音	左音
3907	イ	瞿	ク	
3908	イ	修	シユ	
3909	イ	祥	ヤウ	
3910	イ	儾	ミ	
3911	イ	伲	シン	
3912	イ	徹	テツ	
3913	イ	徦	カ	カク
3914	イ	荵	シヨウ	
3915	イ	德	トク	
3916	イ	侵	シン	
3917	イ	徥	チ	ウ
3918	イ	他	タ	
3919	イ	洲	シウ	
3920	イ	贖	ソク	
3921	イ	徟	レユツ	
3922	イ	位	サク	サツ
3923	イ	俴	セン	
3924	イ	偉	ヰ	
3925	イ	後	リウ	
3926	イ	待	キ	
3927	イ	徇	ジユン	
3928	イ	徎	レイ	テイ
3929	イ	傡	ホウ	
3930	イ	袖	チウ	
3931	イ	徫	テイ	
3932	イ	儴	シヤウ	
3933	イ	低	チ	
3934	イ	値	チ	
3935	イ	彼	ハン	
3936	イ	约	シヤク	
3937	イ	俊	ソウ	
3938	イ	縊	イフ	
3939	イ	儦	ヘウ	
3940	イ	御	チ	
3941	イ	優	イウ	
3942	イ	洒	セイ	
3943	イ	傴	シユ	
3944	イ	徹	カン	
3945	イ	俺	エン	
3946	イ	倧	ソウ	

序号	部首	字头	右音	左音
3947	彳	㳄	シウ	
3948	彳	彿	ヒツ	
3949	彳	㣚	セツ	
3950	彳	御	キヤク	
3951	行	行	カウ	ギヤウ
3952	行	衝	セウ	
3953	行	衢	ク	キ
3954	行	街	ガイ	
3955	行	衙	ガ	
3956	行	㣱	キ	
3957	行	衒	エン	
3958	行	衕	ダウ	
3959	行	衛	ヱ	ヱイ
3960	行	衎	カン	
3961	行	衒	ケン	
3962	行	術	ジユウ	
3963	行	衛	ソツ	ジユツ
3964	行	衒	セン	
3965	行	衙	レイ	
3966	行	衝	カウ	
3967	行	衒	ヤウ	
3968	行	衙	ゴ	
3969	行	衕	ク	
3970	行	衒	ガン	
3971	行	衒		
3972	行	衙	タウ	
3973	行	術	カウ	アフ
3974	行	衒	ゲン	
3975	行	衛	クワツ	
3976	尢	尢		
3977	尢	尣	タン	
3978	夂	夂	キウ	
3979	夂	玖	ナシ	
3980	夂	夊	セイ	
3981	夂	愛	アイ	
3982	夂	夔	キウ	
3983	夂	憂	ウ	イウ
3984	夂	夏	カ	
3985	夂	致	チ	
3986	夂	夑	サイ	

序号	部首	字头	右音	左音
3987	夊	韽	カン	
3988	夊	夌	レウ	
3989	夊	夒	ソウ	
3990	舛	舛	シウ	
3991	舛	舞	ブ	
3992	走	走	ソウ	
3993	走	趍	シ	チ
3994	走	趄	ソ	
3995	走	趨	スウ	
3996	走	趂	チン	
3997	走	趒	テウ	
3998	走	趫	ケウ	
3999	走	超	テウ	
4000	走	趪	クワウ	
4001	走	起	キ	
4002	走	趲	サン	
4003	走	赴	フ	
4004	走	趣	シユ	
4005	走	趭	セウ	
4006	走	趽	ハウ	
4007	走	趶	ホウ	
4008	走	趗	ソク	シヨク
4009	走	越	ヱツ	ヲツ
4010	走	趯	テキ	
4011	走	趯	テキ	
4012	走	趲	タン	
4013	走	翅	シ	
4014	走	趮	ヘウ	
4015	走	趐	ヤウ	
4016	走	趯	ヒツ	
4017	走	趌	ケン	
4018	走	趙	テウ	
4019	走	趯	テツ	
4020	走	赳	シウ	
4021	走	趜	キク	
4022	走	趌	キツ	
4023	走	麺	メン	
4024	走	趩	テウ	
4025	走	趲	セン	
4026	走	趱	サウ	

序号	部首	字头	右音	左音
4027	走	趍	フ	
4028	走	趌	ヨウ	
4029	走	趠	ヤク	
4030	走	趹	フ	
4031	走	趜	コ	
4032	走	趡	チヨク	
4033	走	赳	キウ	
4034	走	蟯	ギヨウ	
4035	走	趦	ケン	
4036	走	趍	セキ	シ
4037	走	趉	ク	
4038	走	赻	サイ	
4039	走	趡	キウ	
4040	走	趯	テイ	
4041	走	趣	キ	
4042	走	趰	レキ	リヤク
4043	走	趡	スイ	
4044	走	趄	エン	
4045	走	趲	ザン	
4046	走	趍	ト	
4047	走	趏	ホ	
4048	走	趘	セイ	
4049	走	趓	フ	
4050	走	趐	テン	
4051	走	趤	サイ	
4052	走	趒	シ	サイ
4053	走	趫	シヤウ	
4054	走	趢	キ	
4055	走	赿	チ	
4056	走	趛	カン	キン
4057	走	趨	タウ	
4058	走	趄	タン	
4059	走	趤	ヨウ	
4060	走	趣	セイ	
4061	走	趩	トウ	
4062	走	赿	サ	
4063	走	赽	ギヨク	
4064	走	趣	セン	
4065	走	赺	トウ	
4066	走	趣	シク	

序号	部首	字头	右音	左音
4067	走	趪	コツ	
4068	走	趄	イツ	
4069	走	趮	サウ	
4070	走	趚	ハク	
4071	走	趌	アフ	カウ
4072	走	趹	ケツ	
4073	走	趧	ダイ	テイ
4074	走	趢	ロク	
4075	走	趫	ケツ	
4076	走	赸	ジユツ	
4077	辵	辵	チヤク	
4078	辵	通	トウ	ツウ
4079	辵	逢	ホウ	ブ
4080	辵	逮	キ	
4081	辵	追	ツイ	
4082	辵	隨	ズイ	
4083	辵	迻	イ	
4084	辵	遲	チ	
4085	辵	遺	イイ	
4086	辵	違	イイ	
4087	辵	途	ト	
4088	辵	逋	ホ	
4089	辵	逾	ユ	
4090	辵	迂	ウ	
4091	辵	迷	メイ	
4092	辵	迴	クワイ	
4093	辵	巡	ジユン	
4094	辵	遵	シユン	
4095	辵	逡	ジユン	
4096	辵	還	クワン	
4097	辵	邊	ヘン	
4098	辵	遄	ケン	
4099	辵	遷	セン	
4100	辵	連	レン	
4101	辵	迁	セン	
4102	辵	遄	セン	
4103	辵	遭	テン	
4104	辵	邀	ケウ	
4105	辵	遼	レウ	
4106	辵	逍	セウ	

序号	部首	字头	右音	左音
4107	辵	遥	ヨウ	
4108	辵	迢	テイ	
4109	辵	遨	ガウ	
4110	辵	遭	サウ	
4111	辵	逃	タウ	
4112	辵	迦	カ	
4113	辵	過	クワ	
4114	辵	薖	クワ	
4115	辵	蓬	ザ	
4116	辵	退	カ	
4117	辵	遮	シヤ	
4118	辵	遑	ワウ	クワウ
4119	辵	逐	チク	
4120	辵	逴	タク	
4121	辵	邈	ハク	ミヤク
4122	辵	述	シユツ	
4123	辵	迄	キツ	
4124	辵	遏	アツ	
4125	辵	達	タツ	
4126	辵	适	クワツ	
4127	辵	迫	ハク	
4128	辵	迮	サク	
4129	辵	逆	ゲキ	ギヤク
4130	辵	適	セキ	シヤク
4131	辵	適	テキ	チヤク
4132	辵	逖	テキ	
4133	辵	迪	テキ	
4134	辵	逼	ヒツ	
4135	辵	遝	タフ	タツ
4136	辵	逞	ワウ	
4137	辵	達	ソツ	
4138	辵	辻	ト	
4139	辵	退	ソ	
4140	辵	遡	ソ	
4141	辵	迒	カウ	
4142	辵	遺	クハン	
4143	辵	遺	トク	
4144	辵	進	シン	
4145	辵	遒	シン	
4146	辵	遺	サク	

序号	部首	字头	右音	左音
4147	辵	遬	ソク	
4148	辵	迅	シン	
4149	辵	遒	キウ	
4150	辵	遳	セイ	
4151	辵	邌	レイ	
4152	辵	迸	ソウ	
4153	辵	逶	イ	
4154	辵	遹	イツ	
4155	辵	迡	テイ	
4156	辵	遴	リン	
4157	辵	达	テイ	
4158	辵	逯	ソヨク	
4159	辵	退	バイ	マイ
4160	辵	道	イク	
4161	辵	遛	レウ	
4162	辵	躓	チツ	
4163	辵	遪	エン	
4164	辵	遪	ロウ	
4165	辵	遡	ソ	
4166	辵	逨	ライ	
4167	辵	迿	ボツ	コツ、モツ
4168	辵	逫	ハウ	
4169	辵	遚	シヤウ	
4170	辵	逡	テン	
4171	辵	迪	イウ	
4172	辵	遠	ス	
4173	辵	遑	シヨク	
4174	辵	逼	ヤク	
4175	辵	邊	テキ	タウ
4176	辵	運	カウ	
4177	辵	迎	カウ	キヤウ、ケイ
4178	辵	迮	セイ	
4179	辵	逑	キウ	
4180	辵	遊	イウ	ユ
4181	辵	逎	イウ	
4182	辵	遛	リウ	
4183	辵	運	ドウ	
4184	辵	邇	ジ	ニ
4185	辵	迹		
4186	辵	迹	セキ	シヤク

序号	部首	字头	右音	左音
4187	辵	迕	ゴ	
4188	辵	遞	テイ	
4189	辵	遞	テイ	
4190	辵	迨	タイ	
4191	辵	迺	ナイ	
4192	辵	近	キン	ゴン
4193	辵	返	ヘン	ハン
4194	辵	遁	トン	
4195	辵	遯	トン	
4196	辵	選	セン	
4197	辵	遣	ゲン	
4198	辵	遠	子ウ	
4199	辵	道	タウ	ダウ
4200	辵	造	ザウ	
4201	辵	逞	テイ	
4202	辵	迴	ケイ	キャウ
4203	辵	送	ソク	
4204	辵	遘	コウ	
4205	辵	迭	テソ	
4206	辵	避	ヒ	
4207	辵	遂	スイ	
4208	辵	遽	キヨ	
4209	辵	遇	グ	
4210	辵	逝	ゼイ	
4211	辵	逮	テイ	タイ
4212	辵	遰	テイ	
4213	辵	邁	マイ	バイ
4214	辵	退	タイ	
4215	辵	運	ウン	
4216	辵	遜	ソン	
4217	辵	遠	エン	ヲン
4218	辵	逭	クワン	
4219	辵	這	ゲン	
4220	辵	速	ソク	
4221	辵	遍	ヘン	
4222	辵	邏	ラ	
4223	辵	迀	クワ	カ
4224	辵	迋	ワウ	
4225	辵	迸	ハウ	
4226	辵	逕	ケイ	キャウ

序号	部首	字头	右音	左音
4227	辵	遒	シウ	シユ
4228	辵	逗	トウ	
4229	辵	透	トウ	
4230	辵	逅	コウ	
4231	廴	廴	イン	
4232	廴	廷	テイ	
4233	廴	延	サウ	
4234	廴	延	ヱン	
4235	廴	建	コン	
4236	癶	癶	ハツ	
4237	癶	登	トウ	
4238	步	步	ホ	
4239	步	歲	セイ	サイ
4240	止	止	シ	
4241	止	㱏	タツ	
4242	止	歱	シユウ	
4243	止	堂	タウ	
4244	止	歫	キヨ	
4245	止	歬	セン	
4246	止	歷	レキ	
4247	止	埱	シユク	
4248	止	歸	キ	
4249	止	帰	キ	
4250	止	疌	セウ	
4251	止	㞋	コン	
4252	止	崒	スイ	
4253	止	歰	シウ	
4254	止	歧	ギ	
4255	止	蹲	シユン	
4256	止	嵲	キウ	
4257	止	嶹	ドク	
4258	處	處	シヨ	
4259	處	䖒	コ	
4260	立	立	リウ	リツ
4261	立	隷	リ	
4262	立	𥪰	タイ	
4263	立	端	タン	
4264	立	竱	セン	
4265	立	靖	セイ	シヤウ
4266	立	竫	セイ	

序号	部首	字头	右音	左音
4267	立	竦	シヨウ	
4268	立	竢	シ	
4269	立	竕	シク	
4270	立	竘	シク	
4271	立	羸	ラ	
4272	立	竭	ケツ	
4273	立	墅	シユ	ス
4274	立	竣	シユン	
4275	立	䇄	サク	シヤク
4276	立	竲	ソウ	サウ
4277	立	竚	チヨ	
4278	立	竨	ア	
4279	立	竧	キ	
4280	立	竪	カイ	
4281	立	䇅	ケイ	
4282	立	䇨	ギ	
4283	立	䇦	ソク	
4284	立	竑	カウ	コウ
4285	立	竜	リウ	
4286	立	竎	チウ	
4287	立	竐	ク	
4288	立	䇳	テン	
4289	立	竤	ガイ	
4290	立	䇍	シヨ	
4291	立	兂	ケン	
4292	立	戕	ヘツ	
4293	立	竦	フク	
4294	竝	竝	ヘイ	ビヤウ
4295	竝	並	ヘイ	ビヤウ
4296	竝	普	テイ	タイ
4297	竝	普	テイ	テイ
4298	此	此		
4299	此	啙	シ	セキ
4300	此	些	セイ	サク
4301	此	紫	スイ	
4302	正	正	セイ	シヤウ
4303	正	正	セイ	シヤウ
4304	正	疋	セイ	シヤウ
4305	正	玊	ホウ	ホク
4306	正	蹟	サク	

序号	部首	字头	右音	左音
4307	正	整	セイ	
4308	是	是	シ	ゼ
4309	是	毼	セン	
4310	是	踶	イ	
4311	宀	宀	ヘン	メン
4312	宀	宗	ソウ	シウ
4313	宀	家	ケ	カ
4314	宀	容	ヨウ	
4315	宀	宜	ギ	
4316	宀	宸	シン	
4317	宀	宛	エン	
4318	宀	寒	カン	
4319	宀	官	クワン	
4320	宀	寛	クワン	
4321	宀	完	クワン	
4322	宀	安	アン	
4323	宀	宣	セン	
4324	宀	寰	クワン	
4325	宀	宵	セウ	
4326	宀	審	ケウ	
4327	宀	寮	リヤウ	
4328	宀	寥	レウ	
4329	宀	宏	ワン	クワン
4330	宀	寧	子イ	ニヤウ
4331	宀	宋	キウ	
4332	宀	寵	テウ	
4333	宀	宄	ゼウ	
4334	宀	究	キウ	
4335	宀	宇	ウ	
4336	宀	寠	リ	
4337	宀	宰	サイ	
4338	宀	宴	エン	
4339	宀	寶	ホウ	
4340	宀	寡	クワ	
4341	宀	寫	シヤ	
4342	宀	守	シユ	スシウ
4343	宀	寢	シン	
4344	宀	寋	サン	
4345	宀	寅	シン	
4346	宀	寄	キ	

序号	部首	字头	右音	左音
4347	宀	害	ゴ	
4348	宀	寓	グウ	
4349	宀	害	ガイ	
4350	宀	宦	クワン	
4351	宀	宕	タウ	
4352	宀	定	ヂヤウ	
4353	宀	宙	チチ	
4354	宀	宿	シユク	シウ
4355	宀	寇	コウ	
4356	宀	宥	イウ	
4357	宀	奥	アフ	
4358	宀	向	カウ	キヤウ
4359	宀	宋	ソウ	
4360	宀	賓	ヒン	
4361	宀	富	フ	
4362	宀	宓	ミツ	ヒツ
4363	宀	實	シツ	イル
4364	宀	寔	シヨク	
4365	宀	察	サツ	
4366	宀	寞	バク	
4367	宀	宅	タク	
4368	宀	客	カク	キヤク
4369	宀	寂	セキ	ジヤク
4370	宀	塞	ソク	サイ
4371	宀	寠	カ	
4372	宀	密	ミツ	
4373	宀	蹇	ケン	
4374	宀	宦	クワン	
4375	宀	審	シン	
4376	宀	寒	カ	
4377	宀	康	カウ	
4378	宀	宊	キウ	
4379	宀	窺	シン	
4380	宀	寏	ラウ	
4381	宀	寏	エイ	アイ
4382	宀	宑	セイ	
4383	宀	索	サク	シヤク
4384	宀	宋	カイ	
4385	宀	宛	エン	

序号	部首	字头	右音	左音
4386	宀	宼	キ	
4387	宀	宐	シユ	
4388	宀	寁	リン	
4389	宮	宮	キウ	グウ
4390	宮	營	エイ	
4391	宁	宁	チヨ	
4392	宁	竚	チヨ	
4393	門	門	モン	
4394	門	闚	キ	
4395	門	闈	イ	
4396	門	閭	リヨ	
4397	門	覦	ユ	
4398	門	閨	ケイ	
4399	門	開	カイ	
4400	門	闉	イン	
4401	門	闒	イ	
4402	門	閔	ブン	
4403	門	閾	イキ	
4404	門	閽	コン	
4405	門	闌	ラン	
4406	門	關	クワン	
4407	門	間	カン	ケン
4408	門	闤	クワン	
4409	門	閑	カン	
4410	門	闐	テン	
4411	門	闍	シヤ	
4412	門	閶	シヤウ	
4413	門	閎	クワウ	
4414	門	闟	エン	
4415	門	閖	ユウ	
4416	門	闠	ケイ	
4417	門	閡	ガイ	
4418	門	閔	ビン	
4419	門	闇	コン	キン
4420	門	闡	セン	
4421	門	闟	エン	
4422	門	閃	セン	
4423	門	闞	カン	
4424	門	閟	ヒ	
4425	門	閉	ヘイ	

序号	部首	字头	右音	左音
4426	門	閡	ガイ	
4427	門	闦	クワイ	
4428	門	閈	カン	
4429	門	鬧	子ウ	
4430	門	閬	ラウ	
4431	門	閌	カウ	
4432	門	鬪	トウ	
4433	門	闖	チン	
4434	門	闇	アン	
4435	門	閦	シク	
4436	門	闕	ケツ	
4437	門	閥	バツ	
4438	門	閼	ヱツ	アツ
4439	門	闥	クツ	
4440	門	闊	クワツ	
4441	門	閱	ヱツ	
4442	門	閣	カク	
4443	門	闋	ケツ	
4444	門	閤	カウ	
4445	門	闠	カウ	
4446	門	閨	ケイ	
4447	門	閘	ワウ	
4448	門	闢	ヒヤク	ヘキ
4449	門	闌	ケツ	
4450	門	問	モン	フン
4451	門	閏	シユン	
4452	門	閙	タウ	
4453	門	闥	ラン	
4454	門	闇	シユン	
4455	門	聞	ブン	モン
4456	門	閜	カ	
4457	門	闟	シン	
4458	門	闛	サウ	
4459	門	闦	ワウ	
4460	門	関	カウ	
4461	門	悶	モン	
4462	門	闍	タウ	
4463	門	闄	ヒキウ	
4464	門	誾	ギン	
4465	門	闐	テン	

序号	部首	字头	右音	左音
4466	門	闔	アツ	
4467	戶	戶	コ	
4468	戶	扉	ヒ	
4469	戶	扇	セン	
4470	戶	㝑	イ	
4471	戶	房	バウ	
4472	戶	扃	ケイ	
4473	戶	戾	レイ	レツ
4474	戶	厄	アク	
4475	尸	尸	シ	
4476	尸	屍	シ	
4477	尸	尼	ニ	
4478	尸	屁		
4479	尸	居	キヨ	コキ
4480	尸	屠	ト	
4481	尸	屌	セン	
4482	尸	尻	カウ	
4483	尸	屛	ヘイ	ビヤウ
4484	尸	層	ゾウ	
4485	尸	屎	シ	
4486	尸	展	テン	
4487	尸	屁	ヒ	
4488	尸	眉	キ	
4489	尸	屝	ヒル	
4490	尸	屢	ル	
4491	尸	屆	カイ	
4492	尸	屋	ウク	
4493	尸	局	キヨク	
4494	尸	屑	セウ	
4495	尾	尾	ビ	
4496	尾	屬	シヨク	ゾク
4497	尺	尺	セキ	シヤク
4498	尺	咫	シ	
4499	履	履	リ	
4500	履	屨	タイ	
4501	履	履	クワン	
4502	履	屣	シク	
4503	履	屨	ク	キヨ
4504	履	屩	キヤク	
4505	履	屐	ゲキ	

序号	部首	字头	右音	左音
4506	履	屧	セウ	
4507	老	老	ラウ	
4508	老	耆	ギ	
4509	老	考	カウ	
4510	老	者	シヤ	
4511	老	孝	カウ	
4512	老	耄	ホウ	マウ
4513	疒	疒	ダク	ナク、シヤウ
4514	疒	癰	ヨウ	ヲウ
4515	疒	疼	トウ	
4516	疒	痍	イ	
4517	疒	疲	ヒ	
4518	疒	癡	チ	
4519	疒	疵	シ	
4520	疒	痿	イ	
4521	疒	疷	シ	
4522	疒	疽	ソ	
4523	疒	瘻	ロ	
4524	疒	癨	ク	
4525	疒	痛	ホ	
4526	疒	痎	ガイ	
4527	疒	疹	シン	
4528	疒	痕	コン	
4529	疒	瘢	ハン	
4530	疒	疝	サン	
4531	疒	瘪	クワン	
4532	疒	癲	テン	
4533	疒	瘨	テン	
4534	疒	癵	レン	
4535	疒	癴	レン	
4536	疒	痊	セン	
4537	疒	痟	セウ	
4538	疒	疱	ハウ	
4539	疒	瘥	シヤ	
4540	疒	痾	ア	
4541	疒	痤	ザ	
4542	疒	痂	カ	
4543	疒	痕	カ	
4544	疒	瘡	サウ	
4545	疒	痒	ヤウ	

序号	部首	字头	右音	左音
4546	疒	疣	ユウ	
4547	疒	瘤	リウ	
4548	疒	瘳	チウ	
4549	疒	瘟	ヲン	
4550	疒	痰	タン	
4551	疒	痁	セン	
4552	疒	痔	ヂ	
4553	疒	痍	イ	
4554	疒	痞	ヒ	
4555	疒	瘉	ユ	
4556	疒	癉	タン	
4557	疒	癬	セン	
4558	疒	痙	ア	
4559	疒	痱	ハイ	
4560	疒	瘿	エイ	
4561	疒	瘄	セイ	
4562	疒	痗	ホウ	
4563	疒	痛	ツウ	トウ
4564	疒	癘	リ	レイ
4565	疒	痢	リ	
4566	疒	瘁	スイ	
4567	疒	痹	ヒ	
4568	疒	瘀	ヲ	
4569	疒	痼	コ	
4570	疒	癧	レイ	
4571	疒	癩	ライ	
4572	疒	疥	カイ	
4573	疒	瘵	サイ	
4574	疒	癈	ハイ	
4575	疒	疢	チン	
4576	疒	療	レヨウ	
4577	疒	爍	レヨウ	
4578	疒	瘙	サウ	
4579	疒	瘠	サイ	
4580	疒	痗	マイ	
4581	疒	瘴	シヤウ	
4582	疒	病	ヘイ	ビヤウ
4583	疒	瘦	ソウ	シユ
4584	疒	疚	キウ	
4585	疒	瘃	タク	

序号	部首	字头	右音	左音
4586	疒	疾	シツ	
4587	疒	癤	セツ	
4588	疒	癨	クワク	
4589	疒	瘼	マク	バク
4590	疒	瘧	ギヤ	
4591	疒	瘠	セキ	
4592	疒	疫	エキ	ヤク
4593	疒	癖	ヘキ	ヒヤク
4594	疒	癔	ヨク	
4595	疒	疣	イウ	
4596	疒	瘵	ヂヨ	
4597	疒	瘩	タ	
4598	疒	痏	イウ	
4599	疒	癥	ケツ	
4600	疒	瘣	カイ	
4601	疒	疴	ア	
4602	疒	瘽	キン	
4603	疒	瘵	サイ	
4604	疒	瘖	イン	
4605	疒	疵	シ	
4606	疒	癇	カン	
4607	疒	痰	カウ	
4608	疒	痹	クン	
4609	疒	瘳	チウ	
4610	疒	疞	フ	
4611	疒	疲	ハン	
4612	疒	瘤	シウ	
4613	疒	瘅	タイ	
4614	疒	痊	シ	
4615	疒	痌	トウ	
4616	疒	瘀	ヲ	
4617	疒	痛	サウ	シヤウ
4618	疒	癧	リヨク	
4619	疒	癰	ラ	
4620	疒	癉	タン	
4621	疒	瘢	コン	
4622	疒	瘯	ソ	
4623	疒	癔	シヨク	
4624	疒	瘭	ハイ	
4625	疒	痿	ユ	

序号	部首	字头	右音	左音
4626	疒	疕	コツ	
4627	疒	瘷	サウ	
4628	疒	疨	ギン	
4629	疒	疙	コツ	
4630	疒	瘖	ヲン	
4631	疒	瘖	イン	
4632	疒	瘂	イン	
4633	疒	瘈	テウ	
4634	疒	瘂	イ	
4635	疒	痊	カイ	
4636	疒	痕	チヤウ	
4637	疒	癎	エン	
4638	疒	癑	ノウ	
4639	疒	瘑	シヤ	
4640	疒	痒	キ	
4641	疒	疝	クワ	
4642	疒	癤	セツ	
4643	疒	瘜	シン	
4644	疒	瘏	ト	
4645	疒	疕	ヒ	
4646	疒	癢	ヤウ	
4647	疒	**瘈**	ウ	
4648	疒	瘄	ハイ	
4649	疒	瘦	フ	
4650	叔	叔	サン	
4651	叔	敊	エイ	
4652	叔	敓	セイ	
4653	叔	敔	ガク	
4654	歹	歹	カツ	
4655	歹	殏	ジウ	
4656	歹	殍	フ	
4657	歹	殂	ソ	
4658	歹	殊	シユ	
4659	歹	殘	ザン	
4660	歹	殘	イ	
4661	歹	殫	タン	
4662	歹	殤	シヤウ	
4663	歹	殃	アフ	
4664	歹	殊	キウ	
4665	歹	殲	セン	

序号	部首	字头	右音	左音
4666	歹	殆	タイ	
4667	歹	殞	イン	
4668	歹	殄	チン	
4669	歹	殀	ヨウ	
4670	歹	殤	クワ	
4671	歹	殊	シユ	
4672	歹	殪	エイ	
4673	歹	殯	ヒン	
4674	歹	殉	シユン	
4675	歹	殰	ラン	
4676	歹	殟	ナフ	
4677	歹	殢	テイ	
4678	歹	殮	レン	
4679	歹	殘	シツ	
4680	歹	殳	モツ	
4681	歹	殕	ブ	
4682	歹	殆	ラク	
4683	歹	殛	キヨク	
4684	歹	殖	シヨク	
4685	歹	殑	リヨウ	
4686	歹	殧	シク	シウ
4687	歹	殲	ラ	
4688	歹	殭	カウ	キヤウ
4689	歹	殨	フン	
4690	歹	殏	キウ	
4691	歹	殤	サイ	
4692	歹	殠	ライ	
4693	歹	殲	シ	
4694	歹	殠	シユ	
4695	歹	殊	シヤウ	
4696	歹	列	レイ	
4697	歹	殢	キ	
4698	歹	歼	カン	
4699	死	死	シ	
4700	死	薨	コウ	
4701	死	薨	エイ	
4702	死	斃	ヘイ	
4703	凶	凶	ケウ	ク
4704	凶	兇	ケウ	ク
4705	穴	穴	ケツ	

序号	部首	字头	右音	左音
4706	穴	空	クウ	
4707	穴	窮	キウ	
4708	穴	窿	リウ	
4709	穴	窗	サウ	
4710	穴	窓	サウ	
4711	穴	窺	キ	
4712	穴	穻	ウ	
4713	穴	窀	チン	チユ
4714	穴	窴	テン	
4715	穴	穿	セン	
4716	穴	寮	レウ	
4717	穴	窯	エウ	
4718	穴	牢	ラウ	
4719	穴	窠	クワ	
4720	穴	窩	クワ	
4721	穴	窊	ワ	
4722	穴	窪	ワ	
4723	穴	窬	トウ	
4724	穴	窺	キ	
4725	穴	窿	ロウ	
4726	穴	窶	ク	
4727	穴	窳	サウ	
4728	穴	窘	キン	
4729	穴	窾	クワン	
4730	穴	窱	テウ	
4731	穴	窈	ユウ	
4732	穴	窕	テウ	
4733	穴	窜	シン	セイ
4734	穴	窞	タン	
4735	穴	甯	トウ	
4736	穴	邃	スイ	
4737	穴	竁	ゼイ	セン
4738	穴	窳	ゴ	
4739	穴	竄	ザン	
4740	穴	窔	ヨウ	
4741	穴	竅	ケウ	
4742	穴	宆	アツ	
4743	穴	窖	カウ	
4744	穴	竈	サウ	
4745	穴	窒	ケイ	

序号	部首	字头	右音	左音
4746	穴	竇	トウ	テウ
4747	穴	窗	シウ	
4748	穴	究	キウ	ク
4749	穴	宊	ヘン	
4750	穴	窒	チウ	
4751	穴	窟	クッ	
4752	穴	突	トッ	
4753	穴	崒	ソッ	
4754	穴	穹	キウ	
4755	穴	竊	セツ	
4756	穴	窄	サク	
4757	穴	宊	セキ	
4758	穴	竄	シン	
4759	穴	窅	エウ	
4760	穴	籃	ラン	
4761	穴	崩	ホウ	
4762	穴	篝	コウ	
4763	穴	窇	ラウ	
4764	穴	窵	テウ	
4765	穴	窸	キヨ	
4766	穴	窨	イン	
4767	穴	窉	ヘイ	
4768	穴	窿	イン	
4769	穴	容	ガウ	
4770	穴	窞	タ	
4771	穴	窌	ハウ	
4772	穴	窳	コ	
4773	穴	窇	ハウ	
4774	穴	窪	テイ	
4775	穴	窻	シヨウ	
4776	穴	覆	フク	
4777	穴	蘚	シ	
4778	穴	家	チヨ	
4779	穴	宙	チウ	
4780	穴	窚	セイ	
4781	穴	窗	リッ	
4782	丨	丨	シ	
4783	丨	中	チウ	
4784	丨	串	クワン	
4785	丨	个	カ	

序号	部首	字头	右音	左音
4786	屮	屮	テツ	
4787	屮	屯	トン	ジユン
4788	屮	毎	マイ	モイ
4789	屮	毒	ドク	
4790	木	木	ボク	モク
4791	木	櫳	ロウ	
4792	木	桐	トウ	
4793	木	楓	フウ	
4794	木	楱	ソウ	シウ、シユ
4795	木	橦	トウ	
4796	木	柊	ジウ	
4797	木	桱	クウ	コウ
4798	木	松	セウ	
4799	木	榕	ヨウ	
4800	木	棒	ホウ	
4801	木	椿	サウ	トウ
4802	木	杠	カウ	
4803	木	槌	ヒ	
4804	木	欀	スイ	
4805	木	楣	ビ	ミ
4806	木	栵	ジリ	
4807	木	欐	リ	
4808	木	檥	ギ	
4809	木	梔	シ	
4810	木	枝	シ	
4811	木	橘	リ	
4812	木	椑	ヒ	
4813	木	梨	リ	
4814	木	槻	キ	
4815	木	櫔	シ	
4816	木	椅	イ	キヤウ
4817	木	楓	クワイ	
4818	木	榴	シ	
4819	木	桅	キ	クワイ
4820	木	椎	ツイ	
4821	木	楮	シ	
4822	木	櫑	ルイ	
4823	木	槌	ツイ	
4824	木	棋	キ	
4825	木	柶	シ	

序号	部首	字头	右音	左音
4826	木	機	キ	
4827	木	櫚	リヨ	
4828	木	樗	チヨ	
4829	木	枯	キヨ	
4830	木	梳	シヨ	
4831	木	樞	スウ	
4832	木	櫨	ロ	
4833	木	桴	フ	
4834	木	梧	ゴ	
4835	木	株	チウ	
4836	木	柎	フ	
4837	木	榆	ユ	
4838	木	榑	フウ	
4839	木	柘	ウ	
4840	木	朱	シユ	
4841	木	模	ボ	モ
4842	木	枯	コ	
4843	木	棲	セイ	
4844	木	栖	セイ	
4845	木	梯	テイ	
4846	木	柢	テイ	
4847	木	枅	ケイ	
4848	木	槩	ケイ	
4849	木	櫰	クァイ	
4850	木	槐	クワイ	
4851	木	桜	サイ	
4852	木	柴	サイ	
4853	木	植	チ	シヨク
4854	木	檞	カイ	
4855	木	栽	サイ	
4856	木	材	ザイ	
4857	木	枚	バイ	マイ
4858	木	梅	バイ	
4859	木	楯	ジユン	
4860	木	椿	チン	
4861	木	榛	シン	
4862	木	枌	フン	
4863	木	橒	ウン	
4864	木	村	ソン	ジユン
4865	木	根	コン	

序号	部首	字头	右音	左音
4866	木	棔	コン	
4867	木	樽	ソン	
4868	木	欄	ラン	
4869	木	檀	ダン	
4870	木	橫	サン	
4871	木	欒	ラン	
4872	木	棺	クワン	
4873	木	槃	ハン	
4874	木	桓	クワン	
4875	木	椽	テン	
4876	木	權	ケン	ゴン
4877	木	棉	メン	
4878	木	標	ヘウ	
4879	木	梗	ベン	
4880	木	栓	セン	
4881	木	棬	ケン	
4882	木	橑	レウ	
4883	木	橋	ケウ	
4884	木	梁	リヤウ	
4885	木	杓	シヤク	
4886	木	椒	セウ	
4887	木	樵	セウ	
4888	木	條	テウ	
4889	木	橇	ケウ	ゼイ
4890	木	橈	子ウ	
4891	木	梢	セウ	
4892	木	檮	タウ	
4893	木	桃	タウ	
4894	木	槽	サウ	
4895	木	檺	カウ	
4896	木	槔	カウ	
4897	木	橐	カウ	
4898	木	柯	カン	
4899	木	椏	アツ	
4900	木	杈	シヤ	
4901	木	枷	カ	
4902	木	梭	セン	サ
4903	木	樝	シヤ	サ
4904	木	榇	サ	
4905	木	槎	サ	

序号	部首	字头	右音	左音
4906	木	椰	ヤ	
4907	木	樺	クワ	
4908	木	槁	クワ	
4909	木	梁	リヤウ	
4910	木	杂	バウ	
4911	木	橿	キヤウ	
4912	木	楊	ヤウ	
4913	木	樟	シヤウ	
4914	木	棠	タウ	
4915	木	根	ラウ	
4916	木	桑	サウ	
4917	木	椋	リヤウ	
4918	木	桄	クワウ	
4919	木	楔	セツ	
4920	木	欀	ジヤウ	
4921	木	檣	シヤウ	
4922	木	槍	サウ	
4923	木	桁	カウ	
4924	木	牀	シヤウ	
4925	木	棚	ボウ	
4926	木	楹	エイ	
4927	木	檔	タウ	
4928	木	枅	ヘイ	
4929	木	楨	テイ	
4930	木	槹	テイ	
4931	木	橙	タウ	
4932	木	櫻	ワウ	
4933	木	棖	タウ	
4934	木	欀	クワイ	
4935	木	檠	ケイ	
4936	木	横	クワウ	
4937	木	榮	エイ	
4938	木	檽	レイ	
4939	木	柃	レイ	
4940	木	椑	テイ	
4941	木	樋	ヒ	
4942	木	櫨	ロ	
4943	木	樓	ロウ	ロ、ル
4944	木	楸	シウ	
4945	木	林	キウ	

序号	部首	字头	右音	左音
4946	木	楢	イウ	
4947	木	桴	フ	
4948	木	枹	ハウ	
4949	木	棓	フウ	
4950	木	樛	キウ	
4951	木	柔	ジウ	
4952	木	休	キウ	
4953	木	檎	キン	
4954	木	榰	シン	
4955	木	柊	シン	
4956	木	椹	チン	
4957	木	柑	カン	
4958	木	柵	サン	セン
4959	木	楠	ナン	
4960	木	檐	エン	
4961	木	橺	エン	
4962	木	枰	ヘイ	
4963	木	槧	セン	
4964	木	杉	サン	
4965	木	械	カン	
4966	木	枚	ケン	
4967	木	桶	トウ	ツウ
4968	木	棒	バウ	
4969	木	棋	ケウ	
4970	木	枳	シ	キ
4971	木	李	リ	
4972	木	杝	タ	
4973	木	柹	シ	
4974	木	梓	シ	
4975	木	欙	リ	
4976	木	柀	ヒ	
4977	木	机	キ	
4978	木	梔	ニ	
4979	木	棐	ヒ	
4980	木	榧	ヒ	
4981	木	梶	ビ	
4982	木	梠	リヨ	
4983	木	楮	チヨ	
4984	木	栩	ウ	
4985	木	楺	ユ	

序号	部首	字头	右音	左音
4986	木	杵	シヨ	
4987	木	杼	子ヨ	
4988	木	校	カウ	チユウ
4989	木	柱	チウ	
4990	木	櫓	ロ	
4991	木	杜	ト	
4992	木	枴	カイ	
4993	木	楷	カイ	
4994	木	采	サイ	
4995	木	槿	キン	
4996	木	槙	シン	
4997	木	本	ホン	
4998	木	梱	コン	
4999	木	楗	ケン	
5000	木	椀	ワン	
5001	木	棧	ザン	
5002	木	板	ハン	
5003	木	柬	ケン	
5004	木	橋	テウ	
5005	木	杏	ギヤウ	アン
5006	木	菓	グワ	
5007	木	朶	タ	
5008	木	樿	セン	
5009	木	杪	ベウ	
5010	木	橑	ラウ	
5011	木	槁	カウ	
5012	木	柁	タ	
5013	木	果	クワ	
5014	木	榎	カ	
5015	木	榜	バウ	
5016	木	橡	シヤウ	
5017	木	欟	タウ	
5018	木	杖	ケヤウ	
5019	木	槳	シヤウ	
5020	木	枉	ワウ	
5021	木	梗	カウ	キヤウ
5022	木	橄	キン	ケイ
5023	木	梃	テイ	
5024	木	某	ボク	ム
5025	木	柩	ク	

序号	部首	字头	右音	左音
5026	木	枸	ク	
5027	木	櫌	ユウ	
5028	木	柳	リウ	
5029	木	杻	ケウ	
5030	木	枓	トウ	
5031	木	朽	キウ	
5032	木	枕	シン	
5033	木	楅	チチ	
5034	木	檢	ケン	
5035	木	樢	エン	
5036	木	杳	ユウ	
5037	木	槹	カウ	
5038	木	檻	カン	
5039	木	棟	トウ	
5040	木	槸	マイ	
5041	木	櫃	キ	
5042	木	柲	ヒ	
5043	木	椿	タウ	
5044	木	樹	ジユ	
5045	木	桂	ケイ	
5046	木	樅	セウ	
5047	木	槟	レイ	
5048	木	柄	セイ	
5049	木	枻	エイ	
5050	木	杕	テイ	
5051	木	柰	ナイ	
5052	木	檜	クワイ	
5053	木	柿	ハイ	
5054	木	柜	コ	
5055	木	棺	クワン	
5056	木	械	カイ	
5057	木	榯	タイ	
5058	木	檠	カイ	
5059	木	杒	ジン	
5060	木	櫬	シン	
5061	木	檼	イン	
5062	木	案	アン	
5063	木	榦	カン	
5064	木	楗	ケン	
5065	木	楝	レン	

序号	部首	字头	右音	左音
5066	木	栫	セン	
5067	木	棹	タウ	
5068	木	楣	マウ	
5069	木	架	カ	
5070	木	榭	シヤ	
5071	木	柘	シヤ	
5072	木	欟	ハ	
5073	木	楣	ヒ	
5074	木	柄	ヘイ	
5075	木	構	コウ	
5076	木	柚	ユウ	
5077	木	柢	テイ	
5078	木	柩	キウ	
5079	木	築	チク	
5080	木	槲	コク	
5081	木	樸	ボク	
5082	木	桧	ガン	
5083	木	榖	コク	
5084	木	椈	キク	
5085	木	橳	シヨウ	
5086	木	櫝	トク	
5087	木	束	ソク	シユウ
5088	木	欘	ゾク	チヨ、ク
5089	木	梏	コク	
5090	木	桷	カク	
5091	木	朴	ハク	ボク
5092	木	椓	タク	
5093	木	槊	サク	ソ
5094	木	朮	ジユツ	
5095	木	橘	キツ	
5096	木	栗	リツ	
5097	木	杲	カウ	
5098	木	櫁	ミツ	
5099	木	櫛	シツ	
5100	木	桎	シツ	
5101	木	楬	ケツ	
5102	木	杌	コツ	
5103	木	橛	ケツ	
5104	木	樾	ヱツ	
5105	木	棍	コン	

序号	部首	字头	右音	左音
5106	木	柮	トツ	クワツ
5107	木	楳	トツ	
5108	木	柭	バツ	
5109	木	桰	カツ	
5110	木	末	マツ	
5111	木	札	サツ	
5112	木	朳	ハツ	
5113	木	柮	セツ	
5114	木	楔	ケツ	
5115	木	欈	ケツ	
5116	木	桔	キ	
5117	木	樧	ケツ	
5118	木	欅	ケツ	
5119	木	櫟	リヤク	
5120	木	槻	キ	
5121	木	柞	サク	
5122	木	格	カク	
5123	木	楉	ジヤク	
5124	木	柝	タク	
5125	木	槨	クワク	
5126	木	栅	サク	
5127	木	核	ガイ	
5128	木	檗	バク	ヘチ
5129	木	柏	ハク	
5130	木	栢	ハク	
5131	木	椈	キヤク	
5132	木	槓	セキ	
5133	木	樀	チキ	
5134	木	檄	ゲキ	
5135	木	櫪	レキ	
5136	木	析	シヤク	
5137	木	杙	ヨク	
5138	木	枂	ロク	
5139	木	極	キヨク	ゴク
5140	木	楫	シウ	
5141	木	榼	カフ	
5142	木	榻	タウ	
5143	木	楪	エフ	
5144	木	柙	カウ	
5145	木	榀	ヒン	

序号	部首	字头	右音	左音
5146	木	椚	モン	
5147	木	樒	シ	
5148	木	橷	セイ	
5149	木	梛	ヤ	
5150	東	東	トウ	
5151	東	曹	サウ	
5152	林	林	リン	
5153	林	棼	フン	
5154	林	森	シン	
5155	林	楚	ソ	
5156	林	埜	レ	
5157	林	梵	ボン	
5158	林	麓	ロク	
5159	林	鬱	ウツ	
5160	林	欝	ウツ	
5161	巢	巢	サウ	
5162	叒	叒	シヤク	
5163	叒	桑	サウ	
5164	艸	艸	サウ	
5165	艸	叢	ソウ	
5166	艸	葱	ソウ	
5167	艸	蓬	ホウ	ブ
5168	艸	菘	シウ	スウ、ソウ
5169	艸	芎	キウ	
5170	艸	芫	ジウ	
5171	艸	蘴	ホウ	
5172	艸	葒	コウ	
5173	艸	蘔	キウ	
5174	艸	蒙	モウ	
5175	艸	芃	ホウ	
5176	艸	薯	シヨ	
5177	艸	苢	コウ	
5178	艸	蓉	ヨウ	
5179	艸	茸	ゼウ	
5180	艸	蘄	キ	
5181	艸	蘺	リ	
5182	艸	茲	シ	
5183	艸	蘂	スイ	
5184	艸	茨	シ	
5185	艸	薔	シ	

序号	部首	字头	右音	左音
5186	艸	蔾	リ	
5187	艸	葵	キ	
5188	艸	芝	シ	
5189	艸	蕬	シ	
5190	艸	萁	キ	
5191	艸	蒻	ナン	
5192	艸	芚	トン	
5193	艸	蓀	ソン	
5194	艸	萱	ケン	クワン
5195	艸	蘩	ハン	
5196	艸	蘐	ケン	
5197	艸	蕃	ハン	
5198	艸	蘭	アン	
5199	艸	莞	クワン	
5200	艸	蔓	マン	
5201	艸	芃	グワン	
5202	艸	蔽	サン	
5203	艸	菅	カン	
5204	艸	藺	カン	
5205	艸	萸	テン	
5206	艸	蓮	レン	
5207	艸	荅	タウ	
5208	艸	蔫	エン	
5209	艸	芊	セン	
5210	艸	苗	メウ	
5211	艸	蕘	セウ	ケウ
5212	艸	蕭	セウ	
5213	艸	苕	テウ	
5214	艸	蕎	クウ	
5215	艸	茅	バウ	マウ
5216	艸	茭	カウ	
5217	艸	苞	ハウ	
5218	艸	蒿	カウ	
5219	艸	萄	タウ	
5220	艸	茫	バウ	マウ
5221	艸	苛	カ	
5222	艸	茄	キヤ	
5223	艸	莎	シヤ	
5224	艸	荷	カ	
5225	艸	蘿	ラ	

序号	部首	字头	右音	左音
5226	艹	莪	ガ	
5227	艹	蓑	サ	
5228	艹	華	クワ	ケン
5229	艹	花	クワ	
5230	艹	葭	カ	
5231	艹	葩	ハ ガ	
5232	艹	荓	ガ	
5233	艹	茶	サ	
5234	艹	苴	シヤ	
5235	艹	葖	テイ	
5236	艹	莊	シヤウ	
5237	艹	萇	チヤウ	
5238	艹	菖	シヤウ	
5239	艹	薑	キヤウ	
5240	艹	薑	キヤウ	
5241	艹	蔣	シヤウ	
5242	艹	芒	バウ	
5243	艹	蕩	タウ	
5244	艹	蓎	タウ	
5245	艹	蒼	サウ	
5246	艹	薌	キヤウ	
5247	艹	芳	ハウ	
5248	艹	蘽	ルイ	
5249	艹	茈	シ	
5250	艹	茎	チ	
5251	艹	荽	スイ	
5252	艹	蔂	キ	
5253	艹	肴	イウ	
5254	艹	萎	イ	
5255	艹	薇	ヒ	
5256	艹	菲	ヒ	
5257	艹	薆	カイ	
5258	艹	萱	ギ	
5259	艹	蔬	ソ	
5260	艹	藻	キヨ	
5261	艹	藘	チヨ	
5262	艹	藸	チヨ	
5263	艹	蔏	ジヨ	
5264	艹	苴	ソ	
5265	艹	蕈	ヨウ	

序号	部首	字头	右音	左音
5266	艸	苴	シヨ	
5267	艸	菩	ボ	
5268	艸	蘇	ソ	
5269	艸	蘆	ヒ	
5270	艸	葫	コ	
5271	艸	蒲	ホ	
5272	艸	茶	ト	ダ
5273	艸	荸	フ	
5274	艸	芙	フ	
5275	艸	菰	コ	
5276	艸	萸	ユ	
5277	艸	蒭	スウ	
5278	艸	蔞	ル	
5279	艸	蕍	ユ	
5280	艸	蒤	ト	
5281	艸	苽	コ	
5282	艸	蕪	ブ	
5283	艸	藜	レイ	
5284	艸	薺	セイ	
5285	艸	莉	リ	
5286	艸	蔓	セイ	
5287	艸	薤	ハイ	
5288	艸	荄	カイ	
5289	艸	薢	カイ	
5290	艸	苔	タイ	
5291	艸	萊	ライ	
5292	艸	苺	マイ	
5293	艸	蒓	ジユン	
5294	艸	薪	シン	
5295	艸	薫	クン	
5296	艸	菫	グン	ウン
5297	艸	芹	キン	
5298	艸	芬	フン	
5299	艸	蒀	ウン	
5300	艸	蕡	フン	
5301	艸	藩	ハン	
5302	艸	芸	ウン	
5303	艸	荒	クワウ	
5304	艸	藏	ザウ	
5305	艸	茫	バウ	

序号	部首	字头	右音	左音
5306	艹	莖	キヤウ	
5307	艹	蕎	カウ	
5308	艹	荊	キヤウ	ケイ
5309	艹	苹	ヘイ	
5310	艹	英	エイ	
5311	艹	菁	セイ	
5312	艹	蔓	ケイ	
5313	艹	蔓	エイ	
5314	艹	萠	マウ	
5315	艹	萍	ヘイ	
5316	艹	苓	レイ	リヤウ
5317	艹	莛	テイ	
5318	艹	蒸	セウ	
5319	艹	菱	リヨウ	
5320	艹	藤	トウ	
5321	艹	淩	レウ	
5322	艹	萩	シウ	
5323	艹	茀	フ	
5324	艹	藍	ラン	
5325	艹	菴	アン	
5326	艹	蒹	ケン	
5327	艹	蘞	レン	
5328	艹	苫	セン	
5329	艹	薕	レン	
5330	艹	蒐	シウ	
5331	艹	芨	サン	
5332	艹	董	トウ	
5333	艹	蓊	ヲウ	
5334	艹	薙	チ	
5335	艹	藜	ズイ	
5336	艹	蕎	イ	
5337	艹	蘲	ルイ	
5338	艹	芷	シ	
5339	艹	苡	イ	
5340	艹	薗	ロ	
5341	艹	蒠	シ	
5342	艹	芇	キ	
5343	艹	芧	チヨ	
5344	艹	葦	イ	
5345	艹	菲	ヒ	

序号	部首	字头	右音	左音
5346	艹	茹	ジヨ	
5347	艹	苧	チヨ	
5348	艹	著	チヨ	チヤク
5349	艹	苣	コ	
5350	艹	苦	ク	コ
5351	艹	蘆	ロク	
5352	艹	蒟	ク	
5353	艹	薺	セイ	
5354	艹	蕾	ライ	
5355	艹	苺	マイ	
5356	艹	菫	キン	
5357	艹	苑	エン	ヲン
5358	艹	菌	キン	
5359	艹	菜	サイ	
5360	艹	薉	アイ	エイ
5361	艹	藺	リン	
5362	艹	蕣	シユン	
5363	艹	蒜	サン	
5364	艹	莧	カン	
5365	艹	蔨	クワン	
5366	艹	萠	セン	
5367	艹	薗	ケン	
5368	艹	荐	セン	
5369	艹	茜	セン	
5370	艹	蒨	セン	
5371	艹	莚	エン	
5372	艹	蔗	シヤ	
5373	艹	苀	コウ	
5374	艹	茂	モ	ム
5375	艹	蔭	イン	
5376	艹	蔌	サン	
5377	艹	菊	キク	
5378	艹	菽	シユク	
5379	艹	蓫	チク	
5380	艹	蓄	チク	
5381	艹	蔟	ゾク	
5382	艹	藐	ハク	ミヤク
5383	艹	苗	セツ	シユツ
5384	艹	蓽	ヒツ	
5385	艹	蓵	ヒツ	

序号	部首	字头	右音	左音
5386	艸	葎	リツ	
5387	艸	苾	ヒツ	
5388	艸	蔚	ウツ	
5389	艸	蕨	ケツ	
5390	艸	薩	サツ	
5391	艸	葛	カツ	
5392	艸	藥	ヤク	
5393	艸	藿	クワク	
5394	艸	蘥	ヤク	
5395	艸	葯	ヤク	
5396	艸	若	ジヤク	ニヤク
5397	艸	薄	ハク	
5398	艸	落	ラク	
5399	艸	蔦	セキ	
5400	艸	萆	ヘキ	
5401	艸	蓋	エキ	ヤク
5402	艸	藉	セキ、シヤ	シヤク
5403	艸	荻	テキ	
5404	艸	蔔	ブク	
5405	艸	薏	ヨク	
5406	艸	菰	キウ	
5407	艸	葉	ヨウ	セウ
5408	艸	蒺	シツ	
5409	艸	葩	ヒ	
5410	艸	萹	ヘン	
5411	艸	蘚	セン	
5412	艸	蔘	シン	
5413	艸	蔦	テウ	
5414	艸	藻	サウ	
5415	艸	草	サウ	
5416	艸	藁	カウ	
5417	艸	葆	ホウ	
5418	艸	蓏	ラ	
5419	艸	蘁	キヤウ	
5420	艸	菽	カウ	
5421	艸	蔀	ホウ	
5422	艸	藪	ソウ	スウ
5423	艸	藕	グウ	
5424	艸	莠	イウ	
5425	艸	蒂	シウ	

序号	部首	字头	右音	左音
5426	艸	苟	コウ	
5427	艸	蕈	シン	
5428	艸	葚	ジン	
5429	艸	荏	ジン	
5430	艸	萏	タン	
5431	艸	菡	カン	
5432	艸	萳	ナン	
5433	艸	芡	ケン	
5434	艸	苒	セン	
5435	艸	范	ハン	
5436	艸	巷	カウ	
5437	艸	蒔	ジ	
5438	艸	蕷	シ	
5439	艸	莅	リ	
5440	艸	芰	キ	
5441	艸	芧	シ	
5442	艸	蔇	キ	
5443	艸	蕢	キ	
5444	艸	萃	スイ	
5445	艸	薯	ジヨ	
5446	艸	蕷	ヨ	
5447	艸	芋	ウ	
5448	艸	蘆	ロ	
5449	艸	藝	ゲイ	
5450	艸	蓺	ゲイ	
5451	艸	蔕	テイ	
5452	艸	蕙	ケイ	
5453	艸	薜	ヘイ	ハク
5454	艸	荔	レイ	
5455	艸	薊	ケイ	
5456	艸	萶	セイ	
5457	艸	蔽	ヘイ	
5458	艸	藾	ライ	
5459	艸	艾	カイ	
5460	艸	蓋	ガイ	
5461	艸	蕞	サイ	
5462	艸	藹	アイ	
5463	艸	薤	ガイ	
5464	艸	蒯	クワイ	
5465	艸	芥	ケ	ガイ

序号	部首	字头	右音	左音
5466	艸	蘣	トウ	
5467	艸	蘬	ト	
5468	艸	蒫	サ	
5469	艸	藿	クワク	
5470	艸	蒻	ジヤク	ニヤク
5471	艸	蓁	シン	
5472	艸	蒛	ケツ	
5473	艸	茥	ケイ	
5474	艸	菼	タン	
5475	艸	葪		
5476	艸	菡	カン	
5477	艸	菌		
5478	艸	蓸	セン	
5479	艸	蘸	ソ	
5480	艸	蔪	セツ	
5481	艸	蘄		
5482	艸	蓸	サウ	
5483	艸	蒠	イフ	
5484	艸	蒏	イウ	
5485	艸	蒼	シン	
5486	艸	苳	トウ	
5487	艸	蘇	ボウ	モウ
5488	艸	薌	キヤウ	
5489	艸	莘	シン	
5490	艸	艻	テウ	
5491	艸	蘄	シ	
5492	艸	蓇	カウ	
5493	艸	荇		
5494	艸	萎	セウ	
5495	艸	葽	ヨウ	
5496	艸	菭	タイ	
5497	艸	蘀	タク	
5498	艸	蒿	カウ	
5499	艸	蘬	キ	
5500	艸	苨	セイ、テイ	子イ
5501	艸	荂	タ	
5502	艸	茇	ハツ	
5503	艸	荅	タツ	タウ
5504	艸	蘿	サウ	
5505	艸	茦	サイ	

序号	部首	字头	右音	左音
5506	艸	莒	キヨ	
5507	艸	蘝	セン	
5508	艸	蕡	シ	
5509	艸	蕐	キヤウ	
5510	艸	蘷	イフ	
5511	艸	葷	ケン	
5512	艸	蒀	エン	ヲン
5513	艸	琴	キン	
5514	艸	葉	サイ	
5515	艸	黠	カツ	
5516	艸	蕡	カン	
5517	艸	莑	ボウ	
5518	艸	蔽	カウ	
5519	艸	蹼	ハク	
5520	艸	茮	シ	
5521	艸	莒	キヨ	
5522	艸	萠	タン	
5523	艸	茶	マツ	
5524	艸	薆	アイ	
5525	艸	蟸	タツ	
5526	艸	蓁	シン	
5527	艸	洪	コウ	
5528	艸	蔙	ハウ	カク
5529	艸	基	キ	
5530	艸	芘	ヒ	
5531	艸	綮	ジヨ	
5532	艸	蓱	ヘイ	
5533	艸	莏	サ	
5534	艸	蘋	ヒン	
5535	艸	蘿	ラ	
5536	艸	薗	バウ	
5537	艸	蒽		
5538	艸	茢	ダン	ナン
5539	艸	薑	コ	
5540	艸	蒦	ワイ	
5541	艸	虁	サウ	
5542	艸	菶	シ	
5543	艸	莃	シヨ	
5544	艸	芦	コ	
5545	艸	茣	ボウ	

序号	部首	字头	右音	左音
5546	艸	薫		
5547	艸	蓰	シ	
5548	艸	蓷	チ	
5549	艸	蔃	シヤウ	
5550	艸	蘳	ホウ	
5551	艸	蘱	カン	
5552	艸	薻	サウ	
5553	艸	芠	ブン	
5554	艸	芆	シヨウ	
5555	艸	虍	コ	
5556	艸	肴	イフ	
5557	艸	萈	カン	
5558	艸	薍	クワン	
5559	艸	莌	ヒク	
5560	艸	虇	ク	
5561	艸	蔽	セン	
5562	艸	蘟	イン	
5563	艸	苴	タン	
5564	艸	苚	ヘン	メン
5565	艸	蕫	カウ	
5566	艸	薮	セン	
5567	艸	蕮	セン	
5568	艸	蕳	カ	
5569	艸	蕗	ホウ	
5570	蓐	蓐	ニク	シヨク
5571	蓐	薅	カウ	
5572	舛	舜	マウ	
5573	舛	莽	マウ	
5574	舛	葬	サウ	
5575	舛	莫	マク	バク
5576	竹	竹	チノ	
5577	竹	籠	ロウ	
5578	竹	箜	コウ	ク
5579	竹	篷	ホウ	
5580	竹	筒	トウ	
5581	竹	箚	トウ	
5582	竹	筊	ケウ	
5583	竹	笞	チ	
5584	竹	篩	シ	
5585	竹	籭	シ	サイ

序号	部首	字头	右音	左音
5586	⺮	篠	チヨ	キヨ
5587	⺮	簌	コ	
5588	⺮	籃	コフ	ホ
5589	⺮	符	フ	
5590	⺮	箶	コ	
5591	⺮	笂	ト	
5592	⺮	笄	ケイ	
5593	⺮	簿	ハイ	
5594	⺮	簦	タイ	
5595	⺮	筬	イン	
5596	⺮	箟	コン	
5597	⺮	竿	カン	
5598	⺮	籗	タン	
5599	⺮	籌	セン	
5600	⺮	筵	エン	
5601	⺮	筌	セン	
5602	⺮	箋	セン	
5603	⺮	簫	セウ	
5604	⺮	笅	カウ	
5605	⺮	篙	カウ	
5606	⺮	籮	ラ	
5607	⺮	笆	ハ	
5608	⺮	笳	カ	
5609	⺮	簻	クワ	
5610	⺮	簹	タウ	
5611	⺮	篁	クワウ	
5612	⺮	箱	サウ	
5613	⺮	簧	クワウ	ワウ
5614	⺮	籯	エイ	
5615	⺮	笙	シヤウ	
5616	⺮	筬	セイ	
5617	⺮	簦	トウ	
5618	⺮	篌	ゴウ	ゴ
5619	⺮	箴	シン	
5620	⺮	篘	チウ	シウ、スウ
5621	⺮	萩	シウ	
5622	⺮	籌	チウ	
5623	⺮	篝	コウ	
5624	⺮	簪	シン	
5625	⺮	管	カン	

序号	部首	字头	右音	左音
5626	⺮	籃	ラン	
5627	⺮	簷	エン	
5628	⺮	簾	レン	
5629	⺮	籢	レン	
5630	⺮	籤	セン	
5631	⺮	箝	ケン	
5632	⺮	篓	スイ	
5633	⺮	筥	キヨ	
5634	⺮	笘	コ	
5635	⺮	等	トウ	
5636	⺮	筍	シユン	
5637	⺮	笋	シユン	
5638	⺮	籑	シン	
5639	⺮	簳	カン	
5640	⺮	管	クワン	
5641	⺮	算	サン	
5642	⺮	簡	カン	
5643	⺮	筧	ケン	
5644	⺮	篠	ゼウ	
5645	⺮	筄	サウ	
5646	⺮	籬	テウ	
5647	⺮	簜	タウ	
5648	⺮	箒	シウ	
5649	⺮	範	ハン	
5650	⺮	笥	シ	
5651	⺮	簀	キ	
5652	⺮	箸	チヨ	
5653	⺮	簵	ロ	
5654	⺮	第	ダイ	テイ
5655	⺮	筮	ゼイ	
5656	⺮	筶	ゼイ	
5657	⺮	筎	テイ	
5658	⺮	籣	エイ	
5659	⺮	籟	ライ	
5660	⺮	筭	サン	
5661	⺮	筊	セウ	
5662	⺮	箇	コ	
5663	⺮	築	チク	
5664	⺮	篷	シウ	
5665	⺮	簇	ゾク	

序号	部首	字头	右音	左音
5666	𥫱	簏	ロク	
5667	𥫱	籙	ロ	
5668	𥫱	箙	フク	
5669	𥫱	笏	ゴツ	
5670	𥫱	篤	トク	
5671	𥫱	筆	ヒツ	
5672	𥫱	筏	ハツ	ヘツ
5673	𥫱	筈	クワツ	
5674	𥫱	篾	ヘツ	
5675	𥫱	節	セツ	
5676	𥫱	箔	ハク	
5677	𥫱	簿	ハク	
5678	𥫱	筰	サク	
5679	𥫱	籰	カク	
5680	𥫱	籍	セキ	
5681	𥫱	笮	サク	
5682	𥫱	策	サク	
5683	𥫱	簀	サク	
5684	𥫱	笛	テキ	チヤク
5685	𥫱	籊	テキ	
5686	𥫱	笈	キフ	
5687	𥫱	笠	リツ	
5688	𥫱	答	ダウ	
5689	𥫱	篋	ケウ	
5690	𥫱	箲	セウ	
5691	𥫱	筊	カウ	
5692	𥫱	筱	シヨウ	
5693	𥫱	箁	ラク	
5694	𥫱	簆	タイ	
5695	𥫱	簜	ビ	
5696	𥫱	籬	ビフ	
5697	𥫱	䇮	フ	
5698	𥫱	筦	クワン	
5699	𥫱	第	シ	
5700	𥫱	籧	キヨ	
5701	𥫱	籓	ハン	ヘン
5702	𥫱	番	ハン	
5703	𥫱	筭	ヘイ	
5704	𥫱	筘	カク	
5705	𥫱	峯	コウ	

序号	部首	字头	右音	左音
5706	竹	筤	リヤウ	
5707	竹	籫	サン	
5708	竹	筼	トウ	
5709	竹	箜	コ	
5710	竹	簬	ロ	
5711	竹	笭	レイ	
5712	竹	籝	トン	
5713	竹	簸	トン	
5714	竹	箹	ヤク	
5715	竹	箷	シ	
5716	竹	箏	シヤウ	
5717	竹	籖	ゲン	
5718	竹	籂	ギヨ	
5719	竹	籲	キヨ	
5720	竹	箵	セイ	
5721	竹	箆	ヒ	
5722	竹	簃	イ	
5723	竹	簥	キヨウ	
5724	竹	箪	タウ	
5725	竹	簏	チ	
5726	竹	箈	チ	
5727	竹	筐	キヤウ	
5728	竹	簂	クワイ	
5729	竹	筷	クワイ	
5730	竹	箌	タウ	
5731	竹	箹	チヨリ	
5732	竹	籬	リ	
5733	竹	筦	ゲン	
5734	竹	管	バウ	
5735	竹	籄	バウ	
5736	竹	籥	ヤク	
5737	竹	籨	セウ	
5738	竹	篗	レウ	
5739	竹	箮	ソウ	
5740	竹	籐	トウ	
5741	竹	筳	カウ	
5742	竹	筦	ゲン	
5743	竹	箮	ケン	
5744	竹	蘽	ロウ	
5745	竹	笯	カウ	

序号	部首	字头	右音	左音
5746	竹	籇	ソウ	
5747	竹	綵	シウ	
5748	竹	簀	コウ	
5749	竹	笭	コ	
5750	竹	筊	トウ	
5751	竹	簡	リヨ	
5752	竹	笈	サ	
5753	竹	籖	レイ	
5754	竹	笛	リウ	
5755	竹	箆	ヒ	
5756	竹	茵	イン	
5757	竹	筑	キウ	
5758	竹	筌	シ	
5759	竹	籄	タイ	
5760	竹	筅	セン	
5761	竹	簀	サウ	
5762	竹	篷	リウ	
5763	竹	箵	ビ	
5764	竹	筐	シヨク	
5765	竹	簘	シヨ	
5766	竹	笏	イン	
5767	竹	竿	テイ	チヤウ
5768	竹	籲	セン	
5769	竹	篷	サン	
5770	竹	箔	シヨウ	
5771	竹	簋	シ	
5772	竹	篤	ヰ	
5773	竹	箍	チ	
5774	竹	笙	シイ	
5775	竹	簃	イ	
5776	竹	籣	レイ	
5777	竹	筳	テイ	
5778	竹	篳	ヰ	
5779	竹	籭	サイ	
5780	竹	籬	リ	
5781	竹	簑	サイ	
5782	竹	篋	エン	
5783	竹	籱	レイ	
5784	竹	笒	ヒロ	
5785	竹	簮	ロ	

序号	部首	字头	右音	左音
5786	⺮	簳	カイ	
5787	⺮	籡	シヤウ	
5788	⺮	笏	ラウ	
5789	⺮	箄	ハイ	
5790	⺮	簰	ハイ	
5791	⺮	籭	サイ	
5792	⺮	籔	ソウ	
5793	⺮	簾	ケン	
5794	⺮	簾	ラ	
5795	⺮	筅	タン	
5796	⺮	筲	エン	
5797	⺮	箭	セン	
5798	⺮	篝	カク	
5799	⺮	籲	デウ	
5800	⺮	笏	ロク	
5801	⺮	箒	キウ	
5802	⺮	箈	テフ	
5803	⺮	葺	イフ	
5804	⺮	籊	タク	
5805	⺮	等	リツ	
5806	⺮	箤	シユツ	
5807	⺮	箊	イキ	
5808	⺮	簹	シヨク	
5809	⺮	箛	カク	
5810	⺮	箹	ヘツ	
5811	⺮	劄	サツ	サウ
5812	⺮	箜	コツ	
5813	⺮	篸	シン	
5814	箕	箕	キ	
5815	箕	囟	キ	
5816	箕	貝	キ	
5817	箕	筼	キ	
5818	箕	巽	キ	
5819	箕	其	キ	
5820	箕	簸	ハ	
5821	箕	簾	アウ	
5822	才	才	サイ	
5823	市	市	ヒ	シ
5824	市	巿	シ	
5825	市	南	ナン	

序号	部首	字头	右音	左音
5826	市	峯	ナン	
5827	市	索	サウ	シヤク
5828	華	華	クワ	
5829	華	曄	ヲウ	
5830	稽	稽	ケイ	
5831	丵	丵	サク	
5832	丵	叢	ソウ	
5833	丵	對	タイ	
5834	丵	對	タイ	
5835	丵	業	ゴウ	ゲウ
5836	丵	嶪	ゴウ	ゲウ
5837	马	马	カン	
5838	马	圅	ナン	
5839	束	束	ソク	
5840	束	棗	サウ	
5841	朮	朮	シウ	
5842	朮	枲	シ	
5843	麻	麻	マ	
5844	麻	麾	キ	
5845	麻	麚	シヤク	
5846	麻	麢	ラウ	
5847	麻	縻	リウ	
5848	韭	韭	キウ	
5849	韭	韲	セイ	サイ
5850	韭	韰	セイ	サイ
5851	韭	韱	ガイ	
5852	韭	薤	ガイ	
5853	瓜	瓜	クワ	
5854	瓜	瓣	ヘン	
5855	瓜	瓿	カツ	コツ
5856	瓜	瓞	テツ	
5857	瓜	瓞	テツ	
5858	瓜	瓢	シヤウ	
5859	瓜	菰	キウ	
5860	瓜	瓳	コ	
5861	瓜	瓟	チヤウ	
5862	瓠	瓠	コ	
5863	瓠	瓢	ヘウ	ヒヨウ
5864	來	來	ライ	
5865	來	来	ライ	

序号	部首	字头	右音	左音
5866	麥	麥	バク	ミヤク
5867	麥	麦	バク	ミヤク
5868	麥	麸	フ	ホ
5869	麥	麳	ホウ	
5870	麥	䴛	カウ	クワウ
5871	麥	麨	セウ	
5872	麥	麫	メン	
5873	麥	麵	メン	
5874	麥	麹	キク	
5875	麥	麧	コツ	
5876	麥	䴉	ウ	
5877	麥	麲	テキ	
5878	麥	䴕	ホウ	
5879	麥	麷	フツ	クワツ
5880	麥	䴗	ソツ	
5881	麥	麶	ヒ	
5882	麥	麺	リ	
5883	麥	麷	ガウ	
5884	麥	䴘	リン	
5885	麥	麳	ライ	
5886	麥	麳	ライ	
5887	麥	䴓	クワ	
5888	麥	麷	シヨウ	
5889	麥	麲	コ	
5890	麥	麲	サイ	
5891	麥	䴞	クワン	
5892	麥	麷	サン	
5893	麥	麯	キヨク	キク
5894	麥	麲	ヨク	
5895	麥	麲	コク	
5896	麥	麷	デン	子ン
5897	麥	麵	ヒ	
5898	麥	麷	ヒ	
5899	麥	麳	ハウ	
5900	黍	黍	シヨ	
5901	黍	香	キヤウ	カウ
5902	黍	糜	ビ	
5903	黍	緊	ケン	
5904	黍	黏	エン	子ン
5905	黍	䅟	ハイ	

序号	部首	字头	右音	左音
5906	黍	黏	コ	
5907	黍	黏	ヂッ	
5908	黍	黐	ヂッ	
5909	黍	黐	レイ	
5910	黍	黐	タク	
5911	黍	黐	フク	
5912	黍	黐	チユ	
5913	黍	黐	ジヨ	
5914	黍	黐	ケン	
5915	黍	黐	ヒツ	ヘツ
5916	黍	黐	サイ	
5917	黍	黐	リ	
5918	黍	黐	キン	
5919	黍	黐	デウ	ノウ
5920	黍	黐	テイ	
5921	黍	黐	ク	
5922	禾	禾	クワ	
5923	禾	种	チウ	
5924	禾	種	トウ	チヨウ
5925	禾	稑	コウ	
5926	禾	秜	リ	
5927	禾	移	イ	
5928	禾	私	シ	
5929	禾	秖	シ	
5930	禾	稀	キ	
5931	禾	稣	ソ	
5932	禾	稌	ト	
5933	禾	租	ソ	
5934	禾	稊	テイ	
5935	禾	秾	ライ	
5936	禾	秦	シン	
5937	禾	積	シン	
5938	禾	季	子ン	
5939	禾	科	クワ	
5940	禾	稂	ラウ	
5941	禾	秧	ワウ	
5942	禾	穅	カウ	
5943	禾	秔	カウ	
5944	禾	程	テイ	
5945	禾	秂	レイ	

序号	部首	字头	右音	左音
5946	禾	稱	セウ	シヨ
5947	禾	稜	レウ	
5948	禾	秋	シウ	
5949	禾	稠	チウ	
5950	禾	種	シユ	シウ
5951	禾	秕	ヒイ	
5952	禾	秬	キヨ	
5953	禾	穭	ロ	
5954	禾	稇	コン	
5955	禾	穩	ヲン	
5956	禾	秆	カン	
5957	禾	稾	カウ	
5958	禾	稻	タウ	
5959	禾	穬	クワウ	
5960	禾	穎	エイ	
5961	禾	秠	フヒワ	
5962	禾	稔	シン	子ン
5963	禾	稚	チ	
5964	禾	秲	ジ	
5965	禾	穗	スイ	
5966	禾	穟	スイ	
5967	禾	穉	チ	
5968	禾	積	シヤク	セキ
5969	禾	穊	キ	
5970	禾	稅	ゼイ	
5971	禾	稙	チヨク	
5972	禾	稗	ハイ	ヒ
5973	禾	穢	エイ	ヱ、クワイ
5974	禾	穤	ダ	ダン、ナン
5975	禾	稍	セウ	サウ
5976	禾	耗	カウ	
5977	禾	稼	カイ	
5978	禾	秤	セウ	
5979	禾	秀	シウ	
5980	禾	稸	チク	
5981	禾	穀	コク	
5982	禾	穆	ボク	
5983	禾	稝	シヤク	サク
5984	禾	秫	ジユツ	
5985	禾	秩	チツ	

序号	部首	字头	右音	左音
5986	禾	秣	マツ	
5987	禾	秸	カツ	
5988	禾	穊	ヘツ	
5989	禾	穫	クワク	
5990	禾	穡	シヨク	シキ
5991	禾	稷	シヨク	
5992	禾	齌	シ	
5993	禾	穄	セイ	
5994	禾	采	スイ	
5995	禾	秒	ビヨウ	
5996	禾	穮	ビヨウ	メウ
5997	禾	機	キ	
5998	禾	稃	フ	
5999	禾	穮	ヒヨウ	
6000	禾	穧	セイ	
6001	禾	穊	シ	
6002	禾	檜	クワイ	クワ
6003	禾	稍	ケン	
6004	禾	榜	ハウ	
6005	禾	程	クワウ	
6006	禾	秜	レイ	
6007	禾	穭	レイ	
6008	禾	穰	シヤウ	
6009	禾	税	クワウ	
6010	禾	穳	サン	
6011	禾	纂	サン	
6012	禾	稆	シヨ	
6013	禾	穬	ロウ	
6014	禾	稫	ホ	
6015	禾	稬	ホ	
6016	禾	樸	ボク	
6017	禾	粉	フン	
6018	禾	穚	リ	
6019	禾	秱	チヤウ	
6020	禾	秈	セン	
6021	禾	楽	キヨウ	
6022	禾	穟	バイ	
6023	禾	積	ホン	
6024	禾	稠	チウ	
6025	禾	穛	ス	

序号	部首	字头	右音	左音
6026	禾	秷	チツ	
6027	禾	穏	ウン	
6028	禾	桃	タウ	
6029	禾	秥	デン	トン
6030	禾	桵	ズイ	
6031	禾	秓	シ	
6032	禾	稲	シ	
6033	禾	秱	イン	
6034	禾	秕	サイ	
6035	禾	换	クハン	
6036	禾	穳	セン	
6037	禾	穉	チ	
6038	禾	稇	コン	
6039	禾	秅	ト	
6040	禾	稞	ヒ	
6041	禾	穧	セイ	
6042	禾	稄	シユン	
6043	禾	秼	ダ	
6044	禾	秞	シユツ	
6045	禾	稪	シフ	
6046	禾	稝	シツ	
6047	禾	稰	コツ	
6048	禾	秡	ジク	
6049	禾	稫	シフ	
6050	禾	稬	シ	
6051	禾	秎	バウ	
6052	禾	梁	リヤウ	
6053	禾	穲	リ	
6054	禾	稢	ヨ	
6055	禾	秧	ケフ	
6056	秝	秝	レキ	
6057	秝	兼	ケン	
6058	耒	耒	ライ	
6059	耒	耜	シ	
6060	耒	籽	シ	
6061	耒	耡	シヨ	
6062	耒	耘	ウン	
6063	耒	耕	カウ	
6064	耒	耰	イフ	
6065	耒	耬	ロウ	

序号	部首	字头	右音	左音
6066	耒	秬	シ	
6067	耒	耦	ゴウ	クウ
6068	耒	耨	ノク	シヨク
6069	耒	耤	セキ	シヤク
6070	耒	秴	カク	
6071	耒	醳	エキ	
6072	耒	耛	テキ	
6073	耒	秴	カウ	
6074	耒	菴	ヲウ	
6075	耒	耩	カウ	
6076	耒	耰	ヨク	
6077	耒	耧	サウ	
6078	耒	耒	ライ	
6079	耒	秤	シヨウ	
6080	耒	秋	エン	
6081	耒	耗	カウ	
6082	耒	繪	クヤイ	
6083	耒	澈	テツ	
6084	耒	纏	バ	マ
6085	耒	楊	エキ	
6086	耒	福	ヒヨク	
6087	耒	糒	ヒヨウ	
6088	香	香	キヤウ	カウ
6089	香	馨	ケイ	キヤウ
6090	香	馤	アイ	
6091	香	馥	フク	
6092	香	馞	ホツ	
6093	香	祕	ヒツ	
6094	香	馡	ヒ	
6095	香	馣	エン	
6096	香	馧	ウン	
6097	皀	皀	カウ	ヒウ
6098	皀	既	キ	
6099	皀	卽	ソク	
6100	皀	即	ソク	
6101	邑	邑	チヤウ	
6102	邑	鬱	ウツ	
6103	米	米	ベイ	マイ
6104	米	糜	ミ	
6105	米	糊	コ	

序号	部首	字头	右音	左音
6106	米	糟	サウ	
6107	米	糀	サウ	シヤウ
6108	米	粱	リヤウ	
6109	米	糠	カウ	
6110	米	糖	タウ	
6111	米	粮	ラウ	リヤウ
6112	米	粻	チヤウ	
6113	米	糃	トウ	
6114	米	粳	カウ	
6115	米	精	セイ	シヤウ
6116	米	糇	コウ	
6117	米	粘	子ン	
6118	米	粃	ヒ	
6119	米	糈	シヨ	
6120	米	粏	ジヨ	
6121	米	粗	ソ	
6122	米	粉	フン	
6123	米	粿	クワ	
6124	米	糗	キウ	
6125	米	粗	シウ	
6126	米	糁	サン	
6127	米	糐	ソウ	
6128	米	粽	ソウ	
6129	米	糒	ビ	
6130	米	粋	スイ	
6131	米	氣	キ	ケ
6132	米	糲	レイ	ライ、ラツ
6133	米	糞	フン	
6134	米	粲	サン	
6135	米	糙	ザウ	
6136	米	粀	カウ	
6137	米	糅	シユ	チウ
6138	米	粥	シユク	
6139	米	粟	ゾク	
6140	米	籺	コツ	
6141	米	秣	マツ	
6142	米	糵	ケツ	
6143	米	糄	セツ	
6144	米	粕	ハク	
6145	米	粒	リウ	

序号	部首	字头	右音	左音
6146	米	梅	マイ	
6147	米	糙		サク
6148	米	粺	ハイ	
6149	米	糯	セキ	シヤク
6150	米	糂	サン	
6151	米	糰	タン	
6152	米	籟	キク	
6153	米	糧	リヤウ	ラウ
6154	米	糴	テキ	テウ
6155	米	棬	ケン	
6156	米	粍		
6157	米	糤	セツ	
6158	米	䊆	サツ	
6159	米	竊	セツ	
6160	米	糜	ビ	
6161	米	粉	ハン	ベン
6162	米	曩	ヒ	
6163	米	粃	ヒ	
6164	米	糎	チ	シ
6165	米	粢	シ	
6166	米	糣	タウ	
6167	米	䵓	フ	ヒウ
6168	米	糴	タク	
6169	米	糣	セン	
6170	米	糰	セン	
6171	米	粞	ゲン	
6172	米	糫	クワン	ゲン
6173	米	糠	ケン	カン
6174	米	糵	カン	
6175	米	糮	カン	
6176	米	糵	ヂヤウ	
6177	米	粊	ベツ	
6178	米	桐	トウ	
6179	米	甀	バン	
6180	米	糩	エイ	アフ
6181	米	糯	タ	
6182	米	積	サク	
6183	米	糭	セキ	
6184	米	糲	カツ	
6185	米	耗	タク	

序号	部首	字头	右音	左音
6186	米	糰	タン	
6187	米	料	リウ	
6188	米	糛	タウ	
6189	米	糖	タウ	
6190	米	播	ハン	
6191	米	秖	キ	
6192	米	糠	チ	
6193	米	秠	チ	
6194	米	糨	チ	
6195	米	粗	クワン	
6196	米	撒	サン	
6197	米	粷	シヤウ	キヤウ
6198	米	粬	ホ	
6199	米	粆	ホ	
6200	米	糠	クワウ	カウ
6201	殼	殼	キ	
6202	殼	繋	サク	
6203	臼	臼	キウ	
6204	臼	舂	シヨウ	
6205	臼	舊	ハク	
6206	臼	舀	サウ	
6207	臼	師	ハイ	
6208	臼	臽	カン	
6209	臼	函	カン	
6210	臼	疇	タウ	
6211	臼	睢	サ	
6212	臼	曀	ワウ	
6213	臼	膊	ハク	
6214	臼	賜	タウ	
6215	倉	倉	サウ	
6216	倉	仺	サウ	
6217	亩	亩	リン	
6218	亩	稟	ヒ	
6219	亩	啚	ハン	ホン
6220	亩	亶	タン	
6221	嗇	嗇	シヨク	
6222	嗇	牆	シヤウ	
6223	亼	亼	シウ	シツ
6224	亼	合	カウ	カツ
6225	亼	僉	セン	

序号	部首	字头	右音	左音
6226	亼	侖	リン	
6227	亼	今	キン	コン
6228	亼	舍	シヤ	
6229	亼	盦	タフ	
6230	會	會	クワイ	ヱ
6231	會	霤	クワイ	
6232	亯	亯	キヤウ	
6233	亯	亭	キヤウ	
6234	亯	橐	シン	
6235	亯	臺	シン	
6236	亯	曺	イヨウ	
6237	亯	管	トク	
6238	畗	畗	ヒヨク	
6239	畗	良	リヤウ	ラウ
6240	入	入	ニウ	ジフ
6241	入	內	ダイ	ナイ
6242	入	全	セン	
6243	入	仝	セン	
6244	入	尖		
6245	冖	冖	ベキ	
6246	冖	冠	クワン	
6247	冂	冂	バウ	ビヨウ
6248	冂	同	トウ	ドウ
6249	冂	冡	ボウ	モウ
6250	冂	冐	カウ	カク
6251	冃	冃	ハウ	モウ
6252	冃	冕	ベン	
6253	冃	最	サイ	
6254	冃	冒	ボウ	バウ
6255	冃	冑	チウ	
6256	冃	冔	クウ	ク
6257	兩	兩	リヤウ	
6258	兩	㒵	バン	ベン
6259	西	西	ア	
6260	西	覆	フク	フ
6261	西	覂	ケイ	
6262	西	覀	ヘイ	
6263	西	覂	トウ	シウ
6264	西	覈	カク	
6265	网	网	マウ	バウ

序号	部首	字头	右音	左音
6266	网	罔	マウ	バウ
6267	网	罔	バウ	マウ
6268	网	罔	バウ	マウ
6269	网	罞	モフ	ホウ
6270	网	罩	ドウ	セウ
6271	网	罷	ハイ	ハ、ヒ
6272	网	罹	リ	
6273	网	羈	キリ	
6274	网	羅	キリ	
6275	网	羈	キ	
6276	网	罘	コフ	カウ
6277	网	罦	フ	
6278	网	罴	テイ	
6279	网	罤	マイ	
6280	网	罬	サウ	
6281	网	羅	ラ	ロ
6282	网	罾	ゾウ	
6283	网	罝	シヤ	
6284	网	罘	フ	ホウ
6285	网	罟	コ	
6286	网	罟	コ	
6287	网	罪	ザイ	
6288	网	罕	カン	
6289	网	翼	セン	
6290	网	罥	リ	
6291	网	罵	メ	
6292	网	罶	リウ	
6293	网	罨	エン	
6294	网	置	シチ	
6295	网	署	シヨ	
6296	网	罻	ケイ	
6297	网	罣	ケイ	カイ
6298	网	罥	ケン	
6299	网	羂	ケン	
6300	网	罩	タウ	テウ
6301	网	買	トク	
6302	网	幕	ベキ	
6303	网	罚	テキ	
6304	网	罭	コク	
6305	网	罛	ゲ	

序号	部首	字头	右音	左音
6306	网	纚	ケン	
6307	网	粟	ビ	ミ
6308	网	罼	リウ	
6309	网	罜	トク	
6310	网	麗	ロク	
6311	网	罠	ゼン	ミン
6312	网	罬	テツ	
6313	网	尉	イ	
6314	网	罟	コ	
6315	网	罯	アン	
6316	网	罞	レイ	
6317	网	罭	クワウ	
6318	网	麗	シ	
6319	网	罿	ライ	
6320	网	罥	ケン	
6321	网	羆	ブ	
6322	网	罥	ケン	
6323	网	罹	タウ	
6324	网	罘	ホウ	
6325	网	羅	ダン	ナン
6326	网	罳	セン	
6327	网	罭	セン	
6328	网	羃	タウ	
6329	网	纍	ハク	
6330	网	罭	ヒヨク	
6331	网	罺	シン	
6332	華	華	ヒン	ヘン
6333	華	棄	キ	
6334	華	畢	ヒツ	
6335	華	蕐	フン	
6336	菁	菁	コウ	
6337	菁	再	サツ	
6338	菁	再	シヨウ	
6339	菁	稱	シヨウ	
6340	去	去	キヨ	コ
6341	去	麸	ハン	
6342	去	埈	レウ	
6343	去	朅	ケツ	
6344	去	辢	ヒ	
6345	北	北	ホク	

序号	部首	字头	右音	左音
6346	北	乖	クワイ	
6347	北	冀	キ	
6348	北	異	キ	
6349	西	西	セイ	サイ
6350	西	栖	セイ	
6351	鹵	鹵	ロ	
6352	鹵	⿱差鹵	サ	
6353	鹵	滷	セキ	
6354	鹵	鹹	カン	
6355	鹵	鹷	キヨウ	
6356	鹵	⿰鹵齊	セイ	
6357	鹵	⿰鹵昷	ヲン	
6358	鹵	⿰鹵肖	セウ	
6359	鹵	⿰鹵臽	カン	
6360	鹵	⿰鹵矞	キツ	
6361	鹵	⿰鹵占	テン	
6362	鹵	⿰鹵扁	ヘン	
6363	鹵	⿰鹵最	サイ	
6364	鹵	鹼	ケン	
6365	鹵	鹻	ケン	
6366	鹵	⿰鹵畏	ワイ	
6367	鹵	⿰鹵昌	シヤウ	
6368	鹵	⿹勹鹵	ロ	
6369	鹵	⿱鹵土	ロ	
6370	鹵	⿰鹵監	カン	
6371	鹽	鹽	ヱン	
6372	鹽	⿱鹵皿	ヱン	
6373	鹽	塩	ヱン	
6374	鹽	盬	コ	
6375	壬	壬	テイ	チヤウ
6376	壬	現	ケン	
6377	壬	徵	チヨウ	チ
6378	壬	望	バウ	マウ
6379	壬	重	テウ	ヂウ
6380	壬	⿱宀壬	バウ	マウ
6381	皿	皿	メイ	ヘイ
6382	皿	盧	ロ	
6383	皿	盂	ウ	
6384	皿	盃	ハイ	
6385	皿	盔	クワイ	

序号	部首	字头	右音	左音
6386	皿	昷	ヲン	
6387	皿	盆	ホン	
6388	皿	盤	バン	
6389	皿	盪	タウ	
6390	皿	盛	セイ	ジヤウ
6391	皿	盈	エイ	ヤウ
6392	皿	盡	ジン	
6393	皿	盬	カン	クワン
6394	皿	盞	ザン	
6395	皿	盍	アフ	
6396	皿	蓋	カイ	
6397	皿	溫	ホン	
6398	皿	盠	ロク	
6399	皿	益	エキ	ヤク
6400	皿	盡	キヨ	
6401	皿	盉	カウ	
6402	皿	盬	コ	
6403	皿	宝	チヨ	
6404	皿	盟	シヨウ	
6405	皿	盩	カウ	ケウ
6406	皿	翯	カウ	ケウ
6407	皿	盃	クワ	ワ
6408	皿	盦	アン	
6409	皿	麤	バ	マ
6410	皿	盓	ガ	
6411	皿	楬	ヤウ	
6412	皿	蚕	キヨウ	
6413	皿	盚	ゲン	
6414	皿	湓	ハン	ヘン
6415	皿	溢	ハン	ヘン
6416	皿	畈	ハン	ヘン
6417	皿	盆	ハン	ヘン
6418	皿	蠱	ライ	
6419	皿	盜	ボウ	モフ
6420	皿	留	ボウ	モフ
6421	皿	盩	テウ	
6422	皿	召	シヨウ	
6423	皿	蠱	コ	
6424	皿	盇	シヤク	
6425	皿	盀	キ	

序号	部首	字头	右音	左音
6426	皿	盠	レイ	
6427	皿	蠱	カン	
6428	皿	盟	メイ	
6429	臥	臥	クワ	
6430	臥	臨	リン	
6431	臥	監	カン	
6432	臥	監	カン	
6433	臥	麕	コ	
6434	月	月	シン	ケン
6435	月	殷	イン	
6436	琴	琴	キン	
6437	琴	瑟	シツ	
6438	琴	琵	ビ	
6439	琴	琶	ワ	
6440	喜	喜	キ	
6441	喜	語	ヒ	
6442	壹	壹	ツ	
6443	壹	彭	ハウ	
6444	壹	尌	ツ	
6445	壹	嘉	カ	
6446	壹	鼜	カウ	
6447	鼓	鼓	コ	ク
6448	鼓	鼙	ヘイ	
6449	豈	豈	キ	
6450	豈	巤	キ	
6451	豈	凱	ガイ	
6452	豆	豆	トウ	ヅ
6453	豆	桓	トウ	
6454	豆	荳	キン	
6455	豆	豎	エツ	
6456	豆	燈	ラウ	
6457	豆	瞭	ラウ	
6458	豆	登	ボク	モク
6459	豆	豌	ワン	
6460	豆	蟠	リウ	
6461	豆	豼	ハイ	マイ
6462	豆	牏	ユ	
6463	豆	豉	シ	
6464	豆	豑	キ	
6465	豆	舜	トウ	

序号	部首	字头	右音	左音
6466	豆	䁎	シク	
6467	豆	豇	カウ	
6468	豆	䜌	ロウ	
6469	豆	欯	コウ	トウ
6470	豊	豐	ホウ	
6471	豊	豔	エン	
6472	重	重	テウ	ジウ
6473	重	量	リヤウ	
6474	鼎	鼎	テイ	チヤウ
6475	鼎	鼐	ダイ	ナイ
6476	瓦	瓦	グワ	
6477	瓦	瓷	ジ	
6478	瓦	瓵	イ	
6479	瓦	瓾	ホウ	
6480	瓦	瓶	シユ	
6481	瓦	甄	シン	ケン
6482	瓦	瓫	ボン	
6483	瓦	甗	ケン	
6484	瓦	甎	セン	
6485	瓦	甍	マウ	
6486	瓦	罋	アウ	
6487	瓦	瓴	レイ	
6488	瓦	瓶	ヘイ	ビヤウ
6489	瓦	甌	ナウ	
6490	瓦	甔	タン	
6491	瓦	甋	ワン	
6492	瓦	瓷	アフ	
6493	瓦	甊	ロウ	
6494	瓦	瓿	コウ	
6495	瓦	甕	ヲウ	ヨウ
6496	瓦	瓮	ヲウ	
6497	瓦	甒	セイ	
6498	瓦	甑	ゾウ	
6499	瓦	甃	シウ	
6500	瓦	甄	ロク	
6501	瓦	甓	ヘキ	
6502	瓦	甋	テキ	
6503	瓦	甞	タウ	
6504	瓦	甀	サイ	
6505	瓦	瓨	カウ	

序号	部首	字头	右音	左音
6506	瓦	甏	サウ	
6507	瓦	甄	テイ	
6508	瓦	甊	ユ	
6509	瓦	瓺	チヤウ	
6510	瓦	甆	シ	
6511	瓦	瓵	トウ	
6512	瓦	甓	キヨウ	
6513	瓦	瓶	クワ	
6514	瓦	甖	カウ	
6515	瓦	甌	カウ	
6516	瓦	瓧	タ	
6517	瓦	甔	ハク	
6518	瓦	坧	ト	
6519	瓦	瓨	テイ	
6520	瓦	甕	ロウ	
6521	瓦	甋	チ	テキ
6522	瓦	甌	イ	
6523	瓦	甊	ラウ	
6524	瓦	瓫	クワウ	
6525	瓦	甊	キ	
6526	瓦	甐	ヨウ	
6527	瓦	甒	ヨウ	
6528	瓦	瓬	タン	
6529	瓦	甀	ソン	
6530	缶	缶	フウ	フ
6531	缶	甕	ヨウ	ヲウ
6532	缶	缸	カウ	
6533	缶	罏	ロ	
6534	缶	罍	ルイ	
6535	缶	罇	ソン	
6536	缶	匋	タウ	
6537	缶	罌	アフ	
6538	缶	缾	ヘイ	ヒヤウ
6539	缶	罉	ホウ	
6540	缶	缽	テン	
6541	缶	罐	クワン	
6542	缶	缺	ケツ	
6543	缶	罄	ケイ	
6544	缶	罅	カフ	
6545	缶	罌	アツ	

序号	部首	字头	右音	左音
6546	缶	鈺	タウ	
6547	缶	鉸	ケキ	
6548	缶	鈃	ケイ	
6549	缶	鍉	テイ	
6550	缶	錢	サン	
6551	缶	鈘	タイ	
6552	鬲	鬲	カク	レキ
6553	鬲	融	ユウ	
6554	鬲	䰝	ソウ	
6555	鬲	䖔	ケン	
6556	鬲	䰞	フ	
6557	鬲	鬸	ゾウ	
6558	鬲	鬹	カウ	
6559	鬲	鬶	シヤウ	
6560	鬲	鬺	シヤウ	
6561	鬲	鬵	ヒ	
6562	鬲	䰢	ギ	
6563	鬲	䰣	ブン	モン
6564	鬲	䰥	ホン	
6565	鬲	鬷	ケイ	
6566	鬲	鬴	ジ	
6567	鬲	鬻	サウ	シヨウ
6568	鬲	鬳	レキ	カク
6569	鬲	鬲	コ	
6570	鬲	鬺	ソク	
6571	鬲	鬷	サウ	
6572	鬲	鬻	シク	
6573	鬲	鬻		
6574	鬲	鬺	ケン	
6575	鬲	鬸	セン	
6576	鬲	鬻	イク	シタ、ビ
6577	鬲	鬺	ヤク	
6578	鬲	鬻	バツ、マツ	ヘツ、メツ
6579	鬲	鬻	ホツ	
6580	鬲	鬻	シヨ	ソ
6581	鬲	鬺	ソウ	
6582	鬲	鬻	カウ	
6583	鬲	鬻	サイ	
6584	鬲	鬸	エン	
6585	鬲	鬻	ヤク	

序号	部首	字头	右音	左音
6586	斗	斗	ト	
6587	斗	斞	ク	
6588	斗	斜	シヤ	
6589	斗	升	セウ	
6590	斗	斟	シン	
6591	斗	斛	ユウ	
6592	斗	斝	カ	
6593	斗	斠	カン	
6594	斗	料	レウ	
6595	斗	斛	コク	
6596	斗	斡	アツ	
6597	斗	斢	テキ	
6598	斗	斜	カウ	
6599	斗	斠	カク	
6600	勺	勺	シヤク	
6601	勺	与	ヨ	
6602	几	几	キ	
6603	几	梵	ケイ	
6604	几	榮	ケイ	
6605	几	尻	キヨ	
6606	几	凭	ヘウ	
6607	几	処	シヨ	
6608	且	且	ソ	シヨ
6609	且	俎	シヨ	
6610	匚	匚	ワウ	
6611	匚	匜	シ	
6612	匚	匲	イ	
6613	匚	匡	キヤウ	
6614	匚	廞	ヒン	
6615	匚	甄	キ	
6616	匚	匪	ヒ	
6617	匚	匯	クワイ	カイ
6618	匚	匱	キ	
6619	匚	匾	ヘン	
6620	匚	匠	シヤウ	
6621	匚	匛	ケウ	
6622	匚	匣	カウ	
6623	匚	匵	トク	
6624	曲	曲	キヨク	コク

序号	部首	字头	右音	左音
6625	曲	凵	キヨク	コク
6626	壺	壺	コ	
6627	壺	壼	ココ	
6628	壺	壹	イチ	
6629	壺	壼	カウ	
6630	卮	卮	シ	
6631	卮	觽	セン	
6632	㫃	㫃	エン	
6633	㫃	旗	キ	
6634	㫃	施	シ	セ
6635	㫃	旗	キ	
6636	㫃	旂	キ	
6637	㫃	旟	ヨウ	
6638	㫃	於	ヲ	
6639	㫃	旛	ハン	
6640	㫃	旋	セン	
6641	㫃	旗	セン	
6642	㫃	旄	ホウ	
6643	㫃	旌	セイ	
6644	㫃	旒	リウ	
6645	㫃	旅	リヨ	
6646	㫃	旐	テウ	
6647	㫃	旍	エン	
6648	㫃	族	ソク	
6649	勿	勿	モツ	ブツ
6650	勿	昜	エキ	
6651	矢	矢	シ	
6652	矢	知	チ	
6653	矢	鑵	クワン	
6654	矢	鍚	シヤウ	
6655	矢	矬	ザ	
6656	矢	矰	ソウ	
6657	矢	侯	コウ	
6658	矢	矣	イ	
6659	矢	矯	イ	
6660	矢	矩	ク	
6661	矢	矮	ワイ	アイ
6662	矢	矧	シン	
6663	矢	短	タン	
6664	矢	矯	ケウ	

序号	部首	字头	右音	左音
6665	矢	躰	シヤ	
6666	矢	袦		ホウ
6667	矢	舳	セツ	
6668	弓	弓	キウ	
6669	弓	彌	ミ	
6670	弓	弧	コ	
6671	弓	彃	トン	
6672	弓	彈	ダン	
6673	弓	弦	ケン	
6674	弓	驕	ケウ	
6675	弓	彌	セウ	
6676	弓	弰	サウ	
6677	弓	張	チヤウ	
6678	弓	彊	キヤウ	ガウ
6679	弓	強	キヤウ	ガウ
6680	弓	弸	ハウ	
6681	弓	弘	コウ	グ
6682	弓	彉	コフ	
6683	弓	弭	ミ	
6684	弓	弛	シ	
6685	弓	弩	ト	
6686	弓	弤	テイ	
6687	弓	引	イン	
6688	弓	弞	シン	
6689	弓	弙	コウ	
6690	弓	彀	コウ	
6691	弓	彃	ヒツ	
6692	弓	發	ハツ	ホツ
6693	弓	彴	テキ	
6694	弓	彄	ケウ	
6695	弓	㢀	ヨ	
6696	弓	彌	ホウ	
6697	弓	彎	ワン	
6698	弓	弫	ミン	
6699	弓	彍	クワウ	
6700	弓	彍	クワウ	
6701	弓	弮	シユン	
6702	弓	弙	ヲ	コウ
6703	弓	彂	タウ	
6704	弜	弜	キヤウ	

序号	部首	字头	右音	左音
6705	弓	彍	カウ	
6706	弓	弸	ヒツ	
6707	弓	彌	ヒツ	
6708	弓	敬	ヒツ	
6709	弓	弼	ヒツ	
6710	斤	斤	キン	
6711	斤	斯	シ	
6712	斤	新	シン	
6713	斤	斨	テウ	
6714	斤	斯	シヤウ	
6715	斤	所	シヨ	
6716	斤	斧	フ	
6717	斤	釿	キン	
6718	斤	斬	ザン	
6719	斤	斷	ダン	
6720	斤	斸	チヨク	シヨク
6721	斤	斮	サク	
6722	斤	斫	シヤク	
6723	斤	斥	セキ	
6724	斤	斵	タク	
6725	斤	斲	タク	
6726	斤	斷	ラ	リヤウ
6727	斤	斸	ク	
6728	斤	斳	チヤク	
6729	斤	斱	タク	
6730	斤	斯	セキ	
6731	矛	矛	ボウ	
6732	矛	穊	ソウ	
6733	矛	矠	シ	
6734	矛	矜	ケウ	
6735	矛	矦	コウ	
6736	矛	矜	サン	
6737	矛	稆	カウ	
6738	矛	矠	チヨク	
6739	矛	殳	ヤク	
6740	矛	矟	ケキ	
6741	戈	戈	クワ	
6742	戈	戎	シウ	
6743	戈	戣	キ	
6744	戈	戲	ケ	

序号	部首	字头	右音	左音
6745	戈	戔	サン	セン
6746	戈	戕	シヤウ	サウ
6747	戈	戡	カン	
6748	戈	鐱	サン	
6749	戈	戩	ケン	
6750	戈	戜	ヨウ	
6751	戈	武	フ	
6752	戈	戭	ヒン	
6753	戈	肇	デウ	
6754	戈	戌	ジウ	
6755	戈	戰	セン	
6756	戈	戮	リク	
6757	戈	戠	シヨク	
6758	戈	戛	カツ	
6759	戈	截	セツ	
6760	戈	戟	ゲキ	ギヤク
6761	戈	或	ハク	コク
6762	戈	戢	シフ	
6763	戈	戨	カン	
6764	戈	賊	ソク	
6765	戈	賊	ソク	
6766	戈	戜	テツ	
6767	戈	戳	セツ	
6768	戈	戜	カン	
6769	戈	戔	セン	
6770	戈	戈	サイ	
6771	戈	戠	シヨク	
6772	戈	戝	ボウ	
6773	戈	戜	シユン	
6774	戈	戜	イヨク	
6775	戈	戜	サン	
6776	戈	戜	カク	
6777	戈	戳	シフ	
6778	戈	餞	サウ	
6779	戈	戈	カク	
6780	戈	戜	サン	
6781	戈	戜	カ	
6782	戈	戲	コ	
6783	戈	戜	チユ	
6784	戈	戜	イウ	

序号	部首	字头	右音	左音
6785	戈	戲	ヨウ	
6786	殳	殳	ジユ	
6787	殳	殳	シユウ	
6788	殳	殻	トウ	
6789	殳	殼	カウ	
6790	殳	殼	カウ	
6791	殳	毆	ヲフ	
6792	殳	毅	ギ	
6793	殳	殼	カウ	
6794	殳	段	ダン	
6795	殳	殿	デン	テン
6796	殳	烑	キン	ケン
6797	殳	篗	チク	
6798	殳	愨	ヤク	
6799	殳	叡	エイ	
6800	殳	殸	ケイ	
6801	殳	殴	キ	
6802	殳	觳	コク	
6803	殳	殳	カク	
6804	殳	㲉	ケキ	
6805	殳	役	タイ	クツ
6806	殳	殼	シウ	
6807	殳	毀	シウ	
6808	殳	殷	シン	
6809	殳	嵤	タウ	
6810	殳	殼	ケイ	
6811	殳	殼	サン	
6812	殺	殺	セツ	
6813	殺	弑	シイ	
6814	戉	戉	エツ	
6815	戉	戚	セキ	
6816	刀	刀	タウ	
6817	刀	剚	サウ	
6818	刀	劚	マリ	バ
6819	刀	劵	リ	
6820	刀	刉	キ	
6821	刀	初	シヨ	
6822	刀	剆	コ	
6823	刀	剃	リン	
6824	刀	剸	セン	タン

序号	部首	字头	右音	左音
6825	刀	剜	ワン	
6826	刀	刊	カン	
6827	刀	刓	クワン	
6828	刀	删	サン	
6829	刀	前	セン	
6830	刀	釗	セウ	シヤウ
6831	刀	剽	ヘウ	
6832	刀	劚	テウ	
6833	刀	剄	ア	
6834	刀	創	サウ	
6835	刀	剛	カウ	
6836	刀	剠	ケイ	
6837	刀	刑	ケイ	
6838	刀	列	シウ	
6839	刀	剖	ホウ	
6840	刀	刎	フン	
6841	刀	刌	ソン	.
6842	刀	剸	ソン	
6843	刀	刬	セン	
6844	刀	剪	セン	
6845	刀	剿	サウ	
6846	刀	剕	エイ	
6847	刀	剡	エン	
6848	刀	劓	キイ	
6849	刀	刺	シ	セキ
6850	刀	刵	ジ	
6851	刀	利	リ	
6852	刀	剃	テイ	タイ
6853	刀	劑	セイ	サイ
6854	刀	劌	ケイ	
6855	刀	劀	セイ	
6856	刀	切	セツ	サイ
6857	刀	刷	ケイ	
6858	刀	厲	レイ	
6859	刀	劊	クワイ	
6860	刀	刈	ガイ	
6861	刀	券	ケン	
6862	刀	判	ハン	
6863	刀	辨	ベン	
6864	刀	剉	ザ	

序号	部首	字头	右音	左音
6865	刀	剫	ダ	
6866	刀	剽	ヘウ	
6867	刀	剿	ゼウ	シヤウ
6868	刀	副	フ	フク
6869	刀	剥	ハク	
6870	刀	剌	ホツ	
6871	刀	罰	バツ	
6872	刀	刖	ケツ	
6873	刀	劂	ケツ	
6874	刀	剟	タツ	
6875	刀	劋	セツ	
6876	刀	刹	セツ	
6877	刀	刷	セツ	
6878	刀	刮	カツ	
6879	刀	別	ベツ	
6880	刀	列	レツ	
6881	刀	剜	レツ	
6882	刀	削	サク	シヨウ
6883	刀	劇	ケキ	キヤク
6884	刀	劃	クワク	
6885	刀	割	カク	
6886	刀	劈	ヘキ	
6887	刀	刻	コク	
6888	刀	尅	コク	
6889	刀	則	ソク	
6890	刀	劄	サツ	
6891	刀	刲	ケイ	
6892	刀	刐	フ	
6893	刀	剽	ガク	
6894	刀	刨	コウ	
6895	刀	剞	キ	
6896	刀	剴	カイ	
6897	刀	劂	セツ	ギツ
6898	刀	劇	タク	
6899	刀	剈	エン	
6900	刀	劀	カツ	
6901	刀	剼	サン	
6902	刀	刮	テン	
6903	刀	剄	ケイ	
6904	刀	剅	タウ	

序号	部首	字头	右音	左音
6905	刀	剕	ラツ	
6906	刀	剌	ラツ	
6907	刀	剠	リツ	
6908	刀	剚	リツ	
6909	刀	劀	レウ	
6910	刀	劙	ケイ	
6911	刀	刹	レツ	
6912	刀	剅	トウ	
6913	刀	劂	エイ	
6914	刀	划	クワ	
6915	刀	刋	コウ	
6916	刀	剺	セン	
6917	刀	劐	クワク	
6918	刀	劇	クワク	
6919	刀	剿	ソウ	
6920	刀	扐	ボク	
6921	刀	劋	セウ	
6922	刀	剗	サン	
6923	刀	劋	ギヨウ	セウ
6924	刀	劖	シウ	
6925	刀	劗	セン	
6926	刀	剅	テイ	
6927	刀	劇	アク	
6928	刀	劊	クワイ	
6929	刀	剳	サ	
6930	刀	剆	ラ	
6931	刀	剡	エン	
6932	刀	剧	セイ	
6933	刀	剬	タン	
6934	刀	劇	ケン	
6935	刀	刡	ヘイ	
6936	刀	刨	ハウ	
6937	刀	刓	クワ	
6938	刀	劖	ロ	
6939	刀	剑	フ	ケツ
6940	刀	剐	ヘイ	ヘツ
6941	刀	剃	リン	
6942	刀	刕	レイ	リ
6943	刀	刘	リウ	
6944	刀	刑	タン	

序号	部首	字头	右音	左音
6945	刀	剸	セン	
6946	刀	剴	クワ	
6947	刀	剒	サ	
6948	刀	刡	ヘイ	
6949	刀	刋	セン	
6950	刀	剿	ゲウ	
6951	刀	剺	シン	
6952	刀	刌	セウ	
6953	刀	劤	キン	
6954	刀	剳	タウ	
6955	刀	刮	カツ	
6956	刀	劅	タク	
6957	刀	刌	ジ	
6958	刀	剝	ハク	
6959	刀	剢	ハツ	
6960	刀	刔	ケツ	
6961	刀	剹	シウ	
6962	刀	刧	カツ	
6963	刀	栔	ケツ	
6964	刀	契	カツ	
6965	刀	劍	ケン	
6966	刃	刃	ジン	
6967	刃	刱	サウ	シヤウ
6968	刃	剱	ケン	
6969	刃	刟	ハク	
6970	刃	办	サウ	
6971	金	金	キン	
6972	金	銅	トウ	
6973	金	釭	コウ	カウ
6974	金	鏓	ソウ	
6975	金	鎔	ヨウ	
6976	金	鋒	ホウ	
6977	金	鈁	シヨウ	
6978	金	鍾	シヨウ	
6979	金	鐘	シヨウ	
6980	金	鏞	ヨウ	
6981	金	銎	ケウ	
6982	金	鏦	サウ	
6983	金	錡	キ	
6984	金	錤	キ	

序号	部首	字头	右音	左音
6985	金	錐	スイ	
6986	金	鈚	ヒ	
6987	金	鎚	ツイ	
6988	金	鏃	シ	
6989	金	錘	ツイ	
6990	金	錣	シ	
6991	金	鉏	シヨ	
6992	金	鋤	シヨ	
6993	金	鑪	ロ	
6994	金	鈇	フ	
6995	金	鍋	グ	
6996	金	銖	シユ	
6997	金	鋪	ホ	
6998	金	鋅	ケイ	
6999	金	鎞	ヘイ	
7000	金	鑽	ケイ	
7001	金	鏥	テイ	
7002	金	釵	サイ	シヤ
7003	金	鋂	マイ	
7004	金	銀	ギン	
7005	金	鑌	ヒン	
7006	金	鎮	チン	
7007	金	鐼	フン	
7008	金	鐇	バン	
7009	金	錀	ロン	
7010	金	鏝	マン	
7011	金	鑾	ラン	
7012	金	鑽	サン	
7013	金	鐶	クワン	
7014	金	鑯	セン	
7015	金	錢	セン	
7016	金	鋋	セン	
7017	金	銓	セン	
7018	金	鍵	ケン	
7019	金	鈿	テン	
7020	金	鑣	ヘウ	
7021	金	鐐	レウ	リヨウ
7022	金	銚	テウ	
7023	金	鍫	シウ	セウ
7024	金	鏢	ヘウ	

序号	部首	字头	右音	左音
7025	金	鉊	セウ	
7026	金	銷	セウ	
7027	金	鈔	サウ	セウ
7028	金	鏖	アフ	
7029	金	鐋	タウ	
7030	金	鍋	クワ	
7031	金	鑼	ラ	
7032	金	鑌	マ	
7033	金	鈌	クワ	
7034	金	铓	バウ	マウ
7035	金	鐺	タウ	シヨウ
7036	金	鉦	セイ	
7037	金	鏗	カウ	
7038	金	鎗	サウ	
7039	金	鉾	サウ	
7040	金	銘	メイ	
7041	金	鈴	レイ	リヤウ
7042	金	釘	テイ	チヤウ
7043	金	錾	ホウ	モウ
7044	金	鉤	コウ	
7045	金	鏘	シヤウ	サウ
7046	金	鉡	ホウ	
7047	金	銶	キウ	
7048	金	鍭	コウ	
7049	金	錟	タン	
7050	金	鐔	タン	
7051	金	銐	カン	
7052	金	鎌	レン	
7053	金	鉗	ケン	
7054	金	銛	セン	
7055	金	衒	カン	
7056	金	鑱	サン	
7057	金	鉏	ロ	
7058	金	鈶	シ	
7059	金	鉅	キヨ	コ
7060	金	釜	フ	
7061	金	鍐	シウ	
7062	金	針	シン	
7063	金	鈚	タイ	
7064	金	鎧	ガイ	

序号	部首	字头	右音	左音
7065	金	鏋	マン	
7066	金	鏟	サン	
7067	金	鉉	ケン	
7068	金	鉸	カウ	
7069	金	鎖	サ	
7070	金	鏔	カウ	キヤウ
7071	金	鑛	クワウ	
7072	金	鋟	シン	
7073	金	鈯	セン	
7074	金	鐩	スイ	
7075	金	鐆	スイ	
7076	金	鋸	キヨ	
7077	金	錯	サク	シヤク
7078	金	鑄	シウ	
7079	金	鍍	ト	
7080	金	銳	エイ	
7081	金	鋂	バイ	
7082	金	鑘	サイ	
7083	金	鐓	タイ	
7084	金	鍊	ライ	
7085	金	鈏	イン	
7086	金	鐏	ソン	
7087	金	鈍	ドン	
7088	金	鍜	タン	
7089	金	鑵	クワン	
7090	金	釪	カン	
7091	金	鍊	レン	
7092	金	釧	セン	エン
7093	金	鋼	カウ	マウ
7094	金	鏡	キヤウ	ケイ
7095	金	錠	テイ	
7096	金	鐙	トウ	
7097	金	鏤	ロウ	
7098	金	鍬	ソウ	
7099	金	鑑	カン	
7100	金	鹸	ケン	
7101	金	鏃	ソク	
7102	金	鍊	ソク	
7103	金	鑠	ソク	
7104	金	錄	ロク	

序号	部首	字头	右音	左音
7105	金	鐲	シヨク	
7106	金	鋮	ソク	
7107	金	釡	ヲク	
7108	金	钃	チヨク	
7109	金	鑕	シツ	
7110	金	銉	キツ	
7111	金	銍	チツ	
7112	金	鉞	エツ	
7113	金	鈯	トツ	
7114	金	鉢	ハチ	ハツ
7115	金	鐠	カツ	
7116	金	鐵	テツ	
7117	金	銕	イ	
7118	金	鐍	ケツ	
7119	金	鑯	ケツ	
7120	金	鍥	ケツ	
7121	金	錣	テツ	
7122	金	鑰	ヤク	
7123	金	钁	クワク	
7124	金	鐸	タク	
7125	金	鍔	ガク	
7126	金	鑿	サク	シヤク
7127	金	鑊	クワク	
7128	金	鈝	サク	
7129	金	鑠	シヤク	
7130	金	鉐	セキ	シヤク
7131	金	鏃	サク	
7132	金	錫	シヤク	
7133	金	鏑	テキ	
7134	金	鍼	セキ	シヤク
7135	金	釚	ロク	
7136	金	鑞	ラウ	
7137	金	鋏	ケフ	
7138	金	錆	サウ	
7139	金	鑷	テウ	
7140	金	鐝	ケン	
7141	金	鍇	カイ	
7142	金	鑑	キヨク	
7143	金	銑	セン	
7144	金	鑒	ケン	

序号	部首	字头	右音	左音
7145	金	鋌	テイ	
7146	金	鉹	シ	
7147	金	鑒	カン	
7148	金	錪	テン	
7149	金	鐙	トウ	
7150	金	鑯	ビ	
7151	金	鏀	ロ	
7152	金	鎣	ヱイ	
7153	金	鈢	シヤウ	
7154	金	鍼	シン	
7155	金	鈹	ヒ	
7156	金	鏨	サン	
7157	金	鏺	ハツ	
7158	金	鑼	ヒ	
7159	金	鉆	ケン	
7160	金	鉱	ヂヨフ	
7161	金	鈦	テイ	タイ
7162	金	鏞	ヨウ	
7163	金	鈒	シフ	サウ
7164	金	锘	テン	
7165	金	鑍	セン	
7166	金	鈌	ケツ	
7167	金	鎦	リウ	
7168	金	鈋	クワ	
7169	金	鉼	セイ	
7170	金	鐠	ケイ	
7171	金	鏵	クツ	
7172	金	釫	クハ	
7173	金	鍏	イ	
7174	金	鎮	イ	
7175	金	鍨	キ	
7176	金	鐭	ケイ	
7177	金	釨	ケツ	
7178	金	鏁	シユウ	サウ
7179	金	鉿	カン	
7180	金	鎢	ヲ	
7181	金	錥	イク	
7182	金	錒	ア	
7183	金	鈷	コ	
7184	金	鎊	マウ	ハウ、ボ

序号	部首	字头	右音	左音
7185	金	鉼	ラウ	
7186	金	鏤	ボウ	
7187	金	鉿	カフ	
7188	金	鐴	ヘキ	
7189	金	鍒	ダ	
7190	金	釤	サン	
7191	金	鑋	ビ	ミ
7192	金	鍪	ビ	ミ
7193	金	鐅	ケツ	
7194	金	鍂	デウ	子フ
7195	金	鋉	シヤ	
7196	金	鏂	テン	
7197	金	鎡	シ	
7198	金	鐵	クワン	
7199	金	銃	シフ	
7200	金	鈉	ヘイ	
7201	金	鉟	ヒ	
7202	金	錇	ヲフ	
7203	金	鐯	チヤク	
7204	金	鉱	クハウ	
7205	金	鎊	ハウ	
7206	金	鑐	シユ	
7207	金	鍪	バウ	
7208	金	鐈	キヨウ	
7209	金	鋹	チヤウ	
7210	金	鋾	タウ	
7211	金	鈚	ヒ	
7212	金	鑨	ロウ	
7213	金	鉖	トウ	
7214	金	鍷	ケイ	
7215	金	銈	ケイ	
7216	金	鑇	シ	
7217	金	鏋	シン	
7218	金	鋑	サン	
7219	金	釩	ハン	
7220	金	鵆	ギ	
7221	金	鉃	シ	
7222	金	鑵	サイ	
7223	金	鐨	シヤウ	
7224	金	鏄	ジ	

附录四　庆长十五年版《倭玉篇》字头表

序号	部首	字头	右音	左音
7225	金	鋺	エン	
7226	金	錊	サイ	
7227	金	鑭	テン	
7228	金	鑫	キン	
7229	金	鋥	テイ	
7230	金	鑯	セン	
7231	金	鑿	サク	
7232	金	鉘	ホツ	
7233	金	釚	チフ	
7234	金	鉻	カク	
7235	金	鍱	セフ	セツ
7236	金	鍱	シフ	
7237	攴	攴	ハク	ボク
7238	攴	攵	ハク	ボク
7239	攴	敊	キ	
7240	攴	孜	シ	
7241	攴	敷	フク	
7242	攴	敺	ク	
7243	攴	敲	カウ	ケウ
7244	攴	斆	カイ	
7245	攴	敦	トン	
7246	攴	攽	テン	
7247	攴	敿	エイ	
7248	攴	敫	ヘウ	
7249	攴	教	カウ	ケウ
7250	攴	攘	ジヤウ	
7251	攴	夐	カウ	キヤウ
7252	攴	收	シウ	シュ
7253	攴	攸	ユウ	
7254	攴	敱	キ	
7255	攴	敘	ジヨ	
7256	攴	鼓	コ	
7257	攴	數	シュ	スウ、ソク
7258	攴	啓	ケイ	
7259	攴	改	カイ	
7260	攴	敏	ビン	
7261	攴	敯	ビン	ミン
7262	攴	散	サン	
7263	攴	敽	ケウ	
7264	攴	攷	カウ	

序号	部首	字头	右音	左音
7265	攴	敎	ヤウ	
7266	攴	敞	シヤウ	
7267	攴	敉	コウ	
7268	攴	敢	カン	
7269	攴	斂	レン	
7270	攴	斁	ト	
7271	攴	故	コ	
7272	攴	敗	ハイ	
7273	攴	變	ヘン	
7274	攴	敎	カウ	
7275	攴	效	カウ	
7276	攴	斀	バン	
7277	攴	赦	シヤ	
7278	攴	政	セイ	シヤウ
7279	攴	寇	コウ	
7280	攴	救	キウ	ク
7281	攴	收	シウ	
7282	攴	牧	ボク	モク
7283	攴	斀	タク	
7284	攴	徹	テツ	
7285	攴	敵	テキ	チヤク
7286	攴	敕	チヨク	
7287	攴	肇	テウ	
7288	攴	皦	ハク	
7289	攴	敊	ブ	
7290	攴	敶	フ	
7291	攴	敁	テン	
7292	攴	㪍	レイ	
7293	攴	攽	フン	
7294	攴	敳	ガイ	
7295	攴	敢	ジン	
7296	攴	敶	チン	
7297	攴	改	フ	
7298	攴	敢	ヰ	
7299	攴	攽	ヒ	
7300	攴	敭	イヤウ	
7301	攴	斢	クン	
7302	攴	敳	タワイ	
7303	攴	斀	ラン	
7304	攴	敊	チ	

序号	部首	字头	右音	左音
7305	攴	攲	ヒツ	
7306	攴	敊	ト	
7307	攴	惄	テウ	
7308	攴	敂	コウ	
7309	攴	攻	コウ	
7310	攴	敠	タク	
7311	攴	敳	ソウ	
7312	攴	犛	キ	リ
7313	攴	敓	キン	
7314	攴	皷	シウ	
7315	攴	皷	シウ	
7316	攴	敷	キヨウ	ケキ
7317	攴	敀	ヒ	
7318	攴	敦	タウ	
7319	攴	敪	イン	
7320	攴	攽	カン	
7321	攴	敱	シ	
7322	攴	攲	トン	
7323	攴	敳	カイ	
7324	攴	攱	フイ	
7325	攴	敡	イ	
7326	攴	敠	タク	
7327	攴	敆	ヒウ	
7328	攴	敀	テイ	
7329	攴	牧	セン	
7330	攴	敺	タフ	
7331	攴	敀	テン	
7332	攴	敹	チヨウ	
7333	攴	啵	カ	
7334	攴	敪	タ	
7335	攴	夆	ヘン	
7336	攴	敝	ソウ	
7337	攴	敮	ホツ	
7338	攴	敤	カン	
7339	攴	戯	ロ	
7340	攴	敇	カク	
7341	攴	敢	カン	
7342	攴	攲	チク	
7343	攴	敉	ロウ	
7344	攴	攲	キ	

序号	部首	字头	右音	左音
7345	攴	攕	サン	
7346	攴	㪂	サ	
7347	攴	攷	コウ	
7348	攴	敔	ユ	
7349	攴	敁	テン	
7350	攴	敤	タイ	
7351	攴	攋	ライ	
7352	攴	攺	タ	
7353	攴	娘	ラウ	
7354	攴	攼	カン	
7355	攴	攦	レイ	
7356	攴	㪅	タン	
7357	攴	敠	シウ	
7358	攴	敥	タト	
7359	攴	敄	ト	
7360	攴	敵	レイ	
7361	攴	攂	シユン	
7362	攴	敊	シン	
7363	攴	敳	ハン	マン
7364	攴	鼓	セン	
7365	攴	教	ホツ	
7366	攴	哉	カツ	
7367	攴	敝	フツ	
7368	攴	敕	レン	
7369	攴	斵	シヨク	
7370	攴	敜	エツ	
7371	放	放	ハウ	
7372	放	敖	ガウ	
7373	廾	廾	キ	
7374	廾	其	ゴ	キ
7375	廾	昪	ヒ	
7376	廾	典	テン	
7377	廾	異	ソン	
7378	廾	奠	テン	
7379	左	左	サ	
7380	左	差	シヤ	シサイ
7381	工	工	コウ	
7382	工	巨	キヨ	
7383	工	巧	カウ	ゲウ
7384	工	式	シキ	シヨク

序号	部首	字头	右音	左音
7385	巫	巫	ブ	
7386	巫	靈	レイ	リヤウ
7387	巫	覡	ケキ	
7388	巫	靇	ロウ	
7389	卜	卜	ボク	
7390	卜	貞	テイ	ヂヤウ
7391	卜	占	セン	
7392	卜	卦	ケ	クワイ
7393	兆	兆	テウ	
7394	兆	旐	テウ	
7395	用	用	ヨウ	ユウ
7396	用	庸	ヨウ	
7397	用	由	ユ	ユウ
7398	用	甫	ホ	
7399	爻	爻	カウ	
7400	爻	希	ケ	キ
7401	叕	叕	リ	
7402	叕	爾	ニ	
7403	叕	爽	サウ	
7404	叕	爽	サウ	
7405	車	車	シヤ	
7406	車	軌	コウ	
7407	車	轞	セウ	
7408	車	轍	セウ	
7409	車	轟	シ	サイ
7410	車	輿	ヨ	
7411	車	輪	シユ	
7412	車	軏	ジ	
7413	車	輫	ハイ	
7414	車	輪	リン	
7415	車	軍	グン	
7416	車	軒	ケン	カン
7417	車	轅	エン	
7418	車	轘	クワン	
7419	車	轓	ハン	
7420	車	軺	テウ	
7421	車	輠	クワ	
7422	車	轟	カウ	
7423	車	輕	キヤウ	
7424	車	軿	ヘイ	

序号	部首	字头	右音	左音
7425	車	軨	レイ	
7426	車	輈	シウ	チウ
7427	車	轄	イフ	
7428	車	轙	キ	
7429	車	軌	キ	
7430	車	輢	キ	
7431	車	輔	ホ	フ
7432	車	載	サイ	セイ
7433	車	軫	シン	
7434	車	輑	キン	
7435	車	輦	レン	
7436	車	輀	ナン	
7437	車	轉	テン	
7438	車	輞	マウ	
7439	車	輮	ジウ	
7440	車	範	ハン	
7441	車	轙	チ	
7442	車	輅	ロ	
7443	車	軑	タイ	
7444	車	輩	ハイ	
7445	車	軔	ジン	
7446	車	輓	バン	
7447	車	較	カウ	
7448	車	輳	ソウ	
7449	車	轂	コク	
7450	車	輻	フク	
7451	車	輹	フク	
7452	車	軸	ヂク	
7453	車	軏	ゴツ	
7454	車	轄	カツ	
7455	車	轍	ケツ	
7456	車	軋	アツ	
7457	車	轍	テツ	
7458	車	輟	テツ	
7459	車	軼	テツ	イツ
7460	車	輯	シフ	
7461	車	輒	テウ	
7462	車	輜	シ	
7463	車	轋	マン	
7464	車	輖	テイ	

序号	部首	字头	右音	左音
7465	車	輂	ヨ	
7466	車	軒	セイ	
7467	車	耗	バウ	
7468	車	輲	シウ	
7469	車	輘	ロウ	
7470	車	軳	ハウ	
7471	車	輬	バウ	
7472	車	輤	セン	
7473	車	轐	ロク	
7474	車	轆	ロク	
7475	車	轤	ロ	
7476	車	鞠	カウ	
7477	車	輆	チン	
7478	車	輆	カイ	
7479	車	轍	シ	
7480	車	輴	ジヨウ	
7481	車	軒	テイ	
7482	車	軕	ヂ	
7483	車	輪	ホン	
7484	車	輏	ヘン	
7485	車	軡	シン	
7486	車	輄	リク	
7487	車	鼇	ホク	
7488	車	輾	ケキ	
7489	車	輅	カク	
7490	車	轢	リッ	
7491	車	轄	カツ	
7492	車	轣	レキ	
7493	車	轋	コン	
7494	舟	舟	シウ	
7495	舟	艨	モウ	
7496	舟	艢	セウ	
7497	舟	舸	ドウ	
7498	舟	舼	ケウ	
7499	舟	舡	カウ	
7500	舟	艫	ロ	
7501	舟	艅	ユ	
7502	舟	艃	リン	
7503	舟	般	ハン	
7504	舟	舩	セン	

序号	部首	字头	右音	左音
7505	舟	舷	ゲン	
7506	舟	艚	サウ	
7507	舟	舠	タウ	
7508	舟	艖	サ	
7509	舟	航	カウ	
7510	舟	艆	ラウ	
7511	舟	艀	フ	
7512	舟	艤	ギ	
7513	舟	艬	サン	
7514	舟	艣	ロ	
7515	舟	舻	テイ	
7516	舟	舸	カ	
7517	舟	舵	ダ	
7518	舟	艋	マウ	
7519	舟	艇	テイ	
7520	舟	舲	チン	
7521	舟	艦	カン	
7522	舟	艜	タイ	
7523	舟	舫	ハウ	
7524	舟	舳	ヂク	
7525	舟	服	フク	
7526	舟	艬	ハツ	
7527	舟	舴	サク	
7528	舟	舶	ハク	
7529	舟	艩	ケキ	
7530	舟	艚	タウ	
7531	舟	舲	レイ	
7532	舟	舿	ホ	フ
7533	舟	艑	ヘン	
7534	舟	艊	タウ	
7535	舟	舣	シヤ	
7536	舟	艥	ケイ	
7537	舟	舨	ハン	
7538	舟	艪	セイ	
7539	舟	艫	レイ	
7540	舟	艫	レイ	
7541	舟	舺	キヨウ	
7542	舟	艢	シヤウ	
7543	舟	艘	ソウ	
7544	舟	艓	シウ	

序号	部首	字头	右音	左音
7545	舟	艫	レウ	
7546	舟	艘	スウ	
7547	舟	艧	ガイ	
7548	舟	舮	リヨウ	
7549	舟	舲	キン	
7550	舟	艫	ケン	
7551	舟	艎	セイ	
7552	舟	艘	フク	
7553	舟	艤	セツ	
7554	舟	艪	シウ	
7555	舟	舭	ホツ	
7556	方	方	ハウ	
7557	方	万	バン	マン
7558	方	斻	カウ	
7559	水	水	スイ	
7560	水	澡	シユウ	
7561	水	潨	ソウ	
7562	水	洪	コウ	
7563	水	汛	ホウ	
7564	水	濃	デウ	ノフ
7565	水	沖	チウ	
7566	水	濛	モウ	
7567	水	溶	ヨウ	
7568	水	淙	ソウ	
7569	水	江	カウ	
7570	水	瀧	ラウ	サウ
7571	水	涯	ギ	ガイ
7572	水	漪	イ	
7573	水	池	チ	
7574	水	湄	ミ	
7575	水	洟	イイ	
7576	水	漦	リ	
7577	水	漓	リ	
7578	水	治	チ	
7579	水	滋	ジ	
7580	水	渠	キヨ	
7581	水	淤	ヲ	
7582	水	潴	チヨ	
7583	水	滁	ヂヨ	
7584	水	漁	ギヨ	

序号	部首	字头	右音	左音
7585	水	沮	シヨ	
7586	水	洙	シユ	
7587	水	湖	コ	
7588	水	污	ヲ	
7589	水	洿	ヲ	
7590	水	汙	ヲ	
7591	水	瀘	ロ	
7592	水	濡	ジユ	
7593	水	渝	ユ	
7594	水	洼	クワイ	
7595	水	溾	クワイ	
7596	水	洄	クワイ	
7597	水	濱	ヒン	
7598	水	津	シン	
7599	水	湣	シン	
7600	水	淪	リン	
7601	水	淳	ジユン	
7602	水	泯	ミン	
7603	水	湮	イン	エン
7604	水	瀕	ヒン	
7605	水	濆	ブン	
7606	水	汾	フン	
7607	水	源	ゲン	
7608	水	瀠	ハン	
7609	水	溫	ヲン	
7610	水	渾	コン	
7611	水	洹	ヲン	
7612	水	湲	エン	
7613	水	灘	ダン	
7614	水	瀾	テン	
7615	水	湍	タン	
7616	水	灌	クワン	
7617	水	泥	デイ	
7618	水	溪	ケイ	
7619	水	埿	デイ	
7620	水	淒	セイ	
7621	水	汗	カン	
7622	水	潘	ハン	
7623	水	漫	マン	
7624	水	灣	ワン	

序号	部首	字头	右音	左音
7625	水	潜	サン	
7626	水	淵	ヱン	
7627	水	涓	ケン	
7628	水	澶	セン	
7629	水	漣	レン	
7630	水	泉	セン	
7631	水	洤	セン	
7632	水	涎	ヱン	
7633	水	湔	セン	
7634	水	沿	ヱン	
7635	水	淺	セン	
7636	水	潺	セン	
7637	水	漩	セン	
7638	水	潮	テウ	
7639	水	消	セウ	
7640	水	澆	ゲウ	
7641	水	漂	ヒヨウ	
7642	水	泡	ハウ	
7643	水	淆	カウ	
7644	水	濤	タウ	
7645	水	淘	タウ	
7646	水	漕	サウ	
7647	水	滔	タウ	
7648	水	波	ハ	
7649	水	沱	タ	
7650	水	沙	シヤ	
7651	水	窪	クワイ	
7652	水	洋	ヤウ	
7653	水	湘	シヤウ	
7654	水	滄	サウ	
7655	水	潢	クワウ	ワウ
7656	水	涼	リヤウ	
7657	水	湯	タウ	
7658	水	漿	シヤウ	
7659	水	汪	ワウ	
7660	水	茫	ハウ	マウ
7661	水	滂	ハク	
7662	水	泓	アフ	
7663	水	瀛	エイ	
7664	水	澄	タウ	テウ

序号	部首	字头	右音	左音
7665	水	清	セイ	
7666	水	澎	ハウ	
7667	水	淫	ケイ	
7668	水	淳	テイ	
7669	水	溟	メイ	
7670	水	浦	ホ	
7671	水	沽	コ	
7672	水	溥	ホ	
7673	水	澧	レイ	
7674	水	濟	セイ	サイ
7675	水	涕	テイ	
7676	水	洗	セン	
7677	水	泚	セイ	
7678	水	澥	カイ	
7679	水	灑	サイ	
7680	水	海	カイ	
7681	水	浼	バイ	
7682	水	準	ジン	
7683	水	混	コン	
7684	水	沌	トン	
7685	水	潭	タン	
7686	水	澣	クワン	
7687	水	浣	クワン	
7688	水	滿	マン	
7689	水	濩	クワク	
7690	水	演	エン	
7691	水	泫	ゲン	
7692	水	湎	メン	
7693	水	沼	セウ	
7694	水	瀌	ヘウ	
7695	水	渺	ベウ	メウ
7696	水	澡	サウ	
7697	水	浩	カウ	
7698	水	瀉	シヤ	
7699	水	蕩	タウ	
7700	水	潒	シヤウ	
7701	水	涬	ケイ	キヤウ
7702	水	湫	シウ	
7703	水	濬	シウ	
7704	水	淰	シン	

序号	部首	字头	右音	左音
7705	水	瀋	シン	
7706	水	淡	タン	
7707	水	澉	カン	
7708	水	澹	タン	
7709	水	染	ゼン	
7710	水	漸	ゼン	
7711	水	湛	タン	
7712	水	減	ゲン	カン
7713	水	泗	シ	
7714	水	泌	ヒ	
7715	水	涙	ルイ	
7716	水	漬	シ	
7717	水	洎	キ	
7718	水	瀡	ズイ	
7719	水	渭	イ	
7720	水	溉	キ	
7721	水	淤	ヲ	
7722	水	潨	シヨ	
7723	水	洳	ジヨ	
7724	水	渡	ト	
7725	水	涊	ト	
7726	水	泝	ソ	
7727	水	注	シユ	
7728	水	澍	シユ	
7729	水	沴	レイ	
7730	水	漈	セイ	
7731	水	濟	セイ	
7732	水	灑	レイ	
7733	水	涗	セイ	
7734	水	渧	テイ	
7735	水	洌	レイ	
7736	水	濘	子イ	
7737	水	汏	タイ	タ
7738	水	沛	ハイ	
7739	水	瀨	ライ	
7740	水	澮	クワイ	
7741	水	泰	タイ	
7742	水	濊	クワイ	
7743	水	法	ホウ	ハウ
7744	水	洒	サイ	

序号	部首	字头	右音	左音
7745	水	濬	シユン	
7746	水	浚	シユン	
7747	水	潤	ニン	
7748	水	濆	フン	
7749	水	潠	ソン	
7750	水	溷	コン	
7751	水	瀚	カン	
7752	水	漢	カン	
7753	水	泮	ハン	
7754	水	灌	クワン	
7755	水	涫	クワン	
7756	水	渙	クワン	
7757	水	澗	カン	ケン
7758	水	涮	サン	
7759	水	淀	テイ	
7760	水	湅	レン	
7761	水	澱	テン	
7762	水	洊	セン	
7763	水	濺	セン	
7764	水	洤	ケン	
7765	水	激	ケウ	
7766	水	淖	タウ	
7767	水	濯	タウ	
7768	水	澇	ラワ	
7769	水	浣	ワン	
7770	水	灞	ハ	
7771	水	湮	ダ	
7772	水	漾	ヤウ	
7773	水	浪	ラウ	
7774	水	漲	チヤウ	
7775	水	淌	シヤウ	
7776	水	況	キヤウ	
7777	水	泳	エイ	
7778	水	淨	ジヤウ	
7779	水	溜	リウ	
7780	水	漏	ロ	
7781	水	漱	ソウ	
7782	水	湊	ソウ	
7783	水	漚	ヲウ	
7784	水	沁	シン	

序号	部首	字头	右音	左音
7785	水	浸	シン	
7786	水	沈	チン	
7787	水	滲	シン	
7788	水	深	シン	
7789	水	濫	ラン	
7790	水	潜	セン	
7791	水	壍	ザ	
7792	水	漣	レン	
7793	水	泛	ハン	
7794	水	淹	エン	
7795	水	瀆	ドク	
7796	水	瀑	ハク	
7797	水	澳	イク	
7798	水	沐	ボク	モク
7799	水	淑	シク	シユク
7800	水	漉	ロク	
7801	水	洑	フク	
7802	水	浴	ヨク	
7803	水	沃	ヨク	
7804	水	溽	シヨク	
7805	水	涿	ダク	
7806	水	潅	カク	
7807	水	濁	ヂヨク	
7808	水	渥	アク	
7809	水	瀺	サク	
7810	水	沏	シツ	
7811	水	漆	シツ	
7812	水	溢	イツ	
7813	水	洗	イツ	
7814	水	汔	コツ	
7815	水	渤	ボツ	
7816	水	滑	コツ	
7817	水	汨	コツ	
7818	水	没	ボツ	モツ
7819	水	淈	クツ	
7820	水	沫	マツ	
7821	水	活	クワツ	
7822	水	渇	カツ	
7823	水	澾	タツ	
7824	水	淛	セツ	

序号	部首	字头	右音	左音
7825	水	決	ケツ	
7826	水	滅	メツ	ベツ
7827	水	泄	セツ	
7828	水	洩	セツ	
7829	水	渫	セツ	
7830	水	涅	子	子ツ
7831	水	漠	バク	
7832	水	洛	ラク	
7833	水	瀹	ヤク	
7834	水	涸	カク	
7835	水	澤	タク	
7836	水	汐	セキ	
7837	水	液	ヱキ	
7838	水	滴	チヤク	テキ
7839	水	溺	テキ	
7840	水	瀝	レキ	
7841	水	澋	シヨク	
7842	水	測	ソク	シヨク
7843	水	湜	シヨク	
7844	水	泣	キウ	
7845	水	汲	キウ	
7846	水	濈	シウ	
7847	水	汁	ジウ	
7848	水	浥	イウ	
7849	水	澀	シウ	
7850	水	濕	シウ	
7851	水	涉	セウ	
7852	水	浹	ケウ	シヨウ
7853	水	洽	ガウ	
7854	水	沄	ウン	
7855	水	涌	ユ	
7856	水	澂	チヨウ	
7857	水	瀓	チヨウ	
7858	水	瀰	ビ	ミ
7859	水	潯	シン	
7860	水	淫	イン	
7861	水	瀐	セン	
7862	水	潰	クワイ	
7863	水	湝	セイ	
7864	水	滋	シ	

序号	部首	字头	右音	左音
7865	水	洄	クワイ	
7866	水	汻	コ	
7867	水	涘	シ	
7868	水	沚	シ	
7869	水	溝	コウ	
7870	水	洫	イキ	
7871	水	渠	コ	キヨ
7872	水	瀶	リン	
7873	水	汕	サン	
7874	水	灘	タン	
7875	水	灓	ラン	
7876	水	淦	カン	
7877	水	浖	イフ	
7878	水	泅	イフ	
7879	水	游	イフ	
7880	水	休	チキ	
7881	水	浞	サク	
7882	水	涵	カン	
7883	水	澤	ジヨ	
7884	水	汝	ジヨ	
7885	水	涑	セイ	
7886	水	油	ユウ	
7887	水	洚	コウ	カウ
7888	水	汭	セイ	
7889	水	溼	シフ	シツ
7890	水	瀎	ベツ	バツ
7891	水	減	セツ	ケツ
7892	水	洝	アン	
7893	水	泔	カン	
7894	水	滓	シ	
7895	水	湁	シフ	
7896	水	湑	シヨ	
7897	水	灝	カウ	
7898	水	渳	ビ	ミ
7899	水	瀸	セン	セイ
7900	水	泂	キヤウ	
7901	水	瀙	セイ	
7902	水	淬	サイ	
7903	水	頮	クワイ	
7904	水	湏	クハイ	

序号	部首	字头	右音	左音
7905	水	濬	シユン	
7906	水	淋	リン	
7907	水	澒	コウ	
7908	水	流	リウ	
7909	水	洌	シウ	
7910	水	瀤	ワイ	
7911	水	湲	ワ	
7912	水	沕	ボツ	モツ
7913	水	沬	ソク	
7914	水	澕	マウ	バウ
7915	水	湃	ハイ	
7916	水	逢	ホウ	
7917	水	溏	タウ	
7918	水	溢	ホン	
7919	水	沴	リ	
7920	水	澤	キ	
7921	水	濊	エイ	
7922	水	沰	タク	
7923	水	湭	シウ	
7924	水	澗	シウ	
7925	水	灘	リ	
7926	水	洚	キヤウ	
7927	水	遂	スイ	
7928	水	隷	レイ	
7929	水	溗	シヨウ	
7930	水	涂	イン	
7931	水	灩	エン	
7932	水	湦	ゼン	
7933	水	瀷	イフ	
7934	水	汪	テイ	
7935	水	澉	カン	
7936	水	瀁	エン	
7937	水	沶	リウ	ル
7938	水	寖	シン	
7939	水	洬	サ	
7940	水	瀊	ハン	
7941	水	澟	リン	
7942	水	渦	クワ	
7943	水	洒	ア	
7944	水	涂	ト	

序号	部首	字头	右音	左音
7945	水	添	テン	
7946	水	浤	クワウ	
7947	水	濱	トン	タン
7948	水	茫		
7949	水	瀡	ジ	
7950	水	浓	イ	エ
7951	水	潘	ライ	
7952	水	瀫	ヒヨウ	
7953	水	沴	キウ	
7954	水	瀧	ノウ	
7955	水	瀓	タウ	
7956	水	洸	キヤウ	
7957	水	瀔	イン	
7958	水	湒	シヤウ	
7959	水	瀇	タウ	
7960	水	泇	カ	
7961	水	滰	クハ	
7962	水	澋	カウ	
7963	水	湙	イフ	
7964	水	濺	サ	
7965	水	濢	サイ	
7966	水	浸	ヒヨウ	
7967	水	淖	サウ	
7968	水	漱	カン	
7969	水	灦	ケン	
7970	水	灄	ジヨウ	
7971	水	潡	シヨ	
7972	水	潞	ロ	
7973	水	澅	クハ	
7974	水	澟	ハイ	
7975	水	滉	クハウ	
7976	水	瀾	セン	
7977	水	灇	レン	
7978	水	馮	バ	
7979	水	潽	フ	
7980	水	漫	カン	
7981	水	瀴	エイ	
7982	水	灗	ハイ	
7983	水	浑	カン	
7984	水	濆	コウ	

序号	部首	字头	右音	左音
7985	水	沮	シヨ	
7986	水	滐	サン	
7987	水	淛	セイ	
7988	水	汧	カン	
7989	水	瀆	トウ	
7990	水	瀒	イン	
7991	水	泾	クワイ	
7992	水	減	カイ	
7993	水	滁	ヨ	
7994	水	漊	ロウ	
7995	水	湄	ビ	
7996	水	潕	シヨ	
7997	水	港	ケン	
7998	水	澮	カ	
7999	水	澆	ドウ	
8000	水	濴	ケイ	
8001	水	瀾	リン	
8002	水	潡	ケウ	カウ
8003	水	滓	サク	
8004	水	滀	シク	
8005	水	溯	サク	
8006	水	洁	キツ	
8007	水	澒	カツ	
8008	水	瀨	タツ	
8009	水	滐	ソツ	
8010	水	澡	サウ	サツ
8011	水	濩	クワク	
8012	水	淂	トク	
8013	水	滀	チク	
8014	水	滵	コツ	
8015	水	濈	シフ	シツ
8016	水	湁	シフ	シツ
8017	水	汐	セキ	
8018	水	滌	テキ	
8019	水	灝	カン	
8020	沝	沝	スイ	
8021	沝	㴇	セウ	
8022	沝	㵍	リウ	
8023	沝	淼	ヘウ	
8024	巜	巜	クワイ	

序号	部首	字头	右音	左音
8025	巛	粼	リン	
8026	巛	巛	セン	
8027	巛	侃	カン	
8028	巛	州	シウ	シユ
8029	巛	夙	シウ	シユ
8030	巛	劍	シウ	シユ
8031	巛	邕	ユウ	
8032	巛	巟	クワウ	
8033	巛	巠	キヤウ	ケイ
8034	井	井	セイ	
8035	井	刱	シヤウ	サウ
8036	泉	泉	セン	
8037	泉	原	ゲン	
8038	永	永	エイ	ヤウ
8039	永	昶	シヤウ	チヤウ
8040	谷	谷	コク	
8041	谷	谿	ケイ	
8042	谷	㵎	カン	
8043	谷	豁	クワク	
8044	谷	叡	ガク	
8045	谷	㕁	セン	
8046	冫	冫	ヒヨウ	
8047	冫	仌	ヒヨウ	
8048	冫	凍	トウ	
8049	冫	冲	チウ	
8050	冫	冬	トウ	
8051	冫	澌	シ	
8052	冫	凄	セイ	サイ
8053	冫	凋	テウ	
8054	冫	冷	レイ	リヤウ
8055	冫	凜	リン	
8056	冫	准	ジユン	
8057	冫	冶	ヤ	
8058	冫	凉	リヤウ	
8059	冫	凌	リヨウ	
8060	冫	冰	ヘウ	
8061	冫	凝	ゲウ	
8062	冫	減	ゲン	
8063	冫	冱	ゴ	
8064	冫	涸	コ	カ

东亚汉字传播史研究 日本卷

序号	部首	字头	右音	左音
8065	氵	泮	ハン	
8066	氵	況	キヤウ	
8067	氵	决	ケツ	
8068	氵	冽	レツ	
8069	氵	潔	ケツ	
8070	氵	清	セイ	
8071	氵	泂	ケイ	
8072	氵	溧	リツ	
8073	氵	涇	ケイ	キヤウ
8074	氵	滄	サウ	
8075	氵	汰	タイ	
8076	氵	潷	ヒツ	
8077	氵	澤	タク	
8078	氵	隸	レイ	
8079	氵	灝	ゲン	ゴン
8080	氵	活	クワウ	
8081	氵	谢	シヤ	
8082	氵	沁	シン	
8083	雨	雨	ウ	
8084	雨	霙	シウ	
8085	雨	霢	シ	
8086	雨	雺	モウ	
8087	雨	霧	ム	ホウ
8088	雨	霰	シ	セン
8089	雨	霏	ヒウ	
8090	雨	雩	ウ	
8091	雨	需	ジユ	
8092	雨	霓	ゲイ	
8093	雨	霆	テイ	
8094	雨	霎	セイ	
8095	雨	霾	ハイ	
8096	雨	雰	フン	
8097	雨	霰	サン	
8098	雨	零	レイ	
8099	雨	霄	セウ	
8100	雨	霞	カ	
8101	雨	霜	サウ	
8102	雨	霆	テイ	
8103	雨	霙	エイ	
8104	雨	霄	フウ	

序号	部首	字头	右音	左音
8105	雨	霖	リン	
8106	雨	霪	イン	
8107	雨	霄	カン	
8108	雨	霑	セン	
8109	雨	霜	キ	
8110	雨	霊	ズイ	
8111	雨	霖	ゼン	
8112	雨	露	ロ	
8113	雨	霍	シユ	
8114	雨	霽	セイ	
8115	雨	震	シン	
8116	雨	霰	セン	
8117	雨	霤	リウ	
8118	雨	電	デン	
8119	雨	雹	ハク	
8120	雨	雪	セツ	
8121	雨	霹	ヘキ	ビヤク
8122	雨	靂	レキ	リヤク
8123	雨	霎	セウ	サウ
8124	雨	霣	イン	
8125	雨	靁	ライ	
8126	雨	雷	ライ	
8127	雨	零	ラク	セン
8128	雨	脈	バク	シヤク
8129	雨	霂	ボク	モク
8130	雨	霙	サン	
8131	雨	霰	サン	
8132	雨	霃	チン	
8133	雨	霖	ガイ	ギン
8134	雨	霰	セン	
8135	雨	扇	ロウ	
8136	雨	霪	カク	
8137	雨	霪	クハク	
8138	雨	霙	コウ	
8139	雨	霙	サン	
8140	雨	霡	カク	
8141	雨	霂	エキ	
8142	雨	霖	レン	
8143	雨	電	トン	
8144	雨	霙	シ	

序号	部首	字头	右音	左音
8145	雨	霎	サイ	
8146	雨	雩	タウ	
8147	雨	霂	ホウ	
8148	雨	霒	キン	
8149	雨	霈	ハイ	
8150	雨	霣	クハイ	
8151	雨	霪	チン	
8152	雨	霎	トウ	
8153	雨	霝	イン	
8154	雨	霮	タン	
8155	雨	霨	ヰ	
8156	雨	霩	ナン	
8157	雨	靂	ロク	
8158	雨	灑	タク	
8159	雨	霹	モク	
8160	雨	霂	モク	
8161	雲	雲	ウン	
8162	雲	黔	イン	
8163	雲	靉	アイ	
8164	雲	靆	タイ	
8165	雲	曇	ドン	タン
8166	風	風	フウ	
8167	風	颸	シイ	
8168	風	飀	イ	
8169	風	颮	ワイ	
8170	風	颷	ヘウ	
8171	風	飄	ヒヨウ	
8172	風	颿	ヨウ	
8173	風	飇	リヤウ	
8174	風	颺	ヤウ	
8175	風	颽	ガイ	
8176	風	颭	セン	
8177	風	飆	クハウ	
8178	風	飂	チウ	
8179	風	颮	ホツ	
8180	風	飀	リウ	
8181	風	颼	シウ	
8182	風	颭	エイ	
8183	風	颱	カン	
8184	風	颲	イ	

序号	部首	字头	右音	左音
8185	風	颰	クハウ	
8186	風	飀	シウ	
8187	風	飂	ロウ	
8188	气	气	コツ	
8189	气	氣	キ	ケ
8190	鬼	鬼	キ	
8191	鬼	魁	キ	
8192	鬼	魑	チ	
8193	鬼	魁	クワイ	
8194	鬼	魂	コン	
8195	鬼	魒	ヘウ	
8196	鬼	魔	マ	
8197	鬼	魍	マウ	
8198	鬼	魎	リヤウ	
8199	鬼	醜	シフ	
8200	鬼	魅	ミ	
8201	鬼	魄	ハク	
8202	鬼	覷	キ	
8203	鬼	魘	エン	
8204	由	由	ホツ	
8205	由	畏	イ	
8206	白	白	ハク	ビヤク
8207	白	的	テキ	
8208	白	曉	ケウ	
8209	白	皚	アイ	
8210	白	皯	ハク	
8211	白	皗	テウ	
8212	白	皤	ハン	
8213	白	皠	ザイ	
8214	白	皦	ケウ	
8215	白	皎	カウ	
8216	白	皓	カウ	
8217	白	皁	サウ	
8218	日	日	ジツ	ニチ
8219	日	曨	ロウ	
8220	日	曚	モウ	
8221	日	暚	セウ	
8222	日	碁	キ	
8223	日	時	ジ	
8224	日	曦	ギ	

序号	部首	字头	右音	左音
8225	日	暉	キ	
8226	日	晞	キ	
8227	日	晡	ホ	
8228	日	旻	ビン	
8229	日	晨	シン	
8230	日	春	ジユン	
8231	日	曛	クン	
8232	日	昕	キ	
8233	日	昏	コン	
8234	日	暄	ケン	
8235	日	暾	トン	
8236	日	昆	コン	
8237	日	昭	セウ	
8238	日	晁	テウ	
8239	日	暘	ヤウ	
8240	日	昌	シヤウ	
8241	日	昂	ガウ	
8242	日	晴	セイ	
8243	日	明	メイ	ミヤウ
8244	日	暝	メイ	
8245	日	星	セイ	ジヤウ
8246	日	昇	セウ	
8247	日	曇	トン	
8248	日	晷	キ	
8249	日	暑	ヒヨ	
8250	日	晞	キ	
8251	日	普	フ	
8252	日	晚	バン	
8253	日	曼	マン	
8254	日	旱	カン	
8255	日	暵	カン	
8256	日	暖	ダン	
8257	日	曉	ケウ	
8258	日	暁	ケウ	
8259	日	晈	ケウ	
8260	日	皦	ケウ	
8261	日	昂	バウ	
8262	日	昊	カウ	
8263	日	早	サウ	
8264	日	晧	カウ	

序号	部首	字头	右音	左音
8265	日	暠	カウ	
8266	日	杲	カウ	
8267	日	曩	ナウ	
8268	日	昉	ハウ	
8269	日	晃	クワウ	
8270	日	昶	シヤウ	チヤウ
8271	日	景	ケイ	
8272	日	晻	アン	
8273	日	智	チ	
8274	日	曬	レイ	サイ
8275	日	曙	シヨ	
8276	日	昴	シヨ	
8277	日	暮	ボ	
8278	日	昫	ク	
8279	日	晤	ゴ	
8280	日	曀	エイ	
8281	日	晳	セイ	
8282	日	晦	クワイ	
8283	日	昧	マイ	
8284	日	曖	アイ	
8285	日	暠	ゲ	カイ
8286	日	晉	シン	
8287	日	晙	シユン	
8288	日	暈	ウン	
8289	日	旰	カン	
8290	日	晏	アン	
8291	日	晅	タン	
8292	日	晛	テン	
8293	日	曜	ヨウ	
8294	日	暴	ボ	
8295	日	曝	ボウ	
8296	日	暇	カ	
8297	日	暻	キヤウ	
8298	日	旺	ワウ	
8299	日	曠	クワウ	
8300	日	晟	ジヤウ	
8301	日	暗	アン	
8302	日	晎	コウ	
8303	日	暫	ザン	
8304	日	昱	ヨク	イク

序号	部首	字头	右音	左音
8305	日	旭	キヤウ	
8306	日	晫	タク	
8307	日	昵	シ	
8308	日	㫚	シツ	
8309	日	昨	サク	
8310	日	曢	クワク	
8311	日	昔	セキ	シヤク
8312	日	㫪	シヨク	
8313	日	曬	レウ	
8314	日	曅	イフ	
8315	日	昅	ケウ	コウ
8316	日	邑	イヨウ	
8317	日	販	ハン	
8318	日	㫤	ワウ	
8319	日	暴	ダン	ナン
8320	日	曭	ナン	タツ
8321	日	曩	ケン	
8322	日	映	エイ	
8323	日	暱	デツ	
8324	日	旴	コ	
8325	日	暟	ガイ	
8326	日	曏	キフ	
8327	日	暲	シヤウ	
8328	日	昢	ハイ	
8329	日	嗡	ヲウ	
8330	日	昲	フ	
8331	日	暆	キヤウ	
8332	日	暦	レキ	リヤク
8333	日	旼	ビン	
8334	日	晔	イカウ	
8335	日	暎	エイ	
8336	日	曔	セウ	
8337	日	暊	シユ	フ
8338	日	晭	シウ	
8339	日	曒	ケイ	
8340	日	昗	テン	
8341	日	晊	シツ	
8342	日	魯	ロ	
8343	日	沓	タウ	
8344	日	曽	ゾウ	

序号	部首	字头	右音	左音
8345	日	替	タイ	
8346	日	杳	ヨウ	
8347	日	習	シウ	
8348	日	旨	シ	
8349	日	音	イン	ヲン
8350	日	晁	ギヨク	
8351	日	昺	ヘイ	
8352	旦	旦	タン	
8353	旦	曁	キ	
8354	晨	晨	シン	
8355	晨	農	ノフ	
8356	軑	軑	カン	
8357	軑	乾	カン	ケン
8358	軑	朝	テウ	
8359	軑	幹	カン	
8360	晶	晶	セイ	
8361	月	月	ゲツ	
8362	月	朦	モウ	
8363	月	朧	ロウ	
8364	月	期	キ	ゴ
8365	月	朏	ハイ	
8366	月	朗	ラウ	
8367	月	朔	サク	
8368	月	臘	ラウ	
8369	月	明	メイ	ミヤウ
8370	月	盟	メイ	
8371	有	有	ウ	
8372	有	馘	イク	
8373	囧	囧	ケイ	
8374	囧	盟	ケイ	
8375	冥	冝	ミヤウ	
8376	夕	夕	セキ	
8377	夕	夤	イン	
8378	夕	夜	ヤ	
8379	夕	夢	ホウ	ヒウ、ム
8380	夕	外	グワイ	ゲ
8381	夕	募	マク	
8382	夕	夙	シク	
8383	多	多	タ	
8384	多	姟	ガイ	

序号	部首	字头	右音	左音
8385	多	夥	クワイ	
8386	多	夅	シン	
8387	多	夝	テウ	
8388	多	夽	ヤウ	
8389	多	夆	フ	
8390	多	夠	コウ	
8391	多	夰	タン	
8392	多	夤	クワイ	
8393	多	夥	クワイ	クワ
8394	多	矮	ア	
8395	多	夥	ロウ	
8396	多	夋	シ	
8397	多	夝	クワイ	
8398	多	夆	キツ	
8399	小	小	セウ	
8400	小	尖	セン	
8401	小	尠	セン	
8402	小	少	セウ	
8403	小	尐	セウ	
8404	幺	幺	エウ	
8405	幺	麼	マ	
8406	幺	蠿	レイ	
8407	幺	幼	ヨウ	ユウ
8408	幺	幻	ゲン	
8409	幺	幺	イ	
8410	幺	幾	キ	
8411	幺	幽	ユウ	
8412	玄	玄	ゲン	
8413	玄	旅	ロ	
8414	玄	玅	メウ	ビヨウ
8415	玄	玆	シ	
8416	大	大	タイ	ダイ
8417	大	奇	キイ	
8418	大	夷	イイ	
8419	大	夼	コ	
8420	大	裷	テイ	
8421	大	奚	ケイ	
8422	大	夸	クワ	
8423	大	夅	タ	
8424	大	奢	シヤ	

序号	部首	字头	右音	左音
8425	大	奩	レン	
8426	大	奜	ヒ	
8427	大	奁	ウン	
8428	大	奆	ゲン	
8429	大	套	タウ	
8430	大	奨	サウ	
8431	大	奄	エン	
8432	大	契	ケイ	
8433	大	太	タイ	
8434	大	奈	ダイ、ダ	ナイ、ナ
8435	大	夰	カイ	
8436	大	奯	クワツ	
8437	大	奕	エキ	
8438	大	奭	セキ	
8439	大	夾	カウ	
8440	大	奅	ヒヨウ	
8441	大	奄	キン	
8442	大	窯	ヤウ	
8443	大	斎	ヘツ	
8444	大	奡	カウ	
8445	大	戭	チツ	
8446	大	奜	ハイ	
8447	大	奪	タツ	
8448	大	奮	ツ	
8449	大	奬	ズイ	
8450	火	火	クワ	
8451	火	烘	コウ	
8452	火	烽	ホウ	
8453	火	熙	キ	
8454	火	熹	キ	
8455	火	焩	ニキ	
8456	火	輝	キ	
8457	火	爐	ロ	
8458	火	灰	クワイ	ケ
8459	火	焙	バイ	
8460	火	災	サイ	
8461	火	煨	クワイ	
8462	火	燐	リン	
8463	火	勲	クン	
8464	火	薫	クン	

序号	部首	字头	右音	左音
8465	火	焚	ボン	
8466	火	焄	クン	
8467	火	熅	ウン	
8468	火	燔	バン	
8469	火	煩	ハン	ボン
8470	火	兼	セン	
8471	火	煙	エン	
8472	火	煽	セン	
8473	火	然	子ン	ゼン
8474	火	燎	レウ	
8475	火	焦	セウ	
8476	火	燒	セウ	
8477	火	烋	カウ	
8478	火	炮	ハウ	
8479	火	熬	カウ	
8480	火	糟	サウ	
8481	火	燾	タク	
8482	火	煬	ヤウ	
8483	火	煌	クワウ	
8484	火	烹	ハウ	
8485	火	燈	トウ	
8486	火	烝	セウ	
8487	火	蒸	セウ	
8488	火	熡	ロウ	
8489	火	燫	レン	
8490	火	熅	キ	
8491	火	煒	イ	
8492	火	煮	シヨ	
8493	火	炬	キ	コキヨ
8494	火	煦	ク	
8495	火	炷	シユ	
8496	火	烜	ケン	
8497	火	焜	コン	
8498	火	煗	ナン	
8499	火	煖	ナン	
8500	火	熯	カン	
8501	火	燀	セン	
8502	火	燥	サウ	
8503	火	燠	アフ	イク
8504	火	燥	サウ	

序号	部首	字头	右音	左音
8505	火	炪	シヤ	
8506	火	炳	ヘイ	ヒヤウ
8507	火	耿	カウ	
8508	火	炯	ケイ	
8509	火	煙	ケイ	
8510	火	灸	キウ	
8511	火	燧	スイ	
8512	火	熾	シ	
8513	火	烓	キ	
8514	火	熨	イ	
8515	火	炁	キ	ケ
8516	火	熭	アイ	
8517	火	焙	バイ	
8518	火	燼	シ	
8519	火	欿	キン	
8520	火	炭	タン	
8521	火	燦	サン	
8522	火	煥	クワン	
8523	火	爛	ラン	
8524	火	炫	ケン	
8525	火	照	セウ	
8526	火	爆	ハウ	
8527	火	煆	カ	
8528	火	炕	カウ	
8529	火	熿	クワウ	
8530	火	焰	エン	
8531	火	爓	エン	
8532	火	煜	イク	
8533	火	熇	コク	
8534	火	熟	ジユク	
8535	火	燭	シヨク	ソク
8536	火	爥	セツ	シヨク
8537	火	焠	ボツ	
8538	火	熱	セツ	
8539	火	爇	セツ	
8540	火	烈	レツ	
8541	火	爝	シヤク	
8542	火	焯	シヤク	
8543	火	灼	シヤク	
8544	火	爍	シヤク	

序号	部首	字头	右音	左音
8545	火	爀	カク	
8546	火	燉	ケキ	
8547	火	燿	イフ	
8548	火	熆	カウ	
8549	火	燁	キヨウ	
8550	火	燅	セン	
8551	火	熸	セン	
8552	火	熛	ヘウ	
8553	火	燄	エン	
8554	火	炟	タツ	
8555	火	爒	セン	
8556	火	焵	チユツ	
8557	火	熮	レウ	
8558	火	爧	ガン	
8559	火	炱	タイ	
8560	火	煤	ハイ	
8561	火	烓	カイ	
8562	火	燀	シン	
8563	火	炊	スイ	
8564	火	熐	ソウ	
8565	火	熷	ソウ	
8566	火	熇	ヒヨク	
8567	火	熰	ヒヨク	
8568	火	熇	コク	
8569	火	爢	ミ	
8570	火	烔	トウ	
8571	火	爥	テウ	
8572	火	烆	トウ	
8573	火	熴	キウ	
8574	火	焦	ジン	
8575	火	煝	ヒ	
8576	火	烞	キヤク	カク
8577	火	爁	ラン	
8578	火	炞	タ	
8579	火	烯	キ	
8580	火	燢	コツ	
8581	火	烼	ジユツ	
8582	火	爩	ウツ	
8583	火	㸊	シ	
8584	火	熵	イツ	

序号	部首	字头	右音	左音
8585	火	焕	アイ	
8586	火	焲	エキ	
8587	火	姚	ヨウ	
8588	火	灱	カウ	
8589	火	焇	セウ	
8590	火	焟	セキ	
8591	火	燢	キウ	
8592	火	焟	シウ	
8593	火	燼	チウ	
8594	火	烖	テン	
8595	火	爙	ジヤウ	
8596	火	熆	コ	
8597	火	炧	チヨ	
8598	火	烻	テイ	
8599	火	熢	ホウ	
8600	火	燇	ソン	
8601	火	熯	マク	バク
8602	火	撰	イヨウ	
8603	火	烕	バツ	マツ
8604	火	熰	チヨフ	
8605	火	熦	シヤク	
8606	火	燗	クワイ	ハイ
8607	火	爔	キ	
8608	火	炯	カ	
8609	火	㷠	シヨ	
8610	火	㷰	シヨ	
8611	火	焻	ヒウ	
8612	火	焥	コン	
8613	火	燅	レン	
8614	火	焞	カク	
8615	火	焖	カウ	
8616	火	炎	エン	
8617	火	訧	カン	
8618	火	焱	エン	
8619	火	熒	ケイ	
8620	囟	囟	サウ	
8621	囟	窗	サウ	
8622	囟	怱	ソウ	
8623	囟	悤	ソウ	
8624	囟	恖	ソウ	

序号	部首	字头	右音	左音
8625	黑	黑	コク	
8626	黑	黸	ロリ	
8627	黑	黧	リ	
8628	黑	黮	イフ	
8629	黑	黔	キン	
8630	黑	黔	ケン	
8631	黑	黬	カン	
8632	黑	黨	タウ	
8633	黑	黝	イフ	
8634	黑	黪	サン	
8635	黑	黤	アン	
8636	黑	黮	タン	
8637	黑	黶	エン	アン
8638	黑	點	テン	
8639	黑	黛	タイ	
8640	黑	黷	トク	
8641	黑	黜	シユツ	
8642	黑	黠	カツ	
8643	黑	黓	ヨク	
8644	黑	墨	ボク	モク
8645	黑	黗	ケン	
8646	黑	黥	ケイ	キヤウ
8647	黑	黱	タイ	
8648	黑	黰	シ	
8649	黑	黱	アク	
8650	黑	黱	バツ	
8651	黑	黰	アン	
8652	黑	黰	アン	イン
8653	黑	黺	ホン	
8654	黑	黼	ヘイ	ビヤウ
8655	黑	黤	アイ	
8656	黑	黼	チヨウ	
8657	黑	黸	キン	
8658	黑	黵	ヂヨウ	
8659	黑	黔	シン	
8660	黑	黰	ケン	
8661	黑	黚	カン	
8662	黑	黯	アン	
8663	黑	黔	シヤ	
8664	黑	野	シヨ	

序号	部首	字头	右音	左音
8665	黑	黯	コン	
8666	黑	黷	ボク	
8667	黑	黜	シユツ	
8668	黑	黵	サツ	
8669	黑	黲	サツ	
8670	赤	赤	シヤク	
8671	赤	赨	トウ	
8672	赤	赬	テイ	
8673	赤	赮	カ	
8674	赤	赧	タン	
8675	赤	赭	シヤ	
8676	赤	赣	カン	
8677	赤	縠	コク	
8678	赤	赫	カク	
8679	赤	經	ケイ	
8680	赤	赨	トウ	
8681	赤	襦	イウ	
8682	亦	亦	ヤク	エキ
8683	亦	尒	ヤク	エキ
8684	矢	矢	シク	
8685	矢	吳	ゴ	
8686	天	天	ヨウ	
8687	天	奔	ホン	
8688	交	交	カウ	チウ
8689	交	絞	カウ	
8690	尤	尤	イフ	
8691	尤	尷	キ	
8692	尤	尬	ハ	
8693	尤	尵	タイ	
8694	尤	尰	タイ	
8695	尤	庵	アン	
8696	壹	壹	イチ	
8697	壹	壺	イツ	
8698	壹	懿	イ	
8699	叓	叓	セン	
8700	叓	叆	チ	
8701	叓	惠	ケイ	エ
8702	、	、	チウ	
8703	、	卞	ヘン	
8704	、	主	シユ	

序号	部首	字头	右音	左音
8705	丹	丹	タン	
8706	丹	般	ハン	
8707	丹	彤	トウ	
8708	丹	蚪	トウ	
8709	丹	艧	クワク	
8710	青	青	セイ	シヤウ
8711	青	靜	セイ	ジヤウ
8712	氏	氏	シ	
8713	氏	氏	テイ	
8714	氏	趺	チツ	
8715	山	山	サン	セン
8716	山	嵩	スウ	
8717	山	峒	トウ	
8718	山	崇	ソウ	
8719	山	嵸	ソウ	
8720	山	峯	ホウ	
8721	山	岐	ギ	
8722	山	嶷	キ	
8723	山	崎	キ	
8724	山	岨	シヨ	
8725	山	嶁	ロク	ル
8726	山	嶇	ク	
8727	山	崐	コン	
8728	山	巒	ラン	
8729	山	巓	テン	
8730	山	嶢	ゲウ	
8731	山	嶠	ケウ	
8732	山	峨	ガ	
8733	山	崗	カウ	
8734	山	崩	ホウ	
8735	山	岑	シン	
8736	山	崟	シン	
8737	山	嵐	ラン	
8738	山	嵒	カン	
8739	山	巖	ガン	
8740	山	巉	サン	
8741	山	嶄	ザン	
8742	山	峕	ジイ	
8743	山	嶬	ジイ	
8744	山	嶼	シヨ	

序号	部首	字头	右音	左音
8745	山	鳥	タウ	
8746	山	嶺	レイ	リヤウ
8747	山	嶮	ケン	
8748	山	岌	クワイ	
8749	山	峻	シユン	
8750	山	峭	セウ	
8751	山	嶂	シヤウ	
8752	山	岫	シウ	
8753	山	嶽	ガク	
8754	山	岳	ガク	
8755	山	密	ミツ	
8756	山	崛	クツ	
8757	山	嵒	セツ	
8758	山	岌	キウ	
8759	山	嵦	ガイ	
8760	山	嵾	ケイ	
8761	山	嵯	サ	
8762	山	嵎	グ	
8763	山	峋	ジユン	
8764	山	崟	セン	
8765	山	藟	ライ	
8766	山	崖	ガイ	
8767	山	巘	ケン	
8768	山	峘	クワン	
8769	山	峽	ヤウ	
8770	山	峏	ホツ	
8771	山	摧	サイ	
8772	山	嶙	リン	
8773	山	豳	ヒン	
8774	山	峥	サウ	シヤウ
8775	山	嶟	ソン	
8776	山	嶸	クワウ	
8777	山	嶒	マ	
8778	山	岩	ガン	
8779	山	岢	シ	
8780	山	嶔	キン	
8781	山	巋	キ	
8782	山	崝	チヨ	
8783	山	崟	キン	コン
8784	山	岡	カウ	

序号	部首	字头	右音	左音
8785	山	屹	キツ	コツ
8786	山	豈	キ	
8787	山	嶺	レイ	
8788	山	嶪	ゲウ	ゴウ
8789	山	巀	セツ	
8790	山	炭	タン	
8791	山	嵃	テイ	
8792	山	徽	キ	
8793	山	徵	テウ	
8794	山	薇	ビ	
8795	山	峽	カウ	
8796	山	懲	テウ	
8797	山	嶝	トウ	
8798	山	屼	コツ	
8799	山	猺	タウ	ナフ
8800	嵬	嵬	クワイ	
8801	嵬	巍	ギ	
8802	屵	屵	ケウ	
8803	屵	崖	ガイ	
8804	屵	岸	ガン	
8805	屵	崙	ガン	
8806	屵	崔	タイ	
8807	屵	嵼	ハイ	
8808	屵	嵺	レウ	
8809	屵	巉		
8810	广	广	ケン	
8811	广	廝	シ	
8812	广	雍	コウ	
8813	广	庫	ヒ	
8814	广	廬	ロ	
8815	广	廚	チウ	
8816	广	庲	ライ	
8817	广	廯	セン	
8818	广	廛	テン	
8819	广	庖	ハウ	
8820	广	廂	シヤウ	
8821	广	廄	ラウ	リヤウ
8822	广	床	シヤウ	
8823	广	庭	テイ	
8824	广	廳	テイ	チヤウ

序号	部首	字头	右音	左音
8825	广	庥	キウ	
8826	广	庥	シウ	
8827	广	廞	イフ	
8828	广	廇	イウ	
8829	广	廞	キン	
8830	广	庵	アン	
8831	广	廉	レン	
8832	广	庀	ヒ	
8833	广	庤	チ	
8834	广	序	ジヨ	
8835	广	府	フ	
8836	广	廡	ブ	
8837	广	虜	ロ	
8838	广	底	テイ	
8839	广	廈	カ	
8840	广	庌	カ	
8841	广	廣	クワウ	
8842	广	廩	リン	
8843	广	廁	シ	
8844	广	庇	ヒ	
8845	广	庫	コ	
8846	广	度	ド	タク
8847	广	廥	クワイ	
8848	广	廢	ハイ	
8849	广	廑	キン	
8850	广	廟	ベウ	
8851	广	座	ザ	
8852	广	廧	シヤウ	
8853	广	店	テン	チヤウ
8854	广	廐	キウ	
8855	广	廇	リウ	
8856	广	廕	イン	
8857	广	庋	ハツ	
8858	广	廓	クワク	
8859	广	膜	マク	
8860	广	席	セキ	
8861	广	廙	イヨク	
8862	广	麤	リ	
8863	广	庳	ヒ	
8864	广	屏	ヘイ	

序号	部首	字头	右音	左音
8865	广	庫	グン	
8866	广	庚	エイ	
8867	广	庖	エイ	
8868	广	庿	ビヨウ	
8869	广	廧	ト	
8870	广	龐	ホウ	
8871	广	庙	デン	
8872	广	廦	ヘキ	
8873	广	庞	ホウ	バウ
8874	广	廖	レウ	
8875	广	庌	タイ	
8876	广	盾	クワン	
8877	广	康	カウ	
8878	广	庛	ラウ	
8879	广	厰	セン	
8880	广	廠	シヤウ	
8881	广	庶	シヨ	
8882	广	馮	マ	
8883	广	庸	ヨウ	
8884	广	麋	キ	
8885	广	摩	マフ	
8886	广	腐	フ	
8887	广	鹿	ロク	
8888	广	麿	ヨウ	
8889	广	廖	シ	
8890	广	室	チツ	
8891	广	庅	シ	
8892	广	庯	ホ	
8893	广	庋	ヒ	
8894	广	廋	シ	
8895	广	庢	カウ	
8896	广	庙	コン	
8897	广	庁	テイ	
8898	广	庿	ヘン	
8899	广	庄	ジン	
8900	广	庎	ガイ	
8901	广	廐	ヰ	
8902	广	廌	ヰ	
8903	广	庮	リヨ	
8904	广	廂	ボウ	

序号	部首	字头	右音	左音
8905	广	肩	ケン	
8906	广	廆	カイ	
8907	广	庡	イ	
8908	广	㢟	シ	
8909	广	床	シ	
8910	广	庎	サ	
8911	广	廗	タイ	
8912	广	庯	フ	
8913	广	廖	デウ	
8914	广	㢈	フク	
8915	广	庢	カウ	
8916	厂	厂	カン	
8917	厂	厞	ヒ	
8918	厂	厓	ガイ	
8919	厂	厱	ケン	
8920	厂	底	シ	
8921	厂	厚	コウ	
8922	厂	厚	コウ	
8923	厂	厠	シ	
8924	厂	厝	ソ	
8925	厂	厲	レイ	
8926	厂	厭	エン	
8927	厂	厥	コツ	ケツ
8928	厂	厄	アク	
8929	厂	仄	シヨク	
8930	厂	厔	シ	
8931	厂	厤	レキ	
8932	厂	夾	ケフ	
8933	厂	辟	ヘキ	
8934	厂	厧	テン	
8935	厂	厃	セン	
8936	厂	厓	アイ	
8937	厂	厄	セキ	
8938	厂	厇	タク	
8939	厂	厱	ギン	
8940	厂	座	マウ	
8941	厂	厀	ケイ	
8942	厂	甲	カフ	
8943	厂	厤	レキ	
8944	厂	厤	リ	ライ

序号	部首	字头	右音	左音
8945	厂	魘	エン	
8946	厂	黶	エン	
8947	厂	厎	シ	
8948	厂	壓	アフ	アツ
8949	厂	厮	シ	
8950	厂	厥	キ	
8951	厂	鴈	カン	
8952	厂	原	ケン	
8953	厂	屏	ケイ	
8954	高	高	カウ	
8955	高	亭	テイ	
8956	高	髞	ソウ	
8957	高	顅	カウ	
8958	危	危	キ	
8959	危	攲	キ	
8960	石	石	セキ	シヤク
8961	石	礨	ロウ	
8962	石	硐	トウ	
8963	石	矼	カウ	
8964	石	碕	キ	
8965	石	碑	ヒ	
8966	石	碁	キ	
8967	石	砥	シ	
8968	石	磯	キ	
8969	石	礫	キヨ	
8970	石	磓	ツイ	
8971	石	矸	カン	
8972	石	磌	シン	テン
8973	石	礬	バン	
8974	石	研	ケン	
8975	石	磋	サ	
8976	石	磨	マ	バ
8977	石	砂	サ	
8978	石	硎	ケイ	
8979	石	碪	チン	
8980	石	砧	チン	
8981	石	砭	ヘン	
8982	石	礒	ギ	
8983	石	礎	ソ	
8984	石	磌	イン	

序号	部首	字头	右音	左音
8985	石	碝	セン	
8986	石	磉	サウ	
8987	石	礦	クワウ	
8988	石	砌	セキ	
8989	石	礪	レイ	
8990	石	碓	タイ	
8991	石	磑	ガイ	
8992	石	碎	サイ	
8993	石	磹	サイ	
8994	石	礙	ゲ	
8995	石	磷	リン	
8996	石	碫	タン	
8997	石	硯	ケン	
8998	石	碾	テン	
8999	石	破	ハ	
9000	石	碏	セキ	
9001	石	磴	トウ	
9002	石	確	カク	
9003	石	礩	シツ	
9004	石	硈	カツ	
9005	石	碣	ケツ	
9006	石	礍	セキ	シヤク
9007	石	磔	タク	
9008	石	礫	レキ	リヤク
9009	石	磃	テキ	
9010	石	碴	タウ	
9011	石	磺	クワウ	
9012	石	磠	シヤ	
9013	石	硬	ユ	
9014	石	磊	ライ	
9015	石	硬	カウ	
9016	石	砷	カウ	
9017	石	磻	バン	
9018	石	礑	シヨ	
9019	石	礷	ラン	
9020	石	硝	セウ	
9021	石	碌	タイ	
9022	石	礁	サフ	
9023	石	磃	シ	
9024	石	砢	ラ	

序号	部首	字头	右音	左音
9025	石	磸	タツ	
9026	石	硂	セン	
9027	石	磉	セン	
9028	石	磏	クワツ	
9029	石	砭	ヘン	
9030	石	礥	ケン	
9031	石	礦	トク	
9032	石	砝	クソツ	
9033	石	磽	ゲウ	
9034	石	礥	ケン	
9035	石	磺	バク	
9036	石	磩	サ	
9037	石	磘	ナフ	
9038	石	硯	ジ	
9039	石	碇	テイ	
9040	石	礰	レキ	
9041	石	磕	カウ	
9042	石	礮	ヘツ	
9043	石	砫	シユ	
9044	石	碔	ム	
9045	石	磭	サイ	
9046	石	礭	ク	
9047	石	砰	ヘイ	
9048	石	磻	キン	
9049	石	磎	ケイ	
9050	石	礵	エイ	
9051	石	礌	ライ	
9052	石	砥	シ	
9053	石	硿	コウ	
9054	石	礧	ケツ	
9055	石	磁	ジ	
9056	石	碊	セン	
9057	石	磬	ケキ	
9058	石	硈	テツ	
9059	石	碧	ヘキ	
9060	石	磏	レン	
9061	石	碭	タウ	
9062	石	确	カク	
9063	石	㲉	カク	
9064	石	礐	カク	

序号	部首	字头	右音	左音
9065	石	硾	チ	
9066	石	礏	カフ	カツ
9067	石	磺	コウ	
9068	石	磐	バン	
9069	石	礐	リヤク	
9070	石	礴	ハク	
9071	石	礒	エ	
9072	石	碖	リン	
9073	石	磏	キン	
9074	石	碎	ヨ	
9075	石	碖	ユ	
9076	石	砱	レイ	
9077	石	硈	カウ	
9078	石	磜	ソウ	
9079	石	砄	ケウ	
9080	石	砣	タ	
9081	石	礙	エイ	
9082	石	礠	セン	
9083	石	礨	ロク	
9084	石	碤	シウ	
9085	石	礥	ケン	
9086	磬	磬	ケイ	
9087	磬	礜	ロウ	
9088	阜	阜	ヒヨウ	フ
9089	阜	隆	リウ	
9090	阜	降	カウ	
9091	阜	陲	スイ	
9092	阜	陂	ヒ	
9093	阜	陴	ヒ	
9094	阜	墮	ダ	
9095	阜	隨	ズイ	
9096	阜	阹	キヨ	
9097	阜	除	ヂヨ	
9098	阜	隅	グ	
9099	阜	陬	シユ	スウ
9100	阜	隄	テイ	
9101	阜	階	カイ	
9102	阜	隈	ワイ	
9103	阜	陔	カイ	
9104	阜	陪	ハイ	

序号	部首	字头	右音	左音
9105	阜	隤	タイ	
9106	阜	隣	リン	
9107	阜	陳	チン	
9108	阜	陻	イン	
9109	阜	阡	セン	
9110	阜	陶	ヨウ	クウ
9111	阜	阿	ア	
9112	阜	陀	ダ	
9113	阜	防	ハウ	
9114	阜	院	イン	
9115	阜	隯	タウ	
9116	阜	障	シヤウ	
9117	阜	隍	クワウ	
9118	阜	陽	ヤウ	
9119	阜	阬	カウ	
9120	阜	陘	ケイ	
9121	阜	陵	レウ	
9122	阜	陞	シヤウ	
9123	阜	陰	イン	
9124	阜	阽	エン	
9125	阜	隴	ロウ	
9126	阜	阯	シ	
9127	阜	陁	チ	
9128	阜	阻	シヨ	
9129	阜	陛	ヘイ	
9130	阜	隗	クワイ	
9131	阜	隑	ガイ	
9132	阜	隖	イン	
9133	阜	限	コン	ゲン
9134	阜	隝	タウ	
9135	阜	隱	ヲンタ	
9136	阜	陊	タ	
9137	阜	陝	セン	
9138	阜	險	カン	カタシ
9139	阜	隧	スイ	
9140	阜	附	フ	
9141	阜	隮	セイ	
9142	阜	際	セイ	サイ
9143	阜	隘	アイ	
9144	阜	隊	タイ	

序号	部首	字头	右音	左音
9145	阜	陣	チン	
9146	阜	奥	アウ	
9147	阜	隥	トウ	
9148	阜	�	カイ	
9149	阜	陋	ロウ	
9150	阜	隵	セン	
9151	阜	陷	カン	
9152	阜	陸	ロク	リク
9153	阜	陌	ハク	
9154	阜	隙	ゲキ	
9155	阜	隔	カク	キヤク
9156	阜	阨	アク	
9157	阜	陟	チヨク	
9158	阜	隰	シフ	シツ
9159	阜	隳	ゲウ	
9160	阜	䧎	コウ	
9161	阜	隍	クワウ	
9162	阜	陠	ホ	
9163	阜	陼	トウ	
9164	阜	隇	カウ	
9165	阜	陦	ケン	
9166	阜	隁	コン	
9167	阜	阧	トウ	
9168	阜	陡	ソ	
9169	阜	陳	ケン	
9170	阜	阤	イ	
9171	阜	飯	ヘン	
9172	阜	阠	テイ	
9173	阜	阮	コク	
9174	阜	陼	シヨ	
9175	阜	陰	アン	
9176	阜	隐	子ン	
9177	阜	辟	ヘキ	
9178	阜	隔	キ	
9179	阜	阮	キヤウ	
9180	阜	阮	エン	イン
9181	阜	陧	ケツ	
9182	阜	陂	イ	
9183	阜	阼	サ	ソ
9184	阜	隬	キ	

序号	部首	字头	右音	左音
9185	阜	隌	カ	
9186	阜	隟	チン	
9187	阜	隑	ライ	
9188	阜	隒	ハウ	
9189	厽	厽	ルイ	
9190	厽	參	ソン	サン
9191	馬	馬	バ	メ、マ
9192	馬	馮	ヒヨウ	フ
9193	馬	騘	ソウ	
9194	馬	駿	ソウ	
9195	馬	駥	ジウ	
9196	馬	騏	キ	
9197	馬	騅	スイ	
9198	馬	驪	リ	
9199	馬	騎	キ	
9200	馬	馳	チ	
9201	馬	騑	ヒ	
9202	馬	驢	ロ	
9203	馬	駕	ド	
9204	馬	駒	ク	
9205	馬	驅	ク	
9206	馬	騧	クワイ	
9207	馬	駘	タイ	
9208	馬	驊	クワ	
9209	馬	馴	シユン	
9210	馬	驩	クワン	
9211	馬	騙	ゼン	
9212	馬	駢	ヒン	
9213	馬	騫	ケン	
9214	馬	驕	ケウ	
9215	馬	驚	ガウ	
9216	馬	掃	サウ	
9217	馬	駝	タ	
9218	馬	驛	セン	
9219	馬	羸	ラ	
9220	馬	騾	ラ	
9221	馬	馱	ダ	
9222	馬	駬	カ	
9223	馬	駺	ラウ	
9224	馬	驤	シヤウ	

序号	部首	字头	右音	左音
9225	馬	驚	ケイ	キヤウ
9226	馬	騂	セイ	
9227	馬	騰	トウ	
9228	馬	騮	リウ	
9229	馬	駛	シ	
9230	馬	駭	シ	ガイ
9231	馬	駴	ガイ	
9232	馬	褭	テウ	
9233	馬	騁	ヘイ	
9234	馬	駃	シ	
9235	馬	駙	フ	
9236	馬	騽	シユ	
9237	馬	騖	ホ	
9238	馬	駐	シユ	
9239	馬	駿	シユン	
9240	馬	駕	カ	
9241	馬	驟	ジウ	
9242	馬	驗	テン	
9243	馬	騳	トク	
9244	馬	篤	トク	
9245	馬	駮	ハク	
9246	馬	駁	ハク	
9247	馬	驚	シツ	
9248	馬	駃	イツ	
9249	馬	駞	タク	ラク
9250	馬	駱	ラク	
9251	馬	驀	マク	バク
9252	馬	騽	チウ	
9253	馬	**駇**	ヲウ	
9254	馬	驫	ヘウ	キウ
9255	馬	驄	ソウ	
9256	馬	駼	ト	
9257	馬	驒	コン	
9258	馬	驢	キヨ	
9259	馬	騑	トウ	
9260	馬	駈	ク	
9261	馬	驛	タク	
9262	馬	騪	サウ	
9263	馬	駤	チ	
9264	馬	騎	キ	

序号	部首	字头	右音	左音
9265	馬	駮	ハク	
9266	馬	騞	ホン	
9267	馬	駧	レイ	
9268	馬	駉	エイ	
9269	馬	馭	キヨ	
9270	馬	駪	トツ	
9271	馬	駆	サウ	
9272	馬	鶩	チ	
9273	馬	駒	テキ	
9274	馬	駓	ヒ	
9275	馬	驥	キ	
9276	馬	騽	ソウ	
9277	馬	駲	キフ	
9278	馬	騕	ヨウ	
9279	馬	驖	ホン	
9280	馬	馮	サウ	
9281	馬	驥	キ	
9282	馬	騎	タク	
9283	牛	牛	ギウ	ゴ
9284	牛	犠	キ	
9285	牛	犂	レイ	
9286	牛	犍	ケン	
9287	牛	犇	ホン	
9288	牛	牽	ケン	
9289	牛	牢	ラウ	
9290	牛	牲	シャウ	セイ
9291	牛	犫	シウ	
9292	牛	牟	ム	
9293	牛	牸	ジ	
9294	牛	犒	ガイ	
9295	牛	牣	ジン	
9296	牛	特	トク	
9297	牛	犢	トク	
9298	牛	牧	ボク	モク
9299	牛	牿	コク	
9300	牛	物	ブツ	モツ
9301	牛	牰	チヨ	
9302	牛	牡	ボウ	ボ
9303	牛	牭	バウ	マツ
9304	牛	㸴	カ	

序号	部首	字头	右音	左音
9305	牛	犨	シウ	
9306	牛	犙	サン	
9307	牛	牴	テイ	
9308	牛	犩	ケイ	
9309	牛	犀	セイ	サイ
9310	牛	犍	キン	
9311	牛	牸	セイ	
9312	牛	犌	シウ	
9313	牛	犉	スイ	
9314	牛	犢	エイ	
9315	牛	犌	シン	
9316	牛	犪	ゼウ	
9317	牛	犎	ホウ	
9318	牛	犐	シヨ	
9319	牛	牳	ボウ	
9320	牛	牬	シ	
9321	牛	犢	イ	
9322	牛	牸	ク	
9323	牛	犃	ヘイ	
9324	牛	犆	トク	
9325	牛	犥	ケツ	
9326	牛	犃	コツ	
9327	牛	牬	シヨク	
9328	牛	犛	キク	
9329	牛	牀	シヤウ	
9330	牛	犣	レウ	
9331	牛	堅	ケン	
9332	牛	牄	サウ	
9333	犛	犛	リ	メウ
9334	犛	氂	マウ	
9335	羊	羊	ヤウ	
9336	羊	羸	ルイ	
9337	羊	羝	テイ	
9338	羊	羣	グン	
9339	羊	群	グン	
9340	羊	羒	フン	
9341	羊	羶	セン	
9342	羊	羱	ケン	
9343	羊	羘	シヤウ	
9344	羊	羌	キヤウ	

序号	部首	字头	右音	左音
9345	羊	羹	カン	カウ
9346	羊	羷	レイ	
9347	羊	羚	レイ	
9348	羊	羔	カウ	
9349	羊	美	ビ	ミ
9350	羊	羖	コ	
9351	羊	羷	カイ	
9352	羊	羨	セン	エン
9353	羊	羍	タツ	
9354	羊	羍	タツ	
9355	羊	羮	ケツ	
9356	羊	羒	ハウ	
9357	羊	羑	イウ	
9358	羊	羑	イウ	
9359	羊	羳	ドク	
9360	羊	羥	ケイ	キヤウ
9361	羊	矮	イ	
9362	羊	羬	カン	
9363	羊	羬	カン	
9364	羊	羺	ドウ	
9365	羊	舉	ヨ	
9366	羊	羅	レキ	
9367	羊	翔	シヤウ	
9368	羊	羮	ハク	
9369	羊	羜	チヨ	
9370	羊	羝	テウ	
9371	羊	羟	コウ	
9372	羊	羚	コン	
9373	羊	羘	シヤウ	
9374	羊	羯	ケツ	
9375	羊	羨	セン	
9376	羴	羴	セン	
9377	羴	羼	セン	
9378	艹	艹	サイ	
9379	艹	荓	ハイ	
9380	犬	犬	ケン	
9381	犬	狖	ジウ	
9382	犬	獴	ノフ	
9383	犬	狵	ハウ	
9384	犬	狸	リ	

序号	部首	字头	右音	左音
9385	犬	獮	ミ	
9386	犬	猖	シヤウ	
9387	犬	狙	ソ	
9388	犬	猪	チヨ	
9389	犬	狐	コ	
9390	犬	猊	ゲイ	
9391	犬	獹	ロ	
9392	犬	犲	ザイ	
9393	犬	猜	ザイ	セイ
9394	犬	獱	ヒン	
9395	犬	猿	エン	
9396	犬	猻	ソン	
9397	犬	猯	タン	
9398	犬	猫	メウ	
9399	犬	猱	タウ	子ウ
9400	犬	獷	クワウ	
9401	犬	狼	ラウ	
9402	犬	獽	ジヤウ	
9403	犬	狂	キヤウ	ワウ
9404	犬	獰	ナウ	
9405	犬	猴	コウ	
9406	犬	猷	イフ	
9407	犬	猶	イウ	
9408	犬	獫	レン	
9409	犬	猥	ワイ	
9410	犬	獮	セン	
9411	犬	獠	サウ	
9412	犬	狡	カウ	
9413	犬	獎	リヤウ	
9414	犬	獷	クワウ	
9415	犬	狗	コウ	ク
9416	犬	狃	チヤウ	ゲウ
9417	犬	犯	ハン	
9418	犬	猊	ケイ	
9419	犬	戾	ライ	レイ
9420	犬	獘	ヘイ	
9421	犬	狽	バイ	
9422	犬	獪	クワイ	
9423	犬	獻	ケン	ゴン
9424	犬	犴	カン	

序号	部首	字头	右音	左音
9425	犬	猂	ケン	
9426	犬	獠	レウ	
9427	犬	狀	サウ	
9428	犬	狅	トウ	
9429	犬	狩	シウ	
9430	犬	臭	シウ	シユ
9431	犬	倏	シユク	
9432	犬	獨	ドク	
9433	犬	狘	エツ	
9434	犬	獺	タツ	
9435	犬	猇	クワウ	
9436	犬	猾	カツ	コツ
9437	犬	狢	カク	
9438	犬	玃	クワク	
9439	犬	獡	シヤク	セキ
9440	犬	獲	ギヤク	クワク
9441	犬	狄	テキ	
9442	犬	黙	モク	
9443	犬	獵	レウ	
9444	犬	狎	カウ	カツ
9445	犬	狹	ケウ	
9446	犬	狼	コン	
9447	犬	猩	テイ	
9448	犬	猗	エイ	
9449	犬	獌	ケ	
9450	犬	獍	ケイ	
9451	犬	狶	キ	
9452	犬	猎	ゴ	
9453	犬	猨	エン	
9454	犬	猗	キ	
9455	犬	獀	ル	
9456	犬	狤	キン	
9457	犬	獅	シ	
9458	犬	狟	クワン	
9459	犬	狩	コ	
9460	犬	狆	シン	
9461	犬	獖	フン	
9462	犬	獾	ケン	
9463	犬	獠	ソ	
9464	犬	猶	キツ	

序号	部首	字头	右音	左音
9465	犬	獴	ヤウ	
9466	犬	狅	ケン	
9467	犬	猥	シ	
9468	犬	猛	マウ	
9469	犬	獻	ヤウ	
9470	犬	獢	ソウ	
9471	犬	類	ルイ	
9472	犬	猧	カ	
9473	狄	狄	ギン	
9474	狄	獄	ギヨク	ゴク
9475	狄	獄	シ	
9476	豕	豕	シ	
9477	豕	豨	キ	
9478	豕	豬	チヨ	
9479	豕	猯	タン	
9480	豕	豛	カ	
9481	豕	豝	ハ	
9482	豕	豢	ケン	クワン
9483	豕	縠	コク	
9484	豕	狖	イウ	
9485	豕	猠	サン	
9486	豕	獮	ユ	
9487	豕	豫	ユ	
9488	豕	獐	シヨウ	
9489	豕	豷	ケウ	
9490	豕	獱	ベン	
9491	豕	豽	タツ	
9492	豕	豣	ケン	
9493	豕	獜	リン	
9494	豕	狔	クワイ	
9495	豕	獒	クワイ	
9496	豕	豥	セン	
9497	豕	豿	マウ	
9498	豕	豒	エイ	
9499	豕	豛	ケツ	
9500	豚	豚	トン	
9501	豚	豥	トン	
9502	希	希	イ	テイ
9503	希	彙	イ	
9504	ヨ	ヨ	ケイ	

序号	部首	字头	右音	左音
9505	ヨ	彘	セイ	テイ
9506	罟	罟	キウ	
9507	罟	獸	ジユ	シウ
9508	廌	廌	チ	
9509	廌	薦	セン	
9510	廌	灋	ホウ	
9511	廌	麤	ソク	
9512	鹿	鹿	ロク	
9513	鹿	麗	リ	レイ
9514	鹿	麑	メイ	
9515	鹿	麁	ソ	
9516	鹿	麜	ケイ	
9517	鹿	麔	キン	
9518	鹿	麚	カ	
9519	鹿	麞	シヤウ	
9520	鹿	麒	キ	
9521	鹿	麟	リン	
9522	鹿	麠	レイ	
9523	鹿	麇	グン	
9524	鹿	麊	キウ	
9525	鹿	麝	シヤ	
9526	兔	兔	ト	
9527	兔	菟	ト	
9528	兔	魏	シユン	
9529	兔	冤	エン	ヲン
9530	兔	寃	エン	ヲン
9531	兔	逸	グワン	
9532	兔	巉	ヲウ	
9533	兔	娩	ハン	
9534	兔	逸	イツ	
9535	厶	厶	スン	
9536	厶	内	スン	
9537	厶	离	チ	
9538	厶	禽	キン	
9539	厶	禹	ウ	
9540	厶	萬	バン	マン
9541	兒	兒	ジ	
9542	兒	㝡	ジ	
9543	象	象	シヤウ	
9544	象	豫	ヨ	

序号	部首	字头	右音	左音
9545	能	能	ノウ	タイ
9546	熊	熊	ユウ	
9547	熊	羆	ヒ	シ
9548	龍	龍	レウ	リウ
9549	龍	龗	レイ	リヤウ
9550	龍	龕	ガン	
9551	龍	龘	タウ	
9552	龍	龖	イウ	
9553	龍	襲	キヨウ	
9554	虍	虍	コ	
9555	虍	虖	コグ	ク
9556	虍	虞	グ	
9557	虍	虔	ケン	
9558	虍	虐	ギヤク	
9559	虍	虣	ギヤク	
9560	虎	虎	コ	
9561	虎	虓	コ	
9562	虎	虪	ト	
9563	虎	虘	コ	
9564	虎	號	ガウ	
9565	虎	虩	ケキ	
9566	虎	院	カウ	
9567	虎	虤	カイ	ケン
9568	豸	豸	チ	
9569	豸	狸	リ	
9570	豸	貓	メウ	ヘウ
9571	豸	貌	ヘツ	メウ
9572	豸	貉	ラク	カク
9573	豸	貊	ハク	
9574	豸	豽	ライ	
9575	豸	豻	イウ	
9576	豸	貛	クワン	
9577	豸	豣	ケン	カン
9578	豸	豹	ヘウ	
9579	豸	貔	ホウ	
9580	豸	貅	イ	
9581	豸	豾	サ	
9582	鳥	鳥	ウ	
9583	鳥	緯	ウ	
9584	鳥	鳥	セキ	

序号	部首	字头	右音	左音
9585	烏	焉	エン	
9586	几	几	スウ	
9587	几	凫	フ	
9588	乙	乙	ヲツ	
9589	乙	孔	コウ	
9590	乙	乳	ニウ	
9591	燕	燕	エン	
9592	燕	鷰	エン	
9593	鳥	鳥	テウ	
9594	鳥	鴻	コウ	
9595	鳥	鵁	コウ	
9596	鳥	鶇	トウ	
9597	鳥	鷯	リヨウ	レウ、ロウ
9598	鳥	鷀	ジ	
9599	鳥	鷓	ジ	
9600	鳥	鶺	ヒ	
9601	鳥	鴟	シ	
9602	鳥	鳲	シ	
9603	鳥	鷖	エイ	
9604	鳥	鸝	リ	
9605	鳥	鵝	シ	
9606	鳥	鸒	シヨ	
9607	鳥	鳧	フ	
9608	鳥	鴀	ブ	
9609	鳥	鶵	スウ	
9610	鳥	鷺	ロ	
9611	鳥	鵒	ク	
9612	鳥	鴣	コ	
9613	鳥	鶗	テイ	
9614	鳥	鶛	カイ	
9615	鳥	鷄	ケイ	
9616	鳥	鵬	ハウ	
9617	鳥	鶉	ジユン	
9618	鳥	鴍	ブン	
9619	鳥	鴛	エン	
9620	鳥	鴭	エン	
9621	鳥	鵾	コン	
9622	鳥	鶱	ケン	
9623	鳥	鵑	ケン	
9624	鳥	鶱	セン	

序号	部首	字头	右音	左音
9625	鳥	鳶	ヱン	
9626	鳥	鴞	ケウ	
9627	鳥	鷂	ヨウ	
9628	鳥	鵻	セウ	
9629	鳥	梟	ケウ	
9630	鳥	鵰	テウ	
9631	鳥	鶮	ケウ	
9632	鳥	鵝	ガ	
9633	鳥	鴉	ア	
9634	鳥	鵶	ア	
9635	鳥	鶬	サウ	
9636	鳥	鴦	アフ	
9637	鳥	鶊	カウ	
9638	鳥	鴴	カウ	
9639	鳥	鸎	アフ	
9640	鳥	鸚	アフ	
9641	鳥	鵡	ム	
9642	鳥	鳴	メイ	ミヤウ
9643	鳥	鴒	レイ	
9644	鳥	鵛	ケイ	キヤウ
9645	鳥	⿰零鳥	レイ	
9646	鳥	鷹	ヨウ	
9647	鳥	鶹	リウ	
9648	鳥	鶖	シウ	
9649	鳥	鳩	キウ	
9650	鳥	鷗	ヲフ	
9651	鳥	鴾	タウ	
9652	鳥	鷣	イン	
9653	鳥	鵀	ニン	
9654	鳥	⿰酓鳥	タン	
9655	鳥	鶼	チン	
9656	鳥	⿰尨鳥	マウ	
9657	鳥	⿱斬鳥	ザン	
9658	鳥	⿰危鳥	キ	
9659	鳥	⿰䜌鳥	ル	
9660	鳥	鶽	シユン	
9661	鳥	⿰負鳥	フ	
9662	鳥	鷾	イ	
9663	鳥	⿱次鳥	シ	
9664	鳥	鶩	フ	

序号	部首	字头	右音	左音
9665	鳥	鷺	ロ	
9666	鳥	鷩	ヘツ	ヘイ
9667	鳥	鶗	テイ	
9668	鳥	鴶	ガイ	
9669	鳥	鶒	サイ	
9670	鳥	鷐	シン	
9671	鳥	鸛	クハン	
9672	鳥	鴈	ガン	
9673	鳥	鶷	アン	
9674	鳥	鷃	エン	
9675	鳥	鷲	ジュ	
9676	鳥	鴆	チン	
9677	鳥	鵠	コク	
9678	鳥	鵠	コク	
9679	鳥	鸑	ガク	
9680	鳥	鳦	イツ	
9681	鳥	鷸	イツ	カク
9682	鳥	鶻	コツ	
9683	鳥	鴰	クワツ	
9684	鳥	鷌	マツ	
9685	鳥	鳩	ケツ	
9686	鳥	鴷	レツ	
9687	鳥	鶚	ガク	
9688	鳥	鵲	シヤク	
9689	鳥	舃	セキ	
9690	鳥	鷡	セキ	
9691	鳥	鶪	ゲキ	
9692	鳥	鴿	ガウ	
9693	鳥	鴨	カウ	
9694	鳥	鵬	ホウ	
9695	鳥	鷍	ボウ	
9696	鳥	鸇	ラウ	
9697	鳥	鷗	キヨ	コ
9698	鳥	鵷	アン	ヲン
9699	鳥	鶂	トク	
9700	鳥	鷈	テイ	
9701	鳥	鶂	ゲイ	
9702	鳥	鸙	ラウ	
9703	鳥	鵿	シ	
9704	鳥	鵒	ヨク	

序号	部首	字头	右音	左音
9705	鳥	鷐	シン	
9706	鳥	鴟	キ	
9707	鳥	鵽	タツ	
9708	鳥	鸜	ク	
9709	鳥	鸖	クワク	
9710	鳥	鶴	クワク	
9711	鳥	鵁	カウ	
9712	鳥	樢	テウ	
9713	鳥	鴨	アフ	
9714	鳥	鴙	チ	
9715	鳥	鶚	カク	
9716	鳥	鴞	カウ	
9717	鳥	鷙	シ	
9718	鳥	鷚	ヘウ	
9719	鳥	鸞	ラン	
9720	鳥	鴀	フ	
9721	鳥	鵂	ク	
9722	鳥	[illegible]	トウ	
9723	鳥	[illegible]	ボン	
9724	鳥	鳪	ボク	
9725	鳥	鵫	タウ	
9726	鳥	[illegible]	ゲン	
9727	鳥	鸀	トク	
9728	鳥	鴾	ボウ	
9729	鳥	鴹	ヤウ	
9730	鳥	鶤	コン	
9731	鳥	鸅	シヤク	
9732	鳥	鴖	ヒン	
9733	鳥	鵺	ヤ	
9734	鳥	鷩	ゲキ	
9735	鳥	[illegible]	ヨウ	
9736	鳥	鳳	ホウ	
9737	鳥	鶘	コ	
9738	鳥	[illegible]	セキ	シヤク
9739	鳥	鸃	ギ	
9740	鳥	鷄	ケイ	
9741	鳥	鵧	ヘイ	
9742	鳥	鵤	カク	
9743	鳥	鷯	レウ	
9744	鳥	鷭	ハン	

序号	部首	字头	右音	左音
9745	鳥	翡	スウ	
9746	鳥	嶋	タウ	
9747	鳥	鵬	シヨウ	
9748	鳥	鶪	ケキ	
9749	鳥	鳩	ケツ	
9750	鳥	鷾	イ	エイ
9751	鳥	瑪	ギヨク	
9752	鳥	鳺	フ	
9753	鳥	鴽	ジヨ	
9754	鳥	鷫	ダウ	
9755	鳥	嶋	イウ	
9756	鳥	鴟	ゴ	
9757	鳥	鵣	キ	
9758	鳥	鵬	フク	
9759	鳥	鴫	ヒツ	
9760	鳥	鴙	チヨク	
9761	鳥	鷔	チヨク	
9762	鳥	鶬	シヤウ	
9763	鳥	鶡	カツ	
9764	鳥	鶡	カツ	
9765	鳥	鶂	ゲイ	
9766	鳥	鵏	ホ	
9767	鳥	鸝	リヤク	
9768	鳥	鷐	ケ	
9769	鳥	鶲	ヲウ	
9770	鳥	鷞	キ	
9771	鳥	鴸	シヨ	
9772	鳥	鶞	シユン	
9773	鳥	鴶	セイ	
9774	鳥	鴲	クハ、ウ	
9775	鳥	鶺	セイ	
9776	鳥	鶾	カン	
9777	鳥	鶿	スウ	
9778	鳥	鷞	カウ	ケウ
9779	鳥	鷫	シン	
9780	鳥	鷃	アン	
9781	鳥	鸌	ボウ	
9782	鳥	鳶	キヨ	
9783	鳥	鸑	ライ	
9784	鳥	鴡	カイ	

序号	部首	字头	右音	左音
9785	鳥	鷚	ソク	
9786	鳥	鷂	キウ	
9787	鳥	鵞	ト	ス
9788	鳥	鶏	トウ	
9789	鳥	鴟	デン	
9790	鳥	鵜	ソク	
9791	隹	隹	スイ	
9792	隹	雄	ユウ	ヲウ
9793	隹	雒	セウ	
9794	隹	雌	シ	
9795	隹	雌	シ	
9796	隹	離	リ	ワカツ
9797	隹	雎	シミ	
9798	隹	翟	ジヨ	
9799	隹	雛	スウ	
9800	隹	巂	ケイ	
9801	隹	雞	ケイ	
9802	隹	雋	ジユン	
9803	隹	難	ナン	
9804	隹	雕	テウ	
9805	隹	雔	サウ	
9806	隹	鷲	シユウ	
9807	隹	雉	チ	
9808	隹	隼	シン	
9809	隹	雅	ゲ	ガ
9810	隹	雘	サン	
9811	隹	雇	コ	
9812	隹	雀	シヤク	
9813	隹	隻	セキ	
9814	隹	雡	ケキ	
9815	隹	集	シウ	シツ
9816	隹	雑	ザウ	
9817	隹	雄	シ	
9818	隹	雁	イウ	
9819	隹	雁	ガン	
9820	隹	雊	ク	
9821	隹	雜	トウ	
9822	隹	雖	スイ	
9823	隹	雦	シユウ	
9824	隹	雦	シユウ	

序号	部首	字头	右音	左音
9825	隹	雦	ヒン	
9826	隹	𪅇	フ	ム
9827	隹	雈	シヨウ	
9828	隹	雡	シン	
9829	奞	奞	シン	
9830	奞	奪	タツ	
9831	奞	奮	フン	
9832	萑	萑	キウ	
9833	萑	舊	キウ	
9834	萑	蒦	アク	カク
9835	萑	矆	アク	カク
9836	萑	雚	グワン	
9837	萑	蘿	クワン	
9838	雠	雠	スウ	
9839	雠	雙	サウ	
9840	雦	雦	シ	サウ
9841	雦	巢	シウ	
9842	魚	魚	ギヨ	
9843	魚	鰻	ソウ	
9844	魚	緇	シ	
9845	魚	鰤	シ	
9846	魚	鰄	シイ	
9847	魚	鰭	ギ	
9848	魚	鮨	キ	
9849	魚	漁	ギヨ	
9850	魚	鱸	ロ	
9851	魚	鯆	フ	
9852	魚	鯢	ゲイ	
9853	魚	鯷	テイ	
9854	魚	鱺	レイ	
9855	魚	鮭	ケイ	
9856	魚	鮐	タイ	
9857	魚	鮠	クワイ	
9858	魚	鰓	サイ	
9859	魚	鱗	リン	
9860	魚	鯤	コン	
9861	魚	鰭	ハン	
9862	魚	鰻	マン	ハン
9863	魚	鰥	クワン	
9864	魚	鱣	テン	

序号	部首	字头	右音	左音
9865	魚	鮮	セン	
9866	魚	鰹	ケン	
9867	魚	鯛	テウ	
9868	魚	鮹	セウ	
9869	魚	鮫	カウ	
9870	魚	鱢	サウ	
9871	魚	魦	サ	シヤ
9872	魚	鰕	カ	
9873	魚	魴	ハウ	
9874	魚	鰑	ヤウ	
9875	魚	鯨	ゲイ	
9876	魚	鯖	セイ	
9877	魚	鯹	セイ	
9878	魚	鮋	チウ	
9879	魚	鰍	シウ	
9880	魚	鯸	コウ	
9881	魚	鰡	リウ	
9882	魚	鰻	シン	
9883	魚	鱏	シン	
9884	魚	鮊	ハク	
9885	魚	鮎	子ン	
9886	魚	鯰	子ン	
9887	魚	鮦	トウ	
9888	魚	鯉	リ	
9889	魚	鮪	イ	
9890	魚	鱧	レイ	
9891	魚	鰴	カイ	
9892	魚	鱒	ソ	
9893	魚	鯇	コン	
9894	魚	鮔	セン	
9895	魚	鮑	ハウ	
9896	魚	鮓	サ	ソ
9897	魚	鯁	キヤウ	
9898	魚	鮩	ヘイ	
9899	魚	鮒	フ	
9900	魚	鰶	セイ	
9901	魚	鰩	ヨウ	
9902	魚	鰷	セイ	
9903	魚	鱦	ヨウ	
9904	魚	鮜	コウ	

序号	部首	字头	右音	左音
9905	魚	鱐	シク	
9906	魚	鮇	マツ	
9907	魚	鰐	ガク	
9908	魚	魛	タウ	
9909	魚	歔	ギヨ	ユ
9910	魚	魥	ヒヤウ	
9911	魚	鱠	クワイ	ヱ
9912	魚	魰	シユ	
9913	魚	魬	ハン	ヘン
9914	魚	鰒	スク	ハク
9915	魚	鱵	シン	
9916	魚	鰝	カウ	
9917	魚	鮯	カウ	
9918	魚	鯪	リヨウ	
9919	魚	鱎	ケウ	
9920	魚	鱋	ケウ	
9921	魚	鰹	ケン	
9922	魚	鰫	ヨウ	
9923	魚	魥	アフ	
9924	魚	鱁	チク	
9925	魚	鮷	シユ	
9926	魚	鱳	ジユ	ソウ
9927	魚	鯲	ラウ	
9928	魚	鰬	セン	
9929	魚	鯡	ヒ	
9930	魚	魸	ホツ	
9931	魚	鯽	セキ	
9932	魚	鰿	セキ	
9933	魚	鰞	シユ	
9934	魚	鮏	キヨ	
9935	魚	鯷	テイ	
9936	魚	鰍	タウ	
9937	魚	鮈	ク	
9938	魚	鰎	セン	
9939	魚	鯏	セイ	
9940	魚	鰋	エン	
9941	魚	鮚	キツ	
9942	魚	鮵	タツ	
9943	魚	鰴	カイ	
9944	魚	鱒	ソン	

序号	部首	字头	右音	左音
9945	魚	鮅	ヒツ	
9946	魚	鱉	ベツ	
9947	魚	鮧	イ	
9948	魚	鰯	ジヤク	
9949	魚	鱎	タ	
9950	魚	鰤	シ	
9951	魚	魶	ダウ	ナフ
9952	魚	鮰	コウ	
9953	魚	鱄	ボウ	
9954	魚	鱶	レノ	
9955	魚	鯾	ベン	
9956	魚	鯿	ベン	
9957	魚	鮩	ハウ	
9958	魚	鱮	ジヨ	
9959	魚	鮍	ヒ	
9960	魚	鮆	セイ	
9961	魚	鮥	ケン	カン
9962	魚	鮷	テイ	ダイ
9963	魚	鮔	セン	
9964	魚	鮸	ベン	
9965	魚	鲂	フン	
9966	魚	鱳	ラク	
9967	魚	鰂	ソク	
9968	魚	鰞	ウ	
9969	魚	鮏	セイ	
9970	魚	鯖	セキ	
9971	魚	鰔	カン	
9972	魚	鱯	クワ	
9973	魚	鱢	クワ	
9974	魚	魮	ヒ	
9975	魚	魾	ヒ	
9976	魚	鮡	テウ	
9977	魚	鯩	リン	
9978	魚	鰧	トウ	
9979	魚	魟	キヨウ	
9980	魚	鯆	ホ	
9981	魚	鰖	タウ	
9982	魚	鰤	タフ	シ
9983	魚	鮾	ダイ	
9984	魚	魡	テウ	

序号	部首	字头	右音	左音
9985	魚	魜	ジン	ニン
9986	魚	鮔	チヨウ	
9987	魚	魽	キ	
9988	魚	鱫	ケン	
9989	魚	鵌	バ	
9990	魚	鰠	シヤウ	
9991	魚	魮	キ	
9992	魚	鰤	サン	
9993	魚	鮈	キヨク	
9994	魚	鰥	シツ	
9995	魚	鰼	リヨク	
9996	魚	鮫	エキ	
9997	魚	鮪	ヒウ	ブ
9998	魚	魟	シヨウ	
9999	魚	穌	ソ	
10000	魚	鱈	セツ	
10001	魚	鰌	レウ	
10002	魚	鮙	ボク	
10003	魚	灪	ギヨ	
10004	鼠	鼠	ソリ	シヨ
10005	鼠	鬸	リ	
10006	鼠	雝	シ	
10007	鼠	鼯	ゴ	
10008	鼠	齡	ギン	'
10009	鼠	鼶	テウ	
10010	鼠	鼥	エン	
10011	鼠	鼬	イウ	
10012	鼠	鼣	イウ	
10013	鼠	鼫	セキ	
10014	鼠	鼷	ケイ	
10015	鼠	鼸	カク	
10016	鼠	鼢	フン	
10017	鼠	鼲	ハク	
10018	鼠	鼨	シウ	
10019	鼠	鼱	アイ	
10020	鼠	鼶	ジ	
10021	鼠	鼤	ハン	
10022	鼠	鼜	ヘイ	
10023	鼠	鼨	ク	
10024	鼠	鼮	ク	

序号	部首	字头	右音	左音
10025	鼠	鯖	セイ	
10026	鼠	齡	カン	
10027	鼠	鼪	セイ	
10028	鼠	鼝	コク	
10029	鼠	鼞	タウ	
10030	鼠	鼛	シユン	
10031	鼠	鼮	ジン	
10032	鼠	鼱	ヘイ	
10033	鼠	鼳	チウ	
10034	鼠	鼲	ヤウ	
10035	鼠	鼵	シヤク	
10036	鼠	鼶	シン	
10037	易	易	エキ	イ
10038	易	蜴	ヤク	エキ
10039	虫	虫	チウ	
10040	虫	虹	コウ	
10041	虫	蝀	トウ	
10042	虫	蚣	コウ	セウ
10043	虫	蛬	コウ	
10044	虫	蜂	ホウ	
10045	虫	蟊	ゲウ	チヤウ
10046	虫	蚕	ケウ	
10047	虫	虮	ヒ	
10048	虫	蜘	チ	
10049	虫	蜟	キ	
10050	虫	蜊	リ	
10051	虫	蚩	シ	
10052	虫	蚳	イ	
10053	虫	蠡	リ	
10054	虫	雖	スイ	
10055	虫	蟣	キ	
10056	虫	蚗	タン	
10057	虫	蟥	ヒ	
10058	虫	蜍	ジヨ	
10059	虫	蛆	ソ	シヨ
10060	虫	蛛	チウ	
10061	虫	蛄	コ	
10062	虫	蜈	ゴ	
10063	虫	蠐	セイ	
10064	虫	蝭	テイ	

序号	部首	字头	右音	左音
10065	虫	蝸	クワ	
10066	虫	蛙	アイ	ア
10067	虫	蛔	クワイ	
10068	虫	蜃	シン	
10069	虫	蠙	ヒン	
10070	虫	蚊	モン	フン
10071	虫	蚖	クワン	
10072	虫	蟪	ゴン	ケン
10073	虫	蝘	エン	
10074	虫	蜿	ワン	エン
10075	虫	蟠	バン	
10076	虫	蟹	バン	
10077	虫	蚿	ケン	
10078	虫	蝙	ヘン	
10079	虫	蜓	エン	
10080	虫	蟬	セン	
10081	虫	蠉	エン	
10082	虫	蠲	ケン	
10083	虫	蛸	セウ	
10084	虫	蟧	ラウ	
10085	虫	蛁	テウ	
10086	虫	蟟	ラウ	
10087	虫	蟜	ケウ	
10088	虫	蛟	カウ	
10089	虫	螯	ガウ	
10090	虫	蠦	サウ	
10091	虫	蛾	ガ	
10092	虫	虵	ジヤ	
10093	虫	蛇	ジヤ	
10094	虫	螺	ラ	
10095	虫	蜾	コ	クワ
10096	虫	蚵	カ	
10097	虫	蝦	カ	
10098	虫	蟆	マク	
10099	虫	蟬	クワ	
10100	虫	螃	ハウ	
10101	虫	蝗	クワウ	
10102	虫	螳	タウ	
10103	虫	蠰	シヤウ	
10104	虫	蟷	タウ	

序号	部首	字头	右音	左音
10105	虫	蜋	ラウ	
10106	虫	螯	シヤウ	
10107	虫	蟓	チヤウ	
10108	虫	蹉	キヤウ	カウ
10109	虫	強	キヤウ	
10110	虫	蜻	セイ	
10111	虫	虻	マウ	
10112	虫	蜓	テイ	
10113	虫	蠣	レイ	
10114	虫	蛉	レイ	
10115	虫	螢	ケイ	
10116	虫	蛵	ケイ	
10117	虫	螟	メイ	
10118	虫	蠅	ヨウ	
10119	虫	蟗	トウ	
10120	虫	蠷	ヨウ	ヲウ
10121	虫	蚯	キウ	
10122	虫	蜉	フ	
10123	虫	虯	キウ	
10124	虫	虬	キウ	
10125	虫	螻	ロウ	
10126	虫	蚰	ユウ	
10127	虫	蟫	イン	タン
10128	虫	蚕	サン	
10129	虫	蚶	カン	
10130	虫	蟾	セン	
10131	虫	蜆	サン	
10132	虫	蠓	モウ	
10133	虫	蚌	ハ	
10134	虫	蚝	シ	
10135	虫	螠	キ	
10136	虫	蟹	カ	
10137	虫	蜃	ジン	ゼン
10138	虫	蚓	イン	
10139	虫	蜃	シン	
10140	虫	蜆	ケン	
10141	虫	蟺	セン	
10142	虫	蟜	ケウ	
10143	虫	螦	サウ	
10144	虫	蠃	ラ	

序号	部首	字头	右音	左音
10145	虫	蟒	マウ	
10146	虫	螫	チイ	
10147	虫	蜢	マウ	
10148	虫	蟠	ハン	
10149	虫	蛫	キ	
10150	虫	蝟	イ	
10151	虫	蝟	イ	
10152	虫	蝃	テイ	タイ
10153	虫	蜹	ゼイ	
10154	虫	蠣	レイ	
10155	虫	蜕	セイ	
10156	虫	蠆	タイ	
10157	虫	蟒	リン	
10158	虫	蜬	カン	
10159	虫	蛇	タ	
10160	虫	螰	ロク	
10161	虫	蟅	シヤ	
10162	虫	蝠	フク	
10163	虫	蝮	フク	
10164	虫	蟋	シツ	
10165	虫	蟀	ソツ	
10166	虫	蛭	シツ	テツ
10167	虫	蜇	セツ	
10168	虫	蠛	ヘツ	
10169	虫	蛣	キツ	
10170	虫	虱	シツ	
10171	虫	蜜	ミツ	
10172	虫	蠍	ケツ	カツ
10173	虫	蛚	レツ	
10174	虫	蝃	テツ	
10175	虫	蟞	ヘツ	
10176	虫	蠚	カク	
10177	虫	蟈	コク	
10178	虫	蜥	セキ	
10179	虫	螫	セキ	シカク
10180	虫	蝕	シヨク	
10181	虫	蟪	ヲク	
10182	虫	蟄	チツ	チウ、シウ
10183	虫	蝘	イウ	
10184	虫	蟎	マン	

序号	部首	字头	右音	左音
10185	虫	蟇	マ	
10186	虫	蜄	シン	
10187	虫	蟎	エン	イン
10188	虫	蟲	チウ	
10189	虫	螽	シウ	
10190	虫	蠡	レイ	
10191	虫	蝝	ゲン	
10192	虫	蠹	サウ	
10193	虫	蟊	ガ	
10194	虫	蝱	マウ	
10195	虫	蠶	サン	
10196	虫	蛬	カン	
10197	虫	蟁	シン	
10198	虫	蠢	ジユン	
10199	虫	螫	サウ	
10200	虫	蠧	ト	
10201	虫	蝨	シツ	
10202	虫	蠽	セツ	
10203	虫	蠱	コ	
10204	虫	蜎	カイ	
10205	虫	蟪	ケイ	
10206	虫	蛺	チウ	
10207	虫	蝎	カウ	
10208	虫	蝹	ウン	
10209	虫	蛱	シツ	
10210	虫	蛆	ハク	
10211	虫	蚣	セウ	
10212	虫	螇	ケイ	
10213	虫	蟬	セン	
10214	虫	蟓	セン	
10215	虫	蟿	ケン	
10216	虫	蛝	ケン	
10217	虫	蟦	シ	
10218	虫	蠜	ヒイ	
10219	虫	蠖	イ	
10220	虫	蟞	ヘン	
10221	虫	蜚	ヒ	
10222	虫	蜷	ケン	
10223	虫	虱	シツ	
10224	虫	蟊	バツ	

序号	部首	字头	右音	左音
10225	虫	蠷	テン	
10226	虫	蟢	シ	
10227	虫	蜱	ヒグ	
10228	虫	蝸	グ	
10229	虫	蚭	ニ	チ
10230	虫	蜰	ヒ	
10231	虫	蟒	ハウ	
10232	虫	蚯	チウ	
10233	虫	蚵	シ	
10234	虫	蜠	キク	
10235	虫	蜉	ホフ	
10236	虫	蜅	フ	
10237	虫	蠵	ケイ	
10238	虫	蟏	セウ	
10239	虫	蝣	ユ	
10240	虫	蝤	ユ	
10241	虫	蛤	カン	
10242	虫	蟢	シヨウ	
10243	虫	蝒	メン	ヘン
10244	虫	蠀	シ	
10245	虫	蜎	ゲン	
10246	虫	蟈	ワク	コク
10247	虫	蚞	モク	
10248	虫	蛟	ガイ	
10249	虫	蠑	エイ	
10250	虫	蟙	シキ	シヨク
10251	虫	蠁	キヤウ	
10252	虫	蛥	カ	
10253	虫	蚗	ケツ	
10254	虫	蚾	ベツ	
10255	虫	蟢	キ	
10256	虫	蜣	キヤウ	
10257	虫	蛄	コ	
10258	虫	蛞	クワツ	
10259	虫	蚱	サク	
10260	虫	蛦	ヨ	
10261	虫	蝓	ユ	
10262	虫	蜼	イ	
10263	虫	蚹	フ	
10264	虫	蜩	テウ	

序号	部首	字头	右音	左音
10265	虫	虹	ワウ	
10266	虫	蠦	ロ	
10267	虫	蟋	シツ	
10268	虫	蝖	セン	
10269	虫	蚘	リウ	
10270	虫	融	ユ	
10271	虫	融	ユ	
10272	虫	蟭	セウ	
10273	虫	蠹	ドク	
10274	虫	颯	シツ	
10275	虫	蛥	タ	
10276	虫	蟌	ソウ	
10277	虫	蟗	キン	
10278	虫	繨	サイ	セイ
10279	虫	魄	カイ	
10280	虫	蛹	シヨウ	
10281	虫	蛕	クワイ	
10282	虫	虺	クワイ	
10283	虫	蛔	クワイ	
10284	虫	虮	キ	
10285	虫	蟓	ジウ	
10286	虫	螯	シ	
10287	虫	畫	ケイ	
10288	虫	載	シ	
10289	虫	螟	シ	
10290	虫	蜀	シヨク	
10291	虫	蟶	テイ	
10292	虫	蠜	ロウ	
10293	虫	蟈	クワ	
10294	虫	蛘	ヤウ	
10295	虫	蛦	イ	
10296	虫	蠤	ハウ	ヒ
10297	虫	蜎	マウ	バウ
10298	虫	蝄	リヤウ	
10299	虫	蝬	エン	
10300	虫	蠽	ケツ	
10301	虫	蜟	イク	
10302	虫	蟜	シウ	
10303	虫	蠩	ジヨ	
10304	虫	蠑	シウ	

序号	部首	字头	右音	左音
10305	虫	螫	セキ	
10306	虫	虶	ウ	
10307	虫	蜉	フ	
10308	虫	蟓	シヤウ	
10309	虫	蛢	ケイ	
10310	虫	蝶	テウ	
10311	虫	蠹	トウ	
10312	虫	蚩	シ	
10313	虫	蟃	マン	
10314	虫	蝺	チヨク	
10315	虫	蚐	コツ	テキ
10316	虫	蠕	キヤウ	
10317	虫	螊	カウ	
10318	虫	蛰	キウ	
10319	虫	蠦	ケン	
10320	虫	蠵	セン	
10321	虫	蝨	ハ	
10322	它	它	タ	
10323	龜	龜	キ	
10324	龜	鬮	キ	
10325	黽	黽	ハウ	
10326	黽	鼅	チ	
10327	黽	鼄	チウ	
10328	黽	黿	ゲン	
10329	黽	鼇	ガウ	
10330	黽	鼃	クワ	
10331	黽	蠅	ヨウ	
10332	黽	鼈	ベツ	
10333	卵	卵	ラン	
10334	卵	縠	コク	
10335	貝	貝	バイ	
10336	貝	賨	ソウ	
10337	貝	資	シ	カザル
10338	貝	齎	シ	
10339	貝	貽	イ	
10340	貝	賍	シ	
10341	貝	貲	シ	
10342	貝	賉	キヨ	
10343	貝	賊	サイ	
10344	貝	財	サイ	

序号	部首	字头	右音	左音
10345	貝	賓	ヒン	
10346	貝	貧	ヒン	
10347	貝	贇	イン	
10348	貝	貢	ホン	ヒ、フン
10349	貝	賢	ケン	
10350	貝	賒	シヤ	
10351	貝	賈	シヤウ	
10352	貝	臟	サウ	
10353	貝	贏	エイ	
10354	貝	贖	セイ	
10355	貝	賙	シウ	
10356	貝	贕	ロウ	
10357	貝	賝	チン	
10358	貝	賃	ジン	
10359	貝	貪	タン	トン
10360	貝	貯	チヨ	
10361	貝	買	バイ	マイ
10362	貝	賄	クワイ	
10363	貝	賮	ジン	
10364	貝	賑	シン	
10365	貝	賟	テン	
10366	貝	賞	シヤウ	
10367	貝	貟	ブ	
10368	貝	貶	ヘン	
10369	貝	貢	コウ	
10370	貝	賵	ホウ	
10371	貝	賭	ト	
10372	貝	贛	コウ	
10373	貝	矓	リウ	
10374	貝	賜	シ	
10375	貝	贅	シ	
10376	貝	貤	イ	
10377	貝	贔	ヒ	
10378	貝	員	キ	
10379	貝	貴	キ	
10380	貝	費	ヒ	
10381	貝	賦	ブ	
10382	貝	賂	ロ	
10383	貝	賻	フ	
10384	貝	贅	ゼイ	

序号	部首	字头	右音	左音
10385	貝	貰	ゼイ	
10386	貝	斃	ヘイ	
10387	貝	賣	マイ	
10388	貝	賽	サイ	
10389	貝	賚	ライ	
10390	貝	貸	タイ	
10391	貝	賂	リン	
10392	貝	賰	ジユン	
10393	貝	賮	ジン	
10394	貝	販	ハン	
10395	貝	賛	サン	
10396	貝	貫	クワン	
10397	貝	贗	ガン	
10398	貝	賤	セン	
10399	貝	賀	カ	
10400	貝	貨	クウ	
10401	貝	貺	キヤウ	
10402	貝	貹	セイ	
10403	貝	貶	アフ	
10404	貝	賰	ヨウ	
10405	貝	贈	ゾウ	
10406	貝	購	コウ	
10407	貝	賀	モウ	
10408	貝	贍	セン	
10409	貝	賺	タン	
10410	貝	贖	ドク	
10411	貝	卜	ボク	
10412	貝	贅	ボウ	
10413	貝	責	セキ	シヤク
10414	貝	胙	サク	
10415	貝	賊	ゾク	
10416	貝	貼	テウ	
10417	貝	賜	ギ	
10418	貝	賑	シン	
10419	貝	貱	ヒ	
10420	貝	敗	ハイ	
10421	貝	賑	シン	
10422	貝	賕	キウ	
10423	貝	賸	ベウ	
10424	貝	購	レイ	

序号	部首	字头	右音	左音
10425	貝	質	シツ	チ
10426	貝	貳	ニ	ジ
10427	貝	瞞	チ	
10428	貝	骿	ヘン	
10429	貝	賷	ホウ	
10430	貝	賖	リヤウ	
10431	貝	賰	シユン	
10432	貝	賵	メン	
10433	貝	賧	タン	
10434	貝	賴	ヒ	
10435	貝	赶	シユ	
10436	貝	賧	タン	
10437	貝	貼	タン	
10438	貝	贆	カン	
10439	貝	貝	シン	
10440	貝	贻	シユツ	
10441	貝	賤	アイ	
10442	貝	賄	ケイ	
10443	貝	財	トク	
10444	羽	羽	ウ	
10445	羽	翁	ヲフ	
10446	羽	䏮	コウ	
10447	羽	翀	チウ	
10448	羽	翄	シ	
10449	羽	翍	ヒ	
10450	羽	翬	キ	
10451	羽	翳	エイ	
10452	羽	翻	ホン	
10453	羽	翾	ケン	
10454	羽	翰	カン	
10455	羽	翩	ヘン	
10456	羽	翾	ケン	
10457	羽	翹	ゲウ	
10458	羽	翔	カウ	
10459	羽	翔	シヤウ	
10460	羽	翎	レイ	
10461	羽	翻	セウ	
10462	羽	翠	ブ	
10463	羽	翦	セン	
10464	羽	翵	ハウ	

序号	部首	字头	右音	左音
10465	羽	翄	シ	
10466	羽	羿	ケイ	
10467	羽	翽	クワイ	
10468	羽	翲	ヘウ	
10469	羽	翛	シク	
10470	羽	翮	カク	
10471	羽	鞘	カク	
10472	羽	翟	テキ	
10473	羽	翼	ヨク	
10474	羽	翊	ヨク	
10475	羽	謳	ヒヨク	
10476	羽	翕	キフ	
10477	羽	翢	カウ	
10478	羽	翁	セウ	
10479	羽	翮	カウ	
10480	羽	翿	タウ	
10481	羽	雍	エン	
10482	羽	翓	ケツ	
10483	羽	貌	ハク	
10484	羽	翠	ウ	
10485	羽	翩	ラウ	
10486	羽	翔	リン	
10487	羽	翻	シク	
10488	羽	翔	ケン	
10489	羽	翩	ケン	
10490	羽	翂	シユ	
10491	羽	翤	ヒン	
10492	羽	翿	ヒン	
10493	羽	翻	ラウ	
10494	羽	翟	チヤク	
10495	羽	翃	エイ	
10496	羽	翀	セイ	
10497	羽	翭	シ	
10498	羽	翸	カン	
10499	羽	翔	ケイ	
10500	羽	翅	ケツ	
10501	羽	翆	シユ	
10502	飛	飛	ヒ	
10503	飛	翼	ヨク	
10504	飛	飜	ハン	

序号	部首	字头	右音	左音
10505	習	習	シウ	シツ
10506	習	翫	クワン	
10507	卂	卂	シン	
10508	卂	煢	ケイ	
10509	非	非	ヒ	
10510	非	靡	ヒ	
10511	非	斐	ヒ	
10512	非	靠	カウ	
10513	非	乖	サウ	
10514	不	不	フ	
10515	不	否	ヒ	フ
10516	至	至	シ	
10517	至	到	タウ	
10518	至	臺	アイ	
10519	至	臺	タイ	
10520	至	臻	シン	
10521	至	臶	セン	
10522	至	秷	シツ	
10523	至	螽	音窒	
10524	毛	毛	マウ	バウ
10525	毛	毧	ジウ	
10526	毛	帔	ヒ	
10527	毛	氍	ク	
10528	毛	毹	ユ	
10529	毛	氈	セン	
10530	毛	毫	ガウ	
10531	毛	毬	キウ	
10532	毛	毻	ゼウ	
10533	毛	氅	シヤウ	
10534	毛	毯	タン	
10535	毛	毤	カイ	
10536	毛	毱	キク	
10537	毛	氌	ラウ	
10538	毛	毳	セイ	
10539	毛	氈	テウ	
10540	毛	毷	テウ	
10541	毛	氄	ジヨウ	
10542	毛	毴	ボン	モン
10543	毛	毞	ヒ	
10544	毛	毥	シユン	

序号	部首	字头	右音	左音
10545	毛	毸	エイ	
10546	毛	毻	スイ	
10547	毛	毸	サウ	
10548	毛	毸	タウ	
10549	毛	毶	トウ	
10550	毛	毣	ル	
10551	毛	毟	シヨウ	
10552	毛	氀	ケイ	
10553	毛	氌	ジヤウ	
10554	毛	氃	ソク	
10555	毛	氆	ジヨウ	
10556	毛	氉	フン	
10557	毛	氊	トウ	
10558	毛	氋	セン	
10559	毛	氄	シ	
10560	毛	氈	シヨウ	
10561	毛	氇	ハウ	
10562	毛	氎	カツ	
10563	毛	氍	ジヨク	
10564	毛	氀	トク	
10565	毛	氂	セイ	
10566	冉	冉	ゼン	
10567	而	而	ニ	シ
10568	而	耐	ナイ	
10569	角	角	カク	
10570	角	觜	シ	
10571	角	觿	キ	ケイ
10572	角	觺	キ	
10573	角	觚	コ	
10574	角	觝	テイ	
10575	角	觶	ヘウ	
10576	角	觴	シヤウ	
10577	角	觥	クワウ	
10578	角	觵	クワウ	
10579	角	觝	テイ	
10580	角	解	ゲ	カイ
10581	角	觸	サン	セン
10582	角	觖	シイ	
10583	角	觯	シ	
10584	角	斛	コク	

序号	部首	字头	右音	左音
10585	角	觸	ソク	シヨク
10586	角	觥	シウ	
10587	角	觖	キフ	
10588	角	觿	レイ	
10589	角	觭	ダ	
10590	角	觚	コ	
10591	角	衡	カウ	
10592	角	觾	テウ	
10593	角	觚	ヒ	
10594	角	觳	コク	
10595	角	觶	タク	
10596	角	觩	キヨ	
10597	角	觓	シウ	
10598	角	觛	カン	
10599	角	觟	クワ	
10600	角	觖	タン	
10601	角	觠	ギ	
10602	角	觓	ケン	
10603	角	觓	タン	
10604	角	觝	タン	
10605	角	觥	セン	
10606	角	觖	キ	
10607	皮	皮	ヒ	
10608	皮	皴	シユン	
10609	皮	皸	グン	
10610	皮	皺	シウ	シユ、スウ
10611	皮	皻	セン	
10612	皮	皰	ハウ	
10613	皮	皵	セキ	シヤク
10614	皮	皶	ソ	
10615	皮	皻	サ	
10616	皮	皾	トク	
10617	皮	皯	カン	
10618	皮	皼	フン	
10619	皮	皽	タク	
10620	皮	皼	キツ	
10621	皮	皵	シツ	
10622	皮	皯	カン	
10623	皮	皽	マン	
10624	皮	皶	トン	

序号	部首	字头	右音	左音
10625	皮	簸	ハ	
10626	皮	皻	ロ	
10627	皮	皷	コ	
10628	皮	皼	タウ	
10629	皮	皻	ベツ	
10630	皮	皹	ケン	
10631	革	革	カク	
10632	革	鞞	ヒ	
10633	革	鞵	アイ	
10634	革	鞋	アイ	
10635	革	鞴	バイ	
10636	革	鞳	カイ	
10637	革	鞬	ケン	
10638	革	鞶	ハン	
10639	革	鞍	アン	
10640	革	鞏	ケン	
10641	革	韉	セン	
10642	革	韀	セン	
10643	革	鞭	ベン	
10644	革	鞗	テウ	
10645	革	鞉	タウ	
10646	革	韜	タウ	
10647	革	鞾	クワ	
10648	革	靫	シヤ	
10649	革	鞁	サ	
10650	革	韐	シヤウ	
10651	革	韁	キヤウ	
10652	革	鞦	シウ	
10653	革	韝	コウ	
10654	革	韂	セン	
10655	革	鞛	ホウ	
10656	革	鞽	ゲウ	
10657	革	鞁	ヒ	
10658	革	靼	タン	
10659	革	鞅	ヤウ	
10660	革	鞚	コウ	
10661	革	鞴	ビ	フク
10662	革	韄	コ	
10663	革	靷	イン	
10664	革	鼈	ベツ	

序号	部首	字头	右音	左音
10665	革	鞕	カウ	
10666	革	鞠	キク	
10667	革	鞫	キク	
10668	革	鞘	セウ	
10669	革	靼	タツ	セツ
10670	革	鞹	クワク	
10671	革	勒	ロク	
10672	革	鞁	サウ	
10673	革	韗	ウン	
10674	革	鞦	シウ	
10675	革	靹	カウ	
10676	革	鞴	カク	
10677	革	鞞	ヘイ	
10678	革	靳	セイ	
10679	革	鞲	ユ	
10680	革	鞙	シム	
10681	革	鞭	ベン	
10682	革	鞿	サク	
10683	革	鞍	ソウ	
10684	革	韈	コツ	カク
10685	革	鞙	ケン	
10686	革	鞽	キ	
10687	革	韁	ケン	
10688	革	靳	キン	
10689	革	鞤	ハウ	
10690	革	韛	カフ	
10691	革	鞈	カウ	
10692	革	鐸	タク	
10693	革	鞊	テウ	
10694	革	鞭	キヨク	
10695	革	鞇	イン	
10696	革	靴	ト	
10697	革	韄	ハク	
10698	革	鞨	セキ	
10699	革	翚	チウ	
10700	革	靿	エン	
10701	革	靮	テキ	
10702	革	鞓	テイ	
10703	革	鞽	ジユ	
10704	革	鞧	シウ	

序号	部首	字头	右音	左音
10705	革	鞦	シウ	
10706	革	鞹	コウ	
10707	革	鞠	アウ	
10708	革	靽	ハン	
10709	革	鞿	キ	
10710	革	韉	サン	
10711	革	鞛	ハク	
10712	革	靺	バツ	マツ
10713	革	鞨	カツ	
10714	革	鞻	モ	
10715	革	輔	ホ	
10716	革	鞴	フク	
10717	革	鞾	サク	
10718	革	鞊	シツ	
10719	革	鞬	ケン	
10720	革	鞫	ガウ	
10721	韋	韋	イ	
10722	韋	韜	タウ	
10723	韋	韞	ヲン	
10724	韋	韝	シユ	
10725	韋	韎	マイ	
10726	韋	韛	ハイ	
10727	韋	韌	シン	
10728	韋	韒	セウ	
10729	韋	韔	チヤウ	
10730	韋	韣	トク	
10731	韋	韤	マツ	ベツ
10732	韋	韄	アク	
10733	韋	韠	タク	
10734	韋	韍	シウ	サウ
10735	韋	鞃	ナウ	タウ
10736	韋	韐	カウ	
10737	韋	韘	セウ	
10738	韋	鞂	カウ	ケウ
10739	韋	韨	カウ	
10740	韋	韕	イ	
10741	韋	韍	ホツ	フツ
10742	韋	韝	コウ	
10743	韋	韱	ケン	
10744	韋	韔	ヒツ	

序号	部首	字头	右音	左音
10745	韋	韯	ヰチ	
10746	韋	韠	ヌ	
10747	韋	韠	ヒツ	
10748	韋	韢	シ	
10749	韋	韏	カン	
10750	韋	韗	ウン	
10751	韋	韂	セン	
10752	韋	韛	ハン	ヘン
10753	韋	鞪	カウ	
10754	韋	鞁	ヰ	
10755	韋	鞠	キク	
10756	韋	韜	タウ	
10757	糸	糸	ベキ	
10758	糸	紅	コウ	
10759	糸	終	シウ	ジウ
10760	糸	絨	ジウ	
10761	糸	縫	ホウ	
10762	糸	縱	ジユウ	シヤウ
10763	糸	綦	キ	
10764	糸	絺	チ	
10765	糸	縻	ビ	
10766	糸	紕	ヒ	
10767	糸	綏	スイ	
10768	糸	繶	キ	
10769	糸	繻	ジユ	
10770	糸	綈	テイ	
10771	糸	紆	ウ	
10772	糸	緹	テイ	
10773	糸	締	テイ	
10774	糸	緺	クワイ	クワ
10775	糸	絃	ガイ	
10776	糸	纕	サイ	
10777	糸	纔	ザイ	
10778	糸	繗	リン	
10779	糸	紳	シン	
10780	糸	絼	シン	チン
10781	糸	縉	ヒン	
10782	糸	綸	リン	
10783	糸	紉	ニン	
10784	糸	純	ジユン	

序号	部首	字头	右音	左音
10785	糸	繽	ヒン	
10786	糸	紋	モン	
10787	糸	繁	ハン	
10788	糸	繙	ハン	
10789	糸	紈	グワン	
10790	糸	纂	サン	
10791	糸	繋	ハン	
10792	糸	綰	クワン	
10793	糸	編	ヘン	
10794	糸	綿	メン	
10795	糸	絃	ケン	
10796	糸	縣	ケン	
10797	糸	纏	テン	
10798	糸	緣	エン	
10799	糸	綖	エン	
10800	糸	絟	セン	
10801	糸	綃	セウ	
10802	糸	繰	サウ	
10803	糸	縧	タウ	
10804	糸	紽	タ	
10805	糸	紗	シヤ	
10806	糸	繮	キヤウ	
10807	糸	纕	ジヤウ	
10808	糸	綱	カウ	
10809	糸	緗	シヤウ	
10810	糸	絣	ハウ	
10811	糸	繃	ハウ	マウ
10812	糸	纓	ヤウ	エ
10813	糸	紦	クワ	
10814	糸	縈	エイ	
10815	糸	經	ケイ	キヤウ
10816	糸	縢	トウ	
10817	糸	綾	レウ	
10818	糸	繒	ゾウ	
10819	糸	繩	デウ	
10820	糸	紬	チウ	
10821	糸	紣	シウ	
10822	糸	繆	ヒウ	キウ
10823	糸	綝	チン	
10824	糸	縑	ケン	

序号	部首	字头	右音	左音
10825	糸	緇	エン	
10826	糸	纎	セン	
10827	糸	緘	カン	
10828	糸	繁	カン	
10829	糸	總	ソウ	
10830	糸	紀	キ	
10831	糸	縊	ギキ	
10832	糸	綺	キ	
10833	糸	紙	シ	
10834	糸	紫	シ	
10835	糸	緒	シヨ	
10836	糸	紓	シヨ	
10837	糸	縷	ル	
10838	糸	組	ソ	
10839	糸	紿	タイ	
10840	糸	綵	サイ	
10841	糸	緀	サイ	
10842	糸	紾	シン	
10843	糸	緊	キン	
10844	糸	縕	ウン	
10845	糸	綩	エン	
10846	糸	綣	ケン	
10847	糸	纖	サン	
10848	糸	纘	サン	
10849	糸	緩	クワン	
10850	糸	綰	クワン	
10851	糸	繭	ケン	
10852	糸	絹	ケン	
10853	糸	緬	メン	
10854	糸	絈	メン	
10855	糸	縹	ヘウ	
10856	糸	辮	ヘン	
10857	糸	繚	レウ	
10858	糸	紹	セウ	
10859	糸	繞	ゼウ	
10860	糸	絞	ケウ	
10861	糸	絹	ケン	
10862	糸	絢	ケン	
10863	糸	縞	カウ	
10864	糸	羅	タウ	

序号	部首	字头	右音	左音
10865	糸	絓	クワ	
10866	糸	纊	クワウ	
10867	糸	緪	コウ	
10868	糸	繏	シ	
10869	糸	紝	ジン	ニン
10870	糸	紟	キン	
10871	糸	纜	ラン	
10872	糸	紺	カン	コン
10873	糸	縠	コク	
10874	糸	縮	シユク	
10875	糸	縟	シユク	
10876	糸	緑	リヨク	
10877	糸	續	ゾク	
10878	糸	絀	シユツ	
10879	糸	繑	キツ	
10880	糸	絩	チツ	
10881	糸	紱	ホツ	フツ
10882	糸	紼	ボツ	ブツ
10883	糸	綴	テウ	
10884	糸	結	ケツ	
10885	糸	絜	ケツ	
10886	糸	繄	ヘツ	
10887	糸	経	テツ	
10888	糸	継	セツ	
10889	糸	纈	ケツ	
10890	糸	絀	シユツ	
10891	糸	緤	セツ	
10892	糸	絶	ゼツ	
10893	糸	**紾**	ヤク	エキ
10894	糸	縛	バク	
10895	糸	繳	シヤウ	
10896	糸	綽	シヤク	
10897	糸	絡	ラク	
10898	糸	縞	カク	
10899	糸	繹	エキ	
10900	糸	繥	カク	
10901	糸	績	セキ	シヤク
10902	糸	繲	ベキ	
10903	糸	絨	イキ	
10904	糸	纆	ボク	

序号	部首	字头	右音	左音
10905	糸	緝	シウ	
10906	糸	給	キウ	
10907	糸	縶	シウ	
10908	糸	級	キウ	
10909	糸	纈	ラツ	
10910	糸	納	ダウ	ナウ
10911	糸	纑	ロ	
10912	糸	紅	タウ	
10913	糸	絖	クワ	
10914	糸	繆	シウ	
10915	糸	綜	ソウ	
10916	糸	緲	マイ	
10917	糸	緄	コン	
10918	糸	縝	テン	
10919	糸	縊	イツ	
10920	糸	緘	セイ	
10921	糸	織	シヨフ	シキ
10922	糸	縝	シン	
10923	糸	縿	サン	
10924	糸	繋	ケイ	
10925	糸	絮	シヨ	
10926	糸	縉	シン	
10927	糸	纕	サイ	
10928	糸	絹	コツ	
10929	糸	縯	エン	
10930	糸	縒	セイ	
10931	糸	緻	チ	
10932	糸	綻	テイ	
10933	糸	緋	ヒ	
10934	糸	綷	サイ	
10935	糸	纍	ルイ	
10936	糸	累	ルイ	
10937	糸	紜	ウン	
10938	糸	縛	セイ	
10939	糸	網	マウ	
10940	糸	緯	イ	
10941	糸	繾	ケン	
10942	糸	緉	リヤウ	
10943	糸	紡	ハウ	
10944	糸	纏	レン	

序号	部首	字头	右音	左音
10945	糸	統	トウ	
10946	糸	緟	チヨウ	
10947	糸	糾	ケウ	
10948	糸	糺	キウ	
10949	糸	絁	シ	
10950	糸	綍	ボツ	
10951	糸	緼	テイ	
10952	糸	綎	テイ	
10953	糸	縠	コク	
10954	糸	綢	チウ	
10955	糸	練	レン	
10956	糸	綬	シウ	
10957	糸	繕	ゼン	
10958	糸	絀	チ	
10959	糸	維	イ	
10960	糸	繁	ボウ	
10961	糸	綑	コン	
10962	糸	纗	シク	
10963	糸	繬	シヨク	
10964	糸	縜	エン	
10965	糸	幎	ベキ	
10966	糸	縡	ソツ	
10967	糸	絉	キヨ	
10968	糸	絧	シ	
10969	糸	語	ギヨ	
10970	糸	縱	シヨウ	
10971	糸	纙	レイ	
10972	糸	綧	ジユン	
10973	糸	繗	キン	
10974	糸	緓	ヨウ	
10975	糸	紣	アフ	
10976	糸	紖	シツ	
10977	糸	繪	ヤク	
10978	糸	綃	ハク	
10979	糸	緈	ケイ	
10980	糸	紹	ヒヤク	
10981	系	系	ケイ	
10982	系	緜	メン	
10983	系	繇	ヨウ	
10984	系	纛	タウ	

序号	部首	字头	右音	左音
10985	素	素	ソ	
10986	素	繾	クワン	
10987	素	彝	イ	
10988	素	絆	ソッ	
10989	素	絭	ヤク	
10990	素	彞	シヤク	
10991	絲	絲	シ	
10992	絲	䜌	ヒ	
10993	絲	纈	キッ	
10994	絲	纑	キッ	
10995	㒳	㒳	チ	
10996	㒳	㲲	フン	
10997	率	率	シユツ	ソッ
10998	索	索	サク	
10999	索	縡	リツ	
11000	巾	巾	キン	
11001	巾	幪	モウ	
11002	巾	幬	タウ	
11003	巾	帔	ヒ	
11004	巾	帷	イ	
11005	巾	幃	キ	
11006	巾	幛	イ	
11007	巾	徽	キ	
11008	巾	幠	ニ	
11009	巾	幀	テイ	
11010	巾	帳	シン	
11011	巾	帬	クン	
11012	巾	幘	フン	
11013	巾	帑	エン	
11014	巾	幡	バン	マン
11015	巾	幋	ケン	
11016	巾	幖	ヘウ	
11017	巾	帉	シヤ	
11018	巾	常	ジヤウ	
11019	巾	幐	トウ	
11020	巾	幣	エイ	
11021	巾	幬	チウ	タウ
11022	巾	帘	レン	
11023	巾	幨	セン	
11024	巾	幐	レン	

序号	部首	字头	右音	左音
11025	巾	幧	セン	
11026	巾	帆	ハン	
11027	巾	帠	シ	
11028	巾	帾	ト	
11029	巾	幰	ケン	
11030	巾	幏	メン	
11031	巾	幧	セウ	
11032	巾	幌	クワウ	ワウ
11033	巾	帚	シウ	
11034	巾	帥	スイ	シユツ
11035	巾	幔	マン	
11036	巾	幟	シ	
11037	巾	布	フ	
11038	巾	幣	ヘイ	
11039	巾	帣	レイ	
11040	巾	帨	セイ	
11041	巾	帶	タイ	
11042	巾	帒	タイ	
11043	巾	希	ケン	
11044	巾	帽	マウ	
11045	巾	帊	ハ	
11046	巾	帳	チヤウ	
11047	巾	幅	フク	
11048	巾	幞	ボク	
11049	巾	幄	アク	
11050	巾	帙	ヂツ	
11051	巾	帗	コツ	
11052	巾	幯	セツ	
11053	巾	幕	バク	マク
11054	巾	幬	タク	
11055	巾	幗	カク	
11056	巾	幘	サク	
11057	巾	幦	ヘキ	
11058	巾	帜	シヨク	
11059	巾	帖	テウ	
11060	巾	帡	ヘイ	
11061	巾	帉	フン	
11062	巾	帤	チヨ	
11063	巾	幨	クワウ	バウ
11064	巾	帵	ヲウ	

序号	部首	字头	右音	左音
11065	巾	幰	サツ	シヤ
11066	巾	幝	コン	
11067	巾	㠯	シウ	シヨウ
11068	巾	幱	レン	
11069	巾	幯	セン	
11070	巾	㡌	リ	
11071	巾	幟	セン	
11072	巾	幭	ベツ	
11073	巾	飾	シヨク	ジキ
11074	巾	席	セキ	シヤク
11075	巾	幪	ダイ	ドン
11076	巾	㡀	ブ	ボ
11077	巾	幦	ベキ	
11078	巾	幢	トウ	
11079	巾	㡄	サン	セン
11080	巾	帡	ヒ	
11081	巾	幍	タウ	
11082	巾	幌	バウ	ミヨウ
11083	巾	㠵	タ	
11084	巾	幬	キヨウ	
11085	巾	岭	ケン	
11086	巾	帴	セン	
11087	巾	幞	ヘイ	
11088	巾	㡡	シ	
11089	巾	幣	エイ	
11090	巾	帕	コウ	
11091	巾	帀	クハウ	
11092	巾	帒	ケン	カン
11093	巾	幝	タン	
11094	巾	崒	サイ	
11095	巾	帮	ヒ	
11096	巾	帖	シ	
11097	巾	㡌	ヲ	コ
11098	巾	幰	イン	
11099	巾	幑	キヨウ	
11100	巾	幭	サウ	
11101	巾	帿	コウ	
11102	巾	帔	ヒ	
11103	巾	崇	ソウ	
11104	巾	崆	コウ	

序号	部首	字头	右音	左音
11105	巾	怖	フ	
11106	巾	幌	シ	ゼ
11107	巾	幜	ケイ	
11108	巾	幬	テウ	
11109	巾	帒	サク	
11110	巾	帉	カイ	
11111	巾	幗	カイ	
11112	巾	幢	ホウ	
11113	巾	幀	セイ	
11114	巾	幃	カク	
11115	巾	幩	ウ	
11116	巾	幟	サン	
11117	巾	希	ケ	キ
11118	帛	帛	ハク	
11119	帛	錦	キン	
11120	帛	綠	リヨク	
11121	帛	龆	クワッ	
11122	衣	衣	イ	ヱ
11123	衣	襛	ノフ	デウ
11124	衣	齎	シ	
11125	衣	衷	チウ	
11126	衣	褫	チ	
11127	衣	裲	リ	
11128	衣	袘	イ	
11129	衣	裨	ヒ	
11130	衣	襄	スイ	
11131	衣	裾	キヨ	
11132	衣	袪	キヨ	
11133	衣	襦	ジユ	
11134	衣	袿	ケイ	
11135	衣	褉	ケイ	
11136	衣	裁	サイ	
11137	衣	裩	クン	
11138	衣	裙	クン	
11139	衣	褌	コン	
11140	衣	襌	タン	
11141	衣	襴	ラン	
11142	衣	褰	ケン	
11143	衣	襑	タウ	
11144	衣	褒	ホウ	

序号	部首	字头	右音	左音
11145	衣	襃	サ	
11146	衣	袈	カ	ケ
11147	衣	裟	サ	
11148	衣	裝	シヤウ	
11149	衣	裳	シヤウ	
11150	衣	襠	タウ	
11151	衣	囊	ナウ	
11152	衣	裎	テイ	
11153	衣	褒	ホウ	
11154	衣	衾	キン	
11155	衣	衿	キン	
11156	衣	襟	キン	
11157	衣	襭	テン	
11158	衣	被	ヒ	
11159	衣	衫	サン	
11160	衣	褚	チヨ	
11161	衣	裏	リ	
11162	衣	裖	シン	
11163	衣	袒	タン	
11164	衣	袍	ハウ	
11165	衣	襯	チン	
11166	衣	褊	ヘン	
11167	衣	表	ヘウ	
11168	衣	褭	テウ	
11169	衣	褁	クワ	
11170	衣	褩	キウ	
11171	衣	袊	レチ	
11172	衣	襣	ビ	
11173	衣	袴	コ	
11174	衣	裕	イウ	
11175	衣	裔	エイ	
11176	衣	製	セイ	
11177	衣	袂	ヘイ	
11178	衣	袋	タイ	
11179	衣	襯	シン	
11180	衣	褪	タン	トン
11181	衣	裎	タン	
11182	衣	衩	サ	
11183	衣	袖	シウ	
11184	衣	複	フ	フク

序号	部首	字头	右音	左音
11185	衣	袤	モウ	
11186	衣	衽	シン	
11187	衣	襜	セン	
11188	衣	裺	エン	
11189	衣	褥	ニク	
11190	衣	襡	レヨク	
11191	衣	袺	キ	
11192	衣	袟	チツ	
11193	衣	衒	ソツ	
11194	衣	襪	マツ	
11195	衣	褐	カツ	
11196	衣	裰	トツ	テツ
11197	衣	襒	セツ	
11198	衣	襘	ケツ	
11199	衣	襭	ケツ	
11200	衣	裂	レツ	
11201	衣	被	エキ	
11202	衣	襗	エキ	ヤク
11203	衣	襞	ヘキ	
11204	衣	裼	セキ	
11205	衣	襱	コク	
11206	衣	裛	イツ	イフ
11207	衣	褶	シウ	
11208	衣	襲	シウ	ツシム
11209	衣	襠	チヨウ	テウ
11210	衣	褺	テウ	
11211	衣	袷	カウ	
11212	衣	袘	ハイ	ヒ
11213	衣	襢	テン	
11214	衣	裖	シン	
11215	衣	襵	ヘウ	
11216	衣	襋	キヨク	
11217	衣	極	キヨク	
11218	衣	褗	エン	
11219	衣	襮	ハク	
11220	衣	袚	フ	
11221	衣	襟	キン	
11222	衣	褾	テウ	
11223	衣	襟	テウ	
11224	衣	褘	キ	

序号	部首	字头	右音	左音
11225	衣	褧	カウ	
11226	衣	裯	タ	
11227	衣	襢	タ	
11228	衣	袘	タ	
11229	衣	袑	シヨウ	
11230	衣	襄	シヤウ	
11231	衣	袓	ヂッ	
11232	衣	袓	シヨ	シヤ
11233	衣	袈	ダ	
11234	衣	補	ホ	フ
11235	衣	裸	ラ	
11236	衣	褯	シ	
11237	衣	袚	ハッ	
11238	衣	襏	ハッ	
11239	衣	襚	スイ	
11240	衣	袢	ハン	
11241	衣	襎	ハン	
11242	衣	褰	ケン	
11243	衣	襼	ゲイ	
11244	衣	祝	シウ	
11245	衣	裾	クッ	
11246	衣	袼	ラク	カク
11247	衣	襬	ヒ	
11248	衣	襝	シヨウ	
11249	衣	褙	セウ	
11250	衣	褔	イフ	
11251	衣	袨	ケン	
11252	衣	袀	キン	
11253	衣	褯	シヤ	
11254	衣	褠	コウ	
11255	衣	�	セン	
11256	衣	裝	シ	
11257	衣	裿	キ	
11258	衣	襦	シク	
11259	衣	褈	チヨウ	
11260	衣	褓	ハウ	ホウ
11261	衣	褔	カク	
11262	衣	袜	バッ	
11263	衣	褑	ソウ	
11264	衣	袡	イン	

序号	部首	字头	右音	左音
11265	衣	禋	イン	
11266	衣	襇	カン	
11267	衣	褱	ヰ	
11268	衣	裍	セキ	シヤク
11269	衣	衲	ダウ	ナフ
11270	衣	褀	ケイ	
11271	衣	襮	ハク	
11272	衣	裷	クハン	
11273	衣	裗	リウ	
11274	衣	袔	カ	
11275	衣	襩	カ	
11276	衣	袱	ヘツ	
11277	衣	衧	チヨ	
11278	衣	褷	ソウ	
11279	衣	衱	キフ	
11280	衣	衻	シヤク	
11281	衣	衹	シ	
11282	衣	襸	サン	
11283	衣	褸	ヨウ	
11284	衣	襙	サウ	
11285	衣	襆	ボウ	
11286	衣	衶	トウ	
11287	衣	襖	アフ	
11288	衣	襛	キヨ	
11289	衣	綬	シウ	ジユ
11290	衣	袖	チウ	
11291	衣	襀	ヒ	
11292	衣	褟	タウ	
11293	衣	䄌	ケン	
11294	衣	襻	ハン	
11295	衣	襖	アフ	
11296	衣	衶	イヨク	
11297	衣	袸	ケン	
11298	衣	裷	ヱン	
11299	衣	裩	コン	
11300	衣	袥	タク	
11301	衣	裮	シヤウ	
11302	衣	襌	レイ	
11303	衣	神	ヂン	
11304	裘	裘	キウ	

序号	部首	字头	右音	左音
11305	裘	裘	キウ	
11306	裘	求	キウ	グ
11307	裘	饎	カク	
11308	卪	卪	セツ	
11309	卪	卷	ケン	クワン
11310	卪	令	リヤウ	レイ
11311	卪	卲	セウ	
11312	卪	卸	シヤ	
11313	卪	㔻	シツ	
11314	卪	却	キヤク	
11315	卪	卻	キヤク	
11316	印	印	イン	
11317	印	㠯	ヨク	
11318	辟	辟	ヘキ	ヒヤク
11319	辟	辥	ヘキ	
11320	苟	苟	キヨク	コク
11321	苟	敬	ケイ	キヤウ
11322	勹	勹	ハウ	
11323	勹	匃	ケウ	
11324	勹	匍	ホ	
11325	勹	旬	ジユン	
11326	勹	匀	イン	
11327	勹	勼	キウ	
11328	勹	匐	フク	ホク
11329	勹	匄	カツ	
11330	勹	匈	カウ	
11331	勹	匐	ジン	
11332	勹	匊	キク	
11333	勹	匔	ロク	
11334	勹	复	フク	フ
11335	勹	复	フク	フ
11336	勹	匔	キウ	
11337	勹	匔	キウ	
11338	勹	勾	フン	
11339	勹	冢	テウ	
11340	包	包	ハウ	
11341	包	匏	ハウ	
11342	長	長	チヤウ	
11343	長	肆	シ	ハカル
11344	七	七	キ	

序号	部首	字头	右音	左音
11345	乇	眞	シン	
11346	乇	化	クワ	ケ
11347	乇	埃	ゴ	
11348	匕	匕	ヒ	
11349	匕	皁	タク	
11350	匕	艮	コン	
11351	匕	卬	キヤウ	
11352	匕	歧	キ	
11353	匕	齒	ナフ	
11354	匕	堤	ジ	
11355	匕	匙	ジ	
11356	比	比	ヒ	
11357	比	毖	ヒイ	
11358	从	从	シウ	セウ
11359	从	㒎	シウ	セウ
11360	从	幷	ヘイ	
11361	从	并	ヘイ	
11362	巫	巫	キン	
11363	巫	眾	シユウ	
11364	巫	聚	シユ	
11365	巫	泉	キ	
11366	共	共	キヨウ	グ
11367	共	舜	キヨウ	グ
11368	共	龔	ケウ	
11369	共	巽	ゲウ	
11370	異	異	イ	
11371	異	戴	タイ	
11372	史	史	シ	
11373	史	事	シ	ジ
11374	支	支	シ	
11375	支	斋	シ	
11376	妥	妥	ジヨウ	
11377	妥	爭	ジヤウ	
11378	妥	爰	エン	
11379	妥	受	ジユ	
11380	妥	寽	ケツ	
11381	妥	爵	ルン	
11382	聿	聿	セウ	
11383	聿	肅	シク	
11384	聿	肄	シ	

序号	部首	字头	右音	左音
11385	聿	聿	シ	
11386	聿	肂	シ	
11387	聿	彖	ジン	
11388	聿	聿	イツ	
11389	聿	筆	ヒツ	
11390	書	書	シヨ	
11391	書	書		
11392	書	畫	クワ	ケイ、クワイ
11393	書	晝	チウ	
11394	書	晝	チウ	
11395	隶	隶	タイ	
11396	隶	隸	タイ	
11397	臤	臤	ケン	カウ
11398	臤	緊	キン	
11399	臤	堅	ケン	
11400	臤	豎	シユ	
11401	臤	竪	シユ	
11402	帀	帀	サウ	
11403	帀	師	シ	
11404	出	出	シユツ	
11405	出	糶	テウ	
11406	出	屈	カツ	コツ
11407	出	黜	ケツ	
11408	出	賣	マイ	
11409	出	嵩	サク	
11410	出	敖	セウ	
11411	出	𦱹	クン	
11412	出	叙	セイ	
11413	之	之	シ	
11414	生	生	セイ	シヤウ
11415	生	隆	リウ	
11416	生	甡	シン	
11417	生	産	サン	
11418	生	甦	スイ	
11419	母	毋	グワン	
11420	母	貫	クワン	
11421	母	虜	リヨ	
11422	束	束	ソク	
11423	束	柬	ケン	
11424	束	𥏲	タ	

序号	部首	字头	右音	左音
11425	柬	楝	イ	
11426	柬	㦰	コク	
11427	橐	橐	コン	
11428	橐	橐	コン	
11429	橐	囊	ナフ	
11430	橐	櫜	カウ	
11431	橐	橐	タク	
11432	橐	橐	ハイ	
11433	□	□	イ	
11434	□	圍	イ	
11435	□	圖	ト	ヅ
11436	□	困	キン	
11437	□	因	イン	
11438	□	園	エン	
11439	□	囲	クワイ	
11440	□	园	グワン	
11441	□	圝	ラン	
11442	□	圃	ホ	
11443	□	囷	エン	
11444	□	圜	エン	
11445	□	圓	エン	
11446	□	化	クワ	
11447	□	冑	セイ	
11448	□	囹	レイ	
11449	□	囚	シウ	
11450	□	圏	キヨ	
11451	□	團	ダン	
11452	□	囮	ヒツ	
11453	□	圈	ケン	
11454	□	屯	トン	
11455	□	固	コ	
11456	□	圂	コン	
11457	□	困	コン	
11458	□	囿	イウ	
11459	□	圗	ゴク	
11460	□	囸	タク	
11461	□	國	コク	
11462	□	圉	アン	
11463	□	圛	コン	
11464	□	圙	セン	

序号	部首	字头	右音	左音
11465	囗	圖	コウ	
11466	囗	図	チフ	
11467	員	員	ケン	イン
11468	員	貟	ケン	イン
11469	齊	齊	セイ	サイ
11470	齊	齏	セイ	
11471	干	干	カン	
11472	干	屰	ギヤク	
11473	片	片	ヘン	
11474	片	牎	サウ	
11475	片	牔	ハイ	
11476	片	牋	セン	
11477	片	版	ハン	
11478	片	牗	ヨウ	
11479	片	牫	カン	
11480	片	牉	ハン	
11481	片	牕	サン	
11482	片	牘	ドク	
11483	片	牒	デウ	
11484	片	牘	ヒツ	
11485	片	牒	ゴウ	
11486	爿	牀	シヤウ	
11487	爿	床	シヤウ	
11488	母	母	ブ	
11489	克	克	コク	
11490	丿	丿	ヘツ	
11491	丿	乀	ホツ	
11492	丿	乂	カイ	
11493	丿	弗	ホツ	フツ
11494	丿	彂	ホツ	フツ
11495	弋	弋	イ	
11496	弋	貳	トウ	
11497	乙	乙	イ	
11498	乙	也	ヤ	
11499	亅	亅	ゲツ	
11500	亅	㇄	チ	ケヅ
11501	句	句	ク	コウ
11502	句	拘	コウ	クワン
11503	句	鉤	ケイ	
11504	句	鉤	コウ	

序号	部首	字头	右音	左音
11505	句	笱	コウ	
11506	句	訽	トウ	
11507	丩	丩	キウ	
11508	丩	糾	キウ	
11509	乚	乚	イン	
11510	乚	直	チヨク	ジキ
11511	乚	直	チヨク	ジキ
11512	乚	矗	チヨク	
11513	亡	亡	バウ	
11514	亡	望	バウ	マウ
11515	亡	無	ブ	ム
11516	亡	无	ブ	ム
11517	亡	屵	サ	サク
11518	亡	乍	サ	サク
11519	匚	匚	ケイ	
11520	匚	區	ク	キウ
11521	匚	匾	ヘン	
11522	匚	匽	エン	
11523	匚	匢	ロウ	
11524	匚	匿	チヨク	
11525	匚	匹	ヒツ	
11526	匚	厯	テイ	タイ
11527	先	先	シン	
11528	先	靗	テイ	
11529	无	无		
11530	无	尢		
11531	兒	兒	メウ	ハウ
11532	兒	貌	メウ	ハウ
11533	兒	覓		
11534	兒	弁		
11535	兒	舁		
11536	兜	兜	コウ	
11537	兜	兜	トウ	
11538	先	先	セン	
11539	先	兟	シン	
11540	禿	禿	トク	
11541	禿	頽	タイ	
11542	厶	厶	シ	
11543	厶	厸	リン	
11544	單	單	セン	

序号	部首	字头	右音	左音
11545	單	嬋	シン	
11546	四	四	シ	
11547	四	罒	シ	
11548	四	亖	シ	
11549	亞	亞	ア	
11550	亞	凹	アフ	
11551	亞	凸	テツ	トツ
11552	亞	宷		
11553	五	五	ゴ	
11554	五	乂	ゴ	
11555	六	六	ロク	リク
11556	七	七	シチ	シツ
11557	八	八	ハチ	
11558	八	分	ブン	
11559	八	公	コウ	ク
11560	八	介	カイ	
11561	八	尒	ニ	
11562	八	詹	セン	
11563	八	穴	ヘツ	
11564	八	必	ヒツ	
11565	八	尚	シヤウ	
11566	八	曾	ソウ	
11567	八	个	カ	
11568	八	余	ヨ	
11569	八	糸	ヨ	
11570	釆	釆		
11571	釆	悉	シツ	
11572	釆	番	バン	
11573	釆	宷	シン	
11574	釆	審	シン	
11575	釆	釋	セキ	シヤク
11576	半	半	ハン	
11577	半	叛	ハン	
11578	九	九	キウ	ク
11579	九	馗	キ	
11580	丸	丸	グワン	
11581	丸	巵	クワン	
11582	十	十	ジウ	シン
11583	十	卅	ジウ	
11584	十	千	セン	

序号	部首	字头	右音	左音
11585	十	博	ハク	
11586	十	卅	ザイ	
11587	十	卌	シウ	シツ
11588	十	世	セイ	セ
11589	十	卙	シウ	
11590	十	协	ロク	
11591	古	古	コ	
11592	古	䶍	カ	ケツ
11593	寸	寸	スン	
11594	寸	尋	ジン	
11595	寸	射	シヤ	
11596	寸	專	セン	
11597	寸	尃	フ	
11598	寸	導	ダフ	
11599	寸	尉	イ	
11600	寸	寺	ジ	
11601	寸	將	シヤウ	
11602	丈	丈	ジヤウ	
11603	丈	毀	テイ	
11604	皕	皕	ヒ	
11605	皕	奭	セキ	
11606	甲	甲	カウ	
11607	甲	疇	タイ	
11608	乙	乙	ヲツフ	
11609	乙	尤	イフ	
11610	乙	乩	シ	
11611	乙	乱	ケイ	
11612	乙	乾	ケン	カン
11613	乙	亂	ラン	
11614	丙	丙	ヒヤウ	
11615	丁	丁	テイ	チヤウ
11616	丁	羽	テイ	
11617	戊	戊	ム	ホウ
11618	戊	成	セイ	ジヤウ
11619	己	己	キ	
11620	己	㠯	キ	
11621	巴	巴	ハ	
11622	巴	禡	セウ	
11623	庚	庚	カウ	
11624	辛	辛	シン	

序号	部首	字头	右音	左音
11625	辛	辜	コ	
11626	辛	辭	ジ	
11627	辛	辤	ジ	
11628	辛	辝	ジ	
11629	辛	辠	サイ	
11630	辡	辡	ヘン	
11631	辡	辯	ベン	
11632	辛	辛		
11633	辛	妾	セウ	
11634	辛	童	ドウ	
11635	辛	䇂	ドウ	
11636	桀	桀	ケツ	
11637	桀	磔	タク	
11638	桀	椉	ゼウ	
11639	桀	桽	ゼウ	
11640	桀	乘	ゼウ	
11641	壬	壬	ジン	
11642	癸	癸	キ	
11643	癸	癸	キ	
11644	子	子	シ	
11645	子	孳	ジ	
11646	子	孜	シ	
11647	子	疑	ギ	
11648	子	孤	コ	
11649	子	孥	ト	
11650	子	孩	ガイ	
11651	子	孡	タイ	
11652	子	孫	ソン	
11653	子	存	ゾン	
11654	子	孆	エイ	
11655	子	孤	コ	
11656	子	季	キ	
11657	子	字	ジ	
11658	子	孠	シ	
11659	子	孺	ジ	
11660	子	𡥈	ジ	
11661	子	孛	ホツ	
11662	子	孝	カウ	
11663	子	孟	マウ	
11664	子	孕	ヨウ	

序号	部首	字头	右音	左音
11665	子	穀	コウ	
11666	子	學	ガク	
11667	子	㪿	セツ	
11668	子	孼	ケツ	
11669	子	㚟	カウ	
11670	子	孨	ジン	
11671	子	柔	ホウ	
11672	子	孖	シ	
11673	子	㪿	セツ	
11674	了	了	リヨウ	
11675	了	孑	ケツ	
11676	了	孒	ケツ	
11677	了	亅	丁了切	
11678	孨	孨	セン	
11679	孨	孱	セン	
11680	厷	厷	トツ	コツ
11681	厷	育	イク	
11682	厷	毓	イク	
11683	厷	疏	シヨ	
11684	丑	丑	チウ	
11685	丑	羞	シウ	
11686	寅	寅	イ	イン
11687	寅	夤	イ	イン
11688	卯	卯	バウ	
11689	卯	非	バウ	
11690	卯	非	バウ	
11691	辰	辰	シン	
11692	辰	辱	ジヨク	
11693	巳	巳	シ	イ
11694	巳	目	シ	
11695	午	午	ゴ	
11696	午	啎	ゴ	
11697	未	未	ミ	
11698	申	申	シン	
11699	申	曳	エイ	
11700	申	暢	チヤウ	
11701	申	鉀	シユン	
11702	酉	酉	イフ	
11703	酉	酴	モウ	
11704	酉	醓	モウ	

序号	部首	字头	右音	左音
11705	酉	釀	ノフ	
11706	酉	醫	イ	
11707	酉	醴	レイ	
11708	酉	醿	ミ	
11709	酉	酏	シ	
11710	酉	醨	リ	
11711	酉	醚	ミ	
11712	酉	酏	イ	
11713	酉	釀	キヨ	
11714	酉	酤	コウ	
11715	酉	酐	ウ	
11716	酉	醐	ゴ	
11717	酉	酥	ソ	
11718	酉	醯	ケイ	
11719	酉	醍	ダイ	
11720	酉	醅	ハイ	
11721	酉	醨	ハイ	
11722	酉	醇	ジユン	
11723	酉	酏	シユン	
11724	酉	醺	クン	
11725	酉	酸	サン	
11726	酉	酳	ケン	
11727	酉	醪	ラウ	
11728	酉	醩	サウ	
11729	酉	酡	タ	
11730	酉	醝	サ	
11731	酉	醒	テイ	
11732	酉	醒	セイ	シヤウ
11733	酉	醽	レイ	
11734	酉	酬	シウ	
11735	酉	醻	シウ	
11736	酉	酳	イン	
11737	酉	酖	タン	
11738	酉	酣	セン	
11739	酉	醶	カン	
11740	酉	醋	シヨ	
11741	酉	醹	ジユ	
11742	酉	醴	レイ	
11743	酉	醢	カイ	
11744	酉	醖	ウン	

序号	部首	字头	右音	左音
11745	酉	醆	セン	
11746	酉	醯	キヤウ	
11747	酉	醱	ケイ	
11748	酉	酩	メイ	
11749	酉	酊	テイ	チヤウ
11750	酉	醜	シユ	
11751	酉	酒	ジユ	シウ
11752	酉	醋	ナン	
11753	酉	醓	タン	
11754	酉	醦	サン	
11755	酉	醉	スイ	
11756	酉	醅	キ	
11757	酉	醋	ソ	
11758	酉	酢	ソ	
11759	酉	醐	セイ	
11760	酉	配	ハイ	
11761	酉	醂	ライ	
11762	酉	醼	エン	
11763	酉	醀	セウ	
11764	酉	醮	セウ	
11765	酉	酵	コウ	
11766	酉	醭	ボク	
11767	酉	醸	シヤウ	
11768	酉	醤	シヤウ	
11769	酉	醂	リヤウ	
11770	酉	酋	イウ	
11771	酉	酎	チウ	
11772	酉	酷	コク	
11773	酉	酷	コク	
11774	酉	醵	ガク	
11775	酉	酌	シヤク	
11776	酉	醑	セイ	
11777	酉	醋	イン	シン
11778	酉	醲	ボウ	モウ
11779	酉	醧	イヨ	
11780	酉	酏	イ	
11781	酉	酴	トウ	
11782	酉	醳	ヘイ	
11783	酉	醩	サウ	
11784	酉	醋	シヤウ	

序号	部首	字头	右音	左音
11785	酉	醷	キ	
11786	酉	醰	カン	
11787	酉	醸	サウ	
11788	酉	醢	カツ	
11789	酉	酨	シ	
11790	酉	醫	ホウ	
11791	酋	酋	イフ	
11792	酋	尊	ソン	
11793	戌	戌	ジツ	ジウ
11794	亥	亥	ガイ	

附录五　日本当用汉字

（1850字）

《一部》：一、丁、七、丈、三、上、下、不、且、世、丘、丙

《丨部》：中

《丶部》：丸、丹、主

《丿部》：久、乏、乘（乗）

《乙部》：乙、九、乳、乾、乱（亂）

《亅部》：了、事

《二部》：二、互、五、井、亜（亞）

《亠部》：亡、交、享、京

《人部》：人、仁、今、介、仕、他、付、代、令、以、仰、仲、件、任、企、伏、伐、休、伯、伴、伸、伺、似、但、位、低、住、佐、何、仏（佛）、作、佳、使、來、例、侍、供、依、侯、侵、便、係、促、俊、俗、保、信、修、俳、俵、併（倂）、倉、個、倍、倒、候、借、倣、値、倫、仮（假）、偉、偏、停、健、側、偶、傍、傑、備、催、伝（傳）、債、傷、傾、働、像、僚、偽（僞）、価（價）、儀、億、倹（儉）、儒、償、優

《儿部》：元、兄、充、兆、先、光、克、免（免）、児（兒）、党（黨）

《入部》：入、内、全、両（兩）

《八部》：八、公、六、共、兵、具、典、兼

《冂部》：册、再、冒

《冖部》：冗、冠

《冫部》：冬、冷、准、凍、凝

《几部》：凡

《凵部》：凶、出

《刀部》：刀、刃、分、切、刈、刊、刑、列、初、判、別、利、到、制、刷、券、刺、刻、則、削、前、剖、剛、剩（剩）、副、割、創、劇、剤（劑）、剣（劍）

《力部》：力、功、加、劣、助、努、効（效）、劾、勅（敕）、勇、動、勘、務、勝、労（勞）、募、勢、勲、励（勵）、勧（勸）

《勹部》：勺、匁、包

《匕部》：化、北

《匚部》：匠

《匸部》：匹、匿、区（區）

《十部》：十、千、升、午、半、卒、卓、協、南、博

《卜部》：占

《卩部》：印、危、却、卵、巻、卸

《厂部》：厘、厚、原

《厶部》：去、参（參）

《又部》：又、及、友、反、叔、取、受

《口部》：口、古、句、叫、召、可、史、右、司、各、合、吉、同、名、后、吏、吐、向、君、吟、否、含、呈、呉、吸、吹、告、周、味、呼、命、和、咲、哀、品、員、哲、唆、唐、唯、唱、商、問、啓、善、喚、喜、喪、喫、單、嗣、器（器）、噴、嚇、嚴、嘱（囑）

《囗部》：因、四、回、因、困、固、圏、国（國）、囲（圍）、園、円（圓）、図（圖）、團

《土部》：土、在、地、坂、均、坊、坑、坪、垂、型、埋、城、域、執、培、基、堂、堅、堤、堪、報、場、塊、塑、塔、塗、境、墓、墜、堕

（堕）、墳、墾、壁、壇、圧（壓）、壘、壞

　　《士部》：士、壮（壯）、壱（壹）、壽

　　《夂部》：夏

　　《夕部》：夕、外、多、夜、夢

　　《大部》：大、天、太、夫、央、失、奇、奉、奏、契、奔、奥（奧）、奪、奨（獎）、奮

　　《女部》：女、奴、好、如、妃、妊、妙、妥、妨、妹、妻、姉、始、姓、委、姫、姻、姿、威、娘、娯、娠、婆、婚、婦、婿、媒、嫁、嫡、嬢（孃）

　　《子部》：子、孔、字、存、孝、季、孤、孫、学（學）

　　《宀部》：宅、宇、守、安、完、宗、官、宙、定、宜、客、宣、室、宮、宰、害、宴、家、容、宿、寂、寄、密、富、寒、察、寡、寝、実（實）、寧、審、写（寫）、寮、宝（寶）

　　《寸部》：寸、寺、封、射、将（將）、専（專）、尉、尊、尋、対（對）、導

　　《小部》：小、少

　　《尢部》：就

　　《尸部》：尺、尼、尾、尿、局、居、届（屆）、屈、屋、展、履、属（屬）

　　《山部》：山、岐、岩、岸、峠、峰、島、峡（峽）、崇、崩、岳（嶽）

　　《巛部》：川、州、巡

　　《工部》：工、左、巧、巨、差

　　《己部》：己

　　《巾部》：市、布、帆、希、帝、帥、師、席、帳、帯（帶）、常、帽、幅、幕、幣

　　《干部》：干、平、年、幸、幹

　　《幺部》：幻、幼、幽、幾

　　《广部》：床、序、底、店、府、度、座、庫、庭、庶、康、庸、廉、廃

（廢）、広（廣）、廳

《廴部》：延、廷、建

《廾部》：弊

《弋部》：式

《弓部》：弓、弔、引、弟、弦、弧、弱、張、強、弾（彈）

《彡部》：形、彩、彫、彰、影

《彳部》：役、彼、往、征、待、律、後、徐、径（徑）、徒、得、従（從）、御、復、循、微、徹

《心部》：心、必、忌、忍、志、忘、忙、忠、快、念、怒、怖、思、怠、急、性、怪、恒（恆）、恐、恥、恨、恩、恭、息、悦、悟、患、悲、悼、情、惑、惜、恵（惠）、悪（惡）、惰、悩（惱）、想、愁、愉、意、愚、愛、感、慎（愼）、慈、態、慌、慕、惨（慘）、慢、慣、慮、慰、慶、憂、憤、憩、憲、憶、憾、懇、応（應）、懐（懷）、懸、恋（戀）

《戈部》：成、我、戒、戦（戰）、戯（戲）

《戶部》：戶、房、所、扇

《手部》：手、才、打、扱、扶、批、承、技、抄、抑、投、抗、折、抱、抵、押、抽、払（拂）、拍、拒、拓、抜（拔）、拘、拙、招、拝（拜）、括、拷、拾、持、指、振、捕、捨、掃、授、掌、排、掘、掛、採、探、接、控、推、措、描、提、揚、換、握、揮、援、損、揺（搖）（搜）、搬、携、搾、摘、摩、撤、撮、撲、擁、択（擇）、操、担（擔）、拠（據）、擦、挙（擧）、擬、拡（擴）、摂（攝）

《支部》：支

《攴部》：収、改、攻、放、政、故、敍、教、救、敗、敢、散、敬、敵、敷、数（數）、整

《文部》：文

《斗部》：斗、料、斜

《斤部》：斤、斥、新、断（斷）

《方部》：方、施、旅、旋、族、旗

《旡部》：既（旣）

《日部》：日、旨、早、旬、昇、明、易、昔、星、映、春、昨、昭、是、時、昼（晝）、普、景、晴、晶、暇、暖、暗、暫、暮、暴、曇、暁（曉）、曜

《曰部》：曲、更、書、替、最、会（會）

《月部》：月、有、服、朕、望、朝、期

《木部》：木、未、末、本、札、朱、机、朽、材、村、束、杯、東、松、板、析、林、枚、果、枝、枯、架、柄、某、染、柔、査、柱、柳、校、株、核、根、格、栽、桃、案、桑、条（條）、械、棄、棋、棒、森、棺、植、業、極、栄（榮）、構、楽（樂）、楼（樓）、標、枢（樞）、模、様（樣）、樹、橋、機、検（檢）、桜（櫻）、権（權）

《欠部》：次、欲、欺、款、歌、欧（歐）、歓（歡）

《止部》：止、正、武、歳、帰（歸）

《歹部》：死、殉、殊、殖、残（殘）

《殳部》：段、殺（殺）、殿、殴（毆）

《毋部》：母、毒

《比部》：比

《毛部》：毛

《氏部》：氏、民

《气部》：気（氣）

《水部》：水、氷、永、求、汗、汚、江、池、決、汽、沈、没、沖、河、沸、油、治、沼、沿、況、泉、泊、泌、法、波、泣、注、泰、泳、洋、洗、津、活、派、流、浦、浪、浮、浴、浸、消、液、涼、淑、淡、浄（淨）、深、混、清、浅（淺）、添、減、渡、測、港、湖、湯、源、準、溶、滅、滋、滑、滞、滴、満（滿）、漁、漂、漆、漏、演、漫、漸、潔、潜（潛）、潤、潮、渋（澁）、澄、沢（澤）、激、濁、濃、湿（濕）、済（濟）、濫、浜（濱）、滝（瀧）、湾（灣）

《火部》：火、灰、災、炊、炎、炭、烈、無、焦、然、煮、煙、照、

煩、熟、熱、燃、燈、燒（燒）、営（營）、燥、爆、炉（爐）

《爪部》：争、為（爲）、爵

《父部》：父

《片部》：片、版

《牛部》：牛、牧、物、牲、特、犠（犧）

《犬部》：犬、犯、狂、狩、狭（狹）、猛、猶、獄、独（獨）、獲、猟（獵）、獣（獸）、献（獻）

《玄部》：玄、率

《玉部》：玉、王、珍、珠、班、現、球、理、琴、環、璽

《甘部》：甘

《生部》：生、産

《用部》：用

《田部》：田、由、甲、申、男、町、界、畑、畔、留、畜、畝、略、番、画（畫）、異、当（當）、畳（疊）

《疋部》：疎、疑

《疒部》：疫、疲、疾、病、症、痘、痛、痢、痴（癡）、療、癖

《癶部》：登、発（發）

《白部》：白、百、的、皆、皇

《皮部》：皮

《皿部》：盆、益、盛、盗（盜）、盟、盡、監、盤

《目部》：目、盲、直、相、盾、省、看、真（眞）、眠、眼、睡、督、瞬

《矛部》：矛

《矢部》：矢、知、短

《石部》：石、砂、砲、破、研（硏）、硝、硫、硬、碁、砕（碎）、炻、確、磁、礁、礎

《示部》：示、祕、票、祭、禁、禅（禪）、礼（禮）

《禾部》：秀、私、秋、科、秒、租、秩、移、税、程、稚、種、称

（稱）、稻（稻）、稿、匀、積、穗（穗）、穩（穩）、穫

　　《穴部》：穴、究、空、厓、室、窓、窮、窯、窃（竊）

　　《立部》：立、並（竝）、章、童、端、競

　　《竹部》：竹、笑、笛、符、第、筆、等、筋、筒、答、策、箇、算、
管、箱、爹、範、築、篤、簡、簿、籍

　　《米部》：米、粉、粒、粗、粘、粧、粋（粹）、精、糖、糧

　　《糸部》：系、糾、紀、約、紅、紋、納、純、紙、級、紛、素、
紡、索、紫、累、細、紳、紹、紺、終、組、結、絶、絞、絡、給、統、糸
（絲）、絹、経（經）、維、綱、網、綿、緊、憙、線、締、編、緩、緯、
縛、縣、縫、縮、縦（縱）、総（總）、績、教、織、繕、絵（繪）、繭、
繰、継（繼）、続（續）、繊（纖）

　　《缶部》：欠（缺）

　　《网部》：罪、置、罰、罷

　　《羊部》：羊、美、着、群、義

　　《羽部》：羽、翁、翌、習、翼

　　《老部》：老、考

　　《而部》：耐

　　《耒部》：耕、耗

　　《耳部》：耳、聖、聞、声（聲）、職、聴（聽）

　　《聿部》：粛（肅）

　　《肉部》：肉、肖、肝、肥、肩、肪、肯、育、肺、胃、背、胎、胞、
胴、胸、能、脂、脅、脈、脚、脱、脹、腐、腕、脳（腦）、腰、腸、腹、
膚、膜、膨、胆（膽）、臓

　　《臣部》：臣、臨

　　《自部》：自、臭（臭）

　　《至部》：至、致、台（臺）

　　《臼部》：與、興、旧（舊）

　　《舌部》：舌、舎、舗

《舛部》：舞

《舟部》：舟、航、般、舶、船、艇、艦

《艮部》：良

《色部》：色

《艸部》：芋、芝、花、芳、芽、苗、若、苦、英、茂、茶、草、荒、荷、莊、**茎**（莖）、菊、菌、菓、菜、華、万（萬）、落、葉、珑、葬、蒸、蓄、薄、薦、薪、磁、蔵（藏）、芸（藝）、薬（藥）、藩

《虍部》：虐、処（處）、虞、号（號）

《虫部》：蚊、融、虫（蟲）、蚕（蠶）、蛮（蠻）

《血部》：血、衆

《行部》：行、術、街、衝、衛（衞）、衡

《衣部》：衣、表、衰、衷、袋、被、裁、裂、裏、裕、補、装（裝）、裸、製、複、襲

《西部》：西、要、覆

《見部》：見、規、違、親、覚（覺）、覧（覽）、観（觀）

《角部》：**角、解、触（觸）**

《言部》：言、訂、計、討、訓、託、記、訟、訪、設、許、訴、診、詐、詔、評、詞、詠、試、詩、詰、話、該、詳、誇、誌、認、誓、誕、誘、語、誠、誤、説、課、調、談、請、論、諭、諮、鉧、諾、謀、鉑、膳、謙、講、謝、**謡**（謠）、鈸、証（證）、識、譜、警、訳（譯）、議、護、誉（譽）、読（讀）、変（變）、譲（讓）

《谷部》：谷

《豆部》：豆、豊（豐）

《豕部》：豚、象、豪、予（豫）

《貝部》：貝、貞、負、財、貢、貧、貨、販、貫、責、貯、弐（貳）、貴、買、貸、費、貿、賀、賃、賄、資、賊、鉉、賜、賞、賠、賢、売、賦、質、購、賛（贊）

《赤部》：赤、赦

《走部》：走、赴、起、超、越、趣

《足部》：足、距、跡、路、跳、踊、踏、践（踐）、躍

《身部》：身

《車部》：車、軌、軍、軒、軟、軸、較、載、軽（輕）、輝、輩、輪、輸、轄、転（轉）

《辛部》：辛、弁（辨瓣辯）、辞（辭）

《辰部》：辱、農

《辵部》：込、迅、迎、近、返、迫、迭、述、迷、追、退、送、逃、逆、透、逐、途、通、速、造、連、逮、過、進、靖、遂、遇、遊、運、遍、過、道、達、違、逓（遞）、遠、遣、適、遭、遅（遲）、遵、遷、選、遺、避、還、辺（邊）

《邑部》：邦、邪、邸、郊、郡、部、郭、郵、鵬、鶴

《酉部》：配、酒、酢、酬、酪、酵、酷、酸、酔（醉）、醜、医（醫）、醸（釀）

《采部》：釈（釋）

《里部》：里、重、野、量

《金部》：金、針、鈍、鈴、鉛、銀、銃、銅、銑、銘、鋭、鋼、錘、錠、銭（錢）、錯、鍛、鎖、鎮（鎭）、鏡、鐘、鉄（鐵）、鋳（鑄）、鑑、鉱（鑛）

《長部》：長

《門部》：門、閉、開、閑、間、閣、閥、閲、関（關）

《阜部》：防、阻、附、降、限、陛、院、陣、除、陪、陰、陳、陵、陶、陥（陷）、陸、陽、隊、階、隔、際、障、隣、随（隨）、険（險）、隠（隱）

《隶部》：隷

《隹部》：隻、雄、雅、集、雇、雌、双（雙）、雑、離

《雨部》：雨、雪、雲、零、雷、電、需、震、霜、霧、露、霊（靈）

《青部》：青、静（靜）

《非部》：非

《面部》：面

《革部》：革

《音部》：音、韻

《頁部》：頂、項、順、預、頒、領、頭、題、額、顏、願、顧、顕（顯）

《風部》：風

《飛部》：飛、翻（飜）

《食部》：食、飢、飲、飯、飼、飽、飾、養、餓、余（餘）、館

《首部》：首

《香部》：香

《馬部》：馬、駐、騎、騰、騒（騷）、駆（驅）、験（驗）、驚、駅（驛）

《骨部》：骨、髄（髓）、体（體）

《高部》：高

《髟部》：髪（髮）

《鬥部》：闘

《鬼部》：鬼、魂、魅、魔

《魚部》：魚、鮮、鯨

《鳥部》：鳥、鳴、鶏（鷄）

《鹵部》：塩（鹽）

《鹿部》：麗

《麥部》：麦（麥）

《麻部》：麻

《黃部》：黄（黃）

《黑部》：黙（默）、点（點）

《鼓部》：鼓

《鼻部》：鼻

《齊部》：斋（齋）

《齒部》：齿（齒）、龄（齡）

附录六　日本常用汉字

（1945字）

《一部》：一、七、丁、下、三、上、丈、万（萬）、与（與）、不、屯、丘、且、世、丙、两（兩）、並（竝）

《丨部》：中

《丶部》：丹、主

《丿部》：久、及、乏、乘（乘）

《乙部》：乙、九、丸、乱（亂）、乳、乾

《亅部》：了、予（豫）、争（爭）、事

《二部》：二、五、互、井、亜（亞）

《亠部》：亡、交、京、享、卒、亭、商、率

《人部》：人、化、介、今、仁、仏（佛）、以、仕、仙、他、代、付、令、仮（假）、会（會）、企、休、仰、件、全、仲、伝（傳）、任、伐、伏、位、何、佐、作、伺、似、住、伸、体（體）、但、低、伯、伴、余（餘）、依、価（價）、佳、供、使、侍、舎、侮（侮）、併（倂）、命、例、係、侯、俊、信、侵、促、俗、便、保、倹（儉）、個、候、借、倉、値、倒、俳、倍、俵、做、俸、倫、偽（僞）、偶、健、側、停、偵、偏、偉、傘、備、傍、傾、傑、催、債、傷、僧（僧）、働、像、僕、僚、億、儀、儒、償、優

《儿部》：元、兄、光、充、先、兆、克、児（兒）、免（免）、党

（黨）

　　《入部》：入

　　《八部》：八、公、六、共、兵、具、典、兼

　　《冂部》：円（圓）、内、冊、再、同

　　《冖部》：冗、写（寫）、冠

　　《冫部》：冷、准、凍、凝

　　《几部》：凡、処（處）

　　《凵部》：凶、凹、出、凸、画（畫）

　　《刀部》：刀、刃、切、分、初、券、刈、刊、刑、列、判、別、利、刻、刷、刺、制、到、削、前、則、剣（劍）、剛、剤（劑）、剖、剰（剰）、副、割、創、劇

　　《力部》：力、加、功、幼、劣、助、努、励（勵）、労（勞）、効、効（效）、勅（敕）、勇、勉（勉）、勘、動、務、勤（勤）、勝、募、勧（勸）、勢

　　《勹部》：勺、匁、包

　　《匕部》：北

　　《匚部》：巨、匠、医（醫）、

　　《匸部》：区（區）、匹、匿

　　《十部》：十、千、午、半、協、卓、南、卑（卑）、博

　　《卜部》：占

　　《卩部》：印、危、却、即（即）、卵、卸

　　《厂部》：厄、厚、厘、原

　　《厶部》：去、参（參）

　　《又部》：又、収（收）、双（雙）、反、友、取、受、叔、叙（敘）

　　《口部》：口、右、可、句、古、号（號）、史、司、召、台（臺）、各、吉、吸、叫、向、后、合、吐、名、吏、含、吟、君、呉、告、吹、呈、否、呼、周、味、和、哀、咲、品、員、唆、唇、哲、唐、喝（喝）、啓、唱、問、唯、喚、喜、喫、善、喪、嗣、嘆（嘆）、器（器）、嘱（囑）、

噴、舖、嚇

　　《口部》：四、囚、因、回、团（團）、囲、困、図（圖）、固、国（國）、圏（圈）、園

　　《土部》：土、圧（壓）、在、地、均、坑、坂、坊、垂、坪、垣、型、城、埋、域、基、堀、執、堂、培、堪、堅、場、堕（墮）、塚（塚）、堤、塔、塀（塀）、報、塁（壘）、塩（鹽）、塊、塑、塗、墓、境、塾、増（增）、墨（墨）、墜、墳、壊（壞）、墾、壤（壤）、壇、壁

　　《士部》：士、壮（壯）、壱（壹）、声（聲）、売（賣）

　　《夂部》：冬、変（變）、夏

　　《夕部》：夕、外、多、夜、夢

　　《大部》：大、太、天、夫、央、失、奇、奉、奔、契、奏、奥（奧）、奨（奬）、奪、奮

　　《女部》：女、奴、好、如、妃、妄、妥、妊、妨、妙、委、妻、始、姉、姓、妹、威、姻、姿、姫、娯、娘、娠、婚、婆、婦、婿、媒、嫁、嫌、嫡、嬢（孃）

　　《子部》：子、孔、存、学（學）、季、孤、孫

　　《宀部》：安、宇、字、守、宅、完、官、宜、実（實）、宗、宙、定、宝（寶）、客、室、宣、宴、家、害、宮、宰、宵、容、寄、寂、宿、寒、富、寛（寬）、寝（寢）、寡、察、寧、審、寮

　　《寸部》：寸、寺、寿（壽）、対（對）、専（專）、耐、封、射、将（將）、尉、尋、尊、導

　　《小部》：小、少、当（當）、尚、単（單）、巣（巢）、営（營）、厳（嚴）

　　《尢部》：就

　　《尸部》：尺、尼、尽（盡）、局、尿、尾、届（屆）、居、屈、屋、展、属（屬）、層（層）、履

　　《山部》：山、岐、岳（嶽）、岸、岩、岬、峡（峽）、峠、島、峰、崎、崇、崩、密

《巛部》：川、州

《工部》：工、巧、左、差

《己部》：己、卷（卷）

《巾部》：市、布、帆、希、帅、帝、帰（歸）、師、席、帯（帶）、常、帳、幅、帽、幕、幣

《干部》：干、平、年、幸、幹

《幺部》：幻、幽、幾

《广部》：広（廣）、庁（廳）、序、床、底、店、府、度、庫、座、庭、康、庶、庸、廃（廢）、廊（廊）、廉

《廴部》：廷、延、建

《廾部》：升、弁（辨瓣辯）、弊

《弋部》：式、弐（貳）

《弓部》：弓、引、弔、弟、弦、弧、弱、強、張、弾（彈）

《彡部》：形、修、彩、彫、彰、影

《彳部》：役、往、径（徑）、征、彼、後、待、律、従（從）、徐、徒、得、御、循、復、微、徴（徵）、徳（德）、徹

《心部》：心、必、応（應）、忌、志、忍、忘、忠、念、急、思、怠、怒、恩、恭、恐、恵（惠）、息、恥、恋（戀）、悪（惡）、患、悠、悲、惑、愛、意、感、愚、慈、愁、想、態、慕、慰、慶、憂、慮、憩、憲、懇、懲（懲）、懸、忙、快、怪、性、怖、悔（悔）、恒（恆）、恨、悦、悟、悩（惱）、惨（慘）、情、惜、悼、慌、惰、愉、慨（慨）、慎（愼）、慣、憎（憎）、慢、憤、憶、懐（懷）、憾

《戈部》：成、我、戒、戦（戰）、戯（戲）

《戸部》：戸、戻（戾）、所、房、扇、扉

《手部》：手、承、挙（舉）、掌、撃（擊）、摩、才、打、払（拂）、扱、技、抗、抄、折、択（擇）、投、把、抜（拔）、批、扶、抑、押、拐、拡（擴）、拒、拠（據）、拘、招、拙、拓、担（擔）、抽、抵、拝（拜）、拍、披、抱、抹、括、挟（挾）、拷、指、持、拾、挑、振、捜（搜）、挿

（插）、捕、掛、据、掘、揭（揭）、控、採、捨、授、推、接、措、掃、探、排、描、握、援、換、揮、提、搭、揚、摇（搖）、携、搾、摂（攝）、損、搬、摘、撮、撤、撲、操、擁、擬、擦

《支部》：支

《攴部》：改、攻、放、故、政、敏（敏）、救、教、赦、敗、敢、敬、散、数（數）、敵、敷、整

《文部》：文

《斗部》：斗、料、斜

《斤部》：斤、斥、断（斷）、新

《方部》：方、施、旅、旋、族、旗

《旡部》：既（既）

《日部》：日、旧（舊）、旬、早、昆、昇、昔、明、映、昨、春、昭、是、星、昼（晝）、冒、時、曹、暁（曉）、景、暑（暑）、晶、晴、晩（晚）、普、暗、暇、暖、暮、暦（曆）、暫、暴、曇、曜

《曰部》：曲、旨、更、易、書、替、最

《月部》：月、肌、有、肝、肖、育、肩、肯、肢、肥、服、肪、胃、胎、胆、肺、背、胞、胸、脅、脂、朕、胴、能、脈、朗（朗）、脚、脱、脳、望、期、朝、脹、腕、腸、腹、腰、膜、膚、膨、臓（臟）

《木部》：木、札、本、末、未、机、朽、朱、朴、材、杉、条（條）、束、村、来（來）、果、枝、松、枢（樞）、析、東、杯、板、枚、林、枠、栄（榮）、架、枯、査、柔、染、柱、柄、某、柳、案、桜（櫻）、格、核、校、根、栽、桟（棧）、株、栓、桑、桃、梅（梅）、械、棺、棋、極、検（檢）、植、森、棟、棚、棒、楽（樂）、棄、業、楼（樓）、概（概）、構、模、様（樣）、横（橫）、権（權）、槽、標、機、橋、樹、欄（欄）

《欠部》：欠（缺）、次、欧（歐）、欲、款、欺、歌、歓（歡）

《止部》：止、正、武、歩（步）、歳、歴（歷）

《歹部》：死、残（殘）、殊、殉、殖

《殳部》：殴（毆）、段、殺（殺）、殻（殼）、殿

《毋部》：母、每（每）、毒

《比部》：比

《毛部》：毛

《氏部》：氏、民

《气部》：気（氣）

《水部》：水、永、氷、求、泉、泰、汁、汚、汗、江、池、汽、決、沢（澤）、沖、沈、没、泳、沿、河、泣、況、治、沼、注、泥、波、泊、泌、沸、法、泡、油、**海**（海）、活、洪、浄（淨）、津、**浅**（淺）、洗、洞、派、洋、消、浸、浜（濱）、浮、浦、浴、流、**涙**（淚）、浪、液、涯、渇（渴）、渓（溪）、混、済（濟）、渋（澁）、淑、渉（涉）、深、清、淡、添、涼、温（溫）、渦、減、湖、港、滋、湿（濕）、測、渡、湯、満（滿）、湾（灣）、滑、**漢**（漢）、源、溝、準、**滞**（滯）、漠、滅、溶、滝（瀧）、演、漁、漬、漆、漸、滴、漂、漫、漏、潔、潤、潟、潜（潛）、潮、澄、激、濁、濃、濯、濫、瀬（瀬）

《火部》：火、灰、灯（燈）、災、炎、炊、**炉**（爐）、炭、焼（燒）、煙、煩、燃、燥、爆、為（爲）、点（點）、烈、煮（**煮**）、焦、然、無、照、勲（勳）、熟、熱

《爪部》：爵

《父部》：父

《片部》：片、版

《牛部》：牛、物、牧、牲、特、犠（犧）

《犬部》：犬、状（狀）、献（獻）、獣（獸）、犯、狂、狭（狹）、狩、独（獨）、猫、猛、猟（獵）、猶、猿、獄、獲

《玄部》：玄

《玉部》：玉、王、珍、珠、班、球、現、理、琴、環、璽

《甘部》：甘、甚

《瓦部》：瓶（瓶）

《生部》：生、産

《用部》：用

《田部》：田、甲、申、由、男、町、界、畑、畜、畔、畝、留、異、略、畳（疊）、番

《疋部》：疏、疑

《疒部》：疫、疾、症、疲、病、痛、痘、痢、痴（癡）、療、癖、癒

《癶部》：発（發）、登

《白部》：白、百、的、皆、皇

《皮部》：皮

《皿部》：皿、盆、益、盛、盗（盜）、盟、監、盤

《目部》：目、直、盲、看、県（縣）、省、相、盾、真（眞）、眠、眼、眺、着、睡、督、瞬

《矛部》：矛

《矢部》：矢、知、短、矯

《石部》：石、研（研）、砂、砕（碎）、破、砲、硬、硝、硫、碁、磁、碑（碑）、確、磨、礁、礎

《示部》：示、礼（禮）、社（社）、祈（祈）、祉（祉）、祝（祝）、神（神）、祖（祖）、祭、祥（祥）、票、禁、禍（禍）、禅（禪）、福（福）

《禾部》：私、秀、科、秋、秒、称（稱）、租、秩、秘（祕）、移、税、程、稚、穀（穀）、種、稲（稻）、稼、稿、穂（穗）、穏（穩）、積、穫

《穴部》：穴、究、空、突（突）、窃（竊）、窓、窒、窮、窯

《立部》：立、章、童、端、競

《竹部》：竹、笑、第、笛、符、筋、策、答、等、筒、筆、節（節）、箇、管、算、箱、範、築、篤、簡、簿、籍

《米部》：米、粋（粹）、粉、粗、粘、粒、粧、精、糖、糧

《糸部》：糸（絲）、系、紀、級、糾、紅、約、索、紙、純、素、納、紛、紡、紋、経（經）、紺、細、終、紹、紳、組、累、絵（繪）、給、

結、絞、紫、絶、統、絡、継（繼）、絹、続（續）、維、綱、緒（緒）、総（總）、綿、網、緑（綠）、練（練）、緣（緣）、緩、緊、縄（繩）、線、締、編、緯、縦（縱）、縛、繁（繁）、縫、縮、績、繊（纖）、繭、織、繕、繰

《缶部》：缶（罐）

《网部》：罪、署（署）、置、罰、罷、羅

《羊部》：羊、美、義、群

《羽部》：羽、翁、習、翌、翼、翻（飜）

《老部》：老、考、孝、者（者）

《耒部》：耕、耗

《耳部》：耳、聖、聞、聴（聽）、職

《聿部》：粛（肅）

《肉部》：肉、腐

《自部》：自、臭（臭）

《至部》：至、致

《臼部》：興

《舌部》：舌

《舛部》：舞

《舟部》：舟、航、般、船、舶、艇、艦

《艮部》：良

《色部》：色

《艸部》：芋、芝、花、芸（藝）、芳、英、芽、苦、茎（莖）、若、苗、茂、荒、草、荘（莊）、茶、荷、華、菓、菊、菌、菜、著（著）、葬、葉、落、蒸、蓄、蔵（藏）、薫（薰）、薪、薦、薄、薬（藥）、藩、藻

《虍部》：虐、虚（虛）、虞、虜（虜）

《虫部》：虫（蟲）、蚕（蠶）、蚊、蛍（螢）、蛇、蛮（蠻）

《血部》：血、衆

《行部》：行、術、街、衝、衛（衞）、衡、

《衣部》：衣、表、衰、衷、袋、裁、装（裝）、裂、裏、製、褒（襃）、襲、被、補、裕、**褐**（褐）、裸、複、襟

《西部》：西、要、覆、覇（霸）

《臣部》：臣、臨

《見部》：見、規、視（視）、覚（覺）、親、覧（覽）、観（觀）

《角部》：角、解、触（觸）

《言部》：言、計、訂、記、訓、託、討、許、訟、設、訪、訳（譯）、詠、詐、詞、証（證）、詔、診、訴、評、該、詰、誇、詩、試、詳、誠、誉（譽）、話、語、誤、誌、誓、説、読（讀）、認、誘、**謁**（謁）、課、諸（諸）、請、諾、誕、談、調、論、諮、謀、諭、**謡**（謠）、**謹**（謹）、謙、講、謝、謄、警、識、譜、議、護、譲（讓）

《谷部》：谷

《豆部》：豆、豊（豐）

《豕部》：豚、象、豪

《貝部》：貝、貞、負、貢、財、貨、貫、責、販、貧、賀、貴、貸、貯、買、費、貿、資、賊、賃、賄、賛（贊）、賜、質、賞、賠、**賓**（賓）、賦、賢、購、**贈**（贈）

《赤部》：赤

《走部》：走、赴、起、越、超、趣

《足部》：足、距、跡、**践**（踐）、跳、路、踊、踏、躍

《身部》：身

《車部》：車、軌、軍、軒、転（轉）、軟、軽（輕）、軸、較、載、輝、輩、輪、輸、轄

《辛部》：辛、辞（辭）

《辰部》：辱、農

《辵部》：辺（邊）、込、巡、迅、近、迎、返、述、迭、追、逆、送、退、追、逃、迷、逝、造、速、逐、通、逓（遞）、途、透、連、**逸**（逸）、週、進、逮、運、過、遇、遂、達、遅（遲）、道、遍、遊、違、

遠、遣、遮、遭、適、遺、遵、選、遷、還、避

《邑部》：邦、邪、邸、郊、郎（**郞**）、郡、郭、郷（鄉）、**都**（都）、部、郵

《酉部》：酌、酒、配、酔（醉）、酢、酬、酪、酵、酷、酸、醸（釀）

《釆部》：釈（釋）

《里部》：里、重、野、量

《金部》：金、針、釣、鈍、鉛、鉱（鑛）、鉄（鐵）、鉢、鈴、銀、銃、銭（錢）、銑、銅、銘、鋭、鋳（鑄）、鋼、錯、錠、錘、錬、録（錄）、鍛、鎖、鎮（鎭）、鏡、鐘、鑑

《長部》：長

《門部》：門、閉、開、間、閑、閣、関（關）、閥、閲、闘（鬪）

《阜部》：防、阻、附、限、院、陥（陷）、降、除、陣、陛、陰、険（險）、陳、陶、陪、陸、**隆**（隆）、陵、階、隅、随（隨）、隊、陽、隔、隠（隱）、際、障、隣

《隶部》：隷

《隹部》：隻、雇、集、雄、雅、雑（雜）、雌、**難**（難）、離

《雨部》：雨、雪、雲、雰、電、雷、零、需、震、霊（靈）、霜、霧、露

《青部》：青、静（**靜**）

《非部》：非

《面部》：面

《革部》：革、靴

《音部》：音、韻、**響**（響）

《頁部》：頂、項、順、頑、頒、預、領、頭、頼（賴）、**頻**（頻）、額、顔、顕（顯）、題、**類**（類）、願、顧

《風部》：風

《飛部》：飛

《食部》：食、飢、飲、飯、飼、飾、飽、養、餓、館

《首部》：首

《香部》：香

《馬部》：馬、駅（驛）、駆（驅）、馱、駐、騎、験（驗）、騒（騷）、騰、驚

《骨部》：骨、髄（髓）

《高部》：高

《髟部》：髪（髮）

《鬲部》：融

《鬼部》：鬼、魂、魅、醜、魔

《魚部》：魚、鮮、鯨

《鳥部》：鳥、鳴、鶏（鷄）

《鹿部》：麗

《麥部》：麦(麥)

《麻部》：麻

《黄部》：黄（黃）

《黒部》：黒（黑）、黙（默）

《鼓部》：鼓

《鼻部》：鼻

《齊部》：斉（齊）、斎（齋）

《齒部》：歯（齒）、齢（齡）

《龍部》：竜（龍）

附录七　日本人名用汉字

一、1951年，92字：

丑、丞、乃、之、也、亘、亥、亦、亨、亮、仙、伊、匡、卯、只、吾、吕、哉、嘉、圭、奈、宏、寅、尚、巌、已、庄、弘、弥、彦、悌、敦、昌、晃、晋、智、暢、朋、杉、桂、桐、楠、橘、欣、欽、毅、浩、淳、熊、爾、猪、玲、琢、瑞、甚、睦、磨、磯、祐、禄、禎、稔、穣、綾、惣、聡、肇、胤、艶、蔦、藤、蘭、虎、蝶、輔、辰、郁、酉、錦、鎌、靖、須、馨、駒、鯉、鯛、鶴、鹿、麿、齊、龍、亀。

二、1976年，120字：

丑、丞、乃、之、也、亘、亥、亦、亨、亮、仙、伊、佑、允、冴、匡、卯、只、吾、呂、哉、喬、嘉、圭、奈、宏、寅、尚、巌、已、庄、弘、弥、彦、怜、悌、悠、敦、旭、昌、晃、晋、智、暢、朋、杉、杏、桂、桐、梓、梢、梨、楠、橘、欣、欽、毅、沙、浩、淳、渚、熊、爾、猪、玲、琢、瑞、瑠、甚、睦、瞳、磨、磯、祐、禄、禎、稔、穣、紗、紘、絢、綾、翠、耶、惣、聡、肇、胤、艶、芙、茜、葵、蔦、藍、藤、蘭、虎、蝶、輔、辰、那、郁、酉、錦、鎌、阿、隼、靖、須、馨、駒、鮎、鯉、鯛、鶴、鹿、麿、齊、龍、亀。

三、1981年，166字：

丑、丞、乃、之、也、亘、亥、亦、亨、亮、伊、伍、伶、佑、侑、允、冴、匡、卯、只、吾、呂、哉、喬、嘉、圭、尭、奈、孟、宏、寅、峻、嵩、嶺、巖、巳、巴、庄、弘、弥、彦、彬、怜、悌、惇、惟、惣、慧、敦、斐、旦、旭、昂、昌、晃、晋、智、暢、朋、李、杏、栗、桂、桐、梓、梢、梨、楓、楠、槙、橘、欣、欽、毅、汐、沙、洵、洸、浩、淳、渚、渥、熊、爾、猪、玲、琢、瑛、瑞、瑠、瑶、璃、甫、皓、眸、睦、瞳、矩、碧、磯、祐、禄、禎、稔、穣、笹、紗、紘、絢、綾、緋、翔、翠、耶、聡、肇、胤、脩、艶、芙、苑、茉、茜、莉、萌、萩、葵、蓉、蔦、蕗、藍、藤、蘭、虎、虹、蝶、諒、赳、輔、辰、迪、遥、遼、那、郁、酉、錦、鎌、阿、隼、霞、靖、須、頌、馨、駒、駿、鮎、鯉、鯛、鳩、鶴、鷹、鹿、麿、亀。

人名用汉字容许字体（1）：

亞（亜）、惡（悪）、爲（為）、逸（逸）、衛（衛）、謁（謁）、緣（縁）、應（応）、櫻（桜）、奧（奥）、橫（横）、溫（温）、價（価）、禍（禍）、悔（悔）、海（海）、壞（壊）、懷（懐）、樂（楽）、渴（渇）、卷（巻）、陷（陥）、寬（寛）、漢（漢）、氣（気）、祈（祈）、器（器）、僞（偽）、戲（戯）、虛（虚）、峽（峡）、狹（狭）、響（響）、曉（暁）、勤（勤）、謹（謹）、勳（勲）、薰（薫）、惠（恵）、揭（掲）、鷄（鶏）、藝（芸）、擊（撃）、縣（県）、儉（倹）、劍（剣）、險（険）、圈（圏）、檢（検）、顯（顕）、驗（験）、嚴（厳）、廣（広）、恆（恒）、黃（黄）、國（国）、黑（黒）、穀（穀）、碎（砕）、雜（雑）、祀（祀）、視（視）、兒（児）、濕（湿）、社（社）、者（者）、煮（煮）、壽（寿）、收（収）、臭（臭）、從（従）、澁（渋）、獸（獣）、縱（縦）、祝（祝）、暑（暑）、署（署）、緖（緒）、諸（諸）、敍（叙）、將（将）、祥（祥）、涉（渉）、燒（焼）、獎（奨）、條（条）、狀（状）、乘（乗）、淨（浄）、剩（剰）、疊（畳）、孃（嬢）、讓（譲）、釀（醸）、神（神）、眞（真）、寢（寝）、

慎（慎）、盡（尽）、粹（粋）、醉（酔）、穗（穂）、瀨（瀬）、齊（斉）、
靜（静）、攝（摂）、節（節）、專（専）、戰（戦）、纖（繊）、禪（禅）、
祖（祖）、壯（壮）、爭（争）、莊（荘）、搜（捜）、巢（巣）、裝（装）、
僧（僧）、層（層）、騷（騒）、增（増）、憎（憎）、藏（蔵）、贈（贈）、
臟（臓）、卽（即）、帶（帯）、滯（滞）、單（単）、嘆（嘆）、團（団）、
彈（弾）、晝（昼）、鑄（鋳）、著（著）、廳（庁）、徵（徴）、聽（聴）、
懲（懲）、鎭（鎮）、轉（転）、傳（伝）、都（都）、燈（灯）、盜（盗）、
稻（稲）、德（徳）、突（突）、難（難）、拜（拝）、賣（売）、梅（梅）、
髮（髪）、拔（抜）、繁（繁）、晚（晩）、卑（卑）、祕（秘）、碑（碑）、
賓（賓）、敏（敏）、侮（侮）、福（福）、拂（払）、佛（仏）、勉（勉）、
步（歩）、墨（墨）、飜（翻）、每（毎）、默（黙）、藥（薬）、與（与）、
搖（揺）、樣（様）、謠（謡）、來（来）、賴（頼）、覽（覧）、欄（欄）、
龍（竜）、虜（虜）、綠（緑）、淚（涙）、壘（塁）、類（類）、曆（暦）、
歷（歴）、練（練）、錬（錬）、郞（郎）、朗（朗）、廊（廊）、錄（録）。

（括号内源自常用汉字表的通用字体，括号外是人名用字容许字体）

人名用汉字容许字体（2）：

互（亙）、巖（巌）、渚（渚）、猪（猪）、琢（琢）、祐（祐）、禄
（禄）、禎（禎）、穰（穣）。

（括号内源自人名用汉字别表，括号外是容许字体）

四、1997年，285字：（在166字基础上增加119字）

伎、伽、侃、倖、倭、偲、冶、凌、凪、凱、勁、叡、叶、唄、啄、奎、
媛、嬉、宥、峻、嵐、嵯、巽、彗、彪、恕、憧、拳、捷、捺、於、旺、昴、
晏、晟、晨、暉、曙、朔、杜、柊、柚、柾、栞、梧、椋、椎、椰、椿、楊、
榛、槻、樺、檀、毬、汀、汰、洲、湧、滉、漱、澪、熙、燎、燦、曜、爽、
玖、琳、瑚、瑳、琉、皐、眉、瞭、碩、秦、稀、稜、竣、笙、紬、絃、綜、
綸、綺、耀、胡、舜、芹、茄、茅、莞、菖、菫、蒔、蒼、蓮、蕉、衿、袈、
裟、詢、誼、諄、邑、醇、采、雛、鞠、颯、魁、鳳、鴻、鵬、麟、黎、黛。

五、2004年，983字（连同容许字体）：

丑、丞、乃、之、串、乎、也、云、亘（亙）、些、亦、亥、亨、亮、仔、伊、伍、伽、佃、佑、伶、侃、侑、俄、俠、俣、俐、倭、侶、俺、俱、倦、倖、偲、僅、傭、儲、允、兎、兜、其、冥、冴、凌、凄、凜（凛）、凧、凪、凰、凱、函、刹、劉、劫、勁、勃、勺、勾、匂、勿、匁、匡、廿、卜、卯、卿、厨、厩、又、叡、叢、叶、只、吾、吞、吻、哉、哨、啄、昇、哩、喬、喧、喰、喋、嘩、嘉、嘗、噌、噂、圃、圭、坐、尭（堯）、坦、埼、埴、堆、堰、堺、堵、塙、塞、填、壕、壬、夷、奄、奎、套、妖、娃、姪、姥、娩、嬉、孟、宏、宋、宛、宕、宥、寅、寓、寵、尖、尤、屑、岡、峨、峻、崚、嵯、嵩、嶺、巌（巖）、崖、已、巳、巴、巷、巽、巾、帖、幌、幡、庄、庇、庚、庵、廟、廻、弘、弛、彗、彦、彪、彬、徠、忽、怜、恢、恰、恕、悌、惟、惚、悉、惇、惹、惺、惣、慧、憐、戊、或、戚、戟、戴、托、按、拶、拭、挨、捉、挺、挽、掬、捲、捷、捺、捻、捧、掠、揃、摑、摺、撒、撰、撞、播、撫、擢、孜、敦、斐、斑、幹、斧、斯、於、旭、昂、昊、昏、昌、昴、晏、昧、晃（晄）、晒、晋、晟、晦、晨、智、暉、暢、曙、曖、曝、曳、曽、朋、朔、杏、杖、杜、李、杭、杵、枕、杷、枇、柑、柴、柵、柿、柘、柊、栃、柏、柾、柚、桧（檜）、栞、桔、桂、桁、栖、桐、栗、梧、梓、梢、梗、梛、梯、桶、梶、椛、梁、椅、楼、椋、椀、楯、楚、楕、椿、楠、楓、椰、栖、楊、榎、樺、榊、榛、槙（槇）、槍、槌、樫、槻、樟、樋、橘、樽、橙、橸、檀、櫂、櫛、櫓、欣、欽、歎、此、殆、毅、毘、毯、汀、汝、汐、汎、汲、沌、沓、沫、洸、洲、洵、洛、浩、浬、淵、淳、渚（渚）、淀、淋、渥、湘、湊、湛、溢、滉、溜、漱、漕、漣、澪、濡、瀬、灘、灸、灼、烏、焔、焚、煌、煎、煤、煉、熙、燕、燎、燦、燭、燿、爪、爾、牒、牙、牟、牡、牽、犀、狼、猪（猪）、獅、玖、玩、珂、珈、珊、珀、玲、琢（琢）、琉、瑛、琥、琶、琵、琳、瑚、瑞、瑶、瑳、瓜、瓢、瓦、甥、甫、畏、畠、畢、畿、疋、疏、痩、皐、皓、眸、瞥、矩、砦、砥、砧、硯、碓、碗、碩、碧、磐、磯、祇、祢（禰）、祐（祐）、祷（禱）、禄（祿）、禎（禎）、禽、

禾、秦、秤、稀、稔、稟、稜、穣（穰）、稽、穹、穿、窄、窪、窟、窪、窺、
竣、竪、竺、竿、笈、笹、笙、笠、筈、筑、箕、箔、箸、篇、篠、簞、簾、
籾、粥、粟、糊、紘、紗、紐、絃、紬、絆、絢、綺、綜、綴、緋、綾、綸、
縞、徽、繋、繍、纂、纏、羚、翔、羨、翠、耀、而、耶、耽、聡、肇、肋、
肘、肴、胤、胡、脩、脇、腔、脹、腎、膏、膳、臆、臥、臼、舜、舷、舵、
芥、芹、芯、芭、芙、芦、苑、茄、苔、苺、茅、茉、茨、茸、茜、莞、荻、
莫、莉、菅、菫、菖、萄、菩、萌（萠）、莱、菱、葦、葵、**葛**、萱、葺、萩、
董、葡、蓋、蓑、蒔、蒐、蒼、蒲、蒙、蓉、蓮、蔭、蔣、蔦、蓬、蔓、蕎、
蕨、蕉、蕃、蕪、蔽、薙、蕾、蕗、藁、薩、蘇、蘭、蜂、蜜、蝦、蝶、螺、
蟬、蟹、蠟、衿、袈、袖、袴、裡、裟、裾、裳、襖、訊、訣、註、詢、詣、
詮、詫、誼、諏、諄、諒、誰、謂、諺、諦、謎、讃、豹、貰、貼、賑、赳、
跨、蹄、蹟、蹴、輔、輯、輿、轟、辰、辻、迂、迄、辿、迪、迦、這、逞、
逗、逢、遥（遙）、遁、遼、遜、遜、邑、祁、郁、鄭、酉、醇、酎、醐、醒、
醍、醬、釉、釘、釜、釧、銑、鋒、鋸、錘、錐、錆、錫、鍋、鍵、鍬、鎧、
閃、閏、閤、闇、阜、阿、阪、陀、隈、隼、隙、雀、雁、雛、雫、霞、靖、
鞄、鞍、鞘、鞠、鞭、韓、頁、頃、頓、頌、頗、煩、顛、颯、餅、饗、馨、
馴、馳、駕、駿、驍、魁、魯、鮎、鯉、鯛、鰯、鱒、鱗、鳩、鳶、鳳、鴨、
鴻、鵜、鵬、鷗、鷲、鷺、鷹、麒、麟、麓、麿、黎、黛、鼎、榮、圓、薗、
駈、實、嶋、盃、冨、峯、萬、埜、凉、禮。

人名用字容许字体：

亞（亜）、惡（悪）、爲（為）、逸（**逸**）、榮（栄）、衞（衛）、謁
（**謁**）、圓（円）、緣（縁）、薗（園）、應（応）、櫻（桜）、奧（奥）、橫
（横）、溫（温）、價（価）、禍（禍）、悔（**悔**）、海（**海**）、壞（壊）、懷
（懐）、樂（楽）、渴（渇）、卷（巻）、陷（陥）、寬（寛）、漢（**漢**）、氣
（気）、祈（祈）、器（**器**）、僞（偽）、戲（戯）、虛（虚）、峽（峡）、狹
（狭）、響（**響**）、曉（暁）、勤（**勤**）、謹（**謹**）、駈（駆）、勳（勲）、薰
（薫）、惠（恵）、揭（掲）、鷄（鶏）、藝（芸）、擊（撃）、縣（県）、儉
（倹）、劍（剣）、險（険）、圈（圏）、檢（検）、顯（顕）、驗（験）、嚴

（嚴）、廣（広）、恆（恒）、黃（黄）、國（国）、黑（黒）、穀（穀）、碎（砕）、雜（雑）、祉（祉）、視（視）、兒（児）、濕（湿）、實（実）、社（社）、者（者）、煮（煮）、壽（寿）、收（収）、臭（臭）、從（従）、澁（渋）、獸（獣）、縱（縦）、祝（祝）、暑（暑）、署（署）、緒（緒）、諸（諸）、敍（叙）、將（将）、祥（祥）、涉（渉）、燒（焼）、獎（奨）、條（条）、狀（状）、乘（乗）、淨（浄）、剩（剰）、疊（畳）、孃（嬢）、讓（譲）、釀（醸）、神（神）、眞（真）、寢（寝）、愼（慎）、盡（尽）、粹（粋）、醉（酔）、穗（穂）、瀨（瀬）、齊（斉）、靜（静）、攝（摂）、節（節）、專（専）、戰（戦）、纖（繊）、禪（禅）、祖（祖）、壯（壮）、爭（争）、莊（荘）、搜（捜）、巢（巣）、曾（曽）、裝（装）、僧（僧）、層（層）、瘦（痩）、騷（騒）、增（増）、憎（憎）、藏（蔵）、贈（贈）、臟（臓）、卽（即）、帶（帯）、滯（滞）、瀧（滝）、單（単）、嘆（嘆）、團（団）、彈（弾）、晝（昼）、鑄（鋳）、著（著）、廳（庁）、徵（徴）、聽（聴）、懲（懲）、鎭（鎮）、轉（転）、傳（伝）、都（都）、嶋（島）、燈（灯）、盜（盗）、稻（稲）、德（徳）、突（突）、難（難）、拜（拝）、盃（杯）、賣（売）、梅（梅）、髮（髪）、拔（抜）、繁（繁）、晚（晩）、卑（卑）、祕（秘）、碑（碑）、賓（賓）、敏（敏）、冨（富）、侮（侮）、福（福）、拂（払）、佛（仏）、勉（勉）、步（歩）、峯（峰）、墨（墨）、飜（翻）、每（毎）、萬（万）、默（黙）、埜（野）、彌（弥）、藥（薬）、與（与）、搖（揺）、樣（様）、謠（謡）、來（来）、賴（頼）、覽（覧）、欄（欄）、龍（竜）、虜（虜）、凉（涼）、綠（緑）、淚（涙）、壘（塁）、類（類）、禮（礼）、曆（暦）、歷（歴）、練（練）、鍊（錬）、郎（郎）、朗（朗）、廊（廊）、錄（録）。